首届南传佛教
高峰论坛文集

Proceedings of the First Summit Forum on Theravada Buddhism

郑筱筠 康南山 主编

中国社会科学出版社

图书在版编目（CIP）数据

首届南传佛教高峰论坛文集／郑筱筠，康南山主编 . —北京：
中国社会科学出版社，2017.1
ISBN 978 - 7 - 5161 - 9711 - 0

Ⅰ. ①首… Ⅱ. ①郑… ②康… Ⅲ. ①佛教史—中国—文集
Ⅳ. ①B949.2 - 53

中国版本图书馆 CIP 数据核字（2016）第 320077 号

出 版 人	赵剑英
责任编辑	黄燕生
责任校对	冯英爽
责任印制	戴 宽

出 版	中国社会科学出版社
社 址	北京鼓楼西大街甲 158 号
邮 编	100720
网 址	http://www.csspw.cn
发 行 部	010 - 84083685
门 市 部	010 - 84029450
经 销	新华书店及其他书店

印 刷	北京明恒达印务有限公司
装 订	廊坊市广阳区广增装订厂
版 次	2017 年 1 月第 1 版
印 次	2017 年 1 月第 1 次印刷

开 本	710×1000 1/16
印 张	38
插 页	2
字 数	645 千字
定 价	138.00 元

目　　录

第一编　国际视野下的南传佛教

第二编　南传佛教发展与文化交流

第三编　南传佛教与社会发展/宗教对话

前　　言

　　首届南传佛教高峰论坛于 2016 年 2 月 17—19 日在云南顺利举办，这次论坛是为深入贯彻落实习近平总书记考察云南重要讲话精神，由中国社会科学院世界宗教研究所、云南省佛教协会联合主办，由西双版纳州民族宗教事务委员会、西双版纳州佛教协会、西双版纳总佛寺承办，云南省社会科学院宗教研究所、云南大学贝叶文化研究中心、云南民族大学云南省民族文化研究院、云南大学宗教文化研究所等单位协办举行。此次论坛的举办得到了国家宗教事务局，云南省省委统战部，云南省民族宗教事务委员会，西双版纳州州委、州政府，景洪市市委、市政府等各级部门的支持。

　　本次论坛是国内外学术界首次举办的高规格的南传佛教学术研讨会，以“慈悲济世，和平共荣”为主题，围绕南传佛教与国际和平，南传佛教与文化交流、南传佛教与环境保护、南传佛教黄金纽带的传承与弘扬等议题展开研讨。通过本次高峰论坛，增进了中国与南亚、东南亚国家南传佛教界、学术界的交流，共同探讨佛教在促进国际和平与社会发展中的积极作用，为促进国际和国内南传佛教健康发展，推动世界文明互鉴与和平发展做出了新的贡献。

　　本次论坛开幕式由中国社会科学院世界宗教研究所副所长郑筱筠研究员主持，国家宗教事务局副局长蒋坚永，中共云南省委统战部部长黄毅，中国社会科学院世界宗教研究所党委书记曹中建，西双版纳州委副书记、州长罗红江，云南省佛教协会会长刀述仁，中国佛教协会副会长帕松列龙庄勐长老等分别致辞。来自中国、泰国、老挝、缅甸联邦共和国、柬埔寨、斯里兰卡、孟加拉国、尼泊尔、美国等国家的佛教界代表出席了开幕式。

　　在开幕式上，中国社会科学院世界宗教研究所党委书记曹中建指出，中国与南亚、东南亚的南传佛教文化具有同根同源的共性，存在着某种"基本共享的文化或价值观"，这是把文化合作引入中国—南亚—东南亚国家全方位、多层次合作的基础。"一带一路"不仅是贸易与发展之路，同时也是文明互鉴、文化交流之路，正如习近平总书记所指出，要以人文交流为纽带，夯实亚洲互联互通的社会根基。在当前时代背景下，举办"南传佛教高峰论坛"，弘扬佛教和平精神，增进中国与南亚东南亚国家的友谊和理解，推动中国与周边国家的文化交流和合作，对于构建亚洲文明对话的人文纽带，促进社会和谐及维护世界和平，具有积极的理论意义和现实意义。

继开幕式之后的大会主旨发言由中国社会科学院世界宗教研究所党委书记曹中建主持，所长卓新平研究员、副所长郑筱筠研究员、北京大学楼宇烈教授、泰国玛哈朱拉隆功佛教大学校长布拉玛奔迪和云南西双版纳法住禅林的玛欣德尊者等学界和教界的权威代表纷纷就南传佛教的地位和价值，宗教与文化战略，南传佛教的区位优势、中国与东南亚的佛教文化交流等重大理论问题进行了阐发，高屋建瓴、视野宏阔，对有关部门的管理工作提供了高质量的政策参考。

在主旨发言中，中国社会科学院世界宗教研究所所长卓新平研究员指出，佛教在世界文明进程中起着非常重要的作用，是东方智慧的典型体现。而南传佛教更是以其悠久的历史、厚重的传承和丰富的积淀在整个佛教体系中举足轻重、意义独特，值得我们认真回顾、深入研究。佛教的历史及现实意义，就体现在其作为世界三大宗教之一而对人类文明产生了久远且广泛的影响，而且佛教是这世界三大宗教中最早的宗教，有着最为独特的魅力，其对世界文化的贡献非常卓越、不可取代。佛教很早就为世界提供了较为成熟的文明宗教、人文信仰的典型模式，集中展示了人类信仰文明的特征、意蕴及其巨大的感染力。在佛教中，人们开始发见东方智慧的优杰，体悟神秘精神的深邃。在我们今天对世界文明的总结中，对于佛教理应浓墨重彩地描述，可以悠然无羁地遐思。其幽深、其博大，迄今仍让当代人类感慨、惊讶。中国作为正在崛起的新型大国，更应该鼓励和支持宗教深化并扩大这种在国际范围内的建设性对话、致力营造出人类友谊、世界平安的和谐气氛。宗教在当代世界新文明、中国新文化的构建中有着积极作用。我们应该发掘出宗教的这种潜力，让宗教以与时俱进的姿态进入当代社会，提供其智慧与勇气。对此，有着悠久而优秀传统的佛教理应当仁不让，走在前列。

副所长郑筱筠研究员指出，要充分发挥南传佛教的区位优势，在与"一带一路"沿线各国的交往过程中，我们应积极发挥南传佛教的宗教正能量，依托南传佛教来打造一种国际性的文化区位优势，与我国的经济区位机制互补，同时还可以通过文化优势来补充经济发展动力的不足。以世界文明之间平等、宽容的理解和交流互鉴为文化合作机制的前提，积极发挥宗教的正能量，建立宗教的"文化一体化效应"，在世界文明交流的平台上，打造南传佛教的文化软实力，建立深层的世界文化合作机制，形成平等、包容的国际对话模式。

在接下来的各个发言论坛中，来自中国社会科学院世界宗教研究所、北京大学、复旦大学、中国人民大学、中央民族大学、中央音乐学院、华东师范大学、云南省社会科学院、云南大学、云南省委党校、云南师范大学、云南民族大学、云南艺术学院、昆明学院、普洱学院以及美国佛蒙特大学、德国汉堡大学、澳大利亚国立大学、泰国玛哈朱拉隆功佛教大学、新加坡等中外科研机构及高等院校的专家学者、高僧大德近200人分别就南传佛教发展与文化交流、南传佛教与社会发展、南传佛教理论研究和南传佛教传播与教育等多个主题展开热烈深入的探讨，取得了丰硕的成果，进一步推动了国际学术界南传佛教学术研究。

值得一提的是，中国佛教协会会长学诚法师、帕松列龙庄勐及多位佛教协会副会长、中国佛教协会秘书长刘威、桑吉副秘书长、云南省佛教协会会长刀述仁等，以及泰国玛哈朱拉隆功佛教大学校长，老挝佛教僧伽委员会主席，缅甸联邦共和国由玛索英佛学院管委委员、大其力及木姐南坎等有影响的高僧，柬埔寨大宗派僧王，斯里兰卡阿斯羯利派僧王，孟加拉国佛教复兴会主席，尼泊尔僧伽委员会执行主席，美国华盛顿行政区瓦老佛陀翁佛寺住持等参加了论坛，而云南省佛教界也派出了对佛教有造诣的法师们参加此次论坛，例如诏等傣、都罕听长老、玛欣德尊者、提卡达希、心源法师等都在论坛上发言，与国际学术界就南传佛教的发展现状及其理论研究进行了交流阐述。

论坛闭幕式由云南省佛教协会秘书长康南山主持，中国社会科学院世界宗教研究所副所长郑筱筠作会议总结发言，对此次会议的缘起、影响和特点进行了全面的总结，中国社会科学院世界宗教研究所所长卓新平和云南省佛教协会会长刀述仁分别致辞，对于会议的圆满举办表示感谢。

首届南传佛教高峰论坛是我国学术界与佛教界举办的首次高规格佛教学术会议，受到了社会各界的关注，有助于进一步提升中国在东南亚地区的影响和文化软实力，充分发挥南传佛教所具有的"民间外交功能"，造福区域社会发展。同时更有助于世界文明之间的对话、交流和了解，有助于我国与世界各国之间"一带一路"倡议的实施。

序 言 一

蒋坚永

尊敬的云南省委常委、统战部黄毅部长，
尊敬的云南省佛教协会刀述仁会长，
尊敬的中国社科院世界宗教研究所卓新平所长，
尊敬的各位高僧大德，各位专家学者、各位嘉宾、各位朋友：

大家上午好！

在这个美好的时节，我和我的同事很高兴应邀前来美丽的西双版纳，参加由云南省佛教协会和中国社科院世界宗教研究所联合举办的南传佛教高峰论坛。在此，我谨代表国家宗教事务局，向论坛的举办表示热烈的祝贺，并向来自海内外的各位高僧大德、各位专家学者、嘉宾朋友表示诚挚的问候！

作为汉语系、藏语系和巴利语系佛教俱全的佛教大国，中国佛教界与世界各国佛教界建立和保持了密切联系，开展了广泛而深入的交流与合作。我国已连续举办了四届世界佛教论坛，还承办了第 27 届世界佛教徒联谊大会，组团参加了历次联合国卫塞节大会和各类重要国际佛教活动。澜沧江——湄公河流域和斯里兰卡等南传佛教国家始终是我国佛教对外交流的重点，我国佛教圣物佛牙舍利曾四次赴缅甸供奉，佛指舍利、佛牙舍利先后赴泰国、斯里兰卡供奉，所到之处，盛况空前，都极大促进了中国佛教界与缅甸、泰国、斯里兰卡等国南传佛教界之间的法谊和亲情，成为中外佛教交流的佳话。

佛教是促进人类文明互鉴和增进人民友好感情的重要渠道和主要纽带。在历史长河中，许多中外高僧大德秉持普度众生的悲愿，怀着为法忘躯的精神，用勇气、智慧和坚韧，劈波斩浪、筚路蓝缕，沿着联通东西方的海上丝绸之路，共同打开了友好交往的大门，促进了不少民族文化的交汇融合，对人类文明进步产生了深远影响。

当今世界正在发生着复杂深刻的变化，不同国家之间唯有和平合作、互利共赢才能赢得发展，唯有开放包容、互学互鉴才能赢得和平。2013年秋天，习近平主席先后提出建设"丝绸之路经济带"和"21世纪海上丝绸之路"的倡议，与沿线各国加快发展的美好愿望相契合，赋予了古老的海上丝绸之路以崭新的时代内涵，受到了国际社会的普遍欢迎和广泛支持。"一带一路"倡议提出两年多来，古老的海上丝绸之路正重新焕发出蓬勃生机和绚丽光彩。

21世纪海上丝绸之路自中国出发，经中南半岛向西进入印度洋，向东进入太平洋，沿线国家诸如老挝、缅甸、泰国、柬埔寨、越南等，既与我国云南同处澜沧江湄公河流域，民众又多信仰南传佛教，与我国广大南传佛教信众拥有共同的信仰与宗教文明。云南省作为历史上丝绸之路南方的中转站、欧亚大陆桥和当今我国西南地区面向南亚、东南亚的重要门户，是对南亚、东南亚民间外交的桥头堡，更是我国唯一的三大语系佛教俱全的省份，并在长期的历史发展过程中，与南亚、东南亚佛教国家形成了深厚的地缘、族缘和教缘关系，有与南传佛教国家交流交往的独特优势和基础。充分利用和发挥好这些独特的优势，增进与各国南传佛教友谊，不仅有利于云南省与周边国家的经贸与人员往来，有利于云南经济社会的发展，而且有利于我国与"一带一路"沿线国家与地区间的民心相通，夯实"一带一路"建设的人文社会基础，保障"一带一路"建设的成功实施，都具有十分重要而现实的意义。

中国国家宗教事务局将一如既往地支持中国佛教界与南亚、东南亚，及世界各国佛教界进一步加强沟通，拓宽合作，共同谱写佛教文化交流的新篇章。衷心希望云南省进一步加强南传佛教的自身建设，积极推动中国巴利语系高级佛学的建设，加快人才培养，顺应时代发展，努力提升对外交往的能力和水平，积极探索建设新时期湄公河流域国家佛教黄金纽带关系，为把云南建设为"面向南亚东南亚辐射中心"，为国家"一带一路"建设做出新的贡献。我局将与宗教界、学术界和地方政府进一步密切合作，充分整合资源、相互促进，形成合力，为推动中国宗教进一步走向世界做出新的探索和努力。

最后，预祝此次"南传佛教高峰论坛"圆满成功！祝来自海内外的各位高僧大德、专家学者、嘉宾朋友新春快乐、身体康泰、吉祥如意！
　　谢谢大家！

　　　　　　　　（蒋坚永，中国国家宗教事务局副局长）

序言二 在首届南传佛教高峰 论坛上的致辞

（2016 年 2 月 18 日）

黄 毅

尊敬的蒋坚永副局长，卓新平所长，曹中建书记，

各位高僧大德，各位法师，各位来宾，

同志们，朋友们：

大家上午好！

值此中华民族欢度新春佳节之际，我们在美丽富饶的西双版纳举办首届南传佛教高峰论坛，邀请国内外有关专家学者、佛教界人士以及部分在宗教工作一线的同志们，就南传佛教在促进区域合作交流、助推"一带一路"建设等方面的作用进行深入研讨，共同展望南传佛教事业发展的广阔前景。这是南传佛教界的一件盛事，也是我省宗教工作中的一件要事。首先，我谨代表中共云南省委、云南省人民政府向出席论坛的各位领导、各位高僧大德、各位法师、各位朋友表示热烈的欢迎和诚挚的问候！向长期以来关心支持云南佛教事业、致力于中外佛教文化交流的各位专家学者表示衷心的感谢！

云南是多民族多宗教的省份，佛教、道教、伊斯兰教、天主教、基督教五大教齐全，而且佛教中的汉传、南传、藏传三个部派齐全，其中信仰南传佛教的民族有傣族、布朗族、阿昌族、德昂族和部分佤族群众。一直以来，南传佛教在这些信众的社会生活中产生了重大影响，和他们的历史文化交融在一起，已成为信众社会生活中不可或缺的一部分。

云南与缅甸、老挝、越南接壤，与泰国、柬埔寨、孟加拉国、印度等国地缘相邻，自古就是中国连接南亚、东南亚各国的陆路通道，也是古代

南方丝绸之路的要道，与南亚、东南亚国家有着悠久而密切的交流交往史，宗教文化交流源远流长，特别是南传佛教在彼此的交流合作中发挥了重要的"黄金纽带"作用。

举办这次南传佛教高峰论坛，宗旨就是要贯彻落实习近平总书记关于建设"丝绸之路经济带和21世纪海上丝绸之路"的战略构想，把云南建设成为"我国民族团结进步示范区、生态文明建设排头兵、面向南亚东南亚辐射中心"的重要指示精神，充分发展南传佛教独特的文化纽带作用，为深化区域交流合作搭建平台，为宗教界人士、专家学者开展对话创建机制，推动宗教工作更好地服务于国家工作大局和云南经济社会发展，促进睦邻友好、合作共赢、和平发展。真诚希望与会的各位专家学者、各位高僧大德围绕论坛主题，献智献策，为我们做好南传佛教工作，推动南传佛教事业发展提供借鉴、带来启迪。

19 日上午，还将隆重举行 1 位帕松列和 5 位帕祜巴的升座庆典法会。这是我们全面贯彻党和国家宗教政策、加强宗教界代表人士培养的具体体现，对通过南传佛教深入而广泛地开展对外交流交往具有重要的现实意义。

最后，预祝论坛取得圆满成功！祝各位高僧大德、各位法师和朋友们身体健康、吉祥如意！

谢谢大家！

（黄毅，中共云南省委常委、省委统战部部长）

序言三 "南传佛教高峰论坛"
开幕式致辞

（2016 年 2 月 18 日，云南省景洪市）

曹中建

尊敬的国家宗教事务局蒋坚永副局长，

尊敬的云南省委统战部黄毅部长，

尊敬的云南省佛省协会刀述仁会长，

尊敬的各位高僧大德，

尊敬的各位来宾朋友、各位朋友：

由中国社会科学院世界宗教研究所和云南省佛教协会联合主办的"南传佛教高峰论坛"，经过紧张的筹备今天隆重召开了，这是南传佛教研究的一次高端论坛，也是中国与南亚—东南亚的南传佛教国际文化交流的一件盛事。请允许我代表研讨会的主办单位之一的中国社会科学院世界宗教研究所，向前来出席研讨会的各位领导、各位法师和专家教授表示诚挚的问候！向为筹备此次研讨会付出辛勤劳动的云南省佛教协会相关工作人员表示诚挚的感谢！

习近平总书记在出访中亚和东南亚国家期间，先后提出共建"丝绸之路经济带"和"21 世纪海上丝绸之路"的倡议，并在考察云南时提出，要求把云南建设成为中国"面向南亚东南亚辐射中心"，确立了云南在国家发展战略和对外开放大局中的地位和作用，凸显了云南在国家周边外交中的独特优势。云南省为中国的汉传佛教、藏传佛教、南传佛教唯一并存的地区，长期以来形成了三大语系佛教和谐发展的局面。尤其是云南与南亚、东南亚江河同源、山脉同缘，南传上座部佛教是联结云南与南亚、东南亚诸国民族经济文化的桥梁和纽带，西双版纳、德宏、临沧、普洱、保山等傣、布朗、阿昌和佤族地区，与缅甸、老挝接壤，邻近泰国，共同信仰南传上座部佛教。

中国与南亚、东南亚的南传佛教文化具有同根同源的共性，存在着某种"基本共享的文化或价值观"，这是把文化合作引入中国—南亚—东南亚国家全方位、多层次合作的基础。"一带一路"不仅是贸易与发展之路，同时也是文明互鉴、文化交流之路，正如习近平总书记所指出，要以人文交流为纽带，夯实亚洲互联互通的社会根基。在当前时代背景下，举办"南传佛教高峰论坛"，弘扬佛教和平精神，增进中国与南亚、东南亚国家的友谊和理解，推动中国与周边国家的文化交流和合作，对于构建亚洲文明对话的人文纽带，促进社会和谐及维护世界和平，具有积极的理论意义和现实意义。

本次论坛是国内外学术界首次举办的高规格的南传佛教学术研讨会，将以"慈悲济世、和平共荣"为主题，围绕南传佛教与国际和平、南传佛教与文化交流、南传佛教与环境保护、南传佛教黄金纽带的传承与弘扬等议题展开研讨。相信通过本次高峰论坛，一定会增进中国与南亚、东南亚国家南传佛教界、学术界的交流，共同探讨佛教在促进国际和平与社会发展中的积极作用，为促进国际和国内南传佛教健康发展，推动世界文明互鉴与和平发展做出新的贡献。

最后，衷心感谢各有关部门领导的大力支持，感谢为本次高峰论坛奉献大作的各位专家学者！祝各位领导、各位专家学者和来宾身体健康，六时吉祥！谢谢大家！

（曹中建，中国社会科学院世界宗教研究所）

序言四　在南传佛教高峰论坛开幕式上的致辞

罗红江
西双版纳州人民政府
（2016 年 2 月 18 日）

尊敬的国家宗教事务局蒋坚永副局长，
尊敬的中国佛教协会会长学诚长老，
尊敬的省委统战部黄毅部长，
尊敬的中国社会科学院卓新平所长、曹中建书记，
尊敬的省民族宗教事务委员会陆永耀副主任，
尊敬的海内外佛教界各位法师、专家、朋友们：

　　大家上午好！

　　经国家宗教事务局批准，通过精心筹备，南传佛教高峰论坛今天开幕了。这是南传佛教界的盛事，也是西双版纳州的大事，借此机会，我代表西双版纳州人民政府及全州各族群众向国内外佛教界的法师、专家、学者及嘉宾的到来表示热烈的欢迎！向长期以来关心支持我州宗教工作的国家宗教事务局、省民族宗教委等上级有关部门和社会各界表示衷心的感谢！

　　西双版纳傣族自治州成立于 1953 年 1 月 23 日，是云南省最早成立的少数民族自治州，全州有傣、汉、哈尼、布朗、基诺等 13 个世居民族，总人口 115.7 万人，少数民族人口占户籍人口的 77.6%。全州有国土面积 1.9 万平方公里，与老挝、缅甸接壤，与泰国毗邻，边境线长 966.3 公里，有 9 个少数民族跨境而居，境内外的少数民族在种族上同源，在语系上相通，在信仰上相同。全州佛教、基督教、伊斯兰教并存，信教群众 33 万余人，超过全州户籍总人口的 1/3，其中，信仰南传上座部佛教的傣族、布朗族群众 33 万人。南传上座部佛教于公元前 1 世纪传入西双版纳，经过长期的发展，成为西双版纳傣族、布朗族全民信仰的宗教。全州有佛

寺 593 个，佛教教职人员 604 人，僧人 2475 人。

西双版纳州委、州政府历来高度重视宗教工作，把宗教工作作为维护民族团结、促进边疆繁荣稳定的一项大事来抓。全面贯彻落实党的宗教工作基本方针、政策和法规，着力为信教群众构筑和谐的精神家园。建立健全组织领导机构，做到宗教事务层层有人抓、事事有人管。坚持以满足信教群众需要为办学目标，努力办好云南佛学院西双版纳分院。充分利用社会主义学院，扎实抓好党政领导干部、宗教工作干部、宗教教职人员"三支队伍"的学习培训。大力支持爱国宗教组织和宗教团体的建设，努力做到政治上加强领导，组织上强化领导，行动上加强协调，有效保证了宗教各项方针政策的全面落实。全州三大宗教坚持发扬爱国爱教优良传统，协助政府依法加强宗教事务管理，积极与社会主义社会相适应，在社会公益事业、对外友好往来、增强民族团结、维护边疆和谐稳定等方面起到了不可替代的作用。建州 60 多年来，全州未发生一起因民族宗教问题引起的群体性事件。

本次论坛以"慈悲济世，和平共荣"为主题，充分体现了国际南传佛教界共同致力于世界和平发展和人类文明进步的良好愿望和现实关怀。西双版纳是中国南传佛教的主要流传区域，是中国南传佛教文化的中心，同时也是中国南传佛教与南亚、东南亚南传佛教文化交流的一个重要窗口。在西双版纳举办首届南传佛教高峰论坛，这对于增进南传佛教国际文化交流与合作，推进我国与周边国家"一带一路"战略构想的建设，全面促进中国与南亚、东南亚国家的合作与和谐发展，具有十分重要的意义。这是南传佛教界顺应时代发展潮流积极参与国际问题研讨的重要举措，也是我州佛教界学习各国南传佛教经验一次极好的机会。希望我州佛教界人士虚心向各位高僧、专家学习，以过硬的实力成为南传上座部佛教文化的传承人、信教群众的知心人、和谐稳定的带头人。希望各位高僧大德积极弘扬佛教优良传统，回应时代发展要求，推动不同文明交流对话，倡导不同信仰和谐共生，共同构建人类命运共同体，携手绘就人类和谐共处美好画卷。

最后，预祝本次论坛取得圆满成功。祝愿大家在版纳期间心情愉快，身体健康，学有所获！

谢谢大家！

序言五　在首届南传佛教高峰论坛上的致辞

——当前中国南传佛教存在问题的思考

刀述仁

佛教是为国家服务、为社会服务、为民众服务的，这是佛陀教导世人的总原则。要度人，首先要依照国家法律办事，要依照佛教的传统规矩和戒律来做好佛教事业，才能实现振兴国家，为民众服务的作用。在新的时代背景下，中国南传佛教如何适应时代的发展？如何契合我国社会主义建设、社会主义改革的时代精神？这是对当前中国南传佛教提出的一个新课题。

当前，我国发展进步很快，国家的改革力度也日益加大。可以说，中国社会正处于有史以来的大改革、大变化和大发展时期，作为古老的南传佛教，如果不加强自身建设并进行必要的改进，就会越来越落后于国家发展和社会进步的步伐，就很难适应社会的发展变化。无疑，这是给中国南传佛教敲响的一个警钟，如果我们继续这样萎靡不振，不思进取，南传佛教就会落伍于时代的发展，无法满足信众对佛教的需求，南传佛教也就没有出路。因此，我们应该振作精神，认真反思中国南传佛教存在的一些主要问题，探索如何加强自身建设，主动适应时代的发展和社会的变化。

一　遵守国家法律，严守佛教戒律

加强中国南传佛教建设的第一方面就是要遵守国家法律，严守佛教戒律。在当前依法治国，建立法治社会的大背景之下，中国佛教迎来了良好的发展机遇。佛教本身有着优良的戒律传统，首先，每一个佛教徒都要遵守五戒，之后还有八戒、十戒以及比库戒，一直到巴帝摩卡①，这是佛教千百年传承下来的优良规矩。因此，佛教徒首先要遵守国家的法律法令，同时要更加严格地遵守佛教戒律和教规，国法和佛法并不冲突，尤其是在知法守法、止恶行善方面，两者是契合统一的。

中国佛教协会每年主持举办一次汉传佛教讲经交流法会，迄今已连续举办了六七年，2014 年是在昆明宝华寺举办，这是汉传佛教讲经、弘法、教化民众的经验交流。中国汉传佛教寺庙有着深厚的历史基础，但是现在也遇到很多新问题，寺庙经济生活没有保障，甚至很多大中城市的寺庙仅仅靠功德箱的捐款生存。事实上，功德箱的收入是没有保障的。万一寺庙没有了功德箱，寺庙和僧团将如何维系？这是一个新问题，所以内地的汉传佛教也在探索如何适应当前社会的寺庙经济基础。

在中国南传佛教寺庙经济基础这个问题上，我们要和广大的信教群众商量，要实地考察泰国是如何做的？缅甸是如何做的？老挝是如何做的？中国内地汉传佛教是如何做的？哪些是适合我们的？我们能学习借鉴哪些？老百姓能接受哪些？哪些符合佛教规矩？哪些不符合佛教规矩？这些问题需要大家共同来探讨，仅凭一己之力不可能提出切实可行的改革办法。

二　探索改进南传佛教寺庙管理模式

加强中国南传佛教自身建设的第二个方面是要不断探索改进寺庙管理模式。在南传佛教中，比库持守比库戒律，沙弥持守沙弥戒律，普通信众遵守五戒、八戒。随着时代的变化，很多佛教事业的传统老规矩已经不适用了。譬如，南传佛教历史上有托钵化缘这个传统，随着社会的变革，僧侣不可能像五六十年前那样每天外出托钵化缘，只能在每年几次重大佛教节日例行仪式上教导大家不要忘记这个古老的传统，日常生活来源主要依赖于村寨送米、送菜或者信众捐助钱财供养。由此可见，如何改变僧侣供

---

①　《巴帝摩卡》又称《比库巴帝摩卡》，是巴利语（Bhikkhupātimokkha）的音译，可分为教戒和经籍两种。根据律教法，"巴帝摩卡"含有最初、上首、极殊胜、极尊贵等义；根据经教法，"巴帝摩卡"则为"护解脱"之义，是一切善法的根本依处，随时随事受持戒条，解脱各别的烦恼与苦果。《比库巴帝摩卡》即比库、比库尼应持守的巴帝摩卡律仪戒。其中，比库巴帝摩卡共有 227 条，比库尼巴帝摩卡有 311 条。

养方式，如何维持寺庙的存续与法务开展，是摆在我们面前的一个新课题。

古老的、已经不适用的佛教传统规矩应该如何适应当今社会？我们目前正在探索和探讨当中，同时需要大家从不同的视野不断摸索、集思广益，争取在两三年内找到适宜的、切实可行的解决办法，既能保持南传佛教的优良传统，又能适应时代发展的需要。我们可从几个层面来探讨：第一，内地汉传佛教的一些办法我们可以学习、模仿，全部照搬却是行不通的；第二，藏传佛教的一些办法在南传佛教这里也是行不通的；第三，东南亚的缅甸、泰国、老挝这些南传佛教国家有一些适合我们发展的方法可以学习借鉴，但是全部照搬也行不通，因为我们的社会制度、社会情况不同。因此，中国南传佛教只有不断探索，不断变革，不断实践，走出适合我们自己的道路。总之，加强中国南传佛教自身建设首先要解决僧侣供养的问题，这是僧团生存的基础。解决了这个基本问题，僧侣才能安心学习、安心修持、安心为信教群众服务，这是南传佛教建设最基础的一个方面。

目前，由于历史发展的原因，中国南传佛教的寺庙建设和寺庙管理有些混乱。以修寺庙和做功德为例，最突出的一个问题就是存在不良的攀比之风。现在大家去寺庙做的很多功德是不符合佛教传统规矩的，要面子、互相攀比，真正礼佛、做功德的内容很少。修寺庙讲攀比，做功德讲攀比，这种攀比之风要不得。在南传佛教流传地区，群众还都不富裕，基本上解决了温饱问题，还有一小部分群众连温饱问题都还没解决。因此，修建寺庙要量力而行，不能互相攀比，寺庙经过维修能够使用就行，特别是有历史价值的、有文物价值的寺庙绝不能轻举妄动，一定要保存好寺庙的历史文物价值。有些老百姓不懂得保护和传承的重要性，认为"我们这个寺庙旧了，有几百年历史了，用水泥钢筋，外面用瓷砖玻璃贴上，亮宽宽的。"实际上，新建寺庙的价值（历史价值）还比不上老寺庙。

在景谷实地调研时发现，一尊佛像是明朝时期的，已有近千年历史，佛寺大门也保留着古老的建筑风格，然而当地人认为不好看，要重修；佛像太小，要搬走重塑。对此，我提出了三点建议：第一，要注意保护古老的历史文化，不能破坏；第二，（这尊）石佛像的价值比（新塑）贴金佛像的价值高，不要盲目攀比，佛像不要贴金，洗干净保持石头的本色；第三，古老的寺门要保存下来，不能拆，可以另修一个方便进出的门。

过去由于无知，不该拆的拆了不少，不该破坏的破坏了不少，多么可惜！若能作为历史文化留给子孙后代，其价值不可估量！这是没有文化、不重视文化的表现。所以，在修建寺庙时，一定要保护好具有历史文物价值和文化传统的东西，不要乱改，不要攀比。

此外，功德主进寺庙做功德相互攀比，用不上的东西买了很多，徒增不少垃圾，真正用在寺庙上的功德款非常少。无疑，这种攀比也是一种浪费。在缅甸，功德主去寺庙，把自己要供养的项目写在在纸上，请长老念经，功德款全部归寺庙所有，这样既不浪费，功德款又用在了实处。因此，中国南传佛教界要引导信教群众，能节约的就节约，能简化的就简化，把有限的资金用在实处，如用在恢复、修复寺庙上，用在佛寺僧侣生活上，用在办学办教育、刻印经书上，用在慈善救济上，等等，以教育为例，可以兴办针对南传佛教小和尚的教育，可以支持南传佛教僧侣去东南亚、南亚国家留学深造，可以支持贫困家庭学生学费，也可以在村寨为青年办夜校学习傣文、汉文知识等，我们一定要致力于佛教文化和民族传统文化的保护与传承。

三　健全南传佛教的规章制度

加强中国南传佛教自身建设的第三个方面是要健全南传佛教的规章制度，僧侣要严格遵守佛教规矩。既然出家为僧，在剃掉千根发丝的时候，就要下决心正信正行，全心全意献身佛教事业。诚然，如果出家三年想还俗，这是中国南传佛教的传统制度，也符合党的宗教信仰自由政策。然而，在出家为僧的三年内，一定要严格遵守佛教规矩，做合格的比库、合格的长老，全心全意为佛教事业贡献力量，只要在僧团内部一天、一月，就要尽心尽力做一天、一月合格的僧侣，严守佛教规矩。

为了整肃僧团，维护佛教的清净，云南省佛教协会南传佛教工作委员会准备用两年的时间调查研究，不断健全南传佛教的规章制度。对待违反佛教规矩的僧侣，历史上的传统做法是还俗离寺。对此，我们要与时俱进，适当改进一下，依据违反规章制度的程度，该批评教育的批评教育，该限定改进的就限定改进，该处罚的要处罚，比如罚修桥补路、罚修寺庙围墙等。如果有僧侣既违反佛教规矩又触犯国家法律法规，除了佛教教规处罚之外，还要移交国家司法机关，依法处理。总之，健全南传佛教的规章制度不是为了处罚，旨在教育，导向正信正行，维护佛法的尊严。

四　兴办学校教育，培养人才

加强南传佛教自身建设的第四个方面是兴办学校教育，培养人才。培养人才是我们加强自身建设最核心、最重要的一个方面，在这方面需要注意两个问题。

其一，克服等靠要的懒惰思想，力所能及兴办学校教育。兴办学校教育关系到中国南传佛教人才的培养。应该正视的是，多年来我们一直在向国家伸手，而兴办教育是我们自己的事情，不能因为没钱就不办，不能只躺在国家身上，向党和政府伸手要钱，党和政府给我们的关心和支持，我们要感恩。然而，毕竟佛教教务是我们自己的事情，不能完全等着党和政府来包办。兴办学校教育不能等待，可以量力而行，因陋就简。例如勐海县打洛镇的勐景来佛寺，依靠寺庙积攒一点钱以及周末学僧去村寨化缘这样的方式，安守简单的生活却能坚持每天上课学习。我们为什么不可以做呢？关键是寺庙的长老、比库是不是真心实意想为弘法利生做点事情。我们一定要改变躺在国家身上伸手的懒汉心理，想办法克服困难，有多少能力办多少事，不能一味等待，无所作为。

其二，兴办教育首要是人才，有人才就有办法。加强佛教自身建设的最重要的一个方面就是培养人才。具备了高素质的人才就有利于与信众商量、与政府沟通，问题就能迎刃而解。因此，各个地市、县乡不要等着政府拨款，首先要把教育办起来，不仅要举办对僧侣的培训，还要举办对信教群众的教育班。2015 年，国家宗教局准备在西双版纳举办南传佛教教职人员学习班，云南省佛教协会也要举办南传佛教培训班来培养人才。经过省委批准，还要确定几个南传佛教的初级佛学院点，目前，云南佛学院西双版纳分院已经顺利步入正轨，云南佛学院德宏分院也要争取在一两年内创办起来。此外，中国巴利语系高级佛学院正在办理申报手续。迄今为止，南传佛教选送到内地学习、国外留学僧侣有五六十人，现在回来担任工作的有十几个人，这些都是具备大学文凭的南传佛教人才。

目前，为了有专人办理南传佛教工作事务，云南省佛教协会正在申报一个南传佛教工作办公室。此外，拟于 2015 年在西双版纳、德宏、临沧、思茅地区晋升一批祜巴，这是为了适应国家形势的需要，与国际南传佛教接轨，提高中国南传佛教在国际上的地位，充分发挥中国南传佛教在国际文化交流中的积极作用。

如上所述，关于加强南传佛教自身建设的四个方面，均是为了引导中国南传佛教与社会主义社会相适应、与时代的发展和社会的进步相适应而提出的具体办法、具体举措。当前，中国南传佛教虽然存在一些不容忽视的现实问题，但是我们相信，在中国共产党领导的社会主义新中国，只要大家一起努力，不断加强自身建设，中国南传佛教就有出路，就有希望。

（刀述仁，中国佛教协会副会长，云南省佛教协会会长。本文是2014年12月在云南省南传佛教工作座谈会上的讲话，由明捐法师根据会议录音整理）

序言六 在"首届南传佛教高峰论坛"上的致辞

（2016 年 2 月 18 日，中国·景洪）

帕松列龙庄勐

尊敬的各位领导、各位高僧大德、各位专家学者：

大家上午吉祥！

因缘殊胜，今天，"首届南传佛教高峰论坛"在景洪隆重开幕，在此，我谨代表中国南传佛教僧团对论坛的顺利举办表示热烈的祝贺！向专程莅临论坛指导的各位领导表示衷心的感谢！向出席论坛的各位专家学者致以真诚的祝福！

中国南传佛教与南亚、东南亚南传佛教同根同源，法脉相承，共同组成"东南亚南传佛教文化圈"，这种天然的黄金纽带联系使得双方的佛教文化交流源远流长。

西双版纳位于中国西南边陲，与老挝、缅甸接壤，与泰国毗邻，西双版纳南传佛教历史悠久，与南亚、东南亚南传佛教法乳同源，是中国与南亚、东南亚南传佛教交流的一个文化窗口，而且对当地的文化繁荣和社会发展起到了不可替代的重要作用。

本届南传佛教高峰论坛的主题是"慈悲济世，和平共荣"，宗旨在于弘扬佛教和平精神，增进中国与南亚、东南亚国家的友谊和理解，促进南传佛教国际文化交流与合作；增进中国与南亚、东南亚国家佛教界和学术界的交流，共同探讨南传佛教文化在促进国际和平与社会发展中的积极作用。

今天，参加"首届南传佛教高峰论坛"的领导、高僧、专家学者来自十多个国家，感谢大家在百忙之中出席论坛，共同研究探讨南传佛教在遵循佛陀教导、促进世界和平，促进文化交流与环境保护，造福人民方面的作用和价值，意义深远。

最后，预祝论坛取得圆满成功！

祝福各位领导、各位高僧大德、各位专家学者身心安乐！吉祥如意！

谢谢大家！

（帕松列龙庄勐，中国佛教协会副会长，云南省佛教协会副会长，西双版纳州佛教协会会长）

第 一 编

国际视野下的南传佛教

佛教与世界

——关于宗教与文化战略关系的思考

卓新平

首先，热烈祝贺首届南传佛教高峰论坛的成功举办！佛教在世界文明进程中起着非常重要的作用，是东方智慧的典型体现。而南传佛教更是以其悠久的历史、厚重的传承和丰富的积淀在整个佛教体系中举足轻重、意义独特，值得我们认真回顾、深入研究。佛教的历史及现实意义，就体现在其作为世界三大宗教之一而对人类文明产生了久远且广泛的影响，而且佛教是这世界三大宗教中最早的宗教，有着最为独特的魅力，其对世界文化的贡献非常卓越、不可取代。佛教很早就为世界提供了较为成熟的文明宗教、人文信仰的典型模式，集中展示了人类信仰文明的特征、意蕴及其巨大的感染力。在佛教中，人们开始发现东方智慧的优点，体悟神秘精神的深邃。在我们今天对世界文明的总结中，对于佛教理应浓墨重彩地描述，可以悠然无羁地遐思。其幽深、其博大，迄今仍让当代人类感慨、惊讶。

在中国宗教的传播及发展中，佛教则是最早传入中国的外来宗教，佛教使中国人在两千多年前就开始比较深入地了解世界文化、感受其他民族的精神世界和信仰生活。这里，我们得以获知宗教比较、文明对话的真谛及精髓。而且，佛教还是成功实现宗教"中国化"的典范，在中外宗教交流历史上，佛教是与中国社会文化结合得最为成功的，其重要见证就是佛教今天在中国社会中仍然是信众最多、影响最大的宗教；佛教以其"依国主""创禅宗""传净土"等接地气的方式而得以在中国华丽转身，在政治、文化、民俗等方面适应了在中国社会及文化中的生存，并进而影响到中华文明的发展，为人类贡献出具有中国特色的佛教智慧和文化。由此，在中国文化的对外传播与发展中，佛教能够起到重要作用，代表中国宗教形象，可以说，中国化的佛教形态已经成为世界各族认识中国文化的主要形态之一。在这种互补互惠中，对于佛教而言，正是中国才使佛教真正发展成为具有广泛意义的世界性宗教，佛教已与中华文明水乳交融、不可分离。

具有世界精神和多族文明特点的佛教在中国并不是孤立的发展，而是与儒、道等中华本土文化有着频仍且密切的交流及融合，这种儒、佛、道三教的圆融使中国文化的理学、心学、道学得以有机共构，拓展了中华文明的精神世界，深化了中国思想的哲理底蕴，提升了中国人信仰生活的灵性境界，中国社会曾有过"以佛治心、以道治身、以儒治世"的社会精神治理方略，三者之间有着积极的协调、配合及互动，从而为我们中国社会可能创立多元包容、美美与共的主导性共同体信仰奠立了坚实的基础。

从佛教对世界的作用、影响及意义，引发了我们对于宗教与文化战略之关系的思考。不可否认，在以往的文明冲突或文明对话中，宗教都曾起过非常关键的作用，佛教亦不例外，所以宗教在决定战争或和平的选择中都事关重要，甚至极为关键。必须看到，宗教作为人类文化的灵性资源和精神表述，有着使人类自我及其精神生活本身不断升华，以及促进社会和平共处、和谐美好的两大使命，这就形成了相关民族或国度的文化象征及文明传承。宗教的这种意义在当代许多国家和地区的社会存在中都仍然保留住了其代表性意蕴和核心地位。这一不争的事实，是我们今天思考并推行文化战略时必须要注意的。

宗教所关注的根本问题乃形而上之道和形而下之德，在宗教中，天地人、精气神、身心灵得以整体思维、通盘考量，是本体论、认识论、实践论（即道德论）的共在同构。就佛教所提供的精神资源来看，在形而上之本体论层面就有悟透天地本原之"梵"，在主体认识论层面则有心性觉悟之"佛"和超越生死之"涅槃"，而在社会实践之道德论层面也还有普度众生的菩萨之"慈悲"。同理，中国古代传统的宗教智慧亦曾强调"道之大原出于天""善于天者，必有验于人""人与天地相参也，与日月相应也""天地之大德曰生""天之在我者德也，地之在我者气也，德流气薄而生者也"，道家及道教文化由此而"道""德"并论，相得益彰。具有宗教情怀的大科学家爱因斯坦在探究、体悟宇宙原动力、生命力时同样也在任何宇宙运行现象之后感觉到"爱"的存在，并以神明来表达这种宇宙的能源、生命的精髓。所以说，在宗教这里，科学与哲学、超然与自然是完全可以打通的，并无障碍或羁绊。仅认识意义上而言，宗教乃人类认知及把握世界的一种独特且重要的方式，表达出人类面对无限宇宙时的好奇、惊讶、想象和探索，因此宗教与科学就并非天然对立，宗教与哲学也没有必要绝对分殊。体认宗教的本真需要像爱因斯坦那样的慧眼，应有一种深邃、超越性把握，而不可简单、肤浅地认知，这一点对于我们中国人今天理解宗教尤为重要和必要。

在人类文化系统中，政治的奥秘在于以实力治人，经济的奥秘在于以利益诱人，而文化的奥秘则在于以心灵感人。宗教作为一种文化精髓，其奥秘就在于宗教不只是折服于无限并对之倾慕、向往、敬仰，而且也让人的思想觉悟、身体解放、精神超越，以超然、洒脱之境界来洞察大千世界，静观人世福祸，由此不以物喜、不为己悲，在觉悟中淡定，在透视中有为，走出自我，穿越时空。这就要求践行宗教者要不断超越自我、远离迷俗、止于至善，始终保持升华、真美、圣贤之态。同时，宗教作为一种社会群体的追求，则要促进人际和谐共存，善待彼此的合作、共融精神。在大自然中，没有两片完全相同的树叶，但满目树叶却可共汇为一片和悦的绿色。这就启迪人类各族在保持各美其美之际应努力实现美美与共的大同和共同。对此，当然需要宗教的积极投入，需要社会的包容，我们应让梦境与希望共织，使关爱与奉献同舞，致力描绘出人间大美的山水画，展示出社会共融的和谐图。我们今天在世界交往中谈到了"一带一路"这一关键词，其实"丝绸之路"的活力就在于人与人之间的交流、精神之间的灵动。

所以，我们在当今世界错综复杂的局势中要想守住人类可能共存的底线，争取宗教在世界和平中发挥其建设性功能，起到更为积极的作用，就必须解放思想，调整思路，做到整体思维、涵摄兼容。宗教的底蕴及本真乃是对人之慈爱和对己之超越，这种原则所指导的人际交往、社会交流应该是积极的、建构性的、共赢的，由此宗教的沟通和理解就可以帮助相关国家或民族及其不同群体铸剑为犁、变恨为爱、化干戈为玉帛，让人们走上和解之道，使世界有着和平发展。这种对宗教的充分肯定和积极引导，是我们合力共建人类命运共同体的基本前提和重要保障。显而易见，尊重宗教的政治是充满睿智的政治，包容宗教的社会是洋溢和美的社会，洞观宗教的科学是真正彻底的科学，善待宗教的民族是拥有信仰的民族。"人民有信仰，民族有希望、国家有力量"。今天，我们要理直气壮地弘扬宗教的正能量，发挥宗教的正功能，关注并推动宗教在文明对话中的参与，呼吁并促成宗教在民族和解、社会团结、国际合作、世界共存中发挥重要作用。中国作为正在崛起的新型大国，更应该鼓励和支持宗教深化并扩大这种在国际范围内的建设性对话、致力营造出人类友谊、世界平安的和谐气氛。宗教在当代世界新文明、中国新文化的构建中有着积极作用。我们应该发掘出宗教的这种潜力，让宗教以与时俱进的姿态进入当代社会，提供其智慧与勇气。对此，有着悠久历史和优秀传统的佛教理应当仁不让，走在前列。

祝愿首届南传佛教高峰论坛取得圆满成功！

（卓新平，中国社会科学院学部委员，世界宗教研究所所长）

南传佛教源流与特色

玛欣德尊者

世界的佛教可以分为三大传承，即：汉传佛教、藏传佛教和南传佛教。我国自古以来都流传着这三大传承，它们又可以依经典语言而分别称为：汉语系佛教、藏语系佛教和巴利语系佛教。汉传佛教产生于中国汉地，流传至今已经有两千多年的历史，藏传佛教和南传佛教在中国也流传有一千三百多年了。对于汉传佛教和藏传佛教，相信在座各位并不陌生，但对于南传佛教，目前在佛教界和学术界的关注度都相对比较低，研究和弘扬的力道也略嫌不足。

一直以来，由于传承、地域、语言等方面的隔阂，人们对南传佛教有诸多的解读和说法，有人认为它是原始佛教，有人认为是部派佛教，有人说是小乘佛教，众说纷纭。这些说法孰是孰非姑且勿论，在此，请允许我以一名上座部僧人的角度，来介绍一下南传佛教的源流与特色。

一　何谓上座部佛教

南传佛教，因为是由印度本土向南传播到斯里兰卡、缅甸、泰国等地而形成的佛教体系，在地理位置上处于印度之南，故称"南传佛教"。又因其主要流传于东南亚、南亚一带地区，故也称为"南方佛教"。

然而，南传佛教的规范称呼应该叫"上座部佛教"，这是南传佛教内部和国际上通用的名称。上座部，巴利语 Theravāda 的意译，由"上座"和"部"组成。

上座，巴利语 thera，又作长老。依戒律的角度，凡出家达上满十个瓦萨（vassa，戒龄）或以上的比库，称为"长老"，满二十个瓦萨或以上的称为"大长老"。

在经典中则把 thera 作 thira 解释，其意为稳固、坚固。如《长部义注》说：

"Therā'ti thirabhāvappattā therakārakehi guṇehi samannāgatā. "

"长老，即已达到稳固的状态，拥有作为长老的诸功德者。"
(D. A. 1. 136)

《本行义注》说：

"长久住立故为长老；又或与更稳固的戒、正行、柔软等诸功德相应故为长老；又或以稳固的最上戒、定、慧、解脱、解脱智见诸功德相应故为长老；又或更稳固地证悟称为殊胜、无上、寂静的涅槃故为长老。"
(Ap. A. 5)

部，巴利语 vāda 的意译，直译为说、论，即学说、观点、主张的意思，引申为学派、宗派、部派。因此，"上座部"的意思是长老们的观点、上座们的学说。

二　上座部佛教源流

那么，上座部是怎么来的呢？其实，佛陀在世时并没有所谓的上座部、大众部、说一切有部、经量部、法藏部等部派，更没有所谓的"大乘""小乘"等区别。当时的僧团在教理上、戒律上皆是同一师学、和合无争的，犹如水乳交融，并没有出现多少分歧。

佛陀非常关心僧团的和合与发展，他在般涅槃前叮嘱说，若比库们遵行七法，能够使僧团兴盛而不会衰败，其中的第三条是：

"Yāvakīvañca, bhikkhave, bhikkhū apaññattaṃ na paññapessanti, paññattaṃ na samucchindissanti, yathāpaññattesu sikkhāpadesu samādāya vattissanti, vuddiyeva, bhikkhave, bhikkhūnaṃ pāṇikaṇkhā, no parihāni. "

"诸比库，只要比库众对尚未制定者将不再制定，已经制定者将不废除，只按已制定的学处受持遵行。诸比库，如此即可期待比库众增长而不衰退。"（D. 2. 136）

佛陀般涅槃的那一年雨季安居，马哈咖沙巴（Mahākassapa）长老在王舍城主持了第一次结集，精挑细选了五百位阿拉汉参加，一起记诵和审核佛陀在 45 年中所教导的戒律与正法。结集结束之际，阿难尊者说佛陀在般涅槃前曾提到微不足道的学处可以舍弃的问题。由于与会大众意见不一，于是，马哈咖沙巴尊者重申了佛陀临终前的教导：

"Apaññattaṃ. nappaññapeti, paññattaṃ na samucchindati, yathāpaññattesu sikkhāpadesu samādāya vattati. "

"尚未制定者不应再制，已经制定者不应废除，只按已制定的学处受持遵行。"（Cv. 442）

此项决议获得全体与会者的一致通过。由于所有与会者都是佛陀的亲传弟子、德高望重的长老，因此，这种代表佛陀本意的长老们（thera）的观点（vāda）就称为"上座部"（Theravāda），即长老们的观点。同时，这项决议的精神也就在以上座长老为核心的原始僧团中保持下来。

佛教在日后漫长的流传发展过程中，不断分出许多学说和部派，但是，作为保守圣者传统、以维持佛陀教法纯洁为己任的"上座部"，自始至终都坚持以下恒久不变的原则：

1. 佛陀没有制定的戒律、没有说过的法，不应添加；

2. 佛陀已制定的戒律、已说过的法，不应废除，不应随意篡改；

3. 只应遵行佛陀所制定的戒律、所教导的法；

因此，凡是坚持这些观点、遵守这种传统的，就称为上座部。

公元前3世纪，印度孔雀王朝第三代国王无忧王（Asoka，阿育王）统一了整个印度。他后来笃信佛教，广修塔寺，普施僧众，因此有很多外道苦于生计，竟自行剃了光头，穿上袈裟，冒充比库来接受供养，并且用外道的修行方法扰乱佛教。于是，无忧王从阿厚冈葛山（Ahogaṅga pabbata）中迎请了摩葛利子·帝思（Moggaliputta Tissa）长老前来整顿僧团、淘汰外道。随后，又挑选了一千位阿拉汉比库，在王都巴嗒厘子城举行第三次圣典结集，历时九个月，完整地诵出了巴利三藏。

结集之后，僧团作出一项富有深远意义的决定：派出九个弘法使团到印度国内外各地去弘扬佛法。其中的第八使团由索纳尊者（Sona）、伍德勒尊者（Uttara）带领到了金地（Suvamabhūmi），即今天缅甸南部的达通（Thaton）至泰国中南部一带地区。第九使团由阿拉汉马兴德尊者（Mahinda）带领到了狮子洲（Sīhala - dīpa），即现在的斯里兰卡（Sri Lanka）。

由于缅甸、泰国、斯里兰卡都位于印度的南方，因此这一系的佛教称为"南传佛教"。当时无忧王所护持的佛教属于上座部一系，因此传播到这些地区并一直流传至今的仍然是上座部佛教。也就是说，南传上座部佛教是当时受到国家力量护持并向南方传播而流传到今天的佛教。

上座部佛教目前主要盛行于斯里兰卡、缅甸、泰国、柬埔寨、老挝这五个南亚和东南亚国家。另外，印度东北部、孟加拉国东部、越南南部，和中国云南的傣族、布朗族、佤族、阿昌族等地区，传统上也是上座部佛教流传地区。从19世纪末开始，上座部佛教也传播到欧美澳等西方国家，并有持续发展之势。

三　上座部佛教的特色

与汉传佛教和藏传佛教比较起来，南传上座部佛教有很多富有特色的地方。由于时间关系，我们在此略举一二。

（一）只尊奉释迦牟尼佛

汉传佛教信奉诸多的佛、菩萨、罗汉、金刚、祖师、诸天鬼神等，例如阿弥陀佛、药师佛、观世音菩萨、地藏菩萨等。藏传佛教则有更庞大的神佛体系，除了诸佛、菩萨以外，还有金刚、明王、度母、空行母、各派祖师、护法神等，多不胜数。即使对于佛陀，也有法身、报身、化身之说，如"清净法身毗卢遮那佛，圆满报身卢舍那佛，千百亿化身释迦牟尼佛"，认为释迦牟尼是"化身佛"。但是，当我们走进南传佛教寺院，会发现只供奉释迦牟尼佛。因为上座部佛教只礼敬、尊奉历史上的果德玛佛陀，并视其为导师，不崇拜菩萨、祖师、护法等。

（二）只依巴利三藏

汉传佛教的经典总汇叫《大藏经》，藏传佛教则分为《甘珠尔》和《丹珠尔》两大部分。里面除了收录小乘三藏之外，还有大量的大乘经典，诸如《华严经》《法华经》《金刚经》《楞严经》等，此外还收录了历代祖师大德撰写的名目繁多的论典。而上座部佛教所传承的经典，是在西元前3世纪无忧王时代即已经定型的巴利语三藏圣典，以及解释这些圣典的义注和复注。在数量上，要比北传经典少至少十几倍。

巴利三藏是在所有南传上座部佛教国家和地区共同尊奉并且没有争议的权威性圣典。需要指出的是，南传上座部佛教流传至今2300多年，不曾出现过一位祖师，也不曾出现过任何一个因为倡议殊胜教法而另立的宗派。假如有佛教学者或历史学家想撰写一本所谓《南传佛教思想发展史》之类的著作的话，他可能会发现有关资料将异常缺乏，以至于不得不回来研究巴利三藏及其注释。当然，上座部僧团也存在着一些派别，但那也只是在持戒松紧等枝末方面的分歧，在经典与教理方面还是一致的。

（三）使用巴利语

南传上座部佛教所使用的经典语言是巴利语。"巴利"（Pāli）原来并非语言的名称，而是"圣典""佛语"的意思。巴利语属于古印度马葛特（Magadha）一带地区的方言。佛陀在世时，这一带地区所使用的语言叫马葛提语（Māgadhī）。后来，以马葛提语为载体的佛教经典传到了斯里兰卡、缅甸、泰国等地。虽然这些地区原来都有自己的民族语言，但为了表示对圣典的尊重，当地的长老比库们不敢随意改变佛陀的语言，于是直接用马葛提语来传诵经典。直到现在，比库们在诵经的时候，并不用自己的民族语言，而是用巴利语。因为圣典叫"巴利"，于是记载和传诵圣典的语言就叫"巴利语"。巴利语的特点是发音清晰，韵律动听，即使不用刻意吟唱，念诵起来仍然如歌曲般优美动听。能够把佛陀讲经说法的语言基本保持不变，不能不说是语言发展史上的奇迹。

（四）注重戒律细行

讲到持戒，有些人认为要入乡随俗，可以不必拘泥小节，所谓"随方毗尼"嘛。然而，上座部佛教却强调，戒律是佛教的寿命，是修行的基础，如此，上座部佛教有许多看似不合时宜的现象。在此试举一例：我们身上所披的这一套红褐色、土黄色的袈裟，必须按照《律藏》的规定进行裁剪、缝制和染色，它保留了佛陀在世时的服装式样。如此，见到我们，就犹如见到佛陀在世时的圣僧团一样。有位长老曾自豪地说：世界上没有任何一种服装像我们身上的袈裟那样，保持了2600年不曾改变。

在现代物质文明高度发达的今天，上座部僧人仍然过着托钵集食、离非时食、半月诵戒、雨季安居、行邀请法、作咖提那衣等简单朴素的原始佛教律制生活，这正是他们严持戒律、注重细行的修学态度的结果。

（五）禅修次第清晰

上座部佛教难能可贵之处，是它完整地传承了佛陀当年所教导的一整套止观禅修方法，严谨系统，次第分明。禅修者可以通过专注呼吸等方法修习禅定，证得禅那后，借助强有力的定力来培养观智，观照名色法（即物质现象和心理现象）的无常、苦、无我，次第成就十六种观智，乃至今生证悟道果涅槃。虽然佛教流传至今已有 2600 年了，但人们仍然能够依照这些方法，亲自体验各种不同层次的修行境界。

（六）教化社会

许多人一提到上座部佛教，自然会冒出一句"小乘佛教"。他们认为小乘佛教的最高果位是证阿罗汉以求"灰身灭智"，做"自了汉"，不发菩提心救度众生云云。这是对上座部佛教的误解。

上座部佛教认为，弘法利生是出家人的义务。但想要度化众生，自己先须学有所成，修有所证，即先度己后度人。在现代教育尚未普及的年代，南传佛教寺院几乎都是当地儿童接受文化和品德教育的学校。上座部僧人既是知识的代表及道德的楷模，又是积累功德的对象及社会道德的倡导者。上座部佛教流传的地区，几乎都是全民信教的地区，佛教的影响无所不在，几乎渗透到每一个人的生活方式、行为模式、价值观念、人生取向等方面。当代上座部比库到政府机关、学校、医院、监狱等地弘法教化是司空见惯之事，许多寺院还经常举行各种弘法、禅修、星期日学校、社会公益等活动，有些德高望重的长老还经常受邀前往欧美澳等西方国家弘法教禅。上座部僧人自古至今在维持传统、净化人心、和谐社会上发挥着重要的作用。

四　结语

在当今世界各种宗教、国家、种族冲突频繁的今天，我们在西双版纳这个美丽的地方召开"首届国际南传佛教高峰论坛"是很有意义的。在世界各大宗教当中，佛教是最强调慈悲、友爱、和平的宗教，在佛教流传的 2500 多年中，从来没有制造过一起宗教迫害或宗教流血事件。佛教在传播过程中，始终履行着传播文化、团结民族、提升道德、净化人心与和谐社会的使命。今天，世界各国的上座长老以及三大传承的高僧大德齐聚一堂，共同探讨佛教"慈悲济世，和平共荣"的主题，继续发扬南传佛教各个国家、地区、民族之间友好往来的历史传统，充分发挥佛教在这些国家和地区以及在当今时代的正面影响力，为弘扬佛教优良传统、增加佛教文化交流、促进国际和平、维护民族团结、保护生态环境等方面做出积极的贡献！

（玛欣德，云南省西双版纳法住禅林业处师）

试论南传佛教的区位优势与文化战略支点作用

郑筱筠

南传佛教在长期的发展过程中，形成了鲜明的宗教文化区位优势。这一区位优势不仅体现在传统意义上的东南亚南传佛教文化圈，而是在发展过程中，随着南传佛教在欧美国家的影响日益增大，这一区位优势的辐射力正在世界范围内发挥着越来越大的作用。因此，在我国"一带一路"战略构想倡议下，我们要以宗教力的区位优势来打造文化区位优势，与我国与世界各国之间的经济区位形成互补机制，以世界文明之间的平等、宽容的理解和交流互鉴为文化合作机制的前提，积极发挥宗教的正能量，建立宗教的"文化一体化效应"，推动我国与世界各国的全方位交流、对话，形成平等包容的国际对话模式。本文即围绕着南传佛教的区位优势、南传佛教的文化战略支点作用展开论述。

一 南传佛教的区位优势

在全球化时代背景下的 21 世纪，国际社会的发展呈现出许多新的趋势。宗教在全球化体系中的作用开始得以显现。这尤其表现为宗教的地缘文化因素对于国际秩序、区域一体化以及国家间关系的构建作用日益明显，影响和作用越来越大，地缘文化成为国际舞台的第三战场。就云南而言，以东南亚地缘、族缘、亲缘，乃至教缘关系为主，构成了特殊的地缘文化体系。随着近年来我国国际合作、交往的密切，地缘文化作为一种变量，日益成为国家、国际组织等行为体促进自身国际竞争力提升、发展与其他国家和国际社会关系需要考量的重要战略性因素。而南传佛教则开始逐渐凸显为跨境民族文化交流活动的主要影响因素。首先，跨境民族文化的传播容易形成地缘文化的认同。其次，南传佛教具有鲜明的国际性特征，南传佛教信徒对佛教的认同也是较强的文化认同体系，这就是一种区位优势。随着南传佛教信徒在世界各国的分布日益广泛，其国际影响力日益增多，因此这一区位优势正在逐渐向世界各地辐射，所有东南亚各国信仰南传佛教信徒都会对南传文化有较强的认同；值得注意的是，在20世纪70—80年代以后，东南亚地区向欧美各国的移民出现了三次热潮，极大地促进了区位优势向世界范围的辐射。

二　南传佛教的区位优势与
"一带一路"战略的关系

"一带一路"战略的提出是一个大构想，有着广阔的发展前景，对于推动世界各国共赢互利、互联互通、互信互助有着积极的作用。南传佛教与"一带一路"战略的实施有着较为密切的关系。因为东南亚地区的地理位置使东南亚各国在世界政治、经济、文化、军事格局中的地位非常重要。它不仅对中国重要，它对世界各国的国际发展战略来说，都是非常重要的。因此，我们应该前瞻性地转变观念，从全球发展的视野下，正确认识南传佛教的国际性特征，充分发挥南传佛教的区位优势，使之成为我国与东南亚各国友好发展的一个文化战略支点。

三　如何发挥南传佛教区位优势的
文化战略支点作用

"一带一路"倡议涉及几十个国家，40多亿人，影响范围甚广，因此，在我国与"一带一路"战略沿线各国的交往过程中，我们应积极发挥南传佛教的宗教正能量，依托南传佛教的宗教网络组织，以宗教的区位优势来打造文化区位优势，与经济区位合作机制形成互补，辩证看待南传佛教的积极作用，建立宗教的"文化一体化效应"，在世界文明交流的平台上，打造南传佛教的文化软实力，建立深层的世界文化合作机制，形成平等包容的国际对话模式。这可以从以下几个层次进行。

（一）辩证地认识到南传佛教的区位文化优势，打造南传佛教的文化一体化效应正确对待并因势利导

跨境民族文化的传播容易形成地缘文化的认同。民族文化的相通性是云南与周边东南亚国家共同的现象。据不完全统计，云南的跨境民族有16个，为全国之最，这种复杂而交错跨居的民族分布构成了中国西南边疆特有的地缘政治和跨境民族文化模式。跨境而居的民族，彼此间有天然的族缘认同和文化认同，为文化在不同国度间的传播和交流提供了极大的便利条件。从文化格局的分布来看，由于地缘、族缘和亲缘关系等原因形成文化一体化效应是正常现象，在内地常以差序格局形式出现，但在云南与东南亚各国接壤地区，虽然并未形成差序格局的特征，但也形成了自己的特点。就云南南传佛教信仰区域来看，其形成了以族缘、亲缘和地缘认同为主的地缘文化一体化效应，即以族缘认同为深层纽带，地缘关系为辅的文化交流关系。具体而言，就是形成了以傣泰族群文化为主，辐射周围布朗族、阿昌族、德昂族和部分佤族、彝族的南传佛教文化圈。在进行佛教活动时，虽然在不同地域有地域性特征和民族性特征，但是其文化核心却是南传佛教，从而逐渐形成地缘文化一体化效应。对此，应该因势利导，以此为契机，积极搭建文化交流平台，努力将中国与世界各国的对话、理解融入其中，产生中国—东南亚南传佛教文化一体化效应。

（二）努力搭建国际宗教—文化交流平台，正面宣传我国的各项方针政策

我们可以建立地缘—跨地缘的南传佛教文化交流平台，加强对话、沟通和交流，正确宣传我国的各项方针政策，让世界了解中国，让中国更好地与世界对话。

从国际形势来看，美国早已开始通过宗教向世界传播美国主流意识形态话语，现在也力图通过宗教的传播取得自己在全球的话语权。现在西方国家有时不能正确认识我国的民族宗教政策，甚至以双重标准对待中国反恐等活动，企图在国际上打造一个负面的中国民族宗教政策形象。对此，我们要正确地宣传我国的民族宗教政策。

因此，当我们在思考宗教在对外发展战略层面的地位和作用时，还需考虑到在转型时期，宗教能够在中国对外战略、公共外交的哪些领域或哪些层面发挥作用。

历史经验和宗教发展史表明，宗教文化在国际传播领域中的重要价值就是输出思想和核心价值观。就亚洲佛教信仰文化圈而言，佛教文化的内在黄金纽带使之具有非常丰富的共享价值观资源。例如，从地缘宗教的角度来说，东南亚地区形成了以信仰南传佛教为主的南传上座部佛教文化圈，泰国、缅甸、老挝、柬埔寨等国家与我国云南的 16 个跨境民族之间天然的族缘联系、地缘联系、血缘联系、文化联系使之自然而然地具有内在宗教文化的亲和力，而宗教文化活动的民众参与性特征可以消弭族群、语言和政治的边界，在共同的佛教活动中，增进相互的了解和交流。此外，近年来，我国南传佛教开始较为注重僧才的培养，已经建立培训中心和各级佛教学校和佛学院，在培养满足信教群众需求的僧才的同时，也积极加大力度培养走进国际视野、进行国际对话的高水平南传佛教僧才。这在很大层面上就是在宣传我国的民族宗教方针政策。

（三）通过南传佛教的文化区位优势，积极开拓多渠道的宗教外交

在"一带一路"战略的实施进程中，我国在与国际政治、经济、文化、社会体系对接的过程中，还存在一定程度的"短板"。因此，我们应该积极提升国际形象，补齐我国在全方位的立体外交进程中的"短板"。从这一角度来看，南传佛教的文化区位优势可以扩大宗教的国际影响，以此开展我国各种公共外交。

体现南传佛教文化优势的"民间外交家"很多，这不仅有东南亚与我国的跨境民族，而且还有在我国与东南亚各国之间进行政治、经济、商贸、文化交流、交往的外籍人士，更有世界范围内南传佛教信徒及对南传佛教文化认同的社会各界人士。他们都可以成为我国的"民间外交家"。

（四）以南传佛教的文化区位优势与经济合作交流机制相互配合，从而形成"文化一体化效应"与经济交流互补的深度立体融合机制。

首先，我们应该认识到南传佛教的区位优势，努力打造"文化一体化效应"，与经济区位优势互补。

就我国与东盟国家开展的经济贸易关系而言，近年来我国与东南亚国家在经济合作方面卓有成效。其中具有代表性的是"大湄公河次区域经济合作""东盟—湄公河流域发展合作"和"黄金四角经济合作"三种大合作机制，却缺乏文化机制的深度合作项目。因此，我们应该逐步建立文化机制的深度合作平台，贯彻执行我国"走出去"发展战略。中国南传佛教与东南亚佛教文化圈有内在的文化区位优势，它可以跟我国与东盟国家经济区位优势形成互补，进一步全面推动我国发展战略的可持续发展。

云南、广西、福建、广东等省份是我国开展与东南亚文化交流、经贸合作的重要地区，形成重要的经济区位优势。就目前的发展现状而言，云南已形成面向东南亚全方位、多层次、宽领域的开放格局，与东盟各国在经济贸易层面上形成了双边贸易、相互投资、承包工程、劳务合作等领域的互利合作的良好关系，取得了丰硕的成果，具有在经济区位的一体化优势。这一经济区位优势可以与中国南传佛教的文化区位优势相结合，形成合力，以共同推动中国与东盟国家的经济、文化、政治等方面的交流。

其次，我们还应该前瞻性地预测到，影响边境一体化效应的因素非常复杂，区位优势不能单纯依靠经济因素来保持，经济区位的绝对优势不是一成不变的，而云南、广西、福建、广东等省份与东南亚地区天然的地缘、族缘和亲缘关系的文化区位优势却是固定不变的。因此，在经济区位优势不是一成不变的或者可能改变的情况下，我们应以文化为平台，持续打造文化区位优势，补充经济区位动力的不足，要未雨绸缪，以宗教文化软实力来考虑和推动中国发展战略的持续发展问题。

我们可以在文化交流的平台上，建立宗教向心力，增强宗教力的影响力度，以民间外交的方式建立各种途径的公共外交，而不是使文化交流、经济项目的开展仅仅悬浮在政府和文化精英层面，而是真正落实到"草根"，落实到百姓、信徒，这才是真正落到实处的外交影响力和文化影响力。

总之，综观世界宗教信仰版图，宗教力是各个宗教信仰板块的重要支撑点。因此，"一带一路"是个大战略，这个地带的发展与稳定直接影响未来的世界格局。在我国对外发展战略中，可以依托南传佛教的宗教网络组织，打造南传佛教文化区位优势，与经济交流机制互补，甚至补充经济区位动力的不足，以世界文明之间的平等、宽容的理解和交流互鉴为文化合作机制的前提，积极发挥宗教的正能量，建立宗教的"文化一体化效应"，在世界文明交流的平台上，打造中国的文化软实力，建立深层的世界文化合作机制，形成平等包容的国际对话模式，从而进一步推动我国"一带一路"战略的实施。

（郑筱筠，中国社会科学院世界宗教研究所副所长、研究员，中国宗教学会常务副会长）

拓展云南南传上座部佛教对外交往
助推云南对外开放

杨佑钧

云南边境线长达 4000 多千米，有 8 个边境州市，25 个边境县，16 个国家一类口岸、7 个国家二类口岸，20 多条出境公路，16 个跨境民族。云南的经济发展，优势在区位、出路在开放。2015 年 1 月 20 日至 21 日，习近平总书记考察云南，对云南经济社会发展和改革开放作了重要指示，要求云南要主动服务和融入国家发展战略，积极主动面向南亚、东南亚地区，面向印度洋周边经济圈，完善各类重点开发开放试验区、边（跨）境经济合作区、综合保税区等开放平台的功能和作用，完善孟中印缅经济走廊、大湄公河次区域合作、滇印滇缅合作以及云南同越北老北合作机制，办好南博会，使云南成为对外开放的新高地，努力成为面向南亚、东南亚辐射中心，闯出一条跨越式发展的路子，谱写好中国梦的云南篇章。贯彻落实习近平总书记重要指示精神，使云南成为面向南亚东南亚辐射中心，需要举全省之力，需要发挥统一战线人才荟萃、智力密集、联系广泛的优势，也需要发挥云南南传上座部佛教界同南亚、东南亚佛教界联系密切、交往频繁的佛缘优势，进一步密切对外交往交流，为扩大云南对外开放，成为面向南亚东南亚辐射中心，主动融入国家"一带一路"战略做贡献。

一　南传上座部佛教的特殊性

据云南省从事宗教研究的专家考证，南传上座部佛教传入云南始于元代①（即 13 至 14 世纪），盛于 15 世纪以后。南传上座部佛教大规模传入云南，备受云南省西南边疆傣族、布朗族、阿昌族、德昂族等少数民族群众所推崇，信教群众达近百万人，傣族、布朗族基本上全民信仰。信教群众分布在云南边疆的 4 个州、市，20 多个县，对这些民族和地区各族群众的社会、政治、经济和文化产生了深刻影响。

与其他宗教或教派相比较，南传上座部佛教具有以下特殊性。

（一）南传上座部佛教为云南所独有

南传上座部佛教传入云南傣族地区之初，曾与傣族的原始宗教发生了尖锐的矛盾，后逐步形成了两者相互影响、相互融合的并存局面，成为佛教中具有独特教义、戒律的一个教派。南传上座部佛教的独一无二性，其存在和发展，对于研究佛教及佛教文化具有不可替代的特殊意义。

（二）南传上座部佛教内部也有差异性

西双版纳傣族地区的南传上座部佛教的主要特点是与傣族的原始宗教相融合。而德宏傣族地区的南传上座部佛教除与原始宗教相融合外，由于受当地汉民族较多、交通较为便利等经济、文化诸因素的影响，还具有与大乘佛教（即汉传佛教）相融合的色彩，接纳了汉传佛教的观音菩萨，表现出包容性和宽容性。云南南传佛教的这种差异性，增加了其社会科学及人文研究价值。

（三）南传上座部佛教的兴盛与傣族地区的社会形态密切相关

南传上座部佛教之所以能迅速成为傣族等民族的普遍信仰，与封建领主制度及其统治者土司的支持和庇护密不可分。同时，封建领主也利用佛教施行意识形态的统治，从而促进了傣族地区封建领主制度的稳定。解放前的西双版纳，其最高封建统治者召片领即被称为"至尊佛主"，高级僧

---

① 也有早在公元 7 世纪即已传入云南之说。

侣的任免均须由其批准，全区最大的佛寺即为召片领所在地的大佛寺，其主持多由召片领的亲属担任。与封建领主行政组织的设置和统治方式相对应，各佛寺也层层分级，上下隶属，上级佛寺对下级佛寺的主持或僧侣有处罚和撤换的权力。南传佛教与当地社会形态的这种密切关系提示我们，在研究南传上座部佛教的现状及特点时必须与这些地区现实生产力和生产关系相联系。

（四）南传上座部佛教与傣族等民族的文化教育乃至民族整体素质的提高密切相关

20 世纪 50 年代前，寺院教育是傣族地区教育的主要形式，入寺为僧学习傣文、佛经是傣族人民学习知识，接受文化教育的唯一途径。因此，男子择时出家为僧的传统便代代相传，延续至今。在大力发展民族教育，努力提高全民族思想道德素质和科学文化素质的今天，在南传上座部佛教信教地区，妥善、科学地处理好佛教寺院教育与国民教育的关系，既关系到这些地区文化教育的发展和全民族整体素质的提高，也关系到党的宗教政策在这些地区的全面贯彻落实。在这些地区，这是全面贯彻落实党的宗教工作方针和政策，引导宗教与社会主义社会相适应的一个重大而又特殊的课题。

（五）南传上座部佛教的国际性特点尤为突出

云南南传上座部佛教信教地区与缅甸、老挝接壤，与泰国毗邻，是中国通往东南亚和印度的要道。这些地区的傣族与邻国或邻近国的掸族、泰族跨境而居，语言相通，信仰相同，通婚互市，而共同的宗教信仰，则成为其交往密切、交流频繁的纽带。南传佛教在东南亚各国信仰普遍，因此，做好我国的南传上座部佛教工作，直接关系到边疆稳定、边防巩固、祖国统一，关系到中央稳定周边、经略周边、塑造周边、睦邻友好的对外工作方针，关系到我国"一带一路"战略构想的推进，因此，南传佛教的国际性特点尤为明显和突出。

（六）南传上座部佛教涉及范围广，信教群众绝对数大

云南全省信仰南传上座部佛教的地区有 4 个州市 20 多个县，信教群众近百万人，占全省佛教信教人数的一半，占全省信教群众总数的 1/3。

这种客观情况，决定了做好南传上座部佛教工作具有特殊重要性。

二　做好南传上座部佛教工作的重要性

中央强调，做好宗教工作，关系到加强党同人民群众的血肉联系，关系到推进两个文明建设，关系到加强民族团结、保持社会稳定、维护国家安全和祖国统一。分析特殊性是为了认识重要性。通过对南传上座部佛教客观存在的特殊性的粗浅分析，认真做好南传上座部佛教工作，积极引导南传上座部佛教与社会主义社会相适应的重要性也就顺理成章地凸显出来了。

（一）做好南传上座部佛教工作，事关这些全民信教地区能否与全国、全省同步实现全面建成小康社会的目标

南传上座部佛教一传入傣族、布朗族、阿昌族、德昂族等地区，便很快成为这些民族占支配地位的思想意识形态，并对这些民族和地区的经济及社会生活产生了深刻、全面而又久远的影响，经济、文化与宗教之间形成了息息相关、千丝万缕的联系。现在，虽然南传上座部佛教和其他佛教教派一样，在社会生活中已经不再居于支配地位。然而，它悠悠数百年所形成的民族传统意识已经深深渗透到各族群众经济、社会生活的各个方面、各个环节之中。在这些全民信教地区，信教群众既是宗教的信仰者，又是中国特色社会主义的建设者和劳动者。这些地区尤其是这些地区的农村能否顺利实现全面建成小康社会的目标，很大程度上取决于我们的宗教工作做得如何，取决于信教群众的积极性、创造性是否充分调动起来，取决于宗教教规教义中的积极因素是否最大限度地得到挖掘和发挥。在这些地区，处理好宏观经济与寺院经济、旅游产业与佛教文化、宗教教育与国民教育、保障正常宗教活动与减轻信教群众负担等关系，都是事关这些地区经济能否持续、快速、健康发展的大问题。这就是全民信教地区和非全民信教地区的差异和差别。正因为如此，中央才强调，宗教工作是党和国家工作的重要组成部分，在党和国家事业发展的大局中有着重要地位。在推进中国特色社会主义事业，全面建成小康社会，努力实现中华民族伟大复兴的中国梦的过程中，要做到不让一个兄弟民族掉队，不让一个民族地区落伍，就要对南传上座部佛教对这些地区经济社会发展的影响进行深入

研究，尽可能发挥其对经济社会发展有利的因素，尽可能减少其不利因素，针对这些地区的特殊性，制定切合当地实际的政策，促进当地经济社会持续健康发展。

（二）做好南传上座部佛教工作，事关培育中华民族共同体意识，构筑各民族共有精神家园

中国是全国各族人民共同缔造的国家，中华文化是包括 56 个民族的文化，中华文明是各民族共同创造的文明，中华民族是各民族共有的大家庭。2014 年 9 月底召开的中央民族工作会议指出，文化认同是最深层次的认同，是民族团结之根、民族和睦之魂。加强中华民族大团结，长远和根本的目标是增强文化认同，建设各民族共有精神家园，积极培养中华民族共同体意识。要教育各族群众牢固树立"三个离不开"思想，不断增强对伟大祖国、中华民族、中华文化和中国特色社会主义道路的认同。各民族文化认同的增强和科学文化素质的提高，是全面小康的重要标志之一。文化的力量，深深熔铸在民族的生命力、创造力和凝聚力之中。做好南传上座部佛教工作对增强这些地区各民族的文化认同，培育中华民族共同体意识，构筑各民族共有精神家园的重要性，可从以下三个层面来认识。

一是事关信教群众社会主义核心价值观的形成。南传上座部佛教的教规教义，对信教群众的世界观、人生观、价值观、历史观、民族观有深刻的影响。要在这些地区弘扬和践行社会主义核心价值观，让社会主义、爱国主义以及传统美德、社会公德等在信教群众思想上扎根，必须从广大群众信仰宗教这个无法回避的客观实际出发，大力挖掘南传上座部佛教中对培育社会主义核心价值观有利的因素，使二者做到相辅相成、相互促进。

二是事关这些地区教育和科学技术的发展。教育是发展科学技术和培养人才的基础，在现代化建设中具有先导性和全局性的作用。少数民族地区落后的主要原因是科学技术不发达，各类科技人才匮乏。而科技落后的根本原因是教育落后。如前所述，在南传上座部佛教信教地区，国民教育和佛学教育之间的矛盾难以回避。政府既要普及六年制、九年制义务教育，又要全面贯彻党和国家宗教信仰自由政策。青少年既要接受国民教育又要接受佛教教育。不言而喻，在这些地区，普及六年制、九年制义务教育的难度特别大。而教育不发展，民族的振兴和繁荣就是一句空话。因此，妥善处理好国民教育和佛学教育之间的关系，力争做到两不误、同发展，就显得尤为重要。

三是事关这些地区文化事业和文化产业的发展。当今世界，文化与经济和政治相互交融，在综合国力竞争中的地位和作用越来越突出，成为更高水平小康社会的重要标志。在南传上座部佛教信教地区，傣族的民族文字、民间文学、民间艺术等，都与宗教息息相关。傣族文字和傣族文化的传承，主要靠佛寺教育。换句话说，佛教是傣族文字、文化的载体和发展渠道，在这些地区，客观上不可能绕开宗教问题和宗教文化来发展具有民族特色的先进文化。我们要站在代表先进文化的前进方向的高度来认识这个问题。

三　让南传上座部佛教对外交往在促进云南对外开放中发挥更大作用

南传上座部佛教地区与缅甸、老挝接壤，与泰国毗邻，是中国通往东南亚和印度的要道。傣族等民族与邻国的掸族、老挝的老族、泰国的主体民族都属于"傣"，许多边民同宗同源，自古以来跨境而居，语言相通、通婚互市，经济、文化交流密切而又频繁，而相同的宗教信仰，则成为这种交往的纽带和主要渠道。数百年来，南传佛教界人士与斯里兰卡、泰国、缅甸、老挝等东南亚国家在宗教方面的交往，已经成为我国政府和民间与这些国家进行交流交往的重要内容和形式，成为我国加强和改善与东南亚国家之间的睦邻友好合作关系的重要渠道，同时也是我国坚持独立自主的和平外交政策，展示我国的国际形象，让邻国全面了解我国，扩大对外开放的"窗口"。比如，2014 年 11 月 1 日，以"佛教与亚洲人民的共同命运"为主题的"2014 崇圣（国际）论坛"在大理崇圣寺举行，斯里兰卡共和国总统马欣达·拉贾帕克萨等发来贺电，东南亚一些国家的佛教界人士云集云南大理，以论坛为平台，深入探讨践行人间佛教、促进人类文明进步、促进世界友好和平等方面的问题，也是国际国内佛教界广结善缘、增进友谊的大好机缘。云南西双版纳、德宏等地也举办过不同主题的活动，密切了我国佛教界与东南亚国家特别是周边国家佛教界的交往、交流，使他们对我国的宗教政策以及经济、社会发展加深了了解，对促进这些国家与我国在各方面交往、交流也发挥了积极作用。在这方面，云南还有很大潜力有待挖掘，使南传佛教的对外交往在促进云南对外开放，主动融入国家"一带一路"战略中发挥更大作用。

（杨佑钧，云南省委统战部巡视员，云南省统战理论研究会副会长）

"一带一路"建设与创新云南宗教工作思考

马开能

2013 年 9 月和 10 月，习近平主席在出访中亚及东南亚国家时分别提出建设"丝绸之路经济带"与"21 世纪海上丝绸之路"的战略构想。党的十八届三中全会明确提出，推进丝绸之路经济带和 21 世纪海上丝绸之路建设，形成全方位开放格局。这是新形势下我国面向西南对外开放的重要战略布局，"一带一路"符合我国全方位对外开放和西部大开发的需要，也是我国与周边国家沿着历史足迹，共同延续几千年友好交往和互利合作的重要宣示。南方丝绸之路是"一带一路"的重要组成部分，云南地处南方丝绸之路要道，北上可连接丝绸之路经济带，南下可连接海上丝绸之路，是我国面向西南开放的桥头堡，是"一带一路"建设的连接交会战略支点，具有独特的区位优势和重要的战略地位。

"一带一路"建设为云南的对外开放和发展带来了前所未有的历史机遇，也为云南宗教发展带来新的契机，故需要云南全省各级宗教工作部门从服务战略和全局的高度出发，增强紧迫感、责任感和历史使命感，应对新形势、新任务的机遇和挑战，求真务实，创新云南宗教工作，凝心聚力、引导全省 400 多万各民族宗教界人士和信教群众积极参与这项宏伟工程，为"一带一路"建设做出更大贡献。

一 树立和谐理念，构建云南宗教关系和谐新格局

宗教关系是我国政治领域和社会领域涉及党和国家工作全局的"五大关系"之一，和谐宗教关系事关云南社会和谐稳定大局，是"一带一

路"建设中促进云南对外开放、实现云南经济社会发展的重要保障。

党的十六届六中全会通过的《中共中央关于构建社会主义和谐社会若干重大问题的决定》，是指导全党全国各族人民进行社会主义和谐社会建设的纲领性文件，也是一份引导宗教参与和谐社会建设的纲领性文件。《决定》明确提出"发挥宗教在促进社会和谐方面的积极作用"，把"宗教关系"列入构建和谐社会必须正确认识和处理的五个重大关系之中，对宗教在中国特色社会主义建设中的正面功能给予了高屋建瓴式的评价。党的十七大报告指出："促进政党关系、民族关系、宗教关系、阶层关系、海内外同胞关系的和谐，对于增进团结、凝聚力量具有不可代替的作用。"正确认识和处理宗教关系，要立足于"最广泛最充分地调动一切积极因素，不断为中华民族伟大复兴增添新力量。"正确认识和处理宗教关系，促进宗教和谐，发挥宗教在促进社会和谐方面的积极作用，是马克思主义宗教观中国化、时代化的新成果，也是认识和处理宗教问题的新境界。宗教和谐包含宗教内部的和谐、宗教之间的和谐、宗教与社会的和谐以及政教关系的和谐等内涵。要求各宗教教义思想中的和谐理念充分弘扬，各宗教教规戒律的规范作用充分发挥，各宗教内部诸要素关系充分协调，使宗教成为社会中的和谐因素；不同宗教之间应该彼此尊重、相互包容、相互交流，实现各宗教之间多元并存、和合共生的和谐局面；宗教应该适应社会、融入社会、服务社会，成为促进社会和谐的积极因素，宗教活动应该体现和谐教义、符合政策法律、促进公序良俗，宗教的发展要适应时代并与时俱进；社会应该以保护宗教信仰自由为前提，以实行政教分离为基础，以实现政教和谐为价值目标，形成彼此尊重、团结合作的和谐政教关系。宗教关系的和谐，核心是以人为本。要通过倡导宗教和谐理念，促进宗教和谐，实现信教与不信教群众、信仰不同宗教群众之间以及宗教与社会之间的和睦相处。

云南省是一个多民族多宗教的边疆省份，与全国一样，现正处于改革发展的关键时期，经济体制深刻变革，社会结构深刻变动，利益格局深刻调整，思想观念深刻变化，各种矛盾凸显；受国内外形势发展变化和各种复杂因素影响，境外各种势力对我省的宗教渗透日趋多样化、复杂化，涉及境内外宗教因素引发的各种矛盾和问题不断增多，宗教关系也日趋复杂。构建云南宗教关系和谐新格局，对于"一带一路"建设具有十分重要的意义，关系到全省政治领域和社会领域的和谐稳定，关系到和谐云南的构建和经济社会的发展，关系到全省宗教界、各级爱国宗教团体、各宗教活动场所的和睦相处，关系到占全省总人口 1/10 以上信教人群对"一带一路"建设的热忱投入及切身利益。这就要求我们必须着力创新工作思路和工作方法，营造良好的社会氛围，为发挥宗教的积极作用创造有利条件。我们要抓住"一带一路"建设的历史机遇，广泛动员全省 400 多万各民族信教群众积极参与经济建设，凝聚人心、形成合力，使他们成为各项建设事业的积极参与者、建设者以及成果的维护者和分享者。同时，要坚持不懈地深入宣传宗教和谐、民族和谐、阶层和谐、群际和谐、人际和谐的价值和意义；要广泛宣传和动员各民族宗教界人士和信教群众积极顺应时代潮流，高举爱国爱教旗帜，与时俱进地把宗教和谐理念转化为自觉意识、行为准则和生动实践，把保持和促进宗教关系和谐作为每一位宗教界人士和信教群众应尽的责任和义务；要积极引导各民族信教群众践行宗教正信，化解宗教冲突，自觉维护团结稳定，正确对待和处理人与社会、人与人、人与自然的关系，自觉维护社会公德和公序良俗，奉公守法、和谐教义、崇尚公德、追求正义、诚实守信、平等友爱、与人为善、温良恭俭、宽厚礼让、尊重差异、关爱弱者，以和为贵、以和为善、以和为美，等等，共同营造宗教关系和谐的舆论导向和社会氛围，并积极投身经济社会发展各项事业，谋求现实和信仰"两世吉庆"；要充分依靠各民族信教群众积极化解涉及民族和宗教的一些矛盾和冲突，自觉抵御境外渗透，自觉防范和反对民族分裂势力、宗教极端主义和暴力恐怖主义对我们国家、对我们民族和宗教的危害，为构建和谐云南做出积极的贡献，助推"一带一路"建设。

二　牢固党建意识，推进党建工作和宗教工作的互动互促

党的十七大提出了"全面贯彻党的宗教工作基本方针，发挥宗教界人士和信教群众在促进经济社会发展中的积极作用"的根本要求，并把"全面贯彻党的宗教工作基本方针，团结信教群众为经济社会发展作贡献"写入党章，作为全党的一项工作指南。在当前"一带一路"建设新形势下，牢固党建意识，将宗教工作与党建工作，特别是基层党建工作有机结合，从而进一步加强和改善党对宗教工作的领导，确保云南民族宗教

领域的和谐稳定，为云南融入和参与"一带一路"的经济建设和文化建设营造和谐稳定的社会环境，这是一项重大的历史性和时代性命题。

20 世纪 90 年代始，在云南省宗教事务局的分类指导下，准确把握清真寺民主管理问题是伊斯兰教事务管理的核心问题这一特性，指导云南省一些地方对伊斯兰教清真寺实行"三结合"民主管理制度，将清真寺所在村社（社区）基层党政组织的回族党员负责人同当地宗教界人士、有较高威望的群众代表一起"结合"进清真寺"民主管理委员会"中，实现并改善了基层党组织对"寺管会"的领导，对于密切党群关系、政群关系，维护和促进回族穆斯林聚居区经济社会的稳定和发展，以及伊斯兰教活动的正常有序发挥了显著成效。在 2009 年 8 月中共云南省委召开的全省边境地区党的建设工作座谈会上，西双版纳、德宏、怒江、普洱等州（市）的一些县（市、区）交流了广泛开展"党建知识进教堂"和"宗教知识进党校"，以及将宗教工作作为做好边疆少数民族信教群众聚居区基层党建工作的"助推器"等工作经验。这些经验深刻表明，牢固树立为人民服务的宗旨，以人为本，将各民族宗教界人士和信教群众真正视为党的群众基础、力量基础和执政基础的有机组成部分，深入"进去"抓基础、抓基层，比在"外面"观宗教、管宗教要好得多，这有利于党的基层组织的作风建设和加强、改善基层党组织对宗教工作的领导，并密切和牢固党与广大宗教界人士和信教群众的血肉联系，确保宗教领导权牢牢地掌握在爱国爱教的人士手中，从而促进宗教和顺、促进宗教关系和谐、促进经济社会的发展和稳定。同时也表明，这项工作的可行性、现实紧迫性及其极端重要性，并具有战略意义。

在桥头堡建设和"一带一路"建设的新的时代背景下，按照党的十七大精神，并按中共云南省委提出的有关要求，创新思维方式，在深入开展创先争优活动，深化和拓展"云岭先锋"工程和"边疆党建长廊"建设，以及"农村党员干部现代远程教育"工程和"村支书工程"等工作中，要着力将宗教工作与信教群众聚居地方，特别是少数民族信教群众聚居地方的基层党建工作进行有机结合，把始终依靠广大各民族信教群众的智慧和力量，发挥宗教界人士和信教群众在促进经济社会发展中的积极作用，作为我们推进各项事业发展的根本工作方法之一，把始终体现广大信教和不信教的人民群众的意志和利益，并将他们的意志和力量集中到经济社会发展中来，作为我们一切工作的出发点和落脚点，使宗教工作与基层党建工作相互促进、相互推动，从而进一步加强和改善党对宗教工作的领导，进一步密切党和信教群众血肉联系、巩固和扩大党的基层组织在信教群众聚居地方的执政基础、力量基础和群众基础，并使党的基层组织不断提高创造力、凝聚力、战斗力，在团结各族信教群众推动发展、促进和谐、维护稳定中充分发挥战斗堡垒作用；要着力通过培训教育等方式方法，进一步使广大基层党员干部牢固树立马克思主义宗教观，全面正确地理解掌握党的宗教工作基本方针政策，掌握做好新形势下基层宗教工作的方式方法，进一步增强做好新形势下宗教工作的责任感和紧迫感，全面贯彻党的宗教信仰自由政策，依法管理宗教事务，积极引导宗教与社会主义社会相适应，将对宗教事务的依法管理真正落实在基层。同时，要进一步建立健全党建工作服务科学发展、联系和服务群众、构建和谐边疆及结合民族文化创新党建等新机制，对许多深层次的宗教工作与党建工作课题进行深入调研并加以破解，对许多创新性的成功的经验加以深入总结并加以推广。

三　深化发展认识，促进爱国宗教团体的可持续发展

党的十七大、十八大明确提出："全面贯彻党的宗教工作基本方针，发挥宗教界人士和信教群众在促进经济社会发展中的积极作用。"表明广大的宗教界人士及信教群众是经济社会发展和社会主义建设的一支重要力量，自然也是"一带一路"建设和桥头堡建设的重要力量。因此，在新的历史条件下，深化发展认识，促进爱国宗教团体的可持续发展，引导宗教界在"一带一路"的经济建设和文化建设中发挥积极作用，意义深远。

爱国宗教团体的建立健全是宗教活动正常化的重要组织保证，也是全面贯彻党的宗教工作基本方针、促进宗教关系和谐的重要组织条件。云南省现有各级爱国宗教团体231个（其中全省性宗教团体7个），以及全省性宗教团体举办的宗教院校3所及其若干分院，在各级党委政府的领导下，它们为云南的宗教工作和云南经济社会的发展及稳定做出了积极贡献。然而，当前云南宗教团体建设也存在一些现实问题亟须妥善解决，其中具有共性的主要问题是群众基础薄弱及其代表性、时代性、先进性不足。这也是需要我们不断探索和破解的事关宗教工作全局、事关宗教关系

和谐的重要历史性课题。在"一带一路"建设的历史机遇中,我们应以科学发展观为统领,积极探索和推进各宗教团体的可持续发展,并在可持续发展中妥善解决存在的现实问题。

云南省在宗教团体建设工作中进行了有益探索和实践。例如,在2014年7月底召开的云南省伊斯兰教第五次代表会议及云南省伊协换届中,把以科学发展观为统领、与时俱进、可持续发展,以及积极参与具有全新内涵的经济、民族文化、公益慈善事业等内容充实到云南省伊协的《章程》、宗旨和任务中,同时在保持其宗教团体性质不变、确保党和政府领导的基础上,通过民主协商等方式方法,适度调整了其组织结构,吸纳了各行各业中的一些穆斯林精英人物、代表人士参与到工作班子和领导班子中,把他们更好地团结、凝聚起来,整合包括人才、知识、智力、资金等在内的资源,用其脑、使其智、出其力,充分发挥他们的积极性、创造性和先进性,推进云南省伊协的建设和发展,进而探索和推动全省各爱国宗教团体的可持续发展。这些创新性的有益探索和实践,得到了省委、省政府的充分肯定,并得到了宗教界的广泛关注及赞誉。

实践证明,只有不断探索和推进各爱国宗教团体的可持续发展,才能充分体现其代表性、时代性和先进性;才能进一步争取、团结、凝聚群众,牢固它们与信教群众的血肉联系,进而进一步巩固和扩大党同广大宗教界人士和信教群众的统一战线,才能增强其服务群众、服务社会、服务党和政府工作的能力,使宗教界在提升各民族信教群众整体文化素质,促进各民族共同团结奋斗、共同繁荣进步,促进社会公益慈善事业的开展,促进经济社会的发展,促进"一带一路"建设等方面发挥积极作用。

四 加强宗教文化交流,提升中国文化软实力

云南是南方丝绸之路上通往东南亚、南亚的重要枢纽,在"一带一路"建设中具有独特的区位优势和重要的战略地位。历史上,南方丝绸之路不仅是中外贸易之路,也是宗教文化交流的信仰之路以及多民族文化的融合之路。在当前"一带一路"建设新形势下,延续历史传统,加强云南与东南亚、南亚之间宗教文化交流,有利于双方增进互信、加深友谊;有利于宣传我国的改革开放政策和民族宗教政策,提升我国的文化软实力;有利于营造良好的社会文化环境和国际合作环境,深化和发展我国

与东南亚、南亚各国的友好合作关系。

云南各宗教在漫长的历史进程中形成了各具特色的宗教文化，成为云南文化、中国文化，乃至世界文化的重要组成部分。云南 26 个民族中，有 16 个跨境而居的少数民族，他们与境外同一民族"同族""同宗"（宗教信仰），保持着历史与现实的天然联系，在包括宗教信仰的各方面交流频繁，过耕、互市、通婚、节庆等活动中的交往从未间断。因此，紧紧围绕"一带一路"和桥头堡战略的实施，以宗教文化作为重要的文化桥梁和黄金纽带，积极促进云南宗教界与东南亚、南亚宗教界的对话和交流，搭建与东南亚、南亚国家的文化交流平台，成为当前云南宗教工作的一项重要任务。

"一带一路"建设是一个庞大的系统工程，是以物质建设为特征的经济建设和以精神建设为核心的文化建设等在内的有机统一体。其中，经济建设是文化建设的载体和基础，而文化建设是经济建设的灵魂和保障。在文化建设中，宗教或宗教文化是一项重要的内容，它对一个国家和地区的经济发展、民族关系、社会稳定以及人们的物质生活和精神生活有着深刻的影响，多元、优秀的宗教文化同样是国家和云南"软实力"的重要组成部分。在"一带一路"建设中，积极开展云南与东南亚、南亚的宗教文化交流，提升云南乃至中国的文化软实力，是云南进一步对外开放、实现"一带一路"建设各项战略目标的必要文化要素，必将有利于云南宗教关系，特别是边境少数民族地区宗教关系的和谐；必将有利于增进我国与东南亚、南亚各国政治、经济、文化等方面的友好交往。因此，我们应当坚持科学发展观，以人为本，统筹兼顾，协调发展，既要坚持原则，坚定信念，保持我国传统宗教的文化特色，又要放眼世界，与时俱进，用更加宽容的心态，更加宽广的胸怀去面对来自不同国家、不同民族、不同地域的优秀的宗教文化，只要有利于国家和社会、有利于民族和宗教发展进步，有利于和谐社会构建和"一带一路"建设目标的，我们应兼收并蓄，不断充实、提升自己，不断丰富和发展我们优秀的宗教文化。要正确处理好与邻国宗教和宗教信徒之间的关系，积极支持各宗教界开展正常的对外交往，特别是对东南亚、南亚各国宗教界的友好交往，借以展示中华民族的文明和精神风貌，展示我国开放、友好、发展的国际形象，进一步扩大中华民族文化的亲和力与影响力。同时，又要注意防范和自觉抵制境外敌对势力利用宗教对我国的渗透，注意引导和发挥我省宗教界人士的积极作用，发挥宗教文化的积极因素，来积极化解涉外宗教关系中的一些消极因素，共同营造良好的国际交流与合作环境，为"一带一路"建设大局服务。

五　增强文化窗口意识，改善
边疆宗教性基础设施建设

随着我国"一带一路"战略的实施以及构建"南方丝绸之路"的推进，云南作为中国面向西南开放的桥头堡战略地位日益凸显，特别在边疆民族地区，境内外民族交往日益密切，民族文化和宗教文化交流日趋频繁，地处边境地区的宗教活动场所，具有国际性的"标志性""窗口性"的影响力，是落实我国宗教信仰自由政策的直接体现，是境内外民众认识和评价我国民族宗教政策及国家综合实力的重要依据。在当前历史条件下，增强文化窗口意识，改善边疆地区宗教性基础设施，特别是宗教活动场所建设，在"一带一路"建设中具有特别重要的意义。

由于特殊的省情，云南边疆的一些民族信教群众仍较为贫困，因而一些宗教活动场所，特别是地处边境地区的包括重点文保单位的许多宗教活动场所，破旧不堪、年久失修，往往给境外敌对势力以可乘之机。因此，云南边疆地区既是民族宗教文化的富集地区，也是文化建设的薄弱地区，更是维护国家文化安全的重点地区。

加强边境地区宗教活动场所等宗教性基础设施建设，不仅是为信教群众提供良好宗教活动场所的需要，也是让广大各民族宗教界人士和信教群众分享改革开放成果，争取群众、团结群众、凝聚群众，巩固和扩大党在信教群众聚居地方的执政基础、力量基础和群众基础的现实要求；不仅是保护宗教文化遗产的需要，也是挖掘和弘扬优秀宗教文化内涵的现实要求，同时也是提升中国文化软实力，抵御境外敌对势力利用宗教渗透的需要。因此，应当在桥头堡建设和"一带一路"建设中，由国家每年预算安排专项资金，在云南17个边境口岸、在92个边民互市点（边境通道）、在4条出境公路干线通道和4条出境铁路通道的重要节点、在25个边境县较大的边境信教群众地区，特别是少数民族信教群众聚居的跨境自然村，帮助宗教界修复或重建一批具有"标志性"、"窗口性"和对外影响力的"宗教培训中心"和宗教活动场所，以此充实"国门文化"阵地，维护国家文化安全，提升"一带一路"建设中对外文化交流的基础能力和条件。

综上所述，云南作为南方丝绸之路的必经之地和中国面向西南开放的桥头堡，在"一带一路"建设中具有不可替代的区位战略优势，必将在"一带一路"建设中发挥重要的作用。在新的历史机遇和时代背景下，云南宗教工作应着力创新管理，探索宗教工作新思路，迎接新挑战，破解新难题，维护云南宗教领域和谐稳定，维护云南边疆民族团结、社会稳定，为"一带一路"及"桥头堡"建设，为实现中华民族伟大复兴中国梦做出更大贡献。

（本文据《桥头堡建设与创新云南宗教工作》改编而成，原文刊于2010年8月10日刊发于求是理论网。《中国宗教》、《中国民族报》、中国民族宗教网、中国宗教学术网、云南省政府信息公开门户网站、《今日民族》转载，并入选《百度文库》。）

（马开能，云南省民族宗教事务委员会副主任）

对当前云南佛教院校教育布局的思考[*]

孙云霞

　　由于历史、地域、民族诸原因，不论历史上还是在当下，云南佛教都是联结云南与南亚、东南亚诸国民族经济文化的桥梁和纽带。云南佛教按所用经典的语系分类，包含汉文经典系佛教（又称汉传佛教或汉地佛教）、巴利文经典系佛教（又称南传上座部佛教，俗称小乘佛教）、藏文经典系佛教（又称藏传佛教，俗称喇嘛教）三大语系。其中，南传上座部佛教"在佛教发展史上和当今国际佛教中占有重要地位"。^① 这种重要地位首先表现在云南南传上座部佛教是南传上座部佛教文化圈的重要组成部分，也是世界佛教文化圈的组成部分。

　　2014 年的"崇圣论坛"以"佛教与亚洲人民的共同命运"为主题，来自斯里兰卡、孟加拉国、柬埔寨的多位僧王，南亚、东南亚 10 余个友好国家地区的佛教领袖，70 余位国内佛教学者，云南三大语系僧团代表等相聚大理崇圣寺，一致认可中国提出的"一带一路"合作发展的理念和倡议，并认为云南佛教应承续我国与东南亚、南亚国家千年佛缘，搭建并巩固好文明友谊的桥梁，合和共命，同舟共济，为各国共同打造政治互信、经济融合、文化包容的利益共同体、命运共同体和责任共同体发挥积极作用。

　　在社会各界的关心和期许中，云南佛教界迎来前所未有的发展机遇，

---

　　* 本文系 2012 年度国家社会科学基金项目"云南南传佛教史研究"（批准号：12CZJ004）的阶段性成果。

　　① 引自中国佛教协会原会长赵朴初 1990 年 12 月 24 日在西双版纳第一次南传佛教工作会议和座谈会的讲话。

同时也面临不少困难和挑战，其中最为紧迫的就是人才的短缺，尤其是具有国际视野、学识高、造诣深，能在对外交往中展示佛教大国形象的高级人才。

云南省佛教界很早就注意人才培养问题，尤其自20世纪90年代以来，通过举办佛教院校，培养了一批人才。因工作关系，笔者近十年来持续关注云南佛教院校教育问题并将其作为硕士学位论文的选题。通过这些年的持续观察发现，当前云南佛教院校教育面临的困难和问题不少，为此笔者重新梳理了过去的研究，结合当前的实际，特别针对云南佛教院校的合理布局，提出一些个人粗浅的看法和建议供大家参考。

一　云南佛教院校教育现状

（一）发展历程

20世纪80年代中期，根据云南为全国仅有南传上座部佛教的省区这一实际情况，国务院宗教事务局同意云南提出设立"云南上座部佛学院"的申请，但未列入全国地方宗教院校系列，云南筹建工作也一直没有开展起来。1991年云南省人民政府宗教事务局成立后，经国务院宗教事务局专报国务院，同意"云南上座部佛学院"正式列入"全国地方宗教院校系列"。1992年，为开办云南上座部佛学院，国务院宗教事务局一次性下拨了云南省人民政府宗教事务局开办费10万元。此后，云南省人民政府宗教事务局在西双版纳开办了两期佛学培训班，在德宏和迪庆各开办了一期培训班。同时采用边办班边筹建的办法，重点在景洪市八吉总佛寺筹建上座部佛学院西双版纳分院，经从海内外多方筹集资金200多万元，西双版纳分院基本建成，并于1995年正式开学上课，该院为云南南传上座部佛教界培养了一大批初级僧才。在积累了一定办学经验的基础上，应云南汉传佛教界和藏传佛教界建设汉语系佛学院和藏语系佛学院的要求，云南省佛教协会开始积极争取政府支持创办一所三大语系俱全的佛学院。

1996年1月，云南省人民政府宗教事务局向国务院宗教事务局提出设立"云南佛学院"的请示。1997年6月，国务院宗教事务局下发《关于同意云南上座部佛学院更名为云南佛学院的批复》（国宗函〔1997〕123号），明确将云南上座部佛学院更名为云南佛学院，更名后的云南佛学院分设藏传、南传佛学分院。学员名额为120人。同年9月云南省宗教事务局向省政府上报《关于设立云南佛学院本部和三个分院有关问题的请示》（云府宗字〔1997〕81号）。1999年2月7日经省委常委会第83次会议研究同意成立云南佛学院。

根据国家宗教事务局和省委、省政府的意见，云南佛学院设院本部和三个分院。院本部建在昆明市安宁市温泉镇，主要负责培养汉传佛教僧才。三个分院有两个为南传佛学分院，分别设在西双版纳州、德宏州，负责培养南传佛教僧才；一个为藏传佛学分院，设在迪庆藏族自治州，负责培养藏传佛教僧才。云南佛学院作为由云南省佛教协会举办的地方性宗教院校，其任务是：有计划、有组织地培养一支热爱祖国、接受党的领导、坚持社会主义道路、维护祖国统一和民族团结、有宗教学识、并能联系信教群众的佛教教职人员队伍。

经过20多年的发展，云南佛学院本部、西双版纳南传分院、迪庆藏传分院都已建成，德宏南传分院则由于一直没有选定适合的地点搁置下来，期间云南省宗教事务局批准在宾川鸡足山九莲寺设立了云南佛学院尼众部。

自2007年开始，基于全国已有中国佛学院和中国藏语系高级佛学院，独缺一所专门培养南传上座部佛教高级僧才的现实，云南省提出建设中国巴利语系高级佛学院的设想，得到国家宗教局的肯定和支持，经其批复同意，2009年开始筹建工作，至今仍在推进过程中。

（二）存在问题

随着国际国内形势的变化，在多种因素影响下，云南佛教院校教育虽不断发展，取得了一定的成绩，但也存在不少的问题和困难。

三大语系合办的理念虽好，但现实却很难操作。20世纪初，近代佛教院校创始人中最著名的太虚法师在进行佛学院校教育的实践活动中，曾致力于建设一所涵盖三大语系的世界佛学院。但以他在佛教界的声望，历经多年奔走呼吁，也只能分设学院。新中国成立以后，在党和政府的倡导和支持下，云南佛教三大语系和睦相处，形成了和谐发展、团结互助的局面，三大语系的僧人一起做法会、一起学习、一起活动，为云南文化的多样性做出了最生动的解读。云南省佛教协会多年来把三大语系佛教徒的团结进步、共同发展作为工作目标，也取得了良好的成效，政府和佛教界都想把这种成就推行于佛教教育。因此，云南佛学院在举办之初就定位于三大语系并存。然而，十多年来云南佛学院本院三语系学僧一起学习、生活的实践经验证明，这种办学困难重重：汉传佛教班首先遇到招生困难，不得不放到宝华寺办学；食堂历经"各吃荤素——统一吃素——有条件的各自开伙"，等等。

资金短缺是办学的一大瓶颈。以云南佛学院为例，由于没有实力雄厚的寺院经济为依托，学院主要依靠政府和省佛教协会的资金支持，最多只能解决初期建设和日常办学开支。因后期建设经费跟不上，还导致院内各位师傅募集资金建盖的一批建筑存在未批先建、产权不清等诸多问题。

除此之外，还存在办学资源分散、生源短缺、师资力量薄弱、教材和教学大纲不规范、办学宗旨不明确、佛教界自身动力不足、办学没有形成梯次、办学没有特色等诸多问题和困难。

二 云南佛教院校教育特点分析

要解决云南佛教院校教育存在的问题，还是要回到对佛教院校教育本身的特点来研究，探寻其中的规律。

佛教院校教育本身不同于传统寺院教育，云南佛教三大语系传统寺院教育也各不相同，此外，受经济、交通等诸因素制约，云南佛教院校教育与其他省区佛教院校教育也有着显著不同。

（一）云南佛教各语系传统寺院教育的特点

1. 汉传佛教——以师带徒的寺院传统教育为主

汉传佛教传统的僧伽教育大体分为三支：宗门（禅）主要是坐禅参话头，加以机锋训练，禅师指点。参禅者得悟呈谒，由高明的禅师加以印证认可。教门（天台、华严、法相）则主要通过听经与阅藏。宗门与教门都属专宗教育。此外，僧尼还必须接受戒律教育，受戒合格后才能获戒牒，这属于普及教育范畴。三支的共同点就是师徒式的传授。[1] 云南汉传佛教历史上禅宗、天台宗、华严宗、法相宗、净土宗等各宗都有流传并有寺院。但近代以来和国内其他地方一样，以上传统的僧伽教育模式受到了冲击和质疑，原因一是明清以来纯粹宗门高僧已不多见，对参禅得悟者的

---

[1] 邓子美：《20 世纪中国佛教教育事业之回顾》，《佛教文化》2001 年第 5 期。

鉴定认可乏人；二是讲经法师整体佛学水平下降；三是可供僧众阅藏的寺院少之又少；四是受具足戒时的考核问答流于形式。更致命的弱点在于，寺院执事的提升与住持的继承跟佛学水平并无必然联系，反而与年资辈分、人际关系密切相关，导致僧尼多不求上进。此外，云南地处边疆、经济落后，寺院留不住僧才，导致汉传佛教的传统寺院教育发展缓慢。

党的十一届三中全会落实党的宗教信仰自由政策以后，一些寺院恢复了活动，出家人也日渐增多，有条件的寺院恢复了丛林制度，与之相伴而生的丛林教育也逐步恢复。1987 年，政府支持云南佛教界举办了新中国成立以来的省内第一次传授三坛大戒法会，迄今为止共举办了 7 坛，受戒弟子近 2000 名，为云南佛教界培养僧才做了大量基础性的工作。

2. 南传上座部佛教——寺院肩负社会教育的功能

南传上座部佛教的僧侣并无严格的晋升考试制度和学位制度，但其僧侣制度中的僧侣世俗化和僧侣还俗制，却具有显著的地方民族特色，这也是区别于佛教其他派系的主要特征之一。在信仰南传上座部佛教的地区，男性儿童到 10 岁左右就须由父母及亲属举行隆重仪式，把他送入佛寺剃度为僧一段时间。据说此举有三层意思：一是以本人出家为僧之举来超度祖先亡灵；二是以本人出家为僧来报答父母养育之恩；三是由于历史上没有学校之类的教育机构，男儿只有出家为僧才能学到傣文和民族传统知识、佛教知识。只有当过僧侣的人，才能算是受过教化的人，才拥有建立家庭的权利，被社会所尊重。① 在这里，寺院教育的功能不仅仅是实现佛教的教育，更是一种社会教育，一种民族文化的传承。对于个人而言，则可以视作其成人角色确立的一种标志。

男儿出家为僧的时间不限，但不得少于一个雨安居（三个月）。若入寺为僧若干年，到 20 岁仍不愿还俗的，则可经过学习和举行晋升仪式成为比丘，继而依次晋升。初入寺的童僧称为"帕囡"（小沙弥），俗称"小和尚"，一般在三年以后，童僧经长老考试合格，即可升为"帕龙"（沙弥），俗称"大和尚"。帕龙年满 20 岁，若其家庭不要求他还俗，他本人亦能遵守戒律、认真习经修持，则经本寺长老主持晋升仪式，就可升为"都囡"（小比丘），俗称"二佛爷"。其再经过三年以上的继续习经修持，并达到一定的宗教造诣，经若干名长老考试合格，即可升为"都

---

① 杨学政：《云南宗教史》，云南人民出版社 1999 年版，第 212 页。

龙"（比丘），俗称"大佛爷"。比丘以上的僧侣都必须持守具足戒。任僧职 10 年以上并谙熟经典，精通教义、教理、仪轨，严守戒律的比丘级僧侣，才能作为祜巴的候选人。都龙晋升"祜巴"（长老）的要求较严格，仪式亦较隆重，升为祜巴一般就要终生为僧。沙弥级僧侣大多还俗，比丘级僧侣还俗的较少。比丘级僧侣还俗后，称作"康朗"，他们是该民族的中级知识分子。由于他们熟悉佛教典籍和仪轨，一般都被群众选作宗教管理人员，名"波占"，德宏地区称为"布类"。①

由于南传上座部佛教这一独特的僧伽教育体制与当地社会民族文化传承、教育息息相关，促使其最早开始探索在当代社会主义社会中，如何适应时代变迁而获得新生，尤其是在国家实行普及义务教育基本国策的背景之下，思考如何与国民教育相适应的问题。这方面西双版纳州最早做出了探索，引导学龄儿童进入学校接受义务教育同时照顾其入寺为僧的习俗，形成了独特的"和尚生"现象。许多学者都曾进行过研究。时至今日，西双版纳州的教育部门对学校招收的和尚生进一步规范管理，取得了较好的效果，实现了国民教育与寺院教育的有机结合。

信仰南传上座部佛教的地区受到汉文化的影响，虽然仍然保持着男孩必须出家的传统，但是出家的时间有所缩短，出家的地方也有了变化，除了白天在学校学习，晚上到寺院学习的和尚生以外，还有一部分人选择到汉传佛教寺院出家。据了解，目前在福建、上海等汉传佛教寺院出家的南传上座部佛教僧人有 70 多个，据他们自己说，之所以不在本地南传上座部佛教寺院出家的主要原因是，到汉传佛教寺院出家可以学习汉文化，到外省还可以多见一些世面，对将来还俗以后的工作和生活都有很多好处。

3. 藏传佛教——尚未形成自己的学位制度和学经体系

藏传佛教在云南流传的四个教派，历史上都没有形成自己的学位制度和学经体系，僧人基本上都是要去各自的宗主寺院学习深造并获得相应的学位。

噶举派的僧人一般首先开始普通的文字及经典学习，在寺院中经过数年的学习之后，可以担任学生助教，协助教授对学生进行指导。又经过若干年之后，如果学问有进展，则可成为一名教授对学生施教。至此，他便算是达到了显宗方面的最高成就了。但由于噶举派较为重视密宗方面的修

---

① 　杨学政：《云南宗教史》，云南人民出版社 1999 年版，第 213—214 页。

习，一个僧人如果仅成为一名教授，仍不能获得很高的威望和地位。因此，僧人在取得了教授头衔以后，往往还要在静室中经过三年的隐居生活，从事密宗方面的修习。在静室中完成了心理和生理方面的训练之后，他便可以成为一名"喇嘛"（上师）了。此后，随着高深程度的发展而被称为"自完喇嘛""教人喇嘛"和"教人完善喇嘛"。云南藏区噶举派寺院的僧人照例要到各自的宗主寺院学习深造并获得相应的学位。其中噶玛噶举派要到四川省德格县的八蚌寺，止贡噶举派和达垅噶举派则要分别到西藏的止贡替寺和达垅寺去获取学位。在云南藏区的噶举派寺院中，儿童入寺成为一名"班着"（小僧）后，在寺内经过二三年的学习和服役，便要到其宗主寺院受戒成为一名"格隆"。若有能力继续学习，则可留在宗主寺院深造，经过 10 年以上的学习，完成了规定的课程后，取得了教授头衔，便回到原寺在静室中闭关修炼，经过三年三个月零三天又三刻的密宗修炼之后，可以在本寺成为一名"格西"（格威喜联，意为"善知识"或"良师"）了。

宁玛派的僧人照例要去四川省甘孜藏族自治州白玉县的噶托寺或西藏的敏珠林寺学习深造并获得相应的学位。噶托寺设有教学学院和训练学院，初入寺的小童跟随教师学习基本知识，到了 20 岁左右，正式受了沙弥 36 戒之后，便可进入教学学院做旁听生，被称作"格吹"，直至受了比丘 253 戒方成了一名正式僧人之后，才算正式入学成为教学学院的学生。其后，经过显密二教至少 5 年时间的学习毕业之后，便可进入训练学院。再经过训练学院的六年学习毕业，就有资格到各个寺院担任长老一职。由于各种条件的限制，云南宁玛派僧人能够到西藏敏珠林寺学习的人是很少的。如果有人能够在敏珠林寺学习八年以上者，便能得到"格隆"称号；假如他还能继续完成密宗修习的话，便有资格成为一名"拉玛"。但对于大多数僧人来说，是无力进藏学习的，他们一般都是到四川的噶托寺受戒学习。而且能够完成教学学院和训练学院全部课程的人也十分有限，一般都是中途便辍学回来，其中经过三年左右学习者，回寺后被称作"格吹"，而那些仅仅受过沙弥戒或学习了一年左右者，则被称为"奔扎"。

由于教派更迭以及岁月销蚀，历史上曾在云南摩梭人和普米族地区兴盛一时的萨迦派已经衰落，现在仅在宁蒗县留存有两座寺院，僧人较少，同样需要进入西藏本宗寺院学经。

　　云南藏区的格鲁派也未形成自己的学位制度，僧人一般都是到拉萨三大寺进行学习并取得学位。各寺院照例有僧人进藏受戒的规定。一个人出家入寺，并在寺内从事一定时间的学习和服役之后，必须到拉萨三大寺受戒以取得正式僧侣（格隆）的资格。经济条件较好而又愿意继续深造的僧人，受戒之后便可以提出申请留在三大寺做一名学经僧人（贝恰哇）。学经僧人进入三大寺后，一律以扎仓为单位被编入预备班（学习），由僧人自行出钱拜请老师。经济条件好的可找个好老师，以便早一点从预备班转入正式班。经过数月乃至数年的预备班学习后，一旦转入正式班，便开始按规定学习"五部大论"（《释量论》《现观庄严论》《入中论》《戒律本论》《俱舍论》），经过数十年的逐年升级而达到最高一级之后，便可通过考试获得"格西"学位。此后既可继续进入密宗学院深造，也可就此回原寺任职。①

（二）云南佛教院校教育与传统寺院教育比较

　　以云南佛学院为例，其作为宗教院校，以符合宗教教义仪轨为前提，必须尊重和保留、弘扬传统寺院教育中合理的方式方法，同时与传统的寺院教育相比，又要发挥院校的优势。

　　1. 从办学地点来说，云南佛学院集中在院本部、西双版纳分院、迪庆分院和尼众部4个点办学，而寺院教育以各个寺院为单位分散在全省各寺院中。

　　2. 从硬件设施来说，云南佛学院主要依靠政府投资，硬件设施较为完备，有教室、计算机房、图书室、食堂、篮球场、宿舍，还有佛堂，等等，而寺院内部一般没有这些设施。

　　3. 从教学管理来说，云南佛学院拥有一个较为完整的管理组织，设有院长、副院长、教研组、班主任等，完全按照一个普通学校的形式分工合作，各司其职来对教学进行管理，而寺院中教育则主要依靠当家、住持。

　　4. 从教学内容来说，云南佛学院制订了教学计划，编写了教学大纲，课程的设置上比较系统，而且还兼具普通高等学校的课程，而各个寺院缺乏统一的教学内容，以师傅口授和阅读经典为主要教学内容。

---

　　①　杨学政：《云南宗教史》，云南人民出版社1999年版，第253—302页。

5. 从学僧管理来说，云南佛学院采取学校对学生的管理方式，编定了班级，确定了班主任，制定了校纪校规，明确了奖惩制度，设立了奖学金，而寺院中的学僧则是受到师傅的管教、戒律和寺规的约束。

（三）云南佛学院与其他省区佛学院比较

上海、浙江和福建三地作为沿海发达地区，佛教传播和发展的历史比较悠久、基础比较厚实、氛围比较浓郁，近现代高僧辈出，亦是在全国最早推行佛教院校教育的几个地方。2007 年笔者曾考察过上海佛学院、杭州佛学院、普陀山佛学院、福建尼众佛学院和闽南佛学院等 5 所佛学院，除杭州佛学院外，基本上都是在 20 世纪 80 年代恢复和落实党的宗教政策的初期就已经开始或恢复办学，经过 20 多年的探索，积累了非常丰富的经验。其共同点：依托寺院办学，经济实力雄厚，几乎不用政府出资；佛教对外交流较多，视野开阔；佛教文化底蕴较深，佛教教育基础较好，师资力量较强。但由于各地环境条件、管理方式、引导方向以及办学理念的一些差异，几所佛学院并非一种模式。在当地政府宗教部门和佛教团体、寺院常住的共同催化作用下，经过 20 多年探索形成的办学格局不尽相同，形成了各具特色、各有所长的办学模式。虽然目的都是培养佛教人才，但并非整齐划一地安排自己的教学内容，每个佛学院都根据自己的基础条件来考量自身的定位，都具有鲜明的特色。比如上海佛学院注重培养具有现代管理知识的寺院管理人才，并致力于提高僧人的学历；杭州佛学院注重培养佛教艺术人才；普陀山佛学院争取到中国佛教教育学院在那里办学，成为培养佛教教育人才的基地；福建尼众佛学院开办律学研究班；闽南佛学院则注重培养僧人的品格，崇尚学修并重、开展丛林式的教育。

云南佛学院与这 5 所佛学院相比，一是没有雄厚的经济实力；二是对外交流的机会较少；三是师资力量不强；四是办学经验尚浅；五是教学内容没有鲜明的特色。但政府的投入力度却是较大的，而且三大语系在一起办学是独有的。

三　云南佛教院校教育布局建议

从以上分析可以看出，云南佛教院校与传统寺院教育、其他省区佛学院比较，有自身的特色和优势，也存在不足，因此要认真审视和反思，特色和优势要继续加以发扬，同时也要取长补短，适当调整，才能解决存在的问题，争取更大的发展。

在云南佛教院校教育的发展中应坚持"符合办学宗旨，依托寺院办学，突出各派特色，集中办学力量"的原则，合理布局，具体来说，笔者有建议是：取消原来云南佛学院三大语系合办并设分院的格局，三大语系分开办学，并实现不同层次的办学模式。

一是加快建设中国巴利语系高级佛学院，作为与中国佛学院和中国藏语系高级佛学院同等地位的全国性宗教院校，将原云南佛学院西双版纳分院归并其中，以总佛寺为依托，集中办学力量，专门培养南传上座部佛教中、高级人才。不再设云南佛学院德宏分院，支持瑞丽菩提学校办学，专门培养南传上座部佛教初、中级人才。

二是将云南佛学院迪庆分院更名为云南迪庆佛学院，以迪庆各寺院为依托，专门培养藏传佛教中级人才。规范迪庆、丽江和怒江等州市的寺院学经班，纳入云南迪庆佛学院教学管理，专门培养藏传佛教初级人才。

三是以昆明宝华寺为依托，设立云南佛学院，专门培养汉传佛教中级人才。以鸡足山九莲寺为依托，设立云南尼众佛学院，专门培养汉传佛教比丘尼中级人才。

四是在安宁现云南佛学院地址上设立云南佛教文化交流中心和培训基地，由省佛协直接管理，作为集佛教文化传播、国际佛教交流、僧人和居士短期培训、禅修等多功能为一体的云南佛教展示窗口和交流培训基地。

为不负时代重托，发挥云南佛教界在构建"一带一路"中的积极作用，云南佛教界理应有所担当，回顾和总结云南佛教院校教育走过的道路，直面问题，寻找出路。

以上是笔者对当前云南佛教院校教育的一点思考，深知无法面面俱到，也依然缺乏深度，虽诚惶诚恐提出己见，却也不惧非议，希望尽一名宗教工作者的绵薄之力，抛砖引玉，让更多有识之士关心云南佛教院校教育的未来，贡献真知灼见。

（孙云霞，云南省民族宗教事务委员会宗教一处处长）

第 二 编

南传佛教发展与文化交流

西双版纳的历史和中国西南部
傣族的佛教文化

［德］沃克·格拉博斯基

The History of Sipsòng Panna and the Buddhist Culture of the Tai（Dai）in Southwestern China

Lecture at the Theravada Buddhist Summit Forum, Jinghong, Volker Grabowsky, Asia-Africa Institute, Universität Hamburg

It is of great importance that in February 2016 the Theravada Buddhist Summit Forum was held in the beautiful city of Chiang Rung（Jinghong）, the cultural and political centre of the Autonomous Dai Prefecture of Sipsòng Panna. The Buddhist culture of the Tai Lü ethnic group has experienced an unprecedented resurgence during the last thirty years . In my lecture I will first provide a very rough overview of more than eight centuries of history in Sipsòng Panna（Chin.：Xishuang Banna）. Secondly, I will discuss when and how Theravada Buddhism gained ground in the region, how this religion shaped the everyday culture of its inhabitants, and what were the challenges the people in Sipsòng Panna were facing after the founding of the People's Republic of China. Finally,

I willinvestigate how the revival of Theravada Buddhism in this region is reflected in recently produced Tai Lü manuscripts.

Table: Demographic Data of the Tai（Dai）in Yunnan

Region	Prefecture	Numerical strength in 2005（estimated）	Ethnic groups（main group first mentioned）
Xishuang Banna（Sipsòng Panna）	Xishuang Banna	320 000	Tai Lü; Tai Noe und Tai Ya
Dehong（Tai Khong）	Dehong	350 000	Tai Noe; Tai Pong
Menglian（Müang Laem）	Simao	30 000	Tai Noe; Tai Khün, Tai Pong
Jinggu	Simao	70 000	Tai Noe; Tai Ya
Mengding und Gengma	Lincang	80 000	Tai Noe
Tal des Nu jiang（Salween）	Baoshan	50 000	Tai Noe
Tal des Yuan jiang（Red River）	Yuxi, Honghe	150 000	Tai Hongjin
Tal des Jinsha jiang（Gold Sand River）	Chuxiong, Li-jiang	40 000	Tai Noe; Tai Ya
Valley of the Lo jiang	Wenshan	20 000	Tai Dam and Tai Daeng

Sources: Liu, 1999; Berlie, 1990; Jinghong xianzhi, 2000: 108; Menghai xianzhi, 1996: 100; Mengla xianzhi, 1994: 76.

At first we should clarify: Who are the Tai? Where are their places of settlement? What does the term Sipsòng Panna refer to? The Tai Lü belong to the Tai-Kadai linguistic family which extends from Northern Vietnam to Assam in Northeast India, and from the Malay Peninsula to Guizhou in Southern China. The Zhuang in Guangxi, with almost 20 million members the largest ethnic minority in China, belong to the Tai-Kadai linguistic family as well. The Tai （Dai） who live in the southwestern sections of Yunnan province are linguistically and culturally related to the Thai in the Kingdom of Thailand and to the Lao in the Lao People's Democratic Republic are. The Tai do not constitute a homogenous group, neither with regard to language, nor to culture, geography and history. In fact, the Tai are divided into several subgroups, according to their self-appelations these are the Tai Noe, Tai Lü, Tai Ya, and Tai Dam. The languages or dialects spoken by members of these subgroups vary considerably with regard to phonology and lexicology. A convenient mutual understanding between these groups is not always possible.

In which parts of Yunnans do the Tai live? According to the census of 2000, Yunnan had the roughly 43 million inhabitants of which around 1, 15 million are Tai. Two thirds of them live in the autonomous prefectures of Dehong and Xishuang Banna (Sipsòng Panna) both of which have borders with Burma (Myanmar). The remaining third live in settlements spread over smaller "language islands" in other parts of Yunnan where in most cases they do not possess a priveleged political and cultural autonomy. Most areas of Tai settlement, however, are situated along the long Chinese-Burmese border.

Apart from rather small communities of Tai Ya, Tai Dam ("Black Tai") and Tai Daeng ("Red Tai"), the Tai in Yunnan are split into two larger groups: the Tai Lü and the Tai Noe ("Northern Tai"). The last group lives predominantly in the "Autonomous Prefecture of the Dai and Jingpo of Dehong" (*Dehong Daizu Jingpozu zizhi zhou*). Dehong is the Chinese rendering of "Tai Khong", which means " [situated] below (*tai*) the Salween (*khong*) river". In fact, the Salween, called "Mae Khong" by the Tai and Nujiang by the Chinese, has constituted the eastern border of the core area of the once powerful Tai confederation Moeng Mao. Dehong which comprises a territory of only 11. 500 km^2 constitutes the northeastern part of Moeng Mao which had come under permanent Chinese rule since 1449. [1]

The Tai Lü (Chin.: Dai Le) live almost entirely in the "Autonomous Prefecture of the Dai of Sipsòng Panna" (*Xishuang Banna Daizu zizhi zhou*). Together with smaller groups of Tai Noe and Tai Ya, the Tai Lü make up rough-

---

[1]　For a good ethnographic study of Dehong, see Yos Santasombat, 2001. The four Luchuan-Pingmian campaign during the years 1438 – 1449 which led to the final destruction of the Shan federation of Moeng Mao and its permanent integration into the Chinese *tusi* system, is discussed in detail by Liew-Herres 1996.

ly 350 000 of the one million inhabitants of Sipsòng Panna. In other words, one third of the population in Sipsòng Panna are Tai, followed by Han (26% – 28%), Hani (19%), and Bulang (4% –5%). Wheras the Tai as wet-rice cultivators live in the small intra-montane river basins, the Han are concentrated in the towns where the Tai make up less than 30 % of the population. [①] The term Xishuang Banna is the Chinese rendering of Sipsòng Panna, which literally means "twelve districts (*panna*)." The prefecture's original name is Moeng Lü and may be translated as "polity (kingdom, principality) of the [Tai] Lü."

1. History of Sipsòng Panna: an overview

According to the indigenous chronicles, Sipsòng Panna was founded under the name of "Moeng Lü" by Phaya ("King") Chüang in 1180. All 44 rulers (*cao phaendin*) recorded in the Chronicle of Sipsòng Panna are said to have been direct descendants of Phaya Chüang. The chronicle, the oldest extant version probably being composed in the mid-nineteenth century, states that Phaya Chüang's eldest son and successor Tao Khai Noeng recognized the suzerainty of the Chinese emperor already in the year 1192. [②] Chinese sources, such as the "Veritable Records of the Ming-Dynastie" (*Ming Shilu*), however, confirm that the integration of the Tai areas into the Chinese Empire took place only two centuries later. In 1384, Moeng Lü was established as one of the "aboriginal offices" in the framework of the socalled *tusi* system under the name of "Cheli". Cheli got the highest rank of *xuanwei si*. Until the end of the Ming Dynasty (1644) a total of 42 tribute missions were sent from Cheli to the Imperial Court (see Liew Herres et al., 2012: 40 – 46).

In the mid of the sixteenth century the geopolitical situation in the Salween and Mekong river basins dramatically changed with the ascendancy of Burma to a strong regional power on the Southeast Asian mainland. In 1558, the Tai king-

---

① As for a in-depth discussion of population figures for Sipsòng Panna during the twentieth century, see Liew-Herres, Grabowsky and Renoo 2012: 7 – 11.

② The chronicle has been translated, annotated and analyzed by Liew-Herres, Grabowsky and Renoo under the title "Chronicle of Sipsòng Panna: History and Society of a Tai Lü Kingdom, Twelfth to Twentieth Century" (Chiang Mai: Mekong Press, 2012).

dom of Lan Na in today's Northern Thailand fell under Burmese rule. Six years later, Burmese troops occupied, though temporarily, Cheli's capital Chiang Rung (Jinghong). Ming China lost its undisputed control over a number of Tai speaking areas which began to send tribute both to Ava and Beijing. In territories where the spheres of influence of China and Burma overlapped, a kind of Chinese-Burmese condominiums emerged. Such vassal states developed dual loyalties. This pattern prevailed until the late nineteenh century; it is felicitously expressed in the following Tai metaphor: *Hò pen phò man pen mae*, which means: "The Chinese (*hò*) are [our] father, the Burmese (*man*) are [our] mother" (see Grabowsky, 2008a: 41).

The division of Moeng Lü into twelve*panna* or twelve districts is testified for the first time in 1570. Six *panna* are situated on the eastern bank, and five *panna* are situated on the western bank of the Mekong which can be considered Sipsòng Panna's lifeline. The only *panna* comprising territories on both banks of the Mekong is Chiang Rung — although its urban centre lies on the western bank. The intensity of the Burmese and the Chinese influence in Sipsòng Panna fluctuated over the centuries. By and large, Burmese power, which was significant at the beginning of the Konbaung Dynasty, i. e. in the second half of the eighteenth century, dwindled in the wake of Ava's defeat in the first Anglo-Burmese war (1826). At times the Mekong marked the border separating the Chinese respectively Burmese spheres of influence, as *Mingshi gao*, a Chinese chronicle composed in 1723, indirectly acknowledges. According to this source, after the recognition of Burmese suzerrainty by Tai Lü ruler Cao Un Moeng (1530 – 1568), the "Pacification Commission" of Cheli disintegrated into two different polities:

Hence, there were two Cheli, the Greater Cheli and the Lesser Cheli. The Greater Cheli owed its allegiance to Burma, while the Lesser Cheli to the Han (China). [1]

In the second half of the nineteenth century Burmese influence in the Upper Meking region further declined and finally disappeared when the Burma was de-

---

[1] *Mingshi Gao*, chapter 189, 32 b; quoted in Grabowsky, 2008: 43.

feated a third time by the British and became a British colony in 1885. In the years following the conquest of Burma, Britain and China negotiated their present-day borders. There were plans to abolish the *tusi* system at the end of the Qing Dynasty, which at that time existed only in a few remote border areas, including Sipsòng Panna. However, the abolition of the monarchy (1911) and the political turmoil in the early Republican period delayed such plans. During that time measures of administrative centralization were carried out in all border regions of China, but with modest success. Though the internal affairs of Sipsòng Panna were increasingly decided by the Chinese authorities in Simao and Puer, the institution of *cao phaendin* and his government (*noe sanam*) continued to exist until the liberation of Yunnan by the Chinese People's Liberation Army in January 1950. ① The last *cao fa* of Sipsòng Panna, Cao Mòm Kham Lü (vorn in 1928), now leads a quiet life in Kunming. With greatest pleasure I remember my two encounters with Cao Mòm Kham Lü at his private villa, the first time in March 2002 and the second in August 2012.

2. The Buddhist Culture of the Tai Lü in Sipsòng Panna

In the Chronicle of Sipsòng Panna mentioned earlier the relationship between the ruling house of Chiang Rung and the monastic order, the Sangha, does not figure prominently, if it is mentioned at all. In fact, Theravada Buddhism spread to the Tai Lü lands relatively late, namely at the end of the fourteenth century, and in the Tai areas further to the north — such as Moeng Laem (Menglian), Gengma, and Dehong even later. Theravada Buddhism became deeply rooted in the population at large probably not before the second half of the fifteenth century. From Chiang Mai, which in the second half of the fifteenth century had developed a centre of Buddhist scholarship in Mainland Southeast Asia, a script used predominantly for writing Buddhist scriptures and other religious texts, spread along with Theravada Buddhism all over the Upper and Lower Mekong Basins and in the eastern parts of the Salween Basin. This script, called the Dhamma script (Thai: *tua aksòn tham*) spread from Lan Na to the

---

① A concise overview of major developments in Sipsòng Panna during the Republican period is provided by Liew-Herres et al. , 2012: 67 – 72.

Lao kingdom of Lan Sang, to the Tai Khün principality of Chiang Tung (Keng-tung), and finally to Sipsòng Panna. In this wide area, where nowadays rough-ly 30 million people live, different variants of the Dhamma have been used and, inspite of declining knowledge, are still being used. ① Even among those Tai Noe groups who received the Teachings of the Buddha (*phuttha-sasana*) via Chiang Mai — be it through Chiang Tung or through Chiang Rung — began to apply the Dhamma script for writing religious texts, while for non-religious texts the socalled Lik script was used. This was the case in Moeng Laem, Gengma, and in Jinggu (Moeng Ka).

At least until the end of the fifteenth century, but probably much longer, in Sipsòng Panna the Tai Lü also used a secular script, too. This secular script, also introduced from Chiang Mai, was a local variant of the Fak Kham script (literally, "Tamarind Pod Script"), thus called after the form of its charac-ters. A missive sent by Tao Sam Pò Lütai (r. 1457 – 1497) to the Imperial Court is an impressive example for a Tai Lü document written in Fak Kham script. This rare document is kept at Tōyō Bunko (Tokyo) in Japan. ② Like in Lan Na, the Fak Kham script has gone into oblivion, and the Dhamma script finally became the only script of the country, regardless of the genre of literature being recorded.

The Tai Lü are devoted believers of Theravada Buddhism. In the past almost all young boys ordained as novice, and in many cases also spent an extended period of their live as monk (*bhikkhu*) in a monastery. Literacy among the Tai Lü was thus widespread, at least among the male half of the population. An es-sential characteristic of Tai Lü Buddhist culture — as those of neighbouring Tai groups — was the observance of the virtue of generosity (dāna). This explains the popularity of the Vessantara Jātaka at religious ceremonies and festivals. A mural painting which is from a monastery in Moeng Ham has a caption written in Old Tai Lü script saying: "Prince Vessantra (Phanya Wetsandòn) gives away

---

① As for the origins and spread of the Dhamma script, see Grabowsky 2008b. The Dhamma Script Cultural Domain as a contested space in the Tai-Lao world is discussed in Grabowsky 2011.

② This memorial has been reproduced and translated in Liew-Herres et al. 2012: 353 – 357.

a precious Albino elephant. The people of the country deride him, full of anger they chase him [Prince Vessantara] away who [since then] lives as an ascetic in the forest."

Donations of Buddha images, the sponsoring of the copying of religious texts in the form of manuscripts — and their donations to the Buddhist Sangha — as well as financial support for the construction and renovation of temple buildings is not only a wide-spread practice but also documented in a variety of donor inscriptions, colophons or larger plates placed in front of monastery buildings. This example is from from a most beautiful monastery in Moeng Cae. It reads:

(1) The Buddhist faithful built this great stupa, and

(2) great Buddha image. This great vihāra is the good intention of Samaṇo

(3) Saddhā Khuba Winai Wòramanatikkhawiro from Thailand, district of Sòng,

(4) province of Phrae, monastery of Wat Phrathat Luang Can, who is the head of the faithful of all three villages. It was built [and] donated

(5) in the *kap set* year, sakarāja 1356, in the seventh month, on the fifteenth day of the waxing moon. In the *kat*

(6) *mao* year, sakarāja 1361, in the fifth month,

(7) the consecration ceremony will be held.

(8) International Era (AD) 25 April 1994. [1]

The chronicle of "Buddha's voyage around the world" (*Phracao liap lok*), which probably originates from Northern Thailand, includes the Tai speaking areas in Southwestern China into the Theravada Buddhist topography. Here you see the monastery of Wat Pa Ta Khòi Kòn (วัดป่าทะขอยก่อน) in Jinggu (Simao prefecture), where too footprints and one handprint of the Buddha are revered. I visited this impressive monastery three years and a half ago in the competent company of Ms. Hanli Zhou (Simao).

Nothwithstanding this deeply rooted Buddhist practice, the Tai in South-

---

[1]　Transcription into Thai (Siamese) and English translation is by myself, see Liew Herres et al. 2012: 365 – 366.

western China have preserved their belief in spirits, such as ancestor spirits as the following pictures from one of the oldest monasteries in Moeng La show; or the belief in the guardian spirits of their village or *müang*, as the *cai ban* of Ban Thin (Chiang Rung), erected in CS 1362 (AD 2000) shows.

During the Cultural Revolution, numerous temples and pagodas were destroyed by the Red Guards and thousands of monks and novices forced to be defrocked. When the last Supreme Patriarch of Sipsong Panna, based at Wat Pa Che Maha Ratchasathan in Chiang Rung, passed away in 1974, the highest religious position in the prefecture remained vacant for almost twenty years (see Casas, 2008: 294). Japanese anthropologist Kiyoshi Hasegawa reports that in the 1950s there were 574 monasteries with almost 6 500 monks and novices in Sipsong Panna. [1] This number declined to 556 monasteries with 4 090 monks and novices in 1966. Fifteen years later, when the Chinese government allowed the restoration of temples and pagodas, only 145 monasteries with some 600 novices and far fewer monks had survived (Hasegawa, 2000: 127 – 28).

During my fieldwork from 2002 to 2014 I have not met a single dated Buddha image inscription that was older than twenty years. There are reports that up to 90 percent of the manuscripts kept in the monastic libraries (*hò tham* or *hò trai*) were destroyed during the Cultural Revolution. However, courageous and ingenious enthusiasts of old manuscripts succeeded in hiding quite a number of threatened manuscripts along with other cultural objects at places were the Red Guards did hardly expect them, such as in henhouses, or in potholes behind toilets. In the already mentioned Tai Noe monastery of Wat Ratchathan Long in Jinggu monks kept their most precious manuscripts in a room which they declared as "Study Room of Marxism-Leninism and Mao Zedong Thoughts". No Red Guard member dared to enter this room and search here for "reactionary books". The destructions during the years of the Cultural Revolution are explicitly mentioned in a manuscript bearing a divination text called *Pakkatuen*); the

---

① Formoso (2008: 156) quotes a Chinese source stating that in 1957, immediately before the Great Leap Forward, 1, 034 monks and 6, 606 novices were counted. These 7 640 conventuals were split up over 594 monasteries.

manuscript （MS 1） has been finished being copied on 16 April 1983. Its colophon states:

Since time immemorial, the Tai people have a script, and countless different astrological treatises and calendars. these are found in large numbers. After liberation, [our traditions] were still well preserved by the inhabitants (*phai moeng*) of the region (*choen fu*). The education and knowledge of the [Tai] people were even further developed; they were like in former days. However, during the ten years of the Cultural Revolution when Lin Biao and the Gang of Four, who were counter-revolutionaries, held power, our customs, traditions, and language were destroyed. Calendars and books of all kinds, regardless whether good or bad, were burned in very large numbers. Our Tai nation lost numerous precious [manuscripts]: many were destroyed and very few survived. Very few [traditional] calendars were left. (...) To increase knowledge among our Tai nation and develop [our country] in the future, and for the sake of convenience for all of us Tai people, who start the new year in the sixth lunar month, this calendar has been printed. (...) It shall be distributed to all Tai Lü people, to be read and studied in the future.

Around 1980, the situation began to improve. The people were again granted religious freedom, destroyed temples were repaired and closed monasteries were reopened. By 1988, the number of monasteries, most of them in rural communities, had increased to 474. They accomodated 642 monks and 4. 980 novices. Until the turn of the third millenium, the number of monasteries had further increased to 560, with a total of 7 000 monks and novices (Davis, 2006, 58). The revival of Tai Theravada Buddhist culture has been facilitated by the circumstance that numerous young Tai Lü were ordained in neighbouring areas of the Burmese Shan Sate, especially in the Kengtung area, in northern Laos, here notably in Moeng Sing, and in Northern Thailand, here mostly in monasteries supported by local Tai Lü minority groups in those areas, such as Wat Phra Phutthabat Tak Pha in Lamphun near Chiang Mai. This helped create a support network, acquiring financial means for the restauration of destroyed or abandonned monasteries in Sipsòng Panna (Borchert, 2008: 132).

Inthe vihāra of a monastery in Moeng Long, a district bordering Burma, there is a mural painting donated by two local families, but realized in 1996 by an artist who came from Chiang Tung in Burma. Significant donations were made by members of the Thai Sangha and by members of the Thai Royal Family as well. The Supreme Patriarch (*sangharāja*) of Thailand, the late Somdet Phra Ñā 鉨 a Saṃvara, for example, planted during his visit in 1993 two Talipod palms in the compound of Wat Pa Che, the main monastery in Chiang Rung. Two years later, on 4 March 1996, Princess Maha Chakri Sirindhorn planted a Bodhi tree in the same compound, "in memory of the friendship between China and Thailand so that it may last permanently and forever".

Even more important as such spectacular events is the role of charismatic monks for the revival of the Theravada Buddhist culture of the Tai. In this context, I would like to mention Khruba Bun Chum, a Tai Lü monk who was born in Chiang Rai in Northern Thailand. Revered by Tai Lü people almost everywhere in the Mekong valley and often compared with the legendary Khruba Siwichai from Lamphun near Chiang Mai, Khruba Bun Chum was able to mobilize on an unprecedented scale local resources among the Tai Lü — in China as well as in Thailand, Burma, and Laos — to rebuild monasteries in Sipsòng Panna and everywhere in the Tai Lü world. Despite his relatively young age, Khruba Bun Chum has become an icon of Tai Lü ethnic identity. [1]

The American anthropologist and sinologist Thomas Borchert, who carried out intensive field work in Sipsòng Panna during the 1990s, arrived at the quite optimistic conclusion that most Tai Lü families still want their sons to ordain, if only to learn the old Tai Lü script and thus getting a direct access to traditional

---

[1] See Cohen, 2001; Iijima, 2009: 19. In February 2013, Grabowsky returned to That Chiang Tueng, the most important stupa in the region situated on a high hill overlooking the southeastern section of the plain of Moeng Sing. Several years ago, a monastery had been founded next to the stupa. The monastery had one monk and one novice. The monk, whose title was Thammapanya Yanasampanno (Dhammapaññā Yānasaṃ pañño), was a Tai Nuea villager from nearby Ban Kum who was in his late fiftees. He had decided to ordain less than ten years ago not long after the death of his wife. When his children disapproved of his wish to mary with a Tai Dam woman, he decided to enter the monkhood instead. Pha Thammapanya was proud of having been a disciple of the charismatic Tai Lue monk Khuba Bun Cum. Altogether, he spent five years with Khuba Bun Chum first in Tha Khi Lek and then in Mueang Ngao, Lampang province. See Diana, 2009: 203.

Tai Lü literature. He estimates that in 2000 "approximately 15 percent of the male population between the ages of eight and twenty were ordained as novices" in Sipsong Panna (Borchert, 2008: 132).

Since then there have been some trends pointing in the opposite direction. Families have become more and more reluctant to send their son or sons to a monastery for a longer time period because they fear that this might turn to their disadvantage in a booming economy that has become increasingly competitive. During two recent field trips to Sipsong Panna (in September 2012 and February 2013) I observed that few novices expressed a wish to ordain as monks and stay in the monastery for long. In the border districts of Moeng Long and Moeng Phong, and even in Chiang Rung, there are quite a large number of monasteries whose monks come from adjacent Tai Lü areas in Burma, such as Moeng Yang, Moeng Luai, and Phayak in the Chiang Tung region, or from northwestern Laos. [1] In some, probably rare, cases non-local Tai abbots, mostly from border areas belonging to Burma, are even employed by the local government to supervise the young novices who mostly still come from the nearby village.

3. The Revival of Buddhism as Reflected in Recent Manuscripts

In his recent study on the state of Buddhism in Sipsong Panna, Borchert argues that the survival of Buddhism and of Tai Lü scriptuality very much depends on the monastery as it "has historically been the main institution for cultural reproduction (...) [T] he monastery rather than a court provided many of the key tools for long-term cultural reproduction" (Borchert, 2008: 134). I agree with Borchert's observation which is supported by the large number of manuscripts either copied by monks or donated to monasteries during the last thirty years. Quite a large number of manuscripts — most of them bearing religious texts — were copied from older extant manuscripts imported from areas outside of China, in many, though not all, cases by Tai monks coming from Burma, Laos,

---

[1] Kojima Takahiro and Nathan Badenoch have recently observed a similar situation in the Tai Noe-Jingpo autonomous prefecture of Dehong. According to their survey of twenty-nine temples in Ruili city in 2010, "71 percent of the monks were from Myanmar, including both Shan and Palaung, while 81 percent of novices crossed the border to take up residence on the Chinese side" (Takahiro and Badenoch, 2013: 114)

and Northern Thailand. Such is the case with this leporello manuscript which contains parts of the Vessantara Jātaka. The text of this manuscript was copied 2000 in Moeng Yòng, a Tai Lü area southeast of Kengtung (Chiang Tung), and the manuscript was taken to Sipsòng Panna by two young monks, who were ordained in the village monastery of Ban Kòng Wat, a Tai Lü village at the outskirts of Chiang Rung which has one of the oldest monasteries in Sipsong Panna.

The circulation of manuscripts across national borders is documented in a number of sribal colophons which I have analysed together with my Thai PhD student Apiradee Techasiriwan in the frame of our research project on paratexts in Tai Lü manuscripts supported by "Centre for the Study of Manuscript Cultures" established at the University of Hamburg in 2011. ① For example, the colophon of a religious text (Vessantara Jatāka) in a *sa* paper leporello manuscript (MS 2) from Moeng Nga, a Tai Khün speaking community in Moeng Laem indicates that this manuscript was copied from an older manuscript from nearby Moeng Yang, which is situated on the Burmese side of the China-Burma border. Another striking example is a leporello manuscript from a Tai Lü monastery in the border district of Moeng Lòng in northwestern Laos. The manuscript (MS 3) bears the title *Phuttha Boek*, literally "The Opening of the Eyes of the Buddha". It is interesting to note that the colophon is written in a characteristic style and with an ink quite different from that used for recording the main text which starts on the folio below. As for the "biography" of the manuscript, which is dated on "the seventh day of the waning moon in the fourth lunar month, the third day of the week according to the Mon tradition, in Cunlasakkarat 1349", that means on Tuesday, 9 February 1988, the scribal colophon – which precedes the main text② – states:

---

① The manuscripts referred to in the following section are in more depth discussed in Grabowsky and Apiradee 2013.

② This leporello manuscript, dated the "seventh waning day of the fourth lunar month, the third day [according to the] Mon [tradition], CS 1349" [Tuesday 9 February 1988], comprises the main text written in black ink and two additions written in blue ink by two different scribes. It deals with the consecration rituals of newly-built Buddha images called *thot phranet*, "opening the eyes" of the Buddha. For rituals to consecrate Buddha images in Thailand, see Swearer, 2004.

I, Khandhva dī Bhikkhu Phra Chai, abbot of Wat Dong Long, have bought this *Phuttha Boek* manuscript from Phra Duang Saeng who resides in Ban Sao Hai in Moeng Phayak in the *ruang met* year [CS 1353] at the price of 11 piastres, which is equivalent to 55 Yuan. I donated it to the monastery of Wat Long Moeng Long. Novice Chan and Novice Chong [donated?] a *Thamma Sutchawanna* manuscript with ten fascicles, a *Thotsachat* manuscript with ten fascicles (...) . I, Phra Chai, make this donation to the stupa Chom Tong of Moeng Long asking that this will result in religious merit as a means of support until I reach *nirvāna*. (...) *Sudinna ṃ vatame dāna ṃ buddhābhiseka ṃ dhammasujāto cakavatilāja usamabhalogo no dasajātaka dānaṃ nibbāna paccayo hotu no niccaṃ.*

Wat Long Phakham is one of the oldest — if not the oldest — monastery in Moeng Long district (Luang Namtha province, Lao PDR) and situated in the village of the same name, not far from the district seat. It is interesting to note that the scribe of the mulberry paper manuscript is a senior monk from Moeng Phayak, which is half way between the Thai-Burmese border crossing at Mae Sai-Tha Khi Lek and the city of Chiang Tung. The population of Moeng Phayak is mixed Tai Khün (dominant ethnic group in Chiang Tung) and Tai Lue. Although the script used in the manuscript seems to be the Tai Lü rather than the Tai Khün variant of the Dhamma script, the use of the leporello format, instead of binding of the folios along the upper edges as is typical for Tai Lü manuscripts, might have been influenced by Tai Khün tradition. At any rate, it is not known how exactly the manuscript found its way from Moeng Phayak in Burma to Moeng Long in Laos.

The revival of the Tai Lü manuscript culture since the early 1980s was not only the result of learned monks. By no means it has been limited to the religious sphere. Of crucial importance was the initiative of local scribes who before the start of the Cultural Revolution had spent their youth as novice and/or monk in a monastery, where they learned the Dhamma script, also called "Old Tai Lü Script", and after the end of the Cultural Revolution started again writing manuscripts — either by copying old texts or composing new ones — and thereby facilitated the continuation of the great manuscript culture of the Tai people. Not only religious texts were transmitted in the form of such newly produced manuscripts, but also secular texts such as astrological treatises, secular chronicles, and folk legends. An especially passionate scribe is Ai Còi Ca Han, a retired government official from Moeng La (the person on the right side in this picture), who is now 83 years old but still active. Ai Còi Ca Han emphasizes in the Preface of his "Chronicle of Moeng La" (1996).

This manuscript [recording] the Chronicle of Moeng La has not been kept and guarded by any nobleman (*thao khun*) or commoner (*chao moeng*). Now I have written (*kot taem*) this Chronicle of Moeng La by interviewing elderly people as well as former officials (*thao ban khun moeng*) in many places. I have collected these stories for future generations to learn about the history of Moeng La, the reason for its name, and about its founder. Whether I have written it correctly or not, I ask the elderly people of Moeng La not to blame me. Whenever someone reads this Chronicle of Moeng La, may he spread its contents to the people so they can express their gratitude (*kung khun*) towards their past Tai Lü ancestors in Moeng La.

The Buddhist culture of the Tai Lü in Sipsòng Panna and other Tai areas of settlement in Southwestern China is no longer threatened in its very existence. During the last thirty years, the Tai Lü have been connected with a wider community of Tai in Thailand, Laos, Burma, and other parts of Southeast Asia. At the same time it is under pressure by a commercialisation of Buddhism in the wake of plans to develop Sipsòng Panna into an exotic destination for tourists from other parts of China, as well as from foreign countries. The construction of a huge "Buddha Town" on the eastern bank of the Mekong at Chiang Rung (Jinghong) and the use of Buddhist symbols for the modern urban architecture underline the ambiguity of this seemingly irresistable development.

4. Conclusion

The opening of borders in a region which Andrew Walker has called "economic quadrangle" (Walker, 1999) since the late 1980s has brought about significant changes in a region traditionally dominated by the Tai Lü people. The movement of goods has been accompanied by the movement of people and ideas. This is most clearly reflected in the religious field as monks and novices belong to the most mobile, most revered and politically less dangerous groups in society. Manuscripts are another item of exchange, giving testimony to the vitality of Tai Lü manuscript culture. In contrast to many other regions of Buddhist Southeast Asia, such as Central Thailand, Tai Lü manuscripts are still being produced and in some areas, notably in Yunnan province, have even experienced a modest revival. The influx of monks from Tai Lü and Tai Khün speaking areas in the eastern Shan state in Burma, northwestern Laos and northern Thailand since the early 1980s contributed to this revival. Some of these "mobile" monks had relatives living at the Chinese side of the border or even descended from families who had fled Yunnan in the 1950s and 1960s. They acted as the vehicle for the transmission of texts in Sipsong Panna and other Tai speaking areas of Yunnan. Although most of the active scribes are now in their seventies or eighties, with comparatively few "younger" scribes in their fifites and sixties, there is some hope that this most precious manuscript culture will not fade away soon. I hope that Ai Còi Ca Han's concern of the preservation of the ethnic and cultural identity of the Tai Lü will be taken seriously by the younger generations.

The old Tai Lü script and the manuscript culture based on mulberry paper as the main writing support are an important element in defining and defending the ethnic identity of the Tai Lü people in Sipsong Panna.

References

Berlie, Jean, 1990. "The Dai of China", in: *Proceedings of the 4th International Conference on Thai Studies*, 11 – 13 May 1990, Vol. II, pp. 240 – 254.

Borchert, Thomas, 2008. "Worry for the Dai Nation: Sipsongpannā, Chinese Modernity, and the Problems of Buddhist Modernism", in: *The Journal of Asian Studies*, Vol. 67, No. 1, pp. 107 – 142.

Casas 2008. "Theravada Buddhism in Contemporary Xishuangbanna", in: Prasit Leepreecha*et al.* (eds), *Challenging the Limits. Indigenous Peoples of the Mekong Region*, pp. 289 – 305. Chiang Mai, Mekong Press.

Cohen, Paul T., 2001. "Buddhism Unshackled: The Yuan 'Holy Man' Tradition and the Nation-State in the Tai World", in: *Journal of Southeast*

Asian Studies, Vol. 32, No. 2, pp. 227 – 247.

Davis, Sarah, 2006. *Song and Silence: Ethnic Revival on China's Southwest Borders.* Chiang Mai: Silkworm Books.

Diana Antonella, 2009. "Re-Configuring Belonging in Post-Socialist Xishuang-banna, China", in: Andrew Walker (ed.), *Tai Lands and Thailand: Community and State in Southeast Asia.* Singapore and Copenhagen: NUS Press and NIAS Press, pp. 192 – 213.

Formoso, Bernard, 2008. "Identité tai lue et résurgence du culte bouddhique dans les Sipsong Panna du Yunnan (République populaire de Chine)", in: *Aséanie*, No. 21, pp. 147 – 174.

Grabowsky, Volker, 2008. "The Tai Polities in the Upper Mekong and their Tributary Relationships with China and Burma", in: *Aséanie*, No. 21, pp. 11 – 63.

Grabowsky and Apiradee, 2013. "Tai Lue identities in the Uperr Mekong Valley: Glimpses from Mulberry Paper Manuscripts", in: Aséanie, No. 31, pp. 11 – 54.

Hasegawa, 2000. "Cultural Revival and Ethnicity: The Case of the Tai Lue in the Sipsong Panna, Yunnan Province", in: Hayashi Yukio and Yang Guangyuan (eds), *Dynamics of Ethnic Cultures Across National Boundaries in Southwestern China and Mainland Southeast Asia: Relations, Societies, and Languages.* Chiang Mai: Ming Muang Printing House, pp. 121 – 137.

Iijima, Akiko, 2009. "Preliminary Notes on 'the Cultural Region of the *Tham* Script Manuscripts'", in: *Senri Ethnological Studies*, Vol. 74, pp. 15 – 32.

Liew-Herres, Foon Ming, 1996. "The Luchuan-Pingmian Campaigns (1438 – 1449)", in: *Oriens Extremus*, Vol. 39, No. 2, pp. 162 – 203.

Liu Yan, 1999. *An On-the-spot Investigation into the Southernly Emigration of the Dai Race.* Translated by Wang Yi and Liu Biao. Kunming: Xishuang Autonomous Prefecture Nationality Research Institute, Yunnan Nationality Press.

Menghai xianzhi, 1997. Kunming: Yunnan renmin.

Mengla xianzhi, 1994. Kunming: Yunnan renmin.

Swearer, Donald K. 2004. *Becoming the Buddha: The Ritual of Image Conse-cration in Thailand*. Princeton and Oxford: Princeton University Press.

Takahiro Kojima and Nathan Badenoch. "From Tea to Temples and Texts: Transformation of the Interfaces of Upland-Lowland Interaction on the China-Myanmar Border", in: *Southeast Asian Studies*, Vol. 2, No. 1, pp. 95 – 131.

Walker, Andrew, 1999. *The Legend of the Golden Boat: Regulation, Trade and Traders in the Borderlands of Laos, Thailand, China and Burma*. Honolulu: University of Hawai'i Press.

Yos Santasombat, 2001. *Lak Chang: A reconstruction of Tai identity in Daikong*. Canberra: Pandanus Books/ Research School of Pacific and Asian Studies, The Australian National University.

Tai Lü manuscripts cited:

MS 1 —*Pop Pakkatuen [Divination]* . Tai Lue manuscript written on industrial paper kept by Chao Maha Khanthawong, Chiang Rung. 79 ff° (1983 AD) .

MS2 —*Phuttha Boek [Opening the Eyes of the Buddha]*° . Tai Lue mulberry manuscript from Wat Long Phakham, Luang Namtha, Laos, 49 ff° (undated) .

MS3 —*Wetsandon [Vessantara Jātaka]* . Tai Lue mulberry paper manuscript, Wat Ban Kong Wat, Chiang Rung. 277 ff° (2000 AD) .

MS4 —*Nangsue Phuen Moeng La [Moeng La Chronicle]* . Tai Lue mulberry paper written in Tai Lue script written and owned by Ai Choi Cha Han, Moeng La, 25 ff° (1996 AD) .

南传佛教与生态

祜巴罕听

各位尊敬的领导、诸山长老、来宾们：

相信大家都知道，我们的佛陀释迦牟尼佛诞生在一棵叫沙喇的树下。35 岁的时候，他坐在阿萨他树下觉悟成佛了，后来这一种树被称为菩提树。80 岁那年，我们的佛陀右侧躺卧在沙喇树下般涅槃了。只要想一想，大家会不会觉得奇怪，佛陀一生的几件大事都是发生在树下，和树有莫名其妙的关系。为什么呢？因为佛陀喜欢大自然，佛教也一直都离不开大自然。

如果我们到印度去朝圣，将会发现佛陀曾经居住过的地方都是树木葱郁、鸟语花香的地方，人和各种动物、和大自然都和谐共处，佛教僧人也一直喜欢到深山老林的大自然地方去修行打坐。在《巴利经藏·小部·长老偈》中，收录了好几首佛陀的大弟子马哈咖沙巴尊者表达在山林中禅坐、歌颂大自然的优美诗句：

> 遍地覆盖着咖雷利花，这地方令我心旷神怡，
> 山间回响着象群的鸣声，多么可爱，岩石山峦让我喜悦。
> 壮丽的深蓝色云层，山间溪水潺流，清凉、澄澈，
> 布满了红甲虫，岩石山峦让我喜悦。
> 像巍峨绝顶的层层深蓝云峰，像高壮山形顶盖的幢幢楼宇，
> 山间回响着象群的鸣声，多么可爱，岩石山峦让我喜悦。
> 岩石的美丽表层经过雨水冲刷，山峦是明眼者依止之处。
> 山间共鸣着孔雀啼声，岩石山峦让我喜悦。
> 像盛开的蓝色亚麻，像秋空覆盖的云层，

各种鸟类群居其间，岩石山峦让我喜悦。

没有在家众游览山丘，他们仅是养鹿人家，

许多鸟类群居其间，岩石山峦让我喜悦。

宽广的山谷水流清澈，猴群与鹿群流连忘返，

地上铺盖湿润的青苔，岩石山峦让我喜悦。（Thag. 1062～1070）

　　佛教把森林山野叫作林野（arañña），古代音译为阿兰若。由于森林、山野人迹罕至，没有噪音，能够起到内心安宁的作用，特别适合佛教僧人修行禅坐。于是，出于对修行的需要以及对大自然的热爱，很多佛教寺院都修建在深山老林当中，佛教僧人也承担起保护山林、保护生态、保护自然环境的责任。当佛教传播到了斯里兰卡、泰国、缅甸、老挝和中国等地，这种热爱大自然、保护生态环境的传统也被带到了这些国家和地区。在缅甸国际闻名的禅修寺院帕奥禅林，以前僧团还没有搬进去安住的时间，附近的村民经常进山去砍伐树木，导致整座山几乎找不到一棵大树。后来，缅甸军政府把山林提供给僧团作为佛教用地使用，于是，附近的村民再也不敢进山砍树了。因为在信教群众心中，砍伐寺院的树木等于盗取僧团的物品，有很大的罪过。经过30多年的保护，现在，帕奥禅林远远看过去就是一整片的森林。

　　在我们傣族有句谚语叫："没有山就没有树，没有树就没有水，没有水就没有田，没有田就没有米，没有米就没有人。"生动地道出了自然生态和人类的相互依存关系。受到佛教保护生态环境意识的影响，在西双版纳，不管是森林寺院还是村寨寺院，都可以见到高大的菩提树以及各种树木。

　　2013年初，我们开始在勐海县勐邦水库旁的龙象山上建设法住禅林。由于当地村民每年都有烧山的陋俗，导致当时僧团和建设人员刚刚进驻龙象山的时候，整座山听不到一声鸟叫，许多像样一点的大树都遭到盗伐。法住禅林建设好了，僧团也进驻了，只经过这两三年来的保护，现在，村民们再不敢随便进来砍伐大树，每天早上又能听到各种小鸟的鸣叫声，甚至出现了野生动物。为了保持禅林的自然环境和生态平衡，我们制订的《法住禅林规约》里面还专门有"生态环保"一项，规定除了不得随便砍伐树木之外，还规定不得猎捕，也不得放生。禅林专门设立"环保小组"，对废弃品进行分类，并实行不使用化学洗涤用品，不使用一次性纸

巾，等等。

我们都知道，许多佛教寺院离不开森林山野，而风景秀丽的山川几乎都有寺院。从各种事实证明，佛教能自觉不自觉地起到保护生态、保护环境的作用，而僧人对大自然的热爱和对修行环境的要求，一方面承担起义务护林员的责任，另一方面也能以身作则，并带领和教导信教群众做到人与人的和谐、人与动物的和谐、人与大自然的和谐。

（祜巴罕听，西双版纳州佛教协会副会长）

近代中国与东南亚地区的佛教交流

——以慈航法师为例

纪华传

慈航法师（1895—1954）是近代中国佛教的一位高僧，被誉为"弥勒应世，玄奘再来"。自1927年入闽南佛学院开始亲近太虚大师，服膺其人间佛教思想，立志改革传统佛教的弊病，主张以发扬文化、举办教育、推动慈善为佛教的三大救生圈。太虚大师圆寂以后，又从圆瑛法师接法，传承鼓山曹洞宗法脉。慈航法师于台湾弥勒内院示寂后，肉身不坏，世人尊称为"慈航菩萨"。所以，在他的身上，既有着传统佛教的深刻影响，同时又有着强烈的现代化意识。

慈航法师多年来弘法于南洋地区，印顺法师曾说："慈老游化南洋多年，南洋等于他的第二故乡，拥有不少真切的信徒。"[①] 此语概括了慈航法师与南洋佛教的殊胜法缘。他的足迹遍及马来亚槟城、星洲以及印度、缅甸各地，席不暇暖，讲经说法、兴办教育、提倡慈善，对于团结华侨，声援抗战，增进中国与东南亚地区之间的佛教交流和民间往来，促进中国佛教的世界化，都做出了重要的贡献。

一 初至南洋，广结善缘

1930年，慈航赴缅甸仰光弘法，驻锡龙华寺。1933年，在他的弟子王书弄、邱宏传等居士的协助下，创办了"中国佛学会"，并担任导师。又创办佛经流通处，设立义务夜校，并施义诊，1935年又组织仰

---

① 印顺：《妙云集》下编之十《华雨香云》，台北正闻出版社1992年修订本，第363页。

光佛学青年会，因他任劳任怨为法忘躯，故被誉为"苦海慈航"。1936
年1月返国途中，道经星洲，特往星洲佛学园参观，由佛学园主任寂英
介绍，向学园学友演讲佛教。他说，佛教能穷究人生本源。唯研究佛
理，皈依佛法，可以了别生死大事。① 慈航法师辩才无碍，以逻辑演讲
佛理，听者皆为动容，尤其使一般轻视佛教之青年有所觉悟。法师临行
时以其所携带的仰光著名的玉佛大像赠送给佛学园，并布施数金给师友
加菜结缘。这些事情都反映出慈航法师热心维护佛法，慷慨好施的性
格。他的弟子律航法师曾说"师父讲经作文，我们尚可学得几分；若轻
财好施的作风，我今生是学不来的"。② 正是由于慈航法师慷慨施舍和热
诚待人，所以深受当地佛教界人士赞誉，为他日后在南洋的弘法结下了
善缘。

二　随太虚大师访问团赴南洋，宣传抗日

1939年11月，正逢中国人民抗日战争进入最艰苦的时期，为加强东
南亚佛教国家的联系，宣传中国抗日救国的国策，太虚大师组织中国佛教
国际访问团赴南洋，慈航为团员之一。访问团先后抵达仰光、新德里、科
隆坡、新加坡、吉隆坡等地，与各地佛教界进行了深入广泛的交流。在此
基础上，相继成立了中缅、中印、中锡等文化协会。自中国全面抗战爆发
以来，日本侵略者就在东南亚地区散播谣言，诬陷中国政府摧毁佛教，以
此作为侵略中国的理由，妄图孤立中国。访问团所到之处，举行各种演讲
会，争取东南亚各国佛教徒同情中国抗战，粉碎了敌人的反宣传阴谋，取
得了极大的成功。在印度，拜谒民族运动领袖甘地、尼赫鲁、泰戈尔等
人，均对我国抗战深表同情。沟通海外文化，联络佛教徒感情，并宣扬我
抗战国策，揭发敌伪阴谋。在缅甸，访问团未到之前，当地人民因受日寇
之欺骗，误认为中国将摧毁佛教，所以对英国资助中国抗战，多加反对。
后经访问团宣讲真相后，不但对中国抗战深表同情，而且竭尽力量，支持
中国取得最后胜利。

---

① 《慈航法师过星留言》，《佛教与佛学》1936年第1卷第4期，第90页。
② 律航法师：《我与慈老恩师的关系》，《慈航大师示寂四十周年暨百龄诞辰纪念：慈航大
师纪念集》。

1940 年 3 月访问团抵达星洲，太虚大师一行接受《南洋商报》记者采访，《佛教国家同情中国抗战》一文，系统阐明了任务、取得的成绩和历史意义等。指出，访问出国的主要任务在以宗教的情感，联络近东诸佛教国家，使他们深切了解中国抗战，是为正义、自由、平等而战，是为保卫佛教而战。同时，全力粉碎敌人的反宣传阴谋。星洲有中华佛教会、佛教居士林、万国佛教会、摩诃菩提会分会、双林寺、普觉寺、龙山寺、普陀寺等，都组织了欢迎访问团的星洲佛教徒大会。

访问团原计划于 3 月 30 赴泰国访问，由于二战时泰国借路给日军入侵马来亚，所以泰国政府与日本关系密切。泰国政府 3 月初搜捕华侨，中华总商会前代理主席冯尔和亦被逮捕，形势紧张，所以访问团决定停止前往访问。当时马来亚各地纷纷来电欢迎，所以临时改访马来亚，先后到达吉隆坡、槟城、怡保等地，太虚大师和慈航法师等多次讲演佛法。4 月 7 日回到星洲，应维多利亚纪念堂之约举行了大型的讲经法会。5 月，访问团结束后，由星洲回国，慈航留在马来亚、星洲等地，继续从事弘法工作。

三 于马来亚槟城讲经弘法

国际佛教访问团的行程结束后，慈航法师首先来到槟城。槟城自 1786 年被英国殖民政府占领后，来自中国的大量廉价劳工来到这里，这些劳工以闽南、广东人为主，大都信仰佛教。慈航到槟城卓锡宝誉寺和弘福寺后，当地华人纷纷依之皈依，受到了空前的欢迎和支持。弘福寺原为一座泰国寺院，日本占领槟城后，泰僧返国，因此为华僧接管，并易此名。

慈航法师于槟城居住时间最久的是槟城菩提学院。该学院成立于 1935 年，由芳莲尼师开山，是当地唯一的女众道场，旨在阐扬佛法、利乐有情（收容孤儿）和培育弘法人才（设立佛化教育）。慈航法师抵达槟城后，曾莅临菩提学院讲经说法达三年之久，先后讲过《楞严经》、《法华经》、《楞伽经》、因明学和唯识学等。据说慈航法师在讲《法华经》时，菩提学院出现三种瑞相：栽种了十年而未结果的龙眼树竟于此时结果；栽种多年的杨柳亦在同年开花；学院门顶在清晨五时许现出奇异的光彩。① 在菩提学院，慈航法师还亲自编写了教材和课诵本，供学院中收养的孤儿和寄宿生们使用。此后，慈航法师还往返于星洲、马六甲、吉隆坡、怡保各地巡回讲经。他还积极推动创设或担任导师的有槟城菩提学院、槟城菩提学校、雪州佛学会、怡保佛学会、槟城佛学会等。由于慈航法师的努力，槟城佛教进入了一个新的发展时期。从信徒中流传的他在讲经时出现的瑞相亦可想见他在马来亚的巨大影响，以及在信众中的神圣地位。

四　星洲弘法，创办《人间佛教》

1944 年，慈航法师从槟城菩提学院来到星洲灵峰菩提学院，并在此闭关阅藏三年。在此期间还积极创办佛教刊物。慈航法师认为，佛教的兴盛，全在于佛法的宣传，然宣传最有效力者，莫过于佛教刊物。1945 年，慈航法师创办了《佛教人间》刊物，由其弟子翁立夫任编辑。1947 年，又将《中国佛教》改为《人间佛教》，担任《人间佛教》月刊社社长。慈航法师继承太虚大师佛教改革的道路，大力倡导"佛教革命"，虽身居星洲，依然心系国内佛教。他甚至想将《人间佛教》改为《佛教革命》，但因为本刊由《中国佛学》更名而来时间不久，忽而变更，未免惹人笑话。但仍然将本刊作为"佛教革命"之喉舌，其内容大致如下：组织佛教革命的名称和方法；推选佛教革命的最高领袖；佛教革命的方针；佛教革命干部人才的招集和训练等。②

1945 年，慈航在《佛教人间》中发表了《吾爱吾教亦爱吾国》，表达了他爱国爱教的赤诚之心，提出"佛法得世法而兴，世法待佛法而治"的口号，认为"欲救此不疗之沉疴，非创办'佛化教育'不为功。盖国家之兴衰，全赖教育良与不良为枢纽，教育良，则人心向善，而国必兴；教有不良，则人心趋恶，则人心向恶，而国必哀。"③

----

① 陈秋平：《移民与佛教：英殖民时代的槟城佛教》，马来西亚：南方学院 2004 年版，第198 页。

② 慈航：《快邮代电》，《人间佛教》1947 年第 3 期，第 407 页。

③ 慈航：《吾爱吾教亦爱吾国》，《佛教人间》1945 年第 2 期，第 22 页。

　　1947 年 3 月，太虚大师圆寂于上海玉佛寺。消息传到新加坡，慈航法师哀痛欲绝，随即在《中国佛学》刊出追念专号，撰写《太虚大师挽词》《太虚大师赞歌》《师恩大如天》等悼念文字，并题写"以佛心为己心，以师志为己志"自励励人。是年秋，圆瑛法师于槟城极乐寺传慈航法师鼓山曹洞宗法脉，法名古开。是年极乐寺传授三坛千佛大戒，七众云集，请慈航法师任羯磨阿阇黎，为千佛大戒作大佛事。慈航法师多年来追随太虚大师，自认为是大师的弟子，大力推动佛教革命工作，尤重佛教教育与人才培养。在慈航的观念中，"无所谓新旧派，无所谓大小乘，一切派别、一切教理，均由佛陀而出"。① 所以，学佛者不应囿于宗派之观念，如果不能破除我执，不能精诚团结，则佛教的前途将不堪设想。所以慈航法师一生追随太虚大师的人间佛教思想，同时又得法于圆瑛法师，皆出于深思熟虑，出于护持中国佛教的前途命运的赤诚之心。

　　1948 年 2 月，慈航发起成立星州佛学会，并担任导师。之后又成立星洲菩提小学、星洲菩提中学。是年秋，应台湾中坜圆光寺方丈妙果老和尚的邀请来台主持"台湾佛学院"。慈航法师于南洋弘法虽然告一段落，然其弘法的热忱、护教精神和利生事业，却功不可没，永远泽被后世。他的弟子遍及南洋各地，薪火相传，为南洋佛教的发展奠定了基础。

五　慈航法师与中国佛教世界化

　　慈航法师多年来于南洋弘法，体现出他继承太虚大师，积极推动中国佛教走向世界的精神。1947 年，在他闭关三年期满后，本着普度众生的慈悲心肠，发起筹办佛教大学（慈航大学），校址拟设在浙江杭州，其性质与国内大学相同。其目的是要造就佛教人才，以便弘法于全世界。同年 12 月 24 日，法舫法师由印度道经星洲回国，因此得以与慈航法师相见，彼此欢喜不已。慈航法师建议法舫法师在锡兰岛上建立"大乘佛教学苑"，弘扬大乘佛教，以此报答印度过去法施之恩惠。先试办英文部，以培养国际弘法人才。法舫法师因感念太虚大师国内弘法事业，执意回国。慈航法师于是勉励继太虚大师之志行，将挽救中国佛教的未竟事业发扬光大。

---

　　①　王嘉禄：《槟城极乐寺圆瑛法师传法之面面观》，《佛教人间》1948 年第 5 期，第 85 页。

　　由于多年来在南洋弘法的经历，慈航法师来到台湾后仍继续推动佛教的世界化。例如，他曾说："我想编一部佛学英文丛书，把佛学里面许多材料，译成英文去贡献世界。"[①] 慈航菩萨的"十要"中的第三要也主张"刊行佛学英文丛书"。慈航法师在他的"十提案"中有八个提案均与世界佛教有关，可见他对于向世界弘扬佛法的积极态度，提案一"推选世界佛教教主案"，提案二"择定世界佛教教主区案"，提案三"规定世界佛教布教师之资格案"，提案六"编印世界佛教统一之佛教圣经案"，提案七"编译欧美文之藏经案"，提案八"各国互派佛学家轮回讲学案"，提案九"各国应设立佛教大学案"，提案十"创设世界佛学院于灵鹫山案"。[②] "慈航菩萨对于中国佛教的心愿"中的第一愿就是希望在台湾办一所"佛教英文学院"，以栽培国际弘法人才。慈航法师深信，"今后的佛教是世界性的"，他对中国佛教世界化的努力，与他南洋弘法经历是分不开的。

　　莲航法师在慈航法师圆寂三周年纪念中说道："老人圆寂已三年了，三年的时间，不算太短，但还没有发现如老人一般远见的长老，看来今后的中国佛教，在国际佛教僧伽面前，还有一段丢人的时间。现在几位学习英文的僧伽，在无援无助无同情下奋力精进，唯愿他们在慈公老人弘法国际的伟大精神感召之下，顺利获得成就，为未来的中国佛教，在国际佛教面前，扬眉吐气，一伸以往郁闷！"莲航法师说出了佛教界有识之士的心声，更显示出半个多世纪前慈航法师的远见卓识。时至今日，中国佛教世界化的宏伟事业已经取得了可喜成绩，但仍前程漫漫，任重而道远。

　　　　（纪华传，中国社会科学院世界宗教研究所研究员）

---

① 《慈航大师示寂四十周年暨百龄诞辰纪念：慈航大师纪念集》。

② 同上。

两位泐人祜巴

——湄公河上游的文化开发者

［泰］瓦三·潘亚叫

The Two Khruba Lue, Cultural Developers of the Upper Mekong

Wasan Panyagaew, Ph. D.

Department of Sociology and Anthropology,
Chiang Mai University, Thailand

Abstract

Since the 1980s, people's mobility in the borderlands of the upper Mekong region has been reactivated, simultaneously regulated by a changing state's policy on borders and regional development. This paper traces the life stories of two charismatic Lue monks, Phra Khru Weruwanpithak or "Khruba Khuen Kham" (1929 – 2005) and Chao Khun Phra Rathanarangsri or "Khruba Saeng Lha" (1928 –), and their Buddhist practices across borders, showing that the religious journeys, which took place over two decades from the early 1980s to the beginning of the 21st century, these two Khruba Lue conducted played a significant part in Theravada revivalism in northern Thailand, the eastern Shan state of Burma, and in Sipsong Panna of Southwest China. It argues that this religious practice across borders not only restored Theravada Buddhist sites, but also created a new sense of belonging among the Lue followers, who have long lived across national borders in the upper Mekong region.

1. Introduction

In present days of northern Thailand, there are many Lue descendants of the war captives who in some areas, in Lamphun – Chiang Mai region in particular, call themselves "*Khon Yong*", and in some others "*Khon Muang*" or the people of Lan Na. Within the processes of modern Siamese state formation, since the mid – 19th century, these people have later become members of the Thai nation. Under such powerful national integration processes, local histories were manipulated and replaced, the Lue's traumatic memory seems to be silent. Since 1980s, however, under the rapid changes of Thai national economy, but unequally distributed, which resulted in a huge divide between the capital of Thailand and its countryside, a collective memory of Lue in exile was restored and initially transmitted as part of the local movements in the North. In a regional context, Lue cultural revivals also took place, as particularly demonstrated through Theravada revivalism, in the borderlands of the upper Mekong. The revivals began at almost the same period of time as the former socialist countries, namely China, Laos and Burma, initially turned their economic policies towards the outside worlds. Many Lue families who had found refuge in northern Laos and eastern Shan State of Burma decided to return from exile to their "home places", to recover their displaced lives and families (Condominas 1985, Wasan 2008). Among these, groups of cross – border monks, particularly from northern Thailand and eastern Shan state of Burma, play an important role in the transportation of cultures (e. g. Tai fonts, Dharma script and textbooks, Buddha icons, Buddhist arts, activities, and architecture, and recently modern items and material cultures such as music VCD karaoke and films, particularly from northern Thailand) across the national borders. The cross border connectivity among the Lue, which have been fundamentally based upon family, kinship, trading networks, ethno – history and religion have been reactivated and maintained, basically through these journeys across the borders (cf. Cohen 2000, 2001).

From the 1990s onwards, people's mobility in these borderlands of the upper Mekong have also been accelerated and complicated by regional cooperation of trade and economic developments among the Mekong countries. This resulted in massive flows of commodities, cultures, information, and capitals across the national borders. Within these changing contexts in the age of globalization, where cultures can be commoditized and consumed, either by the others or by those culture owners themselves, the searches for routes and roots seem to be the most matters. And this is particularly the case among the Lue who have lived across the borders of the upper mainland Southeast Asia today.

This paper examines Buddhist journeys across borders, under these power contexts of nationalisation and regionalisation, through a life story of Phrakhru Weruwanpitak, or Khruba Khuen Kham (1929 – 2005) and Chao Khun Phra Rathanarangsri or "Khruba Saeng Lha" (1928 –), both Khruba (s) are Lue descendants and charismatic Buddhist monks. Khruba Khuen Kham, lived in Lamphun, northern Thailand, however, preferred to identify himself as *Yong* (a social label used by the locals in Lamphun – Chiang Mai who believe that their ancestors were forced to leave Muang Yong, in present eastern Shan state of Burma, about two centuries ago), whereas Khruba Saeng Lha, originally from Sipsong Panna, has resided in Tachilek, a market town on Thai – Burma borders, for decades.

The two Khruba Lue devoted their life through their monkhood, followed to the*ton boon* tradition and led their disciples and lay peoples to re-store and' re - build religious sites and cultures across borders in northern Thailand, eastern Shan State of Burma and southern Yunnan of China. For three decades, Khruba Khuen Kham and Khruba Saeng Lha practiced on their religious missions, playing an important part in the Lue cultural revivals, from the early 1980s to beginning of the 21st century. In the followings I will investigate their biographies, showing that the journeys and missions they conducted significantly moved Theravada revivalism on the wheels, developing cultures across borders. In conclusion, I argue that, in the contexts of nationalisation and regionalisation, the religious practice of the two Khruba Lue not only restored Buddhism and Theravada traditions, but also created culture, a new sense of belonging, among the Lue/Tai followers, who have long lived across national borders in the upper Mekong region.

2. The Two Khruba's Biographies

2.1 Khruba Khuen Kham

Khruba Khuen Kham was born on 14th July 1929, in *Ban Chang Khow Noi* (Pa Sang district, in Lamphun) . He was the third son of four children in his family and when he was about seven years – old, his father took him to study at Ban Chang Khow Noi primary school. He completed his primary school in 1937, having studied under the state's compulsory education at that time. After that, similar to many boys in northern Thailand then who wanted to study more deeper knowledge, he went to a temple and aimed to continue his higher studies, becoming a *kayom* or "apprentice" (to be a monk) at his village's monastery for two years. As a *kayom* he had to study the Tham script and practice chanting the suttas before he could qualify as an ordained novice, which he achieved in 1944. Later he moved to study at *Wat Pa Yang*, the old Buddhist monastery in Pa Sang.

By the time he was fifteen years old, he already knew the Tai and modern Thai scripts. Unfortunately, that year his father passed away and his mother left home. This crisis circumstance in family life was a traumatic experience for the young novice Khuen. Nevertheless, he continued his Buddhist study, moving further south to Wat Pa Nhong Cedi, a forest monk monastery situated about seven kilometres from Pa Sang town. Thereafter, he resided and studied at this forest monk temple for about four years, and one day had the chance to meet and serve Khruba Phromma, a famous wandering monk who had just returned from his "forest retreat" and long period of meditation. The wandering monk accepted the young novice Khuen as his disciple, and in 1948, when Khruba Phromma was invited by the Pa Sang Sangha (monastic order) to direct the construction of Wat Phra Buddha Bat Tak Pha (or Wat Phra Bat afterwards), Khruba Khuen, then still a novice, went along with his master to develop this new temple, a temple where he would later be ordained as a monk (Bhikkhu), when he was 21. And a few decades later he would also become its second Abbot (from 1986 to 2005), after the death of Khruba Phromma, the first Abbot, in August 1984.

After becoming a Bhikkhu, Khruba Khuen followed his master, Khruba Phromma, adhering to the forest monk tradition, which focuses on the practice of strict asceticism rather than Pali studies; however, as Khruba Khuen told some of his disciples later, he had to be a teacher in Buddhist studies at Wat Phra Bat, so he also studied on the nak tham program and in Pali studies.

In 1953 the same year that the Buddhist monastery school was officially established at Wat Phra Bat, Khruba Khuen passed both the highest level of nak tham studies – called *nak tham eak*, and also Pali studies to level 3, called *Parian Tham Sam Prayok*. As a result, he was given the title *Maha*, signifying that he was a senior monk who commanded great respect and had a deep knowledge of Pali, the language that Lord Buddha used in his teachings. The local laity and his disciples; therefore, sometimes refer to him as *Maha Khuen*.

Khruba Khuen Kham initially practiced on *dhutanga*, in 1952, becoming a forest monk at the age of 23 years old. As he wrote, his master took him and some other disciples southwest, wandering on bare foot, via Muang Hot, to Tha Song Yang (in present Tak Province), and across the border to Burma where many Karen communities were settled. Khruba Phromma had been there previously – when he lived with the Karen for about six years. In the following years, Khruba Khuen went on *dhutanga* with his master several times. In 1953; for example, after completing his Buddhist studies, they both journeyed far to the south to Surathani Province and made a pilgrimage to Chaiya Reliquary. This journey, surely on foot, took many months.

Although he was appointed the first Patriarch of Wat Phra Bat, Khruba Phromma still took long journeys with his disciples, mostly in the forests along the Thai – Burma border, right up until the late 1960s. The Wat Phra Bat development project thus was mostly assigned to Khruba Khuen, his closest disciple, who had loved Buddhist art and architecture since he was a young novice. Khruba Khuen Kham learned and practiced by himself, particularly when he had to visit Buddhist monasteries or religious sites. He saw himself as "a practical architect". At Wat Phra Bat, under the supervision of his great master, Khruba Khuen thus began to apply his practical knowledge, and in 1959, restored the Main Hall, called*Viharn Jaturamuk*, which had been built in 1929 by Khruba Sriwaichai, in order to cover the Buddha footprint. Following this meaningful restoration, Khruba Khuen constructed a new monastery hall (*bot*), a facilitating hall, the buildings for a new Buddhist monastic school and a temple wall. For three decades (after 1948), Khruba Phromma, the master, and Maha Khuen, the disciple, worked together in turning Wat Phra Bat, once a sacred site on the forested hill, to be a Great Royal Temple or *Phra Aram Luang*, a title which was officially given by the Thai monastic order in 1978.

The most significant piece of work; however, seems to have been the construction of *Cedi Si Khruba* (the four charismatic Buddhist monk stupa), which is situated on top of Doi Khure Hill. Envisaged by Khruba Phromma just a year before his death, this reliquary site was erected on the hill that rises behind Wat Phra Bat (see Figure 1, below). Khruba Khuen began the construction project in 1985, just a year after his great master passed away, and it took a decade to complete the whole project, which included a long Naga ladder which stretches from the foot of the hill to the top, a new monastery building (on the hill), a new road up the hill and Cedi Si Khruba, where the ashes of his great master, and the father and other two brothers of Khruba Phromma, are enshrined.

Figure 1 Cedi Si Khruba, on Doi Khure Hill, Wat Phra Bat

Along with the development of Wat Phra Bat, Khruba Khuen also restored and built at least two other Buddhist monasteries nearby. One of these was Wat Mon Ma Hin (he was its Abbot from 1968 to 1975), a place which his master wandered to and practice meditation, situated about 8 kilometres to the south of Wat Phra Bat. The other was Wat Suwan, situated on the Pa Sang to Li Road, about ten kilometres to the south of Wat Phra Bat. He was the Abbot of this temple for a decade, between 1976 and 1985, before returning to Wat Phra Bat to take up the Abbot position there after the death of his master, as mentioned earlier.

His reverence had initially been accumulated. Not surprisingly, as well as being appointed to the abbot orders of Wat Mon Ma Hin, Wat Suwan, and Wat Phra Bat, Khruba Khuen was also appointed to be *Chao Khana Tambon*, the Sangha Governor in Makok sub – District, from 1970 to 1975, and *Chao Khana Amphur*, the Sangha Governor in Pa Sang District, from 1976 to 1986, the highest rank attainable.

Figure 2 Khruba Khuen Kham "in the forest" – somewhere in Sipsong Panna

In 1987; however, after his return to Wat Phra Bat and his being made the Abbot there, Khruba Khuen retired from the highest order, detached himself from the Thai Sangha (despite this, the Pa Sang Sangha still paid him the highest respect by appointing him to be an Honorary District Governor, a position he held until his death, as this mentioned in his biography). Seemingly, he wanted to practice the strict form of asceticism and preferred to apply his "practical architect" skills and carry out journeys to far – off places, and it is these religious activities, particularly the for-

estdhutanga, that he was taught by the great wandering monk Khruba Phromma, his master.

Throughout his life in Buddhist monkhood, Khruba Khuen devoted himself to maintaining, building, restoring and creating several Buddhist sites. And as is stated in his biography, he helped to build or restore 57 *viharn* (main monastery building), 38 *bot* (a monastery building – smaller than a *viharn*), 26 *sala* (temple hall), and 8 pagodas, as well as one Buddhist monastic school. Khruba Khuen Kham died on 31st March 2005, about a year later his body was cremated on 11 March 2006 at the temporary site, outside Wat Phra Bat Tak Pha, where he spent 55 *vassa* (years of monkhood). In Pa Sang areas, where many Lue families, originally from Muang Yong, therefore identify themselves as Yong, have resettled for two decades, he was acclaimed as a charismatic Yong monk, who adheres to the modern *ton bun* tradition.

2.2 Khruba Saeng Lha

Khruba Saeng Lha Dhammasiri (under Chiang Tung Sangha) or Chao Khun Phra Rathanarangsri (under the Thai Sangha) was born on the 9th of Second Month in Lue Calendar, Tai year 1291, or in late December 1928, in Muang Hoon, a small town situated in southern Sipsong Panna, bordering eastern Shan state of Myanmar today. In his home village, where he grew up, he was ordained as first a novice and later as a monk when his life turned to twenty. This was just similar to Khruba Khen Kham and other village boys in the Tai Buddhist world in the past, where the entering into Buddhist monkhood and studying Tai script, Buddha teachings, and other kinds of traditional knowledge, artistic skills, medical and magical practices as such were in common. For Bhikkhu Saeng Lha his love and pride in Dhamma studies however led him to devote his life for Buddhism, continuing his monkhood aimed to follow Lord Buddha footstep into the Nippan world. When he was about 30, in 1958, unexpectedly, the Great Leap Forward that took place in Sipsong Panna, possibly caused him to flee across borders to Chiang Tung where he could continue his religious life.

In Chiang Tung town, he resided in Wat Chiang Yun. About 3 years later, he was promoted to receive a Savathi title, the first rank for senior monk in the Chiang Tung Sangha, when he was 33. And in 1967, one year after the Cultural Revolution took place in China, Phra Savathi Saeng Lha was invited, from Chiang Yun temple, to reside in Wat Sai Muang and became the Patriarch of this Buddhist monastery. From then on the abbot Saeng Lha and the Lue laities, most of whom escaped from Muang Hoon during that years of Cultural Revolution, began to restore and develop this temple first to be a spiritual centre for the exiled Lue community in Tachilek. And later, the temple has gradually become the Buddhist studies centre in this border region of the upper Mekong.

In 1970, or about 10 years after his first promotion as Phra Savathi Saeng Lha, he thus was promoted to a higher rank, to be Phra Savami Saeng Lha. In the Tai Buddhist World, the longer he continued and maintained his monkhood, the deeper he could access to knowledge and acquire his higher rank and reverence. When he was 50, in 1978, a year after the end of Cultural Revolution, he was promoted again to receive the Khurba title, the highest rank that monks in each town, under the Chiang Tung/ Sipson Panna Sangha, could hold. Since then he has become Khruba Saeng Lha, and the great master among his disciples and Lue followers.

Led by Khruba Sang Lha, from 1967 to the present, the construction and development of Wat Sai Muang monastery, have dramatically helped to restore the life of the exiled Lue families most of whom escaped from southern Sipsong Panna and Muang Yong, during 3 decades of the "dark age", from 1958 to 1978, and resettled in Mae Sai – Tachilek.

Wat Sai Muang today is the central temple and the center for Buddhist Studies in Tachilek district. It was said, the temple was rebuilt on the historic site that had formerly been Wat Ges, supposedly aged about 600 years. Probably, in early 1950s, the same period that groups of Lue family fled from Sipsong Panna and resettled in Mae Sai – Tachilek border areas, the temple was first restored by a leading monk, Khruba Doang Kaew, and laymen. Nevertheless the clearest history of this Buddhist monastery reconstruction began in 1967, when Phra Savathi Sang Lha was invited, from Chiang Tung, to be the temple abbot. From then on Khruba Saeng Lha started leading his Lue followers to construct and develop this temple which later to become the Buddhist center in this border region.

Figure 3 Khruba Saeng Lha, the Patriarh of Wat Sai Muang
Buddhist Monastery, Tachilek

Apart from his mission to restore Buddhism and develop the religious places and program of studies, since 1975 Khruba Saeng Lha also led his followers to develop the formal schools and other social services in Tachilek town. These included a kinder garden school in 1976, a primary school in

1990, a primary high school in 2002, and a high school in 2005. All is situated surrounding his monastery compound.

In 1978, the same year that he received the Khruba title, Khruba Saeng Lha began to develop the Nak Dham Studies program at his Buddhist monastery. And this Buddhist monastery school gradually expanded its networks into the surrounding towns and villages, in eastern Shan state, and later beyond the national borders to northern Thailand and Sipsong Panna, when Buddhism was allowed to revive and faithfully practiced again by the Dai in Xishuangbanna, in the early 1980s.

Interestingly, in 1998 during the period of border economy which was promoted by the four nation states of Thailand, Laos, Myanmar, and China, he was also appointed by Myanmar government to be a leader of the construction of Shewedagon replica in Tachilek.

In 2006 he began to build the house for aging people. And in 2007, he started to develop the Pali studies program at Wat Sai Muang and look for scholarship to support his students to study abroad, via his networks which, after 1980, have been established and expanded across the national borders of China, Laos, Myanmar and Thailand.

For three decades, at Wat Sai Muang, numbers of monk and novice both from eastern Shan state and southern Sipsong Panna, have come to visit, study and undertake the Nak Dham studies exam, turning Wat Sai Muang to be the Buddhist studies center and later a hub of cross border student monks. These monks, after pass the exam and have commanded in Thai language, would travel further for their higher studies in northern Thailand, Bangkok, and Yangon. Khruba's missions thus not simply limited within Myanmar territory but moved across borders to Mae Sai, northern Thailand and Sipsong Panna, southern China.

Khruba Saeng Lha is undeniably a charismatic Lue monk on the borders. His religious practice and monkhood are belonged to the Tai Theravada tradition. As we have learned, above, his charisma and higher rank is accumulated through the practice on his religious mission, in restoring and remaking the Buddha world. His great reverence people pay respect to, among huge numbers of Lue, Shan and Thai followers is fundamentally from what one might call, a symbolic exchange, through the blessings he gives and the donating he receives from his faithful followers. Consequently, in 2011, he has received the Pad Yot or fan of rank in the Thai Sangha order, from the Thai king. And this has become a historic phenomenon.

In 2012, at peak in his life, he donated the hospital he had led his Thai and Lue followers to build earlier, to the Myanmar government. The hospital, sometime called "Thai hospital" because lots of donation were from Thailand, named after his monk title "Dhammasiri Hospital".

Each year, for a decade, in late December, the people of Ban San Sai Lue, now the oldest Lue community in Tachilek town, will organize the birthday ceremony for Khruba Saeng Lha. Annually, the Khruba birthday's ceremony will be held at Wat Sai Muang, sacred rituals will be performed at the temple, this includes Tak Bath or putting arms round and Sueb Jata or the chanting for long life living, and the blessing from Khruba all the attendees waiting for at the end. Recently there is also the birthday's cake his Lue followers and disciples prepare for Khruba to celebrate his lifelong.

The birthday ceremony in 2011 is however historic and important, since it was the year that Khruba Saeng Lha was given the Pad Yot, or fan of rank in the Thai Sangha order. In the border towns of Tachilek and Mae Sai that year, the Lue of Ban San Sai, in cooperating with the state officers, both Thai and Burmese thus organized the annual Khruba birthday ceremony and celebrated the royal honor reception of this fan of rank the Khruba was given by the Thai King. Annually, his majesty Thai King will give this fan of rank, on his birthday, to a senior monk who is qualified to receive and is belonged to the Thai Sangha order. Khruba Saeng Lha has received this Pad Yot, through the 6th Sangha region governor, and given the royal title called "Chao Khun Phra Rathanarangsri". He is really a Khruba on the borders!

3. The Two Khruba Lue on the Borders

Khruba Saeng Lha is not a wandering monk, though to maintain his Buddhist monkhood he must flee and being in exile from his motherland. Through this historic journey he has become a Khruba who lives on the borders. His Buddhist missions not simply limited within Burma territory but moved across borders, north and south, to Sipsong Panna and Northern Thailand. In 1983 he helped, for example, to support a restoration of Wat Dao Wow stupa, in Mae Sai, and 30 years later he significantly continued to this religious mission again, in 2013. And, since the early 1990s, in Sipsong Panna, he began to bring some helps, transporting Buddha images and donating financial support to rebuild, for example, the town stupa of Muang Hoon, his mother's hometown.

Similarly, late on in his life, Khurba Khuen Kham continued his religious mission to restore and create Buddhist sites in Muang Yong, his ancestor's hometown, in eastern Shan state today, and later he went further up to Sipsong Panna, in southern Yunnan of China, where he often went with Thai laities and his Lue disciples. For many years, he also ensured that donations, mostly from Thailand, were passed to remote areas like Muang Yong and Sipsong Panna. As a result of these journeys he gained a reputation for his religious practices and his journeys across borders, becoming probably the most well – known monk, from northern Thailand, among the Lue in Muang Yong and Sipsong Panna.

The year 1976, marked a turning point in Khruba Khuen's long journeys, a year when he wandered around the north to Mae Sai and across the borders to Tachileik, a then small town where many Lue refugees from southern Sipsong Panna were resettled. There, at Wat Sai Muang, he met Khruba Saeng Lha and established contact with the monks from the town of Muang Yong. To Khruba Khuen, Muang Yong was a place he had first learned about from the wooden inscription found in his home village's monastery. And it was the homeland of his ancestors, those Lue who had been forced to resettle in Pa Sang in the early nineteenth century, as mentioned earlier.

Three years later, after the contact was reconnected, via Khruba Saeng Lha, upon the request of Khruba Khuen, a first group of 11 Lue monks and novices from Muang Yong were sent to study with him at Wat Suwan, in 1979. Incredibly, after this, from 1980 to about 1995, delegations of monk and novices from Muang Yong took an annual journey across the border, to study with Khraba Khuen at this monastery (and later in his late life at Wat Phra Bat).

In 1984, the year his master passed away, Khruba Khuen was finally able to make his first journey to Muang Yong, after which he continued to visit the place, sometimes accompanied by Thai laities, in order to transport Buddha images and donate funds for the restoration of old monasteries or to build a new religious site in Muang Yong (and later in Sipsong Panna). Along with these cross border journeys to eastern Shan state, in 1986, Khruba Khuen also invited a group of Lue monks from this town coming across borders to participate in his great master's cremation, at Wat Phra Bat.

Interestingly, they are two significant Buddhist sites that Khruba Khuen restored in Muang

Yong, one being the main monastery building at Wat Ho Kong (the Central Temple of Muang Yong), and the other being the Johm Yong Pagoda, the religious site to where Khruba Khuen transported his designs of northern Thai style Buddhist art and architecture in order to replace local buildings. The new restoration project of Thad Johm Yong pagoda project finished in 1994, this also included the construction and renovation of*bot*, *dhatu pidok*, *kuti*, *and viharn* on Doi Johm Yong hill.

In 1986, on his journey to Muang Yong, Khruba Khuen made his first visit to Sipsong Panna, accompanied by the Abbot of the Central Temple of Muang Yong, travelling across the border from eastern Shan state of Burma. In this first trip to Chiang Hung (Jinghong), he took with him a Buddha image to donate to the Sipsong Panna Buddhist Association at Wat Ban Tin, then the headquarter, and from that year on he made several trips, quite often accompanied with Khruba Saeng Lha, from Muang Yong to Sipsong Panna, up until 1999, which was the last year he paid a visit to his "ancestral home". In Sipsong Panna, Khruba Khuen took part in the restoration of several Buddhist sites, and here I will describe just a few.

In 1995, he brought financial support (donated by a Thai businessman in Bangkok), as well as a leading craftsman from Muang Yong, to rebuild the great Buddha image in the *viharn* of Wat Suan Mon, a tourist spot in Muang Ham (Ch. Galanba), about 30 kilometres to the east of Jinghong. Another example of Khruba Khuen's missions to Sipsong Panna was his leading role in the construction of a *bot* at Wat Pa Che, the Central Temple of Sipsong Panna, in Jinghong city, this project was finished in 1998.

In this sense, the cross-border journeys of the two Khruba Lue, one from Pa Sang another from Tachilek, to Sipsong Panna probably can be seen as having been part of a Theravada revival in this upper region of the Mekong. And as this is exemplified through a historic cross-border journey made by monks and novices, for about two decades, from the mid 1980s to the early 21st century, from Muang Yong and Sipsong Panna, to northern Thailand, in order to study at Wat Suwan and Wat Phra Bat, which was then governed by Khruba Khuen Kham, the Patriarch.

Not surprisingly, most of them have become Khruba Khuen Kham's disciples.

4. Conclusion

The Tai world of the upper Mekong has long shared cultures, societies and histories, and the region has a long tradition of Yuan Buddhism, which is represented through a common belief in *ton bun*. This type of Theravada Buddhism has distinctive traditions based on the practice of strict asceticism and merit making, as fundamentally expressed in the carrying – out of long – distance pilgrimages (Keyes, 1975; Pruess, 1976), on the construction and restoration of religious sites (Cohen, 2000a; Keyes, 1971), and on daily activities undertaken at festivals or monasteries (Davis 1984, Pruess, 1979; Swearer, 1976; Turton, 2006). These Theravada practices, in turn, have played a crucial role in forming and transforming the Tai localities and community life.

Making long journeys to faraway place in the pursuit of knowledge – to towns, forests, mystical places or sacred sites, has long been practiced in this Tai world. Even now, monks and laymen still make journeys, seasonally and annually, to visit and pay homage to sacred sites, such as stupas, pagodas, and Buddha footprints, at the same time taking with them the Buddha's teachings and images, ancient texts and architectures. As a consequence, the practices of this Tai Buddhist tradition have mapped out a religious space which cuts across nation state territories in the upper Mekong region (cf. Cohen, 2000b; Keyes, 1975).

Khruba Khuen Kham and Khruba Saeng Lha's cross – border journeys, nevertheless, make this point much more complicated. The religious and regional journeys they made were historic and transnational in nature. The cultural consequences of his cross – border journeys, that wandered along with Buddha images, the disciples, Buddhist arts and architectures, and the Lue/Thai followers and their donations through the offering trees, have had a great impact, in reviving and installing Buddhist sites in the places they visited, across the national borders of Burma, China and Thailand.

The Khruba's missions across borders, I would argue, not only reminded people of and restored Theravada Buddhism in the area, but also reconnected the Lue, who have lived dispersedly across national borders of northern Thailand, eastern Shan state of Burma, and southern Yunnan of China. Ultimately speaking, these transnational journeys have helped to create a new sense of place and belonging among these internally uprooted peoples, the Lue of the upper Mekong region.

The state's reform of Buddhism in modern nation states that began in the early twentieth century, in Siam for example, led to a decline in local Buddhist traditions and religious communities. However, even the state suppression on religion, in China for instance, has not led to the total disappearance of other local Buddhist traditions, such as the wandering monk, and in fact, in Thailand and the borderlands of the upper Mekong today, different varieties of Theravada tradition are still popular (cf. Swearer, 2009) . The cult of Khruba has actually newly emerged, been revived or been practiced and expressed in the new form of cross border movements (cf. Keyes and Tanabe, 2002) .

In other words, in the culture region of Lanna and Sipsong Panna, which covers the upper Mekong areas in the four nation states today, Khruba or his representation (such as statues, stupas, Buddha images, amulets, his photos, the gifts or just things that he gives to his followers) is still everywhere. Anywhere in this Yuan Buddhist world today we still observe this avatar of*ton bun.*

References

Cohen, Paul T. 1998. "Lue Ethnicity in National Context: A Comparative Study of Tai Lue Communities in Thailand and Laos", *Journal of the Siam Society*, Vol. 86, Part 1 & 2: 49 – 61.

2000a. "Lue across Borders: Pilgrimage and the Muang Sing Reliquary in Northern Laos", in *Where China meets Southeast Asia*, edited by Grant Evans, Christopher Hutton, and Kuah Khun Eng, Singapore: Institute of Southeast Asian Studies: 145 – 161.

2000b. "A Buddha Kingdom in the Golden Triangle: Buddhist Revivalism and the Charismatic Monk Khruba Bunchum", *The Australian Journal of Anthropology*, 2000, Vol. 11 No. 2, 141 – 154.

2001. "Buddhism Unshackled: The Yuan "Holy Man" Tradition and the Nation – State in the Tai World", *Journal of Southeast Asian Studies*, Vol. 32, No. 2: 227 – 247.

2002. "The Lue Diaspora", paper presented at the 8th international conference on Thai Studies, Nakhon Phanom, Thailand, 9 – 12 January 2002.

Condominas, George

1987. "In Search of a Vat: The Dai in Internal and the Lao in External Exile", in proceedings of the International Conference on Thai Studies, The Australian National University, Canberra, 3 – 6 July, 1987, Volume 3: Part Two, compiled by Ann Buller, Canberra, ANU: 445 – 466.

Connerton, Paul

1989. *How Societies Remember*, Cambridge University Press.

Davis, Richard

1984. *Muang Metaphysics*, Bangkok: Pandora.

Davis, Sara

2003. "Premodern Flows in Postmodern China: Globalization and the Sipsongpanna Tais ", *Modern China*, Vol. 29, No. 2 (April 2003): 176 – 203.

1998. *The Politics of Ritual and Remembrance*, Chiang Mai: Silkworm Books.

Evans, Grant, Christopher Hutton, and Kuah Khun Eng (Edited)

2000. *Where China meets Southeast Asia*, Singapore: Institute of Southeast Asian Studies.

Grabowsky, Volker

1999. "Forced Resettlement Campaigns in Northern Thailand and During the Early

Bangkok Period, *Journal of the Siam Society*, Vol. 87, No. 1 & 2: 45 – 86.

Heather, Peters

1990, Buddhism and Ethnicity among the Tai Lue in the Sipsongpanna, in *Proceedings of the 4th international Conference on Thai Studies*, Kunming, Vol. 4: 339 – 352.

Kang, Nanshan

2009. Theravada Buddhism in Sipsong Panna: Past and Contemporary Trends, Chiang Mai: Regional Center for Social Science and Sustainable Development (RCSD), Faculty of Social Sciences, Chiang Mai University, Working Paper Series No. 12.

Keyes, Charles F.

1971. "Buddhism and Nation Integration in Thailand", *Journal of Asian Studies*, Vol. 30, No. 3: 551 – 567.

1975. "Buddhist Pilgrimage Centers and the Twelve – Year Cycle: Northern Thai Moral Orders in Space and Time", *History of Religions*, Vol. 15, No. 1: 71 – 89.

1977. Millennialism, Theravada Buddhism, and Thai Society, *Journal of Asian Studies*, Vol. 36, No. 2: 283 – 302.

1982. "The Death of Two Buddhist Saints", *Journal of the American Academy of Religion*, *Thematic Studies*, 4, 3 – 4.

1992. "Who are the Lue Revisited? Ethnic Identity in Laos, Thailand, and China", Working Paper, Centre for International Studies. Cambridge: MIT.

Moerman, Michael

1965. "Ethnic Identification in a Complex Civilization: Who are the Lue?", *American Anthropologist*, Vol. 67, No. 5 (Part 1): 1215 – 1230.

Penth, Hans

1994. A Brief History of Lan Na , Chiang Mai: Silkworm Books.

Pruess, James B.

1976. "Merit – seeking in public: Buddhist pilgrimage in northeastern Thailand", *Journal of the Siam Society* 64 part1 (January 1976): 169 – 206.

Reynolds, Craig J.

1991. National Identity and its Defenders (edited), Monash Paper on Southeast Asia No. 25, Clayton, Victoria: Centre of Southeast Asian Studies.

Sopa Chanamun

1991. "Khruba Sriwichai: Ton Bun Haeng Lan Na', M. A. Thesis, Faculty of Arts, Thammasat University.

Swearer, Donald

2009. The Buddhist World of Southeast Asia, Chiang Mai: Silkworm Books.

Swearer, Donald K. and Sommai Premchit

1978. "The Relation between the Religious and Political Orders in Northern Thailand" in Religion and Legitimation of Power in Thailand, Laos, and Burma, edited by Bardwell L. Smith, P. A. : Anima Books: 20 – 33.

Tambiah, Stanley J.

1978. "Sangha and Polity in Modern Thailand: An Overview" in Religion and Legitimation of Power in Thailand, Laos, and Burma, edited by Bardwell L. Smith, PA: Anima Books: 111 – 133.

1984. The Buddhist Saints of the Forest and the Cult of Amulets , Cambridge: Cambridge University Press.

Tanabe, Shigeharu and Charles F. Keyes

2002. Cultural Crisis and Social Memory , London: Routledge & Curzon.

Tiyavanich, Kamala

1997. Forest Recollection , Chiang Mai: Silkworm Books.

2003. Buddha In The Jungle , Chiang Mai: Silkworm Books.

Turton, Andrew

2000. Civility and savagery, (edited), Richmond, Surrey: Curzon.

2006. "Remembering local history: Khruba Wajiraphanya (c. 1853 – 1928), Phra Thongthip and the Muang way of life", *Journal of the Siam Society*, Vol. 94 (2006): 147 – 176.

2008. "Moving Dai: The Stories of A Minority Band from the Upper Mekong" in **Challenging The Limits**, edited by Prasit Leepreecha, Don Mc-Caskill, and Kwanchewan Buadaeng, Mekong Press: 307 – 329.

2010. "Cross – Border Journeys and Minority Monks: The Making of Buddhist Place in Southwest China", *Asian Ethnicity*, Vol. 11, No 10: 43 – 59.

Wyatt, David K.

2003. *Thailand: A Short History*, Chiang Mai: Silkworm Books.

建立中国与东盟佛教黄金纽带，
促进"一带一路"建设

康南山

一 建立中国与东盟佛教黄金纽带的重要意义

东南亚国家联盟①（Association of Southeast Asian Nations，简称"东盟""ASEAN"）成立于 1961 年 7 月 31 日。加入结盟的国家有印度尼西亚、马来西亚、菲律宾、新加坡、泰国、文莱、越南、老挝、缅甸和柬埔寨等 10 个国家。东盟在国际上备受关注，在世界范围内产生很大的影响。我国领导人非常重视与东盟国家间的交往。东盟国家在结盟国家之间已经执行各种联盟政策或相互间交往的优惠政策，包括佛教界之间的交往都得到官方的支持。我国如果以南传佛教为文化纽带，加强与东盟国家南传佛教界的交往和联合，一定会对国家间的经济文化交往产生良好的效果。我国南传佛教界还可以通过东盟这一交往平台，将影响延伸到西方国家、世界各国家和地区。

---

① 东南亚国家联盟（涵盖整个东南亚地区的 10 个国家：印度尼西亚、马来西亚、菲律宾、新加坡、泰国、文莱、越南、老挝、缅甸和柬埔寨），简称东盟（ASEAN）。东盟的前身是马来亚（现马来西亚）、菲律宾和泰国于 1961 年 7 月 31 日在曼谷成立的东南亚联盟。1967 年 8 月7—8 日，印度尼西亚、泰国、新加坡、菲律宾四国外长和马来西亚副总理在曼谷举行会议，发表了《曼谷宣言》，正式宣告东南亚国家联盟成立。东南亚国家联盟成为政府间、区域性、一般性的国家组织。1967 年 8 月 28—29 日，马、泰、菲三国在吉隆坡举行部长级会议，决定由东南亚国家联盟取代东南亚联盟。

（一）东盟是世界南传佛教中心

南亚、东南亚南传佛教在国际宗教舞台上非常活跃，在世界佛教界占有重要地位，有广泛的影响力。不仅体现在佛教对本国民族文化、生活方式、教育、政府及社会管理等方面产生的重大影响，而且对西方发达国家的影响也越来越大。主要表现在以下几方面。

1. 东盟国家在世界佛教界的核心作用

八大佛教圣地主要分布在印度、尼泊尔的边境，在阿富汗、巴基斯坦地区的佛教圣地都受到不同程度的破坏，但在南亚、东南亚国家仍然保存得很好。例如，斯里兰卡的佛牙寺、阿努拉特普拉的圣菩提树①，缅甸仰光大金塔和蒲甘王朝保留下来的古老群塔，泰国的大王城（Ayuthaya）古寺、大王宫的玉佛寺等。这些存留至今的佛教圣地，是全世界佛教徒的朝圣地，凝聚和联结着他们集体的信仰和宗教感情。

在西方国家常住的著名高僧大部分来自东盟国家，他们逐渐对西方国家的宗教信仰和社会产生影响，把传统佛教文化和信教群众带往西方国家，从而促进了东盟国家与西方国家人民间的友好交往。同时西方学界目前的佛教研究，通常以东盟传统信仰南传佛教的国家作为主要研究对象。部分西方学者在对佛学研究方面已经取得了相当高的成就，并且对东盟国家和佛教产生了深厚的感情，他们的研究不仅对东盟的南传佛教研究起到了重要的推动作用，还加深了世界对南传佛教的了解。

2. 大部分东盟国家把佛教视为国教

东盟国家基本都以南传佛教为国教，这些国家大部分民众包括国家元首、政府官员在内都是虔诚的佛教徒，他们信仰并尊崇佛教，佛教在这些国家有很高的地位。例如泰国历代国王登基前至少都要进行一次短期出家。这些国家把佛教事务管理和弘扬佛教放到国家层面上来，如任命僧王、副僧王或者僧伽委员会主席、副主席，在佛教僧团中设置各种重要的职务和荣誉称号。从平民百姓的日常生活到国家管理层面都离不开佛教，并且在各方面都有具体的表现，遵从佛教教义教规，巩固国家和民族中南传佛教文化认同，甚至表现为"佛教化"了的国家和民族。

---

① 阿育王儿子玛兴德尊者从佛陀成道的菩提树苗移植到斯里兰卡。

3. 东盟国家兴办佛教教育事业

东盟国家非常重视佛教教育，大力兴办各种佛教教育机构，从佛教大学到寺院的学习班、周末班等各级佛教教育机构，形成完善的体系。泰国有两个大的佛教教育系统，一个是玛哈朱拉隆功佛教大学（Mahachula-longkornrajavidyalaya University），另一个是玛哈芒库佛教大学（Maha-makut Buddhist University），玛哈朱拉隆功佛教大学主校区有两万多名学生（其中少部分学生是非出家人），有 300 余名在职在编教师和工作人员，每年政府拨款办学经费 12 亿泰铢（相当于 2.4 亿人民币），全国有27 个校区，在国外都设有分校。缅甸有仰光国际佛教大学和国立佛教大学，这两所大学在国内外影响也很大。兴办佛教教育保障了南传佛教在这些国家和国际上的地位和影响力。

4. 东盟国家借助佛教加强对外影响力

东盟国家都在努力把本国佛教推向世界，政府也在大力支持本国佛教界推行这项重要的工程。

首先是在国外兴办佛学院，玛哈朱拉隆功佛教大学在其他国家建立了自己的分校，如：韩国、日本、新加坡、斯里兰卡、澳大利亚、马来西亚、英国等都建有自己的分校。

其次是在国外建立本国的佛教寺院，斯里兰卡、泰国、缅甸、老挝、柬埔寨、日本、韩国都分别在尼泊尔、印度的八大佛教圣地建立了自己的佛寺。其中在印度修建寺院最多的是泰国，仅菩提伽耶泰国佛寺就有 12所佛寺，其后是缅甸。东盟国家在西方发达国家也修建了不少南传佛教寺院，在美国建立有 500 余所（其中少部分是南亚国家斯里兰卡佛教寺院）。在英国、法国、德国等欧洲国家也都有东盟南传佛教寺院。东盟国家的南传佛教在西方国家大学学术研究机构也占有重要的地位，这些机构涌现出一大批研究佛教的著名专家学者。

由于东盟国家在国外传播本国佛教，建立本国寺院，一方面向西方国家传播本国佛教和民族文化，提高民族文化软实力；另一方面修建寺院不仅为来自本国人民提供宗教活动场所，并且提供沟通、交流、联络等服务，保障本国人民的利益，从而增进本国人民与西方国家的友谊，提高本国在国际上的地位。

（二）中国南传佛教与东盟南传佛教血肉相连。

中国南传佛教直接分别从泰国和缅甸传入我国云南省已经有上千年的历史了,从古至今一直保持着密切交往。同民族跨境而居,广泛分布在东盟国家,与南亚、东南亚国家形成了共同的南传佛教文化圈,构成了血肉相连的关系,主要体现在以下几个方面。

1. 傣、泰、老、掸传统民族文化生命线

目前,学界普遍认为傣、泰、老、掸是我国的古老民族,约1000多年以前迁徙到东南亚、南亚各地。傣、泰、老、掸分布在东南亚和南亚国家,有些地方跨境而居特别明显,他们古老传统文化的传承形成了相对稳定的共同文化圈,语言、生活方式、饮食、服饰、丧葬、婚俗、传统宗教仪式、耕种方式、劳作方法、居住方式等都相同或者相类似。在佛教传入以后,很快就在这个文化圈里广泛深入传播,一直到今天。南传佛教能够在这个地区生根发芽、开花结果是以这个文化圈为土壤和文化背景的,这个土壤和文化背景至今还在发挥着重要的作用。今后随着各个国家开放程度的不断深入,该作用还会不断得到巩固和加强。值得珍惜的是傣、泰、老、掸祖先在中国,这点得到国际认同非常重要,也是因为有这样的历史、文化背景,西双版纳在国际上名声越来越响亮,我们在今后交往过程中一定要珍惜这一点。

2. 南传佛教文化生命线

南传佛教在公元前3世纪阿育王时代就在古印度以外的国家和地区得到广泛传播,南传佛教的生命力在4—5世纪以后的南亚、东南亚国家成为许多民族的主流文化。佛教把这些民族带到另一个文明的社会,社会各方面得到了发展。这些民族在社会发展史上形成对南传佛教的依靠,民族文化生命线与南传佛教紧紧联结一起。南传佛教在南亚、东南亚国家发展两千多年的历史已经形成了一个强有力的佛教文化生命线。

这个佛教文化生命线由相同或者相似的南传佛教元素构成,南传佛教三藏经,藏外的如阿含经等,佛陀传等相同,很多佛本生故事经基本相同,很多巴利语经颂相同,大家可以一起念诵。南亚、东南亚国家使用的文字如尼泊尔、孟加拉国、印度、斯里兰卡、缅甸、泰国、柬埔寨、老挝等和中国南传佛教经典文字都是由巴利文字演化发展形成,字母表一样,构词法和拼写规律基本相同，有很多字母写法也很相似。佛教节日如卫赛节（佛陀出生、成道、涅槃日）、浴佛节、出入夏安居（有时中国南传佛教时间与南亚、东南亚有一个月的差距）、供养袈裟节（Katinna）的时间和仪式基本相同。佛教活动内容和仪轨基本相同，僧侣和僧团戒律也基本相同，僧侣级别也在很大程度上相同。这种情况下，中国南传佛教与东盟国家南传佛教就可以凝聚成牢固的南传佛教生命共同体。

以上两大方面把中国南传佛教与南亚、东南亚国家或东盟国家的佛教生命线联结在一起，在当今世界格局里已经形成命运共同体，我们应该关注这个命运共同体，加以保护和发挥作用。

二 加强中国南传佛教自身建设，提高对外交往能力

中国南传佛教与东盟国家南传佛教是一个命运共同体，我们今后要加以保护并开展交流工作，但是必须有我们自身坚固的佛教基础，而中国南传佛教与东盟国家相比各方面都较弱，将来在交往过程中就难有优势和话语权，我国南传佛教与东盟国家产生差距的原因主要表现为以下几方面。

1. 无产阶级"文化大革命"的破坏

南传佛教传入中国近千年以后，在 1950 年末至 1970 年末近 20 年的时间受到了前所未有的破坏。寺院、佛塔、佛像等佛教道场受到严重破坏，僧人被迫还俗，有些甚至受到迫害，佛教经典被烧毁，佛教活动被禁止。到 20 世纪 80 年代初宗教恢复，南传佛教已经失去了自身恢复的根基。在"文化大革命"中，被占有的庙产如田地、菜地、林地几乎都没有归还给寺院，中国南传佛教单凭自身的条件勉强恢复以往的活动，但又不得不借助周边国家如缅甸、老挝的南传佛教界的力量来帮助恢复佛教活动。教徒到这些国家借用或购买失去的佛教经典，这些国家的僧人也到中国南传佛教寺院来护法，因此在 20 世纪 80 年代初中国南传佛教弘法利生活动基本能够满足当地信众的需要。随着中国社会的发展南传佛教僧才又出现不能与中国社会主义社会相适应的情况，有志向的僧人纷纷到泰国、缅甸以及南亚的斯里兰卡学习。中国南传佛教在恢复过程中，一方面得益于国际南传佛教界的帮助，但另一方面也走了很多弯路，付出了很大的代价。

2. 历史遗留问题，使南传佛教长期以来不能与时俱进

由于历史遗留的诸多原因，阻碍了中国南传佛教的发展。加上中国社会各方面的迅猛发展，南传佛教在相对小范围内很难在主流社会中找到发展优势。寺院管理和自养、佛教传统活动习俗、僧团服务社会的能力等都渐渐不能跟上社会快速发展的步伐。

3. 南传佛教在南亚、东南亚影响很大，而在中国信奉人数少

在中国三语系佛教齐全，而南传佛教信奉仅在云南省西南边陲的部分区域，人数比汉传佛教和藏传佛教少得多，从中国佛教分布现状来看，发展空间相对较小，力量也相对较弱。从对外交往来看，南传佛教是我国佛教的一部分，本应借助并发挥这一宗教优势，然而却难以在与东南亚、南亚南传佛教国家的交往中取得平衡。我国应当尽量巩固这一宗教文化优势，发挥其在交往中的作用。

中国南传佛教旧时候与东南亚或周边国家佛教界的交往是开放、自由的，民族、宗教交往没有明显的国界限制。20 世纪 80 年代至今，中国南传佛教与周边国家进行友好交往时，第一个层面是与周边国家边民信徒的交往；第二个层面是以中国地方的、基层的身份来与这些具有代表国家身份地位的信徒交往。如西双版纳的一位僧人去泰国参加佛教活动时，泰国副僧王可能出席法会，具有高规格的活动。泰国佛教界可能会视这位西双版纳法师为中国佛教界的代表，但他代表的可能只是他个人或者西双版纳佛教界，而不是中国佛教界。

基于以上原因，中国南传佛教需要加强自身建设，提高自身能力，把中国南传佛教界对外交往提高到国家层面来，更好地与东盟国家佛教界进行友好交流，有效促进我国信众与东盟国家信众间的友谊。

三　如何与东盟国家佛教界交往

我们与东盟国家佛教界的交往不能搞形式，要强调交往内容和方式，要注重效果，要相互尊重，要遵守互利共融原则，我国佛教界可以和东盟佛教界成立长期的交流组织机构，但交往内容主要为以下几个方面。

1. 加强佛教文化研究合作，共同提高认识

南传佛教在南亚、东南亚传播，再传入中国云南的历史还有很多史实有待于深入研究，这些历史沿革和佛教文化在这个地区的演变传承的研究

吸引着佛教界和学术界，并有助于提高对佛教史和佛教文化的认识。

佛教经典在南亚、东南亚传播形成地方特色，如果能够进行比较研究将会对各地各国佛教界、学术界产生积极影响。佛教在传播过程中如何与当地传统宗教和文化交融、如何生存和发展等也是值得学习、体验和研究的。例如，各国佛教界的佛陀传在细节上的说法还有所不同，大家可以交流，求同存异。

南传佛教三藏经里的巴利语在各国各地区的发展变化直到今日仍存有异同，目前各国佛教界完全用巴利语交流还有较大困难。这就需要更多的合作研究交流，争取未来能完全交流。

以上这几个方面值得东盟国家间加强合作研究和交流学习。

2. 佛教教育合作交往

到目前，只有我国南传佛教僧人到东盟国家或南亚国家留学①，而还没有这些国家的僧人到我国佛学院来学习，只有到中国综合大学来学习，如云南民族大学，四川大学，北京大学，中国人民大学，上海复旦大学等。随着中国经济和文化教育的发展，东盟国家的学僧来中国留学的渴望越来越强烈。未来中国巴利语系高级佛学院成立招生时，即可接受东盟国家僧侣来中国留学，学习中国文化，增加对中国的了解。佛教界相互派遣僧侣留学和合作办学可以促进中国与东盟的互动和合作，加强中国与东盟人民的友好往来。

3. 佛教节庆、民族风俗活动的交往

各国各地区佛教节日丰富多彩，吸引着各方佛教徒，我们应该鼓励和创造条件让中国佛教界与东盟国家佛教界互相参加各国各地佛教活动和民族风俗活动，这些相互往来将促进信徒之间的相互了解，加深友谊和感情。

4. 佛教文化艺术交流

佛教文化艺术也是佛教的重要组成部分，它可以促进佛教教育的传播和发展，通过文化艺术人们可以更好地理解佛教精神和含义，所以佛教文化艺术在各国佛教徒信仰中占有重要的地位。佛教文化艺术内容丰富，寓意深长，

---

① 截至 2015 年 12 月，云南南传佛教僧人有 7 位在斯里兰卡学习的，他们分别在凯拉尼亚大学、佩拉德尼亚大学和斯里兰卡国际佛学院学习；有十几位在泰国学习，都是玛哈朱拉隆功大学佛教大学主校区和其他分校学习。

材料珍贵，工艺精美，可以巩固信仰、加强精神慰藉。佛典经诵和唱法在各个地方也有所差异，很多内容很值得音乐界研究。尼泊尔比丘尼琼英·卓玛，对梵语、巴利语经唱特别是梵音大悲咒的唱法影响深远。不同国家、民族的佛教文化艺术都具有自己的特色，通过文化艺术的交往和交流，一是可以促进经济和艺术的发展，二是相互了解并促进民间友好往来。

5. 弘法经验交流

佛教要传承和发展需要与时俱进，必须不断调整自身与社会发展相适应。但在社会发展变化和国际社会特别是宗教复杂多变的环境中要传承与发展需要外界的力量的支持，需要经验交流。中国佛教界特别是南传佛教界与东盟佛教界经常举办各种交流活动、研讨会、论坛，在佛教弘法经验以及为社会服务等方面相互交流学习，提高佛教学术水平，共同进步，促进社会和谐和边疆稳定。

6. 信徒互访交流

伴随着我国改革开放的日益深入发展，开放程度不断加强，鼓励我国信众走出去，与东盟其他佛教国家的信众学习交流，我们也抱着开放的态度，欢迎东盟国家信徒来中国访问交流。东盟国家佛教界对不同国家不同民族信仰佛教的状况也非常感兴趣，都想增进交流，进一步了解佛教在各个国家和地区的发展情况，提高自己的认识。我国南传佛教信徒也应当抱着这种心态，到东盟各国去了解它们的佛教信仰情况，学习别人的经验，提高自己，促进我国南传佛教的正信正行。

7. 利用现有国际佛教组织进行交流

目前，在东盟国家有影响的国际佛教组织有：世界佛教联谊会、联合国卫赛节组委会、国际佛教大学协会、国际南传佛教大学协会等。

世界佛教联谊会[①]总部设在曼谷，现任主席为泰国籍瓦那密提居士，很多东盟佛教国家担任该组织的副主席和执事，活动分别有执事会议、联谊大会和庆祝活动三种形式。会议主办方和地点可以在任何佛教国家举办，目前已经主办过的国家和地区主要是泰国，缅甸、斯里兰卡。

卫赛节在南传佛教里非常重要，认为这一天是佛陀诞生、成道、涅槃

---

① 1950 年 5 月由斯里兰卡著名学者马拉拉塞克拉倡议，在科伦坡召开成立大会，有 29 个国家的 100 多名代表参加。大会通过会章，决定六色旗（蓝、黄、红、白、橙、金光）为世界佛教教旗，法轮为佛教教徽，5 月月圆日为佛诞节。

的时间，这天是礼敬佛陀的日子（巴利语叫 Vesaka Bucha）。由于佛教对世界和平做出重大贡献，1999 年联合国通过 54/115 号决议，确认世界上历史最悠久的宗教之一佛教 2500 多年来为人类精神做出的并将继续做出的贡献，决定给予卫塞节国际承认。决定在与有关联合国办事处及希望提供意见的常驻代表团协商，做出适当安排，在联合国总部和其他联合国办事处举行纪念卫塞节的国际活动，同意命名为联合国卫赛节。2015 年 5 月 28—30 日是第 11 届联合国卫赛节。联合国卫赛节主要由泰国玛哈朱拉隆功佛教大学举办，会场一个在联合国亚太总部，另一个会址在玛哈朱拉隆功佛教大学主校区或者在佛教圣地佛通府。越南曾经二次主办联合国卫赛节，其余都由泰国主办。

国际佛教大学协会成立于 2008 年 9 月，由玛哈朱拉隆功佛教大学主办成立，总部设在玛哈朱拉隆功佛教大学主校区。泰国佛教界也想通过这个平台推动泰国佛教界自身发展，同时提高泰国在国际上的地位。

以上这些组织和活动，我国佛教界特别是南传佛教界都应予以重视，并用来加强与东盟佛教界的沟通交流。

四　建立中国与东盟佛教黄金纽带，
促进"一带一路"的预计效果

通过上述交往合作的途径，如果能够得以实行，那么我们希望能够取得如下效果，或者说以这些预期目标为动力，努力推动交往合作。

1. 促进中国南传佛教和其他宗教信仰文化建设

现在中国南传佛教地区表现出一定的信仰危机，部分信徒有一些不如理不如法的表现，如赌博、吸毒等。部分地方僧团也在这种不良环境的影响下，有世俗化危机，无法发挥信仰功能，不能带动广大信徒正信正行。与此同时，在东盟其他传统信仰南传佛教国家，佛教信徒能够比较严格的履行佛教教规教义，尊崇佛陀教导，佛教活动如理如法，念经拜佛殊胜庄严，的确值得我国南传佛教信徒赞叹和学习。通过广泛交往，我们希望可以向国外借鉴很多好的经验，促进我国南传佛教信众学习这些积极的行为，消除不利因素，加强正信正行，维护我国边疆稳定、社会和谐。

2. 促进经济发展

我国在进一步的对外开放和发展过程中，加强对外交往学习是重要的渠道之一。充分发挥南传佛教的纽带作用，带动我国与东盟国家的交往促进经济发展会产生如下作用：首先，伴随这些宗教文化交往，会产生直接的经济效益；其次，通过交往让信众开阔眼界，巩固信仰，深入学习宗教文化，增强爱国主义情感，使百姓以更加饱满的精神投入经济建设中去；最后，通过交往，会为我国更多的普通群众创造更多商机和就业机会。

3. 促进中国人民与东盟国家人民的友好往来

宗教交往是最能够沟通感情的方式之一，宗教交往能最大程度上尊重和包容对方。这种交流，一是在佛教领袖引导下的感情沟通。佛教领袖是广大信徒的精神领袖，信徒更容易在高僧大德的引导下取得共鸣，在东南亚地区，佛教领袖甚至可以影响国家领导决策。与这些国家的佛教领袖建立良好的交流沟通机制，会直接促进各国群众与我国人民群众的友好交往。二是我国佛教信徒与东盟国家广大佛教信徒的宗教感情。佛教徒之间的包容性，会减少我国公民在东盟国家的摩擦，消除误解，建立稳定的民间宗教感情。

4. 与东盟国家构建命运共同体

东盟国家佛教界当今也在关注佛教在本国和世界范围内的发展，有时他们也担忧在西方国家强势文化的影响下西方宗教可能会削弱本国佛教。东盟国家佛教领袖认为中国是佛教大国，应该带领各国佛教界在世界范围内争取佛教徒的利益并为世界和平创造条件。需要注意的是我们在与东盟国家佛教界交往中不能以强势的以汉传佛教文化影响他们的传统南传佛教文化，与东盟国家的交往目的并非"中国化"，我们要消除别国的顾虑，以南传佛教为纽带，与东盟国家凝结成命运共同体。

总而言之，与东盟佛教界交往过程中要尽量发挥我国南传佛教的纽带作用，以此为交往平台。另外，适当发挥我国汉传佛教的广泛影响力，作为有效交往途径，发挥宗教外交的长处。要在交往过程中，平等互利，佛教共同的历史使命将大家联结到一起，共同应对当今世界潮流和变革的危机和挑战，凝聚力量为民族、国家和佛教的未来而共同努力奋斗，从而促进共同发展，共同繁荣。

参考文献:

Buddhism in Northern Thailand. The 13th Conference of The World Fellowship of Buddhists 24 – 29 November 1980 at Chiang Mai) .

《西南夷风土记》。

中华人民共和国地方志丛书:《西双版纳傣族自治州志》,西双版纳傣族自治州地方志 编纂委员会编,新华出版社 2002 年 12 月第一版。

Lue Shi translated into Chinese by Li Fuyi.

Zhong Guo Nan Chuan Fo Jiao Shi written by Deng Chendian.

The Influence of Dai Culture Getting from Theravada Buddhism, written by Liu Yan.

History of Burma Written by G. E. Harvery published in 1925 by Longman, Green &Co. 姚梓良 于 1956 年 5 月 8 日于上海。

The Chiang Mai History (English) translated by David K. Wyatt and Aroonrut Wichien-keeo, Draftedition 5, March 1995.

中国少数民族古籍丛书、云南省少数民族古籍丛书第 22 辑《车里宣慰使世系集解》, 云南省少数民族古籍整理出版规划办公室编,云南民族出版社出版。

戈·埃·哈威 (G. E. Harvery) 著:《缅甸史》(上、下册),姚梓良译,商务印书馆 出版。

D. G. E. 霍尔 ((D. G. E. Hall) 著:《东南亚史》(上、下册),中山大学东南亚历史 研究所译,商务印书馆出版,(*A History of South – East ASIA* By D. G. E. Hall Published by MacMillan & Co. Ltd., London Third Edition 1968)。

高立士著:民族调查研究丛书《西双版纳傣族的历史与文化》,,云南民族出版社 1992 年 10 月出版。

刘岩著:《南传佛教与傣族文化》,云南民族出版社 1993 年 12 月出版。

Theravada Buddhism in Southeast Asia written by Robert C. Lester, Ann Arbor, The University of Michigan Press, in 1973.

Chiang Rai, Lanna, Compiled by Joel John Barlow, 2000.

The Padaeng Chronicle and The Jengtung State Chronicle Translated, Sao Saimong Mangrai.

The Story of Lord Rama, edited by Bhakti Vikasa Swami, Standard Press (India) Private Limited, Sivakasi. 2004.

India: *A History*, John Keay, Harper Perenial, London, 2000.

History ofNepal, Adarsh Enterprises Delhi, 2001.

The Glass Palace Chronicle of the Kings of Myanmar, translated by Pe Maung Tin & G. H. Luce, University Publishing House, 2008.

(康南山,云南省佛教协会副会长兼秘书长)

南传佛教文化圈与文化交流

贺圣达

上座部佛教在公元前 3 世纪以后在古代印度尤其是斯里兰卡（锡兰）得到传播，其经典即通常所说的巴利文三藏是在释迦牟尼逝世后两百年在华氏城举行的第三次佛经结集时才最后定型的。按季羡林先生的看法，"巴利文是古印度东部方言摩揭陀语的一种形式"[①]。但阿育王时代以后，随着佛教部派的发展，佛典语言日益梵文化，摩揭陀语的原始佛典最终在印度本土失传，而作为南传上座部佛典在斯里兰卡到传承。在这一发展过程中，5 世纪时活动在斯里兰卡的觉音（又译佛音）起了重大作用。[②] 因此，南传上座部佛教是在斯里兰卡创立的。[③]

一 南传上座部佛教文化圈形成原因 与南传上座部佛教的特点

南传上座部佛教文化圈在 11—15 世纪在东南亚逐渐形成有着多方面的原因，其重要原因之一是南传上座部佛教文化成为同缅甸、泰国、柬埔寨、老挝等国古代国家形成和发展、王权的确立和巩固所需要和相应的宗教意识形态。恩格斯曾经指出："历史上的伟大转折点有宗教变迁相伴

---

① 季羡林：《原始佛教的语言问题》，中国社会科学出版社 1985 年版，第 100 页。

② 参见郭良鋆《佛陀和原始佛教思想》中国社会科学出版社 1997 年版，第 1—12 页。

③ ［德］马克斯·韦伯：《印度的宗教印度教与佛教》，康乐、简惠美译，广西师范大学出版社 2010 年版，第 358 页。

随，只是就迄今存在的三种世界宗教——佛教、基督教、伊斯兰教而言。"① 就南传上座部佛教文化圈在 11—15 世纪在东南亚取得主导地位而言，情况也是如此。11 世纪以后，东南亚地区的缅甸、泰国、老挝等国家所在的地区，先后或由分裂、割据的局面走上统一的道路，或从众多的部落、酋邦、早期国家向以某一个民族（如缅族或泰族）为主导的多民族的中央集权式的封建国家过渡，而信奉印度教和大乘佛教、在 11—12 世纪盛极一时的吴哥王朝在 13 世纪以后则面临危机、转向衰弱。处于这样一个"历史上的伟大转折点"的东南亚中西部各国，或者需要一个在精神上支持其统一国家的巩固和发展的宗教，或者需要转向新的宗教应对危机。而在此之前或在这一过程中，南传上座部佛教传入这些地区，并逐渐扩大影响，适应当地社会。在这些国家的兴建和发展变化中，以南传上座部佛教为主的国家，首先是缅甸的蒲甘王朝，接着是摆脱吴哥王朝统治的泰人国家（包括兰那、素可泰和阿瑜陀耶）都从弱到强，在国家统一和发展的实践中发挥了南传上座部佛教的政治作用。

另外，在南传上座部佛教成为占主导地位宗教之前的几个世纪中，东南亚国家中往往同时盛行大乘佛教与印度教，在宗教实践上供奉神、佛，举行繁多的仪式，大兴陵墓寺庙建筑，尤其是在极盛时期的吴哥。这种宗教的极为兴盛之时，也正是普通百姓越加不堪重负之日；而主要从斯里兰卡传入的南传上座部佛教虽然也兴寺建塔，相对说来则较为简朴，与大乘佛教和印度教的巨型陵庙建筑形成鲜明对比。如在吴哥后期的柬埔寨，"寺也用瓦盖，中止有一佛像，正如释迦佛之状，……此外别无他像，……每早一斋，皆取办于斋主之家，寺中不设厨灶"。于是，在以各国国王为首的封建统治者的大力提倡和支持下，上座部佛教便发展成为这些国家的占统治地位的宗教。

把越南之外的大陆东南亚地区看作南传上座部佛教文化圈，这是就南传上座部佛教在这一地区占主导地位而言，正如韦伯所指出的"这并不是绝对妥当的"。由于多方面的对外交往和外来影响，这一地区在古代

---

① ［德］恩格斯：《路德维希·费尔巴哈和德国古典型哲学的终结》，《马克思恩格斯选集》第四卷，第 231 页。

"同时领受着来自印度教（婆罗门教）和大乘佛教的影响"。①

二　南传上座部佛教的特色及其与
大乘佛教的相同和不同之处

佛教是以"佛"为最高教主，以佛信仰为基本特征的宗教，在公元前 6 世纪下半叶—前 5 世纪上半叶由古印度迦毗罗卫国（地处今尼泊尔与印度交界处）王子悉达多·乔答摩（Siddhartha_ Gautarna）即释迦牟尼创立，当时是反对以吠陀经为主要经典，崇拜梵天的婆罗门教的思潮之一。上座部（Theravada）是释迦牟尼逝世后佛教分裂时出现的与大众部相对的部派。公元 1 世纪大乘（Mahayana）佛教形成，把原始佛教和部派佛教中的一些思想流派主要是指上座部系统的佛教流派称为小乘（Hinayana），认为小乘佛教只是为了自度自利，而大乘则是为了自度度人、普度众生等。上座部公元前后从印度传人斯里兰卡，此后直到公元 11 世纪主要在斯里兰卡得到发展。

11 世纪以后，上座部佛教要在东南亚各国得到广泛传播，在缅甸、泰国、柬埔寨、老挝和越南南部地区逐渐成为占主导地位的宗教。上座部佛教因其由印度本土向南传播到斯里卡、缅甸等地，故称为"南传佛教"；因所传诵的三藏经典使用巴利语（pali–bhasa），故又称为"巴利语系佛教"。"南传上座部佛教"，不接受"小乘佛教"的说法。后世包括当代学术界一些人士和社会上沿用"小乘佛教"一词，虽然已无褒贬之意，但是，严格地说，也不是准确的用语。

南传上座部佛教以巴利三藏为圣典。"巴利"（pali）一词原意佛语（Buddha–bhasa）、圣典、三藏，用以区分作为解释圣典的文献——义注（atthakath）和复注（TIKA）。巴利语与梵语（Sansc）同属古印度语，但梵语属于雅语（巴利语属语俗）；梵话是贵族语，巴利语是民众语（Prakrit）；梵语是婆罗门教—印度教的标准语，巴利语则是佛陀及圣弟子们的用语。南传上座部佛教相信巴利语是佛陀当年讲经说法时所使用的马嘎塔

① ［德］马克斯·韦伯：《印度的宗教：印度教与佛教》，康乐简、惠美译，广西师范大学出版社 2010 年版，第 358 页。

口语，又称为"马嘎底语"（摩揭陀语）①。

　　但是，"巴利语"这个名称是近代用语，南传上座部三藏经典中，并没有这个名称。南传上座部佛教的注疏文献中，才开始出现以巴利一词指称三藏经典的用法。也就是说，三藏经典注疏文献中所使用的巴利一词并非指巴利语，而是指三藏经典或原典。巴利语属于印欧语系，在印度早已失传。巴利语并没有自己独立的文字。当这种语言作为"佛语""圣典语"传到斯里兰卡、缅甸、泰国等地时，当地的僧众皆用本国（民族）的字母来拼读拼写巴利语。于是，现存的巴利语有使用僧伽罗文、缅文、泰文、高棉文等字母拼写的版本。这些版本的巴利语发音大致相同，只是各国（族）的文字书写不同而已。当上座部佛教传到西方，又出现了以罗马字母拼写的巴利语②。19 世纪以来，先是西方学者用巴利语指称南传上座部佛教使用的语言，后来为各国学者沿用③。

　　巴利三藏包括律藏、经典藏和论藏。巴利三藏保持了佛教原始时期的面貌。巴利三藏中的许多经文，如经藏《相应部》《长部》中的一些经，《小部》中《法句》《经集》中的一些经，律藏中的"戒条"（又称"学处"）等，都是极为古老的，在佛陀住世的时代广为传诵，只是没有形成完备的"三藏"。公元前 3 世纪，阿育王在华氏城举行佛教史上所称的"第三次结集"，驱除"异邪"，确立了上座分别说系及其所传经典的独尊地位。结集后，阿育王的儿子摩哂陀长为首的使团被派往斯里兰卡，摩哂陀将巴利语的三藏圣典带到了斯里兰卡。公元前 1 世纪，斯里兰卡的大寺派长老五百余人在玛德勒镇举街结集（南传佛教称之为第四次结集），用 3 年多的时间，将一向师弟口口相传的巴利三藏及其注疏记录在具多罗叶（俗称贝叶）上，完成卷帙浩繁的巴利圣典。公元 4 世纪时，梵语在印度盛行，许多佛教经典也改为了梵语。但是，斯里兰卡的大寺派顶住了印度大陆的"梵语化"的潮流，保持了所传三藏经内的巴利原语。5 世纪中期，印度佛学大师觉音来斯里兰卡学习巴利三藏，翻译、注释了大量巴利文典籍，成十九部，撰写《清净道论》等。斯里兰卡的这套巴利三藏自

---

① 玛欣德尊者编译：《上座部佛教修学入门》，云南省佛教协会、云南佛学院印行，第 273 页。

② 同上书，第 341 页。

③ 郭良鋆：《佛陀和原始佛教思想》，中国社会科学出版社 1997 年版，第 1—2 页。

公元前后的几个世纪集成，到 5 世纪在斯里兰卡定型，此后未曾变更，充分反映出其古老性、原始性和保守性①。

从宗教教义上看，南传上座部佛教较为严格地遵循原始佛教的教义，其基本思想和教义相互紧密联系，可以概括为因缘论（十二因缘）、轮回业报、四谛五蕴、八正道、三法印、四念处。

因缘论是佛教阐释宇宙万法皆由因缘所生起之相状及其缘由等教理的论说，用《杂阿含经》中的话来说，就是"此有故彼有，此生故彼生，此无故彼无，此灭故彼灭"。缘起（巴利语 paticcasamuppada）即凡是存在之法皆由诸缘和合生起之意。缘起说着重在说明导致生命诸苦的原因，认为生命不是无因的，也不是由大自在天、上帝等所创造的，它是由一系列的诸缘和合而产生的。

南传上座部佛教用十二因缘（十二支缘起）来解释人生本质及其流转过程，即"无明缘行，行缘识，识缘名，名色缘六处，六处缘触，触缘受，受缘爱，爱缘取，取缘有，有缘生，生缘老、死、愁、悲、苦、忧、恼生起。如此，整个苦蕴生"②，这称为缘起。这十二因缘中：一是"无明"，即愚昧无知，不能正确认识宇宙、万物的本质，"痴是行缘"；二是"行"，指过去诸业和推动诸业趋向果报的过程或力量；三是"识"，谓投生一刹那的精神体，人的生命体托识而成；四是"名色"，即肉体与精神的统一，有意识活动的人体。感知来自人的生命体；五是"六入"，指眼耳鼻舌身意等六种感觉和认识机能；六是"触"，指肉体、精神与外界的直接接触；七是"受"：谓苦乐感受，可泛指人的生理和心理获得的各种享受；八是"爱"，主要指一切贪欲；九是"取"，指对人生和物欲的执着追求，由此造成后报的各种业；十是"有"，"有"的本质是积聚，并能引生后世的"业力"；十一是"生"，即出生，指人生的开始；十二是"老死"，人生的终结。这十二个概念构成一个前后相续的因果链条，所以也叫作"十二支缘起"。习佛法者要明白十二因缘，业报轮回：业（Karma）是梵文的意译，音译"羯磨"，意思是"造作"。业有三业：身业（行动）、口业（言话）、意业（思想）三类，也就是人的一切身心活

---

　　① 邓殿臣译：《长老偈，长老尼偈》，中国社会科学出版社 1997 年版，第 329—332 页。

　　② 玛欣德尊者编译：《上座部佛教修学入门》，云南省佛教协会、云南佛学院印行，第306 页。

动。任何思想行为，都会给行为者本人带来一定的后果，这后果叫作"报应"或"果报"。什么样的业，就会得什么性质的报，在六道中轮回，流转不息。所谓善有福报，恶有罪报，是其主要内容。

四谛，又作四圣谛。圣谛（巴利语 ariyasacca）即圣者的真谛，意为真理或实在。"圣谛"是圣人所知之绝对正确的真理。圣谛有四种，因此称为四圣谛。四圣谛说是四种真理，即苦谛、集谛、灭谛和道谛。四圣谛是告诉众生世间的因果以及出世间的因果，佛陀教法的根本。苦谛：指三界六道生死轮回，充满了痛苦烦恼，即谓生苦、老苦、病苦、死苦、爱别离苦、怨憎会苦、求不得苦、五阴炽盛苦等人生的种种苦，是对现实世间的认识，人生的真理。集谛，指众生痛苦的根源，认为一切众生痛苦的根源在于无明，即对于佛法真理、宇宙人生真相的无知，主要是说明造成世间人生及人生痛苦的原因，即色、受、想、行、识的五取蕴以及无明、行、识、名色、六人、触、受、爱、取、有、生、老死的十二有支，阐明它们前后之间互为因果，互为生灭的条件。灭谛阐述灭除了一切烦恼的真谛，指消灭痛苦，灭尽三界烦恼业因，以及生死轮回果报，到达涅槃寂灭的境界，以不杀、不盗、不淫、不妄语、不饮酒，守五戒，修持十善为根本。道谛：指通向寂灭的道路，即正见、正思，主要指依照佛法的八正道去修行，就能脱离生死轮回的苦海，到达涅槃寂灭的境界。灭谛和道谛主要指明人生解脱的归宿和解脱之路。五蕴包括：色、受、想、行、识。色蕴即四大所成色身，谓有根身。受蕴即苦受、乐受、不苦不乐受。想蕴，即见闻觉知中的了知性。行蕴为身行、口行、意行三种的行。识蕴，即眼耳鼻舌身意识及意根。

八正道，即合乎正法的八种悟道成佛的途径，又称八圣道，即圣道的八个要素，说明人生修道才证得涅槃真理。一是正见：正确的见解、意见、观点，离开一切断常邪见。二是正思维：正确的思维、思索、专注，离开一切主观分别、颠倒妄想。三是正语：正当的言语，正确的言语，也就是不妄语、不慢语、不恶语、不谤语、不绮语、不暴语、远离妄语、离间语、粗恶语、杂秽语。四是正业：正当的行为，正确的行为活动，也就是不杀生、不偷盗、不邪淫等，诸恶莫做，众善奉行。五是正命：正当的谋生方式，正确的生活方式，即远离一切不正当的职业和谋生方式。六是正精进：正确的努力，去恶从善，勤奋修行。七是正念：正确的念法，即；心清楚地了知对象，保持心对所缘念念分明，不忘佛教真理。八是正定：正确的禅定，即心只专注于一个所缘的状态，远离散乱之心，以佛教智慧去观想万物的真相，获得人生的觉悟。

"四念处"，是上座部佛教最基本的修行法门。南传经典《四念处经》(The Four Foundations of Minfuzne) 对此有专门的规定。所谓四念处，是八正道正念的修行方法，指的是身观念处、受观念处、心观念处、法观念处四种修行内容。修习"四念处"可得四果，四种福利："谓须陀洹果，斯陀含果，阿那含果，阿罗汉果。"阿罗汉为巴利语 arahant 的音译，《中部根本法门经》注中说：阿罗汉者，离烦恼、远烦恼、断烦恼的意思。以远离烦恼，故为阿罗汉，也译为"阿拉汉"①。佛弟子们经过身观念处、受观念处、心观念处、法观念处四个阶段，不断地训练自己，观照自己，检验自己，最后就可以断除烦恼忧苦的束缚，得到解脱自在的阿罗汉果。而且，无论文化背景、职业、种族、性别、甚至聪明才智的高低，任何人都可以修习这种禅观，消除烦恼，获得解脱。对四念处修行的强调是南传佛教的最大特点，在东南亚南传佛教传播地区形成了不同的禅修理论和实践②

关于佛教中的三法印，即诸行无常、诸法无我、涅槃寂静（诸行无常是说一切世间法无时不在生住异灭中，过去有的，现在起了变异，现在有的，将来终归幻灭；诸法无我是说在一切有为无为的诸法中，无有我的实体；涅槃寂静是说涅槃的境界，灭除一切生死的痛苦，无为安乐，故涅槃是寂静的。凡合此项三原则的，便是佛正法，有如世间印信，用为证明，故名法印）。南传上座部佛学家玛欣德尊者认为，北传佛教有"法印"（梵语曲 arma – mudra）之说。但是，南传上座部佛教并无"法印"之说③。

简而言之，南传上座部佛教主要特色有以下四个方面。一是认为佛陀是人类导师和理论的指导者，并非神明或什么神秘人物。二是修行者的最终目标是阿罗汉（圣者），他并不对众生做出平等的改善工作。三是强调悟道全凭严格的自我训练，即禅定、心力集中、遁隐等方法。四是认为离

---

①　玛欣德尊者编译：《上座部佛教修学入门》，云南省佛教协会、云南佛学院印行，第321页。

②　郑筱筠：《中国南传佛教研究》，中国社会科学出版社 2012 年版，第 76—80 页。

③　玛欣德尊者编译：《上座部佛教修学入门》，云南省佛教协会、云南佛学院印行，第317页。

开轮回的世俗痛苦进入涅槃境界，只有少数人才能办到。①

南传上座部佛教与大乘佛教都是佛教的派别，作为佛教，其哲学思想和基本教义是相同的，都认为佛教的目标在于祛除妄想、悟道，进入绝对与无限的境界；世界无始无终，一切法由因果关系来加以解释；任何事物均有变化（无常），人类如此，万物亦复如是。没有自我（ego）为真正的实体，因为它是无常和短暂的；因果律（The Lavr Of Causation）非但在道德世界普遍有效，在自然世界也一样。有因必有果；业（Karma）或行为是人一生的投影，来世运由业力来决定，但业力可做某些尺度的改变；明是痛苦之因，它是普遍性的。道德实践上"入正道"可以祛除无明。他们都忠实地信仰佛陀。

南传上座部佛教与大乘佛教的主要不同点，有以下几个方面。一是南传佛教认为佛陀是人类的导师或顶多是个超人而已，而大乘佛教把佛陀尊为导师，并加以神圣化②。二是南传佛教主张人在宇宙中只能靠自己，没有超人的神或力量能帮上忙（在生命危时），大乘佛教则认为有他力之救济。三是南传佛教认为人的解脱是个人的事，大乘佛教认为人类的命运是一体的，个人的命运就是全体人类的命运，因此，要普度众生。四是南传佛教中心放在出家人，寺院是悟道的中心，大乘佛教则是出家、在家并重，因为人人具有佛性。五是南传佛教认为完美的圣者是（阿）罗汉，大乘佛教认为菩萨才具有大智大慧。六是南传佛教强调智慧是美德，大乘佛教认为慈悲精神才是美德。七是南传佛教尽可能避免烦琐的修道程序，大乘佛教则有复杂的仪轨和修道方式。八是南传佛教比较倾向保守，大乘佛教比较开放。在佛教的影响下，佛教徒趋向于虔诚，严峻，专修自度；大乘佛教的立场，又往往使佛教徒悲天悯人，热心于救拔苦难。

虽然南传上座部佛教与大乘佛教的基本教义相似，但在宗教实践中，南传上座部佛教更接近原始佛教，更重视独善其身，以修行证得阿罗汉果为目的。南传上座部佛教与大乘佛教在实际上、实践上的差异，尤其是11世纪以后缅甸、泰国、老挝诸国奉行的南传上座部佛教与大乘佛教中

---

① 郑金德：《大乘佛教》，载张锡坤主编：《佛教与东方艺术》，吉林教育出版社1989年版，第60页。

② 郑金德：《大乘佛教》，载张锡坤主编：《佛教与东方艺术》，吉林教育出版社1989年版，第63—64页。

在古代中国和越南都有极大影响的禅宗的差异，确实是很大的。其最主要的差异是，南传上座部佛教更多地坚持原始佛教的传统，遵循巴利文三藏，保持原始佛教的戒律（如托钵化缘、过午不食、雨季安居等），比丘须遵守的事项繁多，除了持二二七比丘戒外，也遵守其他许多规定，包括对比丘生活中的琐事的规定（例如，饮食方面的钵具的材质、形状、水壶；穿着方面的坐卧具、缝衣服的工具、腰带；居所方面的行堂、浴室、厕所的规格；行为方面的扇子、伞盖的使用，指甲、头发的修剪，打喷嚏、吃蒜等)[①]；重视做功德，功德观念构成了东南亚南传上座部佛教国家的意识形态；崇拜佛牙、佛塔和菩提树。对个人尤其是僧侣而言，恪守清规戒律、艰苦的禁欲的生活方式，以经受长期艰苦的磨难作为修炼、解脱的途径和方式，适应了当地的热带村社生活。

三　南传上座部佛教文化圈的形成

上座部佛教在公元前 3 世纪以后在古代印度尤其是斯里兰卡（锡兰）得到传播，其经典即通常所说的巴利文三藏是在释迦牟尼逝世后两百年在华氏城举行的第三次佛经结集时才最后定型的。阿育王时代以后，随着佛教部派的发展，佛典语言日益梵文化，摩揭陀语的原始佛典最终在印度本土失传，而作为南传上座部佛典在斯里兰卡得到传承。在这一发展过程中，5 世纪时活动在斯里兰卡的觉音（又译佛音）起了重大作用。[②] 因此，南传上座部佛教是在斯里兰卡创立的。[③] 南传上座部佛教在 11 世纪之前已经传入东南亚地区，如 5 世纪之后的骠国（在今缅甸伊洛瓦底江流域）、堕罗钵底（今泰国湄南河下游地区）和缅甸南部的孟人国家，但是，10 世纪之前，在总体上在东南亚地区并不占据主导地位。

在东南亚西部，1044 年缅甸蒲甘王朝兴起后，即奉上座部佛教为国教。在缅甸历史上，缅族建立的蒲甘王朝（1044—1287）第一次统一了缅甸，成为东南亚西部最为强盛的国家。在其统治的 240 多年间，引入南

---

① 李凤媚：《巴利律比丘戒研究》，（台湾）嘉义新雨杂志社 1999 年版，第 34—35 页。
② 郭良鋆：《佛陀和原始佛教思想》中国社会科学出版社 1997 年版，第 1—12 页。
③ ［德］马克斯·韦伯：《印度的宗教：印度教与佛教》，康乐、简惠美译，广西师范大学出版社 2010 年版，第 358 页。

方孟人国家和斯里兰卡的上座部佛教并确立起政治地位，仅在首都蒲甘一地，至少兴建了 4000 多座寺院佛塔，迄今尚保存较为完好的就有两千多座。东南亚中部，13 世纪出现了由泰族人建立的第一个中央集权的封建政权——素可泰王国（1238—1348）。素可泰三世国王兰甘亨（1275—1317）即位后，即从斯里兰卡请来上座部佛教僧侣，并确立了上座部佛教的统治地位。继素可泰而起的阿瑜陀耶王朝（1369—1767）统治的地域更为广阔，取代吴哥王朝（850—1431）成为东南亚大陆中部最为强盛的国家。阿瑜陀耶"尚佛教，国人效之，百金之产，便以其半施佛"。[①]尽管也受印度教的影响，但上座部佛教已成为阿瑜陀耶举国上下的共同信仰。另外，信奉印度教和大乘佛教的吴哥王朝，虽然在 9—12 世纪几乎称雄中南半岛，但在 13 世纪中叶后，由于长期大兴寺庙耗费大量的人力和物力、与占婆的长期战争以及西边泰人王国和东边越人势力崛起带来的挤压，王朝统治地域缩小，国势日衰。上层统治集团原来信奉的印度教和大乘佛教失去神圣的灵光。正在中南半岛日益扩大其影响的上座部佛教乘虚进入，逐渐为吴哥王朝上层接受，更由于提倡简朴的宗教生活方式而日益受到社会上普遍欢迎。1296 年中国元朝人周达观到柬埔寨时，已目睹上座部佛教在社会上流行的景象。在他回国后写的《真腊风土记》中说，当时"小儿入学者，皆先在僧家教习，既长而还俗"，"僧人削发穿黄，偏袒右肩，其下则系黄布裙，跣足"。在老挝，法昂（他的妻子是柬埔寨的一位公主）于 1355 年建立澜沧王国。他统一老挝后，即从柬埔寨请来高僧，并将上座部佛教定为国教。因此，南传上座部佛教在 11 世纪以后一直由西向东、由南向北在东南亚大陆扩展，到 14—15 世纪，东南亚南传上座部佛教文化圈基本上已形成。

其时，在东南亚大陆东部，正值越南陈朝和黎朝时期，以儒家文化为主导的中国式的封建制度已经确立，并且在对深受印度文化影响的占婆的争斗中已取得明显优势，从而也把中国式的制度和文化扩展到今越南中南部。南传上座部佛教在推进到今越南南方（14 世纪时还在柬埔寨王朝统治下）后，已无力向东北推进。

中南半岛与中国云南之间很早就形成了南方丝绸之路，发展了密切的交往和联系。南传上座部佛教文化在缅甸与中南半岛北部确立后，进入云

---

① 《明史·暹罗传》。

南南部的今西双版纳、德宏、临沧和保山地区，为当地的傣族等少数民族接受。

因此，至晚到14世纪，形成了包括今南亚的斯里兰卡、东南亚的缅甸、泰国、柬埔寨和老挝、中国云南南部地区的南传上座部佛教文化圈。

四　南传上座部佛教文化圈的特点

南传上座部佛教文化圈在其发展中，形成了以下六个方面的特点。

南传上座部佛教文化圈历史发展的第一个特点，是南传上座部佛教传入东南亚地区的过程中，不同程度地接受、融合了大乘佛教和婆罗门教的一些思想、教义和礼仪以及当地原始宗教。这是因为泰国、缅甸、老挝和柬埔寨等国接受南传上座部佛教传入或者在把南传上座部佛教确定为国教之前，原始宗教对这些国家的居民已经有很深的影响，大乘佛教、婆罗门教在这些国家或长或短地盛行过一段时间，或大或小、或多或少地产生了影响。缅甸在骠国时期也受到过大乘佛教、婆罗门教的影响。柬埔寨在吴哥王朝时期就深受大乘佛教、婆罗门教的影响，泰国的阿瑜陀耶王朝就深受来自吴哥王朝时期的婆罗门教的影响。泰国的阿瑜陀耶王朝、曼谷王朝还受到来自中国的大乘佛教的影响。因此，这些国家盛行的南传上座部佛教中，仍保留婆罗门教和大乘佛教中的思想、教义和礼仪，尤其是王室、宫廷中盛行婆罗门教礼仪。泰国虽然自从素可泰王朝以后一直以南传上座部佛教为国教，但是，泰国人也认可大乘佛教的"如来"，把婆罗门三大主神即梵天、湿婆和毗湿奴奉为至高无上的神。毗湿奴的坐骑金翅鸟"迦楼罗"是泰国国徽图案和国王的旗号。国家机关各部的部徽也大都是婆罗门教中的一些神物。在泰国、老挝、柬埔寨等国一年一度的春耕节等传统节日的典礼，就是沿用婆罗门教礼仪，由婆罗门祭司主持。

南传上座部佛教文化圈历史发展的第二个特点，是这一佛教文化圈在基本形成后，直到19世纪西方殖民主义势力侵入中南半岛之前，南传上座部佛教在这些国家或地区一直保持了主导的甚至"独尊"地位，并且实现了南传上座部佛教的本土化、民族化，全面、深刻影响了这些国家和地区的文化。随着南传上座部佛教与当地民族尤其是缅族、泰族、老族、高棉民族等民族文化的不断融合，东南亚本地化、民族化的程度的不断加深。南传上座部佛教信仰逐渐成为人们的自觉行为，渗透到这些民族广大居民的理想信念、思维模式、价值观念、审美趣味、道德规范、性格习俗、行为方式的深层结构中，成为他们内在文化心理和精神支柱。南传上座部佛教同时又成为这些国家古代哲学、文学、教育、法律、制度、美术、建筑等文化特质的核心内容，使这些国家的民族文化获得了长足发展。

南传上座部佛教文化圈历史发展的这一特点，同大乘佛教地区如古代中国和越南主要由儒家文化扮演主角的情况是大不相同的。其主要原因在于在上座部佛教传入或确立其统治地位前，在这些国家的村社居民中主要存在着鬼神信仰和万物有灵信仰等原始宗教。婆罗门教和大乘佛教主要是在宫廷中或社会上层中较有影响。但在上座部佛教取得统治地位或"国教"地位后，原始宗教已融入南传上座部佛教或者已退居次要的、附属的地位，印度教虽然和大乘佛教在各国仍有不同程度影响，但主要影响在王室和宫廷仪式上。其他外来宗教和文化，包括中国汉文化、西亚的伊斯兰文化和西方的基督教文化对缅甸、泰国、老挝、柬埔寨等国虽不无影响，但从狭义文化的意义上讲，影响也是比较弱的和有限的，在不同国家甚至在这些国家不同的地区的影响以及影响的内容也不同。相对说来，中国文化在泰国的影响要强一些，伊斯兰教在缅甸西部的若开和泰国南部较强。印度古典文学尤其是《罗摩衍那》在各国仍有广泛的影响。

南传上座部佛教文化圈历史发展的第三个特点，是东南亚国家各国南传上座部佛教的发展，除了与各国以占主导地位的民族的原始宗教信仰（如缅族的对纳特的崇拜，泰人对菲的崇拜）相结合，还同各国以各自的语言文字为基础的文化的发展紧密相连，从而使得南传上座部佛教在各国形成了各自的特色。这后一个方面实际上是同南传上座部佛教以巴利语佛教三藏经为经典特点紧密相关。原来，在佛教创建的初期，释迦牟尼反对佛教徒用梵文传教。因为梵文是一种"高雅"的语言，是婆罗门教传教的语言。释迦牟尼主张教徒用各自的方言俗语来传教，在什么地方就用什么地方的话来传教，这样才能深入人心。释迦牟尼本人就是用印度东部地区的一种摩揭陀语布道说法。摩揭陀是印度的古国之一，那个地方的方言就是摩揭陀语。释迦牟尼死后，佛教徒结集编纂的佛典"三藏"也是用摩揭陀语。有人认为摩揭陀语就是南传佛教经典语言巴利语，也有人认为巴利语是摩揭陀某个地区使用的语言，还有人认为巴利语不是摩揭陀语，而是印度西部的一种方言。巴利文系统的经典因为是直接从原始佛教继承下来的，所以保留了佛经当中最古老的面貌。佛教的经典是"三藏经"或叫"大藏经"，包括"经藏""律藏""论藏"，还有一部分藏外典籍。现在我们所知道的保存下来的最早的南传经典是传入斯里兰卡僧伽罗文的巴利语三藏。所以，人们就说南传佛教的经典是巴利文系统的经典。但是，巴利文是"有音无字"的文字，按照巴利语的音韵系统，有自己规定数目的声母、规定数目的韵母和拼写规则，但就是没有自己专用的字母，在印度有时使用天城体。在斯里兰卡、缅甸、泰国等地，则使用当地流行的字母。① 因此，信奉南传佛教的国家和地区都用自己当地的文字去记录巴利语经典，这就使得巴利文经典呈现出文字上的差异，以僧伽罗文、缅文、柬埔寨文、泰文等形式的文本出现，有僧伽罗巴利文的巴利语经典，有缅文的巴利语经典，有泰文的巴利语经典，（中国的傣族有傣文的巴利语经典，在印度有使用天城体梵文记录的巴利语经典，近代以来还出现了使用较普遍的、加了符号的拉丁字母来记录巴利语经典）②。

尽管东南亚南传上座部佛教各国用自己的文字去拼写巴利文经典形成了巴利文系统，这一系统的文字又都来源于印度的婆罗米字母，而且彼此相连的多个东南亚国家拥有共同的巴利文宗教经典，因此，共同构成了东南亚南传上座部佛教文化圈。但是，由于东南亚信奉南传上座部佛教各个民族都用自己的文字去拼写巴利文经典，而民族文字是进入文明时期以后一个国家、一个民族的文化的基础和重要特点。这就使得南传上座部佛教在东南亚不同国家的传播与发展与这个国家、这个民族的发展之间形成了密切的关系，也使得东南亚南传上座部佛教文化圈具有与其他的宗教文化圈如欧洲的基督教文化圈不同的特点。相对而言，东南亚南传上座部佛教文化圈各国之间的宗教联系较为松散，没有该地区的跨国家的佛教宗教中心，也没有类似中世纪欧洲教皇那样的共同的教主。但是，各国宗教自身的特色比较明显，有本国文字的宗教经典、本国的宗教组织系统，也都有本国的宗教中心。古代东南亚南传上座部佛教文化圈内，各国的宗教中心基本上都是该国的首都，例如缅甸蒲甘王朝时期的首都蒲甘、阿瓦王朝、

① 季羡林：《巴利语》，载《中国大百科全书：语言文字》，中国大百科全书出版社1988年版，第12页。

② 张公瑾：《南传佛教与傣文贝叶经》，载秦家华、周娅、岩香宰主编《贝叶文化与民族社会发展》，云南大学出版社2007年版，第450—451页。

东吁王朝后期和雍籍牙王朝时期的阿瓦、泰国素可泰王朝时期的首都素可泰、阿瑜陀耶王朝时期的首都阿瑜陀耶等。

南传上座部佛教文化圈历史发展的第四个特点，是这一佛教文化圈形成后，在地域上没有大的退缩或扩张，大致上仍保持着 14 世纪时的"版图"。这主要是由这一文化圈周围的文化环境所决定的。东南亚南传上座部佛教文化圈基本形成时，在南亚次大陆，佛教早已衰败，再也没有"卷土重来"。伊斯兰教在 12 世纪以后虽深入南亚次大陆，穆斯林统治者在 14 世纪后还长期统治印度，但在次大陆腹心地区，印度教的地位已不可动摇，于是伊斯兰教主要在次大陆的两翼发展；西翼在今巴基斯坦，东翼在毗邻缅甸的孟加拉国稳步发展，逐步推进到缅甸西部的阿拉干（今缅甸若开邦），与东南亚佛教文化圈的西部相邻。在东南亚海岛地区（主要是印度尼西亚和菲律宾南部）和马来半岛，由于同西亚伊斯兰国家和印度南部的海上贸易不断发展，以及西亚和南亚的穆斯林商人大量进入这些国家的沿海地区特别是沿海城市，与当地上层结合，使当地原来信奉佛教或印度教的封建主纷纷改宗伊斯兰教，建立起伊斯兰教王国。马来半岛及邻近地区的马六甲王国在 15 世纪时已发展成为一个强大的信奉伊斯兰教的国家，使泰国、缅甸等国的南传上座部佛教继续南下受阻。

在南传佛教文化圈的北边和东边，中国的云南在 13 世纪已成为元朝的一个行省，这使它不同于在南诏、大理国时期的地方王国的地位，此后儒家文化为主的汉文化在云南占据了统治地位，但中心在滇中地区，对主要是少数民族聚居、实行土司制度的南部沿边地区的文化影响不大。南传上座部佛教北上，其影响主要在云南南部傣族（在古代与泰人属于同一族群）等少数民族聚居的地区。在南传上座部佛教文化圈东部，越南很早就受到中国汉文化的影响，在 10 世纪独立后仍主要向中国学习，使用汉字，尊崇儒学，实行科举制度，成为汉文化圈中的一个组成部分。在与受印度文化影响的国家的碰撞中，受汉文化影响的越南显得更有力量，向南推进，把原来在它南部深受印度文化影响的占婆和柬埔寨的一部分纳入它的统治区域，并在文化上重塑了这一地区，在总体上成为深受汉文化影响的越南文化的一部分。

可见，在东南亚南传上座部佛教文化圈形成、发展时，其周围除斯里兰卡南传上座部佛教已根深蒂固并且还深刻影响了缅甸、泰国等国家的佛教的发展，其相邻国家和地区已分属印度教占统治地位的印度文化圈、汉文化圈和伊斯兰文化圈。在这种形势下，上座部佛教文化已难以再大规模地向周边国家和地区扩散①。另外，无论是南亚次大陆东部的孟加拉国、东南亚海岛国家或中南半岛东部的越南，在他们各自所属的大文化圈（伊斯兰教文化圈和汉文化圈）中，毕竟又是边缘地区，其文化辐射能力或继续扩展的能力也减弱了，也未能进一步推进到大陆东南亚腹部的南传上座部佛教文化圈。正是这样的格局和相互关系，使得东南亚南传上座部佛教文化圈在形成后的数百年间，大致上保持了一种主要与斯里兰卡佛教互动、在本区域内和各国间相互影响中发展的状态。到西方殖民主义东侵和资本主义影响东来时，南传上座部佛教在缅甸、泰国、柬埔寨、老挝等国已经根深蒂固。因此，南传上座部佛教作为当地的主体民族传统文化和生活方式，并没有受到太大的冲击。但是，它向本国少数民族地区的传播却因殖民侵略和西方传教士的活动而大受影响，甚至中断了。

　　当然，这并非说在15—19世纪初这一时期南传上座部佛教的影响没有扩大，而是说其影响的扩大基本上是在南传上座部佛教文化圈各封建王朝统治的地域内，由主体民族、平原地区的民族逐步向其他民族主要是已纳入其统治范围内的山区民族和部落扩散，也影响到毗邻国家跨境而居的民族。中国云南南部的西双版纳和德宏等地傣族信奉的南传上座部佛教，就与东南亚大陆地区的南传上座部佛教有着密切的历史联系，而且，从南传上座部佛教的传播历史看，说南传上座部佛教北上中国云南南部是更有说服力的。因此，云南南部的南传上座部佛教当传自最早信奉南传上座部佛教的东南亚国家，事实上明清时期西双版纳和德宏等地傣族的南传上座部佛教仍然分别受到古代泰国和缅甸的南传上座部佛教的影响。

　　南传上座部佛教文化圈历史发展的第五个特点是，南传上座部佛教真正成为缅甸、泰国、老挝、柬埔寨等国的民族宗教，是同南传上座部佛教经典在这些国家的传播尤其是与这些国家以民族语文翻译注释佛教经典密切相连的。随着民族语文翻译注释佛教经典的传播，南传上座部佛教经典得到广泛流传，成为遍布这些国家中无数佛教寺院佛塔中僧人必须学习的经典，并通过僧人的活动又传播到民众中，其蕴含南传上座部佛教的教义逐渐深入人心。

　　南传上座部佛教国家的佛教文学大多是从以民族语文翻译注释佛教经

---

① 贺圣达：《东南亚发展文化史》，云南人民出版社1996年版，第196—197页。

典开始，继而在佛经注疏的基础上，援例阐明佛教教义，或以诗歌、散文等文学形式表现，在这一过程中对佛经故事为素材进一步拓展发挥，加工改造，渗入本民族文化的因素，发展了具有本民族特色的佛教文学。

为了吸引广大民众，佛教经文常常采用通俗的寓言故事或生动的譬喻阐发教义。在南传上座部的巴利语三藏即律藏、经藏、论藏中，论藏的主要内容是论证和阐述佛教教义，律藏的主要内容是僧团的规则和比丘、比丘尼的日常生活戒律；经藏的主要内容是佛陀及其弟子宣讲的佛教教义，包含的文学成分最为丰富。其中的《法句经》《佛本生故事》等，堪称是巴利语佛教文学的代表作。《法句经》是一部佛教格言诗选编，所收格言诗大多是关于佛教伦理道德的教诲，是佛教徒探索人生的思想结晶。《佛本生故事》又称《佛本生经》，是讲述佛陀释迦牟尼前生的故事，共 547个。这些故事大多来源于古代印度的民间故事或神话传说，据说佛陀前生曾转生为各种动物、人物和神祇，每次转生都有行善立德或惩恶扬善的事迹。佛教徒根据这些传说，以文学的形式予以表现，以固定格式添加头尾，指定其中某一角色是佛的前身，就成了佛本生故事。佛本生故事反映了佛教倡导众生平等，反对婆罗门教的种姓等级观念，赞誉善良，鞭挞邪恶，还主张容忍、施舍、孝道、公正、友谊等思想。《佛本生故事》等巴利文经典不仅成为缅甸、泰国、柬埔寨、老挝等国普通民众最容易接受的文学艺术作品，而且也是这些国家文学艺术创作灵感和创作素材的重要来源。

南传上座部佛教经典和佛本生故事被翻译为缅甸、泰国、老挝、柬埔寨各国民族语文，以及注解疏释南传上座部佛教经典的东南亚国家民族语文著作在东南亚南传上座部佛教国家的广泛流传，不仅影响了这些国家文学的发展，而且使得南传上座部佛教的理念逐渐深入人心，对这些国家民众的思想观念也产生了深刻的影响①。

南传上座部佛教文化圈历史发展的第六个特点，是贝叶经作为这一地区特有的和最为重要的文献，在传播文化中起着基础性的和极为重要的作用。贝叶经是使用贝叶来记录佛教经文的文献数据，最早产生于印度南部和斯里兰卡。随着印度传入的文字的使用尤其是缅甸、泰国、老挝、柬埔

---

① 尹湘玲主编：《东南亚文学史概论》，世界图书出版广东有限公司 2011 年版，第 38—39 页。

寨等国民族文字的创制和使用，南传上座部佛教地区的人士开始将传入的宗教文献和他们自己的创作记录于棕榈叶上，产生了大量巴利文贝叶经。

古贝叶经通常有着百年或者数百年历史，然而，由于东南亚等地气候炎热且潮湿，这些地方的贝叶经文不能长期保存。因此，贝叶经要能够一代代传承下来，就必须频繁地对经文进行修订、复刻、抄写。在老挝，现存最古老的贝叶经能追溯到公元 15 世纪，泰国古老的使用经文的贝叶经抄本是存于泰国北部南邦省瓦莱辛佛寺（‘Xrat Lai Hin）的《本生经》，是写于泰历 833 年或公历 1471 年的巴利语抄本，存于泰国国家图书馆的最古老的贝叶经文仅能追溯到公元 1615 年。缅甸存有的最古老的贝叶经仅能追溯到不到两个世纪之前。而在柬埔寨，由于当地潮湿的热带气候，最古老的贝叶经能追溯到更加晚近的时代。

贝叶经种类很多，内容极为丰富。大部分是南传上座部佛教经典，有大量双语版本，一个特殊的类型就是大量的佛教藏外作品，尤其是如佛本生经故事等大量的叙事文学作品；也有些手稿涉及面广泛，包括关于历史、习惯法俗、占星术、魔法、神话和仪式、传统医疗保健、语法和词典，也包括诗歌和史诗、民间传说和传奇故事等。泰国国家图书馆就将他们收藏的贝叶经分为 14 类，包括：巴利经典（tipitaka，由巴利文三藏组成）、经典注解（Atthakatha，由对巴利经典进行的注评组成）、解译（Yojana，由对巴利原典的解释说明组成）、别论（Ganthi，由与巴利三藏相关的专论组成）、专门的文学作品（Pakaran，由与巴利原典相关的专门的文学作品及其注疏和次注疏组成）、杂论（Pakinak，由巴利原典里没有包含的佛教故事组成）、编年史（Vamasabvali，由佛教编年史组成）、传说和历史（由佛陀生平及类似的文学作品组成）、世界科学（Lokasastra，由关于世界或宇宙学的故事组成）、念诵（Paritta，由各类念诵组成）、语法和词典（fsaddavisesa，由巴利语法书、字词典、散文和诗歌等组成）。南传上座部佛教其他地区的贝叶经大致上也包括了上述种类的作品①。贝叶经抄本汇集了南传上座部佛教国家不同年代的宗教经典、散文和诗歌等文学作品。有着丰富的南传上座部佛教文学和文化资源内涵，所体现的不只是佛教宗教思想理念，也是南传上座部佛教地区社会发展、文化、历史

---

① 郭山、周娅主编：《贝叶文化与和谐周边建设》，云南大学出版社 2011 年版，第 305—354 页。

和传统的极为宝贵的基础性的宝贵资源，其作用可与汉语中的经典和文学作品在传播古代中国文化中的作用相比。

正是由于上述六个方面的特点，缅、泰、老、柬这四个在南传上座部佛教文化圈内的国家在文化上具有许多共性，在传统文化的宗教性、伦理思想、语言文字、传统教育、文学、艺术（绘画、雕刻、音乐、舞蹈）风俗节日等方面都有许多共同点和相似之处，而不同于深受中国传统文化影响的越南以及深受伊斯兰文化影响的东南亚海岛国家，至于同深受基督教（天主教派）的菲律宾文化的差异就更大了。

在传统生活的宗教性和伦理思想方面，南传上座部佛教深深地渗透到广大人民的生活习俗和思想意识当中，贯穿了这些国家居民尤其是缅族、孟族、泰族、掸族、老族等主体民族的居民的一生，他们从出生、成长到死都离不开佛教，满月礼、婚礼到葬礼均要请僧侣来诵经，每天都要拜佛、施斋；国家庆典、到众多的民俗节日、重大活动都要举行宗教仪式和布施；修佛寺，建佛塔，积德行善成为人们的自觉行为和追求目标。

在语言文字方面，这些国家的文字虽然不尽相同，但是，都属于印度字母系统，语言文字都深受梵文、巴利文的影响。

在文化教育方面，这些国家的佛寺不仅是礼佛的宗教场所，还是文化教育中心，是学校，是诵经识字、学习文化的地方。

在文学艺术方面，印度的《罗摩衍那》和《佛本生》（《佛本生故事》又称《佛本生经》）为这些国家的居民所熟悉，深刻地影响了他们的文学创作和再创作。这四个国家的建筑、雕刻、壁画、音乐、舞蹈都深受《罗摩衍那》和《佛本生》的影响，大量表现和反映佛教的内容和影响，而且互相学习、借鉴。

在宗教节日、民间节庆活动方面，这四个国家有共同的重要宗教（佛教）节日如莎迦节（吠舍去节、巴塞节）、阿沙茶节、万佛节、守夏节（虽然名称不同，在泰国称为守夏节，在缅甸称为安居节、在老挝称为入腊节）、出夏节（在泰国、缅甸称为安居节、在老挝称为出腊节、在柬埔寨称为出雨节）。这四个国家重要的民间节庆活动如宋干节（泼水节）也相同（虽然名称不同，在泰国称为宋干节，在缅甸称为泼水节、在老挝称为泼水节、在柬埔寨称为沙塔节）。泼水节的重要活动都是浴佛、洒水、堆沙塔和放生等。

五　南传佛教与文化交往

南传上座部佛教文化圈的这些重要特点，使其在当代世界尤其是南传佛教文化圈内的文化交流中，在当代中国与周边国家共同推进"一带一路"建设中的多方面交往与合作中，可以发挥独特的重要作用。我认为，可以从以下这些方面推进。

1. 在南传佛教文化圈的国情与佛教文化研究方面的交流，全面了解南传上座部佛教和南传上座部佛教各国、各地区文化的现状、共同性和特点；深入研究佛教思想、理念（缘起理论、因果法则、众生平等、慈悲、和敬）的当代价值及其在当代世界文化交流中的作用，研究南传上座部佛教思想、理念、弘法活动、禅修中心的当代价值。

2. 挖掘、保存、传承、交流南传上座部佛教文化遗产（例如，贝叶经的挖掘、保存、传承、交流）。

3. 广泛开展佛教文化领域的交往：夯实佛教文化交流广泛的民众基础，依托非政府组织如民间团体、大学、研究机构、媒体、宗教组织，加强佛教界人士的往来，开展形式多样、贴近民众而又深入人心民心的宗教、文化交流。

4. 不仅增进南传上座部佛教文化圈各国各地区各个方面的交往，而且促进南传上座部佛教文化圈各国与周边大国的文化交往；中国佛教界已倡议举办了"世界佛教论坛"，建议还可以考虑举办"南传上座部佛教论坛"。

5. 中国（云南）南传佛教界人士要"走出去"（到东南亚国家留学、修行、弘法）。

（贺圣达，云南省社会科学院原院长、研究员）

略述上座部佛教与大乘佛教
在教育方面的交流和前景

释园慈

一　教育目的

　　佛教从事教育的历史自释迦牟尼佛开始，教育的目的是明缘起之法理、奉行众善，诸恶莫做，祛除修改人性恶的一面，完善慈悲祥和的公德。佛教经过历史的发展，在教材和方法方面有所发展，有大量的部派佛教的教材和方法收集在佛教的大藏经典里。现今，有上座部佛教和大乘佛教的教材。在方法上，古代注重面对面的师承，现在教学方式趋于学堂网络等授课。

　　当前佛教教育的功能，总的来看，既有选拔性，又有社会性，重在确保优质资源和社会大众需求，以及对教材内容的理解、实践、继承和发扬。在这一方面，上座部和大乘佛教的教育有一定的共性，他们既注重社会性办学又不忽视选拔。

　　在大乘汉传佛教的自然四级教育机制（寺院、市级佛学院、省级佛学院、国家级佛学院）里体现了教育功能的社会性和选拔性。上座部佛教，也有寺院教育、中心式教育和大学教育。综合来说，寺院式教育完成的是僧格、人格的培养，中心式教育完成的是一般社会化功能的培养，大学和高等教育完成的是专业和综合选拔。佛教院校通过对人才进行选拔，实现人力资源的合理分配，从而确保佛教徒结构的平衡与稳定。在这一点上，上座部和大乘佛教的教育有着相同的努力。

佛教的基础教育建立在寺院①、丛林和中心式的导师的教育，因为，他们授众宽广，承传的法脉清晰。更重要的是他们在对受众的人格、僧格培养上、学习、实修和信心的树立上，功不可没。如近代泰国巴蓬寺的创建人尊者阿姜查（Ven. Ajahn Chah, 1918 - 1992）②，清迈的尊者阿迦曼（Ven. Ajahn Mun, 1870 - 1949）是修习毗婆舍那的禅师，泰国乌东泰尼省帕邦塔寺的尊者摩诃布瓦（Ven. Maha Boowa）③，缅甸仰光乌囤禅修中心（Thathana Yeiktha）的马哈希西亚多（Mahasi Sayadaw, U Sobhana Mahathera, 1904 - 1982）④，缅甸南部蒙邦（Mon State）毛淡棉市（Maw-

① 依泰国的法律，每一座寺庙都要发挥六个职能：1. 行政管理；2. 佛教教育；3. 寺院有儿童教育型教育（提高国家教育），政府鼓励僧人去寺院附近社会学校里讲法，他们经常去弘法，这是政府鼓励的；4. 提高弘法技能；5. 建筑和修复职能；6. 社会福利职能。佛教新闻网：http：//www. fjxw. net 时间：2013 - 10 - 16，来源：学诚法师博客。

② 阿姜查的修行方式有两大特色：头陀修行与禅定体验，两者都是继承和延续迦叶尊者重视苦行的精神而来。他的教学方法简明深远，吸引不少西方人士前来受教。其中包括杰克·康菲尔德（Jack Kornfield），保罗·布里特（Paul Breiter），阿玛洛比库（Amaro Bhikkhu），甘比罗比库等。著作：《阿姜·查的禅修世界》《静止的流水》《森林里的一棵树》《为何我们生于此》《以法为赠礼》《森林中的法语》等。

③ 尊者摩诃布瓦是尊者阿迦曼晚年的近侍弟子之一。他是《尊者阿迦曼传》《尊者阿迦曼的修习模式》两书的作者。由于尊者的努力，才让我们得以认识当代的贤圣僧伽。尊者在公元2000 年已经 87 岁。

④ 《马哈希 西亚多 略传》，明法尊者撰，http：//dhamma. sutta. org/books/ncdaszt/ncds001 - 01. htm；1994 年时，全缅甸共有 332 座马哈希禅修中心。据估计，仰光中心从 1947 年开幕直至 1994 年，参与禅修的人数总计有 1 085 082 人。见 Jordt（2001），pp. 105 - 06，Jordt 的博士论文：Jordt（2001），*Mass Lay Meditation and State - Society Relations in Post - Independence Burma*. PhD thesis. Harvard University，对马哈希禅修中心独特的「在家众管理制度」有详细的探讨。马哈希禅修中心的网站，提供二十多本英译著作下载。见 http：//www. mahasi. org. mm；马哈希西亚多的巨著《毗婆舍那禅修手册》（Manual of Vipassana），兼顾教理及实修，阐释四念处禅法。本书只有 1/5 被译成英文"Practical Insight Meditation"（实用内观禅修）。马哈希西亚多的主要禅修对象（业处）是观腹部上升下降，但起初在教导时受到不少的批评与攻击。因这个方法未曾在经典上记载。观腹部上下是由马哈希西亚多所提倡而广为人知，因此许多人误以为是他发明的，事实上，他在 1938 年开始宣扬观腹部上下之前，这禅法已流传一段时间，这也是明贡西亚多及其弟子采用的禅法之一。马哈希西亚多采用观照腹部上下是基于以下几个理由。一、容易观照、下手。二、容易辨识及容易获得专注。三、观照腹部上下即是观照身念处的方法，可直接观察法的本质。四、在传承上为明贡西亚多所采用的方法。五、行者统一采用相同的方法。对那些观照力弱的行者授予观腹部上下当作禅修对象，对观照力已强化的行者，则开始观六根对境界的明白生灭。对参加禅修的行者来说，观腹部上下并非强制性的，对那些习惯用安那般那念（观呼吸）的行者，他们被允许固守他们的心在鼻端，观照呼吸的进出。

lamyine）帕奥禅林的帕奥西亚多（Pa – Auk Sayadaw, 1934 – ）①，斯里兰卡的阿难陀·弥勒大长老（Ven. Ananda Maitreya, 1896 – 1998）②，斯里兰卡讲授帕奥西亚多禅法的龙树林禅修中心（Na Uyana Forest Monastery）③，德瓦那佩迪斯止观禅修中心（Devanapati Samatha Vipassana Meditation Centre）④。这些寺院、中心的导师，在上座部佛教教育中对寺院和中心的功能起到了指导性作用。

中国汉传大乘佛教也不乏这样的寺院和导师，如北京的龙泉寺⑤，福建的太姥山平兴寺⑥，苏州的灵岩山寺⑦，这些道场，当今在佛教界有着一定的影响力，被视为人格和僧格培养、修行教育和社会化功能的教育中

---

① 帕奥禅师，法名伍·阿金纳（U acinna 意为"习行"）（阿金纳尊者）。缅甸人为表示尊重，一般不直接称呼法名，而称他为"帕奥 多雅 西亚多"（Pa – Auk Tawya Sayadaw），意为"帕奥禅林住持大长老"，西亚多是禅修导师、禅师的意思。他的巨著《趣向涅槃之道》（Nibbanagaminapanipada），现于缅甸国内，除毛淡棉的帕奥禅林总部之外，还在首都仰光的丹林（Thanlyin Yangon）、上缅甸的曼德勒（Maṇḍalay）及眉妙（Maymyo）、下缅甸的巴固（Pago）、帕安（Hpa – an）、叶镇（Ye）、达威（Dawei）等多处设有分部。帕奥禅师自幼接受上座部佛教的传统教育，精通巴利三藏及诸注疏，也背诵了很多巴利语经论，所以当他在讲经及开示时，常依据缅甸传统，先背诵一段经文，再依注疏解释。禅师能说流利的英语，在教禅、佛法传授等方面皆没有问题。禅师教授禅法耐心与慈悲又不失严谨，对于禅修者在禅修过程中某些关键之处的严格把关与检查，更可体会到禅师的丰富经验与善巧教授。只要禅修者依循教导踏实禅修，自能渐渐体会。http: //dhamma. sutta. org/books/ncdaszt/ncds005 – 02. htm

② 他是一位不愿证涅槃，发愿回斯里兰卡人间弘扬佛法，等待弥勒下生时，愿成佛的上座部极有影响的大长老，门生很多，其中有美籍：菩提比库尊者（Ven. Bhikkhu Bodhi）. http: //www. accesstoinsight. org/lib/authors/bodhi/bam. html, http: //www. infolanka. com/org/diary/179. html

③ Na Uyana Aranya（"Ironwood Grove Forest Monastery"）is one of the oldest Buddhist forest monasteries in Sri Lanka, dating back to the time of King Uttiya（3rd Century BCE）. The modern revival of this ancient monastery during the past few decades has seen its emergence as one of the main meditation centres in the country. Today it is again a home to a thriving community of monastic and lay Buddhist practitioners. Na Uyana is one of the two principal meditation monasteries of the Srī Kalyāī Yogā Śrama Saṃsthā. The main meditation method taught is Pa – Auk Samatha Vipassana, and the senior meditation teacher is Ven. Ariyananda Thera. Practitioners may join the group sittings conducted in the two main meditation halls, or continue on their own in their individual kuṭ is. Meditation Instructions（Kammaṭ ṭ hāna），

④ 锡兰禅修道场，http: //wookimseng. blog. 163. com/blog/static/17668421320079150592 7643/.

⑤ http: //www. longquanzs. org/, 信仰、智慧、文化、生活的大学堂。

⑥ http: //www. pxs. cn/, 常住宗风：奉行毗尼，定慧等持，http: //www. pxs. cn/temple/aim/.

⑦ http: //www. fjnet. com/jjdt/jjdtnr/201308/t20130815_ 211825. htm, http: //www. fjnet. com/msgc/nr/200812/t20081230_ 100294. htm, 宗风：严持尸罗，修行净土，教学天台的丛林。

心，受众有一定的社会性。

上座部佛教的高等院校教育功能体现出了专业和综合性人才选拔培养，如泰国的玛哈朱拉隆功佛教大学①的大政方针："作为佛教学研究中心、应用新学科发扬佛教精神和发展社会"。不仅鼓励学生作佛学研究，同时也在现代化的时潮下，研习其他学科。为了达到此教学目标，发展内在修行和对社会贡献，兼合创办人想法"研读巴利三藏和高级学科"，在国家法律通过之后，学校政策主要有四个实践方向。（1）培养人才。培养学生九种个性：良好的行为、能产生信仰、追求知识、作为精神和智慧的领袖、处理问题之才能、有信仰能够为佛教牺牲、切合社会变化、拥有广阔的世界观、对自己道德要求。（2）研究与发展。强调发展、应用三藏里头的言论，发扬知识分子在教学中过程的探究精神，解决社会伦理道德问题，并发展有品质的佛教学术。（3）对佛教的支援与提供学术资源予社会。透过僧伽事业，让社会了解佛教的教导，建立民间伦理道德，举办研讨会、训练等活动，发展僧众和佛教人才，培养能力以维护、弘扬佛教。（4）护持文化。支持、采用、发展当地学识，作为平衡发展的基础，使其成为合适的佛教文化研究园地，并对泰国文化感到自豪。系所玛哈朱拉隆功大学下属有四个学院和一个研究院。学院包括：佛学院、人学院、师范院、社会学院。其读国际佛教研究院研究生的哲学和课程目标则是②以下三点。（1）培养具有扎实的三藏经及相关佛经知识，并能够将佛教教义和谐地应用于现代学科的博士毕业生。（2）培养有德行且能够将佛教教义正确地用以解决自身问题和其他社会问题的博士毕业生。（3）造就热爱真理、勇于创新，并且能够引领佛教学术研究的博士毕业生。

斯里兰卡国际佛教大学创办的目的，为了弘传佛法，提高斯里兰卡外的巴利语水平，促进世界各国佛教文化的交流，为佛学院和普通学校培训佛教和巴利语师资③。体现了高等教育的专业性。

中国佛教教育目标，以中国佛学院的教育方针具有代表性，中国佛教教育的高等学府，中国佛学院的知恩报恩的校训，告诉我"知恩"是期

---

① 泰国玛哈朱拉隆功大学，http：//www.zhfgwh.com/a/ziliaoku/haiwai/53145.html.

② 泰国玛哈朱拉隆功大学（IBSC）招生简章，http：//www.fjnet.com/kuaixun/201409/t20140923_222421.htm.

③ 《法音》，发布日期：2013－12－02.

望全体法师、老师、学僧及员工要做"有道德"的人，要做感知和报答四恩的人。《大智度论》云："知恩者生大悲之根本，开善业之初门，人所爱敬，名誉远闻，死得生天，终成佛道，不知恩者甚于畜生也。"报恩就是要用自己的行动，来利益他人，来回馈社会。就是教职员工，忠于职守、尽职尽责；学生志存高远、勤奋修学，为将来走出校门发挥住持正法、续佛慧命、弘法利生的大用储备资粮。中国佛学院坚持以戒为师，从严治校，以"学修一体化，学生生活丛林化"为准则，实行学校与丛林相结合的办学方式，将传统丛林生活制度与现代教育体制融合、佛教传统精神与现代教学融合，为培养合格的佛教人才营造完备的修持体制、严肃活泼的学习生活环境。学院丛林化，也就是让学生居住于一个清净和合的高素质僧团之中，让学生过如法如律的丛林宗教生活，严守上殿、过堂、诵戒等丛林规制，坚定学生的信仰选择，陶冶学生的宗教情操，提升学生的僧格。丛林学院化，也就是使学生所居住的丛林，成为具有传统深厚、朝气蓬勃、崇尚知识、善于学习、勤于思考、视野开阔氛围的学校，用现代教育方法培养学生，使之有较高的佛学水平和丰富的文化知识。学院丛林化、丛林学院化、学修一体化的目的，就是要创造"能使学生成为"既有高尚的宗教情操，又有深厚佛学和文化素养，品学兼优、学修兼优、解行相应的僧才的良好环境①。这个理念比较有特色，具有中国佛教教育的代表性，也体现了佛教教育，具有僧格培养、专业和综合能力培养的功能。

综合比较来看，无论是上座部或者是大乘佛教，教育的目标和方式都有相似之处：初级教育是人格和僧格的完成，是一般信仰学识、信仰践行的建立。这个完成是在寺院、丛林和中心，在有实践的导师门下完成的。中高级教育是人才选拔性、实现人力资源的合理分配，从而确保佛教徒结构的平衡与稳定。在这一点上，上座部和大乘佛教的教育有着相同的努力。有了这样的教育背景，加上开放的胸怀，教育交流就有了基础和环境。

二　交流与成果

首先留学和任教是教育上的一种落地的交流，在佛教界的支持下，依

---

① 教育理念：中国佛学院，http://www.zgfxy.cn/jyjx/2012/01/17/222322523.html.

靠殊胜因缘，自 20 世纪 30 年代中期以来，中国佛教界与印度、斯里兰卡、缅甸、泰国的佛教教育机构就有了落地性的交流成果，如太虚大师的学生法舫法师①，《大唐西域记》（英译）、《印度教与佛教史纲》和《吉祥经》的译者李荣熙教授②，《佛所行赞》和《大乘二十颂论》的译者巫白慧③，《法句经》《摄阿毗达摩义论》和《清净道论》的译者叶均教授④，《梵巴汉藏对照波罗提木叉之比较研究》的著者巴宙教授⑤，《南传佛教史》的著者净海法师，《人间佛教的社会和政治参与：太虚和星云如是说、如是行》和《佛教、战争以及民族主义》的著者学愚教授⑥，《佛学义理研究》的著者成建华教授⑦，《敦煌心灵之旅》《安忍精进》和《佛智今用》的著者净因教授法师⑧，《佛陀观》（英文）广兴教授法师，《菩萨思想的发展之研究》（英文）著者园慈教授法师⑨，《佛教基本观点》和《佛陀和他的十大弟子》的著者本性法师⑩，另外还有源流法师、惟善法师、会闲法师、贤达法师、乾净法师等一百余个中国佛教界留学南传佛教国家的学员，他们承前启后，从上座佛教的寺院教育、中心式教育，到大学教育，可以说是全方位的接受和经历了上座部的佛教教育。他们不仅仅如此，他们还通过他们的著作和口述，向中国的广大汉传大乘佛教徒介绍了上座部佛教的教育情景。

其次，教育合作是进一步的交流，2004 年中国佛学院与朱拉隆功佛教大学正式签署合作意向⑪。应该校邀请，中国佛教协会还多次派代表团出席该校主办的国际佛教会议。2009 年，斯里兰卡佛教主要派别之一的阿斯羯利派向在斯里兰卡访问的中国佛教协会副会长、云南省佛教协会会

---

① 《法舫法师》，http：//baike. so. com/doc/7580948 - 7855042. html.

② 李荣熙，1936 年赴斯里兰卡金刚寺佛学院学习，受学于佛教学者金刚智长老，http：//baike. so. com/doc/7666903 - 7940998. html.

③ 学界泰斗著名佛教因明学家巫白慧先生，http：//fo. ifeng. com/a/20141006/40829658_0. shtml.

④ 叶均（1916—1985），http：//baike. so. com/doc/6308245 - 6521831. html.

⑤ 巴宙教授简介，http：//www. tlfjw. com/xuefo - 600472. html.

⑥ 学愚教授简历，中国佛学会网，http：//www. buddhismacademy. org/Download/6.

⑦ 成建华，http：//baike. so. com/doc/85931 - 90703. html.

⑧ 净因法师简介，http：//baike. so. com/doc/6535362 - 6749100. html.

⑨ 园慈法师，佛教在线，http：//www. fjnet. com/jjdt/jjdtnr/201309/t20130908_ 212482. htm.

⑩ 本性法师，http：//baike. so. com/doc/9743684 - 10090227. html.

⑪ 佛教新闻网，http：//www. fjxw. net 时间：2012 - 05 - 16.

长刀述仁颁发荣誉学位证书①。泰国的朱拉隆功佛教大学为推进中泰佛教界的友好交流，又为中国佛教协会会长传印长老、本焕长老，学诚法师、觉醒法师及纯一法师等颁发了荣誉博士②。缅甸佛教组织也向北京灵光寺的常藏法师和河南白马寺的印乐法师颁发了荣誉证书。这些举措，必将为中泰、中缅两国人民的传统友谊和中泰、中缅两国佛教界法情道谊，为世界人类的和平与进步事业发挥着越来越重要的作用，产生深远的影响。

从上可以看出，我国佛教的教育事业具有国际性，在国际佛教教育上注重借鉴学习、注重参与、注重理解、注重合理支持国际佛教教育事业的发展。为此我们国家有五所佛学院加入了国际佛教大学协会（IABU）③，它们是中国佛学院、中国藏语系高级佛学院、福建佛学院、四川尼众佛学院，还有云南上座部佛教佛学院④。在这个国际性的平台上，无疑，我们将便于教学教研的交流，师资交往，共享一定的建议和资源。中国佛教协会和中国佛学院还指定专人参与国际佛教大学协会的工作，参与完成了该组织主持编写的《通用佛典》（CBT）佛教教材的编写⑤。这是翻译圣典与弘扬圣教事项，是国际佛教界认可的教育上的成果。

多年以来，南传佛教的教育机构和人士，如缅甸、泰国、柬埔寨、孟加拉国、斯里兰卡佛教组织的教育者，也加强了访问和考察中国佛教的教育机构。我国的佛教教育机构和人士也时常去这些国家考察访问，进行可行性合作，提出加强国际合作推动佛法弘扬⑥。其中朱拉隆功佛教大学校长梵智长老曾应邀来我国广州、厦门、杭州、北京等佛教教育机构访问考察。通过交流我们了解到，因为泰国便利的交通位置使得玛哈朱拉隆功佛教大学成为世界各国高僧大德云集讲经之地，无论从师资还是生源方面，学校都日益国际化与多元化。泰国玛哈朱拉隆功大学采用多国语言教学满

---

① 佛教新闻网，http：//www.fjxw.net 时间：2009 - 03 - 18 来源：中国佛教新闻网。

② 佛教新闻网，http：//www.fjxw.net 时间：2012 - 05 - 16 来源：中华佛光文化网。

③ 国际佛教大学协会：The International Association of Buddhist Universities，IABU：http：//www.iabu.org/。

④ 《泰国摩诃朱拉隆功大学校长帕·达摩孔莎瞻长老一行参访北京龙泉寺》，http：//blog.sina.com.cn/s/blog_489e98b90102dqgv.html。

⑤ 通用佛典：COMMON BUDDHIST TEXT：http：//www.icdv.net/，http：//www.icdv.net/pdf/cbt_final_dec29%202015.pdf。

⑥ 梵智：《加强国际合作推动佛法弘扬》，佛教新闻网，http：//www.fjxw.net/gnnews/2014 - 10 - 23/54867.html.

足不同国家佛学院学生与僧人的需要，学校提供英语、中文等外语教学，除了教学外，学校还非常重视佛法研究，吸引了世界各地大量的僧人与佛学院学生前来学习、研究。目前玛哈朱拉隆功佛教大学已开始修建新的宿舍楼，满足学生们的需求。泰国交通便利，是东盟国家的交通要道，世界各国的高僧大德无论目的地是缅甸还是老挝都要途经泰国，使得玛哈朱拉隆功佛教大学有机会邀请各位法师讲经布道，加强与各国高僧大德的交流与合作，进一步推动佛教教育和佛法传播。

随着新媒体在世界各国的快速发展，佛法教育和弘扬应充分与媒体合作并使用新媒体手段以得到世界各国年轻人的关注。上座部佛教国家注重与媒体合作制作吸引人的广播、电视及新媒体节目，通过新媒体渠道辅助佛教教育和传播。

三　前景

20 世纪 80 年代以来，笔者一直关注上座部和汉传大乘佛教教育上的交流事项，关注交流目标、交流方式，以及已有成果。目前，汉传大乘佛教教育资源丰富，逐渐开放的上座部佛教教育机构慢慢认识到汉传佛教的丰厚资源——文献资料和文化艺术宝库，是世界佛教遗产的大部分，是当今佛教的大部分。因此，大乘非佛说的观念[1]已经退化，大乘是佛教的一部分的观念，成为共识。上座部佛教是小乘的观念，也在退化。并且，随着交流的开展，正在以南传佛教一词取而代之。互相尊重和理解的局面正在强化。佛教教育正在推展和谐、友善访问、团结结盟、交流合作的方针。

在合作的愿景下，有泰国朱拉隆功佛教大学沙威法师参访闽南佛学院，沙威法师表示，希望能与闽院合作创办佛教硕士学习班[2]，同时也希望朱拉隆功大学设立中国佛教研究项目，以此进一步加深中泰佛教之间的学术交流，促进两国佛教界的共同发展。研讨师资互派教学等合作意向。另外，我国佛教界也有与南传佛教教育机构合作的项目，如福州开元寺与

---

[1]　http：//www.fjxw.net/wenhua/2010 - 09 - 27/19612.html.

[2]　沙威法师参访闽南佛学院，http：//www.fjxw.net 时间：2008 - 02 - 18，来源：中国佛教新闻网。

泰国玛哈朱拉隆功大学共建大乘佛教研究中心，从他们合作备忘录①可以看到，主要合作内容有：（一）共同推动佛教传播的科学化，网络化项目；（二）共同推动南北传佛教经典著作的多语种互译、出版、互赠项目；（三）共同推动举办南北传佛教国际性学术活动与高端讲座；（四）共同推动旨在促进双方佛教教育水平提高的僧伽教育项目；（五）共同推动开展南北传佛教艺术的创作与展览项目。签约仪式后，举行双方合作的第一批计划与成果展示。大乘佛教研究中心之多语种经典著作互译丛书第一部出版首发。该书《法王论》由梵智长老著，同时由中国宗教文化出版社出版简体中文版，台湾有关出版社出版繁体中文版。大乘佛教研究中心之多语种经典著作互译丛书由梵智长老与本性法师共同主编，共同写序。同时，还举行了大乘佛教研究中心推动佛教传播与教育网络化，即"互联网＋佛教"计划的文件交换仪式，由福州开元寺大功德主网龙公司向泰国玛哈朱拉隆功大学转交"佛校通"计划书，网龙公司将免费为玛哈朱拉隆功大学开发设计"佛校通"项目，推动网络化教育，管理，互动，展示弘法利生等佛教事业。另外，杭州佛学院②访问玛哈朱拉隆功大学，双方商讨具体的合作事宜。在双方互派留学生方面，达成共识，并希望能在多方面多层次的领域展开合作，共同推动佛教发展。朱大邀请杭州佛学院出席国际佛教学术会议，并且在会议之间展出杭州佛学院艺术的作品。交流在和谐友好平等的气氛中进行。杭州佛学院参访团还参观了佛教教理学院与佛教教育学院。对其学院的组织架构与管理模式，教学、研究内容等进行了关注。少林寺与玛哈朱拉隆功大学结缘甚久③，少林寺希望以后与玛哈朱拉隆功大学加强交流联系，并祝愿中泰友谊万古长青。

　　总之，教育是传统教育和现代教育并重的，在与南传佛教教育的交流中，值得关注的是佛教教育的目标和实施方式，以及在此之下的一些交流果实。相信，在我国"一带一路"战略指导下，佛教教育通过交流，可以学习、构建和加强友谊，对彼此的所需可以了解、互补互惠，可以培养

---

　　①　福州开元寺与泰国玛哈朱拉隆功大学共建大乘佛教研究中心，中国新闻网，http：//www. chinanews. com/sh/2015/05－30/7311430. shtml.

　　②　杭州佛学院参访团一行到泰国玛哈朱拉隆功大学参访，http：//www. zhfgwh. com/plus/view. php？ aid＝29345.

　　③　佛教新闻网，http：//www. fjxw. net 时间：2012－07－21 来源：少林寺。

自己，完善佛教教育机制和功能。只要共同努力，南传佛教和汉传佛教教育交流的前景是美好的！

参考文献：

谢玉婷：《西双版纳南传佛教教育与"康朗"的社会性研究》，http://www. docin. com/p – 881733288. html.

惟善法师、源流法师：《现代斯里兰卡佛教研究》，http://www. fjxw. net/wenhua/2010 – 09 – 27/19612. html.

卡鲁纳达萨、建华：《僧侣在佛教教育和佛学研究中所扮演的角色——着重就斯里兰卡佛教的一些问题进行探讨》，http://www. cnki. com. cn/Article/CJFDTotal – FYZZ199006011. htm.

法光：《斯里兰卡的僧伽教育》，广兴、圆慈合译，http://www. tlfjw. com/xuefo – 347577. html，《法音》1990 年第 2 期，http://www. cnki. com. cn/Article/CJFDTotal – FYZZ199002008. htm.

（释园慈，中国佛学院研究部主任）

中国南传佛教与社会和谐

诏等傣

尊敬的各位长老、各位专家学者、各位朋友：

大家吉祥！

中国是一个三大语系佛教俱全的国家，南传上座部佛教自公元七世纪由缅甸、泰国传入之后，主要流传于云南西双版纳、德宏、普洱、临沧、保山等地，傣族、布朗族、德昂族为全民信奉，阿昌族、佤族等民族部分信奉。由于特殊的地缘条件，南传佛教文化成为云南与老挝、缅甸、泰国等文化交流的纽带。

"诸恶莫做，众善奉行，自净其意"是三大语系佛教共同的本义，南传佛教一直以来秉承着佛教慈悲、清净的本意，引领信众由这三方面将佛法引入现实生活中，以善念指导生活，以善念的力量，改变自我、改变社会，进而促进社会和谐，促进世界和平，这是我们佛教"从人心改变世界"的共同宗旨。南传佛教在修持上以戒、定、慧三学与八正道为主张，修习禅定是南传佛教的特点，在修行中，南传佛教还保持着原始佛教中托钵乞食等，严格遵守佛教的戒律和规矩是南传佛教的根本要求。戒律的持守是南传佛教中最重要的一方面，也是基础方面。戒律是每一个行持者身心都能常处正念中的保护，也是佛法能够延续发展的保障。若是人人都能做到五戒的持守，那我们的社会、国家之间将会是一个祥和的大环境。

和谐文化，是南传佛教文化中重要的一方面。自身的和谐，人与人之间的和谐，人与社会、自然的和谐，一直到国家与国家的和谐，这种种的和谐都是以"尊重、融合、交流"为前提条件下达成的。"尊重"，是思想上的认同、文化上的认同；"融合"是不同文化差异上的相互交融；"交流"是加强相互了解的方法。中国南传佛教的流传地区以多民族性为主，佛教文化与多民族文化相互交融，各民族文化在保持各自本有的特点同时，以佛教文化为思想主导，以"和平、共荣"的思想引导生活，以戒律的持守为信众生活的基本操守指导，这是中国南传佛教秉承佛陀教导，持守至今的本分。

中国南传佛教文化中，从每个寺院建设需要栽种"五树六花"这一项就能体现出人与自然的和谐、信仰与民族文化的共融。五树是指菩提树、高山榕、贝叶棕、槟榔和糖棕；六花是指荷（莲）花、文殊兰、黄姜花、鸡蛋花、缅桂花和地涌金莲。中国信奉南传佛教的信众主要分布在云南地区，以傣族为代表。因为地域、气候等原因，人们在建设家园的同时不仅注意选择、保护原有的生态环境，而且还特别注意保护、移植一些珍贵的植物，他们把一些古树名花作为傣族家园的象征物，最典型的就是"五树六花"。在"五树六花"之中，有四种树、两种花是佛教的礼仪植物。这四种树是菩提树、高榕、贝叶棕和铁力木；两种花是莲花和无忧花。这是根据佛经中的记载佛陀从无忧树下出生到成佛有关的植物，所以，人们以保护、种植的方式来纪念佛陀，将自己的信仰踏踏实实的落实在生活中。由小至大，南传佛教在传教方式与引导信众的方法上，即是从这生活中的一点点虔诚的培养、恭敬的增长上来起到净化心灵的作用。从一颗心的净化做起，到一个家的祥和，到一个国家的平和，再到国与国之间的和平。

"友好、和平"是全世界人民共同的愿望，前中国佛教协会会长赵朴初先生秉承"中日友好是佛教徒的历史使命"的信念，并为此努力奋斗了半个世纪。作为中国南传佛教的代表人士，参加首届南传佛教高峰论坛，心情非常激动，感触颇多。深深地感受到"维护人心安宁、引领每一颗心灵回到清净的原点"这个使命的崇高性与责任感，南传佛教作为三大语系佛教一分子，责无旁贷，一定会为这个共同的心愿而努力！

祝愿大家吉祥，安康！

撒度，撒度，撒度！

（诏等傣，中国佛教协会副会长、云南省瑞丽市佛教协会会长）

曼谷佛教徒与穆斯林关系研究

[美] 托马斯·博彻特

Clashing Civilizations? Buddhist – Muslim Relations in Contemporary Bangkok

Thomas Borchert

A few years ago, there was an editorial that came out of Sri Lanka, about Buddhism in the current moment. This editorial was published at the end of a long civil war between Sinhala Buddhists and Tamil separatists who were primarily Hindus. The authors suggested that Buddhism was in trouble. While hundreds of millions of people followed the teachings of the Buddha, they were not united. In this they were different from both Christians and Muslims, the other religions that are understood as world religions with strong missionary components. As evidence of this, the editorial suggested that both Christianity and Islam had strong governing institutions – such as the World Council of Churches and the Vatican for Christianity and the Organization of Islamic States for Islam – that brought together Muslims and Christians in one voice. There were (and are) no comparable Buddhist institutions that have a transnational reach. While there are organizations such as the World Fellowship of Buddhists and the International Association of

Buddhist Universities, these are weak – fellowships rather than governing bodies – and did not have the ability to speak for Buddhists as a whole. In order for Buddhism to thrive and even survive, therefore it needed a comparable institution. This article is interesting not because of the value of its suggestion, but rather because of the anxiety that it expresses – of Buddhism under threat, primarily from Islam.

News out of Southeast Asia about the relationship between Buddhists and Muslims has grown increasingly bad over the last fifteen years. In a number of different countries – Sri Lanka, Myanmar, Bangladesh and Thailand – it has been increasingly common in the last decade and a half to see communal violence that crystallizes around Buddhist and Muslim communities. While the civil war in Sri Lanka ended several years ago, there has seemingly been a shift among Sinhala Buddhists from anger at and distrust of Tamils (who are primarily Hindus) to Muslims who are both Tamil and Malay, and were in fact victims of the so – called Tamil Tigers during the war (Mohan 2015). In Myanmar, there have been a series of riots over the last four years, starting in the Rakhine state in 2012, but spreading to the rest of the country, and in some ways destabilizing or at least highlighting a social fault – line within the nascent and fragile democracy. In Thailand, by contrast, the conflict between Muslims and Buddhists has been located (primarily) at the southern edge of the country in the three southernmost provinces.

While there are important differences between these two cases, there are also important parallels. All three cases are in nation – states that have a clear Buddhist majority (roughly 60% in Sri Lanka, between 70% and 80% in Myanmar and over 90% in the case of Thailand). The conflicts are also not limited to the religious sphere, but have ethnic aspects as well (Sinhala – Tamil; Burmese/Rakhine – Rohingya; Thai – Malay). All three countries have had recent political conflicts, civil war, the transition to democratic governance and social unrest over the best way to govern the country (and two military coups).

Centrally, for my discussion here, monks have often been at the center of these conflicts, though in two different ways. In Sri Lanka and Myanmar, monks have organized groups that have been at the center of the riots. In Sri Lanka, it is the Bodu Bala Sena founded by Ven Gnanarama Thero; while in Myanmar, the riots have been fostered by two different groups – 969 movement founded by Ven Ashwin Wirathu and the MaBaTha (which is sometimes translated as "the Association for the Protection of Race and Religion"). While they emerged independently, the two movements share a vocabulary of the need to protect the "motherland," of the dangers of Islam and Muslims as savage hordes, and a fear that Muslims will use both the legal system and demographics to take over the country, and to turn Buddhists from the majority to a minority. In Thailand, monks are at the center of the Buddhist – Muslim conflict in the South in a very different way. Protected by soldiers, they go on daily alms walks (*pindabāt*). Silent, their presence is an affront to some though not all Thai Malays. They become a symbol of the Thai nation, and they are attacked – physically – and sometimes killed. And so more soldiers are sent, militarizing Buddhism in the region where, it must also be noted, the population is majority Muslim and Malay (Jerryson, 2011).

Given these conditions, anxiety over the status of Buddhism vis a vis Buddhism, violence in Myanmar and nearby Sri Lanka, and most importantly the unsettled conditions in the Thai South where violence between Muslim Malay separatists and Thai Buddhists (soldiers, monks and otherwise) bubbles under the surface, when I arrived in Bangkok at the start of 2014 to engage in research in the relationship of Buddhism and politics in Thailand, I expected to find significant communal/sectarian conflict. But in general, I found the monks of Bangkok – or at least eastern Bangkok – to be fairly ecumenical in their assessments of Islam and Muslims. What was going on here? Where these monks really different from the ones I've described so far, and are there lessons here for thinking about the role of Theravada Buddhism not only in the causing, but in the solving of these problems?

The Context of the Research

This paper it should be noted is not about the Muslims of Bangkok or Thailand. Rather it is concerned with the attitudes expressed by Thais, and in particular Thai monks about Muslims, as expressed in the summer of 2013 and the first half of 2014. The attitudes that Thai Buddhists express with regard to Thai Muslims vary, but they have been shaped in some ways by the current political context, which has been complicated. Thailand has been in the midst of bruising set of conflicts for most of this century. In some ways, the conflict is a deep structural one over who will control the country, but it has had several twists and turns over the years. While there are several different layers to the conflict in Thai society, superficially at least it has been a binary conflict between a group of conservative royalists on the one hand and a group of monarchy – supporting democrats on the other hand. For most of the last decade the conflict ran on the short hand of colors: the supporters of the current king wore yellow to show their love and support for him; while the other side (which also "loves the king") wore red shirts to indicate their support for democratic process, and specifically for Thaksin Shinawatra, the prime minister who was removed from office in 2006 by a military coup and whose sister was removed from the same office by military coup in 2014. Since 2006, there have been a series of mass movements by both sides which shut down the airports or occupied significant parts of Bangkok. In 2014, in particular, major intersections of the capital were occupied by the royalists (who by that time were draping themselves in the color of the Thai flag, rather than in yellow shirts). The protests took place primarily in the center of the city, but they also ended in May with a coup that ostensibly took place to return stability to the country.

Of relevance to this discussion, Islam has not played a significant role in the conflict. Even while Islam (or perhaps better "Islam") has been an important part of the conflict the southern provinces, the "color wars" have been more specifically focused on the monarchy, Thaksin "corruption," and democracy as specific flashpoints. Muslims have been involved in the conflict, primarily as a key constituent of the Democrat Party, which has been the primary yellow shirt party in the now decade – long conflict. Their involvement in the Democrat Party's coalition is noted, but never spoken of in terms of a threat to the nation.

Muslims in Bangkok and Buddhism in the Thai Nation

Bangkok is a city of roughly 14 million people in the greater metropolitan area, with 8 million in the city itself. According to statistics from 2000, there are a little under 1 million Muslims in the greater Bangkok metropolitan area (about 600, 000 in the city, and the remainder in the provinces on the eastern part of the city (in particular Chachoengsao, to the east of Suvarnabhumi airport) . Rather than speak of the Muslim community in Bangkok, it is necessary to speak of Muslim communities. These communities can be divided on grounds of ethnic identification, as well as how long any given community has been in Bangkok. For example, there is a Cham community in the city center that has been in this general location for as long as the city has existed. There are more recent communities of Muslims who have come up from the South of Thailand for example, or who have emigrated into the city in recent decades. As a whole, these communities have come to live primarily on the eastern part of the city, where it is common to see noodle stands and shops advertise themselves as Muslim (and therefore presumably serving *halal* food), and where it is not uncommon for women to wear *hijabs* one can see headscarves anywhere in the city, but it is more common on the eastern part of the city and in the eastern suburbs (this is partly how I figured out that I was living in the Muslim part of town). Most of the people that I spoke, Buddhist and Muslim, do not make a strong distinction between the Muslim communities in eastern Bangkok. Rather they spoke to me in general terms about how Muslims have been in Bangkok "for generations", and they draw a distinction between the Muslims of the South and those of Bangkok (personal communication 1/18/14).

Thai Muslims such as those in Bangkok exist in a complicated social situation. Most of them are Thai citizens, and they do not face any kind of overt legal discrimination (Gilquin, 2002: 24). As noted above, they participate in political processes (when these are allowed to take place), primarily on the side of the Democrat Party. However, there are also ways that they are distinguished from the general population (some of which they support, and some of which they probably do not). Socially, Muslims are distinct in several ways. They tend to have a bit more family cohesion than other Thais and a lower divorce rate, as a consequence, there may be a higher birthrate among Muslims than among other Thais. [1]There are some exceptions for Muslim communities legally, primarily in the realm of personal law (marriage and inheritance). To the best of my knowledge, this exception (which dates back to Rama 5 at the start of the 20th century) is not in force throughout the country, and it only applies to intra – religious/communal situations (when a Buddhist marries a Muslim, they are governed by common law in matters marriage divorce and inheritance; Gilquin, 2002: 30). According to Michel Gilquin, they tend to be reluctant to *wai* others as a form of greeting, and they also hesitate to frequent lots of restaurants, a challenge in a country where people love to go out and eat (Gilquin , 2002: 26). Moreover, in a sign that is both minor and deeply important, Muslims are most often referred to as *khaek* meaning a "guest" rather than *khon thai*. This is minor in that it is a name that does not nec-

---

[1]　Gilguin, 2002: 26. He stresses that these are suggestions are based on studies that are insufficient in their quantity or quality, and that these are tentative, rather than clear social trends.

essarily have a negative connotation, but I think it is emblematic of the fact that in a country called "Thailand," one group of people is referred to "Thai" and another is referred to as "guest".

This difference, while not formal and official, points to an aspect of the status of Muslims as citizens in contemporary Bangkok. The political scientist, Duncan McCargo, in talking about the status of Thai Malay Muslims from the southern part of Thailand has suggested that it in understanding the relationship between the state and its subject in Thailand, it is necessary to go beyond the notion of citizenship that are most common in discussions of citizenship in Europe and North America. For example, while there are different forms of citizenship, they most often begin with questions of political citizenship – that is to say who has the right to engage in the political process of a polity. Instead, McCargo suggests that in Thailand we need to talk instead about a distinction between formal/procedural forms of citizenship (ie who receives an identity card from the state, has the right to vote, etc) and substantive forms of citizenship which are about cultural belonging, what he calls "informal" citizenship. ①While formal citizenship is based on access to rights, informal citizenship is about notions of "thainess" (*khwam ben thai*). The discourse of thainess suggests that "real Thais" revere the king and follow Buddhism, and are crystallized in the "three pillars of Thai society" – religion (*sāsanā*), nation (*chāt*), king (*phramahākasat*). ②Those that accept these "anchors of identity" see themselves as "fully Thai" while those that do not can suffer from "Thai

---

① McCargo here is talking about the combination of political, social and cultural forms of citizenship. He suggests, rightly I think that these different forms of citizenship do not adequately express the spectrum of forms of belonging that we see in Thailand.

② This slogan dates back to the nationalism of the Rama VI in the second decade of the twentieth century, but can be commonly seen throughout Thailand in the twilight of Rama IX, for example posted on the outside of official buildings. In recent years, one can also encounter a fourth "pillar" – *prachāchon*, the people. However, how *chāt* and *prachāchon* are distinguished is somewhat unclear.

deficiency syndrome". In other words, he suggest, citizenship in Thailand is situated on a continuum: paper citizens who are recognized by the state, but don't participate in the discourse on thainess and don't care about it; full citizens, thai nationals who feel completely Thai; and formal citizens, nationals who want to be Thai but don't fulfill the qualities of "thainess" and thus suffer from thai deficiency syndrome (McCargo, 2011: 842). The Muslims of Bangkok are not the same as those of the South, but it is important here that in some ways, they are also subject to not feeling like they are fully Thai (ie, being called *khaek* rather than Thai).

The reason that this matters here is the question of Buddhism in the nation – state. Theravada Buddhism has a central, but informal place in the role of the nation. Like both Myanmar and Sri Lanka, where the constitution merely points out that Buddhism is special or foremost among religions, in Thailand the various constitutions have consistently refused to recognize a direct official space for Buddhism. These constitutions have consistently limited references to Buddhism to the requirement that the king be the head of state. While there have been attempts by groups of monks to make Buddhism the official religion of Thailand, the drafters of constitutions have consistently refused to make it so. That has remained the case during the drafting of the current constitution, though certain groups within the Sangha have put significant pressure on the constitutional commission, and it remains to be seen whether this will change. Nonetheless, religion is central to this equation, as the discussion of the pillars makes clear. The important question, though, emerges as to what exactly is meant by *sāsanā*. Obviously this can and often does mean the teachings of the Buddha, but it has also taken to mean the more general term "religion" in modern Thai. McCargo highlights that "'Religion' actually means Buddhism, the *de facto* state religion" (McCargo, 2011: 842). While this is generally the case, as we will see below, there are some complexities to this.

Attitudes of Buddhist Monks and
others on the Canals

Wats in Bangkok tend to be concentrated on the water's edge. There are of course *wats* that are not on the water, but a surprisingly large number are on the water ways, or former waterways of the City of Angels. The most famous *wats* are concentrated along the Chao Phraya River on the western side of Bangkok, or the water ways of Thonburi, where King Taksin founded his capital before Rama I of the Chakri dynasty moved it across the river to Bangkok in the late 18th century. In eastern Bangkok (by which I mean the region between the Makkasan station of the airport link and Suvannabhumi International Airport), there are two different canals where *wats* can be found primarily if not solely either on or directly next to the canal. Interestingly, these canal zones often house not just *wats*, but also large concentrations of Muslims and either mosques or Muslim cultural centers. The Muslim houses of worship are not so exclusively settled around the canals as the *wats*, but they are commonly nearby as well.

The first thing to understand about monks and Muslims along the Bangkok canals is that they are neighbors. This was the single biggest point that almost every monk and lay Buddhist that I talked to about Muslims said to me. Muslims and Buddhists live all together in this part of Bangkok, and they interact with one another regularly. Over and over I heard this same idea articulated: there are conflicts certainly but they are the conflicts of everyday life. They are not the conflicts of religion. While the canals do not all have regular taxi service, the wats along both of these canals had piers that the neighborhood used as stopping and starting places. This means, at a bare minimum that Muslims, like other Thais, go through the wats on a daily basis. There is, however, a significant amount of variety about what this means. At Wat Thampithibun, ① a *wat* along the *khlong saen saep*, the water taxi system, there is a major stop on the taxi system, and people of all sorts get off and walk through the temple. One of the monks there who regularly ran and coordinated rituals said that Muslims were always walking through the *wat*. However, when I asked him whether there was much interaction between the Muslims and the Buddhists, he said no, they just walk through. No problems, but no interaction either.

One sees more interaction at the*wats* along the canal going southeast. At Wat Cantrai, for example, the open space at the *wat* is rented out by neighbors to use for parking. This means that the *wat* has a mechanism by which it is regularly dealing with its Muslim neighbors, and this seems to have an impact. I was told by a lay worker at the temple that many Muslims do not like dogs very much, and so when they asked the abbot about this, he had the dogs cleared out of the *wat*, which is no small thing when one considers that most wats in Thailand, and particularly urban wats, are filled with street dogs. A monk at this same *wat*, who was from Bangladesh, shared with me that he found the people – Buddhist and Muslim – to be very kind to him and polite. He said that life was very hard in Bangladesh because the Bengali Muslims often treated him and other Buddhists badly. So he was surprised to find that in Bangkok that sometimes even the Muslims would *wai* him (though they did not make donations to him when he went on *pindabāt*). ②

This was similar to the situation at Wat Khmen, perhaps a half mile down the *khlong* from Wat Cantrai. This wat, was a community wat of about 150 years in age, and it had once been at the heart of the Khmer commu-

---

① I have changed the names of the *wats* that I visited.

② And it should surprise him. Michel Gilquin, writing about Thai Muslims at the start of the Thaksin era, suggests that Thai Muslims feel uncomfortable about wai – ing anyone. Gilquin 2002/ 2005: 26.

nity in Bangkok, but over the years, it had become surrounded by Muslims, to such an extent that the monks could no longer easily go on *pindabāt*. I was told by a *mae chi* that lived at the wat that on most days, the monks would get in a car/truck to drive to a community where they could go (this was the only wat that I encountered that was like this). Rather than being overwhelmed by the community, though, the *wat* had remained at the center of it. One day I was chatting with one of the monks at the wat, and he told me that they sometimes had arguments over construction taking place at the *wat* – noise – but these were simple life issues and did not rise to the level of a civilizational conflict. Another time I was talking with him, an older man came up and sat down at the table where we were talking. The monk got up and immediately got him a coffee from a coin – operated coffee machine. They chatted warmly, long – time acquaintances if not friends, and the monk explained that this man was Muslim.

Relations between *wats* and mosques, between Buddhist and Muslims in eastern Bangkok vary, according to the contingencies of everyday life, and the personalities involved. Wat Canthoway is a small *wat* on the canal taxi route that is right next door to a fairly large mosque. One of the monks there told me that the Buddhists and Muslims get along well. When there is a *ngān wat* (temple festival), Muslims come to the temple and sell things and play the games (indeed at the temple fairs I went to, one could see that it was attended by Muslims because some of the women wore *hijabs*), they would even play water during *song krang* (the Tai New Year). I asked the monk there about the imams, and that I had heard that some imams said that Muslims should not talk to Buddhists. The monk replied he didn't know about that, but that the abbot of Wat Sang Saep and the imam of the mosque next door were good neighbors and talk regularly. The monk at Wat Khmen put this another way. He said he knew the imam at the nearby mosque, though they did not talk regularly. He said it just varies. Some imams say that Buddhism is wicked (*bāp*); others are good – natured (*nām cay*) and get along. It just depends, was his attitude.

There is one other point that I want to make here, having to do with the three pillars of Thai society I referred to above. Duncan McCargo suggested that *sāsanā* as the pillar of Thai society referred to Buddhism only. I do not want to disagree with him completely regarding this, but it is necessary to modify his comment somewhat. The majority of the monks and lay people that I spoke with told me quite clearly that *sāsana* referred to Buddhism, because the vast majority of Thais are Buddhist. However, more than a few also said quite clearly that although the majority of Thais are Buddhist, there are three religions in Thailand (Islam, Christianity and Buddhism), and that *sāsanā* refers to all of them. I do not think this discourse produces good relations between Buddhists and Muslims, but it is perhaps an index of the potential for good relations between them.

Thai Islamaphobia

The monks and lay Buddhists that I talked to in Bangkok seem in many ways to be an exception to much of the rhetoric and news that is coming out of important parts of Southeast Asia. Where figures such as U Wirathu and Venerable Gnanarama of Myanmar and Sri Lanka respectively speak about the necessity of protecting the race and the nation in order to protect the religion, the monks that I spoke to essentially said no. Muslims are our neighbors, they are part of the country, and any problems that we might have are normal everyday problems, and not the problems between religions (in other words, they are not engaging in "Islamaphobia").

However, these were not the only attitudes that I encountered in Thailand in 2014. While I lived in eastern Bangkok, I was affiliated with Mahidol University on the Western edge of the metropolitan area, and in interviewing monks I encountered at Mahidol, at Mahamakut Buddhist university and in *wats* near the Salaya campus, I encountered less phlegmatic attitudes and statements about Muslims – Thai and otherwise. These statements were

generally along three lines: anger at proselytization; concern about demo-
graphics; and anger at the way that Muslims treat Buddhists.

I begin with the last. I referred above to a Bangladeshi monk living at
one of the canal*wats* telling me that conditions for Buddhists in Bangladesh
were generally bad. He was not the only one who told me this. There were
several different monks, who when I asked their opinions about what was
happening in Myanmar changed the topic immediately to talk about Buddhist
minorities in Bangladesh. While they usually did not quite say that the inci-
ting riots against Muslim shopkeepers was good, they often articulated the
challenge that was faced by Buddhists against Muslims. One – a monk I've
known for more than a decade, and who I have encountered as nothing if
not kind and gentle shocked me when he said, "The Muslims are bad,
and they are persecuting Buddhists in Bangladesh, and stealing the land of
Buddhists in Myanmar."① Related to this, the same monks were likely to
suggest that the Rohingyas were illegal aliens, not Myanmar citizens – in
other words what was going on in Myanmar is a conflict about land and
politics, not religion.

The other two topics of critique that Thai Buddhists in Western Bang-
kok shared with me are an associated anxiety about the idea that Muslims –
indeed Islam – threatens to take over Thailand, by a combination of legal
chicanery and "brute demographics" (Appadurai, 2006: 83). Part of this
has to do with restrictions on monks. Many people told me that monks are

---

① Personal communication, Chiang Mai, July 2013. It is perhaps worth noting that he has had
several Bangladeshi and Arakkan monks who lived at his *wat* for many years. His opinions in other
words are informed by these monks, and not simply by the news. This is also a statement that is
reminiscent of a comment by a Chinese friend when I conducted research on minority Buddhists in
Southwest China in 2001. This friend mentioned to me that she was glad I was studying Buddhism
and not Islam because Muslims are generally "troublesome." That this comment took place before
September 11th is emblematic of the depth of attitudes towards Muslims.

supposed to promote harmony in society and be*cay yen*, to have a "cool heart."[①] One of the things this means is that they are often constrained in the things that they can speak about, because it is seen as "inappropriate" (*may somkhuan*). But this puts them at a strategic disadvantage, according to one monk, a PhD student. Imams are able to say whatever they want, and no one does anything, but monks must remain silent. Another fear raised by lay and monastic Buddhists was also at the fringes of the legal world. They said that whenever a Buddhist marries a Muslim, the Buddhist member of the couple always converts to Islam – it never goes the other way. This means there is a net loss of Buddhists. One of the men who told me this clarified that it was not because of legal restrictions, but it was because of the favorable conditions of the legal system towards Muslims, vis a vis Buddhists. Indeed, because of this, proselytization could only go one way – towards the conversion of Buddhists to Islam. This fear was also associated with a demographic fear, that Muslims were having many more children than "Thais" were. As one former monk said to me, "Muslims are on the move", and when they were higher in number, they would try to change Thailand and make it Muslim. I don't think that this is based in a realistic assessment of demographic conditions in Thailand – but it is reflective an attitude that is not uncommon. [②]

Considering the Difference with Eastern Bangkok

Part of what is interesting about this language and these claims about Islam is that it is similar to what is used by Buddhists in Myanmar and Sri Lanka. But conditions in most of Thailand are clearly different than they are

---

① For a discussion of emotions and in particular the invocations of *cay yen* in contemporary Thai Buddhist discourse, see Cassaniti, 2015.

② In the last six months there have been news stories coming out of the Thai North that suggest that there is more potential for Islamaphobia there than I saw in Bangkok. See Nidhi, 2016.

in Myanmar and Sri Lanka. In Sri Lanka and Myanmar, the conflict is in many ways a conflict over the heart of the nation. In the Thai South, while conditions are bad, they have been largely confined to the South. Most people I spoke to in Bangkok suggested that the problem of the South is a political and ethnic problem that happens to have religious aspects to it, but it's really a problem of separatists. What this means is that while the nation needs to be protected, it has been protected from ethnic problems and a break up – not from an enemy within, which is the problem within Sri Lanka and Myanmar. Much of this makes no sense. In all three countries, Buddhists are a significant if not overwhelming majority, and Muslims are under 10% of the population. There is little way in our lifetimes that Muslims will become a majority in any of them. Moreover, in both Myanmar and Sri Lanka, the Muslims who are the source of the anger and frustration are very much at the margins of society. The Rohingya are a desperate group of people. The Muslims who are the target of Bodu Bala Sena were first victims of attacks by the Tamil Tigers. I do not mean to imply they are perfect, but the anger devoted to them seems out of proportion to the threat they could conceivably pose.

The anthropologist Arjun Appadurai, who has written much about the consequences of globalization and the increasingly unfettered flow of people and goods and wealth across borders has called this the "fear of small numbers" (Appadurai 2006). This is when a nation has a majority group "whose social construction and mobilization requires the extinction of other, proximate social categories, defines as threat to the very existence of the 'we' group." The majority groups become mobilized over the idea that it could itself become a minority, unless another minority appears. (Appadurai, 2006: 52). This happens, he suggests in part because of the psychology of nationalism (ie the demand for a pure national body), and the uncertainty brought about by globalization – with the destabilizing movement of wealth across borders, and its anxiety inducing semi – mythical transnational governing bodies. I would suggest that this is at least part of what we see in

Sri Lanka and Burma.

It's not what we see in Eastern Bankok however, despite the potential for it, in the language that is shared by the people I interviewed. It is beyond the scope of this paper to fully interrogate why that might be, but there are several reasons that emerge as having a possible influence. For one, although there is a crisis of uncertainty in Thailand, in fact for most of this time it has been a political crisis, and not one that has entailed the regular and systematic violence of the state (Myanmar) or a terrible civil war (Sri Lanka). This has meant that – significant current problems notwithstanding – the state has not been one on the verge of failure, nor has it needed to utilize ethnonationalism as its primary prop of support (I am not ruling out its emergence, just the observation that it has not been the primary ideological tool of the state). Second and relatedly, while we do see some of the violent language focused on Muslims within Thailand (of the sort Appadurai talks about), the primary conflict in Thailand has not been between ethnic groups, but rather factions within society (reds and yellows), which have aspects of class conflict about them. Muslims have, moreover, participated as one part of that faction. This has meant that the difference between Thais who are Buddhist and Thais who are Muslim has not been a particularly important part of the discussion. There is one final point worth considering. While there has been significant conflict within the Thai Sangha over the years, Thai monks have been far less likely than their peers in Sri Lanka or Myanmar to engage in violent protest. Some Thais have told me this is because they are better monks; others have said it is because Thai monks are too lazy; still others have said it is because the Sangha is too divided. Regardless – and the actions of the current "firebrand monk", Luang Pho Buddha Issara notwithstanding, Thai monks rarely engage in the kind of overt active protest that one is seeing in other parts of Southeast Asia.

Conclusion

In the mid – 1990s, in the wake of the collapse of the Berlin Wall and the fading away of the Cold War, the political scientist Samuel Huntington (1998) suggested that we (the West) were entering a new era of conflict, based on "civilizational" differences. This was an evocative phrase to many throughout the world, because it spoke in powerful, comprehensible ways to differences that would cause different groups of people to compete with one another. Many academics also found it to be problematic in no small measure because of its reductiveness, its tendency to erase history, and its blending of ethnos and culture in ways that are historically inaccurate. It is also a discourse that has proved amenable to politicians around the world, becoming an easy way to describe the conflicts between a civilized West and barbaric Islam. These are the positions most often of demagogues, or would be demagogues, but they are also useful tools for ethnonationalist mobilization.

Theravada Buddhism is also a very powerful discourse, and has over the centuries helped many people, providing them with an understanding of the world that they have found comprehensible and meaningful. Yet it has also proven to be a discourse and set of institutions that are amenable to use by people – monks and politicians – to mobilize people along ethnonationalist lines in ways that foster violence. In Eastern Bangkok, we see conditions that are slightly different, where an ideologies of neighbors has more force than that of clashing civilizations. And yet for this to prove sustainable and to spread within Thailand, I suspect it will require that religious leaders – primarily Thai monks – speak clearly and explicitly against the Islamaphobia that could easily emerge within the City of Angels.

Citations:

AP. 2013. "Fresh Communal Riots in Myanmar," Bangkok *Post*, January 3.

Appadurai, Arjun. 2006. *Fear of Small Numbers: an essay on the geography of anger*. Durham, N. C.: Duke University Press.

Cassaniti, Julia. 2015. *Living Buddhism: Mind, Self and Emotion in a Thai Community*. Ithaca: Cornell University Press.

Crouch, Melissa. 2015. "Constructing Religion by Law in Myanmar," *Faith and International Affairs* 13, 4 (Winter): 1 – 11.

Gilquin, Michel. 2002/ 2005. *The Muslims of Thailand*, translated by Michael Smithies. Chiang Mai: Silkworm and IRASEC.

Hodal, Kate. 2013. "Buddhist Monk uses Racism and Rumours to spread hatred in Burma," *The Guardian*, April 18. http://www.theguardian.com/world/2013/apr/18/buddhist – monk – spreads – hatred – burma, accesed 2/12/16

Huntington, Samuel P. 1998. *The Clash of Civilizations and the Remaking of the World Order*. New York: Simon and Shuster.

Jerryson, Michael. 2011. *Buddhist Fury: Religion and Violence in Southern Thailand*. Oxford: Oxford University Press. —. 2015. "The Rise of Militant Monks," *Lion's Roar: Buddhist Wisdom for Life*, http://www.lionsroar.com/the – rise – of – militant – monks/, accessed 2/12/16

McCargo, Duncan. 2011. "Informal Citizens: Graduated Citizenship in Southern Thailand," *Ethnic and Racial Studies* 34: 5, 833 – 849. DOI: 10. 1080/01419870. 2010. 537360

Mohan, Rohini. 2015. "Sri Lanka's Violent Buddhists," *New York Times*, January 2.

Nidhi Eoeewong. 2016. "Islamaphobia in the Upper North," *Prachatai*. Prachatai. org/engish/node/5892. March 3, 2016; accessed March 15, 2016.

Than, Tharaphi. 2015. "Nationalism, Religion and Violence: Old and New *Wunthanu* Movements in Myanmar," *Faith and International Affairs* 13, 4 (Winter): 12 – 24.

(Thomas Borchert, Associate Professor of Religion University of Vermont)

当代佛教神圣性建构的"社会机制"

——南北传佛教社会学的比较视角

李向平

在一次玄奘研究的国际研讨会上，一位来自印度的学者说，不要说什么中国佛教、印度佛教……佛教在世界上只有一个，佛教在世界上只有一个！

这一问题表面上很简单，实质上很复杂，很有针对性。我们经常讲中国佛教、讲佛教已经成为中国文化的一个主要构成部分，喜欢讲中国佛教、大中华文化与中华大佛教。然而，从亚洲文明的演进历史与亚洲文明的特点来看，佛教不仅是中华文明的重要组成部分，佛教不仅有汉语北传佛教，还有藏传佛教、南传佛教等不同体系，也有不同的教义理解、修持体系、佛教仪式等；同时，它们亦是目前中国发展"一带一路"战略沿线诸国如泰国、斯里兰卡、马来西亚、越南、缅甸、老挝等国家乃至亚洲社会的主要宗教，具有深厚的信仰大众和社会基础。

当然，佛教与中华文明对话的一个深远影响是通过中国，佛教的流传远播于亚洲四邻诸国。在世界文明史上，公元2世纪到7世纪期间最重要的历史事件当属佛教的东传及其与中华文明的对话。这一文明对话产生了重要的历史后果，它不仅使佛教融入中华文明，与儒家、道教一起成为中国思想文化的结构性力量，而且也使得佛教获得持续的发展活力，从一个地缘区域性宗教上升为世界性宗教，直到今天仍然发挥其重要的精神作用。因此，反思这场以佛教信仰为核心的文明对话历史，对于总结世界文明对话的历史经验无疑具有重要意义。

如今，在当代全球化的国际关系中、在"一带一路"的建设过程之中，北传佛教与南传佛教两大文明体系的对话实际上就变得举足轻重，南传佛教与"一带一路"沿线诸国的佛教互动即是其中非常重要的方面，特别是"一带一路"建设之中的"民心相通"，无疑就强调了佛教在其中的地位与功能，强调了佛教文明要素的共享乃是其中政治、社会、文化合作共建的基本条件，并能在很大程度上主导或制约这种合作。

因此，如何理解并建构南传佛教与北传佛教之间共享的普遍神圣性，建构亚洲社会普遍佛教信仰神圣价值观的"社会机制"，甚至是建构出有别于基督教文明、伊斯兰教的亚洲佛教文明体系，这是历史与时代的双重使命。

本文采用佛教社会学、信仰社会学的理论与方法，使用佛教信仰如何进行契理契机、弘法利生的"社会机制"概念，比较南传佛教与北传佛教的教义理解、宗教仪式、社会、文化特点及其实践方式，着重梳理并讨论两大佛教体系之间所能够共享共建的普遍神圣性。

一 南北传佛教信仰体系的差异

由于地缘政治与民族习俗的差异，同样是佛教的信仰体系在其北传和南传的历史过程中，不得不呈现出相当的区别，此处仅仅列举若干信仰特征，以讨论南北传佛教神圣价值观及其普遍性的必要与重要。

1. 菩萨道和阿罗汉道

这是南北传佛教教义中最重要的区别。前者提倡菩萨道，后者倡导阿罗汉道。

北传教徒认为菩萨道以自觉觉他、觉行圆满为最高境界，同时认为阿罗汉道自利而不利他为本身证道。南传佛教却承认最关键的是要尽力修证解脱乃至脱离生死轮回，然后才能教化别人。对于南传教徒来说，修阿罗汉道并不自私，而是主张先应该自己证得解脱之后，才有资格来实行这份工作。基于南传佛教的基本教义，释迦牟尼也是在证道之后，才开始教化众生。假如修行伊始就要去救度他人，就很有可能被变异为一个借口，以逃避修道。

在南传佛教看来，本身尚未脱离生死轮回就致力于教导他人如何脱离生死苦海，有如一个人和别人同时跌进深水，但其本身却不会游泳，又想尝试去拯救别人。这就会形成很多人虽然能够讲经说法，但很少人能真正如实修证。

北传教义提倡发愿成菩萨，常住于生死轮回，直至一切众生都证涅槃，进而自满于菩萨愿，以行大乘道了；南传教义则提倡阿罗汉果以自修自证，尽快修证、解脱生死。

2. 心性成佛论

北传佛法的核心思想，认为有一个超越一切有为法的"自性本心"，它是不生不灭，不垢不净的，凛然超越于分别法的一种最高形式的存在。有一个不生不灭的自性，不随其他东西的变化而变化，是恒常的，超越一切的主人，其他变化的都是外相。

佛教智慧中最重要的只是心，它有如我们戒除的贪嗔痴，须要专心于八正道，超越生死轮回。一切生命都是因缘和合而生，其中没有实际众生的存在：眼识的生起是缘着眼和色的和合，耳识的生起是缘着耳和声的和合，等等，它们在连续的生灭中。

然而，北传教典中说一切众生都有着一个佛性及其佛教思想中的"无我论"，在南传教典中却不多见，恰好即南传佛法里破斥的一种"常见"。在南传佛教看来，一切佛都是自渡自证的，既然一切众生都能成佛，佛陀的出世又有何用呢？依南传教法，佛陀是一种非常稀有的众生而且非常少的众生有希望成佛。既然一个佛陀的出世，指导很多的众生上道证果。为此，众生不一定要成佛，就像一个国家只需要一个人来领导。

3. 自力或他力

北传教典提倡，除了靠自力也可以靠他力，而南传教典说，除了自己没有人可以帮我们。因此，北传教徒礼拜阿弥陀佛，希望依靠阿弥陀佛的愿力往生净土。他们在困难时都在求观音菩萨等，在普门品里说观音会马上制造奇迹来圆满一切的乞求。

在南传教法中，世间只有一位佛陀。如果两位佛陀同时出现在一个佛世间，个别佛陀的弟子众就会拿起个别教主的教法来进行争论。因此，南传教典没有阿弥陀佛，而北传佛教中阿弥陀佛被说成有无量寿，居极乐净土，在南传教法中被视为与佛教三法印不吻合。

佛陀教导众生说，没有任何一位众生时时刻刻都是万能的。所以，众生所一切万能的菩萨和佛祈福感应，那只是众生幻想中的幻象。如果有所感应，佛陀教法说，那只是因为众生本身的功德。因为众生所积功德，才使众生获得所求。如果一个人没积功德，众生之所想所求是不可能的。

4. 作为身份建构的素食主张

是否素食，此乃北传和南传教法其中最大差别之一。前者大力提倡素食而后者认为没有必要的。

佛陀戒杀，却没有鼓励素食。佛陀允许肉食，如果符合以下的三净肉条件便可以食用。其一，那只禽兽不是亲自宰杀，不是特地被杀来供养出家人的。其二，不见该禽兽被杀时的情况。其三，没有听到该禽兽被杀时所发出的痛苦叫喊。佛陀和他的出家众并非素食者，因此原因不少宗教组织因为实行素食而时常都对此进行毁谤。佛陀也允许出家食用一切的肉类，除了指定的十种禁肉，有病出家众也被允许食用清肉及喝几种动物的油等。

二　南北传佛教的基本信仰特征

关于南北传佛教教法的差异，学术界已有很多的讨论，主要在于梵文与巴利文的区别，因为北传经典大都是梵文本，很多都是玄奘从中国行脚到印度去取到的，而这些文本大约是在佛陀涅槃千百年之后。因为喜马拉雅高山阻隔，原始佛法当时无法传到中国，只能南传至泰国，斯里兰卡等国，这就是所谓南传佛法。

另外，对于北传佛教的批评主要来自佛教历史学的考证，认为大乘经典不可靠，进而提出"大乘非佛说"，无视北传佛教的历史贡献和存在意义。

一般而言，南传的教义，不认为有任何东西可以有所谓的不生灭性。任何能知所知的，都符合苦、空、无我三相，并不存在一个失却的本心或遗失的真性。此乃南北传佛教核心教义上的分歧、本质上的区别。若色无我，受、想、行、识无我，作无我业，谁当受报？

北传佛法在第一义上，不是逻辑思维可以推理、考量的不生不灭论。一切名色现象从未生起，所以一切名色现象也无所谓坏灭。这种思想在南传佛教是难以听闻的。

南传佛法的修行强调知解行证，其教义可依思维推理而实践证明；北传则强调自性成佛的重要性，理解为佛教第一义谛所必具的重要品质，但也使北传佛教徒容易限于民俗佛教迷信。

从佛教社会学的理论看来，除去上述基本教义的理解方式、修证目标等方面的不一样之外，南北传佛教最主要的区别还在于南北佛教各有一套自己独立的修行体系。特别重要的是，这种修行体系实际上就是佛教信仰践行于国家、社会、家庭之中的社会机制，是"因为相互关联而总是导致某一特定社会结果的一系列主体和行为"。①

在宗教仪式和操演程序层面，大体上北传佛教比南传佛教仪式复杂。北传寺庙里每天都要使用很多法器，如大磬、引磬、木鱼等，以配合诵经。南传寺庙里，诵经却不必乐器。北传诵经是以唱法，南传诵经就不是这样，歌唱和乐器是佛陀所不允许的。北传寺庙，经常要供佛做经忏，为众生施食等。北传寺庙还实行复杂的丧事仪式以"超度"亡灵，寺庙壁龛也安放神主牌位，祈求于为亡者带来利益。

尽管如此，佛教之发展与传布在亚洲各国各有特征，不同的国家有着不同的信仰方式与生活方式，大众化的教徒信仰和修习方式，不同的仪式、仪轨和典礼，不同的风俗习惯等，但这些外在的形式和表现皆不可与佛陀教导的基本教义混为一谈，而应在此背后去寻找彼此之间的基本价值共识：

比如，尊敬佛陀为南北佛教唯一的导师；实行三皈依原则，皈依佛陀、佛法和僧团；认同并接纳四圣谛及缘起法则，万物缘起，不相信世界是由神所创造和管治的；一切有为法皆为无常、苦，一切有为法和无为法是无我的；觉悟和解脱之法有三种：声闻、独觉、正自觉；认同菩萨行和成就正自觉以拯救众生是最高、最神圣和最英勇的信仰……

至于在修证目标上，南传佛教主要是以"阿罗汉果"为目标，北传佛教主要是以"佛果"为目标。南传北传对于阿罗汉和佛的定位有些出入，但总的来说，南北传都承认，佛具足阿罗汉的全部属性和功德，除此以外佛还具有自己独有的属性和功德。南传虽然不主倡以成佛为目标，认为成佛之难度太大，很多人会可能退转，但南传历史上也有一些发心修菩萨道以成佛为目标的高僧。所以，虽然南北传修证的目标上有些区别，但是大家都承认这种目标是可以实现的，是合理的信仰方式与修持目的。

---

① ［瑞］彼得·赫斯特洛姆：《解析社会：分析社会学原理》，陈云松等译，南京大学出版社 2010 年版，第 12 页。

三　私人化·个体化·社会化

表面上，南北传佛教存在着所谓的"大乘"与"小乘"之别，并且从自利、利他的角度来对此现象加以理解。然而，从自利利他的视角去理解南北传佛教的大小乘之别，或许是一个重大的误区，在佛教社会学看来，其中的差异主要在于南北传佛教信仰方式及其社会实践的机制差异。

大乘佛教能够成就觉行圆满，小乘佛教只是一个自了汉。在其相关果位上，阿罗汉是被觉，佛陀是自觉。可是，凡是有南传上座部佛教盛行的国家或地区，几乎都是全民信仰佛教。所谓的"小乘""自了汉"信仰方式，又是如何能够将85%以上的缅甸人、90%以上的泰国人……都教化成为佛教徒而大乘佛教却只是局限于烧香拜佛，心理安慰、布施祈福等信仰方式的呢？

人类学家曾经以意识形态化的佛教"功德"观念来处理南传佛教国家里信仰与社会、神圣与世俗社会之间的互动关系，其研究认为，南传佛教与社会互动的机制之中存在一种"功德的意识形态"，[①] 进而基于佛教信仰的基础而把整个社会视为一整体价值观念。同时，人们也能够看到，这种功德关系实际上是一种价值整体主义，它以信仰关系的形式存在。它重视社会总体性的价值，强调个人与其他生命的关系，从而形成了差异、阶序、强调给予的行为规范以及生命与社会的同一。灵验与功德的体验和培植，就成为联结个人与社会之间的桥梁；整合了前生与今世，统一了来世与今生。所以，它可以被视为人间佛教公共逻辑。这种独特的公共逻辑，基于佛教的功德观念，不仅构建了一种个体关于个体的生命的认知，而且还使人们通过功德的共享与让度形成各种道德共同体。[②]

实际上，南传佛教这种功德共同体的信仰模式，既是佛教信仰者的共

---

① Tambiah, S. J., 1968, "The Ideology of Merit and Social Correlates of Buddhism in Thai Village", in Leach, E. R. ed., *Dialectic in Practical Religion*, Cambridge University Press, pp. 41 – 121.

② 龚浩群：《信徒与公民—泰国曲乡的政治民族志》，博士学位论文，北京大学，2004年。

享，也是佛教教团、社会组织的构成方法。它决定了佛教的寺庙、僧团、教团，不仅是以个人主义方式理解的信念群体，不仅是志同道合的信仰类似。他们是以一种同体大悲、无缘大慈的共同信仰而得以聚集在一起。它以人佛关系、人人关系、进而建构了"个人与社会""出世与入世"之间的社会机制。日常生活世界之所以能够沟通，也就是因为世界普遍缘起之所谓的"视野相互性"或"立场的互换可能性。"

南传佛教信仰体系所具有的这种社会机制，表面上是自了汉的个体为信仰实践核心，实际上却是以所有佛教信徒的功德作为本体，从而在社会机制的运作过程中建构为一种功德本体论，以个人心性觉悟开始的信仰体验作为实践方法。功德本体，利益回向、伦理兼容、神圣互惠，把单独的个体觉悟者组成一个有神圣价值关怀的社会方式，把追求清净、自证觉悟的个人信仰整合为人人共享的价值体系，同时又不湮没了信仰个体的伦理存在及其价值。在此社会机制的关联之中，"自了汉"成为"同觉者"，能够从个人的精神觉悟，自心净化到功德回向，心系众生而回报社会。既有本体观念，亦有从私人个体到社会整体的公共运作机制，因此，我把它称为佛教信仰体系之中内涵的"功德为本体的公共逻辑"或佛教信仰走进国家、民族的"社会机制"。[①]

在佛教传统层面，南传佛教尽管是以个体觉悟方式为核心，但因为社会机制的关联与支持，使之成为一个社会性乃至民族的国家的"功德共同体"；反观北传佛教特别是汉传佛教，尽管是自觉觉他觉行圆满的信仰主张，但是因为缺乏了类似于功德共同体这样的社会机制，却只能局限于私人的精神满足，或者是临时抱佛脚式的信仰方式。

北传汉地佛教于 20 世纪 80 年代中期以来有一种奇特现象，即"宗教搭台，经济唱戏"。这对于北传汉地佛教而言，固然就是"寺庙搭台，经济唱戏"的社会机制。这种独特的关系，当然使当代中国佛教得益于中国社会的改革开放，从中获得了佛教自身的发展。如寺庙的恢复、寺庙经济的繁荣、佛教信徒的增加、佛教公益事业的发展、佛教文化进入社会视野……这林林总总，自不待言，大有事实依据。尽管后来有国家十部委联合颁发的相关文告，严禁地方势力利用宗教从事商业经

①　李向平等：《中国佛教的和谐理性模式：从"心"开始的功德本体论》，《上海大学学报》2007 年第 2 期。

济活动，霸占宗教活动场所进行商业牟利，但是在地方财政的强大影响之下，这种商业化、旅游化的趋势却没有得到真正的遏制。与此紧密联系的另一方面，那就是佛教信仰体系缺乏社会实践的社会机制，大多局限于私人现实生活的一种补偿与安慰，无法真正实践佛教信仰体系所具有的功德回向等社会机制，无法为私人的信仰提供一个走向社会参与、公共关怀的平等空间。

尤其是当旅游经济、商业影响直接地把佛教、寺庙与社会经济紧紧地捆绑在一起的时候，它就呈现了一个如何把握佛教自身"组织体"、如何以一种社会组织进行社会机制建设的问题。如果它本来就没有什么能够自主、独立地进入社会、经济的"组织体"的话，那么，它就只好在人间社会里随波逐流、无法自我收拾精神了。这个时候，所谓人间佛教实际上即缺乏了一个社会机制，缺乏了一个合法的组织平台，比如慈善法人、社团法人等，那么，即使它从事某些商业、经济活动，它亦能在国家法律的空间中，在"民生日用之常"的服务过程中，"悟人道而立佛法"，以社会公益为目的，身处于"世俗"而化"世俗"，而不被"世俗"所化。正是因为这个缘由，南北传佛教信仰的社会的实践过程之中才会呈现一种"大乘变小乘，小乘变大乘"的特别现象。

南北传佛教信仰机制中所包含的私人化或社会化的信仰方式，揭示了佛教信仰的社会机制性解释方法，即"首先是确定一系列行动者和行动，并认为是它们带来了组织结构的变化……一个社会机制记述了一系列的主体和活动，它们相互关联并规律性地导致某个特定的社会结果"。① 因此，南北传佛教信仰的社会"机制可以被理解成一系列的主体（以及属性）及其他们自身或者与其他主体互动的行为。这些行为导致了变化，而这种变化的类型依赖于这些主体的属性以及它们相互连接的方式"②。

同样是一种信仰体系，但是因为使用了不同的方式把身处于社会不同层次的信仰者联系到一起，也就构成了同一种信仰体系中不同的社会机制，进而能够规律性地产生某个特定结果的一系列主体和行为的组合。影响社会大众可能导致的社会结果。为此，信仰类型很重要，信仰实践的社

---

① ［瑞］彼得·赫斯特洛姆：《解析社会：分析社会学原理》，陈云松等译，南京大学出版社 2010 年版，第 34 页。

② 同上书，第 17 页。

会机制及其类型更加重要。其中，它存在着一个经由信仰、期待与制度调节、互动的社会机制。所谓北传佛教的私人化与南传佛教的个体化现象，其实还都需要一个基于佛教功德回向的社会化机制，把宗教信仰转换成为社会的信仰。这就是基于社会机制的 DBS 理论，它强调说明，期待 D（Desires）、信仰 B（Beliefs）、体制 S（system）可以被定义为关于世界实际状态的理论，为一个社会的行动提供依据与理由乃至普遍神圣性和普世价值观。

这说明，一个社会需要经由信仰体系解释与激活的价值体系，亚洲社会更加需要共同信仰实践的社会机制，经由社会机制互动、调节、整合的佛教信仰方式；而南北传佛教信仰中那种普遍神圣性价值观念，则是整合、运作这一社会机制的动力。

四　南北传佛教中普遍神圣性的建构

亚洲是一个没有主导宗教的地缘文明体系，南北传佛教在其间虽然很重要，但也不是主导宗教。中国佛教给世界佛教的发展提供了很大的贡献，但也是佛教三大体系之一。梵巴语系的佛教如何与汉传佛教整合，这就需要一个普遍性的神圣价值核心。一个中国佛教的概念及其价值观，是很难直接走进巴梵语体系的佛教领域的。所以，"一带一路"的战略设计为此提供了历史契机，但是如何契理契机，这就需要佛教信仰如何普遍实践的社会机制。

历史上的亚洲与欧洲不同，没有一个类似罗马帝国那样的共同帝国，也没有基督宗教那样的统一宗教。

今日的亚洲各国，存在着各种宗教：中国的儒教，东亚的大乘佛教，东南亚的小乘佛教，南亚次大陆的印度教，印尼、马来西亚、巴基斯坦的伊斯兰教，还有韩国的基督教和菲律宾的天主教。亚洲成为轴心文明最丰富、最齐全的地域。好在东方世界具有多神教传统，不像历史上一神教的欧洲和中东，为了一己之信仰而大打出手，发生宗教战争。不过，亚洲各国不同的宗教背景虽然不至于爆发战争，却也因为亚洲各国民间大众的民族主义情绪泛滥，国家与民族关系的复杂而发生过与佛教或其他宗教紧密相关的暴力冲突。① 这无疑也是建立亚洲命运共同体难以跨越的信仰屏障，因为超国家共同体的建立，最终还是要取决于是否有合法性基础：共享的神圣性价值观。

就此而言，建构南北传佛教信仰体系中的普遍神圣性价值观，就"一带一路"背景中的亚洲社会秩序与佛教信仰体系而言，究竟什么价值原则能够建构共识？这是一个非常值得关注、讨论的重大问题。

一般来说，文明是历史的沉淀，宗教是文明的精华。而"天下文明者，阳气在田，始生万物，故天下有文章而光明也"②。文明是使人类脱离野蛮状态的所有社会行为和自然行为构成的集合，这些集合至少包括家族观念、工具、语言、文字、信仰、宗教观念、法律、城邦和国家等要素。但由于各种文明要素在时间和地域上的分布并不均匀，产生了具有显而易见区别的各种文明，由此产生了西方文明、阿拉伯文明，东方文明，印度文明四大文明，以及由多个文明交会融合形成的俄罗斯文明，土耳其文明，大洋文明和东南亚文明等在某个文明要素上体现出独特性质的亚文明，特别是以宗教信仰体系为纽带的宗教文明体系，如基督教文明、伊斯兰教文明以及佛教文明体系。

然而，当代亚洲秩序的若干特点是以下几点。

其一，当代亚洲秩序的一个组成部分具有不少外部国家因素。因为亚洲各国建立了各种多变集团和双边机制，其花样繁多令人目眩。但其与欧盟、北约和欧洲安全与合作委员会不同，并不制订有一套地区秩序的正式规则，却把具体的安全和经济问题作为单独的个案来处理。

其二，亚洲国家组成的各个团体性质模糊不清，部分原因是历史上东亚和南亚由于地理的原因而界限分明，同时又由于文化、思想和宗教的影响超越了地理分界线，印度教、儒教、佛教、伊斯兰教等都超越了国家界限。

其三，历史上亚洲建构的地区秩序没有一个是以威斯特伐利亚的主张为基础的。欧洲的秩序支持国家间的力量平衡。边界清晰、彼此承认的主权国家。但历史上亚洲的政治强国所依照的标准却边界模糊。

---

① 刘宇光：《佛教宗教暴力：问题意识、案例与研究回顾》，《台大佛学研究》2011 年 6 月第 21 期，（台北）台湾大学文学院佛学研究中心，第 83—174 页。

② 《易传·乾·文言》"见龙在田，天下文明。"孔颖达疏。

其四，亚洲国家最广泛的特点是，它们都认为自己是"新兴的"或"后殖民时代的"国家，都努力通过突出自己国家的特点来克服殖民统治遗留下来的后果。不同国家的领导人在确定本国利益核心利益的时候，借鉴的是不同的文化传统，向往的是不同的黄金时代。每个国家都坚信自己拥有特定的内在发展动力，自己在崛起。

其五，亚洲的构成天生就是对世界秩序的挑战。它现有的秩序机制取决于大国对自身利益的认识和追求，而不是力量的均势体系。①

针对如此亚洲秩序及其特征，中国佛教、南北传佛教信仰体系，如何建构以佛教信仰为纽带的文明体系，解释这些社会秩序及其信仰现象，就必须着眼于产生这些信仰与秩序现象的社会机制，"指一系列通过特定方式组织起来总能引发特定社会结果的实体和行动"。② 形成所谓社会结果的机制性解释，把握那种能导致这一结果的社会机制。

就中国语境而言，中国北传佛教与东南亚、南亚的南传佛教之间的对话或者是宗教交往，无疑也需要一个上述这样能够进行对话与交往的社会机制与公共要求，寻找或建构一种双方共享的普遍神圣性或核心价值观，否则就只能是学者专家或宗教精英间的自我叙述而已。

北传佛教与南传佛教之间的交往或对话，不同于其他宗教之间的对话与交往，不需要那种超越了本己宗教信仰体系之外的交往与对话。因为，在不同宗教之间的对话与交往，如果局限于一个宗教体系内部的交往或对话，往往不可能。其对话双方的宗教信仰皆多意欲在交往的形式之中获得一种新的表达形式。这就需要不同的宗教组织之间的合作与默契，进入一个非本宗教组织能够控制的领域即休戚与共的公共领域，而这种在宗教间有可能产生、形成的合作与默契，由此则具有了社会形式及其公共特征。这就是现代社会之中人们表达自己宗教信仰的社会团体方式和公共成分。③ 而这种表达方式，即便是属于非官方非市场的社会形式，也是一种经验形态的方式。其特征是，既可以突破本宗教体系教义的正统性格，亦能够在一个更大的社会领域里，以服从该宗教所生存的社会秩序及其法律

---

① ［美］亨利·基辛格，《世界秩序》，胡利平等译，中信出版社 2015 年版，第 270—277 页。

② ［瑞］彼得·赫斯特洛姆：《解析社会：分析社会学原理》，陈云松等译，南京大学出版社 2010 年版，第 165 页。

③ ［美］香农·L. 荣格：《宗教与美国现代社会》，今日中国出版社 1992 版，第 38 页。

的制约。但是，"一带一路"沿线各国的南北传佛教，皆为同一种宗教体系，虽然有不同的信仰机制，但其具有的内在神圣性认同方式却是基本一致。关键是我们要把这个共享的普遍性神圣性及其核心价值观予以再度的建构，这种认同方式才有可能。

当下的问题是，什么才是普遍的世界佛教神圣性？亚洲各国佛教信仰的普遍认同方式如何构成？与此相关的，就是亚洲社会有没有一个"佛教"还是几个"佛教"？如果亚洲只有一个"佛教"，那么，"中国佛教"与他国佛教之间的对话与交往，是建筑在一个单一的社会机制上还是建筑在一个统一的社会机制之上？实际上，这就与中国佛教的总体特征、中国佛教与其他中国宗教与中国社会诸关系、世界佛教的多样性及其背后的普世性价值观等重大问题紧密相关。依照学术界固有的论著，这些问题，一方面涉及中国宗教乃是一个庞大政体的组成部分；另一方面，这也说明了中国宗教乃是一个等级化社会的组成部分。①

在中国宗教、中国佛教信仰的统一性与差异性层面，"国家的精英无意深究老百姓的宗教信仰与观念，而政府对于文化整合的立场，精义也在这里：国家给出的是一个架构，而不是内容。……这个体制有充分的弹性，让不同的社会阶层各自呈现他们自己的神祇。换句话说，国家提倡的是符号，而不是信仰"。②

这些论著表明，在中国语境之中，国家是一个无所不包的复杂文化系统以及各种信仰象征的源泉，地方及当地的人们通过操纵文化意义和身份，给自己留下了许多得以转圜的余地。国家权力在人们创业的过程中是无远弗届的，而依托在制度和意识形态中的国家权力已深植在几代人的心里，挥之不去。不无讽刺的是，尽管他们另有所图，但在他们的日常追求中却复制了国家权力。这就是"国家的内卷化"（state involution）因此，这样的国家权力及其运作机制，乃是把它们作为一种文化理念、甚至是信仰方式来予以实践的。只有在危机四伏的情况下，这样的国家才是一个强

---

① Maurice Freedman, On Sociological Study of Chinese Religion, in Arthur P. Wolf, ed., *Religion and Ritual in Chinese Society*, Stanford: Stanford University Press, 1974, pp. 19 - 41。

② 华琛：《神祇标准化》，陈慎庆编《诸神嘉年华——香港宗教研究》，牛津大学出版社2002 年版，第 197—198 页。

加到人们头上的政治机器。①

所以，中国信仰的统一性与多样性的复杂关系，使一个宗教体系的信仰结构及其实践的社会机制呈现了格外的重要性。只有在此信仰的实践方式与社会机制之中，不同宗教及其信仰之间的交往与认同才具有可能性与公共性，或普世的神圣性；而真正能够进行对话、得以交往的，往往不是信仰本身，而是各自信仰实践的神圣符号与伦理架构，最重要的则是本文讨论的社会机制。

对此，社会人类学家在定义"文化"与"空间"的时候，人们能够看到的往往是差异的政治，以及"历史上的他者"与"文化上的他者"。无论在国家、文化、民族或社会意义上的构造，这本身就是一种"他者化"的过程。它们刻蚀在殖民主义、现代民族国家以及当代各种变迁的历史进程之中。② 与此同时，我们在此过程中也还会有一种差异，这就是"信仰上的他者"。它比历史上和文化上的他者显得更深刻、更严重。

在此语境之中，南北传佛教信仰的社会机制如果已经成为亚洲文明体系的有机构成部分，那么，它们之间的对话与交往就已建构了南北传信仰交往与认同的基础。所以，在南北传佛教的对话与交往讨论中，首先要讨论的就是南北传佛教如何成为亚洲文明的信仰核心、普世神圣性的有机构成等实际问题，其中也可能包括成为"中国佛教""亚洲佛教"的某些基础性问题，最后则将可能推动南北传佛教与亚洲社会文明的整合。

与此相关的重要问题是：什么是南北传佛教、中国佛教、南传佛教？是民族信仰还是超民族的信仰？是对应于他国佛教的汉民族信仰主义、梵巴中心主义还是吸纳了不同社会文明要素的多民族多种现代性的佛教信仰结构？在当代民族国家之中，不同的宗教与民族，不同的信仰方式，所以有：宗教＋民族的佛教信仰方式，宗教＋国家的佛教信仰方式，宗教＋社会的佛教信仰方式。这不仅涉及不同地域、民族与国家的佛教信仰的对话与交往问题，而且更加重要，早已涉及不同民族、不同佛教信仰、不同佛

---

① 萧凤霞：《反思历史人类学》，《历史人类学学刊》2009 年第 7 卷第 2 期，第 124—125页。

② David Lowenthal, *The Past is a Foreign Country*, Cambridge：Cambridge University Press, 1985.

教信仰方式、社会机制之间的重构与互动。

无论南传佛教，还是北传佛教，都不是单一民族宗教，大多为一个多民族宗教与多民族信仰方式；它们都具有一种社会机制，超越了单一族群关系的世界性信仰体系。这就是说，可以有个体主义的民族信仰，也可以有自由主义的民族信仰，还可以有公民形式的民族信仰方式，而非单一的族裔式民族信仰结构。所以，即便是在佛教信仰与民族关系之间，当某些群体开始根据个人身份以及族群的、宗教的身份对自身进行界定时，或者有时以这些身份代替其他身份标志时，这些群体所在的、范围更加广泛的社会将通过接受或者拒斥的方式对这种自我认同做出反应。随着佛教信仰与民族之间的联系出现了明显的弱化，由此二者之间的矛盾所引发的争论的激烈程度将涉及下面几个变量：人们的态度、国家的政策、民族团体自身的宗教信仰以及世界重大事件,① 呈现一种普遍神圣性的社会机制。

特别是在南北传佛教信仰体系能促使不同的民族人群构成了一个个超越国家、民族的"想象共同体"及其社会机制之时，南北传佛教间的对话与不同信仰间的认同及其社会交往，也就必须超越了固有的佛教信仰体系，方才能够呈现它们的必然性与重要性。换言之，当代社会的宗教对话与信仰认同关系，不能再局限于各宗教民族的认同方式之中，不能再停留在"族裔—宗教"的人群划分模式里面。"主流—边缘"模式，与"族裔—宗教"模式，均为不可取。

这是因为，作为民族、宗教的成员，他们对族裔共同体或宗教共同体的忠诚可能超越对国家的忠诚，从而成为国家与社会中的离心力量。这种"民族—信徒—公民"困境，早已急迫地体现在当代社会转型中。然而，一个民族宗教信徒，首先应当是公民，其次才是族裔成员或宗教信徒。为此，不以民族论信仰，消解文化民族主义，重要的是在民族与宗教信仰方式之中建构和重构国家认同、公民认同和民族与宗教认同，将此三种认同叠合在一起，同时又不丧失任一认同的固有特征，以此社会机制而成就一种"公民—民族—宗教"之间的"叠合认同"，以消解宗教极端主义、宗教民族主义，增强宗教信任与政治信任。这就是要超越固有的国家与民族

---

① ［英］斯蒂芬·亨特：《宗教与日常生活》，王修晓等译，中央编译出版社 2010 年版，第 172—173 页。

界限，共建南北传佛教共享的神圣性价值关怀，使整体意义之上的"A + B + C… = D"的佛教社会机制，特别是其中的"D"，能够具有不同国家、民族、公民所共享的公共性与普遍性，最终建立具有佛教文明特征的命运共同体与亚洲秩序。

（李向平，华东师范大学教授）

上座部佛教与世界和平

［孟］ 迪瓦·普里亚·巴鲁阿

Topic On Theravada Buddhism and World Peace
Deva Priya Barua

Theravada, the "Doctrine of the Elders", is the school of Buddhism that draws its scriptural inspiration from the Tripitaka, or Pali canon, which scholarly generally agree contains the earliest surviving record of the Buddha's teaching. For many centuries, Theravada has been predominant religion of continental Southeast Asia (Thailand, Myanmar, Cambodia, Laos) . Srilanka and Yunnan Province of China. Today Theravada Buddhists number all over 100 million worldwide. In recent decades Theravada has began to take root in the West.

The Buddha the "Awakened one" – called the religion he founded Dhamma – Vinaya – "the doctrine and discipline". To provide a social structure supportive of the practice of Dhamma – Vinaya, and to preserve these teachings for posterity, the Buddha established the order of bhikkhus (monks) and bhikkhunis (nuns) the Sangha – which continues to this day to pass his teachings on the subsequent generations of lay people and monastic alike.

As the Dhamma continued it spread across India after the Buddha's Parinibbana, differing interpretations of the original teachingsarose, which led to schisms within the Sangha and the emergence of as many as eighteen distinct sects of Buddhism. One of these schools eventually gave rise to a reform movement that called itself Mahayana ("Greater Vehicle") and that referred to the other schools disparagingly as Hinayana (the "Lesser Vehicle") . What we call Theravada today is the sole survivor of those early non – Mahayana school. To avoid the pejorative tone implied by the terms Hinayana and Mahayana, it is common today to use more neutral language to distinguish between these two main branches of Buddhism. Because Theravada historically dominated Southern Asia, it is sometimes called "Southern" Buddhism, while Mahayana, which migrated northwards from India into China, Tibet, and Korea, is known as "Northern Buddhism" .

We have assembled here in the Theravada Buddhist Forum in Jinghong City (Xishuanagbana, Yannan Province), CHINA, to explore ways of means of propagating Buddhism for the sake of peace of happiness. In spite of our differences, we are all equally disciples of the same Buddha. This similarity paves it easy for us to come together as we have today. I am very happy to stand before many many Buddhist brothers & sisters where renowned national & international Academic exported priests graciously enabled here in domain of Theravada Buddhistic Realm of lofty Dictum. This Conference is in like a family reunion.

We all come from different countries of all regions; This shows that Buddhism has travelled from its birth – place in India; to many parts of the globe. This phenomenon have developed over the last 2500 years. If the Buddha and his followers had not propagated their teachings, the world would not have received the nourishing waters of Noble Buddhist Civilization. The propagation of Buddhism has brought great benefit to the people of the world. This has been an essential activity for humankind, and not at all easy. As the Buddha taught is the blissful verses of the Dhammapada:

"Kiccho manussapatil – abho

Kiccham maccana jivatam

Kiccham saddhammasavanam

Kiccho buddhanamuppado" .

– Dhammapada 182.

Hard is it to be born human

Hard is the life of mortals

Hard is it to hear the sublime truth

Hard is the arising of the Buddhas.

Buddhism has long been celebrated as a religion of peace & non – violence. With its increasing vitality in regional around the world, many people today turn to Buddhism for relief and guidance at the time when peace seems to be deferred dream more than ever, with the wars in the Middle East and Africa, and the terrorist activities expanding in to areas where people never expected that scope of violence before such as Bali, London & New York. Yet this is never a better time to re – examine the position of Buddhism, among those of other world religions, on peace and violence in the hope that it can be accorded in the global efforts to create new sets of values regarding the ways people manage conflict and maintain peace via non – violent means.

This article tends to provide a review the Buddhist perspective on the causes of violence and ways to prevent violence and to realize peace. The last section explores the potentials of Buddhist contributions to the peace-making efforts & the promotion of a culture of peace in today's world. Buddhism, having enjoyed a long history and enrichment by generations of people in various traditions, ranges north and south with branches across many cultures and regions. In this article, the term Theravada Buddhism is used to refer to the realistic core of teachings across the current major traditions of Buddhism.

◆The concept of peace in the Buddhist word view:

Buddhist believe that the Buddha (meaning "the awakened") awakened to the laws of the Universe, which are said to the operating eternally whether the Buddha discovered them or not. The most fundamental among these laws in the law of Karma, or in Buddhist terminology, dependent origination, which explains the genuine condition of things that exist in the Universe. In its simplest (including sentient & insentient beings) can only exist in relation to everything else. If the causes of its existence disappear, then it ceases to exist. Nothing can exist on its own and everything is dependent on other things. All elements, all entities, all phenomenon are thus related directly & indirectly to one another in the Universe. Any change in this huge interconnected compound of existence would definitely, eventually exerts influence on everything else. Derived from the principle ofdependent origination is the Buddhist view of the cosmic world and the human being.

At the macro level, the universe is represented & seen from a Buddhist viewpoint as a network of jewels, an interconnected & interdependent web of nodes, each of which simultaneously reflects this specific node. This network is named "the Indra's Net" in the Avatamsaka Sutra. Each node can contain another web – link universe within itself and so forth with an infinite number of webs, i. e. universes. According to the Buddhist beliefs, many of us can not see or be aware of this Buddhist beliefs, many of us can not see or be aware of this relatedness as we are confined by all sorts of limitations due to our past experiences and actions. Yet the connections are always there.

Down to the micro level, the human being is viewed as a string of process governed by the principle of dependent origination. Since everything within a human being depend on other things to exist nothing within this human being is genuinely independent. This doctrine of non – self, however, does not rule out the existence of temporary aggregates capable of responding to environmental stimuli, i. e, our body and mind. Also it recognizes the diversity among all beings and the uniqueness of each since each being undergoes constant changes while responding and reacting in its own way to all other beings and things around. The ever changing quality in any beings denotes a vast capacity for change and development possible in either directions, for better or worse. Yet the potentials to transform the status – quo are always looming in the horizon.

The principle of dependent origination and the Buddhist view of the universe and the human beings undergrad an imperative for people who realize the interdependent nature of their existence & the interconnection among all things – they would develop a strong sense of responsibility for their own behaviors, as well as appreciation and empathy for others. It is from this realization of the true nature of existence that non – harming, companssionate, altruistic joy would arise. In the opening of many sutras, the Buddha, the one who awakened to the cosmic reality, is described as naturally expounding four basic mental faculties (Brahmaviharas, "Divine Abidings" also named *apamanacetovimutti*, "immeasurable deliverance of mind", Loving kindness (metta), Compassion (Karuna), Sympathetic joy (mudita) and equanimity (Upekkha). The Buddha teaches that these four mental faculties together with the four Noble truths, are to be cultivated by all bhikkhus and later all Buddhist through reflecting upon the sentient beings of infinite numbers who are on their way to become a Buddha. Yet the altruistic mental faculties are combined with the wisdom developed along with the gradually deepening reflection. This is the guiding principle of all Buddhist practice – the middle way. Through these mindful actions conducted with moderation can an ideal Buddhist state of existence come true living in harmony with everything in the universe.

◆The Necessary of Propagation with Compassion:

It is difficult to hear the Buddha's teachings because hearing those teachings requires that they be propagated. The teachings can bepropagated only after the appearance of a Buddha in the world. The Buddha likened the arising of a Buddha to that of the Sun and the Moon in the sky when he said:

So long as the Moon and the Sun arise in the world, then is there a shining forth of great light, of great radiance. At that time, there is no more gloom and darkness, no more of the mark of gloom and darkness, but one can tell whether it is night or day.

Just so, Bhikkhus, so long as the Buddha arises in the world then is there a shinning forth of great light, of great radiance.

Even though the Buddha did arise in the world, hearing the teachings of the Buddha would not have been easy if he had not propagated them, the people of the world would not have encountered the light of the Dhamma. Even though the Buddha did propagate his teachings at first, if the succeeding generations had not worked together to propagate that Dhamma. Buddhism would not have been passed down to our generation. Just so, to propagate Buddhism today is to extend the Buddhist era and to help to sustain Buddhism in the world.

Buddhist propagation beings with a heart filled with the compassionate wish to help all living beings go beyond suffering through the light of the Dhamma. If there were no suffering in the world, there would be no need for the light of the Dhamma to shine forth. However, since there is suffering in our world, the Buddha arises, the Dhamma shines forth.

The view of peace as a collective product is well in line with the Buddhist world view based on the principle of dependent origination which emphasizes the actual influence of all the elements involved in any situation. With this interdependent form of reference, Buddhist would prefer a holistic view of peace, instead of peace in separate contexts such at schools, families or the environments. This is again very close to what many peace studies scholars have advocated as the ultimate vision of peace. From the holistic perspective, the connection between the concept of negative & positive peace becomes clear & imperative in the light of the Buddhist law of nature, dependent origination. Absence of War & direct Violence only constitutes a temporary peace if there is no justice present in the socio - economic international structure. The injustice and all violence causing suffering in every other node in the web of existence would inevitably & eventually weight the negative peace away. Though the negative peace is only temporarily, unstable and fragile, it is absolutely indispensable on the long to the positive peace. Since each human being and each level of systems are interconnected, to create a positive peace compels efforts of everyone at every level of human structures. The Buddhist view of the interconnected would demands that the ideal of world peace is less rhetoric at the negotiation tables among some "Superpowers" in the international level than starting a personal transformation of one's daily living. And this peacemaking effort is a continued striving at the every very moment because of the dynamic, constant charging nature of all the possible casual forces in the world.

♦Approaches to peace in the Buddha's Teachings:

Buddha's preaching, though uncomplaining a wide range of complex belief systems, started with the Buddha's first preaching which is conventionally equated with the essence of his teaching the Four Noble Truths (Catur – aryasatya). The first two truths discover the cause of violence and conflict and the suffering caused thereby: First, life inevitably involves suffering/dissatisfaction originates in desires (Samudaya – Satya). The third and the fourth prescribe the care for this unpleasant way of living & ultimately live in peace: Third suffering will cease if all desires cease (nirodha – satya) and fourth this state can be realized by engaging in the Noble – Eightfold Path (marga – satya).

In fact, all the Buddhist practices are developed in accordance with the Four Noble Truths that is, they are designed to enable people to alleviate this suffering and to realize a peaceful state of existence at all levels. In this section, the Buddhist approaches to peace can be categorized in four dimensions in the integrated model of peace in the field of peace studies: intra – personal, interpersonal, in group, & inter – group.

The world of today seems to have been plunged into hatred, malice & mutual distrust, of as if it were preparing for a Third World War. The tensions of the cold war are around us. There is always the possibility for a world war to break out followed by the destruction of not less than three – fourth of mankind. The clouds of bloody revolution are lurkingheavy on us and we are about to face such as crises before long, should consider whether we should passively suffer such a crises as if we were condemned animals.

We must not be despondent and we must be hopeful, for there is a remedy, a way we should follow to escape from the awaiting doom & destruction.

Man is the noblest creature on this earth. One should regard all other men as one's own brothers, as the members of the same humans family, with no distinction of rank or nation or country.

Man is man in whatever country he has been reborn. Being born into a certain rank or class or country a man should not be looked down upon by another man.

Distinctions as to rank & the like are all but conventional & from ultimate point of view men are members of the same human family.

Every man expects hopes & desires progress – program in every aspect and in every direction. If I hope for my progress, why should I be jealous of the progress of another man, who like myself, is a member of the same human family? The Lord Buddha has advised us to regard other's lives as our own lives, to value the well being of others as our own well – being. But, owing to a disregard of this truth men commit all kinds of wrongs in the name of their so called nation their so called rank of their so called country.

When one nation sees the program of another nation, it feels jealous, suspicious & malicious & seeks a way to harness & destroy it, and this sometimes invites a disastrous and both the nations. This cause of all such disaster is ambition, jealousy & malice, based on selfishness.

There is yet another point we should never forget. We live in a world in which death succeeds birth & birth repeats death, repeating the process is cyclic order & this process of recurring birth & death, life is short and death is attain & everything it possesses is transience. Being subject to such a nature, how foolish it is for man to quarrel over and fight with neighbor for a minor things.

We know we are mortals and we have to depart from this life some day & that every day we go nearer and nearer to death. Such being the case, should we not try to do some good during this life time of short duration, instead of playing havoc against one another? If we can not do much good, let us at least, abstain from doing evil.

On the other hand, even though our life in short, we should expect to live it usefully, as peacefully and happily as possible. "All activities are performed" by beings with a view to attain self comfort (*Vyapara Subba – bhutanam Sukhatthaya Vidhiyare*) . Such is an ancient proverb. But the real comfort and success should not be devoid of peace, and it should be attained only by peaceful means, eschewing all recourses, to force and violence.

Violence always involves hatred. Hatred makes both parties, those hatring and hated unhappy. Self live is at the root of all strikes and contentions. Self – mastery is the most effective means to peace and happiness of mankind.

"Others may be harmful, but we shall be harmless thus you should train yourselves," said the Lord Buddha.

This article explores the Buddha's fundamental teachings that contribute to peace – building and peace keeping in the world. A Buddhist Worldview based on the principle of dependent origination its analysis of the causes of conflicts & violence and the open communication and participatory decision – making procedures in social organization would inform & provides useful paths for theoretical approaches and research based applications in peace studies. In particular, the Buddhist observation and reflection techniques developed for more than 2500 years may start an "inner revolution" (Thurman, 1998) among warring people as well as peace activities: enabling them to see more clearly the multilateral forces operating in the situation, and re – examining the appropriateness of own causes and behaviors. The true value of non – violence, compassion and altruism advocated by Buddhism would also inspire all people in the path of peace. Given the will, the insight the perseverance and the pro – active creativity to realize the infinite the possibilities latent in the dependently originated reality, peace from the Buddhist perspective, is realistic and achievable, and aiming at making a more just and humane world, peacemaking is an imminent, common responsibility mandated by the inter – dependent nature of our existence and therefore to be shared by everyone of us.

What the act of truths illustrates is the strong Buddhist belief that a good act, and the good influence that it produces, both within and around the individual who is directly responsible for it, have the powerto destroy the effects of evil. The pursuit of truths and the attitude of loving kindness to all creatures are intimately linked together.

This is the spirit of the Theravada Buddhism the tradition of elders. It depends neither on the sober & selfish pursuit of Nirvana, as often depicted, nor on exotic and quite incomprehensible devotion to other worldly pantheons. The selection of practices given here contains only those which are the most popular and obvious. One could give many more, for each country has its own particular favorites and specialties. Out for the moment the above must suffice as an account of the mainstream.

Buddhism beings and ends with the Four Noble Truths, with the peaceful and calm acceptance of the truth about the world. There are many ways and many practices, but only one Truth. And for the one who is faithful, patient and preserving, the truth is bound to prevail:

May all that you desire and wish for

Soon be filled with all success.

May all the aspirations of your mind

Be fulfilled like the full – moon day!

That is why Buddhism is the sacred Path to Peace. And this Path is widely open for and welcome to all, all sentient beings, regardless of whatever religion they believe in or whatever races and nationalities they are, if we would like to build up a world of peace and compassion in real sense, not merely a lip service to win popularity.

Today, we are facing manifold problem of survival. Buddha's Path and philosophy have answers to all worries and anxieties of the modernworld. It is in this Buddhist forces that preaching of Lord Buddha becomes extremely significant for the survival of mankind.

Reference

VEN. Narada Mahathera, *The Buddha and his Teaching*, *Buddhist Missionary Society*, Malaysia, 1988.

Alexauder, Jeffery C. Berhard Giesen, Richard Munch & Neil J. Smelser, eds. 1987. University of California Press.

Chappell David W. ed. 1999. *Buddhist Peace Work: Creating Cultures of Peace*. Boston, MA: Wisdom Publication.

Galtung, Johan, 1993. *Buddhism: A quest for unity and peace*. Honolulu: Dae Won Sa Buddhist Temple.

Jayatilleke, Kulatissa Nanda. 1969 *Buddhism and peace*. Kandy, Ceylon: Buddhist publication society.

The long discourses of the Buddha: Transl. of Digha, Nikaya, 1995. Wisdom publication.

The middle length discourses of the Buddha: A transl. of the Majjhima Nikaya, 2nd edition, 2001. Wisdom publications.

Thich Nhat Hanh, 1999. "Ahimsa: The Path of Harmlessness". In David W. Chappell, ed. *Buddhist Peace Work: Creating Cultures of Peace*. Boston, M. A. : Wisdom publications.

Lester, R. C. , *Theravada Buddhism in Southeast Asia*. USA: University of Michigan Press, 1973.

Lynn de Silva, Buddhism: *Beliefs and Practices in Sri Lanka*, Delhi: Indian Books Centre, 1980.

Kern, H. , *Mannual of Indian Buddhism*, Delhi, 1996.

The sacred books of the east, T. W. Rhys Davids and Herm Ann Oldenberg (trass) . F. Max Müller (ed.) Vol. 13. (1996)

Ahir, D. C, *Buddhism in South – East Asia: A Cultural Survey*, Delhi: Sri Satguru Publication, 2001.

Yoichi Kawada. *From Inner Peace to World Peace: A Buddhist perspectives.*

Ron Epstein. *Buddhist Ideas for attaining world peace.* (lectures for the Global peace studies program, San Francisco State University, Nov. 7 & 9, 1988)

Quoted in K. Sri Dhammananda, Great Personalities on Buddhism, B. M. S publication, Malaysia, 1965.

(**Writer**:

Deva Priya Barua, Joint Secretary General, Bangladesh Bouddha Kristi Prachar Sangha, Dhaka, Ex – Vice President, The World Fellowship of Buddhist – Youth, Thailand & renowned Intl. Buddhist Leader serving Humanistic Buddhism since last 40 years. He have attended many Intl. Peace Conferences in China, India, Myanmar, Thailand, Japan, Hongkong, Singapore, Malaysia, Vietnam, U. S. A. & presented many important Articles on Buddhism & Peace in the Seminar. He is indebted to Prof. Kanak Baran Barua, Ex – Head and Professor, Department of Biology, Chakaria University College, Cox's Bazar, Bangladesh in preparing this important Article.)

第 三 编

南传佛教与社会发展/宗教对话

上座部佛教经典的形成

韩廷杰

为了说明结集，先从佛经使用的语言说起。

佛教创始人释迦牟尼 35 岁的时候，在菩提树下静坐沉思而悟道。从此以后，他称为觉者，即佛陀，简称为佛。释迦牟尼成佛以后，开始他的弘法活动，直到他 80 岁时在拘尸那迦城郊的沙罗树下圆寂，其间共45 年。

佛教以反印度的正统宗教——婆罗门教而起家。婆罗门教把人分为四个等级，即四种姓：婆罗门（祭司）、刹帝利（武士）、吠舍（农民和手工业者）、首陀罗（服务行业的劳动者）。前三种姓称为再生族，他们可以参加婆罗门教，婆罗门教能给他们第二次生命，首陀罗称为一生族，他们没有资格参加婆罗门教，婆罗门不能给他们第二次生命。除此以外，还有不可接触的"贱民"，他们处于社会最底层，谁要是看见他们，就被认为是不吉利的，所以他们出门时往往带着梆子，边走边敲，让人回避。

针对这种情况，佛教提出"众生平等"的口号，任何人都可以参加佛教僧团，这使佛教迅猛发展，很多低种姓人都加入佛教僧团，如释迦牟尼的大弟子优婆离，原来是个理发匠。这些社会底层的人们，很多是文盲，没有文化。面对这些人，释迦牟尼弘法的时候，不能咬文嚼字，必须通俗化、大众化。

印度的语言很复杂，很不统一，释迦牟尼弘法的时候，为了让他们听懂，只能用方言俗语来讲。有人主张用文言文梵语，受到释迦牟尼的严厉批评。释迦牟尼认为使用梵语弘法，会严重脱离群众，使那些想参加佛教僧团的下层人民大众不敢加入，势必影响佛教僧团的发展，所以释迦牟尼非常坚定地主张用方言俗语弘法。这种传统延续了很长时间，一直到公元前4世纪部派佛教出现以后，仍然保留着这样的传统。部派佛教的各个部派分布的地区不同，使用的方言也不同，如正量部使用阿巴勃朗姆湿语。说一切有部流行于古印度西北部，当时这里已经普遍使用梵文，所以该部使用梵文。

释迦牟尼最初弘法使用何种方言？学术界说法不一，至今没有令人信服的一致结论。释迦牟尼的弘法活动，主要在摩揭陀国，所以他使用了摩揭陀方言，这就是巴利文（PāLi）。巴利文并不是纯粹的摩揭陀方言，还受到其他方言的影响，所以有人把巴利文称为半摩揭陀方言。"巴利"一词来源于阿育王石刻铭文中的 pāliyāyāni，因在其婆罗蜜文体中，a、ā 可以互换，所以 paliyāyāni，也可以写成 pāliyāyāni，原形是 pāliyāya，来源于梵文的 paryāya，其意为"必须重诵的经典"。由此可见，巴利文是佛教重要的经典语言，巴利文经典比梵文经典更接近原始佛教。

释迦牟尼逝世后，弟子们回忆他说过的话也这样做，也是用方言俗语，所以最初的佛典是方言。这样做，局限性很大，因为一个地区的方言，只能在这个地区使用，其他人不懂，不利于佛教的传播，到公元四世纪，印度已经普遍使用梵文，佛教徒为了扩大佛教影响，就想把原来佛典的方言俗语改写成梵文。改写的时候遇到一个很大的困难，佛典中分为偈颂和长行两个部分。偈颂是佛经中的诗体，起提示、总结、综合作用；长行是佛经中的散文体，往往是对偈颂进行解释或者论述。偈颂必须押韵，不像长行那样自由。有的字按方言俗语押韵，按梵文则不押韵。要改写，难度很大，为了回避这个问题，他们把长行部分改写成梵文，偈颂仍然是方言俗语。如普遍流行的《妙法莲华经》《无量寿经》等梵文本至今还是这种形式。有的佛典虽然把偈颂、长行都改写成梵文，但偈颂部分为了押韵，仍然保留着俗语成分。这种独具特色的梵文、俗语共存形式，称为混合梵文或佛教梵文。自说一切有部以后，因为梵文已经普遍使用，新写的佛典就是纯粹梵文了。

有个问题很值得关注。如前所述，不同部派因为流行地区不同，使用的方言也不同。很多佛典都已改写成梵文，唯独上座部佛典一直是巴利文，并未改写。如何解释这个问题？我认为上座部佛典最庞大最具特色，改写起来困难最大，所以没改。还有一个问题很值得关注，我国历史上的译经师只是翻译梵文佛典，以大乘为主，兼顾某些小乘派别，如属于法藏部的《长阿含》和《杂阿含》等。属于上座部的现存巴利文经典一本也没译，这只能从我国译经师的宗教观点来解释，他们是大乘佛教徒，致力于弘扬大乘佛教，他们翻译某些小乘经典，是为了大乘探源，所以对纯属上座部的巴利文经典不感兴趣。

释迦牟尼在世时，他的说教靠师徒口授相传，并无文字记载。他过世以后，为了对他的说教进行甄别审定，佛教徒举行集会，由亲闻佛说教的人背诵佛的教诲。得到大家公认的，就肯定下来，此称结集。泰国拉玛一世王在位期间（1782—1809 年），僧王瓦那拉特（Vanarat）用巴利文著《结集史》（Sangitivamsa），讲述南传佛教的九次结集，前三次在印度，四至七次在斯里兰卡，第八次和第九次在泰国。

第一次结集于释迦牟尼逝后当年雨季举行，地点是摩揭陀国首都王含城，参加结集的有五百比丘。当时正是阿阇世王执政时期，他对这次结集在物质生活条件等方面给予很大的支持，这次结集由迦叶主持，由阿难诵出经藏，由优波离诵出律藏，上述内容据《五分律》卷三十、《摩诃僧祇律》卷三十二等。

佛教经典对第一次结集的记载非常混乱，据《四分律》卷五十四、《十诵律》卷六十等载，在举行第一次结集时，由阿难诵出经和论，由优婆离诵律。据《付法藏因缘传》卷一等载，由阿难诵经，由优婆离诵律，由迦叶诵论。据《迦叶结经》等载，经律论三藏皆由阿难诵出。

据《法藏经》记载，以迦叶为首的五百比丘在王舍城举行结集，先使优婆离诵毗尼藏（即律藏），次使阿难诵五阿含，最后诵阿毗昙（即论）。有一万罗汉后来，以婆斯婆修为上首，皆住界外，各诵三藏。真谛的《部执论疏》对这个问题的记载，与《法藏经》略有出入，但比《法藏经》更加具体。以大迦叶为首的五百比丘于 4 月 15 日在王舍城的七叶窟举行结集，先使阿难诵五阿含为经藏，次使富楼那诵阿毗昙，即对法藏，次由优婆离诵毗奈耶为律藏。当时有无量比丘想来听法，迦叶不允许，使住界外，各自如法诵出三藏，婆师婆比丘为上首，因为他们人数众多，所以称为大众部，界内比丘以迦叶为上首，因为释迦牟尼佛亲自指迦叶为上座。释迦牟尼逝后也为弟子所依，所以该部称为上座部。

玄奘著《大唐西域记》卷九对第一次结集的情况是这样记载的："出王舍城北门行一万余，至迦兰竹园，自竹园西南行五、六里，南山之阴，大竹林中，有大石室，是尊者摩诃迦叶于此与九百九十九大罗汉以如来涅槃后结集三藏，阿难集经藏，优婆离集律藏，迦叶波集论藏。雨三月尽，集三藏讫，以大迦叶僧中上座，因而谓之上座部焉。

"大迦叶结集西北，有窣堵波，是阿难受僧诃责，不予结集，至此宴坐，证罗汉果，证果之后，方乃予焉。

"阿难证果西行 20 余里，有窣堵波，无忧王之所建也，大众部结集之处，诸学无学数百千人，不予大迦叶结集之众，而来至此，更相谓曰：如来在世，同一事学，法王寂灭，简异我曹，欲报师恩，当集法藏。于是凡圣感会，贤智毕萃、复集素坦缆藏、毗奈耶藏、阿毗达磨藏、杂集藏、禁咒藏，别为五藏。而此结集，凡圣同会，因而谓之大众部。"

《大慈恩寺三藏法师传》卷三与《大唐西域记》的记载基本一致，对"九百九十九"之说进行了解释。原因是阿难当时漏（āsrova，烦恼）还未尽，迦叶让他出去勤修一夜，漏尽以后才赶来参加，而且由他诵出经藏。玄奘弟子窥基所著《异部宗轮论述记》卷上也讲到第一次佛教结集时有窟内、窟外之分，形成大众部和上座部，坚持这种意见的还有《文殊师利问经》等。

有不少佛教经典，如《阿育王传》、《十诵律》卷六十、《四分律》卷五十四、《大智度论》卷二、《摩诃僧祇律》卷三十二、《善见律毗婆沙》卷一和《增一阿含经》的《序品》等，都曾记载佛教的第一次结集，都没提到窟内、窟外之分。所以，大众部和上座部的分裂应当是第二次佛教结集，这和南传佛教《大史》《岛史》的记载是一致的。

如前所述，各个部派分布的地区不同，使用的方言不同，佛教观点也不相同，不可能一起举行结集，只能是分别结集。英国渥德尔著《印度佛教史》指出："我们所能找到的一切材料一致说明十八部各有其不同修订本的本藏。"①

结集只能是结集经藏和律藏，不可能结集论藏，因为，第一次佛教结集时，论典还没有产生。《大唐西域记》卷九所说第一次佛教结集形成五藏，难以立足。《大唐西域记》的记载有明显的时间错误，玄奘认为部结集处的窣堵波（Stupa，佛塔）是阿育王（Asoka，意译无忧王）所造。佛教第一次结集是在释迦牟尼涅槃那年（一说是释迦逝后三天，一说是释迦逝后两个月），而阿育王是释迦逝后 200 年的人物。

第二次佛教结集举行于释迦逝后 100 年，参加结集的比丘有 700 人，

---

①　［英］渥德尔著：《印度佛教史》，王世安译，商务印书馆 2000 年版，第 11 页。

故称七百结集。结集的地点是吠舍离（在今印度比哈尔邦穆查发浦尔），所以这次结集又称为吠舍离结集。这次结集分裂出大众部和上座部，这是佛教的根本分裂，因为此后佛教还要继续分裂，以后的分裂称为枝末分裂，根本分裂的原因，北传佛教的《异部宗轮论》称：如是传闻，佛薄伽梵般涅槃后百有余年，去圣时淹，如日之没，摩揭陀国俱苏摩城，王号无忧，统摄赡部，感一白盖，化洽人神，是时佛法大众出破，谓因四众共议大天五事不同，分为两部：一、大众部，二、上座部。四众者何？一、龙象众，二、边鄙众，三、多闻众，四、大德。其五事者，如彼颂言："余所诱无知，犹豫他令人，道因声故起，是名真佛教。"

《异部宗轮论述记》对这段话进行解释。"龙象众"是指如龙或象一般"性禀凶顽"的大天之流。"边鄙众"是指大天的门徒，"心行理外因之边，无德可称，名之为鄙。""多闻众"是指凡夫学者，"随顺圣人，妙达幽微，广闻三藏，助善朋党，故曰多闻。"大德众即圣众。这就是各有首、徒的二善众和二恶众。对于这四众还有另外的解释。

《异部宗轮论述记》和《大毗婆沙论》卷九十九对"五事"进行了解释，大天认为小乘佛教修行的最高果位阿罗汉还存在五种缺点。

1. 一般人具有两种漏：烦恼漏和不净漏。阿罗汉已断烦恼漏，未断不净漏，遇有魔女的引诱还会遗精等，这就是"余所诱"。

2. 无知有两种：染污无知和不染污无知。阿罗汉已断染污无知，未断不染污无知，所以不知道自己已经达到的果位，这就是"无知"。

3. 疑有两种：随眠之疑和处非处之疑。"处非处"即理非理，与理相应称为"处"，与理不相应称为"非处"。阿罗汉已断随眠之疑，未断处非处之疑，还没有透彻理解佛教理论，在判断是非时仍有犹豫，这就是"处非处"。

4. 阿罗汉必须依靠他人的记别，才能知道自己是罗汉。如舍利弗智慧第一，目犍连神通第一，通过佛的授记，方知自己是已达解脱的罗汉，这就是"他令人"。

5. 因为佛教的基本原理有苦、空、无常、无我等，阿罗汉至诚唱念"苦哉"之声，有利于认识这些佛教真理，这就是"道因声故起"。

大天等人认为上述五种观点是真正的佛教，这就是偈颂中所说的"是名真佛教"。支持"大天五事"的比丘占多数，组成大众部。反对"大天五事"的，多是僧团中年老位高、思想保守的比丘，组成上座部。

罗汉是小乘佛教修行的最高果位，大乘佛教认为还应进一步成菩萨成佛，可见大天指出罗汉的五种缺点，已是大乘佛教思想萌芽，所以小乘佛教骂他犯杀父、杀母、杀罗汉、佛身出血、破和合僧五逆罪，死后下无间地狱。《分别功德论》则赞美说："唯大天一人是大士，其余皆是小节。"

窥基著《异部宗轮论述记》讲得更加详细具体，四众因争论"大天五事"而分裂，庶民百姓、大臣，乃至阿育王前去调解都无济于事。这种记载有明显的年代错误，第二次佛教结集举行于佛逝世后100多年，阿育王是佛逝世后200多年的人物。

南传佛教的《大史》《岛史》也认为佛教的根本分裂是从第二次结集开始，分裂的原因是东方跋耆族比丘提出的"十事"。关于"十事"的记载，佛教典籍互有出入。南传佛教《大史》第四章只是列出"十事"名称，并没解释。据《四分律》卷四，"十事"如下所述。

1. 应两指抄食，南传佛教有"二指净"之说，看来不是一事，"二指净"是想把"过午不食"的戒律执行得灵活一些，太阳的影子偏过中午二指后，亦可进食。

2. 得聚落净。南传佛教称为"他聚落净"，在城市吃饭以后，还可以到附近乡村就餐。

3. 得寺内，相当于南传佛教的"住处净"，在一个地方居住的比丘，可以分别举行布萨仪式。

4. 后听可，相当于南传佛教的"赞同争"，僧团中一部分比丘，可以就某事首做作出决定，事后再取得他人承认。所以这一事又称为"未听净"，即有些比丘没有当场听到对某一事件的决定，可以事后追认。

5. 得常法。相当于南传佛教的"所习净"，出家前学习的东西，出家后仍可学习，《五分律》认为有的可以学习，有的不可以学习，不能一概而论。

6. 得合。相当于南传佛教的"酥、蜜、石蜜和酪净"，可以把这几种东西混合在一起吃。

7. 得与盐共宿。相当于南伟佛教的"角盐净"，把盐放在角器中，第二天仍可食用。这一事又称为"盐姜合共宿净"，即把盐和姜放在一起，第二天仍可食用。

8. 得蓄不截坐具。又称为"做坐具随意大小净"，相当于南传佛教的"无缘坐具净"，做坐具不用贴边，可以随意太小。

9. 得钦阇楼罗酒。相当于南传佛教的"钦阇楼伽酒净"，比丘可以喝没发酵或半发酵的椰子酒。

10. 得受金眼。相当于南传佛教的"受蓄金银钱净"，比丘可以接受居士布施的金银钱币。

关于"十事"，另有异解。第二次佛教结集以东方跋耆族比丘的"十事"为中心，双方各派代表四名参加辩论，这八名代表是：萨婆伽罗、离婆多、三菩提、耶舍、修摩罗、沙罗、富阇苏弥罗、婆萨摩伽罗摩。会中辩论的"十事"属于"微细戒"，跋耆族比丘主张执行戒律可以宽松一些，遭到阿难弟子耶舍等人的强烈反对，分成两派：赞成"十事"的组成大众部，因为他们人数众多。反对"十事"的组成上座部，因为他们年老位高，思想趋于保守。

关于第二次佛教结集的记载，《五分律》卷三十、《毗尼母经》卷四、《大唐西域记》卷七等的记载与南传佛教基本一致，《大唐西域记》卷七称："城东南行十四五里，至大窣堵波，是七百贤圣重结集处。佛涅槃后一百一十年，吠舍离城有诸比丘，远离佛法，谬行戒律。时长老耶舍陀……宣明圣教。"① 玄奘是大乘佛教徒，理应同情大众部，这里却赞同上座部。

佛教部派的分裂以摩揭陀国的强大为其背景，在频婆娑罗王的统治下，摩揭陀国吞并了安伽国。频婆娑罗王的儿子阿阇世王继承王位以后，又吞并了乔萨罗国和吠舍离。吠舍离就是提出"十事"的跋耆族比丘所在地，也是第二次佛教结集的所在地。这个地区商业发达，富商多，有钱的人多，所以往往出现向比丘施钱的现象。按照原始佛教戒律，居士向比丘施钱，比丘接受居士布施的钱，都是违背戒律的。

在这种新形势的影响下，富商居士开始向比丘布施金银钱币，比丘只好接受，这就是"十事"金银净的来由。跋耆族比丘认为形势变了，比丘的戒律也应当随之而变，但思想保守的耶舍长老等反对这种观点，反对这种变化，这种矛盾越来越尖锐，使佛教僧团走向分裂。《摩诃僧祇律》卷三十记载，上座部、大众部的分裂只是吠舍离比丘受取金眼，并没有讲到其他原因。由此可见，"受取金眼"是佛教根本分裂的主要原因。

---

① （唐）玄奘述、辩机撰：《大唐西域记》，季羡林等校注，中华书局1985年版，第601—602页。

随着时间的推移，佛教传播的地区越来越多，势力范围越来越大，释迦逝世后一百多年以后，佛教在摩揭陀国以西的摩偷罗国也盛行起来，由于东西两地的生活习惯不同，使佛教戒律发生相应变化，其余"九事"则与此相关。

佛教在其自身发展的进程中也蕴藏着分裂的因素。佛教以反婆罗门教起家，又和沙门思潮中的其他派别不同。在其发展进程中逐渐受到婆罗门教和耆那教的影响，使它的神话色彩越来越浓，这在大众部中有明显的反应，这是大众部遭到保守派——上座部反对的重要原因之一。

据《中阿含·箭喻经》，结发童子曾向佛陀提出十个理论问题："世有常，世无常；世有底，世无底；命即是身，为命异身异；如来终，如来不终，如来终不终，如来亦非终亦非不终耶？"南传佛教的《分别论》亦记载了这一事实。佛陀对这些问题避而不答，认为讨论这些问题徒劳无益。随着佛教理论的进一步发展，这些问题又不能不涉及，释迦在世时没有回答，他涅槃以后，他的弟子们各按自己的意愿进行解释，这就必然带来意见分歧。

此外，释迦在世时，他有一定的权威性，他的弟子们可以团结在他的周围。他去世以后，他的弟子们都能影响相当数量的居士，他们之间的矛盾越来越尖锐，第二次结集的分裂已成必然。从戒律方面来讲也存在着同样问题，在第一次佛教结集时比丘们就对"微细戒"问题展开辩论，据《十诵律》卷六十记载，主持会议的迦叶坚持"我等尽当受持不应放捨"。但究竟哪些戒律是"微细戒"，大家的意见是不一致的，这也埋下了分裂的种子。跋耆族比丘提出的"十事"实际上就是微细戒，有人坚持，有人反对，由意见分歧发展为公开分裂。

第三次佛教结集只有南传佛教有记载，北传佛教没有记载。结集的时间是释迦牟尼逝世后236年，护法王是阿育王，有一千比丘参加，结集地点是摩揭陀国的首都华氏城，结集的目的是对第一次结集的《阿含经》重新会诵整理，批驳外道邪说。据《法藏经》记载，第一次佛教结集时由阿难诵出五阿含，这显然是南传佛教的五部：《长部》《中部》《相应部》《增支部》《小部》。

会后，目犍连子须撰《论事》一书，是研究部派佛教的重要典籍。

据《善见律毗婆沙》卷二记载，阿育王在鸡园寺供养上万的出家人，有许多非佛教徒混杂其内，异论纷纭。为了纯洁三藏，在阿育王即位后的第十七年，召集第三次结集，以目犍连子弟须为上座，有一千比丘参加，用了九个月的时间。结集完了以后，把十几个上座分成几批，派往各地，四出传教。阿育王派末阐提到罽宾和犍陀罗，带的是《譬喻经》，相当于《增一阿含经》的第三十卷，受教人数八万，出家一千。阿育王派摩诃提婆至摩郁婆慢陀罗国（相当于现在的买索尔），带的《天使经》，相当于《增一阿含经》的第三十二卷，受教人数四万，全部出家。阿育王派勒弃多至婆那婆私国（相当于现在迦那罗的北部），带的《无始相应经》，相当于《杂阿含经》的第三十三卷，受教人数六万，七千人出家，建立五百寺院。阿育王派昙无德到阿波兰多国（相当于现在的古贾拉特），带的《五聚喻经》，相当于《杂阿含经》的第三十三卷，受教人数三万，男、女各一千人出家。他派摩诃昙无德到摩诃勒咤国，带的《摩诃那罗陀迦叶本生经》，八万四千人受教，三千人出家。他派摩诃勒弃多至曳那世界国（位于今印度西北部），带的《摩迦罗经》相当于巴利文《增支部》的第二卷，七万三千人受教，一千人出家。他派末示摩、迦叶、提婆纯毗弟须、提婆等往雪山边，带的《初转法轮经》，相当于《杂阿含》的第十五卷，数万人受教，五千人出家。他派须那迦和乌多罗至金地，带的《梵网经》，六万人受教，三千五百男人出家为比丘僧，一千五百女人出家为比丘尼。他派他的儿子摩哂陀及其眷属壹地臾、乌帝夜、参波楼、拔陀沙罗四位长老同沙弥须摩那、伏婆塞盘头迦到狮子国（今斯里兰卡）传播佛教。

　　经过阿育王的传教活动，使佛教势力很快超出恒河流域，遍及全印度，并传播到世界上很多国家，使佛教发展成世界宗教，成为世界三大宗教（基督教、伊斯兰教、佛教）之一。

　　关于第四次佛教结集，南传佛教载为上座部佛教结集，北传佛教载为说一切有部的结集。北传佛教又有《婆薮槃豆法师传》和《大唐西域记》两种记载。《婆薮槃豆法师传》记载如下：这一次结集举行于释迦牟尼逝后五百年中，地点在古印度西北部的罽宾国，召集人是说一切有部的著名论师迦旃延子，有五百罗汉和五百菩萨参加，由马鸣撰《阿毗达磨毗婆沙论》百万颂。

　　《阿毗达磨毗婆沙论》，即《阿毗达磨大毗婆沙论》（*Abhidharmama-havibhasasastra*），共二百卷，往往简称为《大毗婆沙论》或《婆沙论》，其内容是注释古印度说一切有部论师迦多衍尼子的《发智论》，内容丰富，按照《发智论》，分为杂、结、智、业、大种、根、定、见等八章，并批驳小乘佛教大众部、法藏部、化地部、饮光部、犊子部、分别说部等部派及数论、胜论、顺世论、耆那教等外道观点，还记载了法救、妙音、世友、觉天等四大论师关于说一切有部理论的不同观点。

马鸣（Asvaghosa）是早期大乘佛教论师，其传记没有记载他写过《大毗婆沙论》，可见《婆薮槃豆法师传》的记载难以置信。

据《大唐西域记》卷三，第四次佛教结集是迦腻色迦王（Kaniska）执政时期（144—170）举行的，这次结集是由于胁尊者的建议，以世友为上座，地点是迦湿弥罗（今克什米尔），有上百罗汉参加。结集的目的是论释三藏，先作《邬波第舍论》十万颂，解释经藏。次作解释律藏的《毗奈耶毗婆沙论》十万颂，后作解释论藏的《阿毗达磨毗婆沙论》十万颂，共三十万颂九百六十万言。迦腻色迦王让人把这些论典刻于赤铜板上，存于石函，并建塔藏于其中。

据斯里兰卡《大史》记载，第四次佛教结集在斯里兰卡国王伐多伽摩尼阿巴耶（vattagamaniabhaga，前89—前77年在位）统治时期举行。地点是斯里兰卡的马特列村阿卢寺，由罗希多主持，有五百比丘参加，主要任务是修订上座部佛教三藏注释，重新安排经典次序，成文的巴利文三藏及其僧伽罗文注释自此形成，相传对这次结集的经典核对了100多次。

通过四次结集，形成佛教经典，最初的佛典都是刻写在具多罗树叶上，为了保存，往往放于竹箧，这就称为"藏"。人们把佛经进行分类，大体上分为三种，称为三藏。一、经藏。经是梵文 sutra 的意译，音译素怛缆，是佛的说教集。二、律藏。律是梵文 vinaya 的意译，音译毗奈耶。律藏是佛为佛教徒制定的戒律。三、论藏。论是梵文 abhidharma 的意译，音译阿毗达磨。论藏是后人写的，是论述佛经中的义理。"佛经"这个词，从狭义上来讲，只是三藏中的经藏。从广义上来讲，可以理解为"佛教经典"，包括经、律、论三藏。广义的佛经又称为"众经""一切经"等。

佛说的法依其形式和内容分为十二种，称为十二分教。

1. 契经。又称为长行，以散文体记载佛的教诲。

2. 应颂。以诗体总结契经的内容，所以又称为重颂。

3. 记别。又称为授记，原为教义的解说，后来特指佛对其弟子的予言。

4. 讽诵。又称为孤起，全部以偈颂形式记载佛的教诲。

5. 自说。不用其他人提问题，佛陀自行开示教说。

6. 因缘。记载佛说法教化的因缘，很像经的序品。

7. 比喻。佛以比喻形式宣说法义。

8. 本事。除《本生经》以外，佛陀及其弟子的前生故事。

9. 本生。佛陀的前生悲行故事。

10. 方广。宣讲广大深奥的教义，即大乘教义。

11. 希有法。又称为未曾有，记载佛陀及其弟子所显现的奇迹。

12. 论义。论述抉择诸法体性，分别辩明其义。

十二分教是大乘佛教的区分，南传上座部佛教只承认九分教，即十二分教的前九种。

大乘佛教只承认四次结集，对以后的五次结集概不承认，因为以后的五次结集都是校勘出版巴利文的南传上座部佛教经典。即使是上座部佛教国家，对以后的五次结集意见亦不一致。

根据斯里兰卡的传说，于提婆南毗耶帝须王（Devanampiya Tissa）在位时期（公元前247—前207年）举行过一次结集，以阿利陀（Arittha）长老为上座。本次结集于以摩哂陀为首的弘法团到达斯里兰卡后举行，根据摩哂陀长老的意愿，有六万阿罗汉参加，由摩哂陀长老的第一位僧伽罗族弟子阿利陀诵经藏，结集地点是斯里兰卡古都阿奴罗达布罗的塔园，具体时间是公元前232年，本次结集历时十个月，斯里兰卡的巴利文《大史》没有记载这次结集，其传说出于僧伽罗文资料。《大史》记载了迦腻色迦王时期的第四次佛教结集，还有一次结集于1865年举行，地点是罗特那布罗（Ratnapura），以希迦杜维悉利苏蒙伽罗（Hikacluve Siri Sumangala）为上座，持续了五个月，受到伊达摩尔乔达巴斯那耶迦·尼拉梅（Yddamakgida Basnayaka Nilamae）的赞助。

泰国的《结集史》把提婆南毗耶帝须王时代的结集称为第四次结集，把迦腻色迦王时代的结集称为第五次结集。缅甸佛教界不同意这种划分，他们认为第五次结集于缅甸敏顿王（Mindon）在位时期（1853—1878年）的1871年举行，地点是敏东王的首都曼德勒，参加者除2400名缅僧以外，还有多名斯里兰卡高僧，本次结集以律藏为中心，考订律典原文的同异，本次结集共经五个月。最后把校勘过的律典刻在729块石板上，竖立于曼德勒山麓他陀塔寺（Kuthoaw）中，外有45座佛塔围绕，现在还存于曼德勒古都，敏顿王被称为第五次佛教结集的护法王。

泰国的《结集史》认为第六次佛教结集于斯里兰卡大名（Mahana-ma）国王时期，时间是五世纪末六世纪初，佛音（Budhaghosa）把佛经注释从僧迦罗文译成摩揭陀方言，即巴利文。缅甸佛教界不同意这种观点，他们认为从1954年5月到1956年5月，在吴努的主持下，在缅甸举行了第六次佛教结集。这是缅甸向全世界传播上座部佛教的突出事件，吴努对此非常重视，参加这次结集的国家有缅甸、泰国、巴基斯坦、尼泊尔、不丹等十个国家，举行这次结集的目的有二：一、为了净化经典；二、为了加强缅甸和世界各国的联系，以便于向国外传播上座部佛教。

此次结集在和平塔区的石窟里举行，这个石窟是仿照印度第一次佛教结集时的七叶窟建造的，这个石窟能够容纳参加结集的2500名比丘和四五千信众，此次结集以第五次结集所刻的729块大理石刻文为依据，参照斯里兰卡、泰国、柬埔寨以及英国伦敦巴利圣典协会的巴利文本进行校勘。

在举行第六次结集之前，吴努曾召集善法派、瑞经派、门派等缅甸佛教三大派的十七位法师开会，让他们互相谅解。会议期间，把缅甸的1129个大长老分散到116个会场工作，核对和重新编辑巴利圣典。把185个斯里兰卡高僧分成37个组，编同样的典籍，最后由缅甸、斯里兰卡和泰国的大长老核对定稿。

两年期间共进行了五次会议。第一次结集完成了律藏五本书，每本2260页。第二次结集由缅甸国师任主席，第三次结集由柬埔寨和老挝两国长老主持，并由两国王子和缅甸总统分别致辞。当时正在缅甸进行友好访问的中国佛教代表团应邀出席了1955年4月28日下午的会议。出席的人，除参加结集的2500比丘以外，还有缅甸总统吴巴宇、总理吴努、联邦佛教总会会长吴敦以及其他高级官员，外宾应邀出席本次会议的还有各国驻缅大使。会议期间，由缅甸的苏巴纳和普卡迦两位法师高声朗诵在修纂佛经中的疑难问题。第四次结集由泰国国师主持，第五次结集由斯里兰卡暹罗派首领摩尔伐德（Malwatta）主持。

由此可见，第六次佛教结集是由斯里兰卡、缅甸、泰国、老挝、柬埔寨这五个上座部佛教国家任领导，在佛陀涅槃2500周年纪念日的1956年5月24日结束，前后共进行了两年时间。政府为了纪念这次结集，决定减刑大赦，发行特种纪念邮票，出售纪念车票和机票。并发布屠宰业者休业四天的命令。当时有 2668 名青年集体出家。

第七次佛教结集是在斯里兰卡波罗迦摩巴忽（parakramabahu）王在位时期（1153—1186 年）举行的，地点是斯里兰卡的王宫，持续了一年的时间，以大迦叶波（mahakassapa）为上座，任务是修订佛音编纂的三藏注释。当时的斯里兰卡佛教徒腐败不堪，不守戒律，甚至有妻室儿女。所以，波罗迦罗摩巴忽王利用大迦叶波整顿僧团，以他为首组成宗教法庭，审判犯罪比丘，清除不守戒律的僧人。并使大寺派、无畏山寺派和祇陀林寺派三派佛教徒联合成一个整体。统一后的僧团，以大寺派为主，无畏山寺派和祇陀林寺派实际上已被取缔。在此基础上组织本次结集。本次结集除修订佛音编纂的三藏注释以外，还很注重戒律，把大家共同承认的戒条刻写在伽尔（KaL）寺的石板上。按照这种戒规，每年都举行一次授戒仪式，要求国王亲临现场。

第八次佛教结集是在泰国阿瑜陀耶王朝的波罗摩脱赖瑠那王（Boroma TraiLoKanat）在位时期（1448—1488）举行的，此时清迈的泰族国王提拉克也笃信佛教，在该地建立寺宇，奉祀有名的绿玉佛像。为了使佛教在泰国打下牢固基础，于 1477 年他在自己的首都清迈召集了第八次盛大的佛教徒结集大会，参加此次结集的有泰国名僧一百多人，用一年的时间校刊全部佛教圣典。

第九次佛教结集是于泰国近世曼谷王朝时期举行的。近世曼谷王朝时期是指 1782 年拉玛一世王建立曼谷王朝开始至 1917 年为止的一段泰国历史。这个时期的泰国版图大致在现有疆界内逐渐确定下来。1767 年缅甸人占领了阿瑜陀耶城以后，毁掉了该城的寺院、佛像和三藏经典，为了改革僧团，重新编订三藏典籍，拉玛一世王于 1788 年在曼谷涅槃寺召开了第九次佛教结集，他派遣优秀和尚到一些省份，甚至到柬埔寨去搜集最好的三藏经典带回首都，为第九次佛教结集做好准备工作。

参加此次结集的有 218 名高僧和 32 名俗人学者。会议期间，把到会人分成四组，每组负责校刊一个类型的经典。此次结集先后经历五个月的时间，从 1788 年 11 月 12 日开始，1789 年 4 月 10 日结束，共编 288 篇，起码有 3568 捆棕榈叶，还专门为国王准备了一套副本，包括 354 篇，起名叫"结集篇"。

这次结集以后，涅槃寺改名为室利沙哩婆若（srisarvajna，吉祥一切智）。第九次结集编订的三藏经典就存放在这里。

拉玛一世王对此次结集非常重视，他和他的弟弟每天早晚都到场，早上给和尚送饭，晚上与和尚一起念经，并送蜡烛和清醒剂。会议结束以后，国王赠给和尚袈裟，赠给俗人学者衣服。

泰国《结集史》所讲的九次结集，前五次与斯里兰卡《大史》所载相同，后四次，不仅大乘佛教不承认，其他的上座部佛教国家亦有不同意见。

（韩廷杰，中国社会科学院世界宗教研究所研究员）

文明化工程与人类学家的议程：
以西双版纳佛教为例

[西] 罗杰·卡萨斯

Civilizing Projects and the Anthropologist's Agenda: The Case of Xishuangbanna Buddhism

Roger Casas

Introduction

In a book of interviews published in the early 2000s, James Clifford discussed the "different forms of alliance and shared authority" emerging between anthropologists and the communities they study and work with (Clifford, 2003: 109). While acknowledging the demands exerted on ethnographers to partake on the political agendas of local populations, and the resulting tensions between "skepticism and a commitment to empirically verifiable truth" (111), Clifford argued that " [t] here are plenty of examples of collaborative work being done by anthropologists with mobilized native communities, where scientific and indigenous projects can overlap, while agreeing to differ on other matters," concluding that "there is [...] a lot of middle ground" (111). When reading about potential confluences and tensions between the political agendas of "native communities" and foreign anthropologists, I thought of my own work among the Tai Lue, a Tai-speaking group in Xishuangbanna, in Yunnan Province of China. ①

I have lived in and conducted research on Dai monasticism in this region for more than ten years. The Dai are the largest community of Theravada Buddhists in China, and religious practice among this group has thrived since the early 1980s, after significant political and socioeconomic reforms were implemented in the country. At that time, Xishuangbanna temples and shrines were restored, and Dai monastic ordination resumed. But the recovery of Buddhist practice has brought its own problems. Dai monasticism takes place today within a context of increased connectivity and visibility, result of the gradual integration of Xishuangbanna into national, regional, and ultimately global socio-economic orders. In this context, the continued adherence of Dai monastics to a set of disciplines considered in other countries inappropriate and even unacceptable for monastics, such as having food in the afternoons, gambling, drinking alcohol, having girlfriends, or competing in sports, has put local monasticism in the spotlight – and into question. Unorthodox monastic practice is now identified by both insiders and outsiders as proof of ignorance or defectiveness on the part of this minority religious community. This in turn has set a local project of reform of monastic practices in motion (Borchert, 2007).

As someonesupposedly connected to global publics, the ethnographer (myself) is expected by locals to cooperate in this reformist project, and to help promote a positive, politically correct image of local Buddhism. On the other hand, through my years of work in Xishuangbanna, I accompanied local monastics② in many of their "malpractices," becoming involved in the

---

① As the Tai Lue are part of the "ethnic minority" (少数民族, *shaoshu minzu*) called in Chinese *Dai*, in this paper I will use the latter terms to refer to the group.

② The term "monastics" refers in this paper to both novices and full y ordained monks, that is, the whole of the monastic community.

local "cultural intimacy" of local monks. [①] My involvement was such that I decided to focus my academic research on these issues.

This paper explores the complex web of demands, expectations, and commitments which inform this "cultural intimacy" of Dai monastics, and the role that the anthropologist/ethnographer plays in connecting this intimate sphere with broader publics, in a context of increasing visibility and accountability, both for the anthropologist, and for the peoples he works with. I would like here to reflect on the position of the anthropologist *vis a vis* local projects of reform or change in this particular site in southwest China, as well as on the reasons behind the decision to discuss something many people thought shouldn't be discussed.

After introducing Xishuangbanna and its peoples, the paper discusses the alleged "malpractices" of Dai monks as symptoms of backwardness and as pretexts for local and alien reform projects. This perspective is questioned in the second part of the paper, which also offers some ideas on how to approach such sensitive issues.

Xishuangbanna and the Dai

From the end of the nineteenth century onwards, Xishuangbanna, located in the margins of the Qing and Burmese Empires, was gradually integrated into the Chinese polity. After the foundation of the People's Republic in 1949, Buddhism was identified by researchers and administrators as one of the major ideological supports of the "feudal regime" of the *chao*, the ruling class of landowners. Different political campaigns implemented in the region from the 1950s to the 1970s targeted Buddhism as an obstacle for the consolidation of Communist Party power in the area. During the most repressive periods, such as the Cultural Revolution, temples and shrines were

---

① Michael Herzfeld defines "cultural intimacy" as "those aspects of a cultural identity that are considered a source of external embarrassment but that nevertheless provide insiders with their assurance of common sociality" (Herzfeld, 2006: 3).

destroyed or put to other, more earthly uses, while most Dai monks and novices were forced to disrobe. By the time of Mao Zedong's death in 1976, Buddhist practice had all but stopped in the area, and the number of monastics had dropped to a minimum. [1]

The opening – up reform in China changed all this. Legislation and policies regulating religious practice were restored, and article 36 of the 1982 Constitution of the People's Republic of China guaranteed "freedom of religious belief". From around 1980 the Dai started ordaining their boys again, and by the mid – 1980s, temples and monastics had reached pre – 1950 figures. In a few years Xishuangbanna transformed, as a Dai former monk has put it, "from a non – Buddhist to a Buddhist society". [2] On the other hand, the systematic exploitation of the area's resources, mainly rubber and, more recently, tea and tourism, caused an acceleration in the processes of integration of Xishuangbanna into national and regional economic circuits.

The recovery of Buddhist practice among the Dai was symbolized by the resuming of monastic ordinations. As in the past, the custom in contemporary Xishuangbanna is for males to ordain for a certain period of time, usually during adolescence. [3] In spite of decreasing numbers of ordained men (see Table 1), novices and monks remain a vigorous symbol of Dai culture. If the custom has but disappeared in the urban villages in Jinghong City, the administrative capital of the Xishuangbanna Prefecture, each vil-

---

[1] On the implementation of the so – called "socialist movements" in Xishuangbanna, see Hsieh 1989: 188 – 235 and Peters, 1990: 344.

[2] Kang 2009: 23n30. The recovery is well documented in Hsieh, 1989, Peters, 1990, or Hasegawa 2000. For a personal recollection of the recovery, Kang, 2009.

[3] As Moerman stated for village communities in 1960s northern Thailand, novice ordinations are more common among the Dai than monk ordinations (Moerman, 1966: 139). In contrast to the popularity of short – term ordinations for a few weeks or even days in Thailand or Laos, it is expected for Dai boys who ordain as novices (Dai: pha) to spend at least a few years in the temple, during which they follow a less strict discipline of ten precepts. Young men can become fully ordained monks (Dai: tu) at the age of 20, after which they are expected to remain ordained a few years as well.

lage temple in the region usually keeps at least one monk (generally a man from the same community) and a few novices (two to five) as permanent residents, acting as ritual experts for the lay community.

Table 1　　Figures of temples, monks and novices in Sipsong Panna (Source: Yunnan Buddhist Association)

	Temples	Monks	Novices	Schooled	Total
1996 – 1997	557	702	5,797	–	6,499
2005	556	828	3,998	2,563	4,826
2009	580	908	3,336	2,958	4,244
2012 – 2013	593	712	1,776	1,490	2,488

The recovery of monasticism in Xishuangbanna implied the revival of the old cross – border mobility. Traditional monastic networks, limited to border areas,[1] expanded in the contemporary, post – 1980 period, to other countries and continents. In 1991 the Yunnan Buddhist Association formally sent a first group of ten Dai monks to study in a temple in northern Thailand (see Wasan, 2010). Since then, scores of Dai monastics have left Xishuangbanna to study in temples in other parts of China, Thailand, Singapore, and even Sri Lanka.

Apart from this movement outwards, since the 1980s both national and international religious delegations have regularly visited Xishuangbanna during important events, such as the coronation of Khuba Long Jom as the highest Buddhist authority in the region, in 2004 (see Casas, 2008), or the inauguration of the new, massive *vihan* (ordination and prayer hall) at

---

[1]　Dai inhabiting the regions on the present – day borders with Burma – Myanmar and Laos maintain close cultural and linguistic ties with other groups living in areas on the other side of the borders. Traditionally, Dai monks and novices travelled regularly outside Xishuangbanna and into other Dai areas in today eastern Burma – Myanmar (Shan State), northern Laos, and Thailand. See also Wasan 2010 and 2013 for stories of contemporary senior monks who used these paths when travelling to northern Thailand.

Wat Pajie, in December 2012. ① Members of the Thai royal family have regularly visited Xishuangbanna, and the construction of Wat Pajie itself was partly funded by donations from Thailand (Wasan, 2010).

It can be argued that Dai monastics occupy a subordinated position within these Buddhist and Theravada trans – national networks. This subordination is reflected in the paternalistic attitude of Thai monks and laity regarding the Dai in China. The words of a Dai former monk and member of the first group of students in northern Thailand, who recalls the late abbot of the northern Thai temple mentioned above, are very illustrative of this attitude:

You are the first generation of monks fromXishuangbanna who have come to study in Thailand […] I have been to your country, and have seen traditions and customs, particularly of the monks and novices over there. They were sadly poor. They were uneducated, lacking in Buddhist knowledge and traditions. The reforms and development of Theravada Buddhism in Xishuangbanna to be as civilised and enlightened as it has been in Thailand, are in your hands. It is your generation that has to make this happen when you return to your home country (quoted in Wasan, 2005: 158)

In the aftermath of the social and political reforms in China, Dai monastics were seen by their Thai *pinong* (Dai, Thai: "brothers") as in need of help. Still today, the Dai appear as defective members of the trans – national Buddhist community they strive to join. This is reflected in the hierarchical nature of the structure of Buddhist networks in the region, with centres of learning in Thailand, Burma – Myanmar, or in Sri Lanka, attracting monastics from deprived areas located sometimes in those same countries, areas which at the same time absorb lay donations from the more

---

① Wat Pajie is the central Buddhist temple of Xishuangbanna, and the previous seat of the Buddhist College. In 2008 the College was moved to Wat Long Moeng Lue, a new temple – school cum tourist site built with funding provided by a commercial company from Liaoning Province. See Casas 2011.

powerful centres. ①

This symbolic subordination adds tothe one the Dai suffer as one of the 55 "ethnic minorities" (少数民族, *shaoshu minzu*) in the People's Republic of China. These minority groups are traditionally represented by the Han majority (in both academic and popular discourses) as lacking in culture (文化, *wenhua*) and "human quality" (素质, *suzhi*), ② and therefore as subaltern members of the Chinese Nation (中华民族, *Zhonghua Minzu*), in need of guidance from the Han "elder brother". ③

Unorthodox Monasticism

In spite of the significant economic development of Xishuangbanna in the last 35 years, the region is seen by outsiders as a site of backwardness and ignorance regarding Buddhist practice. This stereotype is maintained and reinforced (both within and outside China) by the idiosyncrasy of Xishuangbanna monasticism. Practices such as textual studies and meditation, usually associated with monasticism in other territories in the region, are practically absent of the everyday practice of Dai monastics. Concerning meditation in particular, interest in the practice is limited to a small group of monks. ④ Monks and novices residing at the two main temples in Jinghong City practice a few minutes of meditation during the daily morning and eve-

---

① The modernity embodied by Xishuangbanna as part of China, today the dominant economic and cultural power in the whole region, strongly appeals to Dai monks of Lao and Burmese nationality, who decide to spend time in temples on the Chinese side of the border. Dai monks from China, however, are less interested in spending time in those poorer areas, which offer less freedom and fewer chances for accumulating different kinds of capital than Xishuangbanna (see Diana, 2009).

② On this very significant discourse in the Chinese context, see Kipnis, 2006.

③ See for instance Hsieh, 1995.

④ These monks have generally spent periods of time in meditation centres in Burma – Myanmar or in Thailand. In January, 2010 one of such monks opened a meditation centre in his home village in Moeng Ham (橄榄坝, Ganlanba). Dai villagers are for the most part indifferent to this movement, and the activity remains basically oriented towards outsiders, mainly Han Chinese from the coastal areas. On the lack of interest in meditation in Xishuangbanna, see also Kang, 2009: 45 – 6. According to this former monk, the practice of meditation was not common among Dai in the past.

ning prayers (Dai: *sut phachao*) in the *vihan*. But apart from this, and from a few examples of forest monks living on the Sino – Burmese border, interest is generally scarce among Dai monastics and laity.

Moreover, discipline among Dai monastics is generally considered lax. In Xishuangbanna it is common to come across novices and monks engaged in activities usually considered (at least in other Theravada countries) as deviations incompatible with what is understood as acceptable monastic practice, such as eating solids in the afternoon, driving motorcycles, practicing sport (most often playing basketball), drinking alcohol, or flirting with girls, activities Dai monks and novices often engage in the company of lay peers. This visibly unorthodox discipline on the part of Dai monastics is often commented upon by visitors and locals alike, and signalled as symptom of the degeneration and defectiveness of Dai Buddhism. It is explained by the same commenters in terms of the repression that monasticism suffered in the past, or of the negative influence that modernity and Han culture exert at present upon Dai traditions. In any case, it is always seen as something negative.

Dai monastics appear therefore as doubly defective: on one side, and as part of an ethnic minority within China, they lack *suzhi*; on the other, as poor and uneducated members of a trans – national religious community of Buddhists, they are also deficient. There is a strong awareness among Dai of this double defectiveness, especially among individuals with experience outside the region. In connection with this, the sensitivity towards current monastic practices was (and still is) very apparent in my own interactions with Dai in and outside Xishuangbanna.

The educational project initiated in the mid – 1990s is part of the attempt to improve educational levels and the overall, symbolic position of Dai Buddhism (Borchert, 2007) . Upon their return to Xishuangbanna, members of the group sent to northern Thailand in 1991 were instrumental in the setting up of a monastic school at Wat Pajie, the central temple of Xishuangbanna, in Jinghong City (seat of the prefectural government), in 1995. The school, later Buddhist College (佛学院, *Foxueyuan*), was modelled after the Thai system of Buddhist temple – schools, and apart from Buddhist subjects, provided instruction on contemporary subjects such as Chinese language or mathematics. From the mid – 2000s, monk students at the College can obtain academic degrees recognized within China and by monastic educational institutions in other countries. This in turn has provided new opportunities for the educational and working mobility of Dai monks and novices at the national and regional level. Apart from benefiting from this experience as individuals, these men have become the main link between Dai localities and Theravada and Buddhist worlds beyond their locality.

But if this educational project concerning Dai monastics is an attempt at overcoming the symbolic subordination of Xishuangbanna monasticism, it also provokes tension and highlights the significant differences between Dai and other conceptions of monasticism. This is seen in occasional, controversial episodes caused by the idiosyncratic behaviours of Dai monks studying in monastic institutions outside Xishuangbanna. Such episodes have caused embarrassment for the Dai monastic and lay elites responsible for the educational project, and highlighted the difficulties involved in changing cultural hierarchies among (related) peoples. [1]

Moral Dilemmas

During my years of work and research in Xishuangbanna, I became familiar with the "cultural intimacy" of Dai monastics. [2] In fact, it was due to my own participation in the commensality with local monks and laymen, that I became interested in the secular aspects of Dai monastic discipline (and the sensitivities surrounding it) as a research topic. Ultimately such aspects became the main subject of my PhD dissertation (2011 – 2015, Australian National University). At this point, a conflict appeared, as I

[1]　See my own paper on this topic (Casas, 2016b).

[2]　For a fascinating account of the practice of "participant intoxication", see Fiskesjö, 2010.

was going to talk publicly of practices which are not meant to be public (Shryock, 2004: 3).

Asit happens in other field research sites, foreign experts working in Xishuangbanna are somehow expected to take a favourable stance in relation to the subaltern position that the people they work with supposedly occupy (see Clifford, 2003). As for myself, I met with the usual demands foreign researchers find themselves confronted with; there were occasional demands from individuals or families, usually in the form of economic support for a boy – for instance to sponsor an ordination. More importantly, at a broader, collective level, I have occasionally been asked to help "preserve local culture", usually identified with Buddhism. These demands were in turn made by individuals who take themselves to be representatives of religion and the community. Consequently (and apart from my work within a UNESCO cultural preservation project from 2005 to 2007) I have occasionally helped "the temple," participating in festivals, or teaching English at the main temple – school. ①

Concerning the maintopic of my PhD dissertation, this posed a significant moral problem. When monk friends questioned me about this topic, I declared without ambivalence that I was doing research on the embarrassing aspects of Dai monasticism, that is, the involvement of local monks and novices in non – orthodox practices. Several of those local monks and laymen I discussed these issues with suggested me not to talk of the "bad aspects" of Dai culture, but of the positive ones. As a way of supporting local Buddhism, I was asked (always politely and even humorously) to refrain from talking about these sensitive issues. There was discomfort in terms of the impact that a dissertation dealing with these issues could have, even if the actual scale of such an impact was unknown. ②

---

① For a riveting account of the demands exerted upon foreign researchers, in this case in the context of rural Laos, see High, 2010.

② This potentially negative impact of my dissertation could not be avoided by the use of individual pseudonyms in the text, as the matter under discussion affected the entire monastic community – and, by extension, Dai culture as a whole.

I was very much aware that dealing with these problems in my aca-
demic project would therefore pose problems for some Dai people, some of
whom were my friends. After benefiting in many different ways from local
hospitality, I was going to "expose" the embarrassing aspects of Dai mo-
nastic life. In a sense, my actions could amount to an apparent betrayal of
trust. I could convince myself that the thesis would have no impact outside
the academic context. However, to the extent that I was also part of the lo-
cal community and involved in the production and dissemination of knowl-
edge, I *shared* the sensitivities with my Dai friends in relation to external
observers (Shryock, 2004: 6).

Token of Pride

But discussing the unorthodox discipline of Dai monastics in public fo-
rums can be justified not just in terms of the need for objectivity, so rele-
vant for a discipline with scientific pretensions such as anthropology, but
also as a political positioning. The involvement of Dai monks and novices in
practices normally not related to Buddhist monasticism can be seen as a
symptom of backwardness, and provoke embarrassment; it is also put for-
ward as a pretext for the implementation of civilizing and educational pro-
jects on the part of local and non-local monastic and lay elites. However,
this involvement can also be seen as a different kind of monastic discipline,
and a legitimate part of Dai educational and socializing projects. For many,
it constitutes a meaningful and distinctive feature of Dai monastic life as
such. It is not only something to which most young monks and novices
would find hard to renounce but, to an important degree, it is sanctioned
by the local community. In fact, the masculine flavour of monastic life in
Xishuangbanna is often brought up by Dai monks and novices themselves as
a positive marker of the peculiar idiosyncrasy of their culture. Unorthodox
monasticism can also become a source of identity pride.

A couple of Dai novices playing basketball in a
village temple（source：Kiley Ariail）

Take forinstance the practice of sports. It is common today to come across novices and young monks playing basketball in villages all over Xishuangbanna, even in the main temple – school in Jinghong City. Instead of understanding this practice as a sign of corruption brought upon by modernity, it can be seen as the continuation of a time – honoured tradition of caring for the body among Dai peoples, a tradition connected to the links between monasticism and militarism among Dai peoples. ①Today this linkage to the martial realm is obviously not so important, but keeping fit and having a healthy and beautiful body is locally encouraged as a relevant aspect of the well – rounded development of Dai males.

Inrelation to this, villagers also approve of monastics having love relationships, especially in the case of young monks in the last stage of their monastic life. As many other groups, the Dai, particularly in rural areas, put a lot of emphasis on *reproduction* – getting married and setting up of a family. After becoming 20, most monks remain only a few years in monkhood, and so finding a partner for the post – monastic stage is a significant concern for them and for their families. Many monks have a girlfriend waiting for them to disrobe. As a young monk told me, some relatives even encouraged him to find a girlfriend, so that he could marry her immediately after disrobing.

Concerning alcohol, and while excessive drinking is discouraged and looked down upon, it is common for Dai monks to be invited to drink by lay peers and elders in contexts of commensality, especially during festivals and ceremonies, even within temple grounds. Drinking and carousing is seen as a fundamental part of the production of masculinity and of male networks in China and in Xishuangbanna, and Dai monastics (again, always expected to disrobe sooner than later) are often caught up in such activities – sometimes participating with more than a little enthusiasm...

During my years of living and doing research in Xishuangbanna, I have become convinced that taking part in these and other practices of masculinity is a fundamental part of the process of becoming a man among Dai, both for those boys and young men outside the monastery, and *there-*

---

① Traditional Dai martial arts were learned at the temple, while Dai young boys would get their tattoos, a practice also linked to the acquisition of power and invulnerability, during their time as novices and monks. On tattoos among the Xishuangbanna Dai, see Li, 2001; for a discussion of the practice among Dai peoples outside China, Tannenbaum, 1987.

fore for those inside as well. The goal of the majority of Dai monastics is not to become a religious specialist, but to become *a true man*, or, in the words of Charles Keyes, a "morally tempered male householder", a man capable of taking care of his family and household (Keyes, 1986).

For thosemonks and novices aware of the differences between monastic lifestyles in diverse localities, the unorthodox practices they partake in often become a marker of the freedom they enjoy in comparison to less fortunate monks living in other countries where discipline is stricter, as well as of the uniquely masculine flavour of Dai monasticism. As monastic friends in Xishuangbanna proudly (and half – jokingly) exclaimed when discussing the negative light in which outsiders may see their behaviour, "This is not Thailand!" This exclamation expressed an aspiration to autonomy from non – local conceptions of monasticism. As markers of both embarrassment and pride, the perceived "malpractices" truly form the core itself of Dai monastic "cultural intimacy". ①

ManyDai monks, the ones with a lesser awareness of symbolic subordination (a majority of the local Sangha②), simply do not care much about how outside observers may think of them. Some of them encouraged me to talk about these sensitive issues, or even asked to have their real names included in my dissertation, thinking this would be a way to become famous abroad – another exaggeration concerning the potential impact of academic works upon the individual and collective reputation of locals.

Conclusions

Many Dai monastics involved in the production of masculinity remain aloof toward the sensitivity of their practices, concentrating on their own projects of self – development – which often are only tangentially related to

---

① See the introduction to this paper.

② "Sangha" refers to the community of Buddhist monks and novices living in monasteries, and sustained by the laity.

"Buddhism. " But the cultural hierarchy in which the Dai occupy a subordinate position remains in effect, serving as an abstract authority sanctioning practices that are correct and appropriate for monastics, and those which are not. In fact, what we have here is simply different kinds of Buddhism, different local understandings of the practice of monasticism. ①

Due to the peculiar history of Xishuangbanna, the state – led religious reform set in motion in Thailand and other localities in the nineteenth century,② did not happen here. At present, there is a "civilizing project" in progress in this region, aimed at correcting this situation, and at bringing Dai monasticism back on track. Value always needs non – value in order to function, and in this case it is Dai monks who play the role of backward and ignorant "Others", so that those in a position of power can take upon themselves the role of "educators. " Many among those Dai with an awareness of the cultural hierarchies at work in this region have joined the project to educate and reform their fellow monks and novices. ③But most Dai monks and novices insist on their old, uncivilized and embodied ways, resisting, even if unconsciously, the imposition of the ideals and imaginings of a trans – local Buddhism dominant at the regional and global levels, striving to maintain their autonomy.

While the local educational project is commendable in that it offers opportunities for social mobility and to overcome subordination of the Dai in the Chinese contemporary economy, I believe that in this context the work of the anthropologist is primarily to reflect different understandings of Bud-

---

　① See Braun, 2009 for an introduction to the dynamics between local and trans – local forms of Buddhism.

　② For a summary and a critique of the alleged effects of this reform in Thailand, see McDaniel, 2009: 99 – 101.

　③ David Graeber, following Terence Turner's idea that "the ultimate stakes of politics […] is not even the struggle to appropriate value," but "the struggle to establish what value *is* [italics in the original]", affirms that "the ultimate freedom is not the freedom to create or accumulate value, but the freedom to decide (collectively or individually) what makes life worth living" (2001: 88) . According to my experience in Xishuangbanna, most Dai take cultural hierarchies as natural and valid, and struggle to ameliorate their position within them.

dhist practice, and to produce a comprehensive picture of the "moral econ-omies" of Dai monasticism. [1]This also includes a kind of political positio-ning that gives voice to those who affirm the value of alternative, non – ma-instream forms of Buddhism – or who simply do not want to play the role of unruly children to be domesticated. [2]

Instead of dealing with local, idiosyncratic forms of Buddhist practice in terms of canonical norms, it might be more fruitful to look at Dai mo-nasticism as a collective practice of self – development and socialization, some of whose features can identified as "Buddhist" or "religious", [3] and some others which are *not* related to the "religious" sphere. Research should focus not on "Buddhism," but on the daily life of the people identified as "Buddhists," on features such as the role of monasticism and religious practice in the production of gender at the local level, the problems derived from social transformations affecting religious practice, [4] the role of monasti-cism in the dynamics of ethnic subordination and marginalization (also at the historical level), etc.

All of the above should explain my own position concerning the alleged "malpractices" Dai monastics partake in, and why, in the end, I decided to discuss them openly in my PhD dissertation.

---

① Elaborating on the use of the concept by E. P. Thompson (who first coined it) and James Scott, Didier Fassin defines "moral economies" as "the production, circulation, distribution and use of norms and obligations, values and affects" (Fassin, 2011: 486).

② I am against trying to elevate the symbolic position of local forms of Buddhism "intellectual-izing" them, that is linking local daily practices to some textual source or other, in order to demon-strate they are truly Buddhist (as Cassaniti, 2015 does). On the contrary, following Nicola Tannen-baum (1999), I think that it is necessary to broaden our perspective on "religion", and to de –emphasize our reliance on "Buddhism" as an explaining device.

③ This sphere is articulated by values sanctioned in turn not only by textual authority, but by local custom – outside the canonical, related to what Nicola Tannenbaum has called "the multiple possible meanings of 'Buddhism'" (1999: 252).

④ I discuss the role of monasticism in the post – monastic, professional lives of Dai boys and men in Casas, 2016a.

References

Borchert, Thomas (2007) "Buddhism, Politics, and Nationalism in the Twentieth and Twenty – first Centuries", *Religion Compass*, Vol. 1, Issue 5.

Braun, Erik (2009) "Local andTranslocal in the Study of Theravada Buddhism and Modernity", *Religion Compass*, Vol. 3, No. 6.

Casas, Roger (2008) "Theravada Buddhism in Contemporary Xishuangbanna", in Prasit Leepreecha, Don McCaskill and Kwanchewan Buadaeng, eds. , *Challenging the Limits: Indigenous Peoples of the Mekong Region*, Mekong Press, Chiang Mai.

Casas, Roger (2011) "Wat Luang Muang Lue: Buddhist Revival and Transformation in Sipsong Panna", RCSD Working Paper, Chiang Mai University, Chiang Mai .

Casas, Roger (2016a) "The 'Khanan Dream': Engagements of Former Buddhist Monks with the Market Economy in Sipsong Panna, PR China", *The Asia Pacific Journal of Anthropology*, Vol. 17, No. 2.

Casas, Roger (2016b) "Religious Affinities and Secular Compulsions: Monastic Mobility among the Tai Lue of Sipsong Panna", *Chinese Southern Diaspora Studies*, Vol. 7 (Special Issue Non – Han Diasporic Communities Beyond China) .

Cassaniti, Julia (2015) *Living Buddhism: Mind, Self, and Emotion in a Thai Community*, Cornell University Press, Ithaca and London.

Clifford, James (2003) *On the Edges of Anthropology (Interviews)*, Prickly Paradigm Press, Chicago Diana, Antonella (2009) "Re – Configuring Belonging in Post – Socialist Xishuangbanna, China", in Andrew Walker, ed. , *Tai Lands and Thailand: Community and State in Southeast Asia*, NUS Press, Singapore.

Fassin, Didier (2011) "A Contribution to the Critique of Moral Reason", *Anthropological Theory*, Vol. 11, No. 4.

Fiskesjö, Magnus (2010) "Participant Intoxication and Self – Other Dynamics in the Wa Context", *The Asia Pacific Journal of Anthropology*, Vol. 11, No. 2.

Graeber, David (2001) *Toward an Anthropological Theory of Value: The False Coin of Our Own Dreams*, Palgrave, New York.

Hasegawa Kiyoshi (2000) "Cultural Revival and Ethnicity: The Case of the Tai Lue in the Sipsong Panna, Yunnan Province", in Yukio Hayashi andGuangyuan Yang, eds. , *Dynamics of Ethnic Cultures Across National Boundaries in Southwestern China and Mainland Southeast Asia: Relations, Societies, and Languages*, Chiang Mai.

High, Holly (2010) "Ethnographic Exposures: Motivations for Donations in the South of Laos (and beyond)", American Ethnologist, Vol. 37, No. 2, 308 – 322.

Hsieh Shih – Chung (1989) "Ethnic – Political Adaptation and Ethnic Change of the Sipsong Panna Dai: AnEthnohistorical Analysis", unpub. PhD thesis, University of Washington.

Hsieh Shih – Chung (1995) "On the Dynamics of Dai/Tai Lue Ethnicity. AnEthnohistorical Analysis", in Stevan Harrell, ed. , *Cultural Encounters on China's Ethnic Frontiers*, University of Washington Press, Seattle.

KangNanshan (2009) "Theravada Buddhism in Sipsong Panna: Past and Contemporary trends", RCSD Working Paper, Chiang Mai University, Chiang Mai.

Keyes, Charles F. (1986) "Ambiguous Gender: Male Initiation in a Northern Thai Buddhist Thai Society", in Caroline Walker Bynum, Stevan Harrell and Paula Richman, eds. , *Gender and Religion: On the Complexity of Symbols*, Beacon Press, Boston.

Kipnis, Andrew (2006) "*Suzhi*: A Keyword Approach", *The China Quarterly*, Vol. 186.

Li Ziquan (2001) "An Investigation of Tattoos among the Dai of Xishuangbanna", in *The Tai World: A Digest of Articles from the Thai – Yunnan Project Newsletter*, The Thai – Yunnan Project, Department of Anthropology, Research School of Pacific and Asian studies, The Australian National University, Canberra (translated by Irene Bain) .

McDaniel, Justin (2009) *Gathering Leaves, Lifting Words: Histories of Buddhist Monastic Education in Laos and Thailand*, Silkworm Books, Chiang Mai.

Moerman, Michael (1966) "Ban Ping's Temple: The Center of a 'Loosely Structured' Society", in Manning Nash et al. , *Anthropological Studies in Theravada Buddhism*, Yale University Press, New Haven.

Peters, Heather (1990) "Buddhism and Ethnicity among the Tai Lue in theSipsongpanna", in *Proceedings of the 4th International Conference on Thai Studies (Vol. III)*, Institute of Southeast Asian Studies, Kunming.

Shryock, Andrew (2004) "Other Conscious/Self – Aware: First Thoughts on Cultural Intimacy and Mass Mediation", in Andrew Shryock, ed. , *Off Stage/On Display: Intimacy and Ethnography in the Age of Public Culture*, Stanford University Press, Stanford, California.

Tannenbaum, Nicola (1987) "Tattoos: Invulnerability and Power in Shan Cosmology", *American Ethnologist*, Vol. 14, No. 4, 693 – 711.

Tannenbaum, Nicola (1999) "Buddhism, Prostitution, and Sex: Limits on the Academic Discourse of Gender in Thailand", in Peter A. Jackson and Nerida M. Cook, eds. , *Genders and Sexualities in Modern Thailand*, Silkworm Books, Chiang Mai.

Wasan Panyagaew (2005) "Moving Dai: Towards an Anthropology of People 'Living in

Place´ in the Borderlands of the Upper Mekong", unpub. PhD thesis, The Australian National University.

Wasan Panyagaew (2010) "Cross – border Journeys and Minority Monks: The Making of Buddhist Places in Southwest China", *Asian Ethnicity*, Vol. 11, No. 1.

Wasan Panyagaew (2013) "Remembering with Respect: History, Social Memory, and the Cross – Border Journeys of a Charismatic Lue Monk", *The Asia Pacific Journal of Anthropology*, Vol. 14, No. 1.

(Roger Casas, Ph. D. , Australian National University)

南传佛教的历史地位与现实社会意义

宋立道

今天，亚洲信奉和修行上座部佛教的国家主要包括斯里兰卡、泰国、缅甸、老挝、柬埔寨和越南部分地区。中国的西南部因为临近缅甸与泰国、老挝，也有上座部佛教的流传。南传佛教在中国佛教的传播史上，一直被称为小乘佛教，但通常这个称呼并没有贬抑意思。尤其在今天，人们都同意，无论是北传大乘佛教、还是南传佛教，其实是完全一味的，都是解生脱死的良药。早期佛教当中，佛教并未有分支异流。释迦牟尼在公元前 6 世纪的印度成道，然后传播他所发现的菩提之道。佛教的要点，在于帮助人们洞悉自心中的缺陷，了解人性的缺陷是造成人生的苦难的原因。因此，释迦牟尼关于四谛八正道的说法，意在揭示人生根本的苦难根源，指出走出这种困境、达到完美境界的道路。佛陀之教是为世间凡夫设立的，是以尘世为对象的，他的教义具有针对这世界的普遍性、实际性和实用性。它面对的是社会各阶层的不同人群、不同职业，无论男女老少，下至贱民上至贵族与皇室。佛教，是当时的普世价值，为各个时代想要离苦得乐的人所理解。佛在传播他的学说 45 年之后，才取向涅槃。

佛陀涅槃后第 200 年，教团分裂成上座部及大众部二个根本部派。大众部是较进步和革新的青年僧众。上座部则主张遵循传统，且多为年耆长老，因此又称为长老部。此后，大众部再分裂成为七八个部，上座部则形成十一二个部。宽泛地看，它们都属上座部系。重要的几支是说一切有部、正量部和上座部等。后者又称根本上座部。它在印度西部及南方传播，更流往斯里兰卡。在那里成为狭义的上座部。今天，上座部学说主要流行于斯里兰卡、缅甸、泰国、柬埔寨、老挝等地区，它也在百余年前便传到了欧美各地。上座部佛教的经典采用巴利语来记录，所以又称巴利佛教。上座部最初传入斯里兰卡大约在公元前 3 世纪中。当时的传法使者叫摩哂陀。据说是阿育王（公元前 3 世纪在位）的儿子或弟弟。楞伽岛，那时也称兰卡，兰卡的第一座佛寺即是"大寺"。至公元前 1 世纪，兰卡国王伐陀伽摩尼（Vattagamani）又建立无畏山寺。但两座寺院的见解很快出现分歧。公元第一千年当中，楞伽岛上的佛教时盛时衰，但也不绝如缕。岛上的三个寺院为基地的佛教派系力量和地位，相互对峙，互有消长，不断变化。至 12 世纪时，兰卡岛上由普罗伽摩巴（Parakkamabahu）王统治，该王全力支持大寺一系。斯里兰卡的上座部学说大规模传向东南亚正是此时①。至于我国云南的傣族佛教，因为地接缅甸，佛教传入当在缅甸归化佛教后不久。缅甸在 5 世纪时的骠国，就有上座部佛教传播。7 世纪后，那里佛教盛极而衰。至 11 世纪下半叶，缅甸蒲甘王朝重兴，佛教重光。上座部佛教从今缅甸景栋传入西双版纳，形成润派佛教；又有传入德宏州等地的佛教，形成摆庄派。1277 年傣族地区已有傣文贝叶经出现。1569 年，缅甸金莲公主嫁第十九代宣慰使刀应猛，随有大批佛像佛经输入，景洪地区塔寺多有兴立。继而，佛教传至德宏、耿马、孟连等地的傣族村社当中。至此这一地区已经形成润、摆庄、多列、左抵几派。经典则已有傣语语音记录的巴利语三藏。

---

① 佛教何时传入东南亚，学界至今没有定论。据传，佛在世时，佛本人就曾到过那里；又说阿育王时须那与郁多罗曾往金地传教，金地就是下缅甸或表示湄南河流域。又有说得楞的商人在佛灭后往印度求得佛发舍利，为佛教的肇始。从出土古物、遗址看，今日下缅甸之卑谬或泰国中部之佛统区，公元 2—3 世纪时与南印度案达罗关系密切。古代东南亚，大小乘并行，或兴废交替不定。12 世纪前各种流派都有流行，不一定就是上座部始终占主流。7 世纪末，下缅甸、泰国中部犹有信仰上座部者；占婆（今越南中部）则奉婆罗门教，兼奉量部和有部；柬埔寨曾流行印度教与佛教；爪哇、苏门答腊则受印度教或佛教密教支配。12 世纪，斯里兰卡大寺系佛教传向东南亚。但在公元第一千年的中期，古代东南亚的佛教是大小乘并存的，有的时候大乘影响还要更大。我们知道佛学大师真谛三藏即来自东南亚的扶南。其他的，如"晋惠之末至于洛阳"的天竺僧耆域，以及僧伽婆罗根本就是扶南人。后者也是天竺沙门求那跋陀的弟子。曾从跋陀研精大乘经典。史载，梁初"有扶南沙门曼陀罗者……大赍梵本，远来贡献，敕与婆罗共译宝云、法界体性、文殊般若经三部合一十一卷。虽事传译，未善梁言，故所出经文多隐质。"（《续高僧传·译经篇》卷一）

一　南传佛教在佛教史上的重要理论与实践价值

佛教经典正式认定，在第一次结集大会上。当时汇集的佛陀言教称为
"法"，属于佛为比丘和比丘尼现场即时宣讲的教诲。其次是佛陀针对不
同情况，对集体生活中的僧团二众所做的仪行规范，它被称作"律"。在
佛逝世之后的第一个百年中，根本分裂发生以前，僧团对律并无明显争
议，他们也都信奉佛陀的原始教义——即"经藏"的内容。佛去世 200
年，僧伽大众对"律"的理解有了分歧，因为各执一端，相持不下，只
好再举行结集大会，对佛律一一重新认定。那些不同意对佛律加以新解
的，称为"上座"（Theras）长老。对立的一方，因为佛法应该"与时俱
进"，所以非改不可，结果便从僧团分离出去，自成一部。这部分人多，
多为僧团中的青年，就被称作摩诃僧祇部或者大众部。进入第 300 年，上
座僧人们又进行第三次结集。会上，对佛的教法、教义和律仪规则都有了
新的认识，再次达成新的一致的，便组成坚持同一的法（Dhamma）律
（Vinaya），仍称上座部。所有的经律都用巴利文颂出，并确定下来。以后
这样的经典被带到斯里兰卡。不过，称为贝叶经的书面形式的巴利语经
律，在楞伽岛上出现很晚，是 4—5 世纪的事。

从根本分裂后形成的大众部发展到成为大乘佛教，又过了 300 年。
大乘佛教出现是纪年公元前后的事。大乘的思想主张与修行实践，进一
步拉开了同上座部系中各支派学说的距离。大乘佛教，它以菩萨道为修
行解脱的目标与道路。它在印度次大陆发展的路径，先自西而南再往西
北传播，经今天的中亚入中国一直往东亚流布，也有的经印度洋入南中
国海再进入中国南方，最终形成的汉语佛教风靡亚洲大部地区，亦称北
传佛教。相对而言，致力于修习罗汉成果的上座部佛教，关注修行者自
己的内心世界和个人解脱。相对于北传佛教世界，地位变得晦暗起来。
但是，"佛教虽多宗，佛法仅一味"。无论大乘小乘，无论哪个部派，
其实都共同尊奉"三宝"，尊奉佛陀、佛的教法，也尊奉佛制定的戒律
（戒律维系的僧伽）。佛教的发展，本来就是主张各异的宗派分头传播。
佛灭以后，追随者对佛的言教理解有差别，但并未导致佛法基本内容与
原则的根本改变。

如果把上座部系与后来的大乘佛教略加比较，从时间上和内容上都可

以看出，前者是原生，后者是派生；前者是基础，后者是进一步的发展。究竟而言，大乘的基本原则与上座部系所尊奉的道理完全一致。上座部系接受的主要佛陀教义，在大乘之中都可以找到，所不同者，是随不同的大乘流派而有不同侧面的强调，因而形成的差异。例如，我们知道，著名的大乘中观哲学是基于上座部佛教的"互为缘起"的概念。上座部从缘起分析而追溯到人生何以苦；大乘并不止于此，它要研究溯"苦"及"苦因"，进而达致"空"，缘起不仅是苦因，缘起还是根本空的缘由。大乘宗教哲学，逻辑上追求"空亦复空"的道理，而上座部佛教则不是要求信众从理性上达到真空境地，而更多倾向于返身内观，体悟出苦空的"（智）慧"（Panna）来，从而实现解脱。上座部说"无常故苦、无常故空"，而中观大乘的逻辑理路则是"所以性空，只为缘起"。简而言之，大乘的思想原则并不与上座部系的完全背离，只是某一思想侧面的长足发挥。

佛教的修行之路，行者所经过的无非"教行信证"。证，是最终的归途，因证得悟，因证而成道成佛。大乘与小乘（权且用此称呼，没有丝毫的贬义）正是殊途同归的。从"教""行""信"三者来看，上座部系都对于后来的大乘思想有莫大的贡献。拿"信"来说，坚定不移地相信：佛法深广有若大海，但只有借了信心，才可以得以渡过，因此信心是渡苦海的舟船。大乘佛教中有净土一宗，净土宗主张修习净土临终一念可得阿弥陀佛来迎，但这一主张的经典还是来源于《般舟三昧经》修念佛三昧而得佛立现前的思想，这一实践观的依据正是在上座部各家禅法都强调的"修随念佛"或"修佛随念"的手段。佛随念（Buddhanussati）是上座部禅当中很普通的修行法。因此方法，修行时念念不舍，想佛念佛、念兹在兹。这与大乘佛教的念佛修持本质上是一样的。大乘念佛观中借信念意念通往净土的途径，与上座部中证得预流果的手段非常接近。对佛陀充满坚定的信念或者信心，也是想要证得预流果的行者也用全心全意地养成的成果。

上面说"教行信证"的"行"，回过来看"教"内容，在大小乘中也是大都相同的。大乘佛教的空有二宗，同上座部系的佛学有深厚关系。比如，大乘空宗以般若学为阐扬内容。般若经典大的有六百卷，小的若心经仅有 260 个字。其中的所有术语，其实也还是来自上座部系关于色空法空的讨论。日本老一辈学者宇井伯寿说得干脆："般若经在理论上没有独特的术语，又没有独特的组织，它的法数名相都小乘佛教的。"① 大乘佛学中，中观哲学以语言逻辑见长，唯识哲学的道理叙述更为复杂甚至烦琐。后者大量吸收了小乘习禅者对内心观想的体会体验，包括行种种观想时的自我分析。所有这些认识心理过程和体证的内容，其关于感觉、意识、观念的分辨，正是上座部系的内观禅法的特色。唯识宗关于瑜伽行法的理论基础和技术指导，也都来源于上座部的坐禅方法。《伽师地论》中的关于世界所作色心二法分析，尤其是关于识蕴当中的心心所法的仔细探究。在上座部《解脱道论》中的九心轮其实也就与《成唯识论掌中枢要》中的解说没有什么差别。

佛教的实践有两个内容，即三学之中的"定"与"戒"都是。戒者，指戒律，其实是两个东西，戒法是通过传戒仪式给修行者的身份，律法则保证修行者道德纯洁性。北传大乘佛教并没有专门的律藏。大乘律，大多散说于经、论之中，或抄录自经、论。其中，单纯叙述律仪的书很少。时间上也大大晚于大乘成宗以后。倒是小乘律典俨然整齐完备，若《四分律》就是上座部系法藏部的，《五分律》是上座部系化地部的，《十诵律》属于说一切有部，该部其实也从上座部分流而出。中国大乘佛教中的律宗所据的根本经典就是《四分律》。北传当中的藏传佛教采用的是萨婆多部戒律。佛教实践的另一方面是定学，也就是修习禅定。说到禅定，北传大乘各宗都是依它们所奉的经典教理来修禅，期间的差别在于其取证的目标与境界。因此看上去是偏于理证这实践法。特别要指出的是慧能的禅，完全主张"教外别传，不立文字"，其宗旨与经典无关。它声称所循的是释尊以来以心传心的道路。既强调当下顿悟，也就无须注意修禅的次第与具体内容。实际上，北传方面真正坐禅的，禅堂中所教授，禅者老实遵循的，还是原始佛教代代相传至今的"技术方法"。近代的大禅师，仍然强调持戒清净是禅定寂静的前提，真智开发是禅定寂静的结果。禅定方法，固然大小乘经论都在讲说指示，但其源头还是在部派佛教的经论当中。由于上座部系对于北传的直接影响，习禅以寻、伺、喜、乐为可辩可知的心得，从而自明初二三四禅等次第，这一套禅法千古以来师弟相传不废，为修禅者喜闻乐见的有益之道。哪怕在大乘瑜伽行派那里，其讲求瑜伽行的

---

① 〔日〕宇井伯寿著：《大乘佛教之发展》，载张曼涛主编《现代佛教学术丛刊》第98册，大乘文化出版社1976年版。

深入次第，还是借鉴这一教法的。先辈学家汤用彤以往通过研究《南传念安般经解》①指出上座部禅与北传佛教所传禅法的内在一致性。汤先生的另一篇文章《佛教上座部九心轮略释》中的研究结果表明，南传上座部的认识心理分析与大乘唯识学说也有直接的缘生关系。唯识学者从能所两面立足，对心识的细琐分类，其实借鉴了上座部九心轮和八十九心的说法。大乘有宗烦琐细密的心心所法，无论术语还是思路，都同上座部的观想自省活动以及对认识心理的分析有缘生关系。

　　这里顺便说，尽管一般认为北传大乘继承了说一切有部的学说。但已故佛学界名著，台湾的印顺长老却有这样的看法：上座部其实比大众部更接近大乘学说。他在《上座部才是佛教的嫡传》一文中说："上座部是学派分流的产物。谁相信它的五部阿含、律、七论尽是佛法的呢？王舍城的结集中，只有阿含七论吗？中阿含中的弥勒与离婆多是什么时候的圣者？我若告诉巴利文系的学者，锡兰是自称自赏的上座部佛教，实是上座三大流中的一流——分别说、分别说中的一支。上座部是西方的耆老系，但从它流出的分别说曾流行到东方，与东方的大众系有深厚的关系，也即是分别说部的内容，有深厚的大乘倾向。不过传入锡兰的一支，与大乘脱节，陷于保守停滞的阶段而已。比起锁在罽宾国山中的一切有系来，接近大乘得多了。分别说部承认的小阿含，即是杂藏的前身，杂藏是大乘藏的前身。分别说系四阿含中重视长阿含。长阿含中毗沙门赞佛偈，已意许十方佛的存在了。"十方三世佛的说法已经是很典型的大乘主张了。

_____

①　汤先生将汉译的《安般守意经》（安世高所出）同南传的《念安般经》从内容上进行比较，指出北传佛教的禅法对于上座部禅法的密切联系。"人佛法（即小乘佛法——引者）有二甘露门：一不净观，二持息念。而于我国六朝禅法则息念为最要。安候……译《安般》则重发禅数之秘奥，而后尤要，从之学者尘集，南阳韩林、颖川皮业、会稽陈慧，尤执持不倦。至三国康僧会助陈慧作注，约同时沙门严佛调撰《沙门十慧经》，则亦结《安般》之余绪。六朝定学称为禅数。数者，安般守意六事之一也。罗什《思维略要法》云：'凡求初禅，先习转观，或得四无量；或观不净，或观因缘；或念佛三昧，或安那般那，然后得人初禅则易。萧梁慧皎序：习禅自世高以至于玄高日，出入尽于数随，往反穷乎还净。'则彼时念安般之重要概可知矣。"汤先生指出：南传《念安般经》出巴利文中阿含，为第 118 篇。该经分缘起、佛说、结总三部分。中间佛说有四个内容：修念安般、修四念处、修七觉支、修智慧解脱。"修安般"一段为全篇关键，真可谓"其文虽约，义关众经"。南传锡兰诸籍谈念安般者均依此文。北传我国亦多由此推衍（《内学》第四辑第二种 1928 年 10 月支那内学院出版）。

　　毫无疑问，上座部佛教可以代表早期的佛教学说，它也是最早传入中国的佛教教理。今天，除南传上座部三藏保存比较完备以外，其他部派的三藏都已不甚系统，除个别在中亚发现有梵文的残片外，剩余部分都保留在汉文译籍中。从汉文译经史看，最早出现的教义是原始佛教中特别关心的禁欲苦行。北传汉文佛教中，公元 1 世纪时译出的《四十二章经》，其强烈的厌世和出世思想，与早期佛说非常逼近。公元 2 世纪末，大规模汉译佛经尚未出现时，汉地介绍的经典也多为上座部《阿含》中的小本经，例如著名的《那先比丘经》。真正意义的佛教三藏形成于公元五世纪东晋时代。前面说到的律藏，《十诵律》《摩诃僧祇律》《四分律》《五分律》，《善见律毗婆沙》，后三者都是上座部系的。至于阿含经，南传有长部、中部、增支部、小部、相应部的说法。此中小部是相对汉传四部阿含经而多出的。正是南传的《小部》，其内容多分散在其他汉译佛经中，像《六度集经》《生经》《义足经》《法句经》等。论藏虽多属有部[1]，但也不乏属上座部者。由化地部和法藏部传播下来的《舍利弗阿毗昙》，南传上座部的《解脱道论》，大都在四五世纪译出，对早期汉传佛教有影响力。上座部的这些经典，保存了早期佛教的基本内容，这些都是南传佛教给中国佛教思想宝库的馈赠。至于那些从南亚和东南亚上座部佛教流行地区，经南中国海来汉地弘法行化的外国僧人，对于北传佛教的贡献，就更加不可估量了[2]。

---

　　[1]　从 2 世纪的《阿毗昙五法行经》，到 7 世纪的所谓"一身六足"，新译和重译不断，相当完备。

　　[2]　经海路进入中国内地的僧尼，发自天竺或罽宾或师子国不等，经南洋群岛或中南半岛的交趾、扶南，抵达广州及青岛。如翻译家罽宾求那跋摩（394—468），就是经师子国、阇婆国，再经交趾抵广州的。师子国两次派尼众至南朝宋都建业（铁萨罗率尼众于 433 在建康传戒）。中天竺求那跋陀罗（394—468）也经师子国，随船至广州；菩提拔陀（509）则发自南印之歌营，经扶南、林邑而进入宋境；天竺僧伽跋摩，虽渡流沙而至建业，后随船经南海返国（433）。直接来自扶南的还有僧伽婆罗、曼陀罗仙和本籍西天竺的真谛等。又有叫耆域的僧人，起自天竺，经扶南、交广到北中国。从南海经交趾来入广州的僧人，也有往江淮或者徐淮去的。2 世纪的徐州彭城就有佛教活动。那可是最早的佛教进入华夏的纪录之一。汉末三国时康僧会在吴都（247）建官寺建初寺，他也正是交趾来到建业的。至于广州，史料显示，两晋之际已经有佛教。僧传说，昙摩耶舍于东晋隆安年间（397—401）来到广州，住白沙寺（今光孝寺），当时那里的门下僧众已经近百人。

二　南传佛教的社会政治功能

东南亚的中南半岛，在公元第 2000 年开始以前，文化类型基本上是大致相同，在深山腹地为原始宗教，各大河三角洲地带有不同形式的佛教，佛教由于与更先进的印度灌溉的农耕文明相联系，具有很强的渗透力，不断由河谷向山间渗透，逐步支配了这一地区居民的精神文化。10世纪以后，各民族逐步形成中古的民族国家，佛教成为这种政治共同体的黏合剂。随着越族（京族）、缅族、泰族等主体民族的发展和封建国家的形成，东南亚的地区间文化差异逐步加大，但又都共沐佛光照耀。缅族约在 11 世纪建立了蒲甘国家，确立了上座部佛教的主流地位；稍早一些，大约 10 世纪，越南的京族也开始立国，京族文化上深受中国汉文化影响；从 13 世纪到 15 世纪，泰国、老挝和柬埔寨都形成了中古的民族国家，它们多半以上座部佛教为主要信仰形式。受印度文明的影响较深。进入近代以来，在中南半岛的内陆农村山寨，日常生活与风土习俗，受原始泛灵宗教的支配，也有"不纯正的"佛教文化。平原、盆地和大河流域，如湄公河三角洲、湄南河流域、伊洛瓦底江流域等，人们主要信仰佛教。

近代以来的南传佛教还展示了另外一个鲜明特点。统治者尽量利用佛教来争取统治合法性；至于佛教僧伽团体，也热切地争取王权的支持，投身于王家政治。因此，佛教在东南亚就是契时契机、入世随俗的宗教。佛教僧侣在世俗社会中应该扮演什么样的角色，他们同广大民众、国王权贵应保持什么样的关系，这些显然都是佛祖在世时就面对的问题，佛祖在不同场合的确也有过论述和规范。原始佛教的僧团，保持了对国王权贵的基本独立，但也以佛法功德劝善的一套理论为一家提供政治合法性支持。佛法与王法互相支持的基本政治结构在佛在世时已经显示雏形。

国家与僧伽的关系，在古代其实就是王家同僧伽的关系。对待世俗王权，佛陀坚持中道原则。既要争取王者支持，也不能成为他们的附庸。从他的实践看，佛陀仅仅是保持僧侣个人同世俗君主的友好交往，一如佛陀和波斯匿王的关系，或者龙军比丘与弥兰陀王的关系。① 佛教僧人只能以王家善知识兼顾问的身份来推行开明的政策。佛经当中没有禁止比丘与帝

---

① 参见《南传弥兰王问经》，巴宙译，中国社会科学出版社 1997 年版。

王的来往，但它也暗示：与君主过从甚密是危险的事。佛陀时代，当时印度有 16 个较为强大的邦国，它们的政治制度显然分为两类：一是从原始部落议会制演化而来的共和国，就像当时的跋耆国家；一是高度专制集中的君主制，像是摩揭陀国。前者更多一些民主意味，从佛陀出身的迦毗罗卫国背景以及佛陀个人的政治倾向看，他显然要更同情"民主的"跋耆一些。在古代锡兰和东南亚甚至整个古代东方社会，几乎每个朝代都有著名的王家高僧，出入禁宫，参与政治活动。因此，对于上座部佛教来说，问题不是要不要参与国家层面的政治，而是如何才能既不妨碍僧人出世的理想修行，又能保持与王家的联系，从而推行正法社会的佛教理想。

　　佛教很注意在国家政治当中保持其宗教独立性与超越性。摩哂陀最初在楞伽岛弘传佛法，一方面他充分利用了来自天亲帝沙王的政治权力，但他只是从功德角度来安慰帝沙王，从来没有匍匐在王座下面。帝沙王在首都阿努罗陀普拉近郊建起大寺，以后它成为南传上座部的中心。传说帝沙王还建造了大量佛塔拱卫他的首都。摩哂陀显然在王宫中有国师的地位。佛教在楞伽岛上的发展离不开政治权力的支持。以后，当锡兰岛上的三大寺为政治支持展开角逐时，大寺正是用佛陀在另一场合所做的另一教诲——不要亲近王家与贵族——作为根据来批判无畏山寺与祇多林寺。话虽这么说，其实，在整个前现代社会当中，佛教与统治者的宗教政治联姻是非有不可的，这也是一种"历史的选择"。直到 1815 年英国人征服斯里兰卡之前，佛教基本上都被历代国王接受，得到他们支持，领有国教的地位。佛教对于世间的政治权力，也尽量从理论上加以引导甚至鼓励。例如：前 1 世纪初，在杜陀迦摩尼王（前 101—前 77）率领居民驱逐来自南印度的入侵者朱罗人的战争中。佛教对此当然是支持的。朱罗人信奉婆罗门教，楞伽岛当时完全皈依佛教。于是，民族间的生存战争，因宗教更加具有神圣性。相传杜陀迦摩尼王获胜以后，曾因为战争杀人数千有违佛教教义而深表悔恨。但一位已得罗汉果的僧人劝他不必如此，因为他所杀实际只有一个半人：一个是皈依三宝的佛徒，半个是持五戒的人，其余都是"邪见者"，杀死他们并不犯戒，自然也没有罪过。这样的说法，也在当代斯里兰卡围剿泰米尔武装的战争中重现出来。

　　佛教赋予了信奉佛法的民族以精神生活，也赋予这些民族国家以政治合法性。佛教同南亚、东南亚各民族的生活方式与价值观是不可分离的。当这些民族寻求自我肯定自我认同的身份感时，佛教提供了强大的精神支持。19 世纪初，当时处于英国和法国统治或威胁下的东南亚各民族，政治上逐步觉醒，开始酝酿争取独立的民族斗争。各国的社会精英，首先可以拿起的思想武器，就是他们生而既有、长而熟悉的上座部佛教。篇幅所限，我们只能简单指明这么一些里程碑一样的历史事件，以显示佛教与民族觉醒相伴始终的过程：1891 年，斯里兰卡佛教复兴和民族觉醒的精灵人物达磨波罗创立了菩提学会，为唤醒锡兰人民尤其青年佛教徒产生巨大的作用。这个觉醒运动将佛教复兴一直推到印度大陆，恢复菩提伽耶佛教圣地的斗争和为贱民种姓正义都与达磨波罗创立的菩提学会相关。以后在20 世纪中期，印度的安伯卡尔成为"贱民运动"领袖，率领 50 多万贱民集体皈依上座部佛教，就是这个运动的后继发展。1898 年，锡兰青年佛教会成立，他们从维护传统文化出发，展开了对英国人的文化与政治的抵制。这一斗争过程，培养了斯里兰卡独立运动的领袖和独立后的国家领导人。1919 年，全锡兰佛教总会成立，进一步团结了全国僧俗大众，为复兴佛教和为争取民族独立而形成政治浪潮。由于这个运动的鼓励，大批青年比丘直接投入社会政治活动，英国殖民者直接称他们为"政治比丘"（Political Bhikkhus）。但后者理直气壮地接受这一称呼，并用积极的社会行动来响应殖民者的揶揄。1946 年，锡兰独立前不入，兰卡的激进比丘甚至发表了一份"比丘和政治"的宣言。宣言声称，2500 年以来，佛教徒，特别是出家人同守一种戒律。但是今天佛教生存和发展的社会政治环境已经变了，僧伽和人民都不应简单地拘泥于古圣释迦牟尼佛的时代，而要适应新时代的生活，勇于承担护法的传统义务与责任。这样一种对社会政治的关心与担当的责任感，造成了整个 20 世纪中期佛教对斯里兰卡政治的深入参与，一直影响到八九十年代楞伽岛上的政治动荡。

近代以来缅甸佛教的政治参与活动也是引人注目的。僧人的政治抗议开始于 19 世纪末。在毛淡棉、曼德勒、巴生等地最初的抗争的都是同佛教相关的信众团体组织的。1897 年古都曼德勒建立了"曼德勒佛教复兴会"。1906 年，全国性的佛教知识分子组织"佛教青年会"在仰光成立。1908 年《缅甸佛教徒》报问世。佛教青年会第一次政治抗议是在 1919年。在一位佛教徒律师吴吞貌（U Thein Maung）的领导下。以抗议欧洲人进寺庙不脱鞋为理由的政治运动迅速蔓延开来。为了争取选举权和缅甸的自治权，1919 年，佛教青年会组织了一系列的群众大会，它甚至派了一个代表团前往伦敦。1920 年"革命僧人"吴欧德马和僧伽协会领导一批青年比丘到乡间进行反英宣传。随后缅甸人民团体总会产生，大批和尚都是这个政治团体的成员。20 世纪 30 年代，曾做过和尚的萨耶山在下缅甸起义。他也是人民团体会的成员，正是在那个组织中学习过马克思主义。萨耶山起义失败后，仰光的激进学生组织了"我缅人协会"，革命政党德钦党的前身。许多后来的缅甸政治领导人都是德钦党的成员，如吴努、觉迎、巴瑞。今天缅甸的政治领袖昂山素季的父亲也是这个组织的领导人。

缅甸独立以后，吴努的佛教社会主义试验，成为亚洲不结盟国家的一面旗帜。它同当时斯里兰卡的班达拉奈克鼓吹的社会主义，都昭示出佛教是特殊的精神文明，它完全可以同马克思主义并行不悖。当时吴努的缅甸复兴还有一个很深的宗教情结。他认为自己就是弥勒佛再世，是来挽救时代的缅甸人民的。取代吴努治理缅甸的奈温及后来的军人集团为这个国家开出另外的治世药方。坚决地要切断佛教同现实政治的关系。一直未能解决军方与佛教界的龃龉。因此从 20 世纪 70 年代直到 21 世纪。缅甸佛教徒都成为政治抗议的重要力量。1988 年的政治风暴——"四个八运动"中殉难的佛教僧人就永远定格成为了缅甸佛教争取政治民主的最有力象征。昂山素季已经在刚刚过去的全国政治选举中大获全胜，但她如何回应那些曾经以生命和鲜血支持过她的比丘团体的政治要求，如何处理她领导的政府同整个佛教僧伽的关系，仍然是经济建设重任之外的又一艰巨任务。

如果说斯里兰卡的佛教僧伽在近代反对殖民主义压迫的民族解放中提供了一种出世宗教关怀社会政治的理论，那么"二战"以后，东南亚的民族独立运动中，从反对法国殖民者到反对美国发动的越南战争的活动中，佛教接受了甘地、路德·金博士的非暴力不合作的政治主张。许多佛子，如释广德、僧一行这样的越南和尚，在南方的反战运动中，用生命和鲜血谱写一幅幅撼人心魄的政治图景。在现代社会中，佛教比丘应该持什么样的政治立场？在一个从政治到经济和文化含义都同古代完全不同的社会中，比丘的社会角色与责任有没有变化？为此产生的争论，从 19 世纪初的斯里兰卡，到 20 世纪初的缅甸，再持续到 20 世纪六七十年代的越南。达磨多罗在锡兰从事宗教复兴活动时，就自认为他们的政治反抗，根本就是反对魔罗。他们认为，各个时代都有魔罗的化现，在当代，英国殖民者就是魔罗。反对殖民主义和复兴佛教是同一回事的两面。依据他的这一说法，缅甸和越南的佛教徒当然也有责任与义务投入政治斗争中。因此，二战以来，上座部佛教国家多半经历的去殖民化、发展现代化的全部过程，这一地区的佛教比丘们的社会政治参与，既是僧伽的社会关怀，也是他们的宗教责任，完全没有越出佛教徒应坚守的界限[①]。殖民主义的压迫，地区超级大国的外部干涉，都赋予了缅甸、斯里兰卡和越南佛教徒进行政治反抗，争取正义和和平的政治行动的理由；20 世纪 60 年代，越南南方人民反对吴庭艳政权的斗争曾将比丘们推到了斗争前线。当僧人释广德和另外几位比丘尼引火自焚的照片在欧美电视台新闻节目上播出后，佛教方面的政治形象震撼了西方社会。释一行的政治活动也开始于这一时期，并从越南延伸到了美国，再到欧洲的法国。释一行，他曾经写过一篇谈越南战争的小册子《火中的莲花》。那就是越南佛教徒对当前政治和战争表达的抗议。他最后在南越无法存身，只能流亡出国，最终导致了更为深远的佛教社会运动——参与的佛教运动。

三　南传佛教对现代化潮流的适应

无论历史上还是现实当中，东南亚社会中的佛教，都同政治有着无法回避的紧密联系。近现代以来佛教僧伽中也不乏从理论到实践上积极关注政治的人。其实从根底上讲，佛教不可能是出世的。其价值理想可以出世，但修行实践的出家人，多半还得生活在世界上。越是进入现代，隐遁山林便愈加不易。现代化已经将离群索居的僧人变成了社会存在的一部分，这是不争的事实。

佛教的化世导俗，就是其服务世间人生的功能与传统。这从来都与社会生活休戚相关。佛教繁荣的时候，正是与社会人群紧密联系的时候。服务社会、适应社会是佛教得以发展的前提。因此，佛教的比丘不能不关注着自己的"衣食父母"。在农村，在旧时代，僧伽承担了社会的基本教育，平时则成为村民们伦理的指导者和社会关系的调节者。进入现代社会以来，比丘仍然承当基层行政的辅助功能，在城市也仍然是文化生活的组

---

① 参见斯里兰卡的智严佛教学院的罗候罗博士发表的《比丘与政治》。该文发表于 1944 年，被称为"政治比丘的行动宣言"。cf. Heinz Benchert, *Buddhism*, *State and Gesellschaft in den Landern*, *des Theravada Buddhiscus*, Fuankfurt, 1944, Ⅰ：343.

织者——尽管它的文化遭受着西方文化侵蚀。东南亚佛教社会中依然保持了青壮年在寺庙中短期为僧修学的传统，因此，所有家庭也就直接地和亲密地参与了僧伽的宗教生活。由此，佛教功德业报和涅槃理想的观念依然成为农村社会中道德伦理的基础。从实用的社会层面上看，乡村的佛寺和僧人们依然处在社会联系的中心。佛教寺庙是农村小区中的学校、孤儿院、养老院、药房，以至银行和农业科技、政治事务的咨询处。以缅甸、锡兰为例，英国殖民者在 19 世纪就认识到了：若非通过地方上的比丘僧人，在信奉佛教的农村，殖民地政府官员几乎是无法直接同农民打交道的。因此即令在殖民时代，乡村社会的基层结构仍然是部族酋领、村寨头人长老，以及最受人们依赖尊重的比丘。进入 20 世纪中期以来，从经济生活到政治生活的现代化变迁，已经使乡村和尚的地位有了改变。佛教僧人虽然还是乡村的精英，但他们已经不再总是农村社会的中心。由政府推行的现代学校、医疗卫生、农业技术，都迫使佛教僧人必须响应现代化和压力，积极地关心社会、服务社会。

佛教参与社会，既是本着佛陀教诲，也是为它自身的生存与发展。这样一个面对现代化、不断走向人群、深入社会生活的过程，在泰国、缅甸和斯里兰卡等南传佛教国家的佛教近代复兴中，都是清晰可见的。独立之前，各国的佛教僧人们都日益深入地参与到反抗殖民主义当局的斗争中去；独立以后，佛教在国家政治重建的过程当中，积极地参与社会政治生活，在新的国际国内环境当中，回应现代化携来的普世价值观，对传统的宗教理想再加解说，助益社会经济发展与繁荣，改善社会政治制度，谋求正义与公平。在这么一个目标下，上座部佛教各国的佛教僧伽，要么积极响应政府的社会发展计划，参与农村的，尤其贫困地区的经济发展计划；要么僧伽方面主动地发起社会与宗教的复兴运动；与此同时，佛教僧伽也会配合国际上的和平进步力量，参与到众多非政府组织的经济与政治发展项目活动中，推进地区的或本国的发展。而当前在南传佛教国家风头正健的"参与佛教"运动，就是这么一个背景下产生的进步的宗教文化和社会政治的活动。可以说，它就是上座部佛教版本的人间佛教运动。这个联合南传上座部佛教各国僧人的运动，其总部设在泰国，称为"参与佛教的国际联络网（the International Network of Engaged Buddhism）"。它同世界佛教徒联谊会（World Fellowship of Buddhists－WFB）也有良好的合作关系。我们知道，后者正是斯里兰卡的左派政治活动家，著名的佛教居士马拉拉塞克拉在 20 世纪 50 年代初期建立的，当时联合了主要是上座部佛教各国的佛教领袖。

佛教僧伽为促成社会政治经济发展而或发起或参与的运动，有的得到政府支持，有的根本就是政府框架下展开的，有的还是联合国教科文组织的社会文化发展活动，更多的是独立的非政府组织的社会发展规划。20 世纪中期，缅甸的吴努总理为纪念佛诞 2500 周年而成立的缅甸佛教协会，就组织了对缅甸山区少数部族的助学活动，为此政府也组织了多次比丘培训的活动①。同一时期斯里兰卡的全锡兰佛教大会也组织了在山区和沿海地区的普及教育活动，并动员许多比丘和在家佛教徒参与进去。僧伽的工作也得到了锡兰农民协会的支持和配合，后者的宗旨就是"通过献身于世间服务和国家福利的佛教僧伽，致力于在锡兰全岛推进人民的精神和物质的利益"② 当然，在斯里兰卡，从 60 年代以来，最重要的乡村发展运动是"普遍改善运动（Sarvodaya Shramadana）"。这个运动的指导思想是佛教的服务众生的理念，其发起人是圣宝（A. T. Ariyaratne）。运动吸收了大量的佛教比丘参加进来。它创立于 1958 年，以后志愿服务人员达到 80 万之数。它推动生产自助、提高生活质量的活动，给斯里兰卡全岛的 8000 个乡村带来福利③。

各个时代的佛教的社会活动，无论经济的还是社会民生的，本来就是一个亘古不变的责任与义务：佛教要生存发展，就要适应当世社会的需求，僧伽提供给社会的功德成就，既有利于社会人群，也有利于僧伽自身。适应社会就得因时因地改变自身，因此佛教自身的改革也是在整个佛教史上的。比如，泰国佛教近代的改革运动，就开始于殖民主义侵入东南亚的时代。主导这场改革的是曼谷王朝的拉马四世（1851—1868）。他是未登基之前的蒙固王。他自己就是佛教学者。19 世纪中期，泰国佛教改革造成了法宗派（Thammayat）。"法宗"，"以法为宗归"的意思。它的目标是回归原初的上座部教义，严守毗奈耶（律），这使它区别于泰国历史传统更加古老大宗派（Mahanikai）。上座部佛教当中，从来存在着复归

---

① E. Michael Mendelson's *Sangha and State in Burma*, ed. John P. Ferguson（Ithaca：N. Y.：Cornell University Press, 1975），pp. 306ff.

② Donald K. Swearor's *Buddhism in Trasition* pp. 46ff.

③ 参见 Charles F. Keyes's "*Buddhist economics and Buddhist Fundamentalism in Burma and Thailand*". In *Religious Fundamentalism in the World*（Ny. 1984）pp. 303ff.

传统的要求，一方面是与时俱进的生存需要，另一方面是保持纯正性与超越性的宗教要求。

蒙固王之后，泰国上座部佛教的改革始终存在，有一批林居的僧人坚持在北奉泰和东北泰的山林中修禅习定，教化乡民。其中有名的有两位，孟法师（Achan Mun）和绍法师（Achan Sao）①。孟法师在 20 世纪三四十年代是东北泰最有名的法宗派大师，他教授的禅法对后世影响很大，他的门下人才济济，今日中泰的黎法师，东北泰的查法师和摩诃布法师，北泰的瓦禅师和辛禅师都是主持一方的大禅师。这一系禅法，不主张追求神通，而强调认真持律。孟法师的老师绍法师，一生传法，要求弟子，坐禅为要，但更要读经习论持律。他完全走的是《清净道论》讲到的十三支头陀行的路子。孟法师的弟子中不乏西方人。今天在泰国乌汶的查法师的寺庙就是著名的国际禅定中心。孟法师将佛教置于戒定二学基础上，这种主张既是传统头陀行苦修路径的继续，又是现代佛教改革运动力图复归的主要目标之一。它直接地影响到 70 年代以来的泰国佛教中的"静无忧"运动②，也部分地影响到从 60 年代以来就在泰国以至整个世界佛教界影响甚巨的佛陀达莎的宗教理念和实践③。

改革正是佛教从古到今所以生生不息、久而弥新的原因。改革大致体现了或回归正统或适应现代的两种要求间的张力，改革所争论的题目和内容，在不同时代会有不同。但如何保持佛教的神圣性、超越性，以指导人们的生活行为，总是不变的目标。例如关于女性权力的伸张，在南传佛教内部好像是一个新题目。80 年代后期以来，在上座部佛教国家酝酿着与

---

① 参见 Tambiah 前所引书 *World Conqueror and World Renouncer*，pp. 160ff.

② 20 世纪 70 年代曼谷为中心的佛教运动。它脱离了僧伽官方的支配，主张严格的修禅，声称要回到原初教义上去。联系到泰国从 20 世纪 60 年代以来因经济发展而引起的僧伽上层的腐败。一开始它得到泰国社会热烈欢迎。"静无忧运动"一直被视为佛教中的异端运动。

③ 佛陀达莎对于现代佛教运动的影响具有重大意义，因此说在今天泰国存在"佛陀达莎运动"都不为过分。总结起来，他的佛教主张可归结为两点。第一，佛教要成为人民的正信对象，就要求僧伽大众带领人民回到原初的教义上去。正行应该放在首位，持律坐禅、因定发慧、由身而心。第二，现代佛教必须适应世间的需要，为众生解决社会中的政治以至经济问题。佛陀达莎代表了佛教改革运动中的理性主义一流，他对于泰国现代政治和社会理想的批判，实际上反映出以城市中知识精英为主体的精神批判。后者从佛教立场对社会现实进行强烈而鲜明的批判。佛陀达莎和他代表的城市精英中，有著名泰国社会活动家素拉·司瓦拉差（Sulak Sivaraksa），后者是泰国的著名持不同政见者，又是泰国"参与佛教"的倡导者与积极活动家。

宗教身份相关的女性权利运动。这就是佛教中出家女性争取恢复比丘尼传承的行动。运动本身既体现了现代世界当中普遍出现的女性意识觉醒，也体现了佛教蕴含的平等观念的重新解释。从世俗的现代化一边看，它显示了传统社会中的男尊女卑的观念正在解体，女性争取平等权利的呼声，已经从政治领域扩展到了宗教领域内部。上座部佛教的比丘尼传承从中世纪以来就已中断，近代以来上座部佛教国家，虽有出家女众，但她们没有比丘尼的身份，她们只能依附于寺塔生活修行。她们甚至连沙弥尼都不算，因此她们的离家舍家、求道修行而放弃世俗生活的高贵选择，并不为社会所器重。佛教女性在漫长的两千多年中，无论在社会上，无论在佛教团体当中，都是受到区别对待的[1]。当代南传佛教国家，有这样一批人数甚众的出家女性。缅甸的出家持戒女约两万名，泰国约有13000人；斯里兰卡的情况不明，但依附在寺庙边既要持戒修行，且要充当杂役服侍比丘日常生活的女性出家人也不在少数[2]。今天的斯里兰卡，已经产生了女性要求恢复比丘尼戒的运动（sil matavas）。而在泰国，20世纪30年代，妇女能否成为比丘尼的争论，就时时出现舆论界，也困扰着僧伽官方。21世纪初，泰国最有名的佛教妇女活动组织名叫"释迦女儿"即"国际佛教妇女协会"。该组织的创建人之一是瓦萝迈长老尼的女儿。她当时是曼谷法宗大学的教授，又是"释迦女儿"的主席。她多年来致力于"绿色佛教"

---

　　[1]　从原始佛教经典可知，妇女的地位是非常微妙的。包括佛陀在内的男僧伽成员，以一种充满矛盾的态度来对待她们。一方面，妇女是社会中家庭的重要角色之一，是男性僧伽成员的母亲，又是僧伽平时衣食的供养者。妇女的美好形象可见佛陀母亲摩耶夫人，佛陀的姨母大爱道，以及向佛陀供养过乳糜的善生牧女等女性表现出来，也通过尽心施舍僧伽，为求佛法不惜忘身舍命的末利夫人表现出来。另一方面，古代社会由于其男性中心观念，妇女往往处在被贬损的地位，被视为软弱、愚昧、缺乏意志力、淫荡等，很久以来，她们被认为是"障道因缘"。南传佛教寺庙中的许多劝善故事，多用女性来表现贪嗔痴。就是佛祖本人，当他一再拒绝姨母大爱道等人的出家请求，也表示了这样的意思：女人进入僧伽，佛法住世的寿命就会缩短。妇女出家玷污了比丘僧伽，犹如稻田、甘蔗田染病一样。因此，女性虽然出家，也应受更多的戒条约束，她们应在比丘面前永远处于屈从的地位。这就是佛陀制定的约束出家女性的"八重法"（参见《增支部·八集》及《中阿含·116经》）。

　　[2]　在东南亚各地，在不同的上座部佛教国家，妇女地位并不可以简单地一概而论。在缅甸，少女就可同男孩一样到寺庙中举行青春仪式，泰国的少女就不可以。同时，缅甸的女性出家人（thilashin，十戒女）虽然不等同于比丘尼，但她们在社会上受到尊重，可以讲经说法，主持某些佛教仪式。泰国的白衣女（mae chi）就没有这种资格。在缅甸，十戒女可以参加统一的巴利文考试，取得宗教学衔。

的活动，这个组织的名称使人联想到欧洲非常有政治影响力的非政府组织"绿色和平运动"。她还是南亚、东南亚这些年来很活跃的"参与佛教国际联络网"运动的成员。她与泰国的素拉，斯里兰卡的圣宝，越南的释一行都是朋友和同志。但女性出家人要求取得合法宗教身份，成为正格的比丘尼的权利伸张，是在20世纪80年代以后才以显眼的方式出现的。这一权利要求，得到国际佛教界（包括台湾佛光山星云法师在内的大乘佛教界）的援手。如今正在南亚和东南亚佛教社会中继续发展，汇成大潮。

南传上座部佛教对于佛教全体的历史发展、对于南亚、东南亚后代政治国家的形成、对于走向全球化的现代社会历史上产生过推波助澜的作用，具有重要的精神指导意义。当然，佛教影响着世界，它也受到世界的影响。这种双向的影响与交流，正是上座部佛教复兴的动力源头。因此，佛教复兴，不仅仅是向佛陀言教的根本宗旨回归，更有接受现代化的积极发展成果，将其化入社会生活，实现人间佛教的责任。今天的上座部佛教现状，是东西方现代化发展诸种合力的结果：西方的民主自由观念、近代教育制度、宗教研究方法，都曾对佛教产生很大的影响。从斯里兰卡的达磨波罗毕生致力的大菩提会运动，到泰国的现代佛教运动（包括70年代的"静无忧坐禅运动"和80年代的"法身寺运动"）；从斯里兰卡的智僧、智严大学，到泰国摩诃摩固和朱拉隆功两所佛教大学，在形式和内容上都不再局限于传统的佛教。佛教僧伽从来没有像今天这样深入地参与到国家倡建的社会文化教育甚至政治活动中，佛教比丘也前所未有地自觉和积极地参与到诸多的社会政治运动中去。作为佛教三宝之一的僧伽和僧人，他们在现代化过程中对世界、国家和社会，都做出了积极的贡献。传统的上座部佛教，在现实的环境当中，展示了佛教的丰富精神资源，如何有机地融合于当代的价值，并转化为巨大的社会力量，服务现代社会中的人群。可以肯定，释迦牟尼的教法，上座部佛教的阐释体系，完全可以适应现代社会的政治制度以至文化精神。上座部佛教国家的民众与僧伽，完全可以在保存发扬传统的出世精神价值观的同时，又入世地适应现代化的各种成果，不断改善物质生活，享受经济和政治发展带来的福祉。

上座部佛教首先是社会中的宗教，它当然应该关心其所存身的社会的痛痒。它应该向社会与人群提供世俗社会不可或缺的理想和价值观，这本身既是宗教的指导，但又有政治的和文化的含义。如果佛教不能再服务于国家与社会，那它就丧失了从本以来的用功德交换社会供养的机制，它的生命也结束了。今天的南传上座部佛教，显然充满了生命力，除了在民间风俗和社会文化生活的层面上，人们通过节日仪式和法会仪式的参与而得受益。当然更重要的服务是来自佛教的精神指导，也包括佛教对于现代社会的道德批判。佛教的内部，其不断涌现的改革运动正是为了维系人天之师的精神地位。对于斯里兰卡、缅甸、泰国的种种宗教文化运动，我们应该看到，它们既是佛教智慧的流露，也是佛教针对社会做出的道德批判与纠正，它既是宗教的精神创造活动，也是宗教徒的修行活动。在以佛教的根本价值观为指导的国家和人民当中，现代化的过程同样不可能摒弃人们对解生脱死的向往。这就是上座部佛教在今天仍然具有重要价值的根本原因所在。

（宋立道，中国佛教文化研究所所长、研究员）

佛教与缅甸的政治转型

李晨阳

在经历了长达 50 年的军人统治之后，缅甸终于在 2010 年 11 月举行了继 1990 年 5 月之后的第二次大选，并于 2011 年 3 月实现了还政于民。尽管吴登盛政府与军人之间的关系是显而易见的，但在过去的 5 年内，缅甸政府在国家与社会关系层面进行了一系列的政治改革，其政治转型的成就得到了世界的公认。2015 年 11 月，缅甸顺利举行了第三次大选，由昂山素季领导的反对党民盟获得了联邦议会 80% 的议席。从目前情况看，缅甸将在 2016 年 3 月底出现第一次真正意义上的政党轮替和权力移交。本文旨在分析佛教在缅甸过去的政治转型中扮演了什么样的角色，并讨论缅甸的政治转型未来要实现软着陆或巩固，佛教应该从哪些方面发挥更大的积极作用，佛教极端势力以及佛教对政治的过度参与对缅甸政治发展可能产生的影响。

一　佛教对缅甸政治家和民众的政治思想与政治行为的塑造

缅甸的政治转型被认为是 2010 年底 "阿拉伯之春" 以来的成功典范之一，有序性与非暴力是缅甸政治转型的显著特征。之所以缅甸没有出现埃及、也门、利比亚、叙利亚等国家在转型期间的政局动荡和大规模流血冲突现象，很大程度上是因为千百年来佛教教义已对缅甸广大民众以及政治家思想和行为产生了极大的影响。

1989 年以来，反对党民盟大约有上万人或长或短被拘禁，数千人被判长期徒刑，有的甚至在狱中惨死。民盟领袖昂山素季在 1989 年 7 月至

2010 年 11 月期间，三次被软禁（1989—1995、2000—2002、2003—2010），时间长达 15 年。即便是最困难的时期，昂山素季也没有号召人民用武力去推翻政府，而是恪守"非暴力"的原则，民盟也没有组织暴力活动。著名学者古斯塔夫·霍特曼（Gusstaaf Houtman）在他的《缅甸危机政治下的心理文化》（Mental Culture in Burmese Crisis Politics）中指出，她父亲昂山被暗杀以及在印度对甘地主义的学习，导致昂山素季后来强调进行佛教的"精神革命"。在长期的软禁期间，阅读佛学著作和修行是昂山素季的重要日常活动。昂山素季认为修行使她变得更加平静，不容易生气。昂山素季还指出，她从上座部佛教大师吴班蒂达那里学到了很多，其中最重要的就是正念（mindfulness，可形容为"不偏不倚地觉察"，或"毫无遮蔽的注意力"）。昂山素季自己非常尊重僧侣，经常到寺院布施，她身边也一直活跃着多位充当其顾问的高僧。但是昂山素季认为佛陀也是普通人，人人都有成佛的可能性，只要努力就可以实现，她的这些言论曾遭到军人的攻击和部分佛教界人士的不满。

在政治实践中，昂山素季确实是身体力行佛教哲学。她说她发现了慈爱（loving - kindness）的价值，并且强调，"如果你对别人总是抱有正面情感，那么他们就伤害不了你，也吓不倒你"。昂山素季 2010 年 11 月 14 日在民盟总部发表了重获自由后的第一次公开演讲，她表示，"对于看管我的那些人，我并没有憎恨。我的性格决定了我不会憎恨任何人，我心中没有恨意。在我被限制人身自由的时候，负责看管我的人对我非常客气。我说的是事实，他们真的对我很客气，我会牢记这一点，感谢他们"。她在接受采访时表示，"我不希望民主运动以仇恨为基础，我希望它能基于一些更正面的情感，比如对于未来的信心，相信我们的国家未来应该变得更好。不论何种情况，要达成国内和解，你不可能依赖仇恨。挑战在于，如何在避免仇恨与报复的同时，又不失掉真相和正义"。

此外，昂山素季坚决反对用暴力的方式去争取民主。她说，"在革命运动中往往有一种危险，即政治上的急切往往模糊了革命的基本精神目标，甚至将它废弃"，"为什么有些革命走到了非常错误的地步，原因在于革命者认为为了革命胜利可以不择手段。你不能那样做，不然革命的初衷就被扭曲了。如果你是为基本人权而斗争，你不能使用那些违反人权的方法。如果你那样做了，待你达成目标之时，它也变成非常不同的别的某些东西了，因为你一直在扭曲它，你把它最基本的品质给毁了"。昂山素季认为，面对军人的专制统治，以暴易暴表面上看最有效果，实际上却让自己堕落到与军政权同样的地步。昂山素季也不希望利比亚的悲剧在缅甸上演，她说，"在任何情况下我都支持非暴力的斗争。我们之所以坚持非暴力之路，是因为从长远看来，非暴力斗争更好。也许它花的时间更长，但带来的伤痛也更少。利比亚的伤口将要花很长的时间才能愈合，表面上可能尘埃落定，但一定会有不满、愤恨和仇视在下面冒着泡沫，因为人们彼此仇杀，很多人死去了，这些（伤痛）不会马上就消失不见的"。

从 2012 年昂山素季率领民盟重返政坛至今，民盟一直与政府以及军人集团不断进行沟通，也没有主动掀起清算军政府前高官行为的社会运动，从而使各大政治力量之间能够秉着妥协、折中的原则处理各种问题。与此同时，缅甸虽然在 2012 年取消了新闻审查，但是媒体并没有对军队和军政府高官死缠乱打，没有披露过多的负面信息，普通民众要求民主的言行维持在合情合理的范围之内。总之，在一定程度上可以这么说，佛教提倡的中庸、不杀生、正道等理念是缅甸的政治转型总体上能够沿着和平稳定轨道前行的重要原因。

二　佛教僧侣是缅甸政治转型的强大推动力

在 20 世纪初开始的缅甸反殖民运动中，佛教僧侣就是一股举足轻重的力量，并且一度成为民族解放斗争的领导力量，涌现了吴欧德玛、吴威沙拉等著名的高僧。昂山素季也承认佛教在独立斗争精神层面中的作用。缅甸独立以后，僧侣参加了缅甸几乎所有的政治运动，尤其是 1988 年以来，僧侣在推动缅甸的民主化进程中发挥了不可取代的作用。

1988 年 3 月至 9 月的民主运动直接导致了奈温政权的垮台。在这场政治运动中，大学生和僧侣发挥了主力军的作用。僧侣们普遍支持社会各界的反军人示威游行，部分僧侣直接上街游行请愿，阻止军人到军火库获取枪支弹药，很多佛塔寺庙成为民主运动的指挥中心和后勤服务中心。但是僧侣基本没有出格的暴力行为，而且在局势最紧张的时候，全缅有 15000 多名僧侣上街维持社会秩序，仰光市有数名僧侣在制止歹徒抢劫中失踪和受伤。

在 1990 年 5 月的大选中，很多僧侣自发地呼吁民众支持昂山素季领导的民盟。为了 1988 年 8 月 8 日的大游行和抗议军队拒绝向胜选的民盟移交权力，1990 年 8 月 8 日约 1500 名僧侣和学生在曼德勒市中心举行示威游行，并与前来制止的军警发生冲突。随后曼德勒、仰光、望濑、实皆、瑞波等城市的僧侣发起了不给军人及其家属做佛事、拒绝接受军人布施的宗教抵制运动（也称"倒钵"运动）。这场宗教抵制运动使军人政权陷入了极其尴尬的境地，因为僧侣不给军人做佛事就意味着军人不被承认是佛教徒。最后，军政府出动大批军警包围和搜查相关的寺院，并逮捕了近百名僧侣，才平息了这场宗教抵制运动。事后 300 多名僧侣被迫逃亡到泰国等地。

1990 年的宗教抵制运动结束之后，缅甸军政府加强了对佛教界的控制，同时也大力扶持佛教的发展，试图从佛教与国家关系中寻求执政的合法性。因此，佛教界在相当长时间内归于沉寂。但是 2007 年 9 月，缅甸爆发了震惊世界的"袈裟革命"（也称"藏红花革命"，Saffron Revolution）。这一运动的起因是 2007 年 8 月中旬仰光等地的普通民众零星抗议油价上涨导致公共交通开支急剧上升，到 9 月初僧侣开始介入，但遭到了军政府的压制。于是走上街头的僧侣越来越多，波及的地方也越来越广，并从 9 月 22 日开始出现"打倒军政府"的政治口号。其中 9 月 24—25 日仰光的游行人数都达到了 10 万人，僧侣多达 2 万—3 万人。缅甸军政府再次出动军警强行驱散了游行的民众和僧侣，并通过在仰光、曼德勒等地实行宵禁的方式控制了局势。"袈裟革命"虽然被平息，但是军人集团切实感受到了来自国内外的巨大压力，不得不加快了"七步走民主路线图"的推进速度，并很快完成了新宪法的起草和全民公决，最终于 2010 年 11 月举行新大选。如果没有这场"袈裟革命"，可能军人直接统治的时间还会延长。

三　佛教与缅甸政治转型的巩固

如上所述，佛教在缅甸的政治转型中发挥了重要作用，但是政教分离是民主政体的基本原则和一个国家政治文明的度量尺度之一，因此，佛教在未来如何把控参与政治的程度是缅甸民主化能否得到巩固的重要因素。

所谓的政教分离是指宗教权力和国家、政府统治权力的分割，具体包括两个方面，一方面是国家力量不援助、不助长、不压迫各宗教团体，使宗教信仰成为公民的私人问题，重点是保障所有公民的信仰自由；另一方

面是宗教团体不得干预国家行政、司法、教育等事宜。缅甸独立前的
1947 年宪法承认佛教为联邦大多数公民信仰的特殊地位，但是禁止为政
治目的而滥用宗教。缅甸 2008 年《宪法》第 364 条规定：禁止出于政治
目的的滥用宗教，旨在挑起民族和宗教团体之间相互仇恨、敌对和分裂的图
谋或行为都将被视为违反宪法，可制定相关法律予以惩罚；第 407 条第 4
款规定，政党为政治目的而滥用宗教，将被取缔。但在当前和今后一个时
期，佛教与政治关系中存在一定的问题，如果不加以整改并严格按照宪法
与法律行事，可能会影响到缅甸民主化进程的深化。

　　首先是如何平衡政府对佛教的扶持。缅甸 2008 年《宪法》第 362
条、363 条规定，国家承认基督教、伊斯兰教、印度教和神祇崇拜是存在
于国家内的宗教信仰，国家将尽可能帮助获得承认的宗教。但在实际政治
生活中，国家对佛教的投入远大于对其他合法宗教的投入，其他宗教有不
同意见。尤其是过去军政府大幅度增加了对高僧的布施，主要目的是获得
僧侣界的支持，并不是纯粹的支持佛教的发展。此外，从蒲甘王朝到英国
殖民统治缅甸之前，缅甸的历史发展进程是中央王朝通过佛教在少数民族
传播来实现从民族认同到国家认同的转变，但是西方传教士的到来尤其是
英国人的殖民统治打断了缅甸历史发展的自然进程。我们也观察到，同样
信仰佛教为主的掸族、若开族、孟族与缅族之间的矛盾相对较小，而部分
信仰天主教、基督新教的克伦族、克钦族与缅族之间的矛盾相对较深。实
际上 1988 年 9 月军人执政后，军政府加大了向广大山区民众传播佛教的
力度，这一态势在今后一个时期仍将持续。

　　其次是如何平衡佛教僧侣对政治活动的介入。在 1988—2011 年，僧
侣支持和参与民主运动虽然也不符合政教分离的原则，但其作用是正面和
积极的，所以可以接受。当政治转型基本完成后，如果佛教僧侣继续积极
参与政治活动，则是明显的越界。在过去 5 年，以"969 运动"为首的佛
教极端势力不仅在民族问题上反对给予罗兴伽人以公民权，公开谩骂同情
罗兴伽人的联合国人权专员李喜亮，反对缅族民众改信其他宗教以及缅族
妇女与穆斯林结婚，并且攻击昂山素季领导的反对党民盟，理由是民盟上
台可能不利于佛教的发展。此外，在 2015 年 11 月大选期间，有僧侣诱导
或建议选民给某个政党投票。实际上 2008 年《宪法》第 121 条规定，出
于政治目的，以宗教幌子，通过宣传、演讲、散发传单，煽动民意的个人
或组织成员没有资格竞选议员；第 360 条第 1 款规定，当宗教活动与经

济、金融、政治和其他世俗活动有关联时，不享有第 34 条规定的有关宗教的自由。所以，僧侣如果继续深度参与政治，既是违反了宪法的规定，也不利于缅甸政治转型的深化与巩固。

那么在未来缅甸政治中能做到政教分离吗？由于佛教既是观念性上层建筑，又是体制性上层建筑，即佛教作为一种特殊的意识形态和文化现象是以宗派实体形式存在于社会中。所以佛教既可以作为思想理论去影响群众，又可以作为组织制度去统辖信徒，这就难免使佛教与政治生活发生直接或间接的关联。以社会实体形式存在的缅甸佛教 9 派拥有占全国人口 90% 左右的信徒，佛教僧侣能在很大程度上左右信徒在政治生活中的态度。可以说缅甸社会中的一切政治力量——无论政府、政党抑或政治家本人都不会完全无视佛教宗派团体这一巨大社会实体的存在。尤其在未来一段时间内缅甸政治格局尚未定型，在政治动荡中，政党和政治家越发需要寻求支持，必然增大佛教对政治事务的间接影响和发言权。而从宗教角度来说，佛教关心的问题虽然是超越现实的，但佛教要发展，就必须服务于社会，发挥社会影响。所以，佛教虽讲究出世，但出世和入世也只是相对而言。从百多年的缅甸历史来看，僧侣有着积极参与世俗政治的传统，一直延续到现在，这种传统在短期内很难彻底改变。

从另一个角度来说，所谓"政教分离"原则本身就是用政治手段解决政教关系问题的产物。日本宗教学者认为"政教分离"在当代日本社会中"并不意味着宗教对政治毫不关心或逃离政治事务，而是要保证宗教在受到国家干涉、侵害之时能够抵抗的关系原则。……同时，政教分离也是对宗教忘却本身使命，热衷于追求政治权利和特权的一种否定。简言之，所谓政教分离并非切断政治与宗教的联系（这一点即使想也做不到），而是使两者处于一种正常的关系之中。应该说这一认识有助于我们对佛教与缅甸政治关系的理解。

结　语

具有浓厚传统文化色彩的缅甸社会仍为传统佛教的存在保留若干生存空间，所以佛教在缅甸过去 20 多年的政治转型中发挥了重要作用。由于佛教赖以生存的社会根源和认识根源会长期存在，因此佛教可以在未来缅甸社会政治中继续发挥其作用。政教分离原则不能割断佛教徒在划分政治是非时与佛教的精神联系，也不能完全割断佛教僧侣与部分热衷于政治的佛教徒之间的思想交流，缅甸中央政府也需要通过佛教加强国家认同。因此，政教关系仍将是缅甸未来政治中的重大课题，佛教与政治的联系不会因为政教分离原则而消失。

（李晨阳，云南大学缅甸研究院院长、研究员）

南传佛教的慈善实践及探索

——以云南临沧为例

提卡达希

在特定的社会背景下，云南南传佛教本着佛教慈悲精神，致力于社会现实问题的慈悲关怀并视其为自己的"凡尘使命"。临沧南传佛教慈善实践在组织方式、慈善形式和弘法途径等方面逐渐形成了自己的特色，走出了具有区域性特点的慈善之路，为区域性经济发展、民族团结、社会稳定发挥了独特而重要作用。

一 南传佛教慈善事业的社会背景

佛教慈善事业组织是基于佛教信仰基础建立的，由佛教信众发起成立或参与运作的，志愿从事慈善公益活动、提供社会服务的民间非营利性团体。[①] 历史上，佛教一直把兴办慈善事业作为重要的事务之一，随着佛寺的兴盛及寺院经济的发展，佛教团体开展济困、救灾、医疗、收留孤老等慈善活动，早期的民间慈善事业逐步发展起来。近年来，佛教慈善组织积极地参与社会公益事业，在赈灾救济、扶弱济贫、捐资助学、防艾关爱等慈善实践中日益发挥着举足轻重的作用。

人间佛教的提出已近百年，无论是太虚大师的"人生佛教"，还是印顺法师、赵朴初老以及星云大师提出的"人间佛教"，其核心思想都是要建立适应现代社会的佛教理念。在现当代佛教复兴运动中，慈善救济揭示了佛陀重视人间的根本精神，因而也成为当代人间佛教的重要弘法途径之

---

① 王佳：《中国佛教慈善组织的发展现状》，《黑龙江民族丛刊》2010 年第 5 期。

一。历代高僧在慈善事业方面所做贡献殊多，推动了社会救济事业的发展。值得注意的是，在很多人的眼里，人间佛教及其慈悲救济事业似乎只存在于大乘佛教之中，而小乘佛教（即南传佛教）只注重个人的宗教实践，追求的是个人的解脱。与大乘佛教自利利他、普度众生、追求成佛果位的思想相比，小乘佛教只强调自利，追求的只是阿罗汉果位。因此，没有发展起普度众生、帮助、救济众生的慈善事业。事实上，这是对当代中国南传佛教认识的一个误区。①

云南南传佛教信仰区域内存在的一些社会问题迫切需要南传佛教参与帮助解决。云南南传佛教信仰区域主要分布在云南的南部、西部和西南部，与泰国、老挝、缅甸毗邻而居。云南边境所处的特殊地理位置使其在面对当今世界引以为祸的毒品和艾滋病传播问题上首当其冲。对艾滋病的恐惧和社会歧视使社区普通民众对这一群体敬而远之，艾滋病病人拒绝就医和产生社会仇视等不良思想，传染源难于得到有效控制，也使艾滋病致孤儿童数量逐年增加，乡村社会发展和经济发展受到严重影响，成为非常严重的社会问题。因此，迫切需要对艾滋病病人、感染者及其家属进行关怀服务。目前现有的关怀服务方式及力量相对薄弱，国内也尚没有切实可行的模式可供借鉴。因而，迫切需要借助社会力量参与关怀服务的实践与探索。

正是在这样的社会背景下，云南南传佛教界本着慈悲精神，积极入世，帮助那些迫切需要帮助的特殊人群，积极参与艾滋病慈悲关怀事业。近年来，云南南传佛教已经通过一次又一次的慈善活动成功地探索了出了一条独特的南传佛教慈善事业道路。② 其中，由联合国教科文组织支持、西双版纳总佛寺承担的"佛光之家"项目、由中英项目和全球基金支持的德宏瑞丽"慈爱园"项目以及临沧的佛教慈善活动都是南传佛教参与社会公益慈善事业的典型代表。本文将着力探讨临沧南传佛教慈善事业的实践及探索。

---

① 参见郑筱筠《中国南传佛教的"凡尘使命"——中国南传佛教的慈善事业》，《中国宗教》2009 年第 6 期。

② 郑筱筠在《当代南传佛教的"凡尘使命"》一文中指出西双版纳傣族自治州佛教协会具体负责的"佛光之家"通过救灾济民、抚慰群众、教化信众等方式成功地探索出了一条具有自己特色的独特的南传佛教慈善事业道路，它是南传佛教积极参与社会公益事业的成功探索。

二　临沧南传佛教慈善事业的实践

随着南传佛教公益慈善事业的起步和发展，临沧南传佛教界也积极开展慈悲关怀实践活动，以入世的慈悲精神来弘法利生，积极参加社会各项慈善事业活动。不断探索服务社会，适应时代要求的发展之路。

临沧市位于云南省西南部，毗邻澜沧江，西南与缅甸交界，总面积2.45平方千米，国境线290.79千米。全市辖临翔区、云县、凤庆县、永德县、镇康县、双江拉祜族佤族布朗族傣族自治县、耿马傣族佤族自治县、沧源佤族自治县8个县区，88个乡镇。2004年末全市总人口231.8万人，其中少数民族人口85.72万人，占总人口的36.98%。全市有23个少数民族，境内的傣族、布朗族、阿昌族和部分佤族、彝族信仰南传佛教，佛教信仰浸润、渗透到信仰民族社会生活的方方面面，对傣族的思想文化、伦理道德、价值标准、社会经济产生了深远的影响。

（一）赈灾救济

与"佛光之家"和"慈爱园"相比，临沧南传佛教界的慈善实践起步相对较晚，赈灾救济是临沧南传佛教界开展较早的一项慈善实践。

2008年"5·12"四川汶川大地震发生后，临沧市佛教协会组织佛教界为大地震落难同胞超度暨灾区人民祈福，并组织捐款总计达6万余元；西南地区发生罕见干旱、青海玉树地震，临沧佛教界也积极行动为灾区祈福，组织捐款达两万余元。

2009年5月11—13日，为超度"5·12"汶川大地震中落难同胞，祈福国家和灾区风调雨顺、国泰民安。云南省佛教协会副会长召库玛国宛、提卡达希会长、副秘书长俸强、李金东、细米国旺一行五人代表南传佛教不远千里，不辞舟车劳顿前往四川省地震重灾区在什邡市罗汉寺参加"佛教界为5·12汶川大地震落难同胞超度暨灾区人民祈福法会"活动。

2011年3月16日，临沧市佛教协会提卡达希一行11人，代表临沧市佛协前往德宏州盈江县地震灾区，在盈江县民宗局刀小发局长、佛教协会召巴地亚会长、芒市佛协召细利会长等人的陪同下，深入沙坡寺、允燕山老缅塔（国家级保护重点文物）、乐园寺（汉传佛教）、拉勐寨等地慰问地震重灾区群众，为受灾群众送去救灾物品及捐款，抚慰帮助受灾群众。

目前，临沧市佛教协会正在以积极的姿态参与社会的各项活动，在实践中践行着佛教自利利他的佛教精神，各项活动正日益得到社会的关注和好评。

（二）扶弱济困

临沧南传佛教界对社会的孤、老、病、残、弱等困难人群进行关心和帮助，积极开展社会慈善公益事业，服务社会。云南省临沧市地处祖国边陲，自然资源匮乏，境内少数民族众多，经济水平相对落后，人民生活条件较差，部分信众家庭生活极其困难。针对这一现实情况，临沧佛教协会或者相关的佛教组织会定期给困难民众送去相关的生活物资，帮助他们解决生活之需。

2012 年 9 月 18 日，在民族节日新米节、南传佛教出雨安居（开门节）和中国传统节日中秋节来临之际，临沧市佛教协会和沧源县佛教协会会长提卡达希带南传佛教僧人到勐来乡敬老院看望老人，为他们送上节日的礼物和祝福，还为他们带上健康长寿的佛珠、佛线，祝福老人健康长寿。

2013 年 4 月 8 日，临沧市沧源县佛教协会在沧源金龙寺举行发放衣物给班老、勐角、勐来等部分（贫困）众民的慈济活动。

2013 年 9 月 16 日，在中秋佳节来临之际，临沧市佛教协会、沧源县佛教协会到市敬老院、市儿童福利院、沧源勐来乡敬老院慰问老人并看望傣族、彝族、佤族等残疾儿童，给他（她）们带去了大米、食油、水果、饮料、中秋月饼，并送上了节日慰问金，为老人、儿童戴上了健康、吉祥、平安、长寿的佛珠、佛线，一起祈祷老人、儿童健康长寿，将佛陀慈爱温暖的阳光带给需要的人，将社会的温暖和关心带到孤寡老人、儿童的身边。

在提卡达希长老的带动下，已经有越来越多的临沧南传佛教僧侣加入这一队伍中来，南传佛教慈悲救世的慈善事业队伍正在不断壮大。

（三）防艾关爱

云南省吸毒及艾滋病的传播源主要分布于靠近中缅边界的西双版纳傣族自治州、德宏傣族景颇族自治州、普洱市、临沧市、保山市等以傣族居多的地区。临沧地处中国云南边境，与缅甸接壤，邻近毒品走私猖獗的

"金三角"地区,境内部分民众被骗或到境外打工而沾染上了毒瘾,吸食毒品,有的信众变卖家庭财产,倾家荡产,家庭陷入困境。更有一部分青少年因吸毒而感染上艾滋病。艾滋病患者大多都是青壮年,在艾滋病毒的折磨下,患者多有愤怒、忧郁、恐惧、绝望心理,少数人甚至还对社会产生报复心理等,日益成为当地严重的社会问题。因此,迫切需要对艾滋病病人、感染者及其家属进行关怀服务。在临沧地区,南传佛教是傣族、德昂族、布朗族以及部分佤族、彝族的宗教信仰,对信教群众而言,南传佛教僧人具有独特的感召力和影响力。

临沧市佛教协会针对个别村寨、个别信教群众参与赌博、吸毒、"买字花"的现象,组织僧众广泛宣传佛教"诸恶莫做,众善奉行,自净其意,是诸佛教"的思想,采取相应的措施杜绝恶习,促进当地社会风气的好转。南传佛教僧侣们经常深入艾滋病患者家中、贫困村寨、受灾群众中,问寒问暖,送衣送物。

实践证明,南传佛教界积极投身社会救助,从宗教角度提供戒毒防艾关怀,不仅显示了本土佛教文化资源对艾滋病关怀的号召力和社区意识的影响力,也探索出了一条具有民族文化根基的、可持续发展的路径,拓展了社区艾滋病关怀的思路和途径。

总之,上述临沧南传佛教界开展的这些公益慈善活动不仅进行物质关怀,而且也进行心灵关怀,更能抚慰关怀对象的心灵,解决关怀对象的思想问题和现实问题。增进了人与人、人与社会的和谐关系,从而促进社会的和谐稳定。目前,临沧南传佛教界正在拓展自己的公益慈善实践之路,坚持发扬佛教慈悲济世精神弘法济生,服务社会。

三 临沧南传佛教慈善模式的探索

面对时代的发展,面对社会的需求,临沧南传佛教以积极的姿态入世,日益得到了社会各界的关注和好评。在这些慈善实践活动中,临沧南传佛教界已经逐渐从中探索出了一套具有本土特色的、适合南传佛教自身发展的慈善实践模式。

(一)以宗教团体为组织形式开展慈善实践

宗教团体是党和政府联系信教群众的桥梁和纽带,宗教团体作为社会建设的一支重要力量的地位和作用也逐步得到社会的认可。临沧南传佛教慈善事业的一个运作模式就是以宗教团体的组织形式开展慈善实践活动，不论是赈灾救济、防艾关爱还是扶弱济困慈善活动，都是以临沧市佛教协会或耿马县佛教协会、沧源县佛教协会为组织形式来开展，内显的是佛教的慈悲济世精神，外现的是宗教团体的力量和形象，表明云南南传佛教界已经清醒地意识到社会公益慈善事业中的组织模式及管理运作问题并身体力行。多年来，临沧南传佛教界和西双版纳、瑞丽南传佛教界携手并行，云南南传佛教慈善事业的队伍日益壮大，为促进边疆民族团结、宗教和谐、社会稳定发挥了不可替代的重要作用。

（二）采取物质关怀和心灵关怀相结合的慈善形式

一方面，云南省临沧市地处祖国边陲，自然资源匮乏，境内少数民族众多，经济水平相对落后，人民生活条件较差，部分信众家庭生活极其困难，临沧南传佛教界采取物质关怀形式，定期为贫困家庭送去关心和温暖；另一方面，临沧地处边境，毒品走私猖獗，部分青壮年因吸食毒品而感染艾滋病等。这些病患者由于病情恶化、面临死亡等而心情压抑，同时社会对之较为歧视而多有愤怒、忧郁、恐惧、绝望等心理，甚至由此对社会产生报复的心理，对当地群众和社会产生了很大的危害，成为非常严重的社会问题。针对这一情况，临沧市南传佛除了给病患者送钱送物、送去关心之外，还从心灵关怀的视角，运用佛教教义引导患者从善，为患者驱除心理疾病，增强他们对生活的信心。临沧南传佛教界针对个人的慈悲关怀使他们感受到了社会的温暖和佛法的慈悲精神。正如南传佛教经典《慈爱经》中所言，"愿一切众生心生欢喜、快乐、平安"，"恰如为母者不惜生命地保护其独子"，"保持无量慈爱心，与一切众生。让慈爱遍满无量世界，于上方、下方及四方皆不受限制，完全没有嗔恨"。

（三）以戒为师，在慈善实践中引导信众去恶从善

云南南传佛教以戒为师，在践行中用戒律来约束信众的言行。云南南传佛教的戒律主要分为五戒、八戒、十戒和具足戒四级。五戒内容是：第一，不杀生；第二，不偷盗；第三，不邪淫；第四，不妄语；第五，不饮酒。八戒的内容是在五戒的基础上增加离非时食（过午不食）、不观听歌舞音乐、不坐高广大床这三戒。十戒的内容是在八戒的

基础上增加不戴花涂香装饰、不蓄金银二戒。临沧南传佛教界把对信众的道德教化和伦理规范视为己任，利用慈善活动和宗教节日活动契机，适时宣传强调戒律的重要性，要求广大信众严格遵循五戒和八戒，远离黄赌毒，祛恶从善。

在南传佛教基本教义和戒律的长期熏染和教化之下，规范了信众的世俗伦理道德生活，培育了信众的道德自律，提升了信众的精神境界，为构建和谐的人际关系，营造良好的社会环境奠定了伦理基础。

（四）与时俱进，抓住历史机遇服务社会

临沧南传佛教界抓住和谐社会建设这个历史契机，积极开展慈善活动，服务社会，充分发挥南传佛教的积极作用，促进社会和谐。

建设和谐社会是我国的奋斗目标，也是每个公民的美好愿望。人类要继续生存，社会要稳定发展，都离不开和谐社会这个主题。南传佛教作为一种文化现象，一种社会群体活动，其经典、教规和教义中反映的佛教思想，对促进社会和谐具有十分重要的作用与影响。和谐社会的构建，不仅是政府的事情，也是每个南传佛教信教公民应尽的义务，对南传佛教来说，更是爱国爱教伟大事业的重要组成部分。从南传佛教的角度来看和谐社会，是南传佛教梦寐以求的社会理想，从和谐社会的角度来看，南传佛教是和谐社会不可替代的精神资源。由此可见，南传佛教的宗教观与建设和谐社会的目标是一致的，两者具有合作的基础。

在南传佛教地区，佛教有深厚的信众基础，僧侣在群众眼里具有绝对的权威，得到社会的尊重和认可。南传佛教奉行"五戒十善"，倡导"诸恶莫作，众善奉行，自净其意"，主张人们慈悲为怀，多行善业，扶危济贫、互相救助。由此可见，南传佛教教义中的优良传统与"民主法治、公平正义、诚信友爱、充满活力、安定有序、人与自然和谐相处"的和谐社会核心理念是相契合的。在此基础上，临沧南传佛教界紧紧抓住这一历史契机融入社会，开展赈灾救济、扶弱济困、防艾关爱、资助优秀贫困学生等活动，积极参与社会各界的慈善公益事业，积极支持教育、卫生、社会保障事业的发展，充分发挥南传佛教的积极作用，扩大了南传佛教在社会上的影响力，为建设和谐社会贡献了自己的力量。

四　结语

实践证明，面对社会的需要，时代的需要，云南南传佛教以"佛光之家""慈爱园"等慈善实践活动开始起步，致力于社会现实问题的慈悲关怀并视其为自己的"凡尘使命"，临沧南传佛教界也在社会和时代的呼唤下积极参与到弘法利生的慈善事业当中，在组织方式、慈善内容和弘法方式等方面都逐渐形成了自己的特色，走出了独具区域特色的云南南传佛教慈善事业之路，为区域性经济发展、民族团结、社会稳定而发挥了独特而重要的作用，是对人间佛教体系建设的丰富和发展，具有重要的历史意义。

同时，作为云南宗教慈善队伍中的一名新成员，临沧南传佛教慈善事业也面临着诸多挑战：一是宗教慈善实践尚处分散、零散状态，专业化程度有待提高；二是缺乏稳定慈善资金渠道，宗教慈善实践的可持续性经受着考验；三是缺乏从事宗教慈善的专业人才。在当代社会转型时期，中国宗教与慈善公益事业的发展趋势会怎样，云南南传佛教的慈善公益事业又将如何，临沧南传佛教的慈善事业将走向何方，这些将是我们接下来应该深思的问题。

参考文献：

郑筱筠：《中国南传佛教的"凡尘使命"——中国南传佛教的慈善事业》，《中国宗教》2009 年第 6 期。

郑筱筠：《当代中国宗教慈善事业的定位、挑战及趋势》，《中国宗教》2012 年第 3 期。

李海波：《佛教的慈善事业和生命关怀》，《法音》2009 年第 8 期。

何建明：《人间佛教的百年回顾与反思——以太虚、印顺和星云为中心》，《世界宗教研究》2006 年第 4 期。

吴玉祥：《积极支持和引导宗教界发展慈善事业》，《中国宗教》2006 年第 9 期。

李林：《中国佛教史上的福田事业》，《法音》2005 年第 12 期。

何建明：《中国佛教慈善思想的现代传统》，《中国哲学史》2009 年第 3 期。

何建明：《现代中国佛教慈善观念的返本开新》，《灾难危机与佛教慈善事业暨第二届宗教与公益事业论坛论文集》，2008 年。

郑碧强：《佛教慈善思想的内涵》，《中国宗教》2007 年第 6 期。

张云江：《中国当代佛教的公益事业》，张士江、魏德东主编：《中国宗教公益事业的回顾与展望》，宗教文化出版社 2008 年版。

谭苑芳：《佛教社会福利发展模式概述》，《宗教学研究》2009 年第 4 期。

张映伟：《大乘佛教的慈善观及其现代意义》，《中国宗教》2009 年第 8 期。

王佳：《中国佛教慈善组织的发展现状》，《黑龙江民族丛刊》2010 年第 5 期。

李尚全：《汉传佛教慈善事业的理论来源及其实践模式》，《中国宗教》2010 年第 3 期。

周秋光、曾桂林：《中国慈善思想渊源探析》，《湖南师范大学社会科学学报》2007 年第 3 期。

（提卡达希，云南省佛教协会副会长）

"一带一路"战略与云南佛教对外交流研究

——兼谈南传佛教的独特优势

萧霁虹

"一带一路"战略开辟了中国全方位对外开放新格局,为边疆民族地区打开了对外交流的空间,"一带一路"战略涉及区域具有文化多样性的特征,其中,宗教从古至今是中国与"一带一路"沿线国家人文交流的黏合剂,为促进文明互鉴、人心相通一直发挥着积极的作用。

云南自古是"南方丝绸之路"上通往东南亚、南亚的重要枢纽,不仅沟通了云南与东南亚、南亚的商业往来,而且,促进了相互间的宗教、文化交流,"南方丝绸之路"与"北方丝绸之路"连接,又与"海上丝绸之路"相通,向南连着南太平洋区域,向西连着印度洋区域,2015年1月,习近平总书记到云南调研,要求云南努力建设成为中国"面向南亚东南亚辐射中心",这使云南在"一带一路"建设中具有独特的区位优势和重要的战略地位。佛教是泰国、缅甸、越南、老挝、柬埔寨、斯里兰卡、马来西亚等"一带一路"战略沿线诸国的主要宗教,具有深厚的社会基础。云南是中国唯一拥有汉传佛教、藏传佛教和南传佛教并存的区域,佛教文化对外交流源远流长,尤其是南传佛教与斯里兰卡、泰国、缅甸、柬埔寨、老挝等国家共同构成"南传佛教文化圈"。本文通过梳理云南佛教对外交流的历史脉络和当今状况,探讨云南佛教在"一带一路"战略中的优势地位和重要作用。

一　云南与南亚东南亚佛教文化交流的历史审视

云南与南亚、东南亚周边国家山水相连、民族同源、文化同宗，具有共同的佛教信仰基础，这种天然的"黄金纽带"联系使得双方的佛教文化交流源远流长。云南省是中国重要的边疆省份和多民族聚居区，与缅甸、老挝、越南三国接壤的边境线长达4060千米，与泰国、柬埔寨、孟加拉、印度等国地缘相邻，文化相通，自古就是中国连接南亚、东南亚各国最便捷的陆上通道，宗教人员与商人的驮队一起，很早就踏出了云南与东南亚、南亚之间著名的"南方陆上丝绸之路"即"蜀身（Yuan）毒道""安南通天竺道"等历史"国际大通道"，不但沟通了云南与缅甸、泰国、老挝、越南乃至印度之间的商业往来，而且也促进了云南与这些国家的宗教、文化交流。

早在唐宋时期，以今天云南大理为中心的地区就信奉佛教。一般认为，南诏佛教为大乘部派，主要来自中原汉地、西藏和印度。保存至今的剑川石窟第五窟的"愁面观音"被当地人称为"婆罗门僧人"，第三窟的弥勒佛称为"高棉佛"，还有"细腰观音""象首人身佛"等，其造型风格都有异于中原地区的任何一种普通佛像，而是较接近南亚、东南亚国家的宗教文化特点。公元7世纪以后，中南半岛地区的上座部佛教又逐渐传入云南德宏和西双版纳傣族地区，说明云南与南亚、东南亚佛教文化交往的历史悠久，一千多年以来，佛教文化的交流一直未曾中断。

相传唐代南诏时期，骠国（今缅甸）国王雍羌和王子舒难陀，由南诏王异牟寻陪同到崇圣寺祈拜敬香。宋代大理国时期，暹罗（今泰国）国王耶多曾两次到崇圣寺迎佛牙，大理国王段思廉以玉佛相赠。崇圣寺因而在古代便成为南亚、东南亚崇尚的佛都，2006年重建恢复后的崇圣寺则成为当今东南亚地区最大的汉传佛教寺院文化交流中心，是云南与国内外佛教界友好往来的桥梁。①

---

① 吴文光、萧霁虹：《从大理崇圣寺看宗教文化旅游开发模式》，载杨学政主编《2008—2009云南蓝皮书·云南宗教情势报告》，云南大学出版社2010年版，第55—70页。

　　唐宋时期，还有多位梵僧来滇传法①，其中记载较多的是神僧赞陀崛多于"蒙氏保和十六年自西域摩伽陀来，为蒙氏崇信"。② 南诏王劝丰祐封为国师，赞陀崛多为"瑜珈教主，其师得达多先入㑇国"。③ 在大理地区影响甚大，宋时大理国描工张胜温画《梵像图》有其画像。

　　元代高僧指空是另一位印度来华的著名僧侣，本名提纳薄陀，他于至元二十五年（1288）进入中国，在中国30多年，元贞元年（1295）由川入滇，在昆明、大理、金齿等地演法，自1315—1320年主持扩建武定狮子山正续寺，扩建后定名为"正续禅寺"，弘传禅法。泰定三年（1326），指空受元朝政府委派前往高丽金刚山进香，并在庆源乾洞禅寺弘法，对中国禅宗以及高丽曹溪宗产生过巨大的影响。④ 佛教徒之间的往来，对彼此的文化交流，做出了积极的贡献。

　　云南与老挝有着860千米长的边界，老挝一直是中国的友好邻邦。因山水相连，云南与老挝的经济往来与文化交流有着密切而悠久的历史。佛像、佛经也成为两国政府之间互相馈赠的物品，《清朝续文献通考》卷三三三载：清乾隆五十五年（1790），高宗八十寿辰，"南掌国王召温猛遣头目等庆万寿，进驯象二，与年贡驯象二并进。特赐国王玉佛、如意、御书扇。"光绪《云南通志》卷二〇六亦载：乾隆六十年（1795），"南掌国王遣陪臣叭猛先、叭整烘等十六人祝厘赍蒲叶表文恭进《长生经》一卷、象牙四十、夷锦十、阿魏二十斤。《会典事例》：……八月初三，于万树园特赐缅甸国王、南掌国王玉佛、如意各一、玉朝珠各一盘、金字佛经各一部。"可见，云南与老挝之间的佛教文化交流的特点是平等、友好、双向。⑤

　　另外，在云南与南亚、东南亚之间的"南方陆上丝绸之路"沿线各国，因为佛教信仰，至今留存了诸多的佛教圣地和佛教节庆法会，如云南

---

　　① 参见段炳昌《天竺僧人与南诏土著白族的婚配融合》，《思想战线》1997年第2期；张泽洪：《南诏大理国时期的梵僧》，《2014崇圣（国际）论坛论文集：佛教与亚洲人民的共同命运》，第522页。

　　② （明）邹应龙修，李元阳纂：万历《云南通志》卷十三，1934年龙氏炅源别墅重印万历四年（1576年）刻本。

　　③ 尤中校注：《㑇古通纪浅述校注》，云南人民出版社1998年版，第662页。

　　④ 段玉明：《指空——最后一位来华的印度高僧》，巴蜀书社2007年版，第194—196页。

　　⑤ 吴平：《古代云南与老挝的佛教文化交流》，《法音》2007年第7期。

大理的鸡足山、缅甸仰光的瑞德金塔、印度尼西亚的婆罗浮屠塔、柬埔寨的吴哥、老挝万象的塔銮寺等均为世界上著名的佛教圣地。云南傣族的泼水节、泰国的宋干节、老挝的出腊节等盛大的佛教节日，均源于南传佛教的浴佛仪式，为人类留下了无比丰厚的精神宝藏和文化遗产。云南大理的鸡足山不仅是禅宗祖庭迦叶尊者的道场，也是汉传、藏传佛教交会地、东南亚著名佛教圣地，20 世纪初，虚云禅师云游到云南鸡足山，为给鸡足山佛教筹集善款，也为将佛法的真谛传播给南洋信众，他几次下南洋弘宗演教、广开法宴，[①] 延续南传佛教与云南佛教界的友好交流历史脉络。近年来，云南与东南亚和南亚之间经贸关系发展较快，文化交流相对滞后。在经历隔膜之后，相互都迫切需要重新了解和认识对方。而南传佛教文化交流提供了历史的基础，在当前面向南亚、东南亚的对外开放战略中，应充分发挥云南南传佛教对外交流的独特优势和与南亚、东南亚国家的深厚渊源关系，搭建新的文化交流平台。例如，我国佛牙、佛指舍利巡礼缅甸、斯里兰卡和泰国，对于密切我国同这些国家的传统友谊，宣传我国的和平外交政策，提高我国的国际地位，具有独特的作用，充分发挥佛教的国际交往功能。通过开展有组织的、正当的佛教文化交流，有利于规范边境地区的跨国宗教交流，维护边疆民族地区的稳定，[②] 为中国"面向南亚东南亚辐射中心"的建设和"一带一路"战略的实施创造有利环境。

二 佛教是云南对外文化交流的黄金纽带

云南多民族、多宗教和谐共生。就民族而言，包括汉族在内，云南共有 26 个世居民族，其中 25 个是少数民族。在这 25 个少数民族中，有 15 个是云南特有的民族，有 16 个是跨国界而居的跨境民族，他们与境外同一民族有共同的族源、共同的宗教信仰，保持着历史与现实的天然联系，民族文化、宗教文化交流频繁。佛教、道教、伊斯兰教、基督教、天主教在云南共同发展，还有少数民族的传统宗教信仰，长期以来，这些宗教信

---

① 净慧主编：《虚云和尚年谱》（增订本），金陵出版社 2011 年版；田悦阳：《虚云老和尚南洋行迹与中国佛教文化"走出去"战略》，《2014 崇圣（国际）论坛论文集：佛教与亚洲人民的共同命运》，第 41 页。

② 萧霁虹：《2004 年云南宗教动态分析》，载熊胜祥、杨学政主编《2004—2005 云南蓝皮书·云南宗教情势报告》，云南大学出版社 2005 年版，第 20—22 页。

仰并行发展，极大地丰富了中华文化的内涵。其中，汉传佛教、藏传佛教、南传佛教集于一域，为全国乃至世界所独有。云南省信教总人数是440多万人，其中汉传佛教176多万人，藏传佛教22万多人，南传佛教95万多人。[①] 汉传佛教信仰遍布全省，藏传佛教信仰主要集中于迪庆藏族自治州、丽江市，南传佛教信仰主要在西双版纳傣族自治州、德宏傣族景颇族自治州、临沧市、普洱市等边境地区。

而与云南省山水相连、文化相近的东南亚，特别是中南半岛地区，也是民族、宗教文化多样性非常突出的地区。东南亚地区是世界有名的民族博物馆，据粗略统计，全区共有400多个民族和部族。在所有10个东盟国家中，没有一个是单一民族国家。都是多民族国家。印度尼西亚有300多个民族和部族；[②] 菲律宾有90多个民族；马来西亚有30多个民族；泰国有30多个民族；缅甸有135个民族和部族；[③] 越南有54个民族；[④] 老挝有三大族系共68个民族；[⑤] 柬埔寨有20多个民族；[⑥] 文莱也有10多个民族；就连城市国家新加坡也有20多个民族。[⑦]

在宗教文化方面，东南亚各国各民族也不尽相同。总体来讲，他们分别受中国文化、印度文化、伊斯兰文化和基督教文化的影响，形成了不同的宗教文化区。从佛教的角度来看，就其信徒人数而言，在东亚国家中，佛教仅次于伊斯兰教。佛教信徒大约占东南亚人口总数的1/3（34%以上）。在印度支那半岛国家中，佛教占有绝对优势，约占东南亚佛教徒的94%以上。泰国存在着最大的佛教宗教团体，佛教信徒约占东南亚地区佛教徒总数的34%；越南，占28.4%；缅甸，占22%；柬埔寨，占7%；

---

① 云南省宗教事务管理局2014年提供。

② Carlo Cadarola, *Religions and Societies: Asia and fhe Middle East*, New York, 1982, p. 49.

③ 关于缅甸的民族，说法不一，国内学者认为有42个民族，见贺圣达《当代缅甸》，四川人民出版社1993年版，第44页；但据缅甸政府于20世纪90年代的统计，共有135个民族和部族。见钟智翔主编《缅甸研究》，军事谊文出版社2001年版，第376页。

④ Dang Nghiem Van, *Ethnic Minorities in Vietnam*, The GIOI Publishers, Hanoi, 1993, P. 5.

⑤ ［美］卡罗尔·J. 艾尔逊、W. 兰德尔·艾尔逊：《老挝的民族问题与经济发展》，载《亚洲概览》，1991年10月号，第920页。

⑥ Russell R. Ross, *Cambodia: a Country Study*, U. S. Government Printing Office, 1990, p. 87.

⑦ 李毅夫等编：《世界各国民族概览》，世界知识出版社1986年版，第120页。

老挝，占 2.7%；马来西亚，占 2%；印度尼西亚，占 2.6%；新加坡，占不到 1%。其他国家更少。至于单个国家，人口中佛教信徒比例最高的是柬埔寨，占总人口数的 93%；在泰国，占 92%；在缅甸，占 82%；在老挝，占 77%；在越南，占 76%；在新加坡，占 40%；在马来西亚，占 20%；在文莱，占 13.5%。其他国家比例很小。从宗教教派来看，目前在缅甸、泰国、老挝和柬埔寨占优势的是南传上座部佛教。在越南、新加坡、印度尼西亚、马来西亚、菲律宾和东帝汶占优势的是大乘佛教。这样，对于缅甸、泰国、老挝和柬埔寨等国家，要特别重视从南传上座部佛教的角度开展交流与合作。对于越南、新加坡、印尼、马来西亚、菲律宾和东帝汶等国，要更加重视从大乘佛教方面的交流与合作。新中国成立之后，中国的佛牙舍利、佛指舍利曾多次赴缅甸、泰国等国供奉，在佛教文化的交流方面取得显著效果。[①]

而南亚也是一个民族文化多样、宗教文化多元的地区。南亚地区的印度、巴基斯坦、孟加拉国、尼泊尔、不丹、斯里兰卡、马尔代夫 7 国的主要宗教有印度教、伊斯兰教、佛教、锡克教、基督教等，其中印度教、锡克教、佛教起源于印度。印度教是南亚地区的主要宗教，特别是在印度，80% 以上的人口信奉印度教。伊斯兰教则是南亚地区的第二大宗教，印度、巴基斯坦和孟加拉国分别居于"穆斯林最多的十个国家"中的第二位、第三位和第四位，2010 年 3 国分别有穆斯林人口 1.76 亿人、1.67 亿人和 1.34 亿人，三国穆斯林人口之和占世界穆斯林总人口的 29.9%。[②]佛教起源于印度，经过历史的沉浮之后，在印度的信徒已经很少，成为边缘宗教。

而泰国、老挝、柬埔寨、缅甸、斯里兰卡等国是传统的南传佛教文化区，印尼、马来西亚等是伊斯兰教影响巨大的国家，菲律宾的天主教、新加坡的基督教影响甚大，在南亚、东南亚诸国，宗教是影响当地政治、经济和社会的重要因素。"一带一路"建设涉及宗教文化。加强对宗教文化的认知，充分发挥宗教的积极作用，"一带一路"建设就会事半功倍；反

---

① 刘金光：《东南亚宗教的特点及其对我国对外战略实施的影响》，载郑筱筠主编《东南亚宗教与社会发展研究》，中国社会科学出版社 2013 年版，第 24 页。

② 邱永辉等：《南亚宗教发展态势研究》，社会科学文献出版社 2014 年版，第 4 页。

之则事倍功半，宗教甚至有可能成为"一带一路"建设的掣肘①。

云南与东南亚、南亚具有地缘相近的关系，南传佛教由斯里兰卡传入泰国、缅甸，然后传入云南。汉传佛教经由云南传入越南，形成东南亚——云南佛教文化圈，也形成了沟通精神文化的纽带，佛教文化在历史和当下相互融合、和谐共生。云南与东南亚、南亚佛教界有着悠久良好的友好关系。从历史上来看，佛教历来是中外文化交流的重要载体与精神纽带，每当中国试图在东西、海陆两个方向的对外关系中采取积极有为的政策时，佛教亦常常扮演着开拓者与中介者的角色。举世闻名的"丝绸之路"不仅是一条贸易之路、文化之路、和平之路，亦是一条名副其实的信仰之路。②佛教有增进国际交往的"黄金纽带"作用。通过佛教界的国际友好交往，与国外佛教界人士和佛教徒开展联系，增进了解，加强合作。

三　云南南传佛教对南亚东南亚文化交流的优势地位

"一带一路"是以习近平同志为核心的党中央主动应对全球形势深刻变化、统筹国内国际两个大局做出的重大战略决策。"一带一路"融通古今，连接中外，顺应了互联互通、合作共赢的时代潮流，为沿线国家和地区经济社会发展带来了新机遇，为文化建设、人文交流、文明互鉴创造了新条件。作为一种跨国界、跨民族的精神力量，佛教是中外文化交流的重要载体与文化纽带，不仅可以为和谐世界的外交理念提供思想资源，而且，还可以为我国公共外交提供平台和通道，是其他公共外交手段难以替代的。云南佛教，特别是南传佛教对南亚、东南亚文化交流的优势地位主要体现在以下几点。

一是云南南传佛教具有地缘上的优势。云南省是中国重要的边疆省份和多民族聚居区，有25个县（市）与老挝、缅甸、越南毗邻，国境线长

---

① 魏德东：《宗教在"一带一路"建设中的意义》，《中国民族报》"宗教周刊·论坛"2015年1月27日，第06版。

② 卓新平等：《对话宗教与中国对外战略及公共外交》，载《世界宗教文化》2012年第4期，第33—38页。

达 4060 千米，是中国连接南亚、东南亚最便捷的陆上通道，具有对外开放的独特优势。云南有 16 个跨境少数民族在边境两侧居住，跨境民族之间交往十分密切，客观上存在着经济、宗教等方面的交往。在当前随着国家"一带一路"战略的实施，云南一改过去闭塞落后的西南边地，成为对外开放的前沿，历史上云南对境外交流的"蜀身毒道""安南通天竺道"等通道，成为通往南亚、东南亚交流的大通道融入国家发展战略，成为面向南亚、东南亚的辐射中心。佛教文化的对外交流源远流长，尤其是南传佛教与斯里兰卡、泰国、缅甸、柬埔寨、老挝等国家共同构成"南传佛教文化圈"，南传佛教对外交流在当今更加日益频繁，国际性越来越凸显。

二是云南南传佛教具有亲缘上的优势。云南的壮、傣、布依、彝、哈尼、拉祜、傈僳、景颇、阿昌、怒、佤、布朗、苗、瑶族等 16 个跨境而居的少数民族和汉族，与境外同一民族有着经济和宗教等各方面交流，这些跨境民族彼此之间经常往来，并且同一跨境民族大都有相同的宗教信仰，傣族、布朗族、阿昌族、德昂族、佤族、彝族等信仰南传佛教的少数民族，形成了云南跨境民族与周边国家同民族同宗教的人文环境。因此，云南南传佛教在对外文化交流中具有独特的亲缘优势。[①]

三是云南南传佛教具有教缘上的优势。云南集汉传佛教、藏传佛教、南传佛教三大佛教于一域，而南亚七国也有佛教信徒，并且佛教即起源于印度。在东南亚佛教信徒大约占人口总数的 1/3：越南、新加坡、印度尼西亚、马来西亚、菲律宾和东帝汶等国主要是大乘佛教，斯里兰卡、缅甸、泰国、柬埔寨、老挝是目前南传佛教信仰最盛行的五个南亚和东南亚国家，另外，印度东北部、孟加拉国东部、越南南部，和中国云南的傣族、布朗族、佤族、阿昌族、德昂族、彝族等民族居住的西双版纳、德宏、普洱、临沧等地区，传统上也是南传佛教流传地区。

因此，云南佛教与东南亚、南亚佛教的交流具有地缘相近、信仰相亲的有利条件，发挥同源民族语言相同、习性相近、心理相通的作用，在"一带一路"建设中云南佛教对外交流正迎其势，成为与周边国家文化交流的"共同话题"。在此共同话题之下，有些政治策略和经济手段无法解

---

① 萧霁虹主持《当前云南宗教现实问题研究》（云南省社会科学院合作项目）。

决的问题，在佛教信仰层面却能拉近心理距离，从而达成共识，使佛教文化交流在对南亚东南亚交流中可发挥积极的作用，促进文化交流、文明互鉴。

（萧霁虹，云南省社会科学院宗教研究所所长、研究员，中国宗教学会理事）

当代东南亚国家不同宗教群体的
信仰和仪式活动

孔建勋　邓云斐

　　宗教是历史沉淀最深厚的文化和文明的表现形式。进入 21 世纪以来，各种宗教在东南亚的复兴及其对社会影响力的增强是一个不争的事实。东南亚地区在当前我国大力推介"21 世纪海上丝绸之路"倡议中具有举足轻重的战略地位。因此，研究东南亚地区各宗教群体的状况对于能否在"一带一路"倡议中取得东南亚国家的理解和支持具有重要的意义。

一　问题的提出

　　在西方工业化社会中，常常将现代化及其伴随而来的世俗化作为宗教研究的分析框架，并指出宗教信仰随着现代化的推进而出现衰落的趋势。[①] 正如有知名学者指出，随着现代化的发展，特别是科技的进步和教育的普及，人们的宗教信仰和实践会逐渐下降，宗教注定会衰落直至消亡。另外，宗教对于社会的影响会减弱甚至消失，信教与否在人们的日常生活中不再有什么差别。宗教信仰和实践之所以衰落，除了科技和教育的发展以外，也可能是由于现代社会中多元宗教并存于一个社会以及一个宗教内部出现多元分裂，从而削弱了对于任何一个宗教之绝对真理性和权威性的相信。[②] 宗教影响之所以减弱，除了宗教自身的衰落外，也可能是因

---

① Wilson，1982；Weber，（［1922］1993）；Wallis and Bruce，1992.

② 贝格尔：《神圣的帷幕：宗教社会学理论之要素》，高师宁译，上海人民出版社 1991 年版。

为在现代化过程中宗教从社会的政治、经济、教育、婚姻家庭等制度中分化出去了。

经典世俗化理论认为，人们的宗教信仰状况与其国家的现代性紧密相关，相比生活在传统国家的人，在更为现代化的国家，宗教对个体的重要性降低，人们参加宗教活动的频率因此也会减少。然而近几十年间，各种新、老宗教不仅在全球范围内普遍兴盛，而且也继续在公共领域中扮演着重要角色，导致经典世俗化理论不断遭到学者的质疑和批评，以致被公开宣布"是错的"。[①]

本文无意梳理超越经典世俗化的各种理论流派，仅就经典世俗化理论的部分假设，以东南亚六国的数据进行实证研究。"二战"以后东南亚各国先后取得独立建国，地区经济在战后迅速崛起，由殖民地经济向新兴工业化经济体迈进。随着冷战结束后东南亚国家经济实力的增强和政治上的合作，以及东盟组织扩大化，东南亚成为世界和区域经济发展重要的力量。同时，由于东南亚经济体的迅速崛起和区域一体化的加速发展，东南亚在世界经济的地位不断提升。迄今，东南亚已成为世界经济增长的热点地区，新加坡率先成为新兴工业化国家，马来西亚、泰国等已处于工业化的中期阶段。因此，这些东南亚国家总体上经历了经济的腾飞和社会的现代化。在此背景下，其宗教信仰状况如何呢？是否出现了经典世俗化理论所预设的宗教的普遍衰落？

另外，从宗教文化的多样性来看，东南亚可以被视为世界各种主要宗教文化的一个缩影。东南亚国家和地区大致可以划分为小乘佛教文化圈、伊斯兰文化圈、西洋文化圈以及儒家思想文化圈和祖先崇拜文化为主的四种宗教。[②] 在如此多样性的宗教背景下，经历相似的现代化进程，不同宗教群体的信仰又会出现什么样的变迁呢？在现代化进程中，宗教对于紧跟时代的群体比对于那些现代性相对滞后的群体影响更小？本文试图回答这些问题。

---

① Stark（1999），p. 269.

② 严智宏：《东南亚文化与社会》，载《东南亚文化教学参考手册》，（台湾省）暨南大学东南亚研究中心 2005 年版，第 79—116 页。

二　数据和研究方法

（一）自变量统计描述

世界性的公众价值观调查（World Value Survey，WVS）是在世界价值观调查协会（World Value Survey Association，WVSA）的统筹协调下，按国别进行问卷调查的国际性问卷调查数据。自从1981年以来，该协会总共进行了六波公众价值观调查，参与调查的国家逐渐增加。东南亚地区的印度尼西亚、马来西亚、菲律宾、新加坡、泰国和越南六国参与了此项调查，具体的调查年份分布如下：菲律宾分别为1996年、2001年和2012年；马来西亚为2006年和2012年；印度尼西亚为2001年和2006年；越南为2001年和2006年；泰国为2007年；新加坡为2002年和2012年。六国的调查问卷主要参照WVSA提供给各国的样本问卷，并根据各自国家的实际情况对问卷中的一些项目作了适当的增删。在开展正式的问卷调查之前，各国的调查组选取大约40名受访者进行了前测，这些参与前测的受访者最大可能地代表了各国总体人口的阶层分布和族群构成。本文着重从宗教类别和客观社会阶层、主观社会阶层、主观收入阶层三个方面研究东南亚六国的宗教信仰和宗教活动情况。此外，性别、族群以及年龄组也是本研究需要考察的几个方面。因此，本部分将介绍调查数据在这些方面的分布情况。从WVS东南亚六国的数据分布来看，以基督教和天主教为主的西洋宗教占29.3%，伊斯兰教占35.7%，佛教占21.1%，道教、儒教、祖先崇拜等其他宗教占13.9%（如表1所示）。

在国内外的社会分层研究中，通常用受访者的职业类别来建构客观阶层。WVS的原始数据提供了11个类别的EGP（Erikson - Goldthorpe - Protocarero）职业阶层变量，[①] 分别为高级管理员和专业技术人员；中级管理员和专业技术人员；普通专业技术人员；技术监工；文职人员；工头领班；熟练工人；半熟练工人；非熟练工人；有土地的农民；以及无土地的农业从业者。军人、学生等不列入分析样本。从频数分布来看，大多数为普通专业技术人员（13.2%）、文职人员（13.7%）、熟练工人

---

① Robert Erikson, John H. Goldthorpe, *The Constant Flux: A Study of Class Mobility in Industrial Societies*, Oxford: Clarendon Press, 1992.

（13.6%）、非熟练工人（12.5%），以及无土地的农业从业者（15.5%）。根据频数分布情况及本文研究的需要，在模型分析中，职业阶层变量分为管理层及专业人员、文职和技术监工、工人、农民四个阶层。另外，主观社会经济地位（以下简称"主观阶层"）指的是个人在垂直阶层化的社会结构中自我认定的位置，并被广泛地应用于社会学科学的经验研究中。[①] WVS 数据用 5 分类的变量测量个人的主观阶层，分别为上层、中上层、中层、劳工阶层和底层。其中，东南亚六国的频数分布大多集中在中下层和劳工阶层（分别约占 37.7% 和 32.9%），另有大约 18.3% 的受访者自我认定为中上层，而上层和底层两个阶层累计不到受访者总数的 10%。

表1　　　　　　　　　自变量统计描述（样本总量 = 16 629）

		样本分布	所占百分比（%）
宗教信仰	基督教	4 384	29.26
	伊斯兰教	5 358	35.76
	佛教	3 167	21.13
	儒教/道教等	2 076	13.86
职业阶层	高级管理/专业人员	200	2.21
	中级管理/专业人员	399	4.41
	普通专业技术人员	1 197	13.23
	技术监工	387	4.28
	文职人员	1 243	13.74
	工头领班	150	1.66
	熟练工人	1 234	13.64
	半熟练工人	691	7.64
	非熟练工人	1 129	12.48
	有土地的农民	1 015	11.22
	无地农业从业者	1 401	15.49

① Marmot, Michael. *The Status Syndrome – How Social Standing Affects Our Health and Longevity.* New York：Times Books, 2004.

续表

		样本分布	所占百分比（%）
主观阶层	上层	251	1.54
	中上层	2 982	18.25
	中下等	6 165	37.74
	劳工阶层	5 377	32.91
	底层	1 562	9.56
收入阶层	高收入阶层	1 804	12.09
	中高收入阶层	5 209	34.91
	中等收入阶层	3 408	22.84
	中低收入阶层	2 814	18.86
	低收入阶层	1 685	11.29
性别	女性	8 384	50.44
	男性	8 239	49.56
年龄组	18—30 岁	5 131	31.92
	31—45 岁	5 450	33.90
	46—60 岁	3 790	23.57
	60—85 岁	1 706	10.61

　　从个人经济收入来看，WVS 调查用 10 个刻度的量表测量受访者自我认定的收入水平（包括薪资等所有收入）。本文结合前人研究的通常做法和 WVS 东南亚六国数据的分布情况，将主观认定的收入阶层划分为高收入组（约占 12.1%）、中高收入组（约 34.9%）、中等收入组（约 22.8%）、中低收入组（约 18.9%）以及低收入组（约 11.3%）。[①] 此外，本项研究控制了性别和年龄层两个变量，从东南亚六国的样本分布来看，男性和女性的样本基本上各占一半；年龄组按青年（18—30 岁）、中青年（31—45 岁）、中老年（46—60 岁）以及老年（60—80 岁）四个组别划分，其中将近 65% 的受访者为青年和中青年，超过 10% 的受访者为 60 岁

① 在 WVS 原始数据中，自我认定的收入分布在 10 个刻度的量表上，1 表示最低收入，10表示最高收入。本文在生成五分类收入阶层变量时，将原变量刻度上的 1—2 归为 "低收入组"，3—4 为中低收入组，5 为 "中等收入组"，6—7 为中高收入组；8—10 为 "高收入组"。

以上的老年人，另外约 24% 为中老年人。

（二）因变量及统计模型

本文着重考察东南亚六国不同的阶层在宗教信仰和宗教行为方面的差异。因此，因变量考察宗教在生活中的重要性、出席宗教仪式、加入宗教团体及其活动三个方面。其中，宗教在生活中的重要性的原始数据为四分类变量，分别表示非常重要（约占 64.8%）、相当重要（约 19.0%）、不太重要（约 12.1%）和一点也不重要（4.1%）。根据频数分布情况，本文将这一变量合并为二分类变量，分别表示宗教在日常生活中的"重要"或者"不重要"。在日常是否出席宗教仪式的问题上，WVS 东南亚六国的原始数据分别为从不（10.7%）、极少（10.6%）、一年一次（2.5%）、特殊的宗教节日（12.5%）、每月一次（15.2%）、每周一次（27.2%）以及每周多于一次（21.2%）七个分类。根据数据分布情况，本文将"极少"和"一年一次"合并为一类，从而形成六分类的有序分类变量，并相应建立六阶段有序逻辑回归模型（ordinal logit regression）分析不同信仰和不同阶层的民众在这一问题上的不同立场。最后，是否参加宗教团体及其活动的原始数据为三分类变量，分别表示不属于宗教团体成员（61.0%）、属于宗教团体成员但不积极参加活动（17.2%）以及宗教团体的积极参与者（21.8%）。本文将后两项合并为一项，从而生成二分类变量，分别表示"非宗教团体成员"和"宗教团体成员"两类。据此，建立二分类逻辑斯蒂回归模型（binary logistic regression）分析宗教在日常生活中的重要性以及参与宗教团体的情况在不同社会阶层群体中的差异。

三 统计分析结果

在宗教社会学的研究中，一方面有不少学者强调宗教在日常生活中的重要性；另一方面也有学者常常将它作为自变量来解释其他社会现象和社会结果。Gavin Flood 强调指出，当代世界宗教在人们日常生活中的重要性主要表现在宗教为人们提供了其生活的意义，并帮助指导他们的日常道德选择。[①] 而

---

① Gavin Flood, *The Importance of Religion: Meaning in Our Strange World*, Wiley – Blackwell, 2012.

Niclas Berggren 则着重研究日常生活中宗教的重要性认同及其与社会信任之间的相互关系。他利用盖勒普对全球 109 个国家的调查数据进行分析后认为，宗教在生活中的重要性与人们的社会信任度有显著的负相关关系，尤其是在宗教多样化的国家这种负相关关系更为显著。[1]

表 2　　　　　　　宗教在日常生活中的重要性逻辑斯蒂回归比率

		模型 1		模型 2	
		比值比	标准误	比值比	标准误
宗教群体	基督教/天主教	18.20 ***	2.58	18.80 ***	2.71
	伊斯兰教	131.75 ***	33.51	139.50 ***	36.57
	佛教	5.81 ***	0.52	5.71 ***	0.52
职业阶层	管理层和专业人员	0.86	0.11	0.86	0.11
	文职、技术监工	1.23	0.16	1.34 *	0.18
	工人	1.19	0.12	1.22 *	0.13
主观阶层	高层和中高层	1.49	0.34	1.56 *	0.36
	中低阶层	1.89 **	0.40	1.93 **	0.42
	工人阶层	0.71	0.14	0.71	0.14
收入阶层	高收入阶层	0.81	0.16	0.76	0.16
	中高收入阶层	0.49 ***	0.08	0.45 ***	0.08
	中等收入阶层	0.45 ***	0.07	0.42 ***	0.07
	中低收入阶层	0.68 **	0.12	0.64 *	0.11
性别	男性			0.93	0.08
年龄组	31—45 岁			1.26 *	0.13
	46—60 岁			1.43 **	0.17
	60—85 岁			1.36 **	0.20
模型比较 X^2		2124.91		2145.35	
N		6807		6701	

注：各自变量的参照组依次分别为"其他宗教"、"农民阶层"、"底层"、"低收入阶层"、"女性"和"18—30 岁"。其中，作为参照组的"其他宗教"包括道教、儒教、民间宗教、高台教等；"基督教"包括源基督新教、天主教、东正教等源自基督教的其他多种教派。

　* $p < 0.05$；　** $p < 0.01$；　** * $p < 0.001$.

① Berggren and Pjornsklv. Is the Importance of Relion in Daily Life Related to Social Trust? Cross - Country and Cross - State Comparions, in *Journal of Economic Behavior and Organization*, 2011, 80 (3). 459 - 480.

　　那么在东南亚国家，不同宗教、不同阶层的社会群体之间对于宗教在日常生活中的重要性有什么不同的态度和看法呢？从 WVS 东南亚六国的样本分布情况来看，超过 80% 的受访民众认为宗教在日常生活中很重要，认为不重要的比例不到 20%。表 2 的模型 1 分别从不同宗教群体、职业阶层、主观阶层以及主观收入阶层来考察宗教在日常生活中的重要性的影响程度。如表 2 所示，伊斯兰教信徒最认可宗教在日常生活中的重要性，他们对宗教在日常生活中的重要性的认可度是"其他宗教"信徒的 131 倍，其次分别为基督教和佛教徒（相对于"其他宗教"的比值比分别为 18.2% 和 5.8%，显著性均为 P < 0.001）；从阶层分析的角度来看，不同的职业阶层和不同的主观阶层对宗教信仰重要性的认同并没有显著的差异（主观阶层中的中低层除外）；不同收入阶层对宗教在日常生活中的重要性的认识，呈现两头高，中间低的态势，也就是说低收入阶层对宗教重要性的认同最高，高收入阶层紧随其后，且无显著差异，其他收入阶层对宗教在日常生活中重要性的认同相较参照组偏低，且具有统计显著性。

　　表 2 中的模型 2 在模型 1 的基础上加入了性别和年龄两个变量。结果表明，不同信仰的宗教群体在对宗教在日常生活中的重要性的认识与模型 1 相比并没有显著的改变，亦即伊斯兰教信徒对宗教重要性的认同度远远超过其他信众，其次依旧分别为基督教徒和佛教徒。但与模型 1 的结果不同的是，职业阶层和主观阶层对宗教在日常生活中的重要性的认同有了显著的影响。文职人员和技术监工对宗教重要性的认同度最高，其次为工人阶层，而管理层和专业人员的认同度还低于参照组的农民阶层。从主观阶层的影响来看，中低阶层对宗教在日常生活中的重要性的认同程度接近底层民众的 2 倍（比值比为 1.93%），高层和中高层的认同度则将近为底层民众的 1.6 倍，工人阶层的认同度最低，但与底层相比并没有统计显著的差异。从不同年龄组对宗教重要性的认可度来看，基本上呈现出正相关关系。年龄越大的群体对宗教在日常生活中的重要性的认同度越高，且与青年人相比，都有显著的差异。① 而从性别差异来看，对宗教在生活中的重要性的认识方面，男性和女性之间并没有显著的差别。

　　参与宗教仪式的频繁程度可以反映出民众对宗教信仰的虔诚程度，公众价值观调查对此提出的问题是"除了婚礼和葬礼以外，您多长时间参

---

　　①　这与世俗化理论所倡导的结果一致，但并不足以证明世俗化理论的正确性。

加一次其他宗教仪式?"。如前所述,本文将此变量处理为 6 分类的定序变量,分别表示"从不""一年一次""特殊的宗教节日""每月一次""每周一次""每周多于一次"。

此外,在平时除了婚礼和葬礼是否从事宗教仪式的问题上,WVS 东南亚六国的原始数据分别为从不(10.7%)、极少(10.6%)、一年一次(2.5%)、特殊的宗教节日(12.5%)、每月一次(15.2%)、每周一次(27.2%)以及每周多于一次(21.2%)七个分类。根据数据分布情况,本文将"极少"和"一年一次"合并为一类,从而形成六分类的有序分类变量,并相应建立六阶段有序逻辑回归模型(ordinal logit regression)分析不同信仰和不同阶层的民众对参加宗教仪式的频繁程度上的差异。

表 3 的模型 1 分别从宗教信仰、职业阶层、主观阶层以及主观收入阶层来考察民众参加宗教仪式的频繁程度。如表 3 所示,伊斯兰教群体参加宗教仪式的频率最高,相当于"其他宗教"群体的 14.89%,其次分别为基督教徒和佛教徒,相对于"其他宗教"的比值比分别为 10.51% 和 5.67%(显著性检验均为 P < 0.001);从阶层分析的角度来看,不同的职业阶层和收入阶层在参加宗教仪式的频率上没有显著差异(工人阶层除外),相对而言,主观阶层中的工人阶层参加宗教仪式的频率与低收入阶层没有显著差别,其他阶层参加宗教仪式的频率分别是低收入阶层的 1.7% 和 1.3%。

表 3　　　　　　　　出席宗教仪式的多项逻辑斯蒂回归分析结果

		模型 1		模型 2	
		比值比	标准误	比值比	标准误
宗教群体	基督教/天主教	10.51 ***	0.85	11.06 ***	0.91
	伊斯兰教	14.89 ***	1.16	15.68 ***	1.25
	佛教	5.67 ***	0.41	5.76 ***	0.42
职业阶层	管理层和专业人员	1.11	0.08	1.14 *	0.08
	文职、技术监工	1.04	0.07	1.10	0.08
	工人	1.14 *	0.07	1.17 **	0.07
主观阶层	高层和中高层	1.67 ***	0.17	1.70 ***	0.17
	中低阶层	1.30 **	0.12	1.31 **	0.12
	工人阶层	0.99	0.09	1.01	0.09

续表

		模型 1		模型 2	
		比值比	标准误	比值比	标准误
收入阶层	高收入阶层	0.99	0.09	0.99	0.10
	中高收入阶层	1.01	0.08	1.01	0.08
	中等收入阶层	0.95	0.08	0.96	0.08
	中低收入阶层	0.96	0.08	0.95	0.08
性别	男性			0.91*	0.04
年龄组	31—45 岁			1.15*	0.06
	46—60 岁			1.28***	0.08
	60—85 岁			1.43***	0.12
模型比较 X^2		1946.80		1992.15	
N		6828		6722	

注：各自变量的参照组同表 2。

*$p < 0.05$；**$p < 0.01$；***$p < 0.001$.

表 3 中的模型 2 在模型 1 的基础上加入了性别和年龄两个变量。结果表明，不同信仰的民众在参加宗教仪式的频繁程度上与模型 1 相比并没有显著的改变，亦即伊斯兰教群体参加宗教仪式的频率超过其他信众，其次依旧分别为基督教徒和佛教徒。从不同年龄组的区别来看，基本上呈现出正相关关系。年龄越大的群体参加宗教仪式的频率越高，且与青年人相比，都有显著的差异。而从性别差异来看，男性参加宗教仪式的频率显著低于女性（比值比为 0.93，$p < 0.05$）。

在参与宗教团体及其活动方面，如前所述，原始变量为定序的三分类变量，分别为不参与宗教团体及其活动、加入宗教团体但不积极参加活动，以及宗教团体的积极参与者等。本文将后两种合并为一类，生成一个二分类的变量，分别表示参与或者不参与宗教团体。从 WVS 东南亚六国的样本分布情况来看，大约 60% 的民众表示不参与有组织的宗教活动，另外 40% 则表示加入宗教团体或者积极参与组织的活动。从表 4 模型 1 的结果不难发现，三大宗教的群体比其他宗教信徒更多地参与团体及其活动，例如信仰基督教徒的民众参与宗教团体及其活动的可能性是儒教等非三大宗教的信徒的 22%，伊斯兰教徒和佛教徒参与宗教团体及其活动的可能性也分别为参照组的将近 10% 和 4.5%。按不同职业阶层的划分来看，工人阶层参与宗教团体及其活动的可能性最低，其他几个职业阶层之间没有统计显著的差别；从主观认同的社会经济地位来看，高层和中高层民众参与宗教团体及其活动的可能性是底层民众的 1.6%，具有统计显著的差异，但中低阶层、工人阶层与底层并无明显的差别。而从主观认定收入阶层来看，低收入阶层的民众参与宗教团体及其活动的可能性显著地高于其他收入阶层，但另外几个收入组之间的差距较小。

表 4　　　　　　　　参加宗教团体及活动的逻辑斯蒂回归分析

		模型 1		模型 2	
		比值比	标准误	比值比	标准误
宗教群体	基督教	22.12***	4.21	22.29***	4.29
	伊斯兰教	9.74***	1.46	10.05***	1.53
	佛教	4.52***	0.64	4.49***	0.65
职业阶层	管理层和专业人员	0.91	0.10	0.93	0.11
	文职、技术监工	0.88	0.10	0.93	0.11
	工人	0.64***	0.06	0.68***	0.07
主观阶层	高层和中高层	1.57**	0.27	1.53*	0.27
	中低阶层	1.20	0.19	1.17	0.19
	工人阶层	0.83	0.13	0.82	0.13
收入阶层	高收入阶层	0.49***	0.08	0.50***	0.08
	中高收入阶层	0.40***	0.06	0.40***	0.06
	中等收入阶层	0.49***	0.07	0.50***	0.08
	中低收入阶层	0.42***	0.07	0.42***	0.07
性别	男性			0.96	0.07
年龄组	31—45 岁			1.05	0.09
	46—60 岁			1.13	0.11
	60—85 岁			1.18	0.17
模型比较 X^2		682.96		683.65	
N		4028		3964	

注：各自变量的参照组同表二。

$*p<0.05$；$**p<0.01$；$***p<0.001$.

模型 2 加入性别和年龄组两个变量后，模型 1 中各自变量对参与宗教团体及其活动的影响均未发生显著的变化。此外，是否参与宗教团体及其活动的活动也与性别和不同的年龄层没有显著的差别。

四 结论

从 WVS 东南亚六国的样本分布情况来看，超过 80% 的受访民众认为宗教在日常生活中很重要，认为不重要的比例不到 20%。从宗教信仰、职业阶层、主观阶层以及主观收入阶层来考察宗教在日常生活中的重要性、参加宗教仪式和宗教组织及其活动的影响程度，发现伊斯兰教群体最认可宗教在日常生活中的重要性，其次分别为基督教和佛教徒；同时伊斯兰教群体参加宗教仪式的频率最高，其次分别为基督教和佛教徒；此外，三大宗教的群体都比其他宗教群体更多地参与团体及其活动，例如信仰基督教徒的民众参与宗教团体及其活动的可能性是儒教等非三大宗教的信徒的 22 倍，伊斯兰教徒和佛教徒参与宗教团体及其活动的可能性也分别为参照组的将近 10 倍和 4.5 倍。由此可知，对不同宗教群体进行比较分析发现，伊斯兰教群体最认可宗教在日常生活中的重要性，他们也最积极参加宗教有关的仪式活动；而在社会性的组织活动方面最热衷的群体是基督教民众。

从阶层分析的角度来看，不同的职业阶层和不同的主观阶层对宗教信仰重要性的认同和出席宗教仪式的频率上没有显著差异。从不同年龄组对宗教重要性的认可度、出席宗教仪式的频繁程度上来看，基本上呈现出正相关关系，即年龄越大的人群对宗教在日常生活中的重要性的认同度越高，出席宗教仪式的频率越高，且与青年人相比，都有显著的差异。而从性别差异来看，对宗教在生活中的重要性的认识方面，男性和女性之间并没有显著的差别，但男性出席宗教仪式的频率显著低于女性。

综合来看，绝大部分东南亚国家受访民众认为宗教在日常生活中很重要，宗教信仰没有出现明显的衰落迹象。现代化进程中相对落后的个体——也就是年老的相对于年轻的，女性相对于男性，对宗教在日常生活中的重要性的认同度的确更高，出席宗教仪式的频率也更高。但在阶层划分方面，虽然数据显示低收入阶层的民众参与宗教团体及其活动的可能性显著地高于其他收入阶层，但不同的职业阶层和收入阶层在出席宗教仪式的频率上没有显著差异，对宗教在日常生活中的重要性的认识，低收入阶层和高收入阶层之间也没有显著差异。另外，虽然整体上经历了相似的现代化进程，但不同教派间仍有较大差异，如果对各派信徒对宗教信仰重要性的认可和出席宗教仪式的频率进行排序，从高到低排序分别是伊斯兰教、基督教和佛教，同时三大宗教的信徒比其他宗教信徒更多地参与团体及其活动。显然世俗化理论还不足以解释以上东南亚国家宗教信仰呈现的状况，要充分讨论相关问题，还需要引入更多的自变量，同时尝试从不同的理论路径进行解释。

（孔建勋，云南大学周边外交研究中心，缅甸研究院研究员，邓云斐，云南省社会科学院东南亚研究所助理研究员）

日本的上座部佛教研究[*]

——兼评马场纪寿的《上座部佛教思想的形成——从佛陀到觉音》

张文良

一　先行研究的得失

日本的上座部佛教的研究始自明治时代，随着欧洲的语言学、文献学研究方法传到日本，巴利语佛典的存在引起日本佛教界的关注。当时，真言宗僧人释兴然①不远万里赴斯里兰卡访学，并最终成为上座部佛教的比丘。从此，两个完全隔绝的佛教世界——日本佛教与上座部佛教有了历史性的直接交流。随着大量的关于上座部佛教的知识和信息传到日本，翻译和出版南传佛教的藏经成为当务之急。这项宏大的工程是由著名学者高楠顺次郎（1866—1945）主持完成的。高楠顺次郎等以巴利圣典协会（Pali Text Society，PTS）的校订本为底本，并将其翻译为日语，用六年的工夫（1935—1941）出齐了《南传大藏经》全65卷70册。

高楠顺次郎培养了木村泰贤、宇井伯寿等著名学者，他们与老一代佛教学者最大的不同，就是在汉文佛教典籍之外，大量利用梵文和巴利文的典籍从事佛教特别是原始佛教的研究。在他们的相关研究基础上，水野弘元（1901—2006）在巴利语和巴利语佛教的研究方面做了重要的开拓性

＊　本论文为教育部人文社会科学规划项目"日本当代的中国佛教研究"（13YJA730005）的阶段性成果。

①　释兴然：（1849—1924）曾为横滨高野山真言宗的住持。明治十九年（1886），乘船经过一个月的航行到达科伦坡。经过在上座部佛教寺院四年多的修行，于明治二十三年（1890）六月九日，成为第一位日本人上座部佛教僧侣，僧名古纳拉塔纳。

工作，奠定了日本上座部佛教研究的基础。在基础研究方面，水野弘元出版了《巴利语语法》（东京，山喜房佛书林，1955 年）、《巴利语佛教读本》（东京，山喜房佛书林，1956 年）、《巴利语辞典》（东京，春秋社，1968 年）等巴利语基础研究三部曲；除此之外，水野弘元发表"《解脱道论》与《清净道论》的比较研究"等论文，出版《以巴利语佛教为中心的佛教心识论研究》（东京，山喜房佛书林，1964 年），对上座部佛教的唯识论做了研究。

与水野弘元齐名的上座部研究专家是前田惠学（1927—2010）。青年时代的前田惠学在东京大学受学于中村元、水野弘元等，以巴利语佛典为基本资料，通过对佛教的"九部十二分"教的考察分析，对四阿含经成立之前的佛教典籍的形态进行了分析。其基本观点认为，从形式和内容两方面看，"九部"的内涵如下：法（包括律）、散文和韵文的摘要、问答体、偈文、感怀文、法数、佛陀本生故事、教理问答、关于稀有之事的经典。而"十二分教"则是上述"九部"之外，加上因缘故事、教训譬喻谈、大弟子对于佛说的广分别。从成立的时间顺序看，诸支之中，第一支至第五支属于第一阶段；第六支至第九支属于第二阶段；第十支至第十二支属于第三阶段。前田惠学对于上座部佛教的研究得到学术界的高度评价，在 39 岁就被选为学院院士，至今仍然保持着日本人文学科院士的最年轻记录。

以古典文献为基础的上座部佛教的研究固然重要，但当今的斯里兰卡或东南亚的上座部佛教的实际状况，并不能通过古典巴利语文献反映出来。要把握当今上座部佛教的现状，必须通过田野调查等文化人类学的方法进行实地调查。如果说 20 世纪 60 年代是古典文献学研究的高峰，那么，进入 70 年代之后，日本学术界开始更多注重实地调查。学者深入斯里兰卡和东南亚上座部佛教地区的都市和村落，对当地居民的信仰状况、佛教与国家制度之间的关系、斯里兰卡佛教与东南亚上座部佛教之间的相互交涉等，基于调查数据作了全面考察分析。其成果包括石井米雄著《上座部佛教的政治社会学——国教的构造》（东京，创文社，1975 年）、前田惠学著《现代斯里兰卡的上座部佛教》（东京，山喜房佛书林，1986 年）、田边繁治编《实践宗教的人类学——上座部佛教的世界》（京都，京都大学学术出版会，1993 年）等。前田惠学还创建了东海印度学佛教学会、巴利语学佛教文化学会等，培养人才，推进南传上座部佛教的研究，赢得了学术界的尊重和赞誉。

水野弘元、前田惠学等硕学都已经故去，现在仍然活跃在研究第一线的上座部佛教研究知名学者当属森祖道（1937—）。森祖道的代表性成果是《巴利语佛教注释文献的研究》（东京，山喜房佛书林，1984 年）。在这部著作中，森祖道第一次将觉音的《清净道论》分为"古层文献"和"注释文献"两部分，并通过对两种性质不同文献的梳理和分析，对上座部佛教的形成和思想发展作了初步分析。森祖道的《清净道论》研究的意义在于其方法论的突破，即打破了将《清净道论》的全部内容视为作者觉音的思想的做法，通过对其解体作业，区分出何者为注释对象的思想何者为注释者觉音的思想，并通过对比分析，找到上座部佛教思想嬗变的线索。这种研究方法论对马场纪寿的相关研究产生了直接的影响。从某种意义上说，马场纪寿的研究是森祖道研究的一种延伸和拓展。

日本对上座部佛教的研究可以概括为"文献学研究"和"文化人类学研究"。这两个领域的研究相辅相成，对我们把握上座部佛教的历史和现状提供了重要的知识和信息。用马场纪寿的说法，它们就像车之两轮，推动了日本上座部佛教研究的前进。但正如一辆车要能够前进除了两轮还需要车轴一样，在上座部佛教研究领域，也需要将"文献学研究"和"文化人类学研究"联结起来的学问。迄今为止的文献学研究，其研究的最初动机或指向，往往不是上座部佛教本身，而是通过对这些巴利语文献的解读，追索佛陀最初的说法，重新构筑原始佛教的体系①。由于其研究目标是原始佛教，所以通过这种研究我们难以对上座部佛教本身的独特性有清晰的认知。而文化人类学研究则又关注上座部佛教的多样性，不能聚焦于其统一性。

马场纪寿在 5 世纪上半叶上座部佛教的一个支派——大寺派的思想中找到了上座部佛教的思想源头。在马场纪寿看来，现存的上座部佛教的一切派别都吸收了大寺派的思想，是大寺派在不同地域、不同文化背景下的展开。换言之，我们可以在大寺派这里找到上座部佛教的统一性。另一方

---

① 这一学术动机的时代背景或文化背景是日本佛教界对"根本佛教"的持续追求。日本佛教是印度佛教经由中国佛教的中介而发展起来的佛教形态，追溯佛教的本源，恢复佛教的本来面目，构筑原始佛教的体系，是日本佛教学术界近代以来持续不衰的学术目标。参见张文良《批判佛教的批判》，人民出版社 2013 年版，第 76 页。

面，也正是在大寺派这里，完成了上座部佛教思想体系的构筑，这意味着上座部佛教与印度次大陆佛教诸派别的分道扬镳。换言之，大寺派的思想形成是上座部佛教思想独特性确立的标志。正是从这一基本判断出发，马场纪寿选择了大寺派思想的集大成者觉音作为主要研究对象。应该说，马场纪寿的问题意识和研究对象的选择是建立在对日本上座部佛教研究得失的考察，以及对上座部佛教思想发展逻辑的深刻把握基础之上的。

二　觉音的注释文献的思想史价值

在日本上座部佛教研究界，虽然大家都承认觉音在上座部佛教史上的重要地位，但对觉音的研究却几乎是空白。觉音之所以被忽略，一个重要原因是他被定位于述而不作的文献整理者，被认为缺乏思想理论上的建树。如著名学者前田惠学虽然承认觉音"在佛教史上作为注释家作出了最大功绩"，但却"没有创立新说，或提出新的主张"①。但如果承认觉音是上座部佛教在理论上的集大成者，又认为觉音在理论上没有独特的建树，这本身在逻辑上就是说不通的。

那么，学界以往的立场问题出在哪里呢？马场纪寿认为，其原因主要在于学术界对于觉音的著作没有进行深入的考察就得出先人为主的结论。学术界一般认为，可以确定为觉音所作的著作，除了《清净道论》就是所谓"四部注"即《长部注》《中部注》《相应部注》《增支部注》。在其注释性文献中，实际上存在着作为注释对象的原典、引用文献和觉音自身的思想发挥三个组成部分②。如果对此不加判析，而将其视为一片混沌，自然就难以把握其思想史价值。以往对觉音思想研究的阙如，皆来自这种对其著作的重层结构的忽略。反过来说，我们要挖掘其思想意义，甚或借助其著作中的丰富的思想史信息重构上座部佛教的历史，首先需要对注释文献的解构作业。

马场纪寿通过这种解构作业，析出了上座部佛教思想嬗变的一些轨

---

① 前田惠学：『原始仏教聖典の成立史研究』、山喜房仏書林1964年版、第804頁。

② 作为觉音的主要著作的《清净道论》，据学术界考证，也是觉音基于大寺所传巴利语佛教文献，在参考优婆底沙（Upatissa）所著《解脱道论》基础上完成的。尽管如此，不能将《清净道论》视为《解脱道论》的单纯模仿，实际上，觉音在《清净道论》中对之前的文献作了多处消除、附加和改变，体现了觉音自身的思想倾向。

迹。例如，在成佛传承方面，在觉音的著作中存在着由"四谛"向"缘起"的转换。在巴利语的《中部》《增支部》以及律藏中存在着"三明说"的成佛传承，即修行时代的佛陀在证得四禅之后，于初、中、后夜分别证得三种明知，即觉悟到前世的第一明知、开天眼的第二明知和认识"四谛"的第三明知。很显然，透过这种"三明说"，我们可以确定在早期的巴利语"四部"中，"四谛"被认为佛陀觉悟的核心内涵。但觉音在《清净道论》中删除了《解脱道论》的"四谛型三明说"，否认了佛陀是修习四谛而成佛的说法。觉音导入了《无碍解道》的成佛传承，将佛陀的成佛与"缘起"而不是"四谛"联系在一起。在其后所著的四部注释中，觉音屡屡提及的"三明说"不是以"四谛"为中心而是以"缘起"为中心，即认为佛陀在后夜所觉悟到的是"缘起"①。同时，关于"缘起"的性质，觉音的理解也与部派佛教不同。法藏部、化地部、大众部等部派都将"缘起"或"缘起支"理解为无为法（永恒之法），而觉音则把"缘起"理解为生灭变化的"缘起支"（即无常诸法）。

应该说，马场纪寿的分析是准确到位的，但遗憾的是，他对觉音的缘起观的理论意义没有做出进一步的考察。实际上，缘起观的差异直接影响到上座部佛教和北传佛教发展的不同方向。《杂阿含经》卷十二云，"若佛出世，若未出世，此法常住，法住法界"。这里的"法"指缘起法。既然此"法"不因为佛陀的出世而存在，也不因为佛陀不出世而不存在，显然它就是不生不灭的无为法。这种不生不灭的缘起法实际上已经是一种不变的法则或规律，这种抽象化的法则、规律在大乘佛教中被进一步抽象化为"真如""法性""如来藏"等，在许多佛教思想家那里，它们被解释为万物存在根据即实体性存在。对这些概念的思辨性考察成为大乘佛教徒的重要工作。但这显然违背佛陀创教的本怀。佛陀创教的本怀在于让众生通过切实的修行，破除烦恼，证得菩提，故而佛陀反对一切与人生解脱无关的形而上学的思考（如"十四无记"所示）。而这种理念的源头就在于将"缘起"理解为抽象的法则。觉音的缘起观则显示出他始终坚持主张"缘起"不是抽象的法则，而是不断生灭变化的无常诸法。只有通过

① 根据马场纪寿的考证，以"缘起"为中心的"三明说"最早出现于四世纪左右问世的《岛史》。觉音的"三明说"继承了《岛史》的立场。『上座部仏教の思想形成－－－ブッダからブッダゴーサへ』、春秋社 2008 年版、第 31—37 頁。

观察作为有为法的"缘起",才有可能进入涅槃。显然,觉音的理解更接近于佛陀的思想与实践。

马场纪寿还指出,在修行体系方面,透过觉音的著述可以发现,修行的核心存在着由"对四谛的观察"向"对诸行的观察"的转换。在说一切有部中,随着阿毗达磨的发展,对"法"的分析思考发达起来,对"四谛"的观察成为修行体系的核心。在这种修行理念之下,修行者需要同时对无常之法(有为法=苦谛、集谛、道谛)和永远之法(无为法=灭谛)进行观察,两种观察应该并行不悖、相辅相成。这种修行理念,不仅存在于说一切有部,也普遍存在于正量部等部派之中。作为《清净道论》底本的《解脱道论》所主张的修行体系基本上也属于这一范畴。但觉音在其四部注中,从《义释》中吸收了"三种完全知"的概念,建立了以"对诸行的观察"为中心的新的修行体系。也就是说,修行者通过观察诸行(无常诸法)而进入涅槃界(永恒之域)。显然,这种对修行体系的新的建构,与觉音对"缘起"的独特理解联系在一起。

三　上座部佛教的思想形成

如马场纪寿所说,无论是《清净道论》还是四部注释,虽然都取材于大寺派已有的文献,但却经过了作者觉音的编辑整理,而我们正是通过他在编辑整理过程的臧否取舍,看到觉音不同于前人的独特思想倾向。这种思想倾向集中体现在他要在旧的修行体系之外建立新的修行体系的尝试,即不是通过观察"四谛"而通过观察"无常诸法"(缘起、诸行)而获得开悟。

而觉音之所以能够完成转换,是因为他的论述有文献支撑,支持他的论据就是《无碍解道》和《义释》。但吊诡的是,《无碍解道》和《义释》原本都不在巴利语三藏之中!《无碍解道》和《义释》进入巴利语三藏的体系,从而获得权威性,与觉音自身对"三藏"的再解释以及对"三藏"体系的再构筑分不开。可以说,《无碍解道》和《义释》进入"三藏"的过程,与觉音在理论上建立新的修行体系的过程是同时完成的。如此一来,对觉音的思想发展过程的考察,实际上可以转换为对觉音的"三藏"观演变过程的考察。

作为上座部佛教"正典"的文献包括律藏、经藏和论藏。律藏包括

"经分别"（比丘、比丘尼的生活准则）和"犍度部"（僧团的运营方法），论藏则是被称为"七论"的七种论书①。经藏则由"五部"组成，即《长部》《中部》《相应部》《中部》等"四部"加上《小部》②。《无碍解道》和《义释》都属于《小部》。从觉音的四部注中关于"三藏"的相关说法看，"五部"的成立顺序应该是：律藏（经分别、犍度部）、经藏（四部）→论藏（七论）、律藏（附随）→经藏（小部）。《小部》进入"三藏"最晚。觉音在《长部注》中，假借"长部诵者""中部诵者"之言，认为在第一次结集之后，五百大阿罗汉将《本生》《义释》《无碍解道》等《小部》文献纳入"三藏"，并认定《小部》的内容已经囊括了除"四部"之外的"一切佛陀之言"③。

马场纪寿认为，透过觉音的编辑作业可以发现，在上座部佛教的发展过程中，存在着巴利语的"古三藏"和"新三藏"。"古三藏"指律藏的主体部分（经分别、犍度部）和经藏（四部）。由于这些内容与法藏部、化地部、说一切有部、大众部等的文献几乎完全一致，所以可以想见它们是在印度本土所编纂。而《无碍解道》和《义释》是论书或注释书的题材，而不是经文的体裁，所以进入"三藏"较晚。最早承认它们是"无经典之名的佛陀之言"、并将它们纳入"三藏"的是"《中部》诵者"，其时间当在四世纪或五世纪初。而觉音在《清净道论》和四部注等著作的编辑作业中，采纳"《中部》诵者"的立场，将《无碍解道》和《义释》等"小部"纳入"三藏"，显然与其思想立场有密切关系。如上所述，觉音以"无常法"解释"缘起"的立场源自《无碍解道》，而"三种完全知"的立场则源自《义释》。只有将《无碍解道》和《义释》纳

① "七论"指《法集论》《分别论》《界论》《人施设论》《论事》《双论》《发趣论》。通常认为论藏是佛弟子或后代佛教学者的著述，但觉音在《中部注》中却认为"七论"是佛陀在菩提树下思维的道理，属于"佛陀之言"。参见马场纪寿：《上座部仏教の思想形成——ブッダからブッダゴーさへ》，春秋社 2008 年版，第 166 页。

② 《小部》包括《小诵》《法句》《感兴偈》《如是语》《经集》《天宫事》《饿鬼事》《长老偈》《长老尼偈》《本生》《义释》《无碍解道》《譬喻》《佛种姓》《所行藏》等十五种文献，是上座部佛教经藏中分量最大的部分，几乎占经藏总数的一半。那么为什么经藏中分量最大的部分称为"小部"呢？一般认为，这一文献群中的第一种文献为《小诵》，故得"小部"之名。

③ "何谓小部？全部律藏、论藏、以《小诵》为首的上述十五种文献，即除四部之外的所有佛陀之言"。参见马场纪寿：《上座部仏教の思想形成——ブッダからブッダゴーさへ》，春秋社 2008 年版，第 170 页。

入"三藏",这些文献才能获得权威的地位,而觉音自身的思想也才具有文献的依据。

以往,我们看到"上座部佛教"这一概念,很自然地将此处的"上座部"与第二次结集时的、与大众部相对立的"上座部"对应起来。但实际上,在大寺派的传承中,"上座部"的内涵更宽泛。如在大寺派著作《岛史》中,"上座部"是指长老所传达的佛陀之言。按照《岛史》的说法,只有"上座部"才正确传达了佛说,而其他部派不过是上座部的分支而已。可见,大寺派所理解的"上座部"并不是与"大众部"相对应的概念,而是泛指长老所传的佛陀之言。而且,如果说"上座部"这一概念与佛教史上的结集有关系的话,在大寺派那里,它也并不直接与第二次结集联系在一起,而是从第一次结集开始就有了"上座部"①。《岛史》同时提到第二次、第三次结集,"上座部"似乎是一个开放的体系。但在觉音确定了"新三藏"的范围,将"五部"视为"一切佛陀之言"之后,"上座部"似乎成为一个封闭的体系。也就是说,不仅大乘佛教的典籍不属于"上座部",而且兼容大乘佛教的无畏山寺派和祇多林寺派也被排除在"上座部"之外。上座部佛教思想的形成,某种意义上,可以说是"上座部"概念内涵的定型化过程。

四　上座部佛教与大乘佛教

由于东亚地区佛教的主体是大乘佛教,所以关于大乘佛教的起源一直是日本佛教界关注的重要学术课题。20 世纪 60 年代,著名学者平川彰提出"大乘佛教在家起源说",主张护持佛塔的在家居士集团是大乘佛教运动的社会基础。此说影响深远,一段时期里甚至成为日本学界关于大乘佛教起源的权威学说。直到 90 年代,下田正弘在《涅槃经研究》一书中对此说提出质疑,并提出林居者集团"造经运动"说,旧说才被边缘化。尽管学术界关于早期大乘佛教的研究取得了诸多进展,但仍然有许多未解之谜。如大乘佛教与部派佛教到底是什么关系?从玄奘的《大唐西域记》

---

① 《岛史》在叙述第一次结集时云,"五百长老对法与律的结集,或者说长老所结集的法与律,称为上座部"。参见马场纪寿:《上座部仏教の思想形成——ブッダからブッダゴーサへ》,春秋社 2008 年版,第 216 页。

等史料看，在公元 7 世纪左右的古印度，大乘信徒和部派佛教的信徒处于杂居状态，在同一个寺院，有信奉大乘佛教者也有信奉其他部派佛教者。大乘佛教的信徒虽然研习大乘经典，但却奉行部派佛教的戒律，在宗教生活方面并没有独立性。独立的大乘佛教僧团的出现，很可能是佛教传到中国之后的事情。

但在斯里兰卡和东南亚佛教国家，大乘佛教与上座部佛教之间则泾渭分明。那么，这种情况是如何出现的呢？或者说，在历史上，大乘佛教是一开始就独立于上座部佛教而出现的呢，还是发展到后来与上座部佛教分道扬镳的呢？关于这一点，马场纪寿结合前人的研究作了如下概述：公元前 3 世纪，佛教从印度传到斯里兰卡，在阿努拉达普拉（Anuradhapura）建起了大寺（Mahāvihāra）公元前 1 世纪，无畏山寺（Abhayagirivihāra）建立，4 世纪，祇多林寺（Jetavanavihāra）建立。由于三大寺都属于上座部佛教，从而形成三大派别鼎立的局面。但在 5 世纪，大寺派的觉音出世之后，三派的思想走向发生了根本变化。觉音继承大寺自公元前后以来形成的注释三藏的传统，对上座部佛教的思想进行了系统的总结和发挥，形成"上座部大寺派的正统说"。大寺派的思想特点是固守上座部佛教的传统，完全排斥大乘佛教。而与其形成鲜明对照的则是无畏山寺派和祇多林寺派对大乘佛教的兼容并蓄。玄奘在《大唐西域记》中提到无畏山寺派兼学大乘佛教与上座部佛教，而从祇多林寺的遗迹中也发现了大量与大乘经典有关的经文。种种证据表明，在斯里兰卡，大乘佛教也曾繁荣一时。到 12 世纪，波洛卡摩巴乎（Parakkamabāhu，1153—1186 年在位）大力扶植大寺派，强制无畏山寺派和祇多林寺派僧侣在大寺派的戒坛重新受戒。结果，大寺派很快在斯里兰卡获得了统治地位，并逐渐传播到缅甸、泰国、柬埔寨、老挝等国。

毫无疑问，除了外部的社会背景，觉音的思想是导致上座部佛教与大乘佛教分道扬镳的关键因素。那么，觉音的何种思想导致了大寺派对大乘佛教的强烈拒斥呢？马场纪寿通过对觉音的"三藏"观的分析，认为正是觉音对佛教"正典"的定义，决定了大寺派对当时的大乘佛教运动的立场。

一般认为，巴利语佛教文献中，经藏和律藏是原始佛教时代形成的，故与部派佛教的文献如北传四阿含等有重叠之处，而论藏则是大寺派独自制作和编纂的。在北传佛教关于"三藏"的观念中，"佛说"的边界是开放的，无论是"经"、"律"还是"论"，只要被认为是符合佛说，都被视为"三藏"的一部分。这也正是大乘佛教兴起的观念背景。按照下田正弘的说法，大乘佛教本身就是一场造经运动，正是伴随《涅槃经》《般若经》等大乘经典的诞生，才有了大乘佛教的信奉者和修行者。但大寺派在制作和编纂巴利语三藏时，却为"正典"划定了明确的界限，认为"四部"加上"小部"就是巴利语"正典"，"正典"之外没有"佛说"。这样，大寺派就排除了在"五部"之外对"佛说"进行增广的任何可能性。换言之，大寺派通过对"正典"的定义和对"上座部"经典的编纂，确立了"上座部"的权威地位，并排除了与大乘佛教兼容并蓄的任何可能性。

在日本佛教学术界，下田正弘的"大乘造经运动说"越来越受到重视，成为关于大乘佛教起源的流行性理论。马场纪寿关于上座部佛教思想形成的考辨，特别是关于上座部佛教与大乘佛教关系的考辨，显然受到下田正弘说的影响，而其结论反过来对下田正弘之说作了补充。当然，这一问题非常复杂，还有进一步探讨的余地。

五　余论

由于关于古代印度和斯里兰卡历史的文献资料缺乏，故要还原古代佛教的历史面临着重重困难。为了克服历史资料之不足，日本学术界采用了"以经证史"的方法来考察早期佛教的历史展开。最早自觉地采用这一方法的是平川彰。平川彰通过对佛教律藏的研究，发掘出律藏中所保存的关于早期佛教僧团的大量信息，力图借助这些信息还原早期佛教僧团的原型。其关于大乘佛教"在家起源说"，也主要依据律藏中关于出家众不得蓄金银等历史信息而成立。虽然学术界对此说提出种种挑战，其具体结论显示出种种破绽，但其研究的方法论却仍然受到重视。在没有直接的史料支撑的前提下，如何挖掘经典本身所蕴含的历史信息，仍然是从事思想史研究者的重要课题。下田正弘关于《涅槃经》的研究、马场纪寿关于觉音的《清净道论》等注释史的研究，都是试图利用这一方法重构佛教思想史的一种尝试。

当然，"以经证史"的方法有其局限性。如平川彰基于律藏中的资料提出大乘"在家起源说"之后，很快就遭到学术界的质疑。欧美和日本学者等通过考古资料、碑刻资料等，证明在大乘佛教兴起之时，佛塔的护持者的主体是出家僧侣，似乎并不存在一个在家的护持佛塔的集团。对于下田正弘的研究、马场纪寿的研究，学界同样有类似的质疑。古代佛教文献确实包含历史的信息，但这种历史信息是以一种嵌入的方式存在于历史文献之中，要挖掘这些信息，需要研究者艰苦的解体作业和钩沉索隐的功夫。在这个意义上说，"以经证史"是一种"内证"功夫。由于这种"内证"带有研究者的主观预期、价值倾向等要素，所以其结论具有相当大的不确定性。要相对准确地还原历史，在"内证"功夫之外，尚需要历史学、宗教学、考古学、文化人类学等其他学科的"外证"功夫。例如，为什么觉音对上座部佛教的解说被后世视为上座部佛教的正统，为什么无畏山寺派和祇多林寺派衰落而大寺派会被定于一尊等问题，就是单靠文献的结构分析而难以索解的。要厘清这一问题，可能更多地需要历史学的考察和考古学的新发现。

马场纪寿是一名年轻的学者，接受过良好的语言学和思想史的学术训练，也曾在牛津大学、哈佛大学等从事客座研究，具有国际视野。在对觉音的《清净道论》进行专题研究之后，马场纪寿还就"斯里兰卡与东南亚巴利语文化圈的形成过程"以及"上座部佛教与大乘佛教"等课题进行了研究，对以往的研究做了进一步拓展。我们可以期望日本的上座部佛教的研究能够在年青一代学者这里迎来新的局面。

（张文良，中国人民大学佛教与宗教学理论研究所教授）

简论藏传佛教与藏族文化的关系

班班多杰

在藏传佛教体系建构中，除了形而上之"为道"和"为学"内容外，还有形而下之"为器"内涵，它就是大家所熟知的"大五明"中的声明、医方明、工巧明和"小五明"中的星象学、诗词学、辞藻学、韵律学、戏剧学。

"声明"是整个藏族语言文字的基础学科，它的作用是纠正或扫除语言中的毛病，从而使文字和语言规范化。在藏族文化中，声明学虽然是研究语言文字的一门独立学科，但从历史发展的角度看，它逐渐被纳入藏传佛教的体系建构之中。《报恩经》中说：

> 大乘菩萨行者为什么要学习声明呢？语言和词汇要准确优美，非普遍认同的词汇不能明确表达意义。要懂得并吃透一切事情。准确之词汇不消失，故尔不因我慢而毁灭，与邪见相反。要掌握调伏有情之善巧方便，所以，一切大乘菩萨有学道人要学习声明论。[①]

这一大段话概括起来意思是讲作为一个大乘人，要掌握教化启迪一切有情众生的武器——佛法，首先就要学习声明。对于藏传佛教信徒来讲，主要就是指藏文学习。如果我们仔细研究藏文典籍便会清楚地认识到一个基本事实，即新藏文的创立以及改革在一定意义上是为了佛教经论翻译的需要而进行的。《王统世系明鉴》一书中说：

---

① 郭若扎西：《郭扎佛教史》，中国藏学出版社 1990 年藏文版，第 1014 页。

由于没有文字，松赞干布派遣吞米桑布扎等臣下中聪明敏慧的七人到印度去学习文字……其中的吞米大臣拜婆罗门李敬为师学习文字，并依照兰查天字、瓦都拉龙字创造具足圆满的藏文。据说，反写的 na、sha、tha 等字母，是通晓藏文字体的各班智达后来从梵语密咒翻译为藏语时创造的，吞米大臣在印度学习了声明，遍通五明之学后，随即翻译了《宝集顶经》《宝箧经》《观世音经续》《般若波罗蜜多十万颂》等佛教经论。[①]

从 8 世纪中叶到 9 世纪初，是藏文的首次厘定和规范时期，此时出现了九大译师，其中的巴格·白若扎那根据当时佛经翻译中出现的诸多问题，编订了规范译语的翻译工具辞书《梵藏词典》。同时，另外三位少壮派译师编纂了有关古印度语言学论著，以纠正当时译语中的病句，使翻译更趋标准化。在吐蕃王朝第 41 代赞普赤热巴巾时期，由于准确完整地翻译佛教显密经典的需要，于是召集印藏著名译师，专设译场，统一译名，规定译例，校订旧译佛教显密经论，新译了显密经论，并编辑出版了一部标准的梵藏文对照词典——《翻译名义集》。后来阿里古格王时期，大译师仁钦桑布（958—1055）同印度来的学者，共同修订文字、厘定新译语，曾翻译、校订佛教经 17 部、论 23 部、密教恒特罗 108 部，从而使佛教经论的藏译工作取得了很大的成就，藏文也得到了极大的完善。元朝时，后藏纳塘寺将藏译的佛教典籍论释编纂成一部大型丛书，即《甘珠尔》（经部）和《丹珠尔》（论部）两大部。以此为标志，藏文的发展便进入一个辉煌的时代。

综合以上所讲，藏文的创新、改革和发展是和藏传佛教经论翻译事业同步进行的，藏文是佛教在藏族人民中得以流传、发展、演变，从而使佛教藏族化的直接工具和媒体。从这个角度看，声明学也是藏传佛教体系建构中不可分割的有机组成部分。国内外语言学专家认为，藏语文是一种先进的拼音文字，在古代，它准确、生动、深刻地翻译了体大思精的佛教经论，以至于使藏文成了反映佛教思想最为准确的文字之一。我们相信在现代，藏文也同样能准确、深刻地反映现代科学技术的基本

---

① 索南坚赞著：《王统世系明鉴》，陈庆英、仁庆扎西译，辽宁人民出版社 1986 年版，第 37 页。

内容、基本概念、基本理论，成为藏族人掌握现代科技的重要工具。

"医方明"是指健身强体、增进健康、治疗疾病的医药学。藏医药的理论和实践体系虽然是一个独立的学科群，但在藏族文化系统中它被纳入佛教的架构体系当中，受着佛教思想的支配，藏传佛教中对医学是这样解释的。

由于烦恼无明而生起之有漏业放射出来的此异熟身，是由四大聚集而形成的，因为四大种之寒暑不调，从此黏液、胆汁、气集合之四种病由于食物与举止不调，从而遭受疾病的折磨和逼迫。疗治病痛的方法即是医方明。[1]

从这个医学的定义便可看到藏医药受到了藏传佛教思想的深刻影响。具体讲，在旧时代，藏医学从制造药物、诊断疾病到治疗疾病的整个过程都受到佛教思想的熏染。首先，制造药品前要举行大的宗教仪式以祈愿制药成功。其次，到医生处看病时，要深信佛、法、僧三宝，要坚信因果报应的铁则。再次，在治疗疾病的过程中，要念日常念诵的经文，磕头拜佛，祈愿早日治愈疾病、恢复健康。可见，藏医学被纳入了佛教的架构体系之中，自始至终接受着佛教思想的浸染和影响。藏医学虽然被纳入了藏传佛教的体系架构之中，从总体上受着佛教思想的指导，但它毕竟是一门独立的学科，在漫长的历史进程中，形成了科学的理论体系和丰富的临床经验，尤其是藏医在生理学、解剖学方面所达到的水平可与现代医学成就相吻合。在现代，如果把藏医药学与现代医学的理论和实践相结合，则藏医藏药的发展会提高到一个新的境地。这是藏医现代化的一个基本途径。

"工巧明"是指熟练营造的工巧学，包括工业、建筑、绘画、雕塑等一切为人类创造物质与精神财富的技巧及学问。它又可以分为神圣与世俗两方面的内容，这些技艺自藏族社会进入文明的门槛以来即在民间广为应用，并源远流长，根深蒂固。直到今天，藏族人民仍然在用这些技艺创造物质文明。藏民族的这一文明成果可以成为藏族工业现代化的契机和铺垫。

"星象学"是指藏族的天文历算，它是藏族的智者们根据青藏高原的自然地理环境以及藏族人民长期的生产生活经验，总结和创立起来的科技

---

[1]　郭若扎西：《郭扎佛教史》，中国藏学出版社1990年藏文版，第1006页。

体系。它既有藏族人民的独创，也吸收了汉地、印度等其他民族的天文历法知识，从而形成了具有民族特色、适合藏族地区的天文历法。这一独特的天文历法体系，不仅能准确地推算日月辰星的位置和运动，还可根据物候、星辰现象及数据预报藏族地区天气和地震等情况。如天气预报方面现在有短期（一天）、中期（一季）、长期（一年）的预报。这样一种天文历算至今仍在应用，例如西藏自治区藏医院天文历算研究所每年都要编写该年的历书。在藏族大小五明文化中，藏医药学和藏族天文历法是最具科学性和实用性的一门知识体系，目前仍在广泛地应用，并在生活中发挥了巨大的作用。

"诗词学"是关于诗、词、文章的学科，是修饰文字词句，运用各种表现方式使语言表达准确、和谐、优美、文雅、鲜明而生动有力的作诗格律和修饰方法。

"辞藻学"是明白论证了事物名称之命名，运用同义异名等道理的学科，它在声律学、正理学、佛学等领域应用甚广。

"韵律学"是论述诗句组合规律和梵文偈句轻重音组合规律的学科。

"戏剧学"是指歌舞、戏剧，具体讲，它包括歌唱、演奏及舞蹈表演等内容。

在藏传佛教史上，五世达赖喇嘛阿旺·洛桑嘉措特别注重僧人对小五明的学习，其诗学著作《诗镜释难妙音欢歌》一书中批驳了一些人轻视学习小五明的错误观念，他说：

"那些曾经掌握权势的在雪山苦修的大修行者们认为这些世俗学问因为外道也在学习便视为毫无意义，那么试问：你们所修习的殊胜成就一切禅定因之所在——寂止，外道也全部在修习，是否为此你们所修的寂止也废弃呢？"①

这里，五世达赖喇嘛将修学神圣的佛学理论与学习世俗五明文化相提并论，同日而语。其目的就是为了通过世俗五明文化形式来宣扬佛教信仰理念的内容。

大小五明文化原本是舶来品，它随着佛教的传入而流布到藏族地区后，便与藏族的土著文化、传入藏区的汉族文化以及其他民族的文化交

---

① 转引自赵康《论五世达赖喇嘛的诗学著作〈诗镜释难妙音欢歌〉》，载《西藏研究》1986年第3期。

会融合，并逐渐形成了具有藏族特色、藏族风格、藏族品味、藏族气派的大小五明文化，从而补充、丰富、完善、深化了藏族文化，使藏族具有了完整而系统的文化架构体系。在这大小五明文化学科中，藏族大小五明文化的作用是：因明与声明"除惑"，医方明与工巧明"摄持"，内明"遍知"。

（班班多杰，中央民族大学哲学与宗教学学院教授）

中国本土宗教文化对世界和平的潜在贡献

安　伦

中国本土宗教具有与亚伯拉罕宗教迥然相异的模式，这一点被现代国人广泛忽视。与此相应，数十年来我国本土宗教已习惯于以亚伯拉罕宗教的模式定义和塑造自己，模糊了其原有的特点，其中包括其独特的优点。由于缺乏对中国本土宗教文化特点的深刻认识，自然难以发挥这份文化遗产对全球化人类社会弥足珍贵的潜在作用。这对面临全球化整合重大挑战的人类来说无疑是一大损失。如果不甘愿坐视这份文化遗产被埋没荒废，唯有对中国本土宗教文化重新认识、深入发掘。而成就此举的最佳途径是摘掉西方中心论宗教观的有色眼镜，还中国本土宗教以本来面目，客观研讨评估其优缺点并据以改进发展，以发挥其潜在的积极作用。

本文所谓本土宗教，指以儒道佛为主体的本土宗教与历史上融入中国的其他宗教元素的混合体。其中佛教虽然起源于印度，但经过在华夏大地约两千年的演化发展，已经充分本土化，有足够理由被称为中国本土宗教。

一　中国本土宗教文化模式的特点

本文的主题是中国本土宗教文化对世界和平的潜在贡献。人类各民族都有其各自的宗教信仰，此外还有基督教和伊斯兰教等世界性宗教，为什么中国本土宗教文化却特别能对世界和平做出重大贡献？原因在于中国本土宗教与亚伯拉罕宗教的一元化排他体系不同，是以儒道佛为主体的多元包容体系。这个体系从形成伊始就不得不应对多元社会、多元宗教文化共存的问题，以至于其在近两千年的历史长河中演进发展出一套行之有效的多元宗教共生模式，能够有效维护多元宗教间的关系和谐和多元社会的和平稳定。因此，要了解中国本土宗教何以特别能对世界和平做出重大贡献，首先必须认识中国本土宗教有别于世界其他主要宗教的特点。

中国本土宗教模式与亚伯拉罕宗教模式大相径庭的现象从 20 世纪 60 年代起开始被一些宗教社会学者觉察。美籍华人社会学家杨庆堃在《中国社会中的宗教》一书中就将中国本土宗教归类于弥漫性宗教，以别于基督教那种"有自己的神学、仪式和组织体系，独立于其他世俗社会组织之外"的建制性宗教。他指出，中国本土宗教虽然在多数情况下没有独立于世俗社会的建制性结构，但却无所不在地弥漫于包括政治、社区、家庭、文化、思想意识在内的中国社会的各个层面，"其神学、仪式、组织与世俗制度和社会秩序其他方面的观念和结构密切地联系在一起"。①

宗教学是从 19 世纪末以来在以基督教为背景的西方社会强盛时期发展起来的学科，故而不可避免地印有基督教的深刻烙印，带有西方中心论的色彩。建制性的亚伯拉罕宗教仅是人类各种宗教信仰的一种特殊形式，与人类大多数宗教信仰模式并不相同，但源自西方的宗教学借助西方文明当时所处的强势地位使得以亚伯拉罕宗教为模式定义的宗教成为界定、研究和认识宗教的唯一标准和话语体系。当这种以偏概全的定义和学术体系被运用到亚伯拉罕宗教盛行的区域以外时，就会造成严重的认识混乱。例如，清末民初我国一些主流知识分子不加甄别地全盘接受西方文化体系，全面否定本民族传统文化体系，以致视而不见我国庙宇、神坛星罗棋布，宗教现象无处不在的事实，做出诸如"中国是个没有宗教的国家，中国人是个不迷信宗教的民族"②之类的错误结论。这类以西方中心论为主导的观念，在后续政治运动的推动下，塑造了中国现代社会最初的宗教观；经过数代人的接受、吸收，在中国社会中已被视为理所当然，结果是对中国宗教信仰状况的严重误解。

如果摘掉西方宗教观的有色眼镜，客观考察研究，就会发现中国宗教绝非不存在，而是以完全不同于基督教的形态存在。西方宗教学通常认

---

① ［美］杨庆堃：《中国社会中的宗教》，范丽珠等译，上海人民出版社 2007 年版，第 35 页。

② 胡适：《名教》，《胡适文存二集》，上海亚东书局 1928 年版，第 91 页。

为，构成一种宗教必须具备的基本要素是教义、教规、仪式、建构性组织和教徒。而中国本土宗教既没有完整和独立于世俗体系的神学教义，也没有西方宗教那种信众的建制性教会组织，甚至没有西方意义上的教徒。如果以西方中心论的宗教定义衡量，确实构不成宗教。无怪乎盲目全盘接受西方宗教观的学者们或声称中国没有宗教，或致力于按亚伯拉罕宗教模式诠释和塑造中国宗教。中国本土宗教至少在以下几个方面有其自身特点，与亚伯拉罕宗教迥然有别。

虽然没有完整独立的神学教义体系，但其神学教义充斥、弥漫于中国的思想、学术、价值、伦理和文化体系，与之融为一体，密不可分。

虽然没有独立于世俗社会的建制性信众组织，以西方观念看似无形，但却弥漫于中国社会的家庭、宗族、行会、社区、群体、社会、政治、经济、文化等各个方面，与之混为一体，无所不在。由此看来，建制性信众组织并非宗教的必备要素。

虽然没有西方意义上的信徒，但古代社会中几乎所有中国人都崇尚以天为至上，以众神和祖宗灵魂为从属的超自然信仰，所以几乎人人都是信仰者。如果一定要讲宗教组织，那么整个中国社会可以说是本土宗教的超级信众组织。

儒、佛、道和本土原生宗教不仅弥漫于中国社会的方方面面，而且相互弥漫，彼此之间没有亚伯拉罕宗教教派之间那样清晰的分野，浑然一体，难分难解。尤其是在民间信仰实践层面，相互之间密不可分。由于历史上相生相长、彼此渗透融合，以致相互之间你中有我，我中有你，一定程度上共享一个神学体系，共用大多数宗教元素。因此，与其将其硬性分割看待，不如按其原状作为整体来研究和对待。这个整体可称为"中华宗教"。

有别于基督教作为一种"外在"力量影响世俗社会，本土宗教始终作为中国社会"内在"的有机组成部分发挥其价值和社会功能，更加全面地影响社会，"其宗教性和社会功能丝毫也不弱于西方宗教。"① 儒、佛、道和本土原生宗教相互合流，融入中国人的日常生活，共同承担了中国社会精神信仰的各种功能，维系了中国社会的伦理秩序。一定意义上

---

① ［美］杨庆堃：《中国社会中的宗教》，范丽珠等译，上海人民出版社 2007 年版，第 35 页。

讲，中国古代社会是以非建制性传统宗教为基础形成的精神、信仰、价值、伦理、文化共同体。

中国本土宗教最有价值的重大特点是多元包容性，与亚伯拉罕宗教强烈的绝对性和排他性形成鲜明对比。不仅儒、佛、道和本土原生宗教能相互包容、和而不同、和合共生，本土宗教在历史上还接纳包容过基督教、伊斯兰教、犹太教、祆教、摩尼教等多种外来宗教。这种海纳百川的宗教包容性是多元社会和谐稳定的基石，在全球化多元文化碰撞融合时期具有特别重大的积极意义。

由此可见，本土宗教有与亚伯拉罕宗教截然不同的存在形式和特点，绝非以建制性基督宗教为范式的西方宗教学所能正确诠释的。为了客观深入地研究认识本土宗教及其内在价值，必须放弃植根于西方中心论的宗教观，纠正其所造成的偏差和误导，而代之以全面客观的宗教观和研究体系。

二　中国本土宗教文化模式对世界和平的潜在作用

由于受西方中心论宗教观的压倒性影响，近百年来，本土宗教要么被否认其宗教身份，要么被视为劣等宗教，其优点和价值因此难以得到充分认识和发掘。一种宗教文化模式能在华夏这样的文明古国历经两千年不衰，而且被周边国家广泛采纳和继承，必有其内在的价值和生命力。对中国本土宗教文化的价值和功能进行深入地研究、认识和发掘，使之服务于全球化时代的人类社会，是中国宗教界和学术界一项长期而有意义的使命。中国本土宗教文化至少有以下明显的优点，让我们能有意义地讨论其在全球化时代的积极作用。

全球化时代是全球走向一体化的时代，亦即人类走向共同体的时代。无论人们赞同也好，反对也罢，它都会如期而至，势不可挡。这已成为不争的事实。这是一个充满变数、动荡和风险的时代。人类多元民族和社会快速挤入狭小的地球村，不可避免地会发生多重碰撞、冲突和融合。人类既有顺利融合实现大同世界美好愿望的机会，也有因不能妥善处理文明冲突而毁灭的风险。美国学者亨廷顿的文明冲突论无疑是对人类尚无法解决的宗教文明冲突风险的沉重警示。如何避免战争威胁，如何维护世界和平，是对人类最大的挑战。

应对这项人类尚束手无策，但又生死攸关的挑战，本土宗教可能提供一种最有效的借鉴模式。与全球化多元人类社会相似，数千年来的中国社会始终是多元融合的社会，其间不仅有数百个民族融入其中，而且有大量不同的宗教信仰随之融入；不仅有儒、佛、道和本土原生宗教的相互融合，而且有世界大多数主要宗教的融入。其结果是发展演化出多元通和、和而不同、和合共生的包容性信仰模式和理念。历史反复证明，这种信仰模式不仅能有效化解多元社会的矛盾冲突，而且可以为多元社会的和谐、稳定、和平提供精神和价值基础。全球化的人类社会是一个扩大的多元融合社会，与中国多元社会有着相似的需求和挑战。因此，本土宗教这种不重建制、多元包容、求同存异；与社会融为一体的信仰模式经过改良可能会是有效化解全球文明冲突，使人类得以和合共生的优秀信仰模式。

以云南宗教为例，云南省不仅有 26 个民族长期和谐共存，而且有包括佛教、道教、天主教、基督新教、伊斯兰教和本地民间宗教在内的几乎所有主要宗教相互交融，可以说是中国社会民族多元、宗教多元和文化多元的典范。这样一个多元社会能够长期维持相对和谐稳定，没有发生过像亚伯拉罕宗教占主导地位的国家那样的宗教冲突和战争，本土宗教的模式和理念起着重大作用。云南省信仰者最多、影响力最大的宗教是南传上座部佛教。该教不仅能与同存在于云南的藏传佛教和北传佛教和谐共处，而且与其他所有宗教，包括排他性较强的基督教，也相安无事，相互交融。究其原因，南传佛教教义主张的慈悲、平和、与人为善、和谐、包容固然起到很大作用，但本土宗教共有的多元包容、和合共生模式和理念起到了决定性作用。甚至连排他性较强的基督教，受到当地本土宗教的影响，也吸收和采纳了本土宗教的理念和模式，成功融入云南社会，与其他宗教保持了和谐共融的关系。

人类共同体的成功形成，不仅需要在政治、经济、科技等硬体领域形成共同体，更重要的是在精神、信仰、价值、伦理、文化等软体领域形成共同体，否则就会因缺乏精神信仰的引导、价值伦理的支撑和文化的黏合而屡建屡败。维护人类社会的和平，不仅需要在战略、策略和反战方法等浅层次谋求，更应该从信仰、价值、伦理、文化等意识形态的深层次筑基和巩固。深入研究证明，人类各民族的精神、价值、伦理和文化莫不源自其宗教信仰并以其为基础。因此，本土宗教这种多元通和、和而不同、和合共生，融会贯通精神、信仰、价值、伦理和文化的模式经过改良可能在以上多领域同时为人类共同体的形成做出重大贡献，成为人类社会和谐、世界和平的重要支柱。

本土宗教缺少建制性组织在许多人看来是一大缺憾，但从人类和合共生角度来看也许是一大优点。据 W. C. 史密斯等西方著名宗教学者的考证，建制性宗教是近代以来基督教为了辩论护教而派生的产物，导致了概念混乱、对立排他等不良后果。[①] 亚伯拉罕宗教由此而来的建制性是宗教对立、排他和冲突的主要根源，未必值得其他宗教羡慕和效法。宗教的核心是信仰，因此宗教的外在形式应当为信仰服务，而非相反。当一种宗教形式不利于信仰真谛的实现，危害人类生存时，对其放弃或改革是正道，否则就会本末倒置。对人类共同生存发展的最大威胁是人类各种组织或群体之间的隔阂、对立和冲突，其中最重要的是宗教文化之间的隔阂、对立和冲突，亦即亨廷顿所谓文明冲突。多数情况下，隔阂、对立和冲突随建制性组织实体的加强而加强，因此非建制性宗教可能是消除宗教文明之间隔阂、对立和冲突的最有效途径。纵观人类历史，非建制性宗教如本土宗教更可能是人类宗教信仰存在的自然、合理的主流模式。这种模式可以避免或消除宗教对立排他和文明冲突，所以应被视为一种优等模式，而非劣等模式。近年来，欧美社会建制性宗教信徒不断大幅衰减，而无归属信仰者持续上升，这也许预示宗教信仰模式向自然状态的趋势性回归。

三　本土宗教较之西方宗教更能促进世界和平的原因

人类世界每个民族都有其宗教，此外还有若干世界性宗教。为什么说中国本土宗教更能促进世界和平，可以为世界和平做出特殊贡献？作此宣称是否有民族自傲、夜郎自大之嫌？经深入考察后，就会发现此论并非民粹主义的盲目自尊之言，而是有着深厚的历史根据和充足的内在逻辑基础。其主要原因在于以下三点。

首先，本土宗教是以儒道佛为主体的多元包容系统，而非像亚伯拉罕

---

① 参见［美］威尔弗雷德·坎特维尔·史密斯《宗教的意义与终结》，董江阳译，中国人民大学出版社 2005 年版。

宗教那样是单一宗教的排他性体系。这个系统从形成伊始就不得不应对多元社会、多元宗教文化共存的问题，以至于其在两千年的历史长河中演进发展出一套行之有效的多元通和、和而不同、和合共生的多元宗教共生模式和理念，能够有效维护多元宗教和多元社会的和谐、稳定与和平。全球化的人类社会类似于传统中国多元社会，是一个更加多元的社会，有更多元的宗教信仰，因此中国本土宗教的经验和模式特别有助于人类社会应对全球化带来的问题和挑战，最适合全球化的人类多元社会，最可能对世界和平做出重大贡献。

其次，本土宗教集宗教信仰、精神、价值、伦理、文化于一体的混合模式有利于全方位推广多元包容、和平和谐理念，使之深入人心，贯穿于人类行为。人类各民族的精神、价值、伦理和文化都源自其宗教信仰并以其为基础，因此，以本土宗教的混合模式推广发挥本土宗教的多元包容理念，可以使之同时融会于人类的精神，贯穿于人类的价值理念，体现于人类的道德伦理，展示于人类文化，同时从多维度使之流行大化，有效促进世界和平。

最后，本土宗教的弥漫性特点使之能够内在于人生和社会发挥作用，比之西方宗教能够更加全面深入地影响人心和行为，更加有效地将其和平包容理念推广到全世界。亚伯拉罕诸宗教通常是作为独立于世俗社会的体系从外部影响社会，而中国本土宗教作为弥漫并内在于世俗社会的不成形体系，可以令"百姓日用而不知"，所以能比亚伯拉罕宗教更加全面、内在、深入地影响人心和社会。这个系统经过改良会成为维护促进人类社会和谐、世界和平的最佳信仰模式。

毋庸讳言，中国本土宗教虽然有以上重大优点和价值，但与亚伯拉罕宗教相比，也有其缺点和改进、发展的空间，不能因对其优点的肯定而被认为尽善尽美。中国本土宗教要走向世界，被国际社会接受为构建人类共同体，维护世界和平的重大资源，其本身尚需要经历去粗存精、去糟存真、学习借鉴其他宗教文化等改进过程。在如何对待中国本土宗教问题上，国人曾有过全面肯定、不容置疑改变和全面否定、一无是处两种极端的态度。如果不抱成见，而是本着建设性态度对待这份民族精神文化遗产，则应该摈弃这两种极端态度，而代之以理性、客观的研究探讨和改进、完善的努力，使其在全球化时代充分发挥其优点和效用，为人类和平生存发展做出应有贡献。

一定程度上讲，本土宗教与亚伯拉罕宗教的许多优缺点恰好相反，故有较强的互补性。中国宗教虽然缺点相对较多，但危害较小；亚伯拉罕宗教虽然缺点相对较少，但危害严重，其建制性排他对立倾向易于造成宗教间对立冲突乃至战争，威胁人类和平和生存。因此，相互之间应该谋求取长补短。本土宗教应积极向亚伯拉罕宗教学习其优点，以弥补和改良自身的不足。与此同时，还应保持理性的批判鉴别能力，防止在学习借鉴中将亚伯拉罕宗教的缺点也一并引进。

（安伦，中国宗教学会副秘书长）

中国南传佛教的爱国主义传统及
与东南亚的交流

课题组

一 中国南传佛教的爱国主义传统

南传佛教又称南传上座部佛教，自东南亚半岛传入中国境内已经有上千年历史，在中国集中分布在云南南部、西南部边境一线的西双版纳、德宏、思茅、临沧、保山五个地市，南传佛教在保留佛教原初的教理教义形态的同时，经历了长期与傣族、布朗族、德昂族、阿昌族、佤族等原始信仰与民族文化融合的本土化过程，成为这几个兄弟民族以南传佛教为核心的不同形式的传统文化。形成了中国特色的南传佛教。据不完全统计有信众近120万余人，是云南省最大的宗教群体，是中国佛教的重要组成部分。中国南传佛教贝叶经典籍就是结合民族传统观念用佛典因果故事教化群众的优秀人类非物质文化遗产。作为中国佛教三语系之一的巴利语系，中国南传佛教是中华文化不可或缺的有机组成部分。

云南毗邻泰国与东南亚的缅甸、老挝、越南接壤，边境地区各族民众几乎都信奉南传佛教。中国南传佛教的爱国主义思想、伦理道德，如和平思想、积德行善、因果报应观深刻影响着信教群众，长期以来边民和平相处，少有动乱、战争。对维护我国边疆稳定起着不可替代的作用。近代以来，西方殖民主义者肆意掠夺中国的资源，南传佛教为维护国家利益做出了积极贡献。另外，中国南传佛教历代边境地区高僧互相参学、研讨，国际交流从未中断，促进了与东南亚的友好往来。

（一）中国南传佛教的爱国主义思想与实践

赵朴初先生提出的"人间佛教思想"，高度总结了佛教的发展思想与核心。作为人间佛教，佛教的发展就具有了时代的适应性，传统文化的持续性和引导社会向上、向善的积极性，具备平等、包容、慈悲、互摄、自律、修心、圆融等特质，在一定的地理范围和人文空间范围内具有化解社会问题、国际问题的功能。与其他两个语系相较，中国南传佛教更注重实践，其爱国主义思想主要体现在人间性。

1. 缘起法与国家荣辱与共的思想

"缘聚则生，缘散则灭"是佛教对宇宙万物产生、发展、消亡的哲学思想。

在这一思想的指导下，因缘观念深得人心，凡事皆有因果。佛陀500世（一说480世）转世传说、《佛祖巡游世界》里佛祖在不同转世期间的故事，都表达了前世因缘所导致的或转生为人、或转生为各类动物的过程，而这一过程实则为一个修炼自身、度人度己的过程，也说明了每一个人和物都必须通过对方求证自己的内心和行为，而对方的所作所为也将影响自己。推而论之，则人与人、人与社会、人与国家、人与万物是一个紧密联系的整体，同体共生，息息相关，别人、社会、国家、自然都是由"每一个自己"的需要而构成的。因此，凡所行事、所思想，都应以社会、国家的利益为前提，个人与社会、与国家荣辱与共，国家利益与国家主权所在，则是全体人民的福祉寄托之处。

2. 慈悲心与利众思想

"慈悲为本、方便为门"是佛陀思想的精要。佛教的创立就是为了改造苦难深重的病态社会，通过治"病"救人。认为"人身难得""人身是宝"，重视人的现实生活。在佛教中"众生"始终是第一位的，中观大师寂天在《菩萨行论》中说："产生一个利众的念头，功德胜过供养诸佛，何况投身于利众的事业。"在傣族的泼水节期间最受信众欢迎，要花僧侣几天几夜时间念诵的13册《维先达腊》所教化的正是"施舍"与"慈悲"的信念，除此以外还有帮助对方改变、鼓舞人心、安抚情绪的作用。佛教对人民和国家的贡献自古有之，其中就具体体现在其慈善救助事业领域。中国南传佛教团体近年在云南边境地区"禁毒防艾"工作中做出了突出贡献。

3. 受持五戒与和谐有序思想

"诸法无我"是佛教对构建大同世界的贡献。由于傣族等民族全民信奉南传佛教，佛教影响与民族文化道德教育交织在一起，渗入群众的生活、生产和交往之中，成为当地信众心理素质中十分重要的因素，僧人在信教群众中有较高的威信和道德教育能力。因此，僧侣潜心修佛，引导信众，帮助他们觉悟，断恶修善，根除陋习，建设人间净土成为佛教本身发展的一种追求。

《律论》分别解脱戒（僧戒）要求"戒除一切有损于别人的言论行为及其思想根源"。菩萨戒在此基础上又增加了"发扬慈悲心、坚持利众行"的道德准则。佛教为在佛门四众制定了五戒（不杀生、不偷盗、不邪淫、不妄语、不饮酒），为在家众规定了八戒（不杀生、不偷盗、不邪淫、不妄语、不饮酒、不着香花鬘不香油涂身及不歌舞不往观听、不坐卧高广大床、不非时食），为出家众制定了十戒（戒杀生、戒偷盗、戒淫乱、戒说谎、戒贪欲、戒挑拨离间、戒恶语伤人、戒说是非语、戒暴躁怒气、戒悖理邪见），是施设契合时机的教法，也是为推行慈悲、从善为机缘的因果轮回观施予保障的教义。例如，不杀生而慈心生仁中体现出来的佛性平等，即对一切众生应一视同仁的主张，具有引导世人消除仇恨，追求和平的功效；不偷盗而义利节用中所表达的"不与而取，非分而取，无功而取"皆为偷盗行为的是非观，以及"君子生财，取之有道"，恪守信用的利人与利己相统一的义利的坚持，对当今社会存在的贪污腐败行为具有警戒作用。因此，其内涵在当今社会仍具有强烈的社会指导意义。正如参加了德宏"关爱"项目的喊撒佛寺的主持所说的那样："项目培训后我们才知道这种（防治艾滋病）知识。因为艾滋病是与社会的安宁紧密联系的，要营造一个和谐安宁的社会，就必须要禁毒防艾。佛是为众人求平安，不希望人们去做坏事，希望人们要朝着有功德的方向去做事。佛披着袈裟不能去做坏事，人心中要装着佛，这样也不会去做坏事。只要他们健康了，就达到我们要做好事的愿望了。我们佛家弟子用佛的话来讲，关怀艾滋病，是贯穿了五戒、八戒来讲。只要遵守了五戒，就会是一个好人。"

所以，佛教基于自律和他律的戒律基础上产生的"诸恶莫做，众善奉行"的道德规范，不仅有益于个人的身心和家庭，也有利于社会、国家和人类，因为它在一定程度上对引导人心的安宁，社会的稳定起到了很好的导向作用。

4. 南传佛教爱国主义教育与边境稳定

中国南传佛教传播地区的群众除对所信奉的佛教虔诚外，还有着十分浓厚的民族感情，许多佛事活动实际上已经民俗化，佛教影响与民族文化道德教育交织在一起，渗入群众的生活、生产和交往之中，成为当地信众心理素质中十分重要的因素。佛爷在信教群众中有很高的威信和道德教育能力。由于云南省特殊的地理环境和人文环境，与缅甸、泰国、老挝等国家山水相连，世居民族隔山隔水相望，自古以来就有着千丝万缕的联系，民风民俗几近相同，并且不同的国家之间和不同的民族之间，共同信奉着南传佛教。随着"一带一路"建设速度加快，边境互市日益频繁，宗教交流在边境地区呈现出多样化、复杂化的特点，南传部佛教的寺院和僧侣所承担的抵御境外势力的渗透任务非常艰巨，远有历史上的班洪事件中的积极参与，近有村寨内部冲突中的长老出面化解矛盾安抚群众的事例。在云南省佛学院倡导的僧侣应该站出来"讲经说法"的发展理念下，许多南传佛教僧侣主动宣传党的民族宗教政策，结合佛教经典和自己的所见所闻向大家说明我国社会主义社会的优越性，教会广大信教群众树立正确的人生价值观，主动面对社会竞争，自觉提高对敌对势力和敌对思想的防御能力。

中国佛教协会会长赵朴初居士生前一再强调，佛教要从五个方面加强自身建设即加强信仰建设、道风建设、教制建设、人才建设和组织建设。这五个方面中，信仰建设是核心，道风建设是根本，教制建设是基础，人才建设是关键，组织建设是保证。临沧的提卡达希长老曾言："僧人终身是大家的"，形象地反映了僧人在导师与服务者这一角色上的重要性。为此，作为西南边境地区流布甚广的中国南传佛教坚持佛教一贯既有的"护国利民""反对分裂维护统一""沟通联络，友好往来""适应社会与时俱进"的爱国主义光荣传统与爱国主义思想对于加强民族的团结，建设西南边境的安宁，维护国家的统一具有重要意义。

（二）中国南传佛教的护国事迹

云南陆地边境线长达 4060 千米，在 16 个跨境而居的少数民族中信仰南传佛教的少数民族就有 6 个（傣族、布朗族、阿昌族、德昂族、佤族、彝族）。中国南传佛教的爱国主义思想主要表现在热爱祖国、爱好和平、维护民族团结和边疆安定的护国实践上。

1. 历史上，中国南传佛教的爱国护国实践突出表现为当国家、民族遭遇外来侵略时，奋起抗敌，抵御外侮

1934 年 2 月 8 日爆发的"班洪事件"，是信奉南传佛教的云南省沧源县班洪、班老地区佤族人民自发而有组织的一场爱国抗英斗争，也是祖国南疆边陲各族人民团结御侮、维护国家统一和领土完整的光辉壮举。

在班洪抗英斗争中，以"葫芦王地"班洪部落第三代世袭王胡玉山为首的 17 名佤王盟誓抗英，守卫边陲宝地，充分表现出佤族人民炽热的爱国主义精神和崇高的民族气节。同时，西南边陲的傣族人民英勇自发地投身到这场保家卫国的斗争中来，同仇敌忾，与佤族人民一道誓死抗争，捍卫祖国疆土。其中支援班洪抗英的代表为土司罕华相、傣族中队长宋子皋、"西南边防民众义勇军"总指挥李希哲。

震惊全国的"班洪事件"爆发后，景谷傣族李希哲激于爱国义愤，应各族人民和各界爱国人士的抗英要求组建"西南边防民众义勇军"开赴班洪，支援佤王胡玉山抗英御敌；随即，沧源勐董土司罕华相派出属官张万美、贺角带着钱粮等物资到班洪救援，并派出 30 多名傣族青年参加李希哲的"西南边防民众义勇军"，并尽力给予粮饷支援；另有双江土司属官宋子皋任"义勇军"第五中队队长支援班洪抗英斗争。诸如此类，不胜枚举。

事实上，从云南史志资料和边地的口碑资料中，不难得知，当时深受南传佛教思想浸润的西南边疆，无数爱好和平、热爱祖国的傣族、布朗族、佤族等南传佛教信众或支援物资，或身先士卒，英勇投身到班洪抗英斗争当中，为捍卫祖国的西南疆土做出了应有的贡献。

2. 20 世纪 50 年代初期，"佛牙巡礼边疆"促使中国南传佛教信众心理内转，加强了西南边疆各民族的团结与稳定

1956 年 6 月，应缅甸政府邀请，云南省西双版纳南传佛教长老松列·阿戛牟尼（1956 年由中国佛教协会主持，晋升为松列·阿戛牟尼）率中国佛教代表团赴缅甸参加佛陀涅槃 2500 年纪念活动及第六次结集大会闭幕典礼，同时迎奉在缅甸供展的佛牙回国。中国佛教协会为了使祖国边疆云南省西双版纳、德宏、耿马等地的傣族、德昂族、佤族等兄弟民族的南传佛教教徒也能朝拜佛牙、广种善根，组织了佛牙护持团，将佛牙从昆明护持到西双版纳、德宏、耿马等地区，供广大南传佛教教徒顶礼

瞻拜。

佛牙在德宏和耿马两地驻留期间，朝拜信众达数十万人。在西双版纳，前来朝拜佛牙的佛教徒亦达数万人之多。很多国外的佛教徒闻讯后，也纷纷赶来朝拜。原供奉在北京广济寺的佛牙来到边疆，在广大南传佛教教徒中间引起了巨大反响。他们认识到：新中国成立前，南传佛教与汉传佛教长期被隔离，不能相互往来，弘法事业也未得到支持，故朝拜佛牙的深切愿望一直未能得以实现。"只有在毛主席、中国共产党领导下，中国人民才真正获得宗教信仰的自由；只有在今天的中国佛教协会的关怀下，我们边疆少数民族人民才能获得瞻礼千年来所梦想着的佛牙。我们的宗教信仰完全获得了满足。"边疆南传佛教教徒供奉佛牙，是佛教史上前所未有的创举，各族信众的宗教热情和爱国热情得以满足。

佛牙来到云南边疆傣族地区，不仅宣传和贯彻了党的宗教信仰自由政策，而且加强了边疆各民族的团结，促进了边疆和内地不同部派佛教之间的友好往来，使中国南传佛教的外向心理转为内向心理。从此，南传佛教纳入中国佛教协会被正式管理和领导，与汉传、藏传佛教一起走上了息息相关和共同发展的历史道路。

3. 中国南传佛教团体自创建之初就秉持护国爱教思想

1963 年 3 月，景洪召开了由 93 名傣族、布朗族代表参加的中国佛教协会西双版纳分会成立大会。大会在听取西双版纳佛教分会筹委会副主任松列·阿戛牟尼勐混作的筹委会工作报告、中共西双版纳工委副书记高希峰、自治州州长召存信作的关于国内外形势、宗教政策的报告之后，进行了分组讨论。小组讨论中，全体代表认识到对于反帝、爱国、守法学习的重要性，也认识到在佛教生活中必须要分清是非、邪正、维护佛教的纯洁性。紧接着，会议又一致通过了爱国爱教的五项决议：一、全自治州佛教徒坚决拥护中国共产党和人民政府的领导，团结全州各族人民参加社会主义建设；二、协助政府全面宣传贯彻党的宗教信仰自由政策；三、年轻力壮、有劳力的比丘和沙弥应农禅并重，支援祖国的社会主义建设；四、协助政府办好学校，支持佛教教育；五、加强政治形势和佛经的学习与研究。

中国佛教协会德宏分会、临沧分会、西双版纳分会的相继成立并开展工作，使中国南传佛教日常工作纳入中国佛教协会直接领导之下，爱国爱教的政治觉悟不断得到提高，有效行使教徒应有的正当权利，充分发挥了教内主人翁的作用。

1963 年 6 月，来自云南各地的傣、汉、藏、布朗、德昂、纳西、佤等民族佛教代表参加了在昆明举行的云南省佛教第一次代表大会，正式成立了云南省佛教徒的联合组织——中国佛教协会云南省分会。会议选举南传佛教长老松列·阿戛牟尼为会长，藏传佛教活佛松谋、汉传佛教长老自性等八人为副会长。这是云南佛教三大部派第一次沟通和团结起来管理佛教事务，是现代云南佛教教派团结和民族团结的体现。会议号召全省各民族佛教徒同心同德、加强团结，和全省各族人民一道为保卫世界和平，为建设社会主义祖国做贡献。

（三）历史上中国南传佛教与东南亚的友好往来

南传佛教在中国唯云南独有。自传入以来一直与东南亚国家有着紧密联系，对促进中国与东南亚和谐周边关系起着不可替代的作用。在不同的历史时期中国南传佛教与周边国家的交流从未中断过，在当下中国"一带一路"重启与东南亚交流新篇章的背景下，中国南传佛教又迎来了空前的机遇。

1. 中国与东南亚南传佛教交流历史悠久

佛历 630 年（公元 76 年），西双版纳首领帕雅格那派 12 位僧侣路经缅甸、泰国，前往哈利捧牟亚那广观摩取经，后到兰夏（斯里兰卡）布塔火鱼乍听寺学习。佛历 636 年（公元 82 年）期满升为佛爷后，带着《维乃》（《律藏》）、《书典达》（《经藏》）、《阿皮堂玛》（《论藏》）、《诺贺波坦》（《藏外》）、《本生经》等佛经，由斯里兰卡取道泰国、缅甸勐阮（景栋），经过西双版纳大勐龙，最后回到阿腊维（景洪），把上述佛经藏于瓦庄董（后宣慰街五大佛寺之一）。

近代中斯两国的佛教文化交流再次延续。清光绪二十三年（1895 年）斯里兰卡佛教徒达摩波罗来到上海，与中国著名佛教学者、教育家、居士杨仁山先生商谈复兴印度佛教。1918 年，著名中国名僧太虚大师深感斯里兰卡佛教地位的重要性，开始着手组织了"锡兰（斯里兰卡）佛教留学团"。1935 年，中国选派了唯幻、法周、慧松、唯实等 5 人前往斯里兰卡留学，加强了两国之间的佛教文化联系。20 世纪 50 年代，两国佛教文化交流进入了一个新的阶段。

泰国南传上座部佛教和中国南传佛教的交流从未中断，居住在中国云南边陲的西双版纳的傣族人民，与泰族来自同一族源。最早传来的是泰北兰那地区佛教，故泰族人民与傣族人民信奉同一种上座部佛教，至今已有近千年的历史。在傣族的影响下，周边一些其他民族也陆陆续续皈依了佛教，使云南成为中国南传佛教教徒的聚居地。

　　缅甸佛教与中国内地佛教的交往也有着悠久的历史。7 世纪时唐僧玄奘到印度，在《大唐西域记》中记载了掸国盛行佛教。另一位汉僧昙光曾到缅甸西部阿拉干地区巡游。有的僧侣还受到了国王的礼待，参与当地的佛事，最后在当地圆寂，为中缅佛教文化交流献出了宝贵的生命。唐贞元八年（792 年）骠国王第悉利多曾向唐朝贡送佛曲十首，宫中曾一度演奏骠乐。

　　傣历 931 年（1569 年），第十九世车里宣慰使刀应勐娶缅甸洞吾王朝的金莲公主为妻，洞吾国国王曾派遣僧团随公主来西双版纳传教，带来了三藏典籍及佛像，在景洪地区建立了一批佛寺和佛塔，使佛教广为传播。直到 18 世纪孟云王还向清朝赠送金塔、佛像、石佛、贝叶经等。中国清廷也回赠佛牙，至今还珍藏在缅甸的敏贡塔中。而在瑞喜宫塔中，据说也藏有中国赠送的玉佛像。清光绪八年（1882 年），中国普陀山僧人慧根赴印度礼佛，中途在缅甸停留，携回大小玉佛 5 尊，并将其中 2 尊留在上海。1918 年，临济寺宗僧可为玉佛重建了玉佛禅寺，玉佛因神态端庄，气质神韵圆满，成为佛教艺术珍品，有人称其为"东方的维纳斯"，玉佛也成为中国南方的佛教重要圣地。1930 年以后，中国僧人达居、悲观、善归、净善、慧如、昌海、诚如等人先后到缅甸求法留学，其中慧观在仰光居住 15 年，善归居住 10 年，并在仰光落发受戒出家。中国华侨和僧人还积极支持缅甸佛教徒争取解放独立的活动，著名侨商吴明发亲自参加佛教青年会。僧人达居在仰光创办《耕荒》月刊，宣传抗日主张，为缅甸的独立解放做出了贡献。

　　中国和柬埔寨的佛教文化交流可以上溯到 5 世纪。当时一位印度僧人那伽仙搭乘中国船只去扶南，向扶南王介绍了中国佛教的情况，扶南王因之派遣那伽仙携国书和佛像、佛塔来中国修好。随后而来的是扶南沙门僧伽婆罗，他曾受梁武帝的征召，在南京寿光殿从事译经，所译多为大乘佛典，上座部佛典只有一部《解脱道论》。唐代曾在真腊传教的印度僧人那提三藏来华，因真腊国人思念他，派人向中国政府请求敕准那提三藏回真腊传教，唐高宗被感动了，因之再次派他回真腊。唐代还有许多中国僧人到印度礼佛，在泛舟途中经过扶南。元朝元贞二年成宗曾遣使通真腊，随行人周达观目睹了该国的佛教情况，在《真腊风土记》一书中专门记载了真腊的佛教情况，成为研究柬埔寨佛教的重要史料。

2. 中国南传佛是中国与东南亚国家对外文化交流的桥梁

南传佛教作为云南兄弟民族与东南亚邻邦渊源深厚的传统文化形态，对"一带一路"建构具有重要的桥梁作用。云南4061千米的国境线与缅甸、老挝、越南接壤，毗邻泰国，16个民族跨境而居，这种复杂交错跨居的民族分布构成了中国西南边疆特有的地缘政治和文化现象。跨境而居的民族，彼此间有天然的血缘、亲缘、文化缘关系，为文化在不同国度间的传播和交流提供了极大的便利。他们在中国南传佛教文化圈的形成和发展过程中发挥着重要的作用。

1961年，中斯两国佛教的友好交流进入了鼎盛时期。应斯里兰卡西丽玛沃·班达拉奈克总理的邀请，中国珍藏的佛牙舍利送到斯里兰卡巡行两个月。中国佛牙在岛国受到数百万人的朝拜，成为现代斯里兰卡佛教史上的一件大事。

1978年以后，中斯两国的佛教文化交流更进一步发展，1979年，斯里兰卡总理普雷马达萨在访问中国期间，送给中国佛教协会一尊仿古佛，中国佛教协会也先后派出了19余名留学僧到斯里兰卡学习。

2000年7月，库巴龙庄长老随中国佛教协会代表团出访斯里兰卡。

2005年由刀述仁会长发起，向斯里兰卡延请三棵圣菩提树，由斯里兰卡三大宗派长老研究批准，经斯里兰卡总理、总统同意后，中国组织了100多人的代表团到斯里兰卡迎请，这次活动从8月16日开始持续到25日，佛教界在昆明市著名古刹圆通寺举行隆重的法会和圣菩提树安奉仪式，护送圣菩提树的斯里兰卡暹罗教派阿斯吉里派大导师长老和暹罗教派摩尔瓦多派大导师长老参加。这是佛教界第一次远赴斯里兰卡迎请菩提树，发起该次迎请活动的中国佛教协会副会长、云南省佛教协会会长刀述仁表示，这一佛教盛事是中斯两国佛教承先启后，开创未来的一个新起点，标志着两国友谊进入一个新阶段。

1975年，中泰两国建立外交关系，两国之间的佛教联系逐渐增多。1980年，中国佛教协会赵朴初会长到曼谷出席世界宗教者和平会议，受到泰国佛教界的热情欢迎。越南、泰国佛教僧侣代表团访问中国，受到班禅副委员长的友好接见。泰国佛教界和华侨对中国佛教事业倾注了关心，向中国佛教界赠送了大量的佛像，这些庄严的佛像如今分别被安奉在南京、四川、成都、汕头、广州、昆明、拉萨等地的寺院，满足了中国佛教徒事佛的要求。中国佛教代表团到泰国访问，受到泰国僧王、长老会主席、佛教协会、青年佛教会等各佛教组织的友好接待。泰国佛教徒对赵朴初会长提出的"人间佛教"的理论，给予了很高的评价，认为这个提法既符合佛教教义，又适应当今时代特点。1989 年 3 月，中国佛教协会副会长、云南省佛教协会会长刀述仁居士率团专程前往曼谷参加泰国前僧王的荼毗仪式，表达中国佛教徒对友邦佛教领袖圆寂的哀悼。为了加强两国之间的文化交流，中国佛教协会还于 1990 年 6 月派出 10 名云南上座部学僧赴泰国留学，这是继 1983 年以来汉语系佛教僧人、居士分别前往日本、斯里兰卡留学之后，派出人数最多的留学僧团。

1984—1990 年泰国佛教徒络绎不绝，先后有曼谷僧侣赴华献佛观光团、泰国佛教观光团、泰国华裔僧侣访问团、泰国佛教访华团、泰国达摩旅行团、王室代表团、泰国代表团、佛教访问团、佛教友好访华团等多批。来访的泰国官员、王室人员也必到中国佛寺礼佛参观、布施，表达对中国佛教的敬拜心情。1993 年泰国佛教领袖、最高领导人、第十九代僧王颂得帕耶纳桑文首次访问中国，标志着两国之间的佛教友谊进入了又一新阶段。

1994 年 11 月 29 日—1995 年 2 月 29 日，为促进中泰人民友谊，应泰国国王、僧王之请求，经中央政府批准，佛指舍利首次离境，用专机护送到曼谷，供泰国广大佛门信徒瞻拜 85 天。泰国总理川·立派，副总理占隆·西蒙，空军司令西里蓬上将和专程到北京迎请佛指舍利的泰国外长他信·西那瓦，前空军司令、佛指舍利迎请委员会主席恭·披曼蒂上将等各界代表上千人参加了迎请仪式。佛指舍利在泰国供奉期间，泰国国王和僧王都前往瞻拜。

1996 年，中国佛协副会长兼秘书长刀述仁作为代表团团长，专门带领汉传、藏传、南传代表团一行 18 人到泰国访问。拜会了泰国僧王、文化部宗教厅、华人佛教团体和主要寺庙，包括泰国北部清迈的这些寺庙。接着由曼谷乘机到老挝首都万象、琅勃拉邦等地访问，拜会老挝僧王等。

2003 年 7 月，以刀述仁副会长为团长的中国佛教护持团护送佛指舍利到泰国供奉期间，南传佛教著名高僧库巴龙庄勐、都罕听大比丘、马哈相比丘、都罕拉比丘等作为护持团成员守护佛指舍利。

2007 年 3 月，泰国王室布施袈裟团一行 23 人专程到西双版纳总佛寺布施袈裟。最近的一次是 2015 年 11 月泰国王室布施袈裟团到西双版纳勐景莱佛寺布施袈裟。

中国是缅甸的友好邻邦，两国人民有着几千年的交往历史。中国云南西部边陲德宏、瑞丽等地的傣族、阿昌族等少数民族一直与缅甸人民有着紧密的联系，缅甸的南传上座部佛教传入这一地区，成为当地的主要宗教信仰。

新中国成立后，中缅佛教文化交流进入了新阶段。1955 年，中国佛教代表团访问缅甸，曾受到吴努总理的热情接待。同年 10 月，缅甸佛教联邦评议会来华恭迎佛牙起驾巡行。同年，吴努访问中国，在华参观了中国佛学院，并在北京大学演讲佛学。中国佛教协会还派出代表团参加第六次结集庆祝大会和释迦牟尼涅槃 2500 周年纪念活动，满载着友情迎接佛牙回国。

1960 年，中国佛教代表团随同周恩来总理到缅甸参加独立节庆祝和中缅边界条约互换仪式。代表团所到之处受到缅甸人民的热烈欢迎。周总理参观了瑞喜宫塔，捐款用于文物保护，当地人民专门建立一个碑亭，碑上刻载："人民群众使用中华人民共和国总理周恩来所捐之款做的善事。"代表团到丁由市朝拜佛塔，几十里路途两边站满了佛教徒合十向中国僧侣礼拜。中国僧人在仰光举行斋僧会，缅甸大班智达摩诃喜法师主持诵经和回向仪式。86 岁高龄的摩棱因大长老扶病亲自参加，并发表热情洋溢的讲话。在曼德勒市，91 岁的国师善根大长老亲自带领僧众迎接中国僧人，佛教评议会会长吴千吞还专设茶会招待代表。缅甸政府宗教部代表佛教界赠送 3 尊佛像，如今这几尊佛像安放在昆明圆通寺和北京广济寺等地。

1979 年以后，中缅佛教文化交流进一步深入，已有数十尊缅甸佛像安放在全国各地的寺院。在云南边境地区，凡有重大的佛事活动和佛教节庆，缅甸佛教徒都赶来参加。

1983 年，姐勒佛塔落成法会，参会的 5 万人中有一半来自缅甸，仅腊戍一地就来了 18 车人，南坎 3000 多户人家，每家都有人来，他们盛赞中国的宗教信仰自由政策。佛教文化增进了中缅两国人民的友谊。

以缅甸南坎布巴佛教事务组织秘书赛岩补为团长的缅甸南坎佛教代表团一行六人，于 1984 年 8 月 22—23 日前来我国云南省德宏傣族景颇族自治州瑞丽县（市）参观、拜佛，受到瑞丽县（市）佛协以及有关部门的热情接待。代表团游览了姐勒水库，朝拜了姐勒佛塔和喊撒佛寺，并同 1983 年从缅甸回国的喊撒佛爷伍并亚·温撒长老亲切交谈。

2000 年 5 月，景洪市佛教协会都罕听会长接待缅甸大其力瓦赛勐佛寺住持库巴香腊长老一行 100 多人；同年 12 月，都龙庄长老率 14 人到缅甸大其力参加傣文版《三藏经》出版发行法会。

2002 年，伍并亚长老去世。长老在中缅边境非常出名。他圆寂以后，按佛教传统举行了火化和送葬仪式。其中缅甸的官方宗教部派的官员以及北部及其周边区域组织的佛教代表以及老百姓很多人参加。

2003 年 1 月，都龙庄长老等 4 人代表州政府参加缅甸第二特区（佤邦）邦康大金塔开光法会；4 月缅甸库巴温忠大长老来访；5 月都龙庄会长等 4 人应邀参加缅甸掸邦东部第四特区色勒地区佛塔、佛殿落成开光法会。

2004 年 1 月 28—31 日，云南西双版纳傣族自治州总佛寺隆重举行都龙庄晋升"西双版纳祜巴勐"庆典仪式。中国佛教协会会长一诚法师、副会长圣辉法师、副会长兼云南省佛教协会会长刀述仁居士，云南省佛教协会副会长崩主活佛，昆明市佛教协会会长、心明法师，景洪市佛教协会会长都罕听法师，德宏州佛教协会会长召巴地亚、副会长召系利，缅甸祜巴温忠大长老、祜巴阿亚坦大长老、祜巴香腊大长老……以及来自全国各地和缅甸、泰国、老挝的高僧大德与信众十万余人先后参加了这一盛大隆重的庆典活动。

2015 年 10 月临沧市孟定"洞景"佛寺大殿落成开光，缅甸仰光国际佛教大学校长及十多位长老受临沧市佛教协会提卡达希会长邀请参加法会并举行了佛法学习交流。

1956 年 9 月柬埔寨僧侣到北京参加国际佛教大会，受到中国佛教协会和广大佛教徒的热情接待。他们参观访问了佛教名胜古迹、佛教团体等，并应邀参加了中国佛学院首届开学典礼。周恩来总理亲自接见了国际佛教僧侣代表团。

1963 年，柬埔寨佛教协会主席雷·拉摩斯到北京出席"亚洲十一个国家和地区佛教徒会议"，受到周恩来总理的接见。

20 世纪 90 年代以来，中柬关系进入新的发展阶段。由于两国在经济方面有很强的互补性，经贸合作潜力很大。双边年贸易总额已从十几年前的不足 3000 万美元增至 2005 年的 5.6 亿多美元。中国是柬重要的投资国之一，2005 年，中国对柬投资超过 10 亿美元。江泽民、李鹏、朱镕基、李瑞环、温家宝等国家领导人先后访柬。双方在政治、经贸、文化、教育、军事等领域的友好合作不断加强，在国际和地区问题上保持良好的协调和合作。同样，两国之间佛教的交流也进入了一个新阶段。

2005 年 6 月，中国佛教代表团应柬埔寨宗教事务部的邀请，抵柬进行为期 4 天的访问。他们一行分别会见了柬埔寨两派僧王狄旺和布格里以及柬宗教事务大臣坤杭。同年 11 月，以柬埔寨王国乌侗寺住持乌侗帕亚僧王座下为首的柬埔寨高僧等一行 8 人随柬埔寨王国诺罗敦西哈莫尼国王陛下赴北京，参加柬埔寨王国前国王诺罗敦·西哈努克 84 岁圣诞庆典活动，还特地前往灵光寺朝拜了佛牙舍利。当年柬埔寨王国哥诗尼皇太后在北京仙逝后，就是在灵光寺举行的超度仪式。

2006 年 1 月，以国务大臣兼宗教大臣坤杭为团长的柬埔寨王国宗教访华团一行专程拜会中国佛教协会。同年 4 月，首届世界佛教论坛在浙江杭州召开，坤杭再次组团来参加。

2008 年四川汶川大地震发生后，柬埔寨佛教界所属的智慧大学就在金边为四川地震灾区举行诵经仪式和募捐活动，柬埔寨佛教上座部布格里僧王、柬埔寨佛教信众和智慧大学师生共 2000 余人出席。布格里僧王说，他曾多次前往中国看望西哈努克太皇和参加佛教会议，亲身感受到中国人民对柬人民怀有深厚感情。此次参加为遇难者诵经超度仪式的高僧有 56 位之多，就是要表达柬埔寨佛教界对中国人民的一份真诚情谊。

从 2000 年开始，中国政府还参与拯救柬埔寨修吴哥窟中的周萨神庙，并为此投入了上千万元人民币的经费。中国的文物保护专家认真了解了吴哥窟的每一块石头，为这些石头分类、编号，寻找衔接对象，制订的修复原则：抢险加固、遗址保护、重点修复，得到柬埔寨和联合国教科文组织的充分肯定。中国首创的"东方原则"成为日本、法国等国家所遵循的原则。

中柬两国佛教界的交流与合作历史悠久。相信以后两国佛教界的交流还将进一步加强，成为发展中柬友谊的重要桥梁。

老挝与中国云南省接壤，现代以来两国之间的佛教文化交流频繁。1959 年，老挝僧人参加了国际佛教僧侣代表团访问北京，受到中国佛教徒的热情接待。1963 年，中国老挝友好协会在北京成立，中国佛教协会是 17 个发起单位之一。

1996 年，刀述仁作为中国佛协副会长兼秘书长，专门带领汉传、藏传、南传代表团到老挝万象，又到琅勃拉邦，包括库巴龙庄和泰国僧侣一起诵读经典。

2004 年，库巴从都升库巴长老的升座仪式非常隆重。邀请了老挝、泰国、缅甸佛教团体，他们都派代表团来参加。大巴士都有 150 多辆。这是新中国成立以后中国南传佛教与东南亚佛教交往中最隆重最盛大的一次活动。

事实上，30 多年来中国南传佛教在全球化及国家扩大对外交流的背景下与东南亚的互动，甚至与美国的交流都日益便捷频繁，呈现出空前的国际化的趋势。

本文资料主要来源于：《中国南传佛教资料辑录》，云南大学出版社2015 年 7 月第一版；课题组人员：伍琼华　梁晓芬　黄凌飞　康南山　田玉玲谢玉婷　张学俊　罗庄越　严冰

（统稿：彭多意，云南大学贝叶文化研究中心教授）

贝叶文化的力量：以中缅关系为例

郭　山

2011 年 9 月 6 日，我国发表了《中国的和平发展》白皮书，白皮书强调指出："中国把中国人民的利益同世界各国人民的共同利益结合起来，扩大同各方利益的汇合点、同各国各地区建立并发展不同领域不同层次的利益共同体，推动实现全人类共同利益，共享人类文明进步成果。"这一思路得到了 21 世纪理事会与会代表的认同，认为这个主张将会指导 21 世纪理事会今后的工作。① 要想扩大利益汇合点、构建利益共同体，文化交流是必不可少的。

千百年来，基于南传上座部佛教在斯里兰卡、柬埔寨、泰国、老挝、缅甸等东南亚国家及我国西南边境地区的传播、交流，在这片广大的地域上形成了以贝叶佛教经典（贝叶经）② 为代表的贝叶文化圈（南传上座部佛教文化圈），目前仍有上亿的人口在传承和使用这种文化。缅甸和以云南省为代表的中国西南边境地区都是这一文化圈中的主体，当下，面对全球化而导致的各国之间相互依存和共同面临的国际问题，重新梳理两国之间文化交往的历史与现状，通过寻找两国在贝叶文化上的共同话题，建立相互信任的关系，对实现上述扩大利益共同点、构建利益共同体的主张，共同开创两国交往的新篇章应是不无裨益的。

---

① 吴建民，扩大利益汇合点是 20 国集团前进的关键，《动荡 反思 合作：吴建民外交思考》，新华出版社 2012 年版，第 147—148 页。

② 贝叶是棕榈科的一种热带植物（贝多罗树）的叶片。贝多罗树原产于印度，梵文 Pattra，古代印度僧人用其刻写佛经，故将刻写在贝叶上的佛教经典称为贝叶经。随着南传上座部佛教在东南亚地区的广泛传播，这种植物也被引种到上述地区作为刻写佛经的材料，目前在缅甸、老挝、泰国及我国云南边境信仰南传上座部佛教的地区仍被广泛使用。

一

已故著名学者季羡林先生曾说过这样一段话:"佛教输入中国,其影响之既深且远,皎如朗月,无人不知。其影响方面之广,实为空前。举凡哲学、宗教、文学、语言、音乐、绘画、建筑、雕塑、风俗、习惯,甚至天文、地理、科学、技术,以及鸟、兽、虫、鱼、水果、蔬菜等,简直是无孔不入,中国都受到了印度的影响。直到今天,中国各名山胜地之琳宫梵宇,古刹宝塔,还能依稀反映出昔日辉煌。中国人民的信仰中至今还杂有印度佛教成分,这也是人所共知的事实。"① 季老这段话中的"佛教"既包含北传中土的汉地佛教,也包含藏地的藏传佛教和流传于中缅接壤地区的南传上座部佛教。中国与缅甸之间从来就有着源远流长的关系,双方互以"胞波"(Pauk Phaw,即一母同胞)相称,陈毅副总理当年诗云:"我住江之头,君住江之尾,彼此情无限,共饮一江水"道出了这种深厚的两国情谊。云南与缅甸缘于地理位置的相邻、跨境民族的众多以及基本相似的经济文化生活,天然地形成了千丝万缕的联系,这其中,贝叶文化的联系应当最为久远和深厚。

(一) 地理位置的相邻、陆路通道的便捷是文化联系的天然优势

中缅两国山水相邻,2185 千米的边境线②北起西藏,东至云南,是缅甸与邻国边境线中最长的。缅甸东北部的克钦邦和东部的掸邦与我国云南省紧邻部分构成了滇缅边界段,全长 1997 千米,其中,克钦邦与怒江州、德宏州相邻,掸邦与临沧市、普洱市和西双版纳州接壤。在这片跨越北回归线,从北纬 28°至 21°,东经 97°到 102°的地域上,2000 多年前就有了"南方丝绸之路",构筑起了彼此联系的桥梁。

东汉时期,王朝在永昌(今云南保山)设郡,缅甸(当时在汉文史籍中记载为掸国)就与永昌郡有来往。汉和帝永元九年(97 年),史载

---

① 任继愈:《20 世纪中国学术大典·宗教学卷·序一》,福建教育出版社 2002 年版,第 2 页。

② 目前还有中缅边界线为 2204 千米的说法,参见李晨阳《中国与印度对缅甸政策的比较》,《印度洋地区研究》,社会科学文献出版社 2012 年版,第 35 页。

"徼外蛮及掸国王雍由调遣重译奉国珍宝，和帝赐金币紫绶，小君长皆加印绶、钱帛"①，表明至迟从那时起，中缅双方开始有了官方首脑之间的政治性联系。永宁元年（120年），掸国国王雍由调又一次遣使团经德宏、大理向汉王朝贺，并派出会耍魔术、变戏法的歌舞艺人随团前往。汉安帝则封雍由调为汉大都尉，并"赐印绶、金银、彩缯各有差也"。②

7—9世纪，是中国强大的唐王朝时期，在云南则有南诏地方政权，而缅甸当时的骠国也正处于繁荣发展的阶段。骠国不仅与南诏关系密切，还通过南诏与唐王朝建立了直接交往，使两国关系得到高度发展。德宗贞元十一年（公元802年），骠国国王雍羌闻南诏归唐，派遣其弟悉利移、王子舒难陀率领有乐工35人的团队随南诏使团赴长安，骠国乐队在长安用20多种乐器表演歌舞剧，获得巨大成功，唐德宗李适观后兴奋欣喜，大诗人白居易、元稹、胡直钧等人为骠国乐团的这次演出留下了许多诗篇，其中以白居易的《骠国乐》最为脍炙人口。随着两国关系的发展，双方往来越发增多，早在汉代已开辟的"南方丝绸之路"畅通无阻，成为中缅友好之路。

进入宋代，缅甸出现了统一的封建国家——蒲甘王朝，两国之间不仅有使团往来，文化交往也从民间走向了官方。据缅甸《琉璃宫史》记载，蒲甘王国一世王阿奴律陀（1044—1077年在位）执政后不久，听闻中国大理崇信佛教，并有一枚神圣的佛牙，就亲率使团到大理国朝拜佛牙，受到大理国的热情接待，与大理国师一起参禅。回国时大理国王赠送阿奴律陀一尊碧玉佛像，阿奴律陀将此佛像供奉在蒲甘王宫中，并把它视为中缅两国有共同信仰的象征。③ 有专家认为，后世大理名匠张胜温④所作《梵像图》就记录了大理国利贞皇帝段兴智率文武群臣官员与缅甸国王阿奴律陀虔诚礼佛的盛况。此图与张择端的《清明上河图》被业内誉为中国

---

① （南朝宋）范晔：《后汉书·南蛮西南夷列传》卷76，中华书局1982年版，第2851页。

② 史载："献乐及幻人，能变化吐火，自支解，易牛马头。又善跳丸，数乃至千"。（南朝宋）范晔：《后汉书·南蛮西南夷列传》卷七十六，中华书局1982年版，第2851页。

③ 李晨阳：《中缅佛教文化交流的特点和作用》，《佛学研究》2003年第12期，第326页。

④ 12世纪南宋时期大理国人，善画人物、佛像，主要艺术活动相当于南宋孝宗（1163—1189）年间，传世作品《梵像图》卷，纸本，设色涂金，纵30.4厘米，第一段横61厘米，第二段横61.5厘米，第三段横61厘米，现藏台北故宫博物院。

绘画史上的"南北双绝"。

元朝在云南置行省，于滇缅道上广置驿站。至元七年（1270年），元朝在鄯阐（今昆明）、金齿等地设驿站，至元十六年（1279年）在缅国（今缅甸）界内设站，大德四年（1300年）又"增云南缅国十五驿"，云南到缅甸的驿路起自昆明，以大理为中心，经永昌（今保山）、腾冲进入缅甸，这些道路与驿站的建立与完善，大大加强了滇缅之间的关系往来。元以降，中缅之间的海上贸易也得到发展。

明代，为适应两国政治经济关系发展的需要，明王朝在首都设立了缅甸邸，专门负责接待缅甸来使，1407年，明政府设置"四夷馆"，其中的"缅甸馆"专门负责培养中缅交往中的语言文字翻译人员。近代，尤其是第二次世界大战期间，滇缅公路和史迪威公路的相继开通，更加深了双边的交往。

现在，昆畹公路、昆洛公路都是连接中缅两国的主要干道，在云南省与缅甸相连的6个州、市的18个县、市（西双版纳州的勐腊县、景洪市、勐海县；普洱市的澜沧县、孟连县、西盟县；临沧市的沧源县、耿马县、镇康县；保山市的龙陵县、腾冲县；德宏州的芒市、瑞丽市、陇川县、盈江县；怒江州的泸水县、福贡县、贡山县）里，有10个国家级口岸和10个省级口岸，边贸通道近百条。缅甸也将木姐、南坎、九谷、滚弄、户板、清水河和八莫等设立为与中国开展边境贸易的口岸城市。

（二）众多的跨境民族是文化联系的血缘纽带

千百年来，众多的民族在这片地域聚居或散居，随着民族国家的逐渐形成，他们被分属到不同国家，于是形成了众多民族跨境而居的情形。在近2000千米的中缅边境线上，依地理纬度从高到低，居住着独龙、怒、傈僳、景颇、阿昌、德昂、哈尼、苗、拉祜、佤、布朗、傣等十多个民族。从人口数量上来看，有些民族人口中的大多数还居住在缅甸一侧，例如，景颇、傣、德昂等民族的人口主体就居住在缅甸一方。

中缅跨境民族①

民族	语言属系	中国人口数（万人）	缅甸人口数（万人）	中方主要分布区域	缅方主要分布区域
傣（掸）族	壮侗语族壮傣语支	126.12	400（2010 年）	德宏、西双版纳	掸邦
景颇（克钦）族	藏缅语族景颇语支	14.78	130（2003 年）	德宏、怒江	克钦邦、掸邦
德昂族	孟高棉语族佤德语支	2.05	≥70（2010 年）	德宏、临沧、保山	克钦邦、掸邦
布朗族	孟高棉语族布朗语支	11.96	≥3	西双版纳、临沧、保山	掸邦
阿昌族	藏缅语族彝语支	3.95	≥4	德宏	克钦邦
怒族	藏缅语族彝语支	3.75	≥2	怒江	克钦邦
独龙族	藏缅语族彝语支	0.69	≥2	怒江	克钦邦
苗族	苗瑶语族苗语支	942.61	≥3	贵州、广西、湖南、云南	掸邦、克钦邦
哈尼族	藏缅语族彝语支	166.13	4.5		掸邦
拉祜族	藏缅语族彝语支	48.59	≥4	西双版纳	掸邦

① 缅方数据除标注者外，均为 1985 年数据，中方数据来源：《中国 2010 年人口普查资料》（上册），国务院人口普查办编，中国统计出版社 2012 年版。

续表

民族	语言属系	中国人口数（万人）	缅甸人口数（万人）	中方主要分布区域	缅方主要分布区域
傈僳族	藏缅语族彝语支	70.28	≥4	怒江	克钦邦
佤族	孟高棉语族佤德语支	42.97	10	临沧、普洱、西双版纳	掸邦

缅甸的克钦族与我国的景颇族虽然名称不同，但他们是同一的跨界民族，语言都属汉藏语系藏缅语族景颇语支，共同起源于中国古代氐羌系统。据景颇（克钦）族的传说和汉文古籍记载，这个族群是在一千多年前从康藏高原沿金沙江、怒江等河谷南迁而逐渐分布在这片地区的。我国景颇族主要聚居在云南省德宏傣族景颇族自治州境内的陇川、盈江、潞西、瑞丽、梁河等五县市中，其余散居在怒江傈僳族自治州及临沧市、普洱市所辖地域内。在缅甸，该族群主要分布在克钦邦和掸邦，总体被称为克钦族，但也有地区性差别，当地缅族对孟拱地区和户拱河谷一带的克钦人称为"景颇"，对其他地区的克钦人则称为"克钦"。克钦是缅族对他们的称谓，景颇是民族的自称。截至 2003 年，约有 130 万人，占全国人口总数的 2.5% 左右。

傣（掸）是一个在东南亚、南亚地区分布较广的族群，从新石器时代以来的漫长岁月中，他们在中国南方和中南半岛不断迁徙，最终形成了今天跨中、缅、泰、越、老、印等多国而居的分布格局，语言属汉藏语系壮侗语族壮傣语支。中国的傣族主要分布在云南省的西双版纳傣族自治州、德宏傣族景颇族自治州、耿马傣族佤族自治县、孟连傣族拉祜族佤族自治县及景谷、景东等 30 多个县市中，在缅甸，这一族群称为"掸"，是人口居第二位的民族，据最近美国 CIA 网站估计，其人口数占目前缅甸总人口的 9% 左右，有 400 万人左右[①]，主要聚居在与云南省西双版纳、普洱、临沧相邻的掸邦境内，在克钦邦、克耶邦等处也有散居。

---

① 黄光成：《略论中国西南地区跨界民族的民族类型及相关问题》，《东南亚南亚研究》2011 年第 1 期，第 78 页。

这些跨境民族基于同根同源，又生活在同一地域，因此同一民族在生产方式、生活方式等方面都基本一致，他们语言相通，习性相近，血亲、姻亲关系普遍，平时常常跨境走亲访友。例如在瑞丽，中国的傣族与缅甸的掸族之间至今仍然有一寨跨两国、一家居两境的情况，这种牢固的血缘关系是两国民间交往的重要纽带，从历史上看，无论经历怎样的王朝更迭、时代变迁，从来不曾阻断。

（三）相似（同）的经济生活是文化联系的心理基础

上面的这种亲缘地理关系使得这些跨境民族大多数有着相似的经济生活，即无论是在生产方式还是在生活方式上都基本保持相同。以傣—掸族为例，广大农村的生产方式都是以手工劳动为主的农业生产方式，以种植稻谷为主，辅种玉米、黄豆等，经济作物通常为甘蔗、花生、棉花、烟草等，全部的生产、生活资料几乎完全来自自用土地，严格意义上的手工业、商业和养殖业还没有形成。自家消费剩余的农产品、经济作物、手工制品及家禽等销售所得可用于补充当地没有的少量生活用品、生产用具，如食盐、铁锅、花布及砍刀、犁铧等。由于土壤与气候的得天独厚，只需向田亩投入较少的劳力，就能得到充裕的粮食，因此耕作方式比较粗放，不选种，不施肥也不除草；菜蔬、果品等其他食物来源也比较丰富；日常穿、用之布匹、衣物靠自纺自织；住房由村寨共同体"公建配给"；生活器具均可自造自用；闲暇时间就到佛寺中听经拜佛，一年中有各种各样的与佛教相关的活动。这种共同的生活态度、相似的生产方式、一致的生活内容，使彼此没有贫贱富贵之分，双方的交往有共同的心理基础。

（四）共同的宗教信仰是文化联系长期保持的核心

云南西南部是目前我国唯一盛行南传上座部佛教（简称南传佛教）的地区，尽管目前国内学界对南传佛教最早于何时，从何地传入我国仍有不同的看法，但至迟到 15 世纪中叶，西双版纳、德宏等边境民族地区已经盛行南传上座部佛教已经是不争的事实。[①] 而中国的傣、佤、布朗、德昂、阿昌等跨境民族之所以普遍信仰南传上座部佛教，很大程度上归因于

---

① 郭山：《南传佛教文化与傣族传统生育观》，《云南民族大学学报》2008 年第 2 期，第 49 页。

受到缅甸同族群宗教文化信仰的影响。

缅甸接受佛教的历史非常久远,据史书记载,早在公元前2世纪就有印度商人和传教僧侣沿孟加拉湾东行至东南亚,5世纪时,佛教在缅甸已有众多信众。11世纪(1044年)阿奴律陀建立起缅甸第一个统一的封建王朝——蒲甘王朝,直通僧人阿罗汉来到蒲甘传播上座部佛教,阿奴律陀王大喜,奉阿罗汉为国师,并从直通取得30部完整的三藏经典,立上座部佛教为国教,从那时起,上座部佛教便成为缅甸国民的主要信仰。

随着时代的变迁,虽然在僧侣内部出现过多次部派之争,如17世纪关于"全缠"(即僧衣披复两肩)和"偏袒"(僧衣披复左肩,右肩裸露)的辩论延续了近一个世纪,最后不得不由国王宣布全缠派为正统,才平息了这场争论,[①] 但民众对佛教的信仰历经千年而未变。现在,缅甸完全是一个佛教的国度,全国的上座部佛教徒占总人口的80%以上,逾4000万之众,[②] 僧侣超过10万人。有佛寺2万多座,佛塔10万多座,几乎每个村寨都有佛寺、佛塔。佛教渗透到缅甸人生活的方方面面,佛教的哲学思想构建了他们的世界观,佛教的善恶观是他们的价值取向和道德标准,对他们来说,做一个缅甸人就是做一个佛教徒。蒲甘作为缅甸的佛教圣地,至今还保存着2000多座佛塔,被赞誉为"万塔之城",只要步入其中,就能听到梵音悠扬。

这种文化传播自然也影响到与之一衣带水的我国云南西南部地区。据历史文献记载,1世纪时,印度著名高僧迦叶摩腾和竺法兰就曾经过缅甸伊洛瓦底江上游到过中国。进入南北朝时期,佛教在我国传播更盛,既有高僧从斯里兰卡和印度通过缅甸到我国弘法,也有中国僧侣从南方丝绸之路前往印度取经。

明隆庆三年(1569年),缅甸洞吾王朝的喃波罕(金莲公主)嫁给西双版纳第24世宣慰使召应勐为妻,带来了缅甸的巴利三藏经和各种佛像,一批高僧也随同公主来到云南,公主在景洪建造了佛寺,在这以后,西双版纳、德宏等地相继建造了带有明显缅甸建筑风格的佛寺,云南的上座部佛教也进入了鼎盛时期。信仰上座部佛教地区的民众普遍将佛寺称为

---

① 净海:《南传佛教史》,宗教文化出版社2002年版,第169页。

② 据联合国人口基金会(United Nations Population Fund)2010年世界人口报告,目前缅甸人口为五千零五十万(50500000)人,照此数推算,缅甸佛教徒有4040万人。

"缅寺"，这一历史事件的影响不容忽视。

从历史上看，南传上座部佛教文化的传入，对聚居在国界两侧的同源民族的物质文化生活和精神文化生活都产生了深刻的影响，使他们在建筑形式、饮食习惯、服饰穿着、语言交流、文字记载、绘画特点、雕刻技艺、歌舞形态、节庆内容以及宗教仪式等方面都有许许多多的共同之处，之所以如此，共同的宗教信仰是核心。

现实生活中，信奉佛教的任何一个人，从出生到死亡，其整个一生的生命周期都沉浸在南传佛教文化的汪洋之中，南传佛教在他们的社会生活中已经完全成为一种制度化了的生活必需。孩子一出生，名字须请和尚取；男孩子长到六七岁要送到佛寺中去做小和尚，研习佛教真谛，完善自己的人格，待成年后方还俗娶妻，还俗后也并不就此脱离与宗教的关系，每年还要有固定的时间到佛寺里去过短期的宗教生活；住寺内的是僧侣，在寺外的是信众；每个人一生都有供养僧侣衣食的义务，当有了些积蓄，必定是用来修建佛寺、佛塔，做盛大的佛会；每个男人的知识文化的获取都是从进佛寺做僧侣读佛经开始的，每个女子的知识也是从听佛经故事开始的；一年中要过各种各样的佛教节日；遇到家中有人生病，要请和尚来诵经祈福；人故去时，必须请僧侣来家中诵经送葬。换句话说，南传佛教在民众心目中占据着崇高、支配的地位，凡是与之相关联的人、事、物，他们都始终怀着敬仰、虔诚之心来对待。

事实上，基于不同的文化背景（也可称为贝叶文化背景），人们对"经济"一词的理解是不完全一致的，生活于贝叶文化圈中的人们，受着上座部佛教解脱观的浸染，笃信"业力"，使他们的经济文化生活有着鲜明的宗教色彩。对此，第二次世界大战后受联合国委托做缅甸政府经济发展顾问的英国经济学家舒马赫（E. F. Schumacher）通过对东南亚佛教国家的考察后发现，从最终得解脱的角度和从当下的、现世的角度来看待发财致富，人们的看法和行动都有较大的差别，他用"佛教经济"一词来区别于"物质主义经济"，指出："现代经济的生产方式以商品和劳动产品为中心，但佛教经济是以劳动者为中心"；"（资本主义的）生产方式关心的是商品，而佛教经济看到的是人"。[①] 他们更关心人而非物，对他们

---

① 转引自宋立道《传统与现代：变化中的南传佛教世界》，中国社会科学出版社 2002 年版，第 370 页。

来说，生产永远只是为人这个目的服务的手段。在现实生活中，为扩大经济规模而利用资本生产的事情在这一地区并不多见，从现代经济学的角度来看，他们太不"精明"，不能把握多变的经济力量，不能理解现代市场取向下的经济体系，还将辛辛苦苦挣来的钱用在宗教活动、节日庆典这样的非生产性活动中，让自己的财产白白"流失了"。对于这样的现状，只能从他们这种具有"佛性人生"的文化价值体系来理解才能得到诠释。

二

　　1948 年 1 月缅甸赢得独立，1949 年 10 月中华人民共和国成立，中缅佛教文化交流进入了新阶段。最值得记忆的是 1955 年北京灵光寺佛牙舍利应邀到缅甸巡礼，供缅甸人民瞻仰、朝拜，这次活动受到缅甸信众的热烈欢迎，当时每天都有上万人前往朝拜佛牙舍利。缅甸总统巴宇在祝词中说："缅甸自阿奴律陀王朝以来的近千年中，一直期望着能从中国奉迎佛牙来缅供人民朝拜，现在全亏了毛泽东主席和周恩来总理对缅甸怀着崇高的诚意，使缅甸人民终于能实现祖先遗愿，这是值得向中国政府深表谢意的……朝拜圣物一事，将使中缅两国人民的友谊进一步得到巩固和发展。"① 然而，令人遗憾的是从那以后，由于我国对宗教信仰采取了不正确的态度，国内上述跨境民族的宗教信仰受到了不同程度的影响，加之缅甸国内情况的变化，尽管两国国家领导人之间的互访、交往不断，1960年《中华人民共和国和缅甸联邦边界条约》的签订，使两国之间历史遗留下来的极为复杂的问题得到了圆满解决，但两国之间在佛教文化方面的交流近乎断绝。

　　1978 年改革开放以来，国内各民族的宗教信仰自由得到了恢复，中缅两国之间的佛教文化交流随之迈上了新台阶，佛教界交流活动频繁。

　　首先是中国佛教协会邀请缅甸联邦全国佛教僧伽委员会副主席杜勃迎达卑温达大长老为团长的缅甸佛教代表团于 1993 年 10 月来华访问，中国佛教协会刀述仁副会长为团长的中国佛教代表团于 1993 年 12 月对缅甸进行了回访。接着是应缅甸政府邀请，中国佛牙舍利于 1994 年 4—6 月和1996 年 12 月至 1997 年 2 月先后两次赴缅甸供奉，唤起了民众对中国佛教

---

① 李晨阳：《中缅佛教文化交流的特点和作用》，《佛学研究》2003 年第 12 期，第 326 页。

的巨大热情，欢迎的队伍长达数十千米，缅甸政府还仿照中国佛牙舍利制作了两颗副牙，分别供奉在仰光和曼德勒专门建造的两座佛牙塔中供人们长期朝拜。

其次是中国佛教协会于 1996 年 4 月派出 5 位比丘到缅甸国立佛教大学留学，接受上座部佛教的传统教育，通过系统学习佛教史、佛教戒律，掌握巴利文、缅文、缅甸文学和英文，研习阿毗达摩、吉祥经、法句经等原始巴利经典，通过了大学内的八次考试，最后在曼德勒获得缅甸政府颁发的高级学业证书（Advanced Diploma），2001 年回国。这是新中国成立以来首批应缅甸官方邀请赴缅甸留学的佛教僧人。

2000 年 12 月，中国佛教代表团又一次访问缅甸，代表团一行参拜了仰光瑞德宫大金塔，并出席了缅甸国际学院曼德勒分院的毕业生典礼仪式。2001 年 1 月，缅甸政府赠送中国佛教协会一尊高 54 英寸、底座高 9 英寸的玉佛，在交接仪式上，中缅上座部佛教高僧和汉传佛教高僧分别用巴利语和汉语诵经，玉佛被供奉在北京八大处灵光寺。

除了两国佛教界的交流之外，缅甸官方及政府人员也多次到我国参拜佛牙舍利。2003 年 7 月，缅甸联邦外交部部长一行到北京灵光寺参拜，并向中国佛教协会发出邀请，希望派代表团出席 2004 年 12 月在仰光举行的世界佛教大会；2003 年 11 月，仰光市市长和曼德勒市市长一行 12 人到北京灵光寺参拜佛牙舍利。

2004 年 7 月，缅甸联邦政府总理钦钮一行莅临北京灵光寺，并代表缅甸政府向灵光寺赠送翡翠玉佛一尊，同时代表缅甸和平与发展委员会丹瑞主席及夫人赠送紫罗兰玉佛一尊，以纪念灵光寺佛牙舍利于 1955 年、1994 年和 1996 年三次应邀莅缅供奉功德圆满，为两国佛教徒和人民结下了"殊胜法缘"。钦钮总理此次亲自将缅甸政府赠送的玉佛供养灵光寺佛牙舍利，是将经过精心挑选的缅甸产美玉雕刻的佛像送来供养灵光寺，以无价之宝供养佛牙舍利，他本人感到万分荣幸，并代表缅甸人民，祈愿佛陀及佛牙舍利护佑中国和缅甸国家繁荣、人民安乐。

2006 年 10 月，缅甸国家主席丹瑞大将的女儿杜丹雪达女士和缅甸驻华大使一行 25 人参拜北京灵光寺。2007 年 6 月，以缅甸国家和平与发展委员会秘书长登盛为首的缅甸政府代表团一行 37 人参访北京灵光寺并朝拜佛牙舍利，同时为灵光寺捐献缅甸质量最好的柚木 500 立方米。2010 年 9 月，在北京进行访问的缅甸联邦国家和平与发展委员会主席丹瑞与夫人带领家人以及一同访华的政府要员也到灵光寺参拜佛牙舍利。

　　作为回访，中国佛教协会也组成代表团，于 2005 年 5 月对缅甸进行了访问。

　　缅甸佛教界和官方高层与中国佛教界的这种频繁交流，为非官方的交流活动，特别是为学术界的交往营造了良好环境。2001 年，我国学者基于对贝叶文化现实意义与作用的认识，由云南大学与西双版纳州人民政府共同组建了贝叶文化研究中心，经过近十年努力，首次实现了对流传于中国的南传上座部佛教典籍的收集、翻译和整理，人民出版社于 2010 年出版了这套 100 卷的《中国贝叶经全集》，这一文化工程的完成，使国内第一次有了国家级出版社出版的南传上座部佛教典籍，使中国南传上座部佛教与贝叶文化圈中的其他国家有了学术对话和交流的样本。

　　2011 年 11 月 6 日，应缅甸政府邀请，中国佛牙舍利第四次赴缅，先后在仰光、内比都、曼德勒三地供奉瞻礼，48 天内共有超过 400 万缅甸民众前往瞻拜。在 12 月 24 日的送归仪式上，缅甸宗教部部长杜拉吴敏貌代表缅甸政府对中国政府和人民以及中国佛教协会表示衷心感谢，并祝愿中缅两国人民"胞波"（亲戚）情谊更加深厚，两国佛教徒"法谊"亘古长存。出于对佛牙舍利的虔诚景仰，当天有近 50 万缅甸民众和佛教徒从各地赶到曼德勒仪式现场，夹道恭送佛牙舍利返回中国。当地时间上午 10 时 45 分，载有中国佛牙舍利的专机飞离曼德勒机场，杜拉吴敏貌部长则亲率缅甸恭送团以及缅甸驻华大使吴丁乌与中国迎归团、护法团一道，将佛牙舍利送回北京。[①]

三

　　反思过去，中缅两国从新中国成立初期的良好关系后来走向低谷，在很大程度上不能不说是因为我国外交政策上的路线所至。对此有学者专门指出，新中国成立初期，以毛泽东为代表的外交思路认为，世界仍然处在列宁所说帝国主义与无产阶级革命的时代（即战争与革命时代），因此战争不可避免，革命必然到来；只是战争引起革命还是革命制止战争，还是一个有待解决的问题。根据这种形势估计，毛泽东制定的战略方针是要积

----

① 　http：//www.chinanews.com/gn/2011/12 - 24/3556689.shtml.

极推进世界革命，全面准备迎接战争，即所谓立足于早打、大打、打核战争。基于这样的判断，在对外交往上就自然地要将推动世界革命作为新中国外交的任务和目标，主张输出革命尤其是向缅甸等近邻国家输出革命。在这种外交思想指导下，中缅政府关系曾一度从"胞波"走向断交，严重影响了两国关系的正常发展。① 现在，随着时代的变化，国际关系也发生着大变化，如果我们以 1978 年改革开放给中国外交画一条线，那么1949 年至改革开放阶段，中国的外交目标可概括为"求生存"，"当时世界上的一些力量妄图扼杀中华人民共和国，我们中国人需要为人民共和国的生存而斗争"。那么从 1978 年以来，我们的外交目标已经从"求生存"转变为"求发展"。② 前述的那种情况在当下是不会，也不应该再发生了。

新的历史时期应该有新的国际关系视野，我们现在已经改变了 60 年前的那种以意识形态确定"敌""我"的思维模式，开始从"去政治化"的角度观照政府间的交流与合作。回望改革开放以来，中缅双方在官方层面上不乏交往，如缅甸政府高层领导人恢复法律与秩序委员会苏貌主席（1991 年 8 月），缅甸国家和平与发展委员会丹瑞主席（1996 年 10 月、2000 年 6 月、2003 年 1 月），钦纽秘书长（1994 年 9 月、1999 年 6 月、2002 年 6 月、2003 年 1 月），丁吴第二秘书长（1994 年 11 月、2000 年 4 月）等访华。中国方面仅在 1994 年以后访缅的国家领导人就有国务院总理李鹏（1994 年 2 月）、全国政协主席李瑞环（1995 年 12 月）、国务院副总理吴邦国（1997 年 10 月）、国家副主席胡锦涛（2000 年 7 月）、国家主席江泽民（2001 年 12 月）、国务院副总理李岚清（2003 年 1 月）、副总理吴仪（2004 年 3 月）等。双方也签订了各种经济合作协议，如1996 年 2 月成立了由钦纽牵头、政府各主要部门部长 12 人参加的"缅中经济合作促进委员会"。2000 年 6 月，缅甸国家和平与发展委员会副主席貌埃上将访华期间，两国签署了《中国和缅甸关于未来双边合作框架文件的联合声明》。同年 7 月，中国国家副主席胡锦涛访缅期间，双方签署了《中缅科技合作协定》、《中缅旅游合作协定》和《中缅经济技术合作协定》。2001 年 12 月 12 日江泽民主席应邀访缅期间，同缅方签订了《中缅两国政府经济技术合作协定》《中缅两国政府投资保护协定》《中缅两

---

① 何方：《建国初期外交上的两条路线》，《炎黄春秋》2012 年第 5 期，第 8—11 页。
② 吴建民：《动荡 反思 合作：吴建民外交思考》，新华出版社 2012 年版，第 211 页。

国政府渔业合作协定》等 7 个文件，并将农业、人力资源和自然资源的开发及基础设施建设这两个方面作为今后两国合作的重点领域。2003 年 1 月李岚清副总理访缅期间，双方政府签署了《中国政府免除缅甸部分到期债务议定书》以及中方向缅方提供航空人才培训和文体用品物资援助的两个换文。2004 年 3 月吴仪副总理访缅期间，双方又签署了《中缅两国政府关于促进贸易、投资和经济合作备忘录》等 13 个政府之间的协定和耶涟水电站建设等 8 个商业协议。① 中方还向对方提供了不少以低息或无息贷款为主要内容的经济支持，如 1979 年，中缅签订的经济技术合作协定，由中方向缅方提供 6300 万美元的无息贷款，援建 8 项工程；1986年，中方向缅方提供 3.17 亿元的人民币无息贷款。1993 年，中缅又签订了经济技术协定，向缅提供 5000 万元人民币无息贷款。1998 年亚洲金融危机期间，中国向缅甸提供 1.5 亿美元的贷款，帮助其克服金融危机的冲击。同时，还提供重型机器和成套设备的援助，援建工厂、公路、桥梁、水力发电站、卫星通信地面站等。②

　　但在合作交往特别是在具体经济合作项目实施过程中，诸多不顺畅的事情仍会出现。如缅甸至今还没有向中国开放旅游签证。密松水电站项目 2011 年 9 月被突然叫停，都意味着两国关系还没有恢复到当年"胞波"的状态。究其原因，双方的相互信任成为两国关系的"软肋"。在双方交往中，我方更多地只将经济交易作为合作目标，尚没有意识到双方的文化因素或称价值观的因素，就会造成已有的关系难以保障。2012 年，中新关系在民众层面出现问题，导致新加坡民众发出"应将中国人赶出新加坡"的声音。③ 在中非关系上，目前，"中非关系更多的是建立在高层的政府与政府之间，而普通人民、社区、媒体、NGO和反对党之间的联系过于缺乏，交流的匮乏也同时存在"。"很多在南非做生意的中国人似乎缺乏融入当地社区的意愿，这些人除了赚钱，他们真的尊重我们吗？"这样的提问表达了一种缺乏互信的交易。对此，

---

　　① 贺圣达：《1988 年以来的中缅经济合作：现状、问题和前景》，《云南社会科学》2005年第 2 期，第 56—57 页。

　　② 刘少华：《论中缅关系》，《武汉大学学报》2001 年第 3 期，第 326 页。

　　③ 由于中国与新加坡民众从小所接受的价值观、思维方式截然不同，导致在当地同文同种的华人族群出现了文化冲突。参见龚灿《新加坡，移民浪潮下的文化冲突》，《看世界》2012 年第 20 期，第 32 页。

胡锦涛主席在 2012 年 7 月的中非合作论坛第五届部长级会议上特别提出，"要让发展成果惠及非洲民众"①。类似的例子并不是个别的，它给予我们这样一个启示：只有政府层面的关系，缺少民间的、非政府形式的沟通，缺乏民众之间的互信，经贸合作的路走不远。换句话说，只有政治外交是不够的。

塞缪尔·亨廷顿的"文明冲突论"为我们展现了冷战结束后世界政治的新格局，未来的世界，"意识形态不再重要，各国开始发展新的对抗和协调模式。为此，人们需要一个新的框架来理解世界政治，而'文明的冲突'模式似乎满足了这一需要。这一模式强调文化在塑造全球政治中的主要作用，它唤起了人们对文化因素的注意"，不仅如此，"人们正在根据文化来重新界定自己的认同。文明的分析框架因此提供了一个对正在呈现的现实的洞见"。② 由此，文化的重要作用已不言自明。

1988 年以来，缅甸的"佛教外交"就体现了他们对自身所保有的这种文化作用的洞见，面对新的国际形势，他们利用各种方式打造国家的文化软实力，除了官方和佛教界进行互访外，还建立国际上座部佛教大学（International of Theravada Buddhist Missionary）、国际佛教学校（International Buddhist Academy）接收外国学生，让民间组织到国外去设立禅修中心等，目的就是让外国人充分了解缅甸，从而达到信任缅甸，接纳缅甸。③

事实上，我国也不乏文化叩门、经济随行的例子，比如中华文化促进会发挥体制外的优势，在与海外打交道时先从文化交流入手，寻找共同的话题，实现了相互信任、沟通与合作，在这里，共同文化成为共同话题的平台。在这里，承认文化多样性，不以文化论优劣的心态很重要。④ 经验表明，在经贸合作中既为我方的利益考虑，也考虑对方的利益，特别是虑

---

① 张哲：《普通人的交流比数字更重要——中非关系的另一种视角》，《南方周末》2012 年 8 月 2 日，第 18 版。

② 塞缪尔·亨廷顿：《文明的冲突与世界秩序的重建》，新华出版社 2010 年版，中文版序言。

③ 林明珠：《1988 年以来的缅甸佛教外交研究》，《另一种眼光看世界》，云南大学出版社 2012 年版，第 73—77 页。

④ 陈一鸣：《我国做了别人不便做的事情——中华文化促进会这 20 年》，《南方周末》2012 年 8 月 30 日，第 21 版。

及了对方的长远利益,才能争取得到"双赢"。资深外交家吴建民先生在法国工作期间就实现了这样的"双赢"。吴先生的智慧告诉我们,在经贸合作中,"建立信任感是第一基础"。① 而要建立信任感,文化交流是前提。

目前,中方在与缅方交流中,尚未发挥出贝叶文化应有的作用,换句话说,贝叶文化在推进中缅文化交流中的作用还没有被开发利用。与跨文化交流不同,中缅之间用同源的贝叶文化来交流,会更加亲切、顺畅,因为彼此文化相通、习俗相近,只要能参与对方活动,融入对方生活,就能很快拉近距离,赢得互信。在缅甸人的生活中,拜佛是人生一大活动,缅甸的旅游业起源于拜佛(在缅语中拜佛就是旅游的代名词),每年新年、农闲时节和收获之后,上缅甸人到下缅甸著名的佛寺,下缅甸人到上缅甸著名的佛寺朝拜是一件乐此不疲的事情,举寨出门拜佛在缅甸国人中也不足为奇。如果时间宽裕,签证方便,他们还结团到我方来拜佛迹、佛塔。其实,这是贝叶文化圈中人们日常生活的一部分,是一种正常现象,笔者就在西双版纳、景谷、瑞丽等地看到一些缅甸、泰国的团队,他们一来朝拜,二来走亲戚,大家相互交谈,其乐融融。如果我方也能开放这种旅游活动,让文化圈中的人们以文化圈中的方式来行事、交往,对增进了解、建立互信的作用自然显现。

回顾历史,我们看到中缅两国之间过去基于同处于贝叶文化圈中,曾经很了解,后来因为种种原因变得不太了解了,现在,我们可以通过贝叶文化对话,复兴交流,取得信任,重新拾回过去的了解,继而增进交往,在新的国际秩序下建立起良好的公共外交平台。可喜的是,针对 2012 年11 月 19 日奥巴马高调访问缅甸,我国佛教界已经做出回应,希望以基金会、慈善会的形式与缅方佛教界进行沟通,通过贝叶文化圈内非政府之间的对话、交流,增进了解。如果我们能够调动民间、宗教界、文化界、商界和政府的力量,从多个侧面、多个渠道来实现沟通,一定能够通过文化交流这把钥匙开启中缅经贸合作之门。

(郭山,云南大学贝叶文化研究中心主任)

① 赵启正、吴建民:《交流,使人生更美好》,世界知识出版社 2010 年版,第 131—133 页。

第 四 编

南传佛教与社会发展/
南传佛教理论研究

生死超越的基本模式及对
现实人生的启示

——缅甸毛够长老"十二因缘生死轮转图"译解

释心源

一 缘起

毛够长老创制的"十二因缘轮回图"是南传佛法高度浓缩的精华，此图 70 多年前诞生在南传佛教盛行的缅甸。通过十二因缘、四谛将世间轮回和出世两个概念直观形象化，让学法之人一目了然世间法与出世法的缘起与实质。

毛够长老是缅甸佛教界最有影响的法师之一，法师生前讲经说法，参禅打坐，智慧辩才无碍。他圆寂荼毗后，留有数千万颗舍利。最神奇的是长老的两颗眼珠在火化之后，安然无恙，至今仍然保存完好。人们根据他生平的种种神异，认定他是已证道的圣僧。长老创制的"十二因缘轮回图"，实质上是对佛法 2000 多年流传在缅甸南传佛教的高度总结。

1996 年，受缅甸政府邀请，我们一行 8 人经由中国佛教协会派送至缅甸仰光国立佛教大学，开始为期 5 年的留学生活。经过五年多的学习，我有因缘在毛够禅堂见到此图。近一个月的时间，每天我都在凝视理解这张图的内涵，并不断地请教禅堂内的长老法师们，终于有一天我用汉语翻译了全图。

自 2001 年 4 月回国直到现在，我把从缅甸带回来的巴利文十二因缘图总是悬挂在我的房间，可以说这张图完全融化在我打坐、诵经、持咒的日常功课中。我越来越感觉到它的价值不可估量，它是属于一切众生的。因缘殊胜，我和云南有缘，在云南省佛教协会、云南佛学院大力的支持下，由大家广告公司按照原巴利文的原貌制成"毛够长老创制的十二因缘生死轮转图之汉译版"。值此，南传佛教十二因缘生死轮转图在汉地正式问世。

二　中国汉传佛教十二因缘图与毛够长老创制的"十二因缘轮转图"的比较

（一）中国汉传佛教"十二因缘图"简介

汉传十二因缘，又名十二有支，或十二缘起，是说明有情生死的流转的过程，包括三世起惑、造业、受生等一切因果，周而复始，至于无穷。汉传佛法中的十二因缘比较学理化，不容易领会，兹列图说明如下。

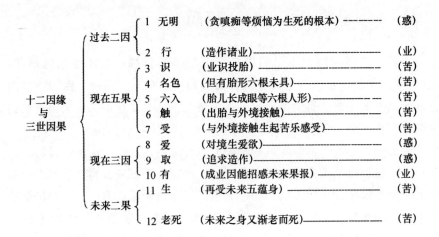

（二）毛够长老创制的"十二因缘生死轮转图"汉译图及其简介

释迦牟尼佛雪山六年遍访外道善知识，在菩提树下夜睹明星而悟道。之后，在鹿野苑初转法轮度五比丘，说的就是四谛和十二因缘。五比丘闻法之后即证须坨洹初果，这是佛法的根。我们通过对汉传与南传十二因缘的比较得出结论，即缅甸毛够长老的"十二因缘生死轮转图"的十分精彩完备，让人由衷的赞叹！如图一、图二所示。

图一   毛够长老创制的"十二因缘生死轮转图"

图二   毛够长老创制的"十二因缘生死轮转图"之汉译版

　　毛够长老创制的"十二因缘轮回图"中十二因缘法界专业术语注解如下：十二因缘包括无明、行、识、名色、六入、触、受、爱、取、有、生、老死。无明：即迷惑，如人走路，忽而迷失方向，这迷的发生是无有根源的，人类的无明也是如此，故佛教也称其为无始无明；人从有生以至将来，无时无处不是无明，醉生梦死是无明，无知识阶级求衣求食是无明，自命哲学家通达真理的也是无明，不求甚解是无明，推求宇宙人生之所以然也是无明，因为什么呢？因有"行"故。行：即行为，又是心念相继之意。有无明，自然便有相继不断的行，以及相续的造作。识：即分别的功能，即情感的本源，即人与草木的区别。名色：名即心性，色即物质。六入：即眼耳鼻舌身意，所谓色从眼入、声从耳入、香从鼻入、味从口入、触从身入、法从意入。触：即见、闻、嗅、尝、觉、知。受：即感觉，有三种，"苦受、乐受、不苦不乐受"。爱：即希望，乐的希望得，苦的希望避，人所爱不同，故希望也不一样。取：即执着，即人生的一切的计较。有：即行，既有事业之意，又有现实之意。生：即生活。老死：即命尽之意。

三　毛够长老"十二因缘生死轮转图"的
20个法界专业问答

　　问与答是根据缅甸长老在教学讲解剖析"十二因缘图"时，与信众一问一答达成的互动模式，节录20项如下所述①十二因缘生死轮转图的主要原因是什么？答：无明、爱。②真谛是哪两种？答：集谛、苦谛。③三世因果如何分四段？答：过去因一段：无明、行；现在果一段：识、名色、六入、触、受；现在因一段：爱、取、有；未来果一段：生、老死。④三项连接是什么？答：过去因（无明、行）和现在果（识、名色、六入、触、受）的连接；现在果（识、名色、六入、触、受）与现在因（爱、取、有）的连接；现在因（爱、取、有）与未来果（生、老死）的连接。⑤二项根本是什么？答：爱和无明。⑥什么是三支？答：三支简称惑、业、苦，全称三惑、二业、八事同名一苦道。⑦什么是十二因缘的三世？答：过去世：无明、行；现在世：识、名色、六入、触、受、爱、取有。未来世：生、老死。⑧二十事项是什么？答：过去因五事项：无明、行、爱、取、有；现在果五事项：识、名色、六入、触、受；现在因五事项：爱、取、有、无明、行；未来果五事项：识、名色、六入、触、受。⑨如何了生死轮回？答：受灭爱灭脱出十二因缘。⑩为什么入十二因缘生死轮回？答：受缘爱入十二因缘轮回。⑪此图的外围箭头以什么为顺序？答：以时间流转为顺序。⑫此图中间的箭头以什么为顺序？答：以轮回主根、现状因果、解脱原理为顺序。⑬无明、行、爱、取、有的箭头以什么为顺序？答：以现在、过去的集谛为顺序。⑭为什么此图用圆的不用方的？答：圆为动态、方为静态。用圆图活泼、生动、形象、现实。⑮为什么没有四项连接？答：在因地过去与未来接不上。⑯在什么情况下可以四项连接？答：在成佛的果地，无二无别。⑰此图为什么用红线和蓝边？答：凸显因果生死轮回，解脱事项。⑱十二因缘为什么以无明为首？答：无明是生死轮回的主根。⑲为什么从爱、受切断生死轮回？答：这是现状因果的一般规律，特殊情况是中阴救度和念佛往生。⑳什么是四谛？答：苦谛、集谛、灭谛、道谛。

四　动态解读图中的箭头、解释生死轮回以及超越解脱的一般原理

此图的中间箭头以轮回主根、现状因果解脱原理为顺序，主要在我们生命点线面的流程中，如何从此岸突围到彼岸的 GPS 导航；无明、行、爱、取、有的箭头以现在和过去的集谛为顺序，再加上"八事同名一苦道"的箭头，总括为惑、业、苦三支。轮回是因为迷惑造业而受苦，这样图中所有的箭头形象鲜明地指出了整个轮回的动态系统。

缅甸"十二因缘生死轮转图"是以时间轮转顺序设置的，三世因果分四段，即过去因"无明、行"一段；现在果"识、名色、六入、触、受"一段；现在因"爱、取、有"一段；未来果"生、老死"一段。其中关键是图中轮回和超越的两点，在当下因果的结点，受缘爱入十二因缘轮回，受灭爱灭脱出十二因缘，受爱只是一个念头，如果清空归零，发菩提心、安住、止观、定慧，即可从现实人生超越解脱，离苦得乐，反之，受缘爱而执取即进入生死轮回。

五 生死超越的基本模式对现实人生的启示

缅甸毛够长老的十二因缘生死轮转图揭示了生死轮回以及超越解脱的基本模式，从中我们可以感受佛法的伟大，佛陀的大智慧观照，由无明、行、识、名色、六入、触、受、爱、取、有、生、老死十二因缘从点到线到面地勾勒出过去现在未来生命现象的流转。欲知前世因、今生受者是，欲知来世果，今生作者是，六道众生随业之而流转轮回，十法界一心所变。五逆十恶，谤法破戒下地狱；贪欲不息，痴想横生是恶鬼；爱见为根，悭贪为业是畜生；纯执胜心，常怀嗔斗是修罗；爱染不息，杂诸善缘是人道；广修戒善，作有漏因是天人；功成四谛，归小涅槃是声闻；见局因缘，证偏空理是缘觉；圆修六度，总摄万行是菩萨；一乘任运，万德庄严是诸佛，我们出家僧人早晚功课都会念。若人欲了之，三世一切佛。应观法界性，一切唯心造。天堂地狱极乐、世间出世间只在一念间，一念千百亿万年，一生一念间。由于透彻生死轮回，透彻解脱两重因果，让我们一目了然此岸彼岸的。经常思维观察此图会让人觉悟开慧。如果将此图同政治、经济、文化、军事、生存发展、教育、科技、医学、企业管理、自然科学及社会科学等联系起来，将会演化出无量无边的规律。从个人、家庭到社会，从民族、国家到世界，其基本的变化轮回都在此图。

（释心源，云南省佛教协会常务理事，云南佛学院教务长，缅甸仰光国立佛教大学研究生）

中国南传上座部佛教音乐研究的两种范式

——《贝叶礼赞——傣族南传佛教节庆仪式音乐研究》与《中国南传佛教音乐的人类学研究》之议

黄凌飞

当代中国音乐学界对传统音乐的研究和书写，一直都有着本土化的诉求，尤其在最具有充满挑战性的宗教音乐领域，仪式音乐发生所依赖的那种根深蒂固的社会生态是如何有效的建构本土族群的历史记忆？这的确需要本土的视野及相关的学科经验。从《写文化——民族志的诗学和政治学》①等关于传统民族志写作的反思开始，人类学界似乎宣布了一种新的民族志写作模式的合法性。这是一个多元发展的时代，不同的学术实践都给民族音乐学界对中国传统音乐的书写提供了新的可能。面对丰富多样的研究对象，"理论和方法"及"文本表述方式"呈现出"多维"却又"万法归一"的探索过程。杨民康的《贝叶礼赞——傣族南传佛教节庆仪式音乐研究》、黄凌飞的《中国南传佛教音乐的人类学研究》便是对中国境内南传上座部佛教传播区域的佛教音乐进行长期实地考察后的专题性研究成果。此两项成果在理论探索与田野实践方面着力甚深，因为不同的研究取向和研究范围，使之形成了两种不同的研究范式和研究文本。本文拟从研究框架、学科定位、研究方法等方面，对此进行学术研究的梳理，以此在民族音乐学和宗教仪式音乐为主的多维学术框架中，更深入地认识和把握中国传统音乐研究中日渐发展的学术目标。

---

① ［美］詹姆斯·克里福德、乔治·E.马库斯编《写文化》，高丙中、吴晓黎、李霞等译，商务印书馆 2006 年版。

一　《贝叶礼赞——傣族南传佛教
节庆仪式音乐研究》

杨民康先生的专著《贝叶礼赞——傣族南传佛教节庆仪式音乐研究》①是国内第一部以中国云南边境西双版纳地区、德宏地区傣族南传佛教节庆仪式音乐为研究论域的著述。作者将民族音乐学、社会学、宗教学、系统论等多学科的理论观点、方法运用于本研究中，这在"学科的定位和文化立场""研究方法与理论来源""音乐文化丛分类系统""仪式与仪式音乐的结构系统""音乐风格与形态分析""佛教仪式音乐与社会分层""佛教仪式音乐与多元族群文化"等章节中清晰可见。

在《贝叶礼赞》一书中的第二章、第三章是对西双版纳地区、德宏地区傣族节庆仪式及其音乐活动的考察实录。作者对田野工作中的基本方法和基本原则运用自如、清晰，并在文本的研究及写作中，对仪式音乐的研究方法进行了充分的尝试和探索，使之成为一部理论与实践紧密结合的著述。

具体来说，杨氏建构的关于南传佛教音乐研究的基本框架如下所述。

（一）研究框架、学科定位及研究方法

本书围绕境内傣族节庆仪式音乐的文化传统和当代变迁这一主题，通过仪式音乐文本的描述与分析及语境分析进行了一系列探讨。其中"文化传统"指南传上座部佛教音乐文化中的本土传统，"当代变迁"则是指当代傣族社会中的发展、适融与变迁现象。此研究以传统宗教文化较为浓厚的"安居节"仪式音乐为重点，将其放入全球化、本土化的文化语境中考察研究，同时结合与国内其他地区佛教仪式音乐和东南亚诸国南传上座部佛教仪式音乐的比较研究，以探求佛教仪式音乐传统在当代社会中发展演化的基本轨迹。②

全书共十章，第一、第二章，对本研究的目的、范围、学科定位、研究方法及文化立场等进行了说明，对傣族文化传统、南传上座部佛教的传

---

① 杨民康：《贝叶礼赞——傣族南传佛教节庆仪式音乐研究》，宗教文化出版社 2003 年版。
② 同上书，第 1 页。

入、基本特征等也做了简要的梳理。第三、第四章，以西双版纳地区、德宏地区傣族"安居节"仪式音乐活动为调查对象，对其中的"赕""摆"等宗教仪式与庆典活动进行了完整的实录，以期为后面的理论分析做田野的呈现和研究的依据。第五、第六、第七章，从仪式音乐本体入手，对仪式音乐的类型与划分、仪式音乐的结构系统以及仪式音乐的风格和形态进行了严谨、独到的分析与阐释。如通过仪式的整体结构布局和其中佛教音乐唱诵程序、曲目的运用，呈现出佛教音乐文化丛分类特征在实际过程中的具体表现。最后的第八、第九、第十章，以社会文化为背景，对傣族社会中的仪式音乐与社会文化分层、仪式音乐与多元族群文化、仪式音乐与跨界民族文化做了多种理论、多学科交叉式的论证和分析。其中，云南傣族佛教音乐与缅甸、泰国和老挝等国佛教音乐的传播关系及文化联系的提出，为下一步东南亚佛教音乐的跨界研究做了前期的理论铺垫和学术期待。

该书的学科定位与研究方法可做以下梳理。

第一，学科定位基础——民族音乐学，采用学科研究中的"主位—客位""局内—局外"等方法平衡文化立场，以民族音乐学的两种相关研究模式做具体依据——梅里亚姆的三重认知模式和雷斯的四级目标模式。[①]

第二，研究过程和步骤。如下所示。

首先是具体的"本文的描述与分析"，包括实地考察和案头工作，其中实地考察经历三个"经验"层次——仪式、访问、座谈；案头工作依据四种本文类型——受访者手记的经文资料或唱词（傣文）、民间长期传承下来的傣文史料（傣文、汉译本）、用汉文撰写的历朝史籍和游记书信手札、汉文和外文写作的现代民族音乐考察报告和各种研究著述。

其次为更深一步的学术目的、研究方法和理论来源。一般性层面采用传统宗教学信仰与仪式之间的讨论阐释，具体层面采用宗教学新发展起来的仪式学，结合"泛仪式化"研究，进行详细、深层、抽象的表达。

第三，在研究中，使用"共时性"和"历时性"的视角，以"大传

---

① 梅里亚姆的三重认知模式："概念、行为、声音"；雷斯的四级目标模式：在解释人类学家格尔兹提出的"历史构成、社会维护、个体应用"基础上，与梅里亚姆的模式相结合，形成自己的"分析程序—形成过程—音乐学目标—人文科学目标"四级目标模式。

统"和"小传统"作为构成方式，结合"固定—非固定（可变）""模式与模式变体"概念，来比较和呈现仪式音乐结构关系（仪式诵经经腔程序和系统）。

（二）理论范式

杨民康教授在研究过程中，就民族文化传统中佛教仪式音乐的分类问题，有针对性地提出了一个创造性理论范式——"南传佛教音乐文化丛"，它是南传佛教音乐文化圈形成的前提因素，在南传佛教仪式音乐分类方面采用南传佛教仪式音乐文化丛观念，将与音乐因素密切相关的其他非音乐文化因素也有选择的包容进去。因此在应用该理论范式进行傣族南传佛教音乐分类时，以局内观对应民间评价，以局外观对应分析评价，做出如下判断。

首先，以社会文化角度作为分类标准，南传佛教音乐存在宗教性、礼俗性和抒娱性三种音乐文化类型。

其次，以音乐体裁角度作为分类标准，存在着吟诵调、咏唱调、祝祷调和经文对诵等体裁类型，各具有自身的规律性特点，且与传统社会中不同信仰阶层的文化需求相适应，与南传佛教音乐文化丛的不同层次之间有着明显的适合和对应关系。

最后，以南传佛教仪式音乐文化丛系统作为分类标准，音乐元素按照"核心层次——巴利语为主的佛教经腔；中介层次——傣语佛教经腔和大鼓舞曲；外围层次——佛教节庆歌舞音乐"三层次划分。这一理论范式在音乐风格和形态分析、当代节庆仪式音乐的社会性发展空间、傣族与周边国家佛教节庆仪式音乐的比较等研究部分得以完全展开，也是奠定杨氏南传佛教仪式音乐研究模式的核心基础。

在其研究模式中，对南传佛教音乐的分类构架和内容如下所述。①

1. 核心层次——以巴利语为主的佛教经腔系统研究

这是纯宗教性的佛教诵经音乐，是巴利语为主的佛教经腔类型，是最为精华、实用而稳定性强的佛教诵经仪式音乐。涉及三藏经的经典佛教内容，一般仅限于僧侣内部流通，但因教义深奥，能精通并解释原义者不多见，故一般有用傣文字母转写的巴利语文本，用巴利语发音，采用直诵方

---

① 杨民康：《贝叶礼赞——傣族南传佛教节庆仪式音乐研究》，宗教文化出版社 2003 年版。

式念诵，是经典中的核心和精华部分。在早、晚课诵及佛教法会等场合，使用经腔以"拉木扎罗"为主体，可以分为吟诵调及经文对诵两类。经文分为三类：①仪式经文对诵；②日常课诵经腔；③仪式经腔连诵。

2. 中介层次——以傣语佛教经腔为主的地域性风格经腔研究

这是以傣语佛教经腔和大鼓舞曲为主的研究。杨氏观点认为：该类型是在节庆仪式里僧俗共享的经文、经腔和打击乐曲，在宗教性的纯度、深度和使用经典语言的含量上不及巴利语经典，一般采用以傣文记写的傣语佛经或口诵经内容为基本唱词，有时也杂有一些巴利语成分。其具体内容以佛经里记载的佛教本生经故事、传说、寓言及祝祷词、赞颂词为主。主要采用以下三种音乐体裁类型：①咏唱调；②祝祷调；③打击乐曲。

3. 外围层次——佛教背景中的民俗佛乐

这是以佛教节庆中歌舞、吟唱和佛曲为主的研究。杨氏观点认为：从佛教文化的角度出发，前两个层次分别体现了其中的大传统和小传统两方面因素特征，而在外围层次里，由于参与人员和范围场地的扩展，不免要涉及宗教和世俗两方面文化视角。本层次主要涉及一般不在法会仪式里使用，但其唱词带有佛教文学内容或主要在佛教节庆里表演的各种传统民歌或歌舞音乐类型，在体裁分类中有时将其划入民间音乐。

二　《中国南传佛教音乐的人类学研究》

黄凌飞教授的《中国南传佛教音乐的人类学研究》一书，是一项集多学科交叉的综合性研究，涉及人类学、宗教学、仪式学、音乐人类学等学科内容。该书立足于中国境内南传佛教传播区域的西双版纳、德宏、思茅、临沧四个地区，选择了傣族、布朗族、德昂族、阿昌族和部分佤族的八个村寨为田野调查点①，是对中国境内南传上座部佛教音乐一次全面、系统的调查和研究。

---

① 西双版纳州景洪市勐龙镇曼汤村、德宏州瑞丽市姐相乡小等喊村、临沧地区耿马县孟定镇允景村及罕宏村（上下寨）、思茅地区景谷县威远镇大寨勐卧总佛寺及永平镇迁糯村、西双版纳州勐海县西定乡章朗村、德宏州陇川县户撒乡芒旦村、德宏州潞西市三台山乡出冬瓜村、临沧地区沧源县班老乡上班来村。

（一）研究框架、学科定位与研究方法

《中国南传佛教音乐的人类学研究》一书首先对南传佛教在中国的传播与研究、传播区域内诸民族的音乐文化及境内南传佛教音乐的生态系统进行了梳理和研究，意在为中国南传上座部佛教音乐内部核心系统的书写做历史背景与生成要素性的学术铺垫。在学科定位上，有两个重要的研究指向：一是力图在中国南传佛教音乐在传达宗教信仰、影响信众观念、激发听众情感、塑造行为模式方面的作用和途径方面做出有学术价值的研究；二是通过中国南传佛教传播区域各族群佛教仪式音声的地域性和跨地域性的个案研究，力图对境内南传佛教音乐系统勾勒出一个较为整体、清晰的基础性轮廓，以此为今后在此领域研究中的学术界提供重要的基础性文本。同时，中国南传佛教音乐差异性形成的根源，各民族历史、语言、宗教信仰和传统民间音乐与南传佛教及其音乐的互动关系研究，也成为书中重要而关键的组成部分。

本书立足于境内南传上座部佛教传播区域内五个族群，对此区域的南传佛教事项做了长期、深入、翔实的音乐人类学意义的田野调查和研究。中国境内丰富、复杂的南传佛教音乐文化，在生态系统、声谱系统、"历时现场"与"共时平台"的观察与表述中逐渐凸显出来。此论域从三个层面展开：第一，佛教音乐生态与特定的自然空间和社会环境密切关联，这种共生关系强调了生态环境的差异必定影响音乐生态的形式和内容，从而对音乐的关注焦点从音乐本体扩展到了音乐事象与其所处的地理文化环境生态问题；第二，因为宗教的同质同源性在保持了"大传统"音乐共性的同时，区域局部性的"小传统"成为彰显地方独特音乐品质的重要线索，故佛教音乐在音乐形态、仪式音乐场域/景、佛教音乐表现风格等方面的差异是研究中的重要内容；第三，由于佛教的广泛流传，经书的唱颂方式和叙事诗体的结构对南传佛教传播区域当地传统音乐的传播、发展产生了深远的影响。这是仪式用乐与本土民间音乐融合的重要现象，也成为作者观察和研究佛教音乐与民俗音乐之间因互动而形成的地方性音乐知识。

纵观南传佛教在中国境内各地的传播以及与本土传统文化发展过程相融合的情况，南传佛教音乐在较完整地保留了佛教音乐外来形式的同时，为满足佛教传播的需要，自觉或不自觉地结合了当地民间传统艺术形式的因素，在历时与共时的时空转换中，以某种结构过程或者结构关系在富于制度性的方式之中找到了最稳定和最强烈的表达方式，并形成文化内部的分类体系。以佛教为核心的佛经音乐和以社会生活为依托的佛教民俗音乐共同构成了南传上座部佛教音乐的系统，两个声谱系统的归属是以音声发生的内涵、意义和外延的效用以及人与所处生态环境的组成、运作等为其定位，而人与环境互动关系的实体场域将我们的研究指向了更为广阔的音乐社会文化层面。

在本书的第五章，以课题组成员所做的村寨调查，构成了本研究中的个案性文本。这是因为以个案的方式，从"仪式"与"村落"两个"有界限的系统"置身于区域和族群的"原环境"，进行深入细致地音乐民族志书写，不仅意在"深描"更全面、更丰富的异文化经验图景和地方性音乐传统，同时也认识和了解了中国当代南传佛教音乐文化境域的动态缩影。

围绕在同一信仰体系之下的不同族群在相同地域或不同地域环境中，"音声文本"的多种存在方式，从五个族群的村落视野以及仪式音乐的生态环境切入，形成中国南传佛教传播区域各族群的佛教仪式音声的地域性和跨地域性的个案研究。这是本课题在音乐民族志实践层面上的一次探索，因为探究这些论题，可以使我们进入文化差异的最深层面，跨越现存民族志文体的局限，描绘出更全面、更丰富的异文化经验图景。

（二）研究视角与学术取向

根据上述对研究框架、学科定位与研究方法的梳理，《中国南传佛教音乐的人类学研究》全书透射出与杨氏研究不同的研究视角与学术取向，可归纳如下。

其一，在人类漫长的社会生活图景中，宗教音乐是表达信仰体系不可或缺的重要组成部分，在其形成、传播、流变和发展的过程中，与特定的人文生态环境相融合，经过历时和共时、个人和群体兼重的"历史构成—社会维护—个体应用"这三个互动因素，最终形成宗教音乐的生态系统和生态环境。佛教音乐生态与特定的自然空间和社会环境密切关联，这种共生关系强调了一个重要问题，即生态环境的差异必定影响音乐生态的形式和内容。这使得对音乐的关注焦点从音乐本体扩展到了相关的文化脉络，即音乐事象与其所处的地理文化环境生态问题。

其二，对于探究一种音乐体系来说，对音乐观念的理解是最为根本的基础，而观念即预示着所有人的音乐行为。由此，境内南传上座部佛教音乐文化中的观念与行为以及佛教音乐的系统类型，是本课题涉及的重要内容之一。客观地呈现原有的信仰传统与仪式传统，不仅是构成本研究完整性的必备基础，同时也为更加深刻地认识和把握中国南传佛教音乐文化的构成提供有益的探索和支撑。在南传佛教传播区域，佛教音乐的行为从社会生活的具体场景中延展开来，按照所谓"近""信仰"与"近""世俗"的两个层面，分为佛教核心仪式中的音乐行为、民俗事项中的仪式音乐行为。而由于佛教文化较强的传统性、长期的稳定性和历史延续因素的支撑力量，南传佛教音乐在传播过程中一方面融入民间民俗习惯中，通过当地民族共同遵奉的节庆仪典来展开它的内容，促进这些信众精神信仰的统一，另一方面传统文化也借助佛教典籍和仪式音乐活动保留了大量的历史、文学、艺术、民俗等。至今，在南传佛教主要传播区域的族群生活及节庆仪式中，仍然呈现佛教文化与传统文化交织在一起的形态各异的佛教音乐行为。

其三，由于独特的地理环境和人文因素，中国境内信仰南传佛教的五个族群的社会文化形态在历史发展过程中，没有形成深厚的、大规模的文化聚集和定向积淀。在音乐艺术方面，宗教音乐与传统民俗音乐之间始终维持着一种比较松散的传播、影响和交融关系。二者在长期的碰撞中，相互融合、相互渗透，形成特有的兼容音乐文化综合体，这种相容文化表现在民间村落中，通过音乐特有的内部结构，在以佛教为核心的佛经音乐和与社会生活为依托的佛教民俗音乐中运转，所构成的佛教音乐场域与民俗音乐场域长期并存，成为南传佛教音乐系统的两个音声谱系。这是与仪式音乐学界把宗教音乐研究划分为核心、中介、外围三个不同层面的重要区别，在这个前提下所衍生的研究视域必然带来佛教音乐类型、系统、结构划分等方面的不同。

其四，以佛教为核心的佛经音乐和以社会生活为依托的佛教民俗音乐共同构成了南传上座部佛教音乐的系统，两个声谱系统的归属是以音声发生的内涵、意义和外延的效用以及人与所处生态环境的组成、运作等为其定位，而人与环境互动关系的实体场域将我们的研究指向了更为广阔的音乐社会文化层面。同时，随着佛教教义、仪轨的传入，经文经书及仪式诵经也随之进入，成为佛教社会中的重要内容。由于佛教的广泛流传，民间诵经、听经的活动极为频繁，经书的唱颂方式和叙事诗体的结构对南传佛教传播区域当地传统音乐的传播、发展产生了深远的影响。这是仪式用乐与本土民间音乐融合的重要现象，也成为我们观察和研究佛教音乐与民俗音乐之间因互动而形成的地方性音乐知识。

其五，作为南传上座部佛教仪式音乐的重要内核，仪式场合中经文的诵、念、唱均涉及经文、经腔系统、对诵经声音的处理、对经文文本的把握以及对仪式程序的控制。由于传播路线、传播方式以及与当地本土化融合等历史因素，实现宗教信仰意念的仪式场域为我们关注经文、经腔、诵经风格的构成与演变提供了历时与共时交融的"历时现场"，是研究中重要的参照系。这个"历时现场"与"共时平台"以呈现南传佛教仪式过程中稳定的音乐形式为主要内容，这里的"稳定"主要是指虽然在各区域漫长的多流派、多样化的时空中穿梭，但仍保持相当统一性和稳定性的经文、经腔与诵经程序。

通过本文的研究，境内南传上座部佛教音乐的文化轮廓逐渐清晰的同时，也看到南传上座部佛教文化在发展过程中不仅具有相当的独立性，而且除保持东南亚佛教文化圈的本质特征外，在云南的本土化和民族化过程中有了自己的本土特色。在佛教建筑艺术、绘画艺术、音乐艺术等方面发生了一系列的演变，形成了一个精神文化体系外在的重要标识。

结　语

在中国当代社会政治文化大环境中，国内学术界对宗教音乐的研究自20 世纪 80 年代开始复苏。随着"中国传统仪式音乐研究计划"（1994 年香港中文大学音乐系、2008 年上海音乐学院"中国仪式音乐研究中心"）及"中国少数民族宗教音乐研究"（2006 年中央音乐学院）等项目在国内近二十余年的区域性田野考察和学术推进，学界在基于历史、地域、信仰体系的探索中，在深入实地考察的基础上，对宗教仪式音乐的研究显示出一种积极的学术追求和视野拓展。近年，更由于较多地与哲学社会学科领域开展了学术上的交流和互补，宗教音乐研究在中国音乐学界得到了蓬勃发展，呈现出多元多层的理论架构，并在理论方法学上逐渐清晰化，进行了具有实践意义的诸多探讨，相继出版了对中国传统音乐领域中重要的宗教音乐文化进行专题研究的专著、大型丛书等研究文本。如《中国传统民间仪式音乐研究》（西南卷、西北卷）①、《中国传统民间仪式音乐研究》（华南卷、华东卷）②、《中国少数民族宗教音乐研究》（云南卷③、广西卷④）、《大音》系列丛书以及以不同宗教类型为研究范围的专题研究。本文选取的《贝叶礼赞——傣族南传佛教节庆仪式音乐研究》与《中国南传佛教音乐的人类学研究》便是国内学术界在 21 世纪初的十余年间相继出版的两本力作。

　　境内南传上座部佛教音乐文化在云南的本土化和民族化过程中有了自己独特的本土特色，本文论及的两本专著，作者都为云南本土学者，关注和研究的对象都以云南重要的宗教音乐种类——南传上座部佛教音乐为论域。通过两种不同研究范式的学术梳理，对深化文化多样性、文化传播、跨境民族以及南传佛教和民族音乐学研究，具有重要的学术价值和理论意义。这不仅有助于改变以往学术研究的单一性，拓展学界对于宗教音乐写作的观念，同时，也可以探寻作为云南本土学者该以何种姿态去面对、研究及书写"家门口的田野"，在"历时"与"共时"的境域中拓展云南民族传统音乐研究的空间。

（黄凌飞，云南艺术学院教授）

---

　　① 曹本治主编：《中国传统民间仪式音乐研究》（西南卷、西北卷），云南大学出版社 2003 年版。

　　② 曹本治主编：《中国传统民间仪式音乐研究》（华南卷、华东卷），上海音乐学院出版社 2007 年版。

　　③ 张兴荣主编：《中国少数民族宗教音乐研究·云南卷》，宗教文化出版社 2007 年版。

　　④ 杨秀昭主编：《中国少数民族宗教音乐研究·广西卷》，宗教文化出版社 2011 年版。

新时期背景下中国南传佛教
改革与创新刍议

周　娅

在全球化进程加速、区域一体化加深以及中国"一带一路"战略实践逐步推进，中国从政治、经济、社会、文化等各方面全息式、多层级地参与并构建全球合作新秩序的新时期背景下，国内的宗教该如何应对、如何担当以适应国家发展战略需求？这是摆在包括南传上座部佛教在内的中国宗教面前的一个现实而重要的课题。

"在当代中国社会转型时期，南传佛教展示出很好的发展态势。但是发展中的南传佛教也有'成长的烦恼'，目前它面临的不是简单的生存问题，而是以何种形式更好地存在以及发展的困境。"① 中国南传佛教发展在面对一系列社会转型现实问题和困境的同时，也迎来了新的发展机遇，亟须进行自体发展中的渐进性改革与调适性创新。

一　新时期背景下中国南传佛教创新与改革的必要性：基于当前南传佛教双重"不适应性"的论析

"宗教与中国各民族的发展紧密交织，并已成为中华民族传统的重要

---

① 郑筱筠：《"成长的烦恼"——转型时期中国南传佛教管理之困境》，佛学研究网，2015年9月24日，http://www.wuys.com/xz/Article_Show.asp? ArticleID = 41071 。

组成部分。"① 中国是一个有 13 亿人口的多民族国家。除人口规模占 12 亿的汉族外，我国还有 55 个分布面积较为广阔的人口总数 1 亿多的少数民族，其中有 44 个民族实行了民族区域自治，占少数民族总人口数的 71％。此外，"有 30 多个是跨境而居的民族，其国际关联复杂，国际影响巨大，其宗教信仰亦各有特色。"② 其中，作为中国主要传统文化"儒释道"中佛教三语系部派之一的南传上座部佛教，即为一主要流布于中国西南边疆少数民族地区、国际关联复杂、国际影响较大且极具特色的宗教形态。

随着中国政治、经济、文化等各领域在当今全球化和现代化浪潮中的迅猛发展，南传佛教在国家的总体发展带动下，尽管在个别地区的个案中显示出强劲的发展潜力，取得了不俗的社会评价，但从整体上看，中国南传佛教的发展仍较为薄弱滞后，尤其对快速的国家发展与社会现代化转型显示出总体性的"不适应"。

第一，南传佛教"从边缘化到趋中心化"的地缘文化"角色转变不适应"。

版纳、思茅、临沧、德宏等上座部佛教在中国流布的主要区域，从中国政治版图上看，历史上长期远离华北、华中、华东等"华夏文明"的政治、经济、文化中心，在中华文明地缘文化板块中十分边缘化；但在区域一体化乃至全球一体化日益深入的今天，如果我们把包括中国南传佛教流布区域在内的云南省放到区域乃至全球地缘文化的坐标系上考察，可以发现，这里几乎就是亚洲佛教文明的中心区：大致上说，从地缘文化亚类分野上看，云南省几乎是佛教三语系流散分布的起点，也是三语系佛教在中国境内会聚相遇的交会点。中国以及尼泊尔等国也成为世界上少数几个三语系佛教俱全的国家。尤其是在当今"一带一路"战略实践中，中国南传佛教流布的云南西南边疆地区，与南传佛教广泛流布的斯里兰卡、泰、老、缅、柬等国一起，共同构成了"亚洲南传上座部佛教文化圈"。该区域也是中国地缘政治板块面向南亚、东南亚区域在地缘文化上最具联结性和辐射力的中心区。

历史的演进、地缘文化的全球化坐标系转移等，都使得中国南传佛教

---

① 卓新平：《中国人的宗教信仰》，中国社会科学出版社 2015 年版，第 22 页。
② 同上书，第 23 页。

地区从原先在中国的边缘地位，一跃而趋于中心化，成为中国面向东南亚、南亚的重要地缘文化支点和辐射中心，以及亚洲佛教文明内几个语系的交会、分野中心点之一，从而在佛教文明地缘文化版图中有着重要的"趋中心化"地位。

基于其所在区域的地缘重要性，中国南传佛教的发展被寄予厚望，国家、政府与当地民众都期望它能进一步助力当地社会发展，在国家战略中扮演更重要的角色。在期待值压力下，中国南传佛教的一些现实困境易被"放大"，导致外界对其存续发展能力及社会功能方面的一些不满与诟病。这在某种程度上又更加凸显了中国南传佛教发展过程中那些真正"不适应"的方面，进而使其呈现出一种整体上的"发展不适应"和"角色变迁不适应"。

第二，南传佛教因流布地区社会变迁剧烈而产生的"环境变迁不适应"。

20 世纪中后期至今，中国南传佛教流布地区的社会经历了前所未有的剧烈转型——从传统的、发展缓慢的、相对熟悉与稳定的社会网络结构的农业社会，迅速转变为现代的、发展迅速的、变化频繁且复杂的社会网络结构的工业社会。至今，中国南传佛教流布地区尤其是城镇化发展较好的地区已经初步完成了其从传统社会到现代社会的社会变迁（包括文化变迁）。与此形成鲜明对比的是，南传佛教自身在组织管理模式、寺院体系、僧团建设等方面，还大量保持着原有机制和传统，未能与时俱进。为此，中国佛教协会副会长、云南省佛教协会会长刀述仁居士表示，"作为古老的南传佛教，如果不加强自身建设并进行必要的改进，就会越来越落后于国家发展和社会进步的步伐，就很难适应社会的发展变化……就会落伍于时代的发展，无法满足信众对佛教的需求，南传佛教就没有出路。"[1]正是这种中国社会现代化、转型发展快，而"古老的"南传佛教传统化、建设发展慢的节奏步调不契合，导致了中国南传佛教在面对迅猛发展的边疆社会"现代化"发展进程中的"环境变迁不适应"。

根据笔者研究团队对景洪地区有关贝叶经认知方面的调查，缺乏"现代性"的内容，以及没能较好地"嵌入"现代社会运行机制，是目前

---

① 刀述仁：《当前中国南传佛教存在问题的思考》，载萧霁虹主编，梁晓芬、张庆松、胡小柳副主编《"一带一路"与宗教文化交流》，云南人民出版社 2015 年版，第 62 页。

贝叶经典籍等南传佛教知识体系认知度较低的一个重要原因。有鉴于此，"现代适应性问题"也是上座部佛教在未来发展过程中需要充分注意并积极探索实践的重要方面：上座部佛教的发展，也应该顺应这一发展变化中的社会现实需求，积极探索如何应对这些因环境变迁、社会转型等而产生的"新需求"、"新问题"和"新变化"，从教义传统中提挈出符合"现代性"的内容，同时从布道方式、布道渠道、布道媒体等方面引入现代性因素，以便紧跟时代潮流，适应现代化社会中的现代性需求，在有效地为社会服务、为民众服务的基础上，更好地实现上座部佛教在新时期的发展与转型。

二　中国南传佛教创新与改革：目标与方向

中国南传佛教要在新的发展机遇期树立新风貌、迎来新发展，必须通过渐进性改革与调适性创新，积极有为地贴合"社会现实需求"和"国家战略需求"两个层面的期待。即通过有规划、分步骤、系统性地对南传佛教体系内部的不适应当前国家发展战略和社会现实需求的陈规流弊加以革除、修正或创新，使南传佛教系统能够在党政有关部门和国家政策法规的指导下，良性运转，更有效地与中国特色社会主义社会建设事业和中华民族伟大复兴的目标与方向相一致，在实现"社会现实需求与国家战略需求之整合"的过程中，走出一条南传佛教"中国化"的发展道路。

中国南传佛教在新时期的创新与改革，需要从改革目标、创新举措、建设路径等方面充分贴合"社会现实"和"国家战略"两个层面的需求。

（一）社会现实需求层面

从历史经验来看，宗教一直与人类社会发展相伴随。在现代化迅猛发展，物质需求较大满足的当今中国社会，人们对精神层面、信仰层面的需求在迅速增加。"我们要增加社会发展的正能量，就应该正视、发掘宗教的正面精神和积极的社会功能……使之为中国社会的现代发展、参与世界现代文明的构建做出其应有的贡献。特别是在构建当今中国和谐社会中，理应也必须有宗教的参与。"① 南传佛教在中国的流布区域主要覆盖云南

---

① 卓新平：《中国人的宗教信仰》引言，中国社会科学出版社 2015 年版，第 3 页。

省西部和西南部的边疆少数民族地区，在新中国成立后为安定民心、团结民众、维护边疆社会稳定等方面，做了大量工作，如通过宣传、临终关怀、慈善等方式参与国家禁毒防艾工作、防止宗教渗透等。在当前中国边疆地区现代化剧烈社会转型过程中，区域人口结构转变、贫富差距、社会道德失范、宗教市场失范等一些新的社会问题层出不穷，这在向南传佛教的社会适应性提出挑战的同时，也为南传佛教发挥力量，协同国家社会治理大局和方向，参与当地社会治理提供了空间。

传统上，中国的南传上座部佛教的发展多仅关注于社会尤其是少数民族社区层面。虽然在与地区和社区民众的交流往来中，承担了祈福禳灾、诵经布道、临终关怀等基本责任，但由于一些历史和现实条件的限制，往往难以提供和胜任一些更高要求的服务社会，难以更有效地发挥利益社区与民众的功能，如社会慈善资源分配、传统教育的现代化升级、常规性印经讲学等。在一些"有寺无僧"的社区，甚至连当地民众基本的精神和宗教信仰需求都无法满足。诚然，中国南传佛教难以较好、较全面地满足当地社会和社区民众的现实需要的尴尬境遇，可归因于历史等一些复杂的原因，但如果在新的历史时期继续安于现状，不敢迎难而上、与时俱进，中国南传佛教将错失当前大好的发展机遇期。

为了更好地满足边疆社会的各种现实需求，南传佛教及僧团应着力加强自身"适应社会、融入社会、服务社会"的能力建设，尤其注意服务现代化社会功能的提升，更切实地设计和提供满足转型时期社会现实需求的宗教产品与服务，发挥慈善济世、弘法利生的服务社会的作用。提升中国南传佛教僧人讲经布道以及服务边疆社区民众精神和信仰现实需求的能力，"强健自身体格"，有助于防止因为自我发展不足而引起的"宗教倒灌""外来的和尚好念经"等边疆治理隐患问题，有利于保护国家文化安全，促进边疆政治稳定。同时，在国家有关部门和宗教政策法规的指导下，通过服务社会、引导民众，进一步巩固和扩大党和国家同广大信教群众的统一战线。

（二）国家战略需求层面

南传佛教自身的改革创新与发展，需要与国家发展战略紧密结合。在满足国家各项发展战略的同时，寻求自身在新时期的新发展。当前，南传佛教应着力在以下方面，为国家战略需求提供支点，助力国家"一带一路"战略实践的实施以及全球化背景下中国在国际社会的长足发展。

一是积极参与边疆社会治理。南传佛教应该作为促进国家与边疆社会之间紧密关系的稳定器和纽带。在党和政府相关部门即宗教政策的指导下，积极有为地发挥南传佛教积极功能的同时，协助党和政府维护好边疆稳定，社区安全与民族团结，助推国家边疆治理实际工作，并将"边疆民族和谐互嵌"作为一项重要任务来推动实现。习近平总书记在 2014 年 5 月第二次中央新疆工作座谈会上提出的"推动建立各民族相互嵌入式的社会结构和社会环境"。无论是在历史上还是在现今，南传佛教的信众群体本身就具有多民族特征。随着西双版纳、德宏等边疆地区各少数民族在社会交往中的进一步融合，南传佛教应充分发挥自己在团结民众、稳定社会、促进民族团结、推动社会和谐等方面的积极作用，主动弥合在当地现代化发展普遍化和民族群体与个体在传统文化、宗教信仰、生活方式等方面的差异化之间的矛盾与问题，积极推动当地各民族在多民族结构与社会环境中在民族平等准则下的"和谐互嵌"，维护祖国统一及文化繁荣。

二是挖掘、培育和建设南传佛教的中国特色。可考虑从南传佛教管理体系和模式、佛教学校设计和建造、课程设计、教标形象、宣讲布道内容、自媒体渠道及形式等方面深化"中国南传佛教"的发展与创新，在坚持南传佛教普行传统的同时，通过调适性创新，进一步发展出既符合世界南传佛教文化圈普行传统认同，又具有中国时代风貌与精神的中国南传佛教特色。

三是助力中国国家形象优化与提升。宗教是当今中国社会文化和传统的重要"形象资产"。通过过去数十年的恢复发展期，目前，中国南传佛教僧团初具规模，教育体系初步建成，虽然在许多方面还不能与泰、缅、柬、斯等国南传佛教的成熟发展相提并论，但仍显示出较好的发展态势和较大的发展空间。尤其在中国大国地位不断巩固的当今，南传佛教与中国汉传和藏传佛教的和谐共存与良性互动，使中国南传佛教具有某些独特的优势，拥有更广阔的发展空间。因此，南传佛教应找准自身的"中国化"印记，并以此为自身发展的特点与优势，在未来的建设与发展中，注重整合教内资源，形成能够表现和反映中国特色与形象的资源与产品，助力中国国家形象在国际社会的优化与提升。

四是促进"外交内联"，助力中国国内国际"和谐"环境的可持续。随着国际环境和中国国家地位转型，国家利益诉求升级，中国在外交方面的利益诉求，已经从原先的保持主权完整、政治稳定、经济发展的基本利益层面，迅速扩展到在保护自身基本权益的同时，在区域和全球层面推动和深化经济一体化、维护和促进和平稳定、保护全球生态环境、推动和促进各国文化交流，积极参与建构可持续的合作制度和国际新秩序等大国发展和责任的复合利益层面。宗教是影响国家外交和国际社会交往的重要因素。随着全球化宗教复兴，宗教日益成为各国公共外交重要的组成部分。在"新时期、新要求"的国家外交战略调整背景下，南传佛教应在与国内外各种宗教本着和平、友好、互鉴等宗旨积极开展对外交往与文化交流的过程中，有意识地注意充分发挥上座部佛教在民间外交、文化外交等管道的积极影响和作用。

"一带一路"战略是国家与沿线各国在政治、经济、社会、文化的全息式—多层级合作的新实践、新模式。在此新机遇下，新时代"中国文化"与沿线国家和区域地缘文化接触与碰撞将成为新常态。尤其在东南亚、南亚地区，宗教是无以回避、最重要的地缘文化形态，这就为中国南传佛教发挥民间性、半官方性特征参与国家宗教外交提供了空间和管道。中国南传佛教将对支撑中国面向东南亚、南亚地区的周边外交和"发展中国家外交"起到战略支点作用。

总之，中国南传佛教应抓紧有利时机加强自体建设，对内促进三语系佛教团结，促进佛教与国内其他宗教的和谐共处；对外能担负推动宗教文化和文明互鉴的"交流联系"功能，并在此过程中，充分发挥南传上座部佛教地缘文化优势和辐射功能，面向东南亚、南亚地区承担一定的"宗教外交"职能。为中国在国内、国际"和谐"环境下可持续发展助力，为国家对东南亚、南亚地区的区域化战略服务。

三　中国南传佛教渐进性改革与调适性创新：方法与实践

中国南传佛教渐在自体发展中从方法与实践等方面进行渐进性改革和调适性创新，将是中国南传佛教契合当前新的发展机遇期，推动自体发展建设，在建设中国特色社会主义伟大实践中增强适应性，提升契合社会现实需求与国家战略需求的能力建设之关键。以下四个既互有交叉又具有一定原则性的方面，或可为中国南传佛教渐进性改革与调适性创新提供一些启示。

（一）处理好中国南传佛教"个性"与世界南传佛教"共性"之间的关系

中国南传佛教是世界南传上座部佛教在中国境内的延伸。从宗教跨民族、跨国家、跨区域、跨时代的特点上说，中国南传佛教是世界佛教文明中南传佛教文化圈的组成部分之一。但宗教文化边界亦会因其地理边界和国家政治边界的客观存在而被赋予一定的地缘性和国家性特征。中国南传佛教，是亚洲佛教文明的重要组成部分，是中国三语系佛教部派之一。从地缘特征和国家特性上说，理当有其不同于其他国家和地区南传佛教的"中国化"特征。这里就存在一个南传佛教"中国化"之个性与世界南传佛教传统之共性之间的分殊问题。中国南传佛教的"中国化"发展问题，是关乎国家地缘政治与文化安全的重要议题，能否处理好中国南传佛教"个性"与世界南传佛教"共性"之间的继承与差异关系，是南传佛教"中国化"的重要评价依据，是中国南传佛教能否跻身世界南传上座部佛教文化圈、能否具有话语权和提升影响力的重要依凭，也是中国南传佛教在今后的发展中需要高度重视和妥善处理的一对重要关系。

从政治角度上说，南传佛教早已完全实现了从国家到社会层面的"中国化"。但作为能够承载中华大国形象的宗教文化的有机组成部分，应该说中国南传佛教可以探索和改进的地方还很多。与中国国力的"强大"相比，中国南传佛教的文化力还比较"弱小"。这一大小、强弱关系的落差，就是中国南传佛教中国化道路的发展空间。

由于一些历史性原因，中国南传佛教的发展不仅在总体上赶不上东南亚、南亚地区许多国家南传佛教发展的水平，而且在佛教艺术、佛教学术、佛教外交和话语权、影响力等方面也存在不少差距。这在一定程度上"矮化"了中国南传佛教在国际南传佛教文化圈的形象，影响了其地位与声望。这一现状若不通过中国南传佛教界的精进努力，汰旧创新，将会对中国南传佛教在国内与国际社会积极作用的发挥产生不利影响。

中国南传佛教界需要应对好南传佛教普行的区域性历史传统与南传佛教"中国化"发展趋势之间的关系互动——针对现今南传佛教的发展中"中国特色"个性不突出的现状，可考虑主要通过在国家相关部门及宗教法律法规的指导下，从管理体制与模式、佛寺建制、对外信息发布、（讲经布道）双语化等佛教管理和表层符号运用等方面探索南传佛教"中国化"的路径；而在经典、仪式、僧阶等级等具体宗教实践方面仍沿袭普行的南传佛教传统，以便与东南亚、南亚上座部佛教文化圈良好对接；对于中国南传佛教寺院经济方面的创新，则可以在借鉴其他南传佛教国家有益经验的基础上，发挥我国社会主义优良社会制度保障，采取并行不悖，既符合南传佛教传统，又充分体现"中国特色"社会主义优越性的、有益中国南传佛教发展的创新型道路。

建议将每年或每两年一届的"中国南传佛教高峰论坛"打造为中国主办的"中国化"特色鲜明且能反映世界南传佛教学术研究最高水平的国际南传佛学论坛品牌之一，以增强中国南传佛教界与国外南传佛教学术界的联系，扩大中国南传佛教在世界南传佛教文化圈的影响力和话语权。

（二）处理好"传统"与"创新"之间的关系

费孝通先生认为，"文化既要在新的条件下发展，又要适应新的需要。……（文化）如果要是脱离了基础，脱离了历史和传统，也就发展不起来了。因此，历史和传统就是我们文化延续下去的根和种子"[1]。南传佛教有其鲜明的特色与传统，在新的历史机遇期，如何继承与弘扬这些传统中的积极方面，同时对传统中的不适应现代社会发展需求的流弊之处加以汰旧与创新，以创新求发展，需处理好中国南传上座部佛教发展过程中的传统与创新问题：对那些既符合中国化过程中南传佛教自我发展需求，又能与中国现当代社会现状结合良好的"合适的结构与模式"，已经形成上座部佛教内部体系与外在表现中那些稳定的、行之有效的，僧团及信众都喜闻乐见的部分，我们就应该继承、发展与弘扬。例如业已形成且运行良好的佛寺"双线管理模式"[2]，以及村寨民众对佛寺的日常供养机制等。

南传佛教在中国建设社会主义现代化国家的发展新时期，不能没有传统，因为没有传统就没有了生命之根。同时，由于上座部佛教在长期的发

---

① 方李莉编著：《费孝通晚年思想录——文化的传统与创造》，岳麓书社2005年版，第49页。

② 有关"双线管理模式"的论述，详见郑筱筠《"成长的烦恼"——转型时期中国南传佛教管理之困境》，佛学研究网，2015年9月24日，http：//www.wuys.com/xz/Article_Show.asp?ArticleID=41071。

展过程中，必然会受到其所处的自然环境、社会环境等方面的制约，而数十年来在西双版纳、德宏、临沧、普洱等地，无论是自然环境还是社会环境都发生了巨大变化。社会环境的剧烈变迁，必然会反过来倒逼南传佛教对系统内部一些不适应的因素进行调适与"革新"。比如，南传佛教托钵化缘的传统是否还有将其作为"日常"仪轨旧传统来继承的必要性？或者针对具体环境条件，局部改变寺院经济和僧团供养方式，如平时多依靠村民每日轮流赕食物进佛寺为主，而仅将托钵化缘作为一些重要节日上的"仪式"来行处？并以此作为现今的"新传统"内容来依止？这些都是南传佛教界内部需要讨论商议，达成共识的地方。此仅为一小例也。

无论是在义理哲学的"大传统"层面，还是在信仰实践的"小传统"层面，中国南传佛教都有一些优良传统需要继承发扬，也有一些陈规流弊需要被革除，即所谓汰旧立新。例如，从"大传统"方面来看，如何改变过去中国缺乏佛学造诣高深的南传高僧的困境，需要年轻僧人们付出更多努力，精进学习，提升自我的佛学修养，更好地引领僧团与信众从哲学义理层面继承与弘扬佛陀教言，传承南传佛统；从"小传统"来说，"现在大家去寺庙做的很多功德是不符合佛教传统规矩的，要面子、互相攀比，真正礼佛、做功德的内容很少……这种攀比要不得"①。类似这样讲面子、互相攀比、非理性的佛教信仰行为和错谬之陋习与"伪传统"，就应该通过南传佛教僧团的引导予以破除。从而正本清源，在弘扬佛陀真言教的过程中，革除不良风气，引导当地信众的宗教实践理性化。

传统不能没有创新，因为没有创新，传统就没有了生命力，只有不断适应社会历史发展中新的环境与条件，与时俱进，才能通过创新不断地赋予传统以历久弥新的生命力。因此，在当今中华文明复兴，建设中国特色社会主义事业的新的历史时期、新的社会环境、新的发展机遇下，规划并处理好传统与创新的关系，使中国南传佛教的发展能适应当前飞速发展的外部环境与剧烈转型的内部社会环境，适应中国现代社会主义社会广大民众尤其是边疆少数民族生产生活与发展的现实需要，服务于中国大国发展道路的国家现实利益的同时，增益南传佛教自身的发展建设，是现阶段中国南传佛教发展的关键性问题之一。

---

① 刀述仁：《当前中国南传佛教存在问题的思考》；载萧霁虹主编，梁晓芬、张庆松、胡小柳副主编《"一带一路"与宗教文化交流》，云南人民出版社 2015 年版，第 64 页。

　　实践的空间是巨大的。例如，在南传佛教向社会民众提供的宗教产品和服务方面，是否应该结合现实的市场需求，依据一些不同的特点来有针对性地提供不同的南传佛教产品与服务，如根据不同的佛寺级别（如总佛寺、中心佛寺、村寨佛寺等）、不同的佛寺地理位置（如城镇区位和乡村区位；边境区位和非边境区位等）以及所面对的不同群体（如传统信仰型群体、非传统信仰型群体、短期参与体验型群体等）的不同实际需求，而提供类型、内容差别化的产品与服务，以实现南传佛教更具效度和针对性的"供给侧创新"，使之更符合南传佛教的时代性和现实性需求。因南传佛教信众群体的多元化而产生了南传佛教产品与服务的"细分市场"，这是近年来在南传佛教区域出现的新动向。基于此客观存在的多元化、细分化市场需求，中国南传佛教对自己所能提供的宗教产品与服务的"调适性创新"与"供给侧渐进性改革"亦势在必行。

　　例如，南传佛教流布地区在社会现代化进程中的城镇化发展趋势所引起的社会环境机构性变迁，使得中心佛寺成为南传佛教佛寺体系建设的重点凸现出来。随着国家对西部地区开发开放力度的不断加大，南传佛教地区日益成为国家"一带一路"战略面向东南亚、南亚的内陆前沿、地缘文化辐射中心和战略支点。随着中国城市化水平的不断提高，南传佛教流布的西南边疆地区也正迎来城市（镇）化发展的高峰期。以景洪、芒市、瑞丽、普洱等地级市为代表的一批城镇正在建设发展，并承载着国内国际旅游、经济文化交流等方面的窗口和开发开放中心的作用，成为区域人口流动的会集地，较之原先基层村寨的人口规模和宗教需求市场，这些城市成为该区域人口集中度最高、需求面最广、需求度最大、需求层级多样（包括传统信仰族群的信教需要、暂居人口的信仰和精神需要以及国内外旅游者活动体验的需要，以及国内外宗教旅游者信仰需要等）的宗教市场资源聚合场域，对南传佛教文化、精神和信仰产品与服务的市场需求空间很大。这种变化至少在需求空间和量级地位上对傣族地区原先"村村有佛寺"的建制传统结构提出了新的要求，需要应对改变。

　　随着国家的城市化发展进程向西部地区的迅猛推进，或可考虑将佛寺体系从原先的以村寨佛寺为底层塔基的扁平化结构为基础逐层缩升的"金字塔型"结构，逐渐向围绕各个中心城镇的"中心佛寺"形成一种"橄榄型"结构转变，以更好地适应当前社会转型时期边疆地区城镇化建设的现实需要。从一定角度上说，这也是南传佛寺体系一种从分散到集中的资源管理创新，将有利于当地宗教资源更合理的配置和僧才的集中培养，以及国家和省级有关部门对其实施统一的管理，从而提升管理效益和效率。同时，重视中心佛寺一级的建设，有利于在南传佛教地区形成几个信众基础好、管理水平高、发展起点高、僧才素质高的能代表南传佛教之"中国特色"的"窗口型""标志性"佛寺，从而有利于中国南传佛教在国际上的新风貌、新形象的树立，夯实中国南传佛教在国际佛教文化圈的地位与辐射作用，提升中国国家软实力。

中国的南传佛教文化传统有其深度与广度，有其过去与未来，我们只有把握好社会历史发展的脉搏，在不断进取与创新中继承和发展传统，才能更好地利益众生福祉，促进社会和谐，服务国家发展，维护世界和平。

（三）处理好"族群性"、"民族性"与"公共性"之间的关系

中国南传佛教信众群体大致可分为五个类型：一是中国境内信仰南传佛教的"本地传统信仰型群体"，包括傣族、布朗族、阿昌族、德昂族以及与这些民族混居而加入信众行列的少量佤、彝等少数民族群体；二是通过与传统信仰族群通婚等方式而"后天"加入南传佛教信仰群体的包括汉族在内的其他"本地非传统信仰型群体"（此类型与第一类型之间经过一定时间后，群体界限会日益融合）；三是因为工作、家庭等社会流动因素而长期或一定时期暂居于南传佛教流布地区的包括汉族在内的其他群体人口中的一部分，他们也频度不一地到南传佛教寺院敬香礼佛、捐功德钱以及参与寺院的讲经、公益活动等仪式活动，可视为"长期体验型群体"信众；四是因旅游、禅修、夏令营等短期活动而参与南传佛教体验活动的人群，这一群体来自五湖四海，民族性因素并不显著但公共性或公众性特征较突出——他们大都对南传佛教怀有亲近感，并且或多或少、或深或浅地参与南传佛教宗教的实践和体验，在追求身心宁悦，满足猎奇求知的同时，更多地把南传佛教视为一种带有一定神圣性的"文化商品"来消费和体验。这部分群体可视为"短期体验型群体"；五是来自东南亚、南亚地区国家以及全球其他地区国家的信众群体，他们中的多数是典型的"境外传统信仰型群体"。可见，南传佛教已经从过去带有显著"民族性"（如傣族传统文化等）特征和族群身份识别重要标志的"民族宗教文化"形态，从一个过去有着界限分明的族群"宗教信仰区隔"的文化形态，逐渐转型成为一个以傣族等传统信仰民族为信仰主体的"中华民族"传

统文化的组成部分，为中华儿女所共同喜爱、亲近与景仰，日益频密地展现出"全民性""公共性"的宗教文化特征。

以南传佛教流布的主要区域之一，中国著名的民族文化旅游目的地西双版纳为例，随着过去二三十年商务、旅游、房地产置业等现代经济文化等方面的社会人口流动和活动的激增，西双版纳在 20 世纪末以前一直保留的汉族、傣族和其他山地民族各占 1/3 的族群人口格局被打破。当地居民人口规模激增，民族成分日趋多元化，使原先在当地"板块化"的传统宗教信仰群体结构呈现出伴随现代化社会变迁的碎片化、多元化、复杂化格局，非传统信仰型群体的人口数量亦大幅增加。面对这些信仰和体验方式不同、"跨族群性"、"跨区域性"乃至"跨国性"的民众，中国南传佛教僧团在为其提供南传佛教产品与服务的时候，应该注意转变观念，破除原先仅关注传统信仰型群体的比较狭隘的民族观，同时避免形成因为南传佛教的民族特色而造成各民族之间的"文化隔膜"。宗教信仰场域内信众群体的日益多元化，是新时期中国南传佛教发展过程中的一个新现象。破除族群界限，顺应中华民族融合发展的大趋势，在共同的宗教信仰和文化场域中主动倡导"民族平等"理念，促进民族团结与融合。在新的历史时期，南传佛教在中华民族复兴的伟大实践中，充分发挥自己在多民族地区的地缘优势，参与社会治理，促进民族平等，建设"民族和谐互嵌"型社会方面，必将大有可为。

（四）处理好现代社会宗教需求与南传佛教供给侧改革间的关系

中国宗教工作遇到的挑战与困难不少。其中一个主要方面，是市场需求与宗教供给之间的结构性失调，即相对于庞大人口的文化、精神和信仰市场，体制内的合法宗教供给的绝对数量严重不足，且供需关系中存在相对结构性失调。这也是中国南传佛教社会不适应性之症结所在。故而在南传佛教内部进行渐进性改革的同时，亟须对南传佛教供给侧进行调适性创新。

此处以初级的"佛寺教育"体系与高级的"僧才培养"教育体系为例来抛砖引玉，期望引起各界对新时期中国南传佛教发展更多的关注与思考。

适应现代社会发展的"学校教育"体系自 20 世纪中后期以来逐步取代了曾在当地长期存在的适应传统社会的"寺院教育"系统。为了保护边疆少数民族的优秀传统文化，现代教育体系从民族语言文字的保护与传承方面做了大量工作，尤其在学校教育中启用"双语教育"模式，获得了边疆民众的普遍欢迎。但各地"和尚生"的出现，说明当地民众中仍普遍存在对"寺院教育"的传统认可和现实需求，且对传统佛寺教育体系的认可与需求还将在一定时期内客观存在。我们应在理顺"学校"与"寺院"、现代与传统之间的关系，分清主次，支持学校现代化教育体系主体地位的同时，通过观念和方法创新，设计并提供既不影响"公共性"的学校现代教育，又有利于"民族性"的优秀传统文化的传承与发展，并满足当地社会需求的佛寺教育体系。例如，原先的佛寺教育虽然采取了"错峰"等方法，但仍在学生的上课时间等方面难以避免与学校现代教育之"争"。2016 年 1 月下旬由西双版纳总佛寺、西双版纳佛学院和勐混塔庄星佛寺联合举办的 40 多位"佛子"短期出家活动即是很好的创新。在寒假举行的为期一个月的这一活动，既避开了与学校教育时间的冲突，又让学生深度领略了传统佛寺教育的魅力：各种仪式性的身心修持实践，既培养了学生身体力行的礼仪修养，又赋予了他们心性人格方面的智慧纯善。通过这一创新实践，不但丰富了学生的暑期实践与生活，而且有利于传统文化的保护与传承，对学校教育也是很好的补充。可谓"一举多赢"。类似的活动还有普文"曼干纳佛寺"与普文镇妇联一起合作开展的少数民族文化培训班，以及普文勐醒大佛寺开展的"儿童之家"等。诚然，这些活动仅能解决一部分传统文化继承和信仰群体幼童"短期出家"传统的问题，而对于潜在僧才的"长期"出家和培养问题，尚没有实质性助益。但我们要看到其中对于南传佛教存续和发展于现代社会的一种路径与现实可行性。

上述短期（假期）体验型佛寺教育产品和服务，融庄严的宗教仪式与世俗的现世教育内容于一体，是南传佛教根据现今民众的现实需求所进行的一种"供给侧改革与创新"，必然受到市场更多的接纳与青睐。可以进一步预期的是，它的影响范围将超越当地傣、布朗等少数民族群众和社区，逐步越过"少数民族"的文化界限与樊篱，融入"中华民族"的整体，在不远的将来，成为包括汉族在内的其他当地民众甚至国内其他地区民众喜闻乐见并积极让孩子参与的"公共性"宗教文化服务产品。即，更加紧密地贴合社会现实需要，更加有效地服务国家发展战略，将是中国南传佛教特色化发展、渐进性改革的必由之路。

在此过程中，还应注意南传佛教之"教"与社会教化教育之"教"的协同，先行教化之实，再有教系之兴，在党和政府有关部门的领导下，"以教立教、以教兴教"，通过参与国家社会治理中对社会众生心性、修养的教化育导活动，积极引导当地各民族在现代社会转型过程中对佛教"慈悲""智慧""修言修行"等"正信正念"的学习型参与，从而发挥上座部佛教与中国特色社会主义社会建设事业的良性互动。

与此相应，南传佛教僧才的培养，是另一个影响南传佛教"供给侧改革"的重要议题。现代化社会的不断发展，使得民众对南传佛教僧团和僧才的要求越加多元化，期望日益提高。南传佛教流布地区对南传佛教的社会需求结构，从原先以宗教信仰型需求类型为主导的单一型，迅速放大、衍化而形成基于文化性、精神性和信仰性等不同层级的多元型。因此，任何"单一型"的人才，都难以较好地为现今多元化的宗教市场需求提供优质的产品和服务。"复合型人才"的培养成为南传佛教僧团建设重要的实践方向。

为了强化南传佛教僧才的培养，目前应从以下三个方面着力。

第一，培养体系的健全。南传僧才的培养需要南传教育体系的完善。直到 20 世纪末，我国南传佛教地区甚至尚未建立南传佛教的高等教育体系。"在西双版纳，高僧寥寥无几，都市寺院和佛学教育机构则根本没有。傣泐社会缺乏这类佛学权威和教育机构来为村寨的僧伽提供僧人并给予村寨的信众经文方面的指导。"[①] 虽然近十多年来在云南省佛协等有关机构及刀述仁先生的大力倡导下，云南省佛学院及其位于西双版纳、德宏等地的佛学院分院得以建立，但均尚未能完全胜任及有效承担起中国南传佛教教育的重任，这在当今国家实现宗教"中国化"的战略道路上，我们可以提供的现实条件和保障还远远不足，一定程度上限制了南传佛教中国化的进一步发展。为了使这一现实困境得以解决，可以考虑从硬件建设和软件建设两方面来着手。

硬件方面，主要实现中国南传佛教高等专业院校的建制化。活跃于国际南传佛教文化圈的"上座部佛教大学联合会"等机构，目前会聚了来自泰、缅、老、柬、尼泊尔和斯里兰卡等国的佛教大学作为其会员单位。

---

① 谭乐山著：《南传上座部佛教与傣族村社经济——对中国西南西双版纳的比较研究》，赵效牛译，云南大学出版社 2005 年版，第 63 页。

他们定期组织相关的佛教学术和文化活动，在东南亚和南亚地区有着较大的影响力。而我国尚没有专门的南传佛教高等教育机构，难以正式会员的身份加入其中，故而在南传佛教文化圈尚未能形成一定的影响力和话语权，这在一定程度上与我国佛教文化资源大国的身份不匹配。为了提升我国现代佛教文化资源大国的形象，进一步疏通面向东南亚、南亚地区宗教外交的渠道，提升我国佛教在世界佛教文化圈的话语权和影响力以进一步提升国家文化软实力，建议以一个新建的中国南传佛教标志型高等专业院校（如已有规划设计基础的"中国高等级巴利语佛学院"）为依托，充分调动与整合现有南传佛教专业院校（包括云南省佛学院和西双版纳等地的佛学院分院），以充实、提升并健全现有中国南传教育体系。

软件方面，主要实现中国南传佛教培养模式的规范化。

在培养渠道方面，首先，需完善南传佛教院校的教师、教材和教学体系建设。可考虑在适当时机，在参考泰、缅、斯里兰卡等国的教材的基础上，整合现有师资力量，进行教材系统的重新编写与优化。目前，国内从事南传佛教教学和督导工作的多为从泰、缅、斯等国留学归来的僧才，可以他们为基础力量，组织起一支教学水平较高、师德师风过硬的师资队伍，并不断通过选送优秀学员到国外南传佛教高等学府进修、留学等方式，不断丰富与充实国内的南传佛教教师队伍，逐步完善教学体系，提升整体教学水平。其次，可考虑借鉴泰、缅、斯等国的做法，建议在相关部门和国家政策法规的指导监管下，由云南省佛协、云南省佛学院等机构组织协调，通过建立中国化的南传僧人等级考试（考评）机制，形成适应中国国情的、规范的南传僧才流动体系机制。最后，借鉴国内汉传佛教的经验，建议面向南传佛教僧人开展两年一次的能够促进自身学养和布道水平提升的讲经竞赛活动。通过建立和疏通这些渠道，一方面发现人才，一方面培养人才。只有培养出更多政治上靠得住、宗教学养上有造诣、品德上能服众，并且符合广大民众的文化、精神与信仰需求与期待的高僧和僧才队伍，只有增长和强健了自身的体格，我们才能更有效地抵制境外宗教渗透和宗教人才倒灌，进而更有效地维护国家文化安全、宗教安全和边疆稳定。

第二，培养模式的转变。中国南传佛教应该在南传教育体系的建设和培养目标的设定等方面精进努力，不断创新。例如对僧才的培养模式，应该从传统型僧才向能适应国际化、现代化的精英型僧才培养模式转变。现阶段应尤其重视从面到点、以点带面的人才培养模式创新，在培育南传高素质僧团群体的同时，建立重点人才培养机制，特别是对那些综合素质好，应变能力、语言能力强，有一定佛学造诣的年轻一代"外交官型""学术型"精英僧才的培养和锻炼，并且为这些人才创造能够发挥他们才干的良好教内渠道、机制与外部环境。从而由点到面，带动中国南传佛教整体化的可持续发展，尽快树立中国特色南传佛教在国际佛教文化圈的新形象和新气象。

信息渠道的网络化问题，也是中国南传佛教提升影响力的重要方面，需要加以重视。可以吸取北京龙泉寺、勐景徕佛寺和"贝叶书院"等的先进经验，在自己能力范围内设计研发出能发布包括信息、文化、精神、信仰、学术等不同层面的中国南传佛教的网络、微信等官方发布渠道，使国内外用户能通过搜索第一时间看到权威的中国南传佛教官方门户网站和国内南传佛教发展风貌和最新信息。

第三，还要注意中国南传佛教发展中的制度环境法制化问题。例如对僧团管理体系的完善、对宗教活动的开展等方面，都要符合"法制化"要求。在"全面依法治国"的国家发展战略中，积极主动提升南传佛教宗教活动和宗教管理中的"法治化"水平和意识，充分配合国家相关部门建立健全相关的宗教立法工作；在国家统战部、国家宗教局的监管下，由云南省省委统战部、省民族宗教事务管理局、省人事厅、省佛教协会等单位和部门协同，依法制定南传僧团的具体管理办法，具体对南传僧人僧籍管理、资格认定、资质评估、考试办法等方面进行依法立规，依法办教。

结　语

宗教的发展要与时俱进，主动适应时代进步的步伐。纵观中国南传佛教的发展历程，在当前国家建设中国特色社会主义社会以及"一带一路"战略实施的新时期，中国南传佛教已经迎来了新的发展机遇期。中国南传上座部佛教之渐进性改革与调适性创新发展，是紧密结合中国特色社会主义社会现代化转型与改革发展过程的适应性变革与实践，它不仅是中国南传上座部佛教自身存续、发展建设的"内需"，也是中国大国地位不断巩固与发展，对内实现社会治理，对外树立文化形象，开展宗教外交的战略需求。我们应该正视南传佛教对内促进边疆地区社会和谐、民族团结、促进道德建设、防止宗教渗透等社会治理方面的作用；乐见南传佛教在联结东南亚、南亚地区文化外交、佛教地缘文明板块延续、推动区域和平和谐等方面的区域治理的重大现实和战略作用，促进其在"一带一路"新时期和中华文明复兴的伟大实践中积极作用的发挥。

国家强、自身弱的中国南传佛教，与东南亚和南亚地区其他国家南传佛教自身强、国家弱之间的对比，使中国南传佛教在新的发展期有更坚强的国力后盾，这为中国南传佛教的"中国化"发展提供了强有力的物质基础和制度保障，营造了较为广阔的发展空间和可资展望的美好前景。中国南传佛教能否在这一新时期、新机遇下迎难而上，直面新问题，迎接新挑战，在保留与继承南传佛教优良传统的基础上，与时俱进地通过调适性创新与渐进性改革，在南传佛教体系内部汰旧历新，在满足社会现实与国家战略两个层面的需求的同时，建立起中国特色的南传佛教新传统，走出一条宽广的南传佛教中国化道路，将是日益发展的中国当代社会对南传佛教提出的新考验。

（周娅，云南大学贝叶文化研究中心副主任、副研究员，中国社会科学院世界宗教研究所博士后）

云南少数民族宗教文化与现代生态文明建设

孙浩然

阿尔贝特·史怀泽在《敬畏生命》一书中写道："善是保存和促进生命，恶是阻碍和毁灭生命。如果我们摆脱自己的偏见，抛弃我们对其他生命的疏远性，与我们周围的生命休戚与共，那么我们就是道德的。只有这样，我们才是真正的人。"[①] 早在 12 世纪，圣弗兰西斯科·冯·阿西斯即宣告，人类与生物建立兄弟般的关系正是来自天国的福音。[②] 德国早期浪漫主义诗人诺瓦利斯说："当大自然最奥秘的生命充盈人的心灵时，谁不心旷神怡！"[③] 然而，在现代科技文明冲击之下，感恩自然、敬畏生命的传统文化，被涤荡殆尽。在生态灾难频发的今天，人类有必要重新思考自己在大自然中所处的地位：人类不是主人和征服者，而是客人和管理者。卢梭曾经感叹："大自然向我提供一幅和谐融洽的图像，人所呈现的景象却是混乱和困惑！自然要素之中充满协调，而人类却在杂乱无章中生活！动物是幸福的，唯其君王很悲惨！啊，智慧，你的法则在哪里？"[④] 云南少数民族宗教文化中蕴藏的人与自然和谐相处的智慧，正为现代文明所苦苦寻找。

生态文明建设的关键是培育生态亲和文化。所谓生态亲和文化，是我

---

① ［法］阿尔贝特·史怀泽：《敬畏生命》，陈泽环译，上海社会科学院出版社 1992 年版，第 19 页。

② 同上书，第 14 页。

③ ［德］迪特富尔特、瓦尔特编：《人与自然》，周美琪译，读书·生活·新知三联书店 1993 年版，第 14 页。

④ 同上书，第 157 页。

们基于云南少数民族处理人与自然关系的实践上提炼出来的一个学术概念。云南少数民族具有亲近自然、敬畏自然、将自然视为父母、兄弟、朋友的习惯，以人伦关系来对待自然界中的万事万物，由之保护了一片葱葱郁郁的美丽家园。没有对生态的亲和文化，就谈不上主动自觉的保护生态。在现代文明"征服自然""人定胜天"口号的召唤下，人类本来具有的亲近自然的传统文化遭到残酷扫荡，但是云南少数民族却以敬畏自然的原始宗教信仰作为精神框架，保留了较为完整的生态亲和文化。从现代生态文明建设的视野，深入挖掘云南少数民族的生态亲和文化，并将之同中华民族的生态亲和传统相结合，赋予普遍意义，具有重要的学术价值与现实意义。少数民族生态亲和文化具有微观至宏观的内在关联秩序，表现为少数民族群众的文化心理、社区原则以及集体规范，在长期潜移默化中为个体成员所遵循。

一　云南少数民族宗教文化的生态结构

云南少数民族倾向于将公共资源的所有者归结为神灵，以此约束人们破坏公地、掠夺公共资源的行为。此类思想在世界其他原始社会中也有体现。1852 年，美国政府去函询问旧石器时代道德秩序的最后发言人之一的印第安人西雅图酋长，想购买他们部落的土地。西雅图酋长回函说："地球的每一寸土地对我们的人民而言，都是神圣的。每一根灿亮的松针，每一片海滩，森林中的薄雾，每一片草地，每一只嗡嗡作响的昆虫，所有这些生物，一枝花一点露，在我们人民的记忆中都是圣洁的。我们可以感受到树干里流动的汁液，就像感受到体内流动的血液一样。地球和我们都是对方身体中的一部分。每一朵充满香味的鲜花都是我们的姐妹。熊、鹿、鹰都是我们的兄弟，岩石的尖峰、青草的汁液、小马的体温，都和人类属于同一个家庭。小溪和大河里川流不息的流水，那不只是水而已，那是祖先的血液。如果我们把土地卖给你，希望你不要忘了它们都是神圣的。清澈湖泊上朦胧的倒影，映照出我们民族生活的每一桩事件及回忆，潺潺的流水正是我们祖先的话语……"[①] 这无外乎一篇诗意栖息大地

---

①　[美] 约瑟夫·坎贝尔、比尔·莫耶斯：《神话的力量——在诸神与英雄的世界中发现自我》，朱侃如译，浙江人民出版社 2013 年版，第 53 页。

的宣言，对天地万物充满了同情和爱。在宗教的神圣世界中，我们不能通过买来确定人与物的关系，因为物本来就是神的属物，是祖先的属物，人只有使用权而无所有权。如果人有所有权，为什么生不带来死不带去？所以，必须从神圣的眼光，审视眼前的一切。西雅图酋长强调："你怎么能买卖天空，买卖大地呢？我们并不拥有空气的清新，也不拥有流水的靓丽。""大地就是我们的母亲，会降临到大地上的一切，也会发生在它的子孙身上。""人类并不拥有大地，人类属于大地。就像我们体内都流着鲜血，所有的生物都是密不可分的。人类并不自己编织生命之网，人类知识碰巧搁浅在生命之网内。人类试图去改变生命的所有行为，都会在自己身上得到报应。"[①] 我们不能用金钱来衡量自然万物存在的价值。当现代人面临的事物不再是自然的，而是人造的，并用金钱衡量万物价值的时候，现代人只是在生存，而不是在生活。几万年来，人类的身体没有发生太大变化，我们的成长周期仍然是童年、少年、成年、老年。但是面临的文化发生了太多变化，现代人的童年、少年、成年、老年与古代人的童年、少年、成年、老年完全不一样。是用我们的身体来适应文化，还是用我们的文化来适应身体？值得深思。从某种意义上说，宗教在现代社会中愈益表现为一种生态记忆并寻求人与神、人与自然、人与人关系平衡的文化体系。

经济人类学家波兰尼提出互惠、再分配、市场交换三种经济基本类型。前两者在特定社会中具有的意义，是市场经济不能替代的。互惠也可细分为利他的不计回报价值和时间的"泛化互惠"、赠予和回报相对均衡的"平衡互惠"、在赠予中试图获得好处的利己型"负性互惠"。在人与神的交易中，人总是用太少的东西向神交换太多的东西，这种不等价交换，要以人屈服神作为代价。假如人们向神祈祷失灵，人们不是怀疑神，而是怀疑自己的诚意不足或礼物太轻。从本质上看，人与神的交换是一种虚幻的交换，但这种交换带有较强的仪式性和循环性，被现实社会情境所强化，在人们的信仰呈现中，具有了社会真实。人不仅要遵守市场准则，更要遵守神圣道德，承担相关义务和责任。在云南少数民族宗教观念中，动植物、山、水、土地、石头一切自然物都是有灵性的，或是有鬼神主宰

---

① ［美］约瑟夫·坎贝尔、比尔·莫耶斯：《神话的力量——在诸神与英雄的世界中发现自我》，朱侃如译，浙江人民出版社 2013 年版，第 53 页。

的，一切都不可以随意取用。不仅自然万物属于神灵，人类自身也属于神灵。独龙族狩猎时，先要向猎神祈祷放出属于他的飞禽走兽。祭词说："若是天神因失去禽兽发怒，就以面粉塑的模型充抵其肉，就以树叶和毛皮充抵其皮。千求万求祈求你，若是答应割爱，应该立刻放出山林，拔掉它的爪牙蹄脚，免得它凶猛猖狂伤害人。"① 藏族地区的树林，经过高僧念咒许愿后便成为"菩萨林"，神圣不可侵犯，家族坟山中的树木也不能砍伐。在云南少数民族的创世纪神话中，都有这样那样的动物、植物帮助人类脱离灾难。因此，传统观念认为，在向自然索取这些动物、植物时，人们应举行祭祀仪式，祈求神灵的宽恕谅解。在宗教神圣观念的框架内，违反生态规则的行为会被加重处罚。例如，擅闯神林、攀折花木等亵渎神灵，要杀鸡；砍伐木材要杀猪祭祀寨神，并向大众悔过；如果在神林中谈情说爱，则要用一条大白牛祭献寨神，并洗涮洁净，以免全寨遭殃。

在云南少数民族宗教文化的视野中，生态关系的核心是人神关系。将人与人之间的矛盾让渡给人与神，借助信仰的力量约束人的行为，从而保护生态。现代法律恰恰缺少这一层内涵。例如，哈尼族将人视为神和自然之子，由此衍生出一系列处理人与自然关系的规则。森林以其郁郁葱葱的内容，成为自然的最好象征，不能随便进出并攀折，动物也是山神的象征，不能随便猎杀。其看待神灵与生态的视角大致可以分为三类：神灵的象征、神灵的属下、神灵的化身，形成严禁使用、有限度使用、集体分享使用等不同的人与物的关系。森林的神秘感衍生出神圣感，人们赋予森林宗教象征意义，往往以"严禁使用"的关系对待之。但是，将神灵关系无限扩张，则不利于社会发展。

二 云南少数民族宗教文化的生态法则

我们发现，凡是云南少数民族传统文化保持较好的地区，生态环境保持也较好，即使曾经为外在力量所毁坏，也能很快恢复，其背后隐藏着宗教信仰的力量。云南少数民族地区为我们提供了一个生态样本和蓝图，引起人们的生态思考和想象。云南少数民族教文化中衍生出来的生态精神、生态思想、生态法律、生态技术、生态仪式、生态禁忌乃至生态文明，不

---

① 《独龙族简史》修订本编写组编：《独龙族简史》，民族出版社 2008 年版，第 62 页。

仅有必要在现代社会中传承和发展，还有必要进一步提炼升华，形成有特殊重要价值的生态文化乃至生态哲学，推而广之，为现代生态文明建设做出贡献。

第一，云南少数民族宗教文化蕴含着深层次生态智慧。纳西族东巴教经典中蕴含着大量人与自然和谐相处的宝贵生态智慧，集中体现在每年农历二月举行的祭署仪式中。传说署和人是同父异母的兄弟，署分管农耕畜牧。后来人不断毁坏森林，污染水源和捕杀野生动物，导致署对人进行报复，使人发生病痛、遭受瘟疫、洪水、地震等灾难。"人类故意杀野兽剥兽皮，血水腥味充满了洁净的山泉。人类天天上山来打猎，不让我家马鹿山骡自由吃野草，射走马鹿还杀了山骡；阴坡黄猪被掉进陷阱，阳坡红虎被地弩毒死；雪山白熊黑熊已猎尽，高岩黄蜂甜蜜已取完；他们还到江里来捕鱼，他们还去江滩淘沙金；树上白鹇不飞了，森林花蛇不爬了，石边青蛙不叫了；九座山头森林砍完了，七条箐谷树木烧完了！"为向署表示过错，祈求免灾赐福，人请丁巴什罗协调，跟署建立了和谐相处的关系：人类在遇到灾荒的时候，可以适当开荒、打猎，但是要经过署的认可，还要给署赔偿。人类在遇到灾荒的时候，可以适当开荒、打猎，但是要经过署的认可，还要给署赔偿。纳西族对于大自然怀有感恩、负债之心，从自然界获取之一切事物总要想办法还赠回去。比如，每砍伐一棵树，就要在特定宗教仪式指导下，新种至少一棵小树。"得人点滴之恩，当以涌泉相报"的人际伦理原则，被运用至人与自然关系之中。

第二，云南少数民族宗教文化形成一套生态习惯法，控制消除其外在破坏行为。为了从大自然中合理汲取资源，宗教形成了一套完整的文化体系。独龙族规定，鬼林中的树木不能砍伐，否则村子会死人，粮食会歉收。其背后隐藏着巫术思维，借助神秘的惩罚约束人们的行为。鬼林其实也是神林，二者在生态保护中的作用相似。兰坪县普米族聚居的箐花村以村规民约的形式规定，每年6月至8月封山育林，禁止砍伐狩猎，个人使用木材，必须经过氏族、村寨同意才能砍伐。布朗族通常选取寨边一棵大树作为龙树，以猪、鸡、米、香等物献祭，祈求龙树保佑全寨人畜平安。龙树周围一千米内的树木都具有神圣性，不得砍伐，客观上起到保护生态环境的作用。宁蒗、永胜、木里等县的普米族聚集地区，都有历史遗留下来的公有或私有山林。按照传统，普米族家庭可以在村寨附近山林中选取一片树林作为自己的"神林"以祭祀山神，任何人不得在神山神林中砍伐树木，放牧牲畜，因此，普米山寨附近的神山神林得到有效保护。

第三，云南少数民族宗教文化成为生态型文化。云南少数民族对某些动物或植物，具有敬畏感恩的宗教感情。人类欠了动植物的债，是欠债者而不是主人。人们以这种身份自居，必然产生相应的文化行为。人们努力将生命的感悟，融入自己的生活，将对生态的感知，提升为生存法则。佤族认为，每一棵树都有灵魂，其中"秃腔"树魂最大，因此伐木之前必须要祭祀"秃腔"，得到树王准许才能砍伐。砍伐前要向选中的树鸣火药枪，请树魂走开，或者在树下放一块石头作为代价，如果不举行这些仪式，砍树者可能会被压死。正式砍树时，由巫师念咒并先用斧子在树的根部砍三下，人们才一起动手砍，树倒向东方才吉利。各种植物、动物皆有其独特的宗教文化内涵，并形成使用规则和禁忌。在白族神话中，观音为了防止人们过多的猎杀野兽，让人腿上长出两个脚肚后不再奔跑如飞。这样一来，人们打不到猎物忍饥挨饿，观音又让猎神把野兽蹄抹上蒜泥，好让猎狗循味追踪。云南少数民族的生态文化，因为得到宗教的象征意义，具有了神圣内涵。

第四，云南少数民族宗教文化衍生出一套敬畏禁忌。宗教行为与畏惧神的惩罚有关，虽然神无影无踪，但是其"惩罚"非常严厉。宗教思维具有联想特征，即使"风马牛不相及"的事物也能联想在一起，给出因果关系的解释。当人类遭受巨大灾难时，可以解释为得罪了神灵。神灵掌握着生杀大权，是一种禁止性力量。为了避免得罪神灵而引发灾难，人类要约束自己的行为，加强道德修养，尤其是不能污染神圣事物，由此形成了特殊洁净仪式。马关傣族规定，妇女生小孩为满百天，不能路过庙房和竜山，否则会被菩萨和竜神惩罚；平时也不许亵渎竜林，不能在其周围大小便。云南很多少数民族都有祭祀神树的风俗，甚至不惜用牛等大型牲畜作为牺牲，祈求风调雨顺，村寨平安。布朗族的一些禁忌具有浓厚的宗教色彩。例如，禁止穿红衣服经过神树，禁止砍埋铁力木，禁止吃没有祭过"面瓜鬼"的瓜果，等等。布朗族称山神为"色"，通常以一棵大树为象征。布朗族多在农历二月初八祭山神，在山神树下用木料搭好高约两米的祭台，供奉各种祭品，祈求山神保佑全寨人丁兴旺、五谷丰登。祭祀仪式只允许男人参加，但怀孕妇女的丈夫必须排除在外。

第五，云南少数民族宗教文化形成衍生出一套生态技术。在少数民族适应自然的斗争中，形成了宗教生态准则。一般来说，越是艰苦的环境，宗教在保护环境中的作用就越大。一些少数民族生存的环境比较恶劣，例如面临水源紧缺等问题，所以在立寨子时非常注意水源的选择与保护，形成了相应的水崇拜仪式。有限的水资源不仅要满足生活用水，也要满足生产用水，人们往往借助神灵的名义，形成管理和保护制度。祭祀山神是兰坪县普米族最为隆重的祭祀仪式，要用牛羊作为牺牲，请"从天上到地上的神，各民族歌氏族的神，所有的大神和小神"各路神仙到场，想用祭品，庇佑全族全村吉祥安康。不仅村寨集体有一片竜林，进行村寨性公共祭祀，家族和家庭也有自己的一片竜林每年祭祀。竜林一经认定，不能砍伐。《景谷县志》记载，当地傣族村寨附近都有竜林，新中国成立前每年二月剽牛祭祀，祈求平安。因为与生态有关，竜树成为保佑村寨安全的大神。红河县的哈尼族支系叶车人村寨头有一片茂密的树林，被视为寨子的根源和基础。称"普麻俄波"。林中一棵锥栗树根部放一块大石头，象征护寨神，农历腊月第一个属龙日集体停止劳动，在丛林中杀猪祭竜。

第六，云南少数民族宗教文化形成了一套生态审美规则。人们从儒家文化乃至现代文化的视野，更可以从原始宗教的态度欣赏原生态美景。莽莽苍苍的原始森林给人一种强烈的生态震惊。清代地方名士赵翼的《树海歌》赞颂红河州大围山，"洪荒距今几万载，人间尚有草昧在。我行远到交趾边，放眼忽惊看树海。……我行万里半天下，中原尺土皆耕稼。到此奇观得未曾……"滥觞于英国小说家希尔顿的小说《消失的地平线》，"香格里拉"被西方人构建成为"伊甸园""理想园""世外桃源""乌托邦"的代名词，成为他们苦苦追寻的理想之地。那里是雪山、冰川、峡谷、森林、草甸、湖泊、金矿及纯净空气的荟萃之地，是美、明朗、安然、闲逸、知足、宁静、和谐等一切人类美好理想的归宿。迪庆藏族同胞以神山名义保护起来的山林占当地山林面积的一半以上，神山的一草一木、野生动物都受到当地民众的自觉保护，其效果远超建立起来的国家自然保护区。云南少数民族的生态禁忌不仅停留在宗教层面，而且，它已通过社区规范的力量深入每一位成员内心，从而使人们具有高度的生态自觉，虽然没有现代化的生态知识和术语，却将青山绿水保护了下来。经过现代生态文明的改造提升，云南少数民族的生态亲和文化一定会大放异彩。

第七，云南少数民族宗教文化形成了一套风水观念。文山壮族认为，有竜神的保护，村寨才能兴旺发达，"林木掩映，山水深密，而人才于是乎振焉"；竜神所在之地的一草一木，都不能破坏，从而有效保护了生态平衡。民族村寨附近的树林具有神圣意义，其荣枯被认为与村寨兴衰相联系。因此严禁砍伐放牧，也不准随意进入。佤族村寨周围有些树林是送鬼之地，被称为鬼林，从前佤族猎头后即将木鼓房中供过的旧人头供奉于此。鬼林中树木茂密，人们怀有敬畏之心。有些少数民族将树木长势作为族群兴衰的象征，只希望树木越长越旺，绝对不去砍伐。例如，彝族密且人每个家族都认有一棵"应树"，多为栗树、杉树、大青树等四季常青树木，其长势好坏象征本家族运势的好坏。该树要精心呵护，如果长势不好，要重新挑选。密且人在火把节、中秋节集体杀羊祭祀"应树"，届时祷告"树王天子"保佑全族平安无难。凡是添丁，要向应树磕头，嫁出去的女儿也要赶回来参加祭祀。1958 年以后，密且人的集体祭祀活动改为每户自祭，一般杀鸡或卖肉作为祭品，近来又恢复杀羊祭祀。又如，兰坪县箐花村杂木沟子有一棵巨大的古树，树洞中能站数人，树荫可以供上百人乘凉，当地普米族将之视为神树，认为祖先就是在树洞中生息繁衍子孙，所以这棵古树得到了顶礼膜拜与精心保护。

　　第八，云南少数民族宗教文化形成了朴素的生态平衡观念，并以宗教仪式、情景安排教育人们，世代相传。例如，基诺族开山种地时要杀狗祭祀。传说最初砍倒的大树第二天都会竖起来，一连数天，人们非常惊诧。最后人们守在地里，发现天黑后有一个白发老人手提铓锣，边敲边喊"森林森林站起来，你们的祖先在叫你"，于是所有砍倒的大树都站起来了。人们质问森林老人为何与他们作对，使人类不能砍树种庄稼，是不是要饿死人类？森林之神回答，人不能只考虑自己吃饭，不考虑森林也要活着。后来，人与森林之神达成协议，用狗祭祀。后来，在盖新房、立柱子时要杀狗祭祀。景颇族的目瑙纵歌盛会，就是一次追述祖先功绩的绝好教材。兰坪县怒族若柔人支系的各村寨要在每年的正月初四、初五或清明节前后举行"祭山林节"，旨在封山育林。石林彝族撒尼人村寨周围有一片茂密的山林，传说密枝神住在里面，严禁人们随意进去砍伐、放牧，否则会发生瘟疫，致人畜死亡。严格的生态禁忌保护了彝族村寨周围的生态环境。迪庆甸藏族古谚语说"神山不开垦，老鼠不吃人"，他们习惯于将生态灾难或者意外情况解释为山神发怒。哈马谷村①的一位老人说"前几

---

　　① 意译为"古老的村庄"。

年，在都吉峡谷滥砍滥伐，得罪了山神，摔死了好几个人。这些事情，政府管不了，老百姓懂不了，只有我们自己组织起来把村庄保护起来。"①正是长期人与自然和谐相处，中甸保持了良好的生态环境，成为人们心目中的"香格里拉"。

三　云南少数民族宗教文化的生态借鉴

在现代社会，少数民族宗教面临的关键问题不是"信不信"，而是"信什么"和"怎么信"。在积极与社会主义社会相适应的进程中，少数民族宗教蕴藏的积德行善、保护生态、助人利他、宽容和谐等价值理念将进一步为人们所珍视，成为民族社会发展的有益资源。我们不仅要关注自然的宗教，更要关注宗教的自然。巴里·康芒纳提出生态学的三个定律"事物皆相互关联""物质不灭，只会进入循环""自然最有智慧"。如果缺少了宗教文化，现代文化的体验是否会有缺憾？宗教不仅在精神层面发挥重要作用，而且还能带来直接的物质利益。传统宗教文化与民族地区旖旎秀美的自然风光相互交织，正吸引大量中外游客前来观光旅游，带来可观的经济效益。一些濒于失传的宗教文化又借助旅游开发再度兴盛，如丽江旅游之于东巴文化。在经济文化频繁交往的同时，传统宗教中的歧视性因素和排外性因素得到弱化，民族团结、共同进步、共同繁荣的趋势越来越明显。

宗教的信仰法则并不是对所有人都有效，我们不能仅仅依靠宗教信仰的力量来维持生态平衡，但可以在现代生态文明的框架中进行改造提升。当代社会主要依靠生态立法以及行政权力等手段约束人们的行为，同时也应积极引导宗教的生态保护功能。例如，楚雄西四十里薇溪山有龙神祠，后来神祠倾颓，祠旁树木被村民盗砍不少。清乾隆四十七年（1782 年），楚雄县令周名炎下车伊始即到龙神祠致祭，村民盗伐案事发，周县令既往不咎，禁止再犯。村民悔改，情愿缴纳盗伐树木所得三百余两银子助修龙神祠。后来，龙神祠重修告成，周围树木仍由寺僧、村民共同照管，周围山上广种松树，严禁破坏砍伐。"文革"时期，出于破除封建迷信的视

---

①　徐新建：《重访云南》，载纳麒主编《中国西南文化研究第十五辑》，云南科技出版社 2009 年版，第 120 页。

角，很多竜林被砍伐。随之，水源遭到破坏，生产生活用水出现危机，其教训是惨痛的。古人说："作《易》者其有忧患乎"，我们能从云南少数民族宗教文化中解读出忧患意识，担心生态遭受破坏，担心没有饭吃，此类担心在前现代社会一直困扰人类。现代社会借助科学技术力量，粮食产量大幅提高，消除了没有饭吃的担忧。但科学技术手段运用不当则会对生态环境造成巨大破坏，我们有必要反过来从前现代文明寻求生态智慧。少数民族宗教文化蕴含的生态文化结构与行动原则具有积极借鉴意义。

（孙浩然，云南民族大学人文学院教授）

佛传在中国南传佛教中的重要地位
及其现代意义

田玉玲

前　言

从马鸣菩萨的《佛所行赞》问世以来，世界各佛教区域中长期流传着各种不同的佛传版本，中国历史上也有诸多的汉传、藏传佛传作品。本文中，佛传指的是狭义的佛陀传记，即讲述佛祖释迦牟尼从入胎降生至成道涅槃光辉一生的作品，不包括讲述佛陀前世轮回故事的佛本生及因缘故事。

20世纪90年代以来，随着佛教在中国乃至世界的新一轮复兴，佛传也日益受到关注。这一浪波及全国乃至影响全球的佛传热也同样影响到了中国南传佛教。汉语、英语、泰语、缅语等不同语言的各种佛传文本，各类佛传作品在中国南传佛教区域广泛传播，不仅丰富了中国南传佛教的佛传作品，也由此推动了中国南传佛教与外界的交流互动。这一轮佛传热具有鲜明的自觉性、理性、研究型、国际化等特点，正与中国南传佛传的传统相契合。中国南传佛教应紧抓这一契机，认真研究中国南传佛传作品，分析中国南传佛传的艺术特点，以南传佛传的研究、传播为基础，整饬佛教僧团、教导信众、弘扬传统，积极推动中国与东南亚文化的交流对话。

一　中国南传佛传典籍的主要内容

佛传在南传佛教中始终占据十分重要的地位。中国南传佛教历来重视佛传的传播，既有广泛传抄的贝叶经、广泛传播的佛传故事，更有丰富的佛传绘画、雕塑等相关艺术作品。概览中国南传佛教艺术，尤其是绘画艺术，其创作核心主题始终围绕佛传与佛本生展开，佛传的地位尤其无可替代。中国南传佛教的核心教理教义基本都融会在佛传之中，广大信众都是一边听取佛传故事，一边跟随佛陀的脚步践行自己的人生修行。

尽管如此，与中国汉传、藏传及国外的佛传作品相比，中国南传的佛传作品还显得较为朴素单薄。目前所见最完整的中国南传佛传典籍当数傣族贝叶经《瞿坛出家》，其他佛传故事散见于各种佛教典籍中。傣文《瞿坛出家》目前的汉译本主要有两种，即，《中国贝叶经全集》第3卷《瞿坛出家》（人民出版社出版）和《贝叶文库》第19卷《瞿坛出家》（云南民族出版社出版），后者其实是前一版本的修订本。全书共五章，第一章的主要情节包括：白象投胎、胁下降生、七步莲花、仙人占相、王子成婚、出游四门；第二章的主要情节包括：逾城出家、魔王阻拦、削发更衣、车匿还家、六年苦行；第三章的主要情节包括：中道之声、牧女（苏扎拉）布施乳糜、梭替亚（吉祥）赊茅草、三魔女媚惑、魔军攻击；第四章的主要情节包括：降服魔军、精进成道、四天王奉钵、二商人供奉饭团、奉佛发建塔、初转法轮；第五章的主要情节包括：传法布道、僧团发展、频毗娑罗王奉佛、回乡省亲、重见妻儿、罗睺罗出家、众王子出家、提婆达多堕地狱、佛陀涅槃等。其中，对于佛教思想理论的阐释主要集中在第四章的成道部分及第五章的回乡传法部分，文本没有记录佛陀后期传法布道的故事。

此外，傣族地区还流传着简短的佛传故事《召西塔奥播》①，全书不足800字，其实就是《瞿坛出家》的简介版本。

二　中国南传佛传的主要表现形式

尽管目前出版的中国南传佛传文本尚不够丰满，但其表现形式却丰富多样。中国南传佛教艺术以佛传之佛诞、出家、成道及涅槃四相为基础，进而敷衍出八相、十二相、三十六相乃至更加丰富的内容，从僧侣出家到

①　云南省历史研究所编印：《西双版纳傣族小乘佛教及原始宗教的调查》（内部资料）1979年1月，第5页。

高僧荼毗等一系列仪式都力图模仿重现佛陀的修行传道轨迹，特色最鲜明的当数傣族男童出家仪式——"赕录教"（临沧孟定多列派称为"跳尚弄"）。西双版纳傣族"赕录教"又称升小和尚，男童剃度以后要打扮成王子的模样，在家接受亲友的朝贺供养，骑马或由父亲兄长驮到佛寺，再行拜师受戒。临沧孟定傣族的"跳尚弄"规模更加盛大，往往是全村甚至数村一起参与庆贺。出家男童剃度之后，用花衣花裙珠链等打扮得花枝招展（据当地传说，一位公主用自己的华服手饰装扮男童，并资助其出家），由父兄等男性亲友驮着欢舞 3 日才更衣拜师受戒，正式出家。尽管两地仪式细节有所差异，但都力图模仿重现悉达多王子出家的情形。西双版纳勐罕等地傣族佛寺举行开光典礼时，往往还要准备"逾城出家"的纸扎，象征悉达多王子逾城出家悟道成佛，创立佛教，借此追溯佛教寺院的由来。

对佛传表现得最直观生动的常见形式当数佛传绘画，尤其是数量众多的壁画。由于中国南传佛教寺院大多规模较小，屡屡翻新重建，目前大部分稍旧的佛寺多建于 20 世纪 80—90 年代，更多的新佛寺则兴建于 21 世纪以后，长期保留下来的绘画作品甚少，主要集中在沧源广允佛寺、景谷迁糯佛寺等少量百年古寺当中，且多损毁难辨。

目前所见的中国南传佛教佛传壁画大致可以分为两类。一类是传统的民族风格壁画，以傣族风格的壁画为主。如西双版纳曼宰龙佛寺壁画、曼短佛寺壁画及德宏芒市佛光寺壁画、瑞丽西门佛寺壁画等。另一类是目前最多见的南亚东南亚风格的印式、泰式或缅式壁画。作品以目前广泛流行于国内外的佛传故事画为样本，进行创作。此类作品目前最常见的版本有三种。

（1）［印］彼得纳卡尔绘《大雄如来传——佛祖释迦牟尼故事》。汉语本于 1990 年由北方文艺出版社出版发行，在中国影响甚大。仅笔者所见，2002 年，临沧耿马的傣宗贵等人即以此本为蓝本，绘制了一套佛传挂图赕奉到耿马总佛寺。2007 年落成开光的西双版纳勐泐大佛寺大殿内墙的佛传壁画也以此稿本为基础进行创作。各佛寺壁画根据绘画面积大小，分别选择重要场景及画面进行制作。如 1990 年前后绘制的曼宰龙佛寺僧房的佛传壁画，主要表现了白象入胎、七步莲花、出游四门、夜别妻儿、逾城出家、削发更衣、悟道成佛等七个场景。

（2）《佛陀的一生》（108 式图解）。各佛寺自行选择部分主题绘画；

如：德宏风平佛寺的佛传故事板画主要依此稿本创作，也同时兼有傣族传统风格的佛传图及印度风格佛传绘画。

（3）印度风格的《释迦牟尼佛的一生》佛传画。德宏风平佛寺的佛传故事板画主要依此稿本创作。

笔者将云南西双版纳、德宏、临沧等十余所南传佛寺传统的佛传壁画，结合《云南历代壁画艺术》①等文献中收录的早期中国南传佛传壁画，与现代中国南传佛寺中常见的南亚东南亚风格的佛传壁画相比较，发现除了艺术风格上有所差异之外，大部分佛寺的佛传画表现的主题并无明显变化，只有少数大型佛寺（如勐泐大佛寺）绘制的长篇佛传画对佛陀传布佛法的内容略有增加。

为了窥见中国南传上座部佛教与早期小乘佛教佛传壁画主题的渊源及变迁，笔者选取了几所佛寺代表性的佛传绘画作品与龟兹克孜尔石窟的佛传壁画进行参比。详见附录表（一）—表（五）。

通过中国南传佛教佛传绘画与龟兹克孜尔石窟壁画的比较，可以看出两地佛传绘画主题的根本差异。

1. 中国南传佛教绘画特别注重对佛陀住世时重要事件的描绘，尤其是对悉达多王子尚未成道之前的俗世生活及修行经历的描绘。

（1）着力描绘悉达多王子的非凡出身：各地佛传绘画几乎都有白象入胎、胁下诞生及七步宣言的描绘，有时还增添了双龙或九龙灌顶、诸天朝贺乃至仙人预言的情节，充分突显佛陀非凡的出身，彰显其断然抛舍一切，毅然修行悟道的伟大成就。

（2）着力描绘悉达多王子的奢华生活：南传佛传绘画多有太子试艺、宫中娱乐、娶妻成婚的情节，着力渲染王子世俗生活的富贵奢华。同时，又通过树下观耕、出游四门、夜半惊梦（或见丑生厌）来反映王子虽然身处王室，却并未沉迷世俗的富贵享乐，遗忘肩负的重大使命，为后面的出家、苦行奠定基础。

在德宏的佛传绘画中频繁出现"燃灯佛授记"的画面，西双版纳与临沧则未见。克孜尔石窟壁画则不同，在41个有佛传壁画的石窟中，尽管出现了燃灯佛授记（2次）、佛陀诞生（3次）、七步宣言（4次）、二龙洗浴（2次）、树下思维（3次）及出游四门（3次）、宫中娱乐（3

---

① 王海涛主编：《云南历代壁画艺术》，云南美术出版社2002年版。

次）、太子惊梦（3 次）、出家决定（1 次）等情节的画面，但出现频率并不高，甚至没有出现白象入胎的画面。

2. 中国南传佛传壁画特别注重对佛陀艰苦修行、悟道成佛经历的描绘，因此，几乎所有南传佛传壁画都有逾城出家、苦行六年、魔女媚惑、降魔成道的画面，有时还补充了拜师求道、发愿成道、牧女献糜、吉祥赆草、中道之音等相关情节，既强调了佛陀的坚定决心、悟道成佛的艰难，也体现了成佛悟道是众生所向、利益众生的伟大事业。也正是因此，几乎各地的中国南传佛寺都将佛台布置为降魔成道的场景：佛陀端坐菩提树下，左手结禅定印、右手结成道印，有时还在树下绘上几只小鹿，象征鹿野苑初转法轮。佛台前往往有拉挤长发的土地女神楠妥娜妮，她是佛陀修行道路的见证者和最终成道的得力助手，象征其助佛陀降魔成道。[①] 其近旁通常还有书记官威示众（西古打阿满），记录世间众生的善恶因缘，时刻提醒膜拜佛陀的大众勿忘修行，多行善、毋作恶。

克孜尔石窟壁画则不同，仅出现车匿备马、夜半逾城、魔王挡道、犍陟舐足、车匿告别、受出家衣、山中苦行（各 1 次）及牧女奉糜（2 次）、吉祥施座（4 次）、降魔成道（6 次）。显然，早期小乘佛教对于佛陀战胜重重阻挠逾城出家、山中苦行六年的经历并不够重视。出现频率略高的降魔成道画面主要表现佛陀抗拒三魔女媚惑与魔军的攻击，最终成道的情形，没有出现南传佛教中极其重要的土地女神楠妥娜妮。由此可以初步推测，这个女神形象当是南传佛教在东南亚逐步扎根以后才发展起来的。

3. 中国南传佛传壁画特别重视佛教及僧团的创立。几乎每个南传佛殿都有佛教僧团创立的标志场景——佛陀鹿野苑初转法轮的画面，不仅有壁画，还有各种单独的张贴画、佛幡布画、金属幡画等，反而对于佛陀40 年的传道经历详述不多。南传佛教的佛传文本《瞿坛出家》《召西塔奥播》都重在描写悉达多王子的出生、成长、成亲、出家、降魔、成道、初转法轮的经历，之后便直接跨越到佛陀涅槃，对其传道过程几乎没有描绘。或许是受此影响，中国南传佛教经典中的因缘故事不甚丰富，相关的壁画或其他艺术作品也很少。

与此形成鲜明对比的是，南传佛传故事或壁画中却常常出现姨母抚

---

① 中国南传佛教润派的滴水仪式即源于此。

养、返乡省亲、度化姨母与王后、三十三天为母亲说法、为净饭王说法等情节，充满了浓浓的人情味。很多佛寺都绘有单独的三十三天说法归来、六众热烈相迎的画面，并将中国南传佛教最隆重的节日关门节、开门节（即入雨安居、雨安居）及阿昌族阿露节的传说与之结合，传说佛祖因为母亲早逝，未能听闻佛法得度，于是亲赴三十三天为母亲说法。佛陀离开的日子，众人依依送别，就形成了关门节。3 个月后，佛陀从三十三天归来，有情众生热烈欢迎，盛大庆祝，也就形成了今天盛大的开门节或阿露节。

不仅如此，猴象供佛、降服醉象等佛陀与动物的故事在中国南传佛教区域广泛流传，佛寺常可见到相关壁画、张贴画或布幡画、金属幡画，佛陀与动物之间平等无间的情形十分贴近当地百姓的生活现实，也难怪当地各种佛教作品尤其是佛传壁画中也常常出现动物的身影。

相较而言，克孜尔石窟壁画更重视表现佛陀成道之后的佛法经历。与传播佛法、发展僧团相关的初转法轮（11 次）、降服迦叶（10 次）、须摩提女请佛（4 次）、罗怙罗命名（即罗怙罗出家）（7 次）、毗舍佉出家（7 次）、升三十三天说法（8 次）、度善爱乾闼婆王归佛（8 次）等主题出现频次较高。由此反映出早期石窟的开创者对于佛陀创教传教精神的景仰和主动的继承，同时折射出传播佛教的艰难。

对于中国南传地区而言，大部分区域已经是全民信仰，南传佛教已经全面融入信众的生活本身，传教不再是重点，领悟佛教思想、持久潜心修行才是日常要务。也难怪他们选择了不同的主题进行创作表现。

4. 中国南传佛教壁画的核心四相是出生、出家、成道或转法轮、涅槃。每一组完整的佛传故事画几乎都包含了佛陀一生的四项重大事件。涅槃的情节既重视佛陀对众徒最后的叮嘱教诲，对有情众生的慈悲牵怀，更着重表达僧众对佛陀的敬仰与不舍。与东南亚多地一样，中国南传高僧的葬礼，往往都要举行盛大的拉罗摆。笔者以为，这种仪式表达的是信众对高僧的敬仰与不舍，其实也是对佛陀的依依不舍。

涅槃入灭（30 次）、焚棺（15 次）是克孜尔石窟壁画的创作出现频次最高的两个佛传主题，但创作者的视野并未仅仅停留于此，而是延伸到了此后的八国分舍利（18 次）、阿阇世王灵梦沐浴（7 次）及第一次结集（1 次）、天雨香花（3 次）、礼佛图（4 次）。可见，石窟创作者的视野并未仅仅聚焦于佛陀本身，而是既关注了佛陀的前世授记之事，也关注了佛陀涅槃之后佛教发展史上的重大事件，这于当时佛教在龟兹的蓬勃发展、龟兹僧众深厚的佛学积淀有密切关系。

通过以上比较，可以清晰见出中国南传佛传绘画与早期龟兹石窟佛传壁画的差异，也反映了中国南传佛教与汉传、藏传佛教佛传绘画主题的差异。由此，可以简要归纳出中国南传佛传绘画的基本特点。

1. 贴近生活、平实朴素、真实可信。中国南传佛传绘画着力表现悉达多王子的世俗生活、出家修行悟道的艰苦历程及成道以后对家人、僧众乃至对动物等众生的慈悲关爱，真实可信，又充满了浓浓的人情味。究其原因，主要源于南传佛教"唯礼释迦"的传统。"在巴利语佛教三藏中，佛陀主要是人性的佛陀，而不是神性的佛陀。他是一位圣人、导师和教主。他也具有某些超人的属性：反常降生、三十二大人相和神通。但原始佛教不承认有主宰世界的创造主，也不把佛陀视为崇拜的偶像，因而不是神性宗教。原始佛教发展到大乘佛教阶段，引进'菩萨'和'普度众生'的观念，佛陀上升到至高之神的地位。"① 中国南传佛教只敬奉佛祖释迦牟尼，没有复杂的神佛系统。佛陀是大众的修行导师和榜样，他通过个人的艰苦探索和实践，为大众指明了正确的修行解脱之道：佛陀毅然放弃奢华的世俗生活，警醒大众不要沉迷于世俗的享乐；佛陀艰苦修行、努力精进，警醒大众不要懈怠放纵，要直面困难，精进不辍。而佛陀对于家人、僧众的关怀，也是信众关爱亲友、慈悲众生的榜样。南传佛传以其真实的力量影响了一代又一代的信众，坚定地跟随佛陀的脚步，践行着自己的人生修行。

当然，中国南传佛传中的部分情节，诸如燃灯授记、白象入胎、胁下诞生、七步莲花、魔女媚惑、降魔成道等，或多或少带有一定的神性色彩，既有大乘佛传的影响，又不是对佛陀的全面神化。其中，魔女媚惑、降魔成道中的"魔"正是人类心中七情六欲和懈怠放纵产生的心魔，一直环绕在我们身边，不停地干扰我们的生活与思想，正是我们每个人最大的敌人。"可以说，巴利语三藏佛典中，人性佛陀形象中含有的一些神性种子大多是佛教徒无心撒落的，而大乘佛教中的神性佛陀形象，则是佛教徒精心培植的。"② 南传佛传这种平实略带神秘、神秘而不神化的特色，

---

① 郭良鋆：《佛陀形象的演变》，《南亚研究》1990 年第 3 期。
② 同上。

正切合现代人对宗教的独特感受与向往。

2. 中国南传佛传绘画主题相对稳定，内容并不庞杂，既是对上座部佛传朴素风格的继承，也是面向信众传播的需要。中国南传佛教主要流传于云南省傣、布朗、佤、德昂、阿昌等少数民族地区，大部分普通信众受教育程度较低，对佛学理论、佛教历史所知不多，难以理解复杂的理论，难以厘清复杂的历史、人物、事件关系，为此，南传佛传高僧往往选择与信众生活密切相关，信众容易理解接受的核心事件进行讲述与创作。如众多的佛弟子中，中国南传地区一般仅见多闻第一的阿难（因为他既是佛陀的侍从，也是佛陀的堂弟）及头陀第一的迦叶（他是大众修行的榜样）。这种简明的传播方式延续至今，使得佛传故事深入人心，对南传僧众影响巨大。

三　中国南传佛传与当代佛传热的融合

20世纪90年代以来，随着中国佛教及世界佛教的不断复兴，佛传也日益受到重视，各种佛传作品不断出版问世或再版重印。目前，诸如星云大师著《释迦牟尼佛传》、英国亚当斯·贝克夫人著《释迦牟尼传》、印度萨布亚萨奇·巴塔查里亚著《佛陀的一生》等影响较大的汉语（或汉译）文本都有多种版本，网络上更是充斥着各种版本的佛传影视作品及佛传故事画。藏及英、泰、缅、老、柬等外文版本的佛传更是不计其数，读者既包含了广大虔诚的佛教信徒，也包括很多对佛教或佛学深感兴趣的人群：禅修者、研究者、旅行者、猎奇者等不一而足。尽管佛传在佛教发展史上的地位曾经几起几落，但这一轮的佛传热却有着完全不同的背景，表现出不同的时代特色。

1. 理性的选择：中国百姓的温饱得到解决之后，精神信仰成为大众的主动追求，对中国文化影响深远的佛教自然成为很多人的主动选择。这些信众不同于盲目迷信的普通的信众，他们多半有较高的文化程度，他们往往选择从认识真实的佛陀、了解真实的佛教、研究佛学理论之后开始接受佛教。平实朴素、去神化的佛传作品自然成为这些理性信众的学习研究的对象。

同时，随着信众佛学水平的整体提高，很多信众已经有能力在导师的指导下阅读一些佛学作品，佛传、佛教史等作品也逐渐成为他们的案头读物。

2. 研究的需要：近几十年来，随着中国传统文化、宗教研究的不断发展推进，中国佛教研究也不断推进深入。还原佛教真实的历史、还原真实的佛陀、重新审视佛学思想日益成为必然，越来越多的学者开始着力原始佛教、早期佛教、佛教史的研究，佛传的研究也随之推进。

除了专业的宗教、文化研究者之外，也不乏大批的传统文化爱好者、哲学爱好者借由佛传的研究，开展他们的佛学及佛教史的研究，进而带动了民间的佛学佛传热。

3. 交流的需要：佛陀是佛教文化交流的共同基点，佛陀研究不仅是世界佛教界的交流的需要，还是佛教界与其他宗教文化交流的需要，也是中国与南亚东南亚各佛教国家开展文化交流的重要基础。

其中，传播最广的作品星云大师的《释迦牟尼佛传》高扬"人间佛教"的大旗，以平实朴素的风格还原一个真实的佛陀，再现佛陀悟道传法的初衷。英国亚当斯·贝克夫人著《释迦牟尼传》、印度萨布亚萨奇·巴塔查里亚著《佛陀的一生》等广受热捧的作品也同样以去神化、还原历史为旨归。显然，这一轮佛传热涉及面广，影响深远，带有自觉、理性、研究型、国际化的鲜明特色，这也是一轮去神、求真、还原的寻根之旅，是一轮佛教的世界性交流热，是对佛陀与佛教的重新审视与再认识。

这一轮佛传热正契合了中国南传佛传的基本特点：平实的主题、带有南亚东南亚风情的艺术风格、广泛持久的传统，中国南传佛教应该紧抓这一契机，主动融入当代佛传，积极推动中国南传佛教的发展。当前可以从以下几个方面着手。

1. 广泛收集中国南传佛教各地的佛传文本，对巴利语佛学院教材《释迦牟尼佛传》进一步完善，适当补充部分佛陀后期传教的相关内容，整理出版中国南传自己的当代佛传。

2. 广泛收集中国南传佛传绘画版本，在此基础上组织当地民间绘画大师，也可以邀请国内的艺术大师参与或指导，绘制出中国南传自己的一套（或几套不同地区风格）佛传画本，通过相关网络广泛发布，并印刷成小册子，放置在相应的宗教场所，供僧侣、信众及游客学习；印刷系统的佛传张贴画，分发到各地南传佛寺与相关宗教场所规范张挂。也积极鼓励各地佛寺以之为蓝本绘制本寺自己的佛传画。

3. 在佛传作品的基础上，组织力量收集各地重要的佛教传说、历史事件，通过多方筹措资金，在当地佛寺广泛绘制与当地佛教历史、文化相关的绘画，并制作一些艺术作品，也可以拍摄一些佛教纪录片，全方位推介独特的南传佛教文化风情。

4. 在僧众内部广泛开展学习佛传的活动。目前，各地南传佛教僧才流失严重，僧团力量不足，对村寨的影响力日益减弱。各级佛教协会可以充分利用各种集中学习的机会，向广大僧众宣讲佛传故事，各地僧团当以佛陀为榜样，团结向上，整饬僧团；众僧当以佛陀为榜样努力精进，服务大众；信众当以佛陀为榜样，慈悲为怀，友爱互助，正念精进，共同建设美好和谐家园。

5. 通过佛传研究，溯源中国南传佛教历史，认真挖掘、整理中国南传佛教典籍，夯实中国南传佛教的基础研究，多方推进服务地方、服务社会的相关应用研究，积极扩大中国南传佛教的影响力。

总之，中国南传佛教应该努力挖掘自身潜力，充分利用已有的资源和历史、地缘优势，努力把中国南传佛教区域打造成为广大外来游客、佛教信徒、佛学爱好者的佛教体悟之地、佛教寻根之地。依凭南传佛教这条历史悠久的文化纽带，积极开展同南亚东南亚国家尤其是佛教国家的交流对话，把中国南传佛教区域打造成为走向南亚东南亚的文化前沿。

（田玉玲，昆明学院讲师）

表一

克孜尔石窟佛传壁画与中国南传佛教佛传绘画主题比较

壁画主题	燃灯佛授记	白象入胎（南传）	树下诞生	七步宣言	二龙洗浴	阿私陀占相	参诣天祠	太子试艺	掷象出城	树下思维观耕
克孜尔石窟出现次数	2		3	4	2	1	3	1	1	3
西双版纳佛寺		X1、X2、X3	X1、X2、X3	X1、X2、X3		X1、X3		*X1、*X3		X1、X2、X3
德宏佛寺		D1、D2、D3	*D1、*D3	*D1、*D3		D1、D2		D1、*D2		D1
临沧耿马总佛寺		有	二图合并							
备注				*有时合为一图				*包括比武招亲、喜结良缘两个画面		

表二

克孜尔石窟佛传壁画与中国南传佛教佛传绘画主题比较

壁画主题	出游四门	宫中娱乐	太子惊梦	出家决定	车匿备马	夜半逾城	魔王挡道	键陟舐足	车匿告别	削发出家（南传）
克孜尔石窟出现次数	3	3	3	1	1	1	1	1	1	1
西双版纳佛寺	X1、X2、X3		X1、X2	X1、X2、X3		X1、*X2、X3	X1、*X2、X3		X2	X1、X2、X3
德宏佛寺	D1	D3	D2	D1、D2		D2	D1		D1	D1、D2
临沧耿马总佛寺	有			有		名为：夜别凡尘				名为：削发更衣
备注		D3 将婚姻与宫中娱乐结合为一图		南传一般表现为"夜别姜儿"		*西双版纳佛寺常将两个主题合为一个画面。			南传壁画常将两个主题并入一个画面	

表三　　克孜尔石窟佛传壁画与中国南传佛教佛传绘画主题比较

壁画主题	受出家衣	山中苦行	牧女奉糜	发愿成佛（南传）	吉祥施座	魔女炫媚（南传）	降魔成道	二商主奉食	四天王献钵	诸天朝贺
克孜尔石窟出现次数	1	1	2		4		6	1	1	1
西双版纳佛寺		X1,* X2, X3	X1, X2, X3	X1, X2, X3	X3	X1, X2, X3	X1, X2, X3	X1		
德宏佛寺		D1, D3, D2	D1, D2	D1, D2	D1	D2	D1, D2	D2		
临沧耿马总佛寺		有面壁静思、苦行六年二图	有	有 图为：树下静悟		有	名为：众魔败阵，大悟成佛			
备注	南传为：削发更衣	南传题为"苦行六年" *西双版纳佛寺的苦行主题住住还包括"中道之音"的内涵。					D3的为参悟成佛		南传一般将一些主题融合入了成道的场景。	

表四

克孜尔石窟佛传壁画与中国南传佛教佛传绘画主题比较

壁画主题	梵天劝请	初转法轮	观察世间	罗睺罗认父	龙王守护	降服迦叶	须摩提女请佛	罗睺罗命名	为净饭王说法	眦舍佉出家
克孜尔石窟出现次数	2	11	3	1	4	10	4		1	7
西双版纳佛寺		X1、X2、X3		X3		X1 有：为净饭王说法图、罗睺罗出家图、象猴图、度化猎人、平息干戈、得渡、提婆达多堕地、最后说法等图。				
德宏佛寺		D1、D2		D1	D2			D2 有图为：罗睺罗出家		
临沧耿马总佛寺			有图为：佛陀收徒 名为：鹿苑传教	有图：佛陀省父、重见妻儿 D2 为返乡省亲、重见妻儿		此部分的主题分别为：采花献佛、化度无恼、普渡众生（3幅）、象猴得渡、不蓄金银、服火龙、收比丘尼、佛度猎人、驯服醉象、收比丘尼、象猴。				
备注					南传此类一般出现在苦行或悟道的进程中。	南传新壁画的主题主要集中在：化度无恼、佛度猎人、驯服醉象、收比丘尼、不蓄金银、象猴得渡、驯服醉象、收比丘尼、象猴。传统壁画无此主题。				

表五

克孜尔石窟佛传壁画与中国南传佛教佛传绘画主题比较

壁画主题	升三十三天说法	度善爱乾闼婆王归佛	魔王求佛升天	最后的传道	涅槃入灭	梵棺	八国分舍利	阿阇世王灵梦沐浴	第一次结集	天雨香花	礼佛图
克孜尔石窟出现次数	8	8			30	15	18	7	1	3	4
西双版纳佛寺	X1、X3			X2	X1、X3、X2						

续表

壁画主题	升三十三天说法	度善爱乾闼婆王归佛	魔王求佛升天	最后的传道	涅槃入灭	教栖	八国分舍利	阿阇世王灵梦沐浴	第一次结集	天雨香花	礼佛图
德宏佛寺			D1	D1	D1、D3、D2	D1	D1				
临沧耿马总佛寺					名为：双林灭度						
备注				原名为"乞求佛历五千年"	又名"双林灭度"	中国南传佛传绘画一般不表现佛陀涅槃之后的相关主题。					

注释：

1. 克孜尔石窟创作于公元 3 世纪末到公元 8 世纪中叶，当时龟兹主要流传小乘佛教思想，部分画面有遗失或残毁，仍然是目前仅见的最丰富全面的反映早期小乘佛教思想的壁画。（上座部）佛教艺术极具价值的参考资料。本附录克孜尔石窟材料来自于包含佛传壁画的 41 个石窟的材料统计。选自丁明夷、马世长、雄西撰《克孜尔石窟的佛传壁画》一文，载于《中国石窟·克孜尔石窟》（一）（文物出版社 1989 年版）。本文仅选择了石窟中佛传壁画主题较为相近的相关内容，并未采用全部材料。

2. 中国南传佛教壁画资料分别选自佛传壁画比较集中的西双版纳勐泐大佛寺（表中编号为 X1）、曼短佛寺（表中编号为 X2）、曼垒龙佛寺（表中编号为 X3）、德宏芒市的佛光寺（表中编号为 D3），以反临沧耿马总佛寺（表中编号为 D3）。普洱地区的佛传故事壁画较少，笔者研究有所不足，故未选入。风平佛寺（表中编号为 D21）与瑞丽西门佛寺（表中编号为 D3）。

3. 各地佛寺的壁画的情况有所不同。沧源广允佛寺等部分历史悠久的傣族佛寺壁画由于画面损毁严重，内容不够系统完整，暂不纳入本文的讨论范围。尽管本文选取的中国南传佛传绘画艺术风格多元不一，但各种版本的主题基本一致，并未影响对作品主题的比较。西双版纳佛传壁画：勐泐大佛寺于 2007 年新建落成，本寺佛传壁画完成于 2007 年，是一套系统完整的传统佛传故事画，以当今流行的傣族风格的傣族佛传故事画为蓝本；曼短佛寺于 20 世纪 80 年代末绘制的佛传壁画（共 7 幅，以 [印]（108 式图解）为蓝本，其风格融会丁印、泰、缅风格，又有所创新。曼垒龙佛寺房的佛传壁画《大雄如来传·佛祖释迦牟尼佛故事》为稿本绘制，的佛传壁画共 3 组，也包括 2001 年由编甸师父分别绘制于佛殿内外端的两组缅甸风格的佛传故事画。

4. 德宏佛寺壁画：芒市佛光寺壁画是傣族风格的传统壁画。凤平佛寺有不同时期、不同信众敬献的佛传故事板画、张贴画，包括早期傣族风格的佛传故事画，及后期印度风格、泰式风格、缅式风格的佛传画等。陈列略显杂乱，次序有些许错乱，大部分图片没有文字或只有傣文标注，其意不甚明确，村中包括僧侣也少有人能讲述完整的佛传故事。瑞丽西门佛寺佛传画为传统傣族风格木板画。

5. 临沧地区佛寺的佛传故事画是一组张挂的布画，每幅约100cm×75cm。由傣宗宗贵等人依据［印］彼得纳卡尔《大雄如来传－佛祖释迦牟尼佛故事》一书绘制。

6. 中国南传佛教各地的中心佛寺一般都绘有幅篇长短不一的佛传故事画，或为壁画，或为木板画，或成为张挂的布画，也有不少信众直接购买嫁献到佛寺的单幅或多幅张帖画。除了菩提树下成道图或初转法轮图（有时二图合并，有时二图分列），常见的还有白象入胎、七步莲花、夜别妻儿、逾城出家、苦行六年、悟道成佛、三十三天说法归来、双林灭度等图。

浅析南传佛教建筑的中国化[*]

熊顺清

一 我国南传佛教基本概况

我国南传佛教主要传播于滇西南边境的德宏傣族景颇族自治州、西双版纳傣族自治州、临沧市、普洱市、保山市的边境县市。信教群众主要有傣族、布朗族、阿昌族、德昂族、部分佤族和少量彝族。这些信教群众多为跨境民族，其语言文化、宗教信仰等与境外的一些民族相同，跨境来往频繁。南传佛教在我国传播的范围虽然不大，但其传播地域特殊，处于滇西南边境片区的前沿地带。综观云南地图，发现我国南传佛教传播的地域涵盖了中国—缅甸、中国—老挝接壤的广阔边境线。这一区域属于多元文化交会融合地带，来自东南亚的南传上座部佛教文化与当地少数民族文化以及来自中国内地的华夏文化在这里相遇、碰撞并融合，形成独具特色的中国南传佛教。

南传佛教是佛教中最古老的流派，坚持维护佛陀的原本教，只相信和崇敬佛、法、僧三宝，传诵与遵奉巴利语《律》《经》《论》三藏，依照四圣谛、八正道、戒定慧、四念处等方法禅修。不主张对佛陀的教法做过多的发挥和改变，因此也称为"根本佛教"或"原始佛教"，以区别后期发展起来的佛教。在南传佛教传入我国的过程中，这个优良传统没有改变，因此，我国的南传佛教，在教理教义方面，依然秉承佛陀的原始教法。但在宗教活动形式、仪式仪轨、宗教建筑等方面却吸收了中国少数民

---

   * 本文为国家社科基金青年项目（项目编号：14CZJ005）"滇西边境片区南传佛教传播现状调查研究"的阶段性成果。

族及汉族的诸多文化元素，实现了南传佛教的本土化。我国南传佛教本土划分为两个层面：一是南传佛教与信教少数民族传统文化的融合；二是南传佛教与中国主流文化的融合。为了描述方便，本文将前者称为"本地化"，后者称为"中国化"。由于我国南传佛教信教群众多为跨境而居的少数民族，其传统文化与境外同胞文化相似，因此，南传佛教与信教少数民族传统文化的融合，还不能完全代表我国南传佛教的独特之处，而它对中国主流文化元素的吸纳，才真正体现了我国南传佛教的中国特色。其中南传佛教寺塔建筑里中国式庙宇建筑元素的融入是我国与周边国家南传佛教相区别的最鲜明特征。

二　我国南传佛教建筑中的中国元素

我国南传佛教寺塔建筑基本可以分为两类：一类是东南亚风格的寺塔，我国南传佛教传播区域现有寺塔建筑大部分都继承和保留了东南亚建筑风格，尤其是近年兴建的寺塔，完全采用了泰国北部和缅甸东北部泰掸人的建筑风格；另一类是"中国化"的寺塔建筑，这类建筑为数不多，它们多为明清时期修建或重建，"文革"时期免遭破坏得以遗留下来的古建筑。这些具有中国特色的南传佛教建筑零星散布在滇西的德宏、临沧以及滇南的普洱等地。接下来将对普洱市景谷县和德宏州陇川县的几个典型的中国式南传佛教寺、塔进行分析。

（一）迁糯佛寺

迁糯佛寺是我国南传佛教较大的寺院之一，位于景谷傣族彝族自治县永平镇迁糯大寨，是一座融会了汉族和傣族建筑风格的古迹。建于清乾隆四十三年（1778），复修于清道光七年（1827），为当时执政傣族土司聘请大理工匠所修建。该寺规模宏伟，占地 3960 平方米，由大殿、寺门、戒堂、僧房、伙房等建筑组成。其中大殿、寺门和戒堂为典型的汉式建筑。在色彩方面，摒弃了东南亚南传佛教文化中偏爱金色的倾向，大胆地采用了中国庙宇殿堂惯用的传统色彩。在装饰方面，广泛采用中国传统的纹饰和图案。在建筑形制上，多采用中国亭台楼阁和宫殿的样式。大殿为三重檐歇山顶园廊式建筑，屋顶正脊两端各有一只龙首鱼尾吻兽将正脊两端吞住；戗脊末梢有三只吉兽，分别为龙、狮（狻猊）和鸡（凤）。吻兽和戗脊兽都是汉族宫殿建筑屋顶常用的装饰物。屋檐所用色彩是以蓝绿为主的冷色调。门窗均有精致的浮雕和镂空雕，雕刻图案有寿星、禄星，古典文学人物，如《水浒传》主要人物等。在大殿正门外竖立的两根对称雕龙檐柱，两条巨龙缠绕柱身，头部从柱侧探出，相向凝望。寺门是一座十分精美的重檐牌坊，上面有精致的木雕，色彩也是以蓝绿为主的冷色调。门头上内外两侧各有一块木刻金匾，分别写着"福贵门""清佛寺"的字样。寺门两边有一对木刻汉文楹联，下联为"寺门对池道德喜同荆山璞"，上联和横批已遗失。可以说迁糯佛寺是中国特色非常鲜明的一所南传佛教寺院。

（二）勐卧双塔

勐卧双塔又称"树包塔塔包树"，是佛塔与菩提树相融为一体的南传佛教建筑奇观，位于云南省普洱市景谷傣族彝族自治县威远镇大寨官缅寺内。该寺是滇南地区规模较大的傣族南传佛教寺院，有山门、侧门、佛塔、戒堂、大殿、僧房，面积 3.335 公顷，双塔在大殿两侧，南北向并列。这座建筑群为明末清初（1628—1661）傣族土司刀汉臣所建。清道光（1821—1850）《威远厅志》载："寺中有塔二座，高三丈余，昔土官刀汉臣所建。左塔中生缅树，其枝从石缝内周围伸出，枝叶甚茂，塔石不崩，至晚众鸟聚集欢鸣于上，缅僧皆称奇焉，名曰塔树，至今犹然。"该塔所在寺庙被称为"官缅寺"，即官方修建之缅寺，塔中所生菩提树被称为"缅树"，寺中僧人被称为"缅僧"，这说明该寺非汉传佛教寺庙，而属于从缅甸传入的南传佛教。此二塔由红沙石垒砌而成，塔基和塔身上有大量石刻浮雕，内容有龙凤呈祥、唐僧取经、汉式亭阁等。其中有多幅人物雕刻，这些人物形象多为清代以前的汉族达官贵人形象，身着官服，头顶乌纱帽。这些石雕所展现内容似与汉传佛教更相吻合。这些汉式建筑元素的出现，有两种可能。一是在南传佛教传入以前，此地先有汉传佛教传播，该塔初建之时为汉传佛教塔，后期随着南传佛教的不断渗入，信徒皈依了南传佛教。另一种可能是，佛塔初建之时，就是专门为南传佛教信徒建造的，只是建筑装饰借鉴了汉族建筑元素，或者建筑师本身就是汉族工匠。由于南传佛教传入之初，其宗教建筑工艺并未随之传入，于是建筑师们就参照汉传佛塔建造了这两座独具特色的佛塔。

（三） 勐夏八角亭

景谷傣族彝族自治县永平镇勐夏大寨官缅寺是滇南地区重要的傣族南传佛教寺院之一，该寺藏经阁名曰"洪武八角亭"，是一座典型的汉式建筑。该亭为重檐攒尖顶结构，共分三层，第一层为八角，第二、第三层为六角。亭高 13.3 米，实木结构，覆盖青灰瓦、羽角上翘，缀有风铃，重檐下有斗拱，并有龙凤木雕斜撑作装饰，亭子各面均有镂空木雕花窗，图案多为中国吉祥物。亭基高 1.9 米，为八角须弥座，由红砂石垒而成，八面均有石雕，多为人物花卉图案。该寺始建年代不详，根据亭名称推测，应建于明洪武（1368—1398）年间。

云南省普洱市景谷傣族彝族自治县处于华夏文化圈与东南亚文化圈的交叠地带，从中国内地向外看，它处于汉传佛教、道教向外传播的边缘地带；从边境向内看，这一地区又处在南传佛教向内传播的边缘地带。因此，道教、汉传佛教和南传佛教在这里交融互渗，你中有我，我中有你。

（四） 线董佛寺

线董佛寺是阿昌族地区具有代表性的南传佛教寺院之一，位于云南省德宏傣族景颇族自治州陇川县户撒阿昌族乡线董寨。据说，该寺在"文革"以前是阿昌族地区最美的两所南传佛教寺院之一。修建年代不详，估计为清前期至中期，为户撒土司赖氏主持修建。根据当地村民描述及清同治七年（1868）西方人的记载，原寺造型为五层八角楼阁。1868 年西方人对此寺有记载："在旁边的一个平台上，矗立着一座八角楼阁，里面有一座小小的宝塔。楼阁几乎是全木结构，屋顶为五重檐，往上一层比一层小，最上面被一个金顶罩住。楼阁各面都设有开放的木雕窗子，每个窗子有两扇雕刻精美的窗门，每扇代表一种物体，如鸟、鹿、植物或蝙蝠。每重檐有三根突出的梁，末梢雕刻着一个怪异的头。里面的佛塔是方形的，逐渐变细的塔尖一直伸到楼阁内部的顶层。"从这条记载中可以看出，这是一座典型的汉式建筑。该寺"文革"时期被毁，八角楼阁已荡然无存。但那些精美的木雕窗子被保存了下来。这些木雕的图案栩栩如生，内容多为中国民间传说故事人物或吉祥物。如八仙过海、鱼跃龙门、蝙蝠（象征福）、鹿（象征禄）等。由于雕刻内容多反映仙道之事，笔者曾有南传佛教占有道观的猜测。然经多方考证，否定了这一猜测。该寺只供奉佛祖果达玛，没有道教神仙或其他偶像。另外，该村一些地名也证实了该佛寺曾经是佛教兴盛之地。目前，村寨里尚有过去专供僧人取水的"崩几井"、僧人洗衣服的"桑干河"和晾晒衣服的"桑干坡"。据说过去僧人很多，他们洗僧袍把河水都染黄了。"崩几"指"僧人"，"桑干"指"僧伽"，此二词汇均源于缅语。因此，可以肯定该寺的宗教信仰应为自缅甸传入的南传佛教。

除了该寺以外，阿昌族地区清代民国时期遗留下来南传佛教寺院都或多或少地吸收了汉式建筑的元素。这与明清时期中央王朝对阿昌族地区的经营开发和汉族移民迁入不无关系。由于阿昌族聚居的户撒盆地四面环山，易守难攻，加之气候凉爽，无瘴疬之患，适合汉人军士居住。明朝"三征麓川"之际，将此作为屯军之地，自此便不断有汉人军士和商贩迁入。清朝"乾隆征缅"之时，又加强了这一地区的开发，更多汉族移民迁入，促进了汉文化在这一地区的传播。尤其是建筑方面，阿昌族深受汉族影响。南传佛教传入阿昌族地区的历史悠久，但宗教建筑工艺传入相对滞后。据说，佛教传入之初，阿昌族建造的佛寺都是简陋的茅草房。后来，剑川师傅（汉族或白族工匠）来了以后才会建造砖瓦结构的木雕佛寺。过去阿昌族地区的南传寺院多由汉族工匠建造，也许他们做雕刻时并不理解其作品的宗教含义，只因为他擅长雕刻"八仙过海"图案，就习惯性地把它雕刻在为南传佛教信徒修建的庙宇上。

除上述几个具有代表性寺塔外，德宏、临沧、普洱一带还有一些类似的中国特色鲜明的南传佛教古建筑值得深入调查研究，并加以保护。

三 结论

中国式南传佛教寺塔是东南亚文明与华夏文明的碰撞、交融的结果。既表现出了鲜明的中国特色和中国气派，又带着浓厚的南传佛教风格。不管这些"中国化"的南传佛教寺院建筑样式和手法如何改变，它本质的内容并不会变。虽然这些寺院采用了汉式宫观庙宇的建筑样式和风格，但建筑形制上还是保持了南传佛教的传统，通常由佛殿、讲经堂、藏经阁、鼓房、僧舍等建筑群组成，并且佛殿大门面向太阳升起的东方。佛堂内只供奉佛祖果达玛，不供奉其他神仙偶像或菩萨。

南传佛教传入我国一千多年的历史进程中，既恪守传统，又不断吸收我国少数民族及主流文化的养分，不断本土化，最终在我国西南边境地区扎根，形成了独具特色的中国南传佛教。宗教建筑的本土化是我国南传佛教本土化的一个重要方面。20 世纪 60 年代以前，大量本土化的南传佛教建筑，它们或采用了信教少数民族的建筑风格或吸收了汉式建筑的元素。可惜，这些建筑大都在"文革"时期被毁坏，只有极少数得以保存下来。20 世纪 80 年代以后，被毁之寺塔逐渐得以恢复重建，但这些重建寺塔出现了"逆本土化"的倾向，普遍采用了泰国、缅甸北部泰掸人的寺塔建筑风格，中国特色、民族特色逐渐淡化。导致这种情况的原因是多方面的，首先，是在我国现代化建设进程中，传统建筑工艺，尤其是少数民族传统民居建筑逐渐被摒弃，导致其建筑工艺濒于失传，建筑成本升高，最终被淘汰。因此，近年来重建的南传佛教寺院民族特色不突出，例如，从建筑上来看，我们很难区分哪个是傣族的佛寺，哪个是布朗族的佛寺。甚至，很难区分，哪个是中国的佛寺，哪个又是泰国或缅甸的佛寺。另外，20 世纪后半叶，我国宗教发展经历了一些挫折，宗教消极作用被夸大，积极作用被忽视，使得宗教发展进入了低谷期，宗教建筑行业也随之萎靡，建筑工匠渐少，传统工艺传承中断。一度深受边疆少数民族青睐的汉式庙宇殿堂、亭台楼阁逐渐从少数民族地区淡出。

中国化的南传佛教建筑是我国建筑文化的一部分，同时也是世界南传佛教建筑的重要组成部分，它是南传佛教在中国生根发芽，并与中国传统文化相融合的产物，它代表了中国南传佛教的一个特点，即融会贯通。这些具有中国特色的南传佛教建筑是华夏文明与东南亚文明碰撞交流的历史见证，是我国建筑文化和南传佛教文化的共同的宝贵遗产，客观上丰富了南传佛教的建筑形式。笔者在调查过程中发现这些历史遗存只有少数被列为文物保护单位受到保护，其余均面临新式东南亚建筑风格的冲击。若不加以保护，这些古建筑很快就会消亡，被近年新兴的泰掸式寺塔取而代之，使我国南传佛教建筑逐渐走向统一化和单一化，民族特色、地方特色逐渐消失。

（熊顺清，云南民族大学副教授）

试析南传上座部佛教与傣族社会的融合

——以西双版纳傣族宗教信仰为例

李守雷

罗伯特·贝拉（Robert N. Bellah）认为宗教社会学主要研究内容包括承载着宗教信仰的社会行为、组织制度，宗教与经济、政治、阶层等社会子系统的关系，以及宗教的社会功能和变迁等。[①] 南传上座部佛教传入之前，西双版纳傣族持守本民族的原生性宗教，敬拜水神、猎神、谷神、家神、寨神、勐神、寨心、勐心等，囊括了自然崇拜、祖先崇拜和社神崇拜。原生性宗教与傣族农耕文化、村社组织和以"勐"为主体的政治制度相互催生，彼此契合，形成傣族完整的社会系统。南传上座部佛教传入西双版纳傣族社会之后，经历漫长的本土化过程，与傣族社会组织和文化紧密融合，却没有完全排斥或融合原生性宗教，而是实现了两种宗教交叉叠加，达到并行不悖的效果。

一 南传上座部佛教适应傣族社会组织制度

12 世纪傣族头领叭真征服各部建立"景龙金殿国"。元朝政权对澜沧江以西的"僰"实行"委土人酋长为首领，不变其原有制度，使世袭统治之"的土司制度。直至 1956 年，通过土地改革，西双版纳彻底结束了约 800 年的土司制度。土司制度在西双版纳地区形成一套完备的行政管理体系。西双版纳最高统治者被称为"召片领"，下设"召童叭萨""召景哈""怀朗曼凹""召童叭竜办"四大部门，分别负责政治、经济、军事

---

① 戴康生、彭耀主编：《宗教社会学》，社会科学文献出版社 2007 年版，第 4 页。

等事务。地方一级的各勐土司是整个政权的中坚力量，真正掌握着经济、军事的实际权力。由"召贯"和"叭浩"辅助治理地方事务，并负责与中央的政权联系。傣族民众分为"召庄"（自由民）、"傣勐""滚很召"（仆人）等级别，相同级别的村寨时，组成一个"火西"，共同承担劳役或其他义务。村寨头人被委任为"叭""蚱""老先"，负责村寨管理。召片领名义上拥有所有土地，而召勐实际控制着各勐的土地。普通民众以村寨、家族、氏族的形式占有土地。土地占有以封建领主制、农村公社制、家族公社制三种形式并存为主，形成以家庭—村寨—勐—召片领等多层级所有制形式。这种土地所有制是以地缘为基础，延续了血缘传统，并加以政权的控制。成员离开村寨时，都要将分得的寨公田交回村寨。如果是从一个勐迁移到另一个勐，还需要召勐的同意，重新进行土地和义务的分配。

在傣族原生性宗教的神灵体系中，从家神"丢瓦拉很"、寨神"丢瓦拉曼"到勐神"丢瓦拉勐"，构筑起一个有序的信仰空间。每个层次的保护神都有各自的空间界限。凡家中有人外出远行、离家归来或留宿外人，男主人要首先告知家神，持香跪拜，求得家神的许可和保护。村寨有家庭搬出或迁入时，由"召曼"祭祀寨神"丢瓦拉曼"、寨鬼"丢瓦拉棒"，告知当事者的名字，至此搬出者成为"外人"，而迁入者获得村寨成员资格，死后可以葬入坟山。勐神的祭祀由祭师"莫勐"主持，土司向"莫勐"传达祭祀的请求，为全勐群众祈福。在祭勐神、寨神时，在各路口或村寨四周悬挂"达了"，并派人把守看护，禁止外人进入。傣族原生性宗教适应封闭排外、自给自足的农耕社会组织，具有浓厚的农耕文化特色。不论土地崇拜的寨心、勐心，还是由祖先崇拜发展为社神崇拜的寨神、勐神都具有强烈的地域界限，对内具有凝聚力，对外进行排斥区隔。傣族原生性宗教已经形成凝聚家庭、村寨和勐的神灵体系，却缺乏涵括整个傣族的民族神。原生性宗教的祭司与神的关系很微妙，一个波莫（祭司）负责供奉、祭祀固定的神，亘古不变；祭司们各奉其神，相互之间，即使勐神祭司与寨神祭司之间，也没有隶属关系。[1] 傣族原生性宗教的神灵体系与西双版纳傣族封建领主制度已经存在一定的间隙。

---

[1]　朱德普：《景洪傣族祭神情况调查》，载《傣族社会历史调查（西双版纳之九）》，云南民族出版社 1988 年版，第 252 页。

　　佛教传入以后，以其制度性宗教的神灵体系，适应傣族等级鲜明的社会组织体系，从村寨到勐，再到整个西双版纳，建构出完整的信仰空间。一般而言，西双版纳傣族佛寺组织体系分为四个层级。最高一级是建在宣慰街的总佛寺；第二级是建在各勐土司所在地的勐总寺；第三级是在以"陇"或"播"的行政区划内设有一个中心佛寺；第四级是几乎每个村都建有的村寨佛寺。在每月十五日和三十日，村寨佛寺的住持集中到中心佛寺，汇报本寺情况，听中心佛寺的祜巴讲经；中心佛寺的住持又要定期向勐总寺"洼龙勐"汇报情况，交流佛学；勐总寺又接受宣慰街总佛寺的统领。西双版纳傣族社会组织制度与南传上座部佛教的组织体系相互依托。傣族社会组织，尤其是各级头领，通过参加宗教仪式、经济支持和遵从佛教道德规范等维持佛教的神圣性；而南传上座部佛教以神圣的仪式化和神圣的等级性烘托出傣族社会组织制度的神圣合法性和认同感。[①] 南传上座部佛教与傣族社会组织存在人员交集和角色交织的现象。傣族最高世俗权威召片领被尊称为"松溜帕真召"（意为"至尊佛主"），在泼水节等重要节日要为各勐土司或普通百姓摸顶祝福，显示其拥有的崇高神圣性。宣慰街总佛寺的住持要由召片领直系亲属来担任。各勐土司也被分别赋予"召敦帕布塔捧玛翁萨""召敦帕捧玛翁萨""召敦帕拉扎翁萨""召敦帕迭巴翁萨""召敦帕比扎翁萨""召敦帕宰雅翁萨""召敦帕南玛翁萨"等不同级别的佛教尊称。[②] 在西双版纳南传上座部佛教管理体系中有一个特殊的角色——"安章"，是从还俗的佛爷中推选产生的，负责寺院的修建、经济管理和主持佛事活动等，成为佛教与傣族社会融合的交接点。[③] 佛教适应并服务于傣族社会等级体系，将整个傣族社会统一在佛陀信仰之下。但是，佛教组织制度并没有超越傣族以地域性和排斥性为特点的农业社会结构。比如在泼水节等傣族传统节日时，村民只能在本村寨寺庙赕佛，献饭，而不能到其他村寨的寺庙进行佛事活动；不同勐的寺院也不存在隶属关系。

---

　　① 　郑筱筠：《历史上中国南传上座部佛教的组织制度与社会组织制度之互动——以云南西双版纳傣族地区为例》，《世界宗教研究》2007 年第 4 期。

　　② 　刘强：《西双版纳傣族传统政治形态中政治结构和过程探索》，《云南行政学院学报》2005 年第 3 期。

　　③ 　郑筱筠：《人类学视域下南传上座部佛教的中国阈限理论分析——以南传上座部佛教管理体系中的安章现象为例》，《思想战线》2010 年第 2 期。

二　南传上部佛教融入傣族社会文化

宗教不仅是单纯的信仰体系，也代表着所在社会的文明。南传上座部佛教传入西双版纳傣族社会，既携带着印度文化，也有缅甸文化的因子。佛教文化与傣族原始文化经历了冲突、妥协、吸收，最终实现融合，对傣族社会文明产生深远影响。佛教进一步强化傣族原生性宗教的集体主义伦理，并以劝人为善的思想和宗教戒律塑造了傣族民众的道德观念。南传上座部佛教节日与傣族传统节日相互借鉴、彼此融合，形成具有傣族特色的节日文化。关门节、开门节等佛教节日融入了傣族节日文化。体现傣族农耕祭祀的泼水节，将生殖崇拜、祖先崇拜与佛教信仰很好地囊括在一起。"纵观傣族节日文化演变过程，从盛大的泼水节来看，大体上是从农业祭祀节日过渡到佛教历法节日，再逐渐演化为具有综合功能的复合型节日。"① 傣族先进的天文历法是在原有文化基础上，借鉴、融合了外来历法知识，特别是佛教携带而来的古印度历法。② 南传上座部佛教从缅甸传入中国傣族地区，也将用缅文书写的佛经一同传入。"傣族乃模仿缅文造成本民族的文字以书写佛经"，创造了保留至今的"老傣文"。③ 文字的创制也把先前傣族以传说、神话、诗歌等口传文学逐步发展为书写文学。佛经题材也丰富了傣族文学艺术内容，使傣族文学日益繁荣。④ 傣族文身习俗本质上属于原始图腾崇拜的遗物。佛教传入之后在所文的内容中增加了佛教经句和图案。⑤ 佛教融入傣族社会之后，建立了完善的寺院教育体系。傣族男性到了六七岁就要"升和尚"，进入寺院接受佛经教育。这提升了傣族民众的整体文化水平，为傣族社会的发展奠定了文化基础。

南传上座部佛教传入傣族地区后，与傣族原生性宗教碰撞、冲突、并存、彼此吸纳，两者在神灵体系和观念上出现了部分交叉。傣族神话《谷魂奶奶的故事》（"雅欢毫"）中，叙述了佛教的佛祖和原生性宗教的

---

① 赵世林、陆生：《从节日习俗看傣族宗教文化的变迁》，云南民族学会傣族研究委员会编《傣族文化论》，云南民族出版社 2000 年版，第 335 页。

② 吴之清：《试论南传佛教对傣族天文历法的影响》，《宗教学研究》2014 年第 3 期。

③ 尤中：《云南民族史》，云南大学西南边疆民族历史研究所 1985 年编印。

④ 赵燕：《南传佛教影响下的傣族社会文明格局》，《贵州民族研究》2014 年第 9 期。

⑤ 张公瑾：《傣族的农业祭祀与村社文化》，《广西民族研究》1991 年第 3 期。

谷魂进行较量，谷魂不向佛祖跪拜而愤然离去，招致天下饥荒遍野，佛祖只能低头认错，亲自将谷魂背回来，最后谷魂纳入寺庙的神灵序列。佛祖与景洪最大的勐神"阿腊娃嘎梭纳"经过几次斗法，打败勐神，使其悔罪三月，皈依佛门，接受召片领为首官民的祭拜。在佛寺的神圣空间中也接纳了傣族原生性宗教的神宫，两种神圣空间交错镶嵌。在佛寺正殿外一侧，设有一个龛洞，是供奉佛寺保护神"丢瓦拉洼"的神宫；在另一侧又有五个龛洞，供奉着方位神"霍西利"。① 在赕佛、赕塔、升和尚等盛大佛事活动时，务必在佛寺正殿或佛塔一侧搭建一座"干栏"式神宫，恭迎勐神寨神等诸神来享用供献。

宗教祭祀上，南传佛教的僧人也常常参与原始宗教的活动。比如傣族民众相信恶鬼的存在，为防范它们害人或糟蹋庄稼，要请巫师用竹片和草绳编制"达了"，再念防鬼经，使其具有神圣的功效。后来，寺院僧人也参与制作"达了"，并念佛经，同样具有效力。在祭祀活动中，巫师和佛爷同时出现，参与同一个神祇的祭拜。寨心，傣语称"宰曼"，被傣族民众视为村寨的命脉，属于原始土地崇拜。传统上，不论迁寨立寨心，还是平常祭寨心，均由巫师主持。佛教传入之后，佛爷也慢慢参与到这一祭祀场域中。祭寨心活动中，先由巫师向寨心祝告，驱邪迎福；然后，巫师退出，佛爷进入祭坛，在经棚中诵经祈福，彻夜不止；第二天，佛爷离去，巫师主持仪式，率乡民用棉线围寨，连接各家傣楼，象征全寨永结同心，固若磐石。傣族最为看重的"赕"佛活动包含着浓厚的鬼神信仰和祖先崇拜的成分。在关门节期间"赕帕萨"和泼水节祭祖、"堆沙"等活动中，要讲献给祖先的祭品寺院的门外或者院子内，由佛爷念诵佛经，请先人来享用。② 南传上座部佛教吸纳了傣族原生性宗教的神祇和神灵观念，并浸入其信仰系统和祭祀仪式。两者的互渗和共享促进见证了南传上座部佛教成功融入以祖先崇拜、社神崇拜为代表，以血缘、地域为纽带的农耕文化。

---

① 邱宣充：《西双版纳景洪县傣族佛寺建筑》，《云南民族民俗和宗教调查》，云南民族出版社 1985 年版，第 146 页。

② 非正常死亡的只能在寺庙大门外献供品，正常死亡的在寺庙的院子里献供品，由僧人念去世亲人的名字，来享用供品。

三　南传上座部佛教与傣族原生性宗教交叉并存

南传上座部佛教与傣族社会组织和文化实现了高度融合，相互依托，实现了傣族社会文化的强盛稳固。但南传上座部佛教与傣族原生性宗教不论在神灵体系还是在祭祀组织上都始终存在着明显界限。虽然谷神被纳入佛堂，景洪勐神皈依佛门，但家神、寨神、勐神、水神等傣族原生性宗教神灵还保持其独立性。它们的神坛与佛祖保持着相当的距离，在祭祀中也拒绝僧人参与。在寺院每年的佛事活动中，要进行各种"赕"，同时也会敬献原生性宗教的神祇。但这些神的神宫却只能搭建在寺院正殿的一侧。① 寺院保护神"丢瓦拉洼"被看作是南传上座部佛教和傣族原生性宗教相互融合的产物，但此神的神宫也建在寺院正殿的侧面。在泼水节、关门节和开门节等傣族三大节日中，村民都要到寺院祭祀去世的亲人，但只能在寺院门外或者寺院侧殿外敬献，其后再进入正殿礼佛念经。即使僧人和巫师共同参与到源自土地崇拜的勐心、寨心祭祀活动中，却通过"在场"的先后顺序将两者隔开，两者没有同时出现在祭坛之上。在西双版纳州勐海县勐混镇的"赕塔"活动中，僧人和可以让"谷魂奶奶"附体的女巫"咪地喃"共同出现在祭祀的同一场域，双方却通过空间隔离和职责分工而保持距离。② 僧人和巫师虽然共同祭祀同一个神灵，双方却通过时间和空间距离维护自我主体地位，在整个过程中没有高低上下之分。

"融合"有两层含义。首先，宋陈亮的《书赵永丰训之行录后》中，"天人报应，尚堕渺茫；上下融合，实关激劝"，"融合"是指两者的关系调和、融洽之意。南传上座部佛教与傣族社会组织和文化体系彼此对应，相互促进，保持着融洽的互动关系。南传上座部佛教与傣族原生性宗教发生了斗争、妥协、互渗、并存，达到了调和状态。其次，晋常璩的《华阳国志·汉中志·涪县》中有"屠水出屠山，其源出金银矿，洗，取火融合之，为金银"，其中"融合"可以解释为熔解、熔化，是将不同物体

① 朱德普：《景洪傣族祭神情况调查》，载《傣族社会历史调查（西双版纳之九）》，云南民族出版社 1988 年版，第 249 页。

② 杨清媚：《从"双重宗教"看西双版纳傣族社会的双重性——一项基于神话与仪式的宗教人类学考察》，《云南民族大学学报》（哲学社会科学版）2012 年第 4 期。

"合成为一体"。南传上座部佛教在本土化过程中，与傣族社会组织和文化已经融为一体，不分彼此，实现了更高层次的融合。而佛教与傣族原生性宗教"仍然保持着各自的文化特质及相对独立性"，存在明显界线和距离。① Edwin Zehner 认为外来宗教在本土化过程中并不一定要与本土宗教融合（Syncretism），而是通过跨文化共享和扩大跨越信仰边界的共同属性等方式实现外来宗教与本土宗教的混杂（Hybridity）。② 南传上座部佛教在傣族社会的本土化过程中，与傣族原生性宗教各自保持主体性前提下，发生部分重叠和文化共享。南传上座部佛教与傣族原生性宗教"一方面是在互相让步、互相渗透，再方面又是在相互排斥中共存"，③ 成就了"傣族的二元化信仰"。④

南传上座部佛教在融入西双版纳傣族社会的过程中，适应傣族社会组织制度，形成了层级鲜明，具有地域性和排斥性的组织模式。虽然佛教以其制度性宗教的神祇在信仰上将整个傣族社会统摄在一起，却丧失了制度性宗教超越地域、政权、民族界限的独立自主性。南传上座部佛教自身的道德礼仪和文化体系，还有携带而来的外来文明，相对于傣族原生性文化更为先进，在提升和完善傣族文化的过程中成功实现本土化。佛教与傣族原生性宗教在神灵体系和祭祀仪式等方面的互渗只拘泥于血缘性的祖先崇拜、地域性的土地崇拜等，说明佛教信仰体系与傣族社会的融合受制于农耕文明。总体而言，南传上座部佛教与傣族社会实现了高度融合，与同样紧密融入傣族社会的原生性宗教形成一种交错叠加关系，存在交集和文化共享，同时保持了各自的主体性。南传上座部佛教既没有完全容纳傣族原生性宗教，也没有完全排除原生性宗教，形成单一信仰体系。究其原因，首先，佛教相对比较包容，尤其是西双版纳佛教属于"摆润"派，教义

① 梁晓芬：《南传上座部佛教与傣族原生性宗教的调适与互动——试析上座部佛教在云南的本土化路径》，《"东南亚宗教与区域社会发展"学术研讨会论文集》，第 79 页。

② Edwin Zehner, "Orthodox Hybridities: Anti‑Syncretism and Localization in the Evangelical Christianity of Thailand", *Anthropological Quarterly*, Vol. 78, No. 3 (Summer, 2005), pp. 585 – 617.

③ 朱德普：《傣族佛教和原始宗教的关系试析——兼析两者长期共存的原因》，《思想战线》1992 年第 3 期。

④ 张公瑾：《傣族的农业祭祀与村社文化》，《广西民族研究》1991 年第 3 期。

教规更为宽和，能够容纳祖先、谷魂、地方神等神灵。[①] 其次，两种宗教都适应了傣族封建领主经济，有助于巩固和维护封建领主制度。"封闭性的自给自足封建领主社会经济，是两者共存的温床，对两者兼爱难舍的则是封建领主统治者。"[②] 正因为南传上座部佛教与傣族封建领主社会融为一体，在现代社会转型中不可避免会遭遇挑战，从而开启新的适应过程。

（李守雷，昆明学院讲师）

---

① 中国南传上座部佛教分摆润、摆庄、多列、左抵四派，其中多列和左抵持戒最严，排斥一切神灵崇拜，而摆润相对比较宽容。

② 朱德普：《傣族佛教和原始宗教的关系试析——兼析两者长期共存的原因》，《思想战线》1992 年第 3 期。

论南传佛教的"新人文"精神
及其现代价值

冯天春

人文关怀一直被视为文艺复兴以来呼声最高、层次最深的人性价值取向。① 然而，比照目前人文关怀的实际情况及生命伴随着的各种问题，我们发现：人类对自身的关注、关怀、观照尚存许多可反思之地，现行人文关怀体系并不足以代表人类生命的最高安顿层次、有效解脱方法和正确行进路径。笔者在对南传佛教的粗浅探讨中，发现其人文精神对生命的全新理解正好可对上述缺位做出弥补和拓伸，实为新人文视域。基于此，本文即集中阐释其新人文内蕴，在此基础上对现行人文关怀进行深刻反思，并探讨新人文境界的实现路径及其现代价值。

---

① 人类对自身的发现与解放，有两个层次显得非常重要：一是由人本视角确立自身的主体地位；二是由人文视角升华自身之存在价值。人本偏重于对人自身存在的发现，故而其表现侧重于对人类各种生存欲望的实现和满足；人文则更为关注人类存在的精神价值及其提升，从更深的一个层次上来直面、思考人类存在的意义。不过，二者存在很多部分的重合，并且二者间所谓的物质价值和精神价值在很多场合是相互影响的，人文中有人本，人本中有人文，其根本目的都在探讨人类存在的意义、价值、出路。但总体上说，人文更贴近人类精神本身，更为关注人类生命的存在和超越。故而，凡谈及人文，人们实际上对其倾注了极高热情和极远期盼，甚至会有最终于人文中得到生命安顿，实现最终存在价值之预设、理想。从这种角度来看，人文关怀体系可谓囊括一切关注人类精神世界、终极价值的文化元素。不过，在具体的实践中，"人文"会不会陷入一些"误区"？或有没有起到相应的时代作用？又是否一直徘徊于人文之浅表？这都是我们在提升生命的存在价值时需要深思的。本文所要反思、厘清的，正是这些问题。

一　南传佛教的"新人文"意蕴

南传佛教"新人文"之立论因缘①如下：其一，现代人类心灵面临着新的问题，需要新的人文视野、新的解决方法；其二，较之于现行人文，南传佛教之人文关怀体系具有本性的深度及完整的实践技术；其三，南传佛教新人文从宏观微观相结合的"全域性"视角来看待生命之存在、发展、提升，是审视生命的新视野。关于此视域，下文将结合南传佛教对生命的理解、关怀、解脱来进一步诠释。

首先，"新人文"对生命存在的全域认知。人文关怀的程度，首要表现于对生命的认识程度，唯有宏观、全域地审视生命存在，才谈得上最深层之人文关怀，最根本之生命安顿。"新人文"视域对生命的全域认知主要包含如下内容。

第一，生命的一体多维性。"一体"即生命存在之既有个体；"多维"则是指生命并非仅可见之身心构成，尚有人类暂未识别的隐性视界。从整个佛教来看，生命的"一体多维性"主要表现在纵向"九层"②和横向"十八界"③两说。"九层"的基本内容是唯识"九识说"，南传佛教中虽有类似思路，但并无明确的"九层"细分，大概只粗分为内外两层："内"即佛性，"外"即眼耳鼻舌身意。而"十八界"则是南传佛教讲论生命构成因缘、形成原理的重点内容。尤其在《法集论》《界论》《双论》《人设施论》《论事》《发趣论》《清净道论》诸论中，均有深透阐释。大抵用意是从原理上辨清当前补特伽罗人我之形成，并从宏观的一体

---

①　"新人文"名实之建立，实是吴正荣教授近年所致力研究、倡导之"大生命观"的拓展、延伸，所谓"大生命观"，约意为：从觉性的宏观视野来审视生命之横向、纵向、深度、广度，个体、全体，主体、客体等范畴，在实践中融通主客二元的理性对立，达到本心层面的生命安顿，实现终极境界的人文价值。其说乃一种开放的、宏观的生命视野，并不局限于南传佛教，而是一切佛教支派甚至是各种宗教和文化思想所共同探讨、关注和追求的生命理想境界（见吴正荣、冯天春：《〈坛经〉大生命观论纲》，人民出版社2014年版）。本文实依据此思路，集中于南传佛教思想、话语体系内来探讨其人文关怀意蕴。

②　九层，即眼、耳、鼻、舌、身、意、末那识、阿赖耶识、阿摩罗识之九个层次或维度。

③　十八界亦名"蕴、界、入"或"阴、持、入"，实际上就是六根（眼根、耳根、鼻根、舌根、身根、意根）、六门（眼、耳、鼻、舌、身、意）、六尘（色、身、香、味、触、法）之合称。

视角来看待、统摄生命的各种层级。如《双论》说：

> 若某人眼界生者，其人意识界生耶？然。或又某人意识界生者，其人眼界生耶？若有心、无眼而往生时，其人意识界虽生而其人眼界非生。若有心、有眼而往生时，其人意识界生而眼界亦生。若人眼界生者，其人法界生耶？然。或又若某人法界生者，其人眼界生耶？若无眼而往生时，其人之法界生而其人之眼界非生。若有眼而往生时，其人法界生而眼界亦生。[①]

这仅是《双论》论述"十八界"原理的一小部分，但已经体现出了六根、六门、六尘因缘而动，形成人我的一体性、互通性。简言之，当前的补特伽罗人我是由六根、六门、六尘横向构成的统一体，含有内、中、外三个维度。

结合上述之纵向内外两层和横向内中外三层来看，生命构成中都隐含着"本性""身心感官""内外互通统一"三层义。"本性"是最深层之存在，也是所谓的生命之本真；"身心感官"则是生命的身心现象，也即一般所说的生命欲望层，但是，两层之间并不孤立，而是一体互通、多维共存的。这就为深度的人文关怀提供了综合视野、理论依据。一般而言，孤立地从身心层看待人文关怀，必然是"爱系我首，长道驱驰，生死轮回，生死流转，不去本际"[②]，无法透彻；只谈本性层，也难免是一种孤立、灰身灭智之二元分割。唯有从本性视角宏观视之、一体考量，才可能具备"世心是冥身，涅槃是非根法，甚深微细觉性，乃能了知"[③] 的全域生命视野，也才有出离现实苦厄、解脱于最终层次的可能性。

第二，是生命的无疆界性。此之谓生命有显隐无数类别。并且，从根本上看，各种物类、个体与全体、主体与客体之间存在互通性。远在相应部、长部、小部经典中，南传佛教就将生命清晰地划为畜生、恶鬼、地域、人、阿修罗、天、声闻、缘觉、菩萨、佛之"十法界"。这种划分说

---

① 《双论》，郭哲彰译；元亨寺汉译南传大藏经编译委员会编译：《汉译南传大藏经》第51册，（台湾高雄）元亨寺妙林出版社1996年版，第273—274页。
② 《杂阿含经》；[日]高楠顺次郎、渡边海旭、小野玄妙等编辑：《大正藏》第2册，大正新修大藏经刊行会（大正一切经刊行会），1934年，第41页。
③ 《阿毗昙毗婆沙论》，《大正藏》第28册，第56页。

明生命并不单以人类为中心，还有共行之其余形态。而最为突出的无疆界性还体现在两方面：一者，生命根据所造业力、所受因果或在六道轮回，或向四圣提升；二者，一切万物都具备平等无别的佛性本来。故说生命存在是无疆界的，互通的，甚至是一体的。这也是南传佛教对生命全域性认知的重要内容。

第三，生命的永恒性。南传佛教论证生命的永恒一般是从空性的永恒自在开始。《论事》云：

> 今称空性论。此处，言空性有二种空性，是蕴无我相与涅槃。于此中，先是无我相，一分或依方便说，应为行蕴系属，但涅槃唯无系属。①

《论事》将空性分为两层含义：一为在五蕴中不执着于物相之缘起空；另一为永恒自足、不与物相关联之涅槃之境，不属缘起之法。但不论从哪一层意思来说，空性都被描述为自由的、自足的、永恒的存在。《无碍解道》第十品也云："此句是最上，此句是最胜，此句是殊胜，谓一切行之寂止，一切取之定弃，渴爱之灭尽、离欲、灭、涅槃。此是最上空。"② 即使是被目为外道邪执见之安达派，也从"行蕴非无常、非有为、非缘生、非尽法、非坏法、非离贪法、非灭法、非易变法"③的角度论述了空性的永恒不灭。这样，显然更为人文关怀提供了安顿于永恒之理论依据。另外，南传佛教也从"业"的角度来论说生命的永恒性。因为"业"作为一种既成事实是不可能消失的，它已经成为一种积淀深藏在自我含藏之中，成为人我的基数之一。关于这点，阿含部《梵网经》中释迦牟尼借外道婆罗门的口吻说：

> 我及世界是常住，如无所生产之石女，如常住山顶，如直立不动之石柱。而诸有情之流转、轮回、殁去、生来，我及世界之恒存常在。所以者何？因我从苦行、精进、专修、不放逸、正忆念、心得三

---

① 《论事》，郭哲彰译，《汉译南传大藏经》第 62 册，第 324 页。
② 《无碍解道》，悟醒译，《汉译南传大藏经》第 44 册，第 91 页。
③ 《论事》，郭哲彰译，《汉译南传大藏经》第 62 册，第 325 页。

昧，心得三昧已，能想起过去种种宿住。①

从该经的"内道"观点来看，显然引文执认诸业、真我为常，是"外道常边见"。但其侧面却指出了一个事实：在未证道解脱之前，一切业果生生流转不停。并且，即使证道解脱，这些旧有生命经历依然留存，只不过不再成为一种迷昧、障碍，而是具有本性视角的缘起性空。这也说明，不论从何视野来看，生命都具有永恒性。

从一体多维性、无疆界性、永恒性三个要点来审视生命，则人文关怀应有的深度、广度就非常清晰。现行人文关怀体系之主流由于不承认生命的全域性存在，故在真正本性层面的终极关怀是缺位的。而且，即使考虑到生命应该受到本性层面的关怀，也将本性当作一种孤立存在，割裂了生命的全域性。

其次，"新人文"从心性上来实现终极关怀。南传佛教的"新人文"视域并非一句空泛的名言，而是落实于当下的生命实践。新人文的最终境界并不排斥现象层的各种人本需求，而重在既有条件下证取本性的自足、永恒，不被欲望、现象拘束，以更加深刻地反观、浸润人生。例如，南传经典《俱舍论》，有学者即对其第六、第七、第八品所深藏的终极生命关怀实质做了精到评述：

> 三品是关于生命的净化，或者，更确切地说，是关于生命运动的静止化。第六品是一幅描写佛教圣者的图画，最后两品讨论圣位的一般和特殊的原因，就是，纯洁的智慧和超越的沉思。②

这种阐释是朴实的，贴近生命的。生命于心性层面的安顿，体现在南传佛教生命哲学上则集中于主客二元的最终圆融。二元对立乃哲学之宿命，在哲学产生的一刻起，便意味着二元对立的产生。原因很简单，因为最初的哲学实际上是人类思维的造作。其对立根源并非理论的表达，而是"思维观念"对"生命本层"的隔断。在南传佛教"新人文"视域中，

---

① 《梵网经》，通妙译，《汉译南传大藏经》第6册，第12页。

② ［苏］彻尔巴茨基：《关于阿毗达磨俱舍论破我品》，赵克译，见张曼涛主编《现代佛教学术丛刊》第22册，大乘文化出版社1978年版，第308页。

不再是单一哲学层面的创建，而是关涉心性休养之实践。是一种知行合一、知行同步意义上的人文关怀体系。故而"二元对立的消融"并非在理论体系中完成，而是最先于"心性世界"中实现。心性一旦圆融，便喻征着主体安顿于当前之时空。同时而生的哲学理论，在主体眼中便具有了透彻性、圆融无碍性。

再次，"新人文"具备完善的实践体系。"新人文"的终极境界、基本标准为人文关怀提供了目标和方向，但作为一种完整的人文关怀体系，显然还应该有能保证目标实现的方法。否则，人文关怀便会落入空有其名之骗局。南传佛教是一个较有特点的思想系统，较为完整地保留着上座部佛教的内容。而上座部佛教的最大特点，则是拥有一套可以优化、整合生命的修持方法，如各种戒律、四念住、内观禅等。总体上，南传佛教的实践体系以"戒、定、慧"为基本次第。如论藏经典《清净道论》云：

> 世尊依戒定慧之门，以示此清净道者，即依以上，以三学、三种善教、三明等之近依，避二边而习行中道，超越恶趣等之方便，依三相而舍烦断恼，违犯等之对治，三杂染之净化，及阐明须陀洹之原因。①

《清净道论》乃觉音所造，可视为南传佛教实践体系之集大成者。其论以戒定慧为基本框架，细说总说，将南传佛教修道方法冶于一炉，全面展现了南传佛教的实践体系。

关于戒，南传佛教论藏中直接有庞大的"律藏"体系："律藏乃解说僧伽生活之禁制学处及其制度行仪。巴利律藏之内容组织，系由经分别、犍度、三部组成。"② 严格持戒成为南传佛教修道之基础及重要方法。而定慧，南传佛教一般先言定而后慧。定者，多指止观禅定；而慧，通常云智慧显用。然而实践中二而一、一而二，无法绝对分清。相应部、长部、中部、论藏中对定慧也多有阐述。如《摄阿毗达磨义论》说：

> 果定是随各自之果而得共通于一切者。然，得入定与"灭定"

---

① 《清净道论》，悟醒译，《汉译南传大藏经》第67册，第6页。
② 《律藏一》，通妙译，《汉译南传大藏经》第1册，第1页。

是阿那含与阿罗汉。其定中，如次第入定初禅等之大上二界定而出定，在其处观各处诸行之法而至无所有处止，然后在定期间之决定等行多所作而入定于非想非非想处，于二刹那安止速行之后，彼心之相续断绝，此为入灭定者。其次，出定之时，阿那含即一次转起阿那含果心，阿罗汉一次转起阿罗汉果心而随有分，然后转起观察智。①

其文主张定慧互动，交相前行，定中"相续心"断离，即出现妙观察之慧。由此足见南传佛教实践体系之全、之丰。

南传佛教"新人文"意蕴不止上述。从体系上来说，它至少包含对生命的全域性认知、生命解脱后的至深境界以及人文关怀之实践体系三大部分。并且，缺少其中任何一部分都无法实现最终的"新人文"精神。在此意蕴的对比下，现行主流人文关怀的短板非常明显。

二 "新人文"视野下的现代人文反思

"人文关怀"应是一个包含人生所需种种理论和实践手段的体系。从其立论初衷来说并无不妥，只因人们在不同时代赋予它的含义有多寡深浅之分，遂造成了自身所到达的"人文程度"存在差异。我们对人文关怀的反思，即是从人类主体对其理论深度和实践效用的理解、实现、运用上来进行的——实则是对主体自身的反思。在本文看来，现行人文关怀之主流囿于主体视野之局限，并未起到相应的时代作用，某种程度上，我们正陷于一场"人文骗局"。具体理由如下。

首先，绝大部分理论所到达者并非终极人文深度。众所周知，现行人文关怀理论大多用以应对人类身心欲望，并不彻底。如何才是人文关怀的最深层级？就目前流行的观点来看，无疑是以蒂利希为代表的人文主义者所推崇的"终极关切"。《文化神学》一书谈道：

> 宗教，就该词最宽泛、最基本的意义而论，就是终极关切。作为终极关切的宗教是赋予文化意义的本体，而文化则是宗教的基本关切

---

① 《摄阿毗达磨义论》，悟醒译，《汉译南传大藏经》第70册，第85页。

表达自身的形式总和。①

蒂利希此语本用以阐述宗教和文化之关系，不过，其最大影响似乎并不在此，而在提出了"终极关切"的著名范畴。此处，似乎既言"终极"，自当为最深层级之价值判断、生命归趣。然而本文并不认为此说果真为最终极之人文关怀。因为蒂利希所赋予"终极关怀"的含义是对宗教的完全委身。其《信仰的动力》说：

> 如果某种至关重要的关切自称为终极，他便要求接受者完全委身，而且它应许完全实现，即使其他所有主张不能不从属于它，或以它的名义被拒绝。②

意即，宗教提供了人类需要的一切终极价值，和宗教的精神完全合一，就具有了对生命终极真相的了解和对现实生命的超脱。

这显然并不完全符合事实。毫无疑问，很多宗教都具有独特的智慧性，但对宗教的完全委身实际上是依赖于外在对象而丧失了人自身的主动权。这是对个体价值的抹杀，作为活生生的个体是不会对之有最终满足感的。况且，既然是生命的终极关怀，就必须超越外在对象才足以证明自身立于最究极之安顿层。包括终极关切在内的当前主流人文关怀体系，或囿于身心欲望，或周旋于对某种绝对力量的委身、全信，这是典型的"有待"③，并非终极人文深度。

其次，现行人文体系缺乏深刻有效的实践方法。人文关怀需要有效的实践体系来辅助完成。现行人文关怀体系（含上述终极关切论）中，实践方法明显缺弱。其原因及表现可归为两方面。其一，人文传统中生命关怀精神的断层。工业文明带来的各种利益毋庸置疑，但其所伴随的物质性思维、非理性行为也对人文传统之内在精神造成了致命伤害，大多实践方法失去了传承。这一点在中国尤其明显。例如，儒家在其特定修养方法的

---

① Paul Tillich, *Theology of Culture*, Oxford University Press, 1959, pp. 7 – 8.

② Paul Tillich, *Dynamics of Faith*, Happer & Row, Publishers, 1957, p. 1.

③ 《庄子·逍遥游》载：有待，即还有所凭借，有所执著，非绝对之解脱、自由；见王先谦《庄子集解》，中华书局1983年版，第1—3页。

浸润下，历代都会出一些知行合一的大师，但目前，却极少能切实体己、升华德性之大学者。最终，学术上空谈泛滥，学人收不住脱缰之"放心"①，更无法深入理解、体味儒学的内在关怀。而道家、佛家所遭遇的境况也一样。一个真正有深度的文化体系，是靠那些有实践效用的具体方法支撑起来的，失去方法的传承，文化对生命的关怀就无从落实。其二，以工业文明为基础的人文关怀实践体系尚未建立。现代文明的"外向型"主流思维与人文关怀的"内向型"核心路径存在某种程度上的背道而驰，工业文明所理解的人文关怀并非内在生命、终极本心之安顿，故所尝试建立的一套实践体系也是"外向型"理路。我们不排除某一天这两种背离路径会最终合一，但必定是一个长期过程。在此意义上，现行人文关怀体系并不热心，或说"不屑""不懂"建立完善有效的深度实践体系。缺少实践方法，即使某人文关怀理论立意再深，也只是一纸空谈，一场骗局。

再次，生命在主体观念中的迷失。这是"人文骗局"之核心。主体观念一直是人类引以为豪的理性属性。人文主义先驱但丁也说："自由的第一原则就是意志自由；意志自由就是关于意志的自由判断。"② 但包括后现代主义在内的众多学派都发现，主体观念是一种人为建构起来的虚性存在，心灵的一切痛苦正是以此为基础而滋长的。一旦迷信主体，就丧失了"作为真正主体"的内在生命自身。真正彻底的人文关怀、深度的生命安顿必须突破主体之樊篱才可实现。人文骗局之产生，即因落在了主体观念之范畴。

其基本原理可以这样理解。一者，从理论基础上看，现行人文关怀体系之主流立足于个体的欲望本能，实质上是个体欲望之延伸，无法超越主体范畴。这必然意味着它无法透彻解决人类生命中的绝大部分问题。换言之，人类在欲望当中建立起了想要超越欲望的人文价值体系，最后还是停留在自我的设限中——是个体现象层的价值实现、人生安顿。二者，从表现形式上看，现行人文潮流多以主体之"思想"来运作。"思想"的发展程度体现着人类的文明程度，但同时也是人类心灵的受限程度。目前最先

①《孟子·告子上》载："学问之道无他，求其放心而已矣。""放心"，即是散乱放逸之心，调驯、回收此心，便是学问之正道。见朱熹《四书集注》，中华书局 2012 年版，第 334 页。

② 北京大学西语系资料组编：《从文艺复兴到十九世纪资产阶级文学家艺术家有关人道主义人性论言论选辑》，商务印书馆 1971 年版，第 19 页。

进的人文成果已经多次阐明①，人类得不到生命自由之主因是受限于自身"思想"，能洞彻此思想的"之外"才是人类生命的根本性存在。也即，解构主体之后绝对自由之"本在"才是生命可安顿之最终处。三者，从主体的基本逻辑来看，主要是"一维化"的物质性逻辑特征。这种线性的运思视野几乎无法感知、论证一维化之外的事实。某种程度上这正是二元对立无法解决的根本原因。二元对立的调和、消解须在多维视角之内才能实现。同理，真正的人文关怀也须在多维视野下才能够最终完成。关于上述"骗局"，美国超个人心理学家肯·威尔伯从另一个角度做过分析：

　　　　这是一个很有趣的文化现象。这并不代表我们已经进入了灵性转化的新形式，应该说是一种转译的新形式正在兴起。换句话说，人们并没有找到真正能转化自己的实修方式，只是找到了一种新的诠释来建立自己的正当性，替自己带来存在的意义。再换句话说，那并不是一种深刻的意识成长，而是让自己对目前处境感到满意的新诠释方式。②

　　引文指出了主体迷失之实质。"转译"即改头换面，但本质依然如初；而"转化"则指脱离原有模式之生命升华。言下之意，即使我们口说解脱，甚至套用"终极关切"或"道"的名言，但因主体运作之根本特性，还是会迷失在主体之内而未出乎其外。此即人类欲望、本能在下意识中精心设计的一场人文骗局。

　　上述判断是站在南传佛教"新人文"的高度而得出的。从南传佛教"新人文"视野来看，现行人文之主流多陷于"骗局"，常将人导引向自我之迷失。不过，有一点需要申明：这并不是否认中西方既有人文成果的智慧与功绩，也不是盲目或迷信地宣扬南传佛教"新人文"的高超，而是指出现行主流人文关怀因缺乏一种生命本体的深度以及通达此终极人文境界的实践方法，故绝大多数主体人在"人文"名下其实难符，无法出

---

　　①　后现代主义、荣格心理学、后人本主义等一定程度上发现了这个事实，但苦于没有究竟的本心作为支撑。而儒、释、道体系早已从本心视野较为清晰地阐明了主体人的"符号"实质。此符号常常是限制生命最完美境界呈现的樊网。破除此网，并非一无所有之空无零，而恰好是不受主体局限，一切符合本来之道的本性境界。

　　②　[美] 肯·威尔伯：《一味》，胡因梦译，深圳报业集团出版社 2010 年版，第 227 页。

离自身的局限。① 而这些方面，南传佛教新人文精神却可视为已做出了巨大的补充和发挥。

三　"新人文"之实现路径及其现代价值

一直以来，南传佛教主要通过个体修持、宗教信仰、寺庙教育、民俗传承、身心医疗、生态蕴养、对话交流等庞大的实践体系作为其人文关怀之实现路径。如单从该体系的名言、形式上看，显然与现行人文关怀体系并无不同，如何谈得上"新人文"？不过，本文是在生命的全域性、终极安顿境界及有效实践方法之前提下来进行的。早在反思、论述"人文骗局"时，我们就已清醒地认识到一个事实：在人类社会进程中，虽然现行主流人文关怀体系存在其理论与实践之短板，但人文关怀的终极深度其实早经由包括南传佛教在内的多种文化体系建立并实施。问题的关键其实是作为主体的人能够实现到什么程度。落于主体，即入"骗局"，而出乎主体，即是"新视域"。故而，关于实现路径我们必须牢牢把握住一个核心：对主体的反思及超越。这一点，有学者曾作过论述：

> 当代人文精神的出路不再体现为知识分广以天下为己任，本着一片赤诚之心为社会提供一套标准的行为规范（这种工作只具有政治操作意义，不再具有人文精神的含义），而是体现为对自己的"本心"进行深入的反思。这种本心，以前历来被不假思索地当作"天地之心"、公心，即民族国家之"大心"，因而这种反思也就是代表全民族的自我反思，是对我们得以产生和生活于其中的传统文化价值体系的自我批判。②

但显然，本文的反思侧重于主体的"知行合一"，而非只关注一种理想结果。这种反思，是个人、社会、宗教、政权等都需要直面的。唯如

① 既有人文关怀体系在社会发展、人类进步中所提供的积极作用显而易见，笔者并不否定其正面功能，而旨在说明，鉴于当今社会人心的种种问题，人文关怀的内涵有必要重新认识和进一步拓宽。

② 邓晓芒：《当代人文精神的现状及其出路》，《开放时代》1997 年第 2 期，第 16 页。

此，我们才可在静观中超越本能欲望以及理性的局限，做出最有利于社会发展、最能成就生命价值的自我决断，真正获得"本心"层面的人文关怀。

在此意义上，我们发现，"新人文"之实践路径虽然庞大、复杂，但其核心却落实在"个体人"的修养上：唯有通过个体的心性涵养，透彻到本性的深度，才可令此人文实践体系焕发出新的深度，新的效用，也才会产生一种内在力量贯穿个体修持、宗教信仰、寺庙教育、民俗文化、身心医疗、生态蕴养、对话交流等分支，形成一个活的、深刻的、有效的"新人文关怀"体系。

关于个体的修持实践，大抵可从三个层次来概括。

首先是建立正见，深入理解南传佛教的义理及修持次第。早期南传经典相应部、增支部、长部、中部、小部几乎通篇都在讲述这一重点内容。如三无漏学、四圣谛、五蕴、六度、七觉支、八正道、十二因缘等。这些范畴是南传佛教甚至是整个佛教体系的核心构架，正确理解其含义及修持核要，才可能进一步实现生命质地之纯化。

其次是步入止观，调驯身心惯有业力。身心是同一整体，止观对于调顺身心功能之紊乱具有重要作用。小部《法句经》之"心品"云：

> 心转随欲转，微妙猛难见，智者当护心，护心得安乐。远行与独动，无形隐胸窟，若谁制彼心，脱出魔系缚。若心不安定，不辨于正法，信念不坚者，智慧不成满。若得心无恼，亦无思虑惑，超脱善与恶，觉者无恐怖。[1]

至于具体的止观调驯方法，基础性的有静坐炼养等。但对南传佛教来说，生命体现于生活之时时刻刻，流失于生活之点点滴滴，要做到真正的、彻底的人文关怀，就必须止观于一切时、事中。为此，佛教总结出了精到的"四念处法"。中部《念处经》云：

> 为有情之净化、愁悲之超越、苦忧之消灭、正道之获得、涅槃之作证，此有一法，即四念处也。四者何耶？曰：比丘！于此，于身随

---

① 《法句经》，悟醒译，《汉译南传大藏经》第26册，第17页。

观身，热心而注意，甚深持念，于世间除去贪忧。于受随观受，热心而甚注意，有持念，于世间除去贪忧。于心随观心，热心而甚注意，有持念。于世间除去贪忧。于法随观法，热心而甚注意，有持念，于世间除去贪忧。①

身念处、受念处、心念处、法念处包含动静止观之精要，在每一念处又包含无数变化之种类、方法。此处限于篇幅，不再展开。重点唯阐明南传佛教以种种止观来实际调顺身心，而非落入空说。

再次是从本心的高度来反思自身之修持，转化主体之束缚，真正安顿于无碍解脱。这是非常值得注意的一点，历来个体之修持，常常以强大的心力"念中修念"，左冲右突，始终落于下乘。这也即本文一再强调的陷入欲望、本能、理性之"骗局"。这样自然不可能得到真正的生命安顿。关于这种问题的处理，长部《清净经》云：

应去正说是："视而不见。"如何为视而不见耶？如是具足一切相，一切相成就圆满，无减、无增，纯粹圆满之梵行，已明显善说示。实若彼想此应除去，如是思惟："如斯会更清净。"则是不见。若彼想此应增加而思惟："如此会更清净。"则不见，是谓："视而不见"也。②

也即虽有一切修持、成就，但应"视而不见"，清醒地觉知自我心念之满足否、分别否，不被"现象"所迷。对此，《法句经》之"道品"还提出了更为详致之"观照"法：

"一切行无常"，依智观照时，以得厌离苦，此为清净道。"一切行是苦"，依智观照时，以得厌离苦，此为清净道。"一切法无我"，依智观照时，以得厌离苦，此为清净道。③

---

① 《念处经》，通妙译，《汉译南传大藏经》第9册，第73页。
② 《清净经》，通妙译，《汉译南传大藏经》第8册，第122页。
③ 《法句经》，悟醒译，《汉译南传大藏经》第26册，第41页。

唯如此，一切人文关怀才可立于本心，发生"新人文"效应。新人文所提及的个体修持，准确地说应该是个体对本性的实证，核心在于心性"清净"之显现，而非一味闭目高坐、炼气通神。这样才可能真正破除主体束缚、有形作为，脱离旧人文桎梏之"骗局"。

厘清此个体解脱之路径、实质，则把握住了南传佛教人文关怀体系之核心。这里需要稍做说明：本文强调个体的解脱并不因南传佛教被称为"小乘"，不重大乘菩萨的普度众生。反而是返回到问题的根源，不在于名言上的大小乘分别而深入真实解脱。实际上，解脱就是解脱自身，没有所谓的大小乘戏论。

个体具有本心解脱的高度，才是真正的"新人文"实践者，才有能力推己及人，将"新人文"视域浸润、贯穿于整套实践体系。于是，于宗教信仰，就不会陷入神祇迷信。即使专心膜拜神佛，也是真实心、恭敬心的自然表现。信仰的过程，就是立足于终极关怀深层，体验本性存在的过程。于寺庙教育，也将会有一种全新的认识，既是教导知识，也是对人生安顿、证取本性的学习。于民俗文化，则更多是返本还源，多了一种生命的深度，少了现代社会所增入的急躁、功利、物欲。民俗文化将成为一种深沉的积淀，一种蕴藏着古老智慧而在无形中涵化生命的重要人文关怀。于身心医疗，则可更深一步地看清身心疾病的来源及其虚幻，从而综合调治、优化整合。于生态蕴养，即可更深层地认识到生态与人类的一体关系，建立终极之生态伦理，维护生态，就是对自身的蕴养。于对话交流，就可在继承传统的基础上更好地利用他山之石来审视自身对人文关怀的落实，并将自身优秀传统加以发扬，以利彼此。

从上述理路来看，南传佛教"新人文"精神的现代价值无疑是巨大的。首先，反思了主体的存在现状。现代人所面临的各种问题，说明我们所寄予厚望的现行人文关怀体系并没有展现其所应有的时代作用。问题的关键固然是各种人文关怀体系存在厚薄、优劣，但更主要的却是作为主体的人受限于思维惯性，不能更好地借人文关怀体系来提升自己的价值。这种反思，应该是对主体的振聋发聩，是对价值提升的奠基。其次，展现了一种理想的生命安顿境界。"新人文"精神以生命的全域性作为人文关怀理论的基点，提倡从本心来审视生命的存在，相对于现代社会从社会关系、身心关系来窄化生命内涵，这显然是一种更高立意，更深透的解脱希望。再次，提供了一整套可借以升华生命的人文实践方法。这是问题的重点。甚深境界，只是给出了一种理想目标和超越可能，而实现，则必须依赖具体有效的实践方法。现代文明的外向式特征导致人们并未重视实践方法的传承、建构，从而遗留了人生问题之种种。在迫切需要自我反思的今天，我们提倡新的生命观，新的人文视野，甚至呼吁更进一步细化该领域的研究，这对于人文价值之提升，社会精神之进步，无疑是有其重要意义的。

（冯天春，云南省社会科学院宗教研究所博士）

傣绷文经典研究

保明所

　　我国傣族在不同地区使用四种形体不同的傣文：傣泐文（西双版纳傣文）、傣纳文（德宏傣文）、傣绷文（勐定傣文）、傣端文（金平傣文）。四种傣文都有悠久的历史，在其发展过程中留下了数量多寡不一的经典。其中傣泐文经典最丰富，有 3000 余种。其次是傣纳文经典，有 2000 余种。傣绷文经典的数量较少，目前所调查到的只有 200 余种。傣端文经典本来就很有限，加之"文革"的破坏，现已难觅踪影。在傣文经典研究中，以往的学者都集中在傣泐文和傣纳文方面，对傣绷文经典的研究至今基本上还是空白。经文献检索，仅张公瑾先生（1997）对其进行过简略描述，"傣绷文与傣纳文所记录的方言所差无几，但因文字形式不同，傣绷文又主要使用于缅甸境内，故在国内流传的经典数量略少"。惜未展开。尹绍亭、唐立《中国云南耿马傣文经典编目》（2005）一书，仅找到 1995 年抄写的傣绷文经典《孟定洞景佛寺历史沿革》1 册，5 页，约 5000 字，由耿马县佛教协会收藏。不过，在该书的目录中介绍说，当时收集到的傣文经典共计 431 册，而实际编入书目的只有 163 册，傣纳文 100 册，傣泐文 62 册，傣绷文 1 册。是不是由于某种原因，傣绷文经典未予收录，还有待田野调查证实。尹仑、唐立、郑静主编的《中国云南孟连傣文经典编目》收录了医药类傣绷文经典 3 册。尹绍亭、唐立、快永胜、岳小保《中国云南德宏傣文经典编目》（2002）共收录了傣绷文经典 206 册。笔者以此 206 册经典为个案，对傣绷文经典的形成与发展、分类、收藏与传播等方面进行一些探讨，以求教于方家。

一　傣绷文经典的形成与发展阶段

有文字才可能产生与之对应的经典，要了解傣绷文经典的形成与发展，首先得从傣绷文的产生谈起。

傣绷文是一种跨境傣文。国内使用于云南省耿马县勐定区和勐简区，德宏州瑞丽县（市）也有部分傣族使用。在国外，主要使用于与上述三地毗连的缅甸掸邦北部的木姐、南坎、腊戍、锡箔一带。傣绷文是一种拼音文字，辅音字母17个，不分高低音组，对应着17个声母。口语韵母82个，文字常用的韵母形式只有45个。声调调值有5个，声调符号却只有2个。由于韵母符号与声调符号与实际口语是一对多的关系，所以同形异音字很多。周耀文先生（1983）认为，傣绷文和傣纳文原是一种文字，它们的声韵母数量和字形结构早期是一致的，现在还大体一致，后因傣纳文使用毛笔书写，字体逐渐由圆变方，为了手写连书方便，有些原来置于声母之上的元音符号逐渐下移平置于声母之后，加上某些方音差别，形成了今日形体有别的不同文字。严格地说，它们是同一种文字的地方变体。

傣绷文从印度婆罗米字母演化而来。泰国学者素梯翁·蓬派所著《泰语基础》（曼谷，1980）一书认为婆罗米字母分为南北两系，其中南系演化成古代克篾字母，克篾字母又分化为碑铭克篾文字母和寺院克篾文字母两支，碑铭克篾文字母发展为各种克篾文字母。寺院克篾文字母与由北系印度字母发展而来的泰登文字母相互影响，产生了速台泰文字母，速台泰文字母又演化出掸文字母、澜沧老文字母和当代泰文字母。国外所说的掸文字母就是我国学者所说的傣绷文字母。张公瑾先生（1991，1997）认为，我国的傣纳文、傣泐文、傣绷文皆来源于婆罗米字母的孟文字母系统，傣泐文与孟文更接近，而与傣纳文和傣绷文差异较大，从字母比较和田野调查的情况看，傣泐文更古老，它广泛运用于佛寺中，被称为经典傣文。从字母形制和使用范围看，傣绷文比傣纳文更古老。结合汉语史料记载，学者们公认傣纳文大约创制于14世纪，傣绷文当早于这个时间。从1287年到1537年近250年间，在缅甸史上是掸族统治时期，文化发达，傣绷文应该是在这一时期之前产生的，因为有文字，文化发达，所以才形成强大的统治集团。因此，他说"傣绷文的起源一定很古老了"。

虽然傣绷文创制的时间很早，但傣绷文经典的发展阶段究竟在何时，无史料记载。我们只能从如今保留下来的经典的成书年代统计中来寻求答案。现存傣绷文经典主要以手抄本为主，作者主要是佛寺的高僧或村寨掌管佛教事务的"阿章"，他们不署名，抄写时间也通常不加注明。在 206 册傣绷文经典中，有确切成书年代的仅有 80 册，占 38.8%。对这 80 册傣绷文经典的成书年代统计如下。

表 1   傣绷文经典统计   单位：册

		16 世纪	17 世纪	18 世纪	19 世纪	20 世纪
缅甸		4	25	4	3	2
德宏	瑞丽	0	18	0	1	1
	潞西	0	15	0		2
	德宏州民语委	0	0	0	0	5
合计（总80）		4	58	4	4	10
百分比（%）		5.0	72.5	5.0	5.0	12.5

由表 1 可知，在 80 册傣绷文经典中，16 世纪的抄本有 4 册，占 5.0%，均藏于缅甸；17 世纪的抄本有 58 册（缅甸 25 册，德宏瑞丽 18 册，德宏潞西 15 册），占 72.5%；18 世纪的抄本有 4 册，占 5.0%，均藏于缅甸；19 世纪的抄本有 4 册（缅甸 3 册，德宏瑞丽 1 册），占 5.0%。20 世纪的抄本 10 册（缅甸 2 册，德宏 8 册），占 12.5%。从如上统计可知，傣绷文经典发展的高潮阶段应当在 17 世纪，因而现在保留下来的经典也主要是这一时期的。

二 傣绷文经典的分类

从已有论著来看，傣文经典的分类主要有两家观点。张公瑾先生在《民族古文献概览》（1997）中，按中国图书分类法将傣绷文经典分为史书、政治、法律、军事、文化教育、语言文字、文学、艺术、宗教、天文历法、医药、农田水利、碑文共 13 类。尹绍亭、唐立、快永胜、岳小保编《中国云南德宏傣文经典编目》（2002）一书中，将傣文经典分为文学、佛经、历史、语言、医药、天文、法律、礼仪、占卜、咒术、其他共

11 类。尹绍亭、唐立《中国云南耿马傣文经典编目》（2005）一书中，将傣文经典分为历史、天文、文学、占卜、其他共 5 类。两位先生的分类法各有所长，张先生的分类侧重于分类的系统性，唐先生的分类侧重于从傣文经典的实际情况出发。当然，对傣文经典的分类以及具体经典的归类等问题，还有许多值得商榷的地方，笔者将另文探讨。这里仅就 206 册傣绷文经典在唐先生的 11 种分类法框架下，详述各类傣绷文经典的分布情况，统计如下。

表 2　　　　　　　　傣绷文经典分布　　　　　　单位：册

	文学	佛经	历史	语言	医药	天文	礼仪	占卜	咒语	其他
缅甸	20	20	1				5			8
瑞丽	59	4	1				1			9
潞西	23	8	2	1			1	1		5
德宏州民语委		1		1	11	1		5	6	2
德宏州档案馆			1							
德宏州文联	1									
不详	6	2								
合计（总206）	109	35	5	2	11	1	7	6	6	24
百分比	52.91%	16.99%	2.43%	0.97%	5.34%	0.49%	3.40%	2.91%	2.91%	11.65%

由表 2 可知，在 206 册傣绷文经典中，文学类经典最多，共 109 册，占 52.91%。其中大部分作品都是对佛教价值观的阐发，称之为佛教文学

作品也是恰当的。如《穷人到富翁家抵债》叙述了"勐巴那纳细有一对富翁，丈夫想到国外做生意，与妻子商量要买些什么回来。妻子对他说，我们有的你就不要买，我们没有的才买好了。他到直通国做生意，有一天他见到一位美丽善良的姑娘，因家境贫寒来到一富翁家抵债，勐巴那纳细的富翁就用钱赎回姑娘并把她带回家认作女儿，从此姑娘过上了幸福的日子。"这是对佛教善恶有报的理论的阐发，类似的文学类经典占了一半以上。

有的文学类经典兼有文学和宗教的双重特点，如《天神混松想谋害佛祖》叙述了"佛祖在勐巴那纳细国一座奘房修行的时候，有一天天神混松对他的三个姑娘说，如果你们能把佛祖请出宝座来让我坐一下，我死也瞑目了。不管三个姑娘如何引诱、挑逗，佛祖始终无动于衷。混松又说，可能他睡着了，如果你们能把他抬出来一下，你们想要什么都可以。但怎么抬也抬不动。由于混松有篡夺欲，被崩裂的大地所吞没，至今还未托生成人"。此经典用文学的手法来表现佛教人物的虔诚信仰，可归入佛教本生经故事，也可属文学作品。

佛经经典共有 35 册，占 16.99%。文学类与佛经类经典二者合计 144 册，占总数的 69.90%。可见，佛教是傣绷文经典最主要的题材。此外，天文、医药类经典说明傣绷文经典具有较高的科技价值。占卜、咒语类的经典可能是佛教传入后傣族原始宗教的遗存。

三　傣绷文经典的收藏与传播

20 世纪 50 年代以前傣族还没有印刷术，傣绷文经典与傣纳文、傣泐文经典一样，皆为手抄本，大部分由私家收藏，佛教经典由佛寺保存。新中国建立后，由于傣泐文与傣纳文经典数量多，影响大，云南省及有关州、县的博物馆、图书馆、文化馆、文物室、政协机构和研究机构，以及云南省外的中国历史博物馆、中国国家图书馆、中华民族文化宫、中国社会科学院民族研究所、中央民族大学、南开大学、复旦大学、北京法源寺、青海省博物馆、西安药物研究所等处都收藏有数量不一的傣纳文和傣泐文经典，总数上万卷。

傣绷文经典数量少，影响小，收藏的地域也小，仅限于云南省德宏州和缅甸的部分村寨。具体收藏情况如表 3。

表3 **傣绷文经典收藏统计**

地点	收藏者	数量（册）	百分比（%）
缅甸	拱夏村	23	
	景养	7	
	弄转村	5	
	弄章村	4	
	木姐	2	
	芒弄村	2	
	暖印村	2	
	南坎	1	
	允德	1	
	弄信村	1	
	芒回村	1	
	莫懂村	1	
	广松村	1	
	广弄村	1	
	帕弄村	1	
	南章村	1	
合计54册			26.21
	收藏者	数量	
中国	瑞丽	瑞丽市	26
		瑞丽市弄岛村	17
		瑞丽市弄红村	9
		瑞丽市弄勐村	4
		瑞丽市勐卯镇姐冒村	3
		瑞丽市弄门村	3
		瑞丽市畹町镇芒棒村	2
		瑞丽市芒麦村	2
		瑞丽市芒弄村	1
		瑞丽市弄马村	1
		瑞丽市大等喊村	1

中国	瑞丽	瑞丽市弄永村	1	
		瑞丽市弄混村	1	
		瑞丽市弄恩村	1	
		瑞丽市弄麦村	1	
		瑞丽市畹町镇		
		小计 74		
		潞西市遮放镇嘎中村	13	
		潞西市遮放镇弄养村	9	
		潞西市遮放镇芒棒村	5	
		潞西市遮放镇	4	
		潞西市遮放镇遮冒村	4	
		潞西市遮放镇弄坎村	3	
		潞西市遮放镇芒应村	1	
		潞西市遮放镇弄列村	1	
		潞西市遮放镇景罕村	1	
		小计 41		
		德宏州民语委	27	
		德宏州档案馆	1	
		德宏州文联	1	
		小计 29		
		不详	8	
	合计 152 册			73.79%
	总计 206 册			100%

　　由表 3 可知，傣绷文经典的收藏具有两个特点。第一个特点是以民间收藏为主。在缅甸，已调查到的 54 册傣绷文经典全部由民间收藏；在国内的 152 册经典中，由村寨收藏的合计 85 册，占 55.92%；由德宏州民语委、档案馆、文联等事业单位收藏共计 29 册，占 19.01%；瑞丽市收藏的 26 册，潞西市遮放镇收藏的 4 册，以及收藏地无记录的 8 册，是由村寨收藏还是由政府机关收藏，具体情况还需进一步调查。此类经典合计

38 册，占 25.00%。第二个特点是收藏地比较零散。在缅甸，除拱夏村收藏较集中外，傣绷文经典在其他村寨都只有零星分布；国内的情况也差不多，许多村寨仅收藏了 1 册，绝大多数村寨的收藏都是个位数。这样的收藏特点，对傣绷文经典的保存很不利，虽然尹绍亭等诸位先生对其进行了拍照留存，但传播范围有限。加之熟悉傣绷文的人越来越少，对傣绷文经典的翻译、整理、传播困难重重。

四 傣绷文经典整理与研究的历史与现状

在傣文经典的整理研究中，不同文种的发展情况很不平衡。傣泐文经典的整理研究工作起步较早，新中国成立前，李拂一翻译了《泐史》（1947）、《车里宣慰世系考订》（1947）。新中国成立后一直沉寂，直到 20 世纪 80 年代之后，整理研究的成果才逐年增多。译著成果主要有：高立士翻译了《西双版纳召片领世系》（1982）、《西双版纳召片领四十四世始末》（1984）；刀光强、高立士翻译了《西双版纳傣族的封建法规》（1981）；张公瑾译注了《苏定》（1984）、《历法星卜要略》（1984）；云南少数民族经典整理规划办公室组织翻译了傣泐文经典《档哈雅》《勐泐王族世系》《车里宣慰使世系集解》等。研究论著也不断涌现，朱德普的《泐史研究》（1993）对西双版纳傣文史书中涉及的历史事件和历史人物作了深入的比较、鉴别和分析；刘岩的《南传佛教与傣族文化》对傣泐文佛教经典进行了较详细的介绍分析。2001 年至 2010 年的 10 年间，傣泐文贝叶经 100 卷的出版更是举世瞩目。

傣纳文经典的整理研究成果也比较丰富。以方国瑜先生的《麓川思氏谱牒》为发端，之后翻译出版了一系列的优秀经典，如《阿銮故事》系列、悲剧长诗《娥并与桑洛》、英雄史诗《厘俸》等。岩峰、王松、刀保尧的《傣族文学史》对傣泐文和傣纳文的文学类经典作了比较系统的梳理和介绍。

与之形成鲜明对比的是，傣绷文经典至今仍然没有得到应有的重视。收入傣文古籍编目的傣绷文经典还没有对其中的重要文献进行过全文翻译，只有基本的内容介绍。我们希望在以后的工作中，能够筛选部分有分量的傣绷文经典进行翻译整理，并借用文献学的理论方法对内容相近的傣泐文、傣纳文、傣绷文经典进行版本的对比研究，也希望更多的学者同人加入我们的队伍中来。

参考文献：

尹绍亭、唐立、快永胜、岳小保：《中国云南德宏傣文经典编目》，云南民族出版社
　　2002 年版。

尹绍亭、唐立：《中国云南耿马傣文经典编目》，云南民族出版社 2005 年版。

尹仑、唐立、郑静：《中国云南孟连傣文经典编目》，云南民族出版社 2010 年版。

张公瑾：《民族古文献概览》，民族出版社 1997 年版。

周耀文、罗美珍：《傣语方言研究（语音、词汇、文字）》，民族出版社 2001 年版。

周耀文：《傣语孟定方音及其文字》，《民族语文》1983 年第 6 期。

岩峰、王松、刀保尧：《傣族文学史》，云南人民出版社 1995 年版。

王松、王思宁：《傣族佛教与傣族文化》，云南民族出版社 1998 年版。

刘岩：《南传佛教与傣族文化》，云南民族出版社 1993 年版。

张公瑾、杨民康、戴红亮：《中华佛教史：云南上座部佛教史卷》，山西教育出版社
　　2014 年版。

张公瑾：《张公瑾文集》，中央民族大学出版社 2013 年版。

（保明所，云南大学文学院教授）

隋朝以前的中国佛教与交趾

王鹤琴

交趾，一名交阯，原泛指中国南方。汉武帝元鼎六年（公元前111年），汉武帝灭南越国，并在今越南北部设立日南、九真、交趾三郡，随后即隶属交趾刺史部。公元203年，交趾刺史部立为州，交州之称自此而始，其地约在今越南北部、中部北区以及我国两广南部等地区。在唐设立安南都护府之前，交趾、交州之词为古代越南的代名词①。交趾自古就和内地交往密切，即便是在中原动乱之际，交趾与内地交通也从未中断。隋以前，佛教向中国的不断输入、在中国的传播发展以及中外佛教交往都与交趾密切相关，"南海一道亦为佛教输入之要途，南海之交趾犹西域之于阗也"②，主要表现在以下几个方面。

第一，交趾为外国高僧入华传法的中转站。

中国和越南壤地相接，交通便利，因此交趾成为外国僧人入华传法的重要中转站之一。公元3世纪初，幼年的康僧会随父母由印度移居交趾，双亲死后出家。于吴赤乌十年（247年）来到南京，先后翻译出《六度集经》等七部二十卷，并创建继洛阳白马寺之后的中国第二座寺庙——江南首寺建初寺。

康僧会，其先康居人，世居天竺。其父因商贾，移于交趾，会年十余岁，二亲并终，至孝服毕出家。励行甚峻，为人弘雅有识量，笃

---

① 张金莲：《试析唐之前交趾与内地的水陆交通及其特点》，《广西社会科学》2005年第5期。

② 冯承钧：《中国南洋交通史》，上海书店1984年版，第8—9页。

至好学，明解三藏，博览六经。天文图纬，多所综涉。辩于枢机，颇属文翰……时吴地初染大法，风化未全，僧会欲使道振江左，兴立图寺，乃杖锡东游，以吴赤乌十年，初达建邺营立茅茨设像行道……至吴天纪四年四月，皓降晋，九月会遭疾而终，是岁晋武太康元年也。①

据此知，康僧会于公元 247 年到达建业，乃是由边郡进京，目的在于弘扬佛教。康僧会虽是佛教徒，但对儒家经典相当熟悉，他与孙权、孙皓对答时，不断征引《论语》《周易》《诗经》等，他主张"虽儒典之略言，即佛教之明训"。意欲寓佛于儒，以广其教。可知将佛教思想与中国固有的儒家思想相结合的外来高僧当首推康僧会。

3 世纪末，印度僧人耆域经扶南（今柬埔寨）到达交州，并来到中国洛阳。

耆域者，天竺人也。周流华戎靡有常所，而倜傥神奇任性忽俗，迹行不恒，时人莫之能测。自发天竺至于扶南，经诸海滨爰及交广……以晋惠之末至于洛阳。……洛阳兵乱辞还天竺。……既发诸道人送至河南城，域徐行追者不及，域乃以杖画地曰：于斯别矣。其日有从长安来者，见域在彼寺中。又贾客胡湿登者，即于是日将暮，逢域于流沙，计已行九千余里。既还西域，不知所终。②

据此知耆域是从海路经柬埔寨到达交趾，并从交趾一路北上来到洛阳。耆域在《高僧传》中被列为神异僧之一，《高僧传》中记载了他许多显示神异的事件，包括他最后离开洛阳也充满了神异色彩。耆域由海上丝绸之路经交趾来到中国又由陆上丝绸之路返回西域，这也从侧面反映出交趾在东汉时作为南方对外通商一大口岸，其地位与影响与敦煌相等，不过一在陆路、一在海路而已③。

后秦时，印度高僧佛陀跋陀罗（又译"佛驮跋陀罗"）来华，先由陆

---

① （梁）慧皎：《高僧传》卷一，《大正藏》第 50 册，第 325 页上—326 页上。
② （梁）慧皎：《高僧传》卷九，《大正藏》第 50 册，第 388 页上—下。
③ 马雍：《东汉后期中亚人来华考》，《新疆大学学报》（哲学社会科学版），1984 年 02 期。

路到达交趾，并在此改为海路北上山东。

　　佛驮跋陀罗，此云觉贤，本姓释氏，迦维罗卫人，甘露饭王之苗
裔也……常与同学僧伽达多共游罽宾……会有秦沙门智严，西至罽
宾。……严既要请苦至，贤遂愍而许焉，于是舍众辞师裹粮东逝，步
骤三载绵历寒暑。既度葱岭路经六国，国主矜其远化，并倾心资奉，
至交趾乃附舶……顷之至青州东莱郡。……其先后所出观佛三昧海六
卷，泥洹及修行方便论等，凡一十五部，一百十有七卷，为究其幽旨
妙尽文意。贤以元嘉六年卒，春秋七十有一矣①。

　　佛陀跋陀罗十七岁出家，受具足戒后，更加勤学，博通经典，以
精于禅定和戒律出名。其后来到罽宾，跟当时大禅师佛大先进修。佛
陀跋陀罗在罽宾遇到中国僧人智严，并受智严邀请前往中国弘法。他
俩在旅途中历尽艰难，先走雪山，继而在交趾改走海道，辗转三年，
才到达中国青州东莱郡（今山东掖县）。佛陀跋陀罗来到中国后因与
鸠摩罗什不和而离开长安来到庐山，佛陀跋陀罗在庐山为慧远译出了有
关修禅的专著《修行方便禅经》二卷，这对慧远的修持给予了很大帮
助。佛陀跋陀罗还与法显合作，从义熙十二年到十四年（416—418
年），先后翻译了法显携归的梵本经律《大般泥洹经》六卷，《摩诃僧
祇律》四十卷，《僧祇比丘戒本》一卷，《僧祇比丘尼戒本》一卷，《杂
藏经》一卷。义熙十四年（418年）受孟顗、褚叔度的启请，佛陀跋陀
罗和沙门法业、慧严等一百余人于三年中译出《大方广佛华严经》五
十卷（后来改分六十卷，称为《六十华严》），这部经文对后来佛教义
学的发展影响很大。

　　佛陀跋陀罗于刘宋元嘉六年（429年）圆寂，年七十一岁。佛陀跋陀
罗的翻译除了以上七种外，现存的还有：《出生无量门持经》一卷、《大
方等如来藏经》一卷、《文殊师利发愿经》一卷、《观佛三昧海经》八卷。
此外有缺本一种，《净六波罗蜜经》一卷。所译总计十二部，一百一十三
卷。佛陀跋陀罗的传译为稍后的大乘瑜伽学说东流开了先河，这在中国佛
教义学的历史上具有重要意义。

---

① （梁）慧皎：《高僧传》卷二，《大正藏》第50册，第384页中下。

第二，交趾为中国僧人西行求法的中继地。

交趾不仅是外国僧人入华传法的重要中转站，而且还是中国僧人西行求法的中继地。晋代高僧于法兰、于道邃师徒就曾西行求法行至交趾。

> 于法兰，高阳人，少有异操，十五出家，便以精勤为业。研讽经典以日兼夜，求法问道必在众先。迄在冠年，风神秀逸。道振三河，名流四远。……居剡少时，欻然叹曰：大法虽兴经道多阙，若一闻圆教夕死可也。乃远适西域，欲求异闻，至交州遇疾，终于象林。沙门支遁追立像，赞曰：于氏超世综体玄旨，嘉遁山泽，驯洽虎兕。别传云：兰亦感枯泉漱水，事与竺法护同，未详。又有竺法兴、支法渊、于法道，与兰同时比德。兴以洽见知名，渊以才华著称，道以义解驰声矣。①

> 于道邃，敦煌人。少而失荫，叔亲养之。邃孝敬竭诚，若奉其母。至年十六出家，事兰公为弟子。学业高明，内外该览。善方药，美书札。洞谙殊俗，尤巧谈论。……后随兰适西域，于交趾遇疾而终，春秋三十有一矣。郗超图写其形，支遁著铭，赞曰：英英上人，识通理清。朗质玉莹，德音兰馨。孙绰以邃比阮咸，或曰："咸有累骑之讥，邃有清冷之誉，何得为匹？"孙绰曰："虽迹有洼隆，高风一也。"喻道论云："近洛中有竺法行谈者以方乐令，江南有于道邃识者以对胜流。"皆当时共所见闻，非同志之私誉也。②

于法兰深感当时佛教虽然兴盛，但是佛经典籍残缺不全，而且数量较少。因此，他决心到西域去寻求大法。然而在长时间的艰苦跋涉之后，他不幸在交趾染上重病，终究回天无力，在象林病逝。名师出高徒，他的弟子于道邃也是一代名僧，是魏晋时期般若学六家七宗中缘会宗的代表人物。于道邃与老师于法兰志趣相投，跟随于法兰一同西去取经，于交趾遇疾而终。于法兰、于道邃师徒二人不顾艰险，誓志求法，结果壮志未酬，为法亡躯于交趾异乡，虽未成功，但却产生了深远的影响。他们为追求佛

---

① （梁）慧皎：《高僧传》卷四，《大正藏》第50册，第349页下—350页上。
② 同上书，第350页中。

法不畏艰险的精神和事迹受到了广泛的赞扬和流传，为后来中国僧人西行求法树立了学习的榜样。

由此也可知，交趾作为南方对外通商的一大口岸，当时已经成为中国僧人西行求法的重要中继地，中国僧人先到达交趾，再由交趾西去印度已经成为一种成熟的路线被僧人们选择。于法兰、于道邃师徒并不是特例，这条路在他们之前即有人走过，在他们之后依然大有人在。

第三，交趾为佛经翻译与佛教撰述的产生地。

交趾不仅是外国僧人来华和中国僧人西行求法的重要中转站，而且还是诸多佛经翻译和佛教撰述的产生地。

公元 2 世纪末，中国的著名学者牟融从苍梧（今广西梧州）奉母到交趾居住，因感"方世扰攘，非显己之秋"，执意不仕，而致志于佛教，兼研《老子》。著《牟子理惑论》三十七篇，针对佛教传入中国后所引起的种种议论和疑难，分别予以辩解。

《牟子理惑论》全书采用客主问答的形式展开，所假设的问者是一个来自北方的儒者，他对佛教提出种种疑问，而设置的答者是牟子，根据儒者提的不同问题，大量引用儒、道和诸子百家进行解释，并对佛教教义学说加以发挥阐述，以论证佛、道、儒观点一致。该书反映了东汉末年佛教传入中国后和儒、道思想的斗争，其主要集中在夷夏之争和神灭与神不灭之争这两个问题上。

同时又有西域高僧支疆梁接，于吴五凤二年（255 年）在交州译出《法华三昧经》六卷，中国沙门竺道馨笔受。

> 《法华文句记》卷八《释提婆达多品》："竺法护太康元年八月十一日译讫，为十一卷，名正法华。亦云八卷，出聂道真录，此两存本也。次有沙门支道根，晋咸康元年译为五卷，名方等法华。外国沙门支疆梁接，魏甘露元年（256）七月于交州译"①。
>
> 《开元释教录》卷二："沙门支强梁接，吴云正无畏，西域人。以孙亮五凤二年乙亥，于交州译法华三昧经，沙门竺道馨笔受。长房内典二录编于曹魏之代，今依交州及始兴地割入吴录"②。

---

① （唐）湛然：《法华文句记》卷八《释提婆达多品》，《大正藏》第 34 册，第 312 页下。
② （唐）智升：《开元释教录》卷二，《大正藏》第 55 册，第 491 页中。

　　由此可知，交州在东汉末年，因其地处南方，远离中原，受到中原战乱纷争影响和波及较小，所以成为许多中国僧人翻译佛经的理想处所，在交趾所翻译的佛经和所产生的佛教撰述对中国佛教的发展产生了巨大的影响。

　　第四，交趾为中国僧侣政治失意的避难所。

　　佛教自东汉传入中国后，历汉末三国、两晋南北朝，及至隋之前这一漫长的历史时期内，中国北方一直处于长期的社会动荡中，许多国内居民移居至交趾避难，同时交趾也是中原政权流放犯人的重要集中地。西汉末年王莽篡政，众多士子来到交趾避难，后又将许多罪犯流放至交趾。东汉末年董卓之乱，中原士人前往交趾避难者数以百计，当时中原名士桓晔、许靖、许慈、刘熙、程秉、薛综等均寓居交趾。六朝时中原战乱不断，国内居民大批移民交趾。在这些避难交趾的人群中，我们时常可以看到佛教僧人的身影。

　　　　释道渊，姓寇，不知何许人。出家止京师东安寺，少持律捡，长习义宗……渊弟子慧琳，本姓刘，秦郡人，善诸经及庄老，排谐好语笑，长于製，故集有十卷。而为性傲诞颇自矜伐……宋世祖雅重琳，引见常升独榻，颜延之每以致讥，帝辄不悦。后著《白黑论》，乖于佛理，衡阳太守何承天，与琳比狎，雅相击扬，著达性论，并拘滞一方，诋呵释教，颜延之及宗炳，捡驳二论，各万余言。琳既自毁其法，被斥交州。世云：渊公见麻星者，即其人也①。

　　慧琳是南朝刘宋僧人，道渊的弟子。据载，慧琳得宠于宋文帝而参与朝廷机要，权势极大，因其穿黑色僧衣，时人称之为"黑衣宰相"。慧琳所著《白黑论》，针对当时佛教与反佛教双方争执的根本问题，假设白学先生（代表儒、道）与黑学先生（代表佛教）互相辩难，以此批评当时般若本无之说，认为佛教用净土、地狱之说诱引威吓民众，揭露寺院僧侣追求豪华，结党营私，主张废鬼神之说，做修利迁善之事。此书一出，遭

---

　　① （梁）慧皎：《高僧传》卷七，《大正藏》第50册，第369页上。

到僧徒的强烈驳斥，然而由于宋文帝的庇护，慧琳得免被逐出僧团，后因触罪谪配交州。

> 释僧瑾，姓朱，沛国人，隐士建之第四子……先是智斌沙门，初代昙岳为僧正，斌亦德为物宗，善三论及维摩思益毛诗庄老等，后义嘉构衅，时人谤斌云：为义嘉行道，遂被摈交州①。

智斌法师，南朝刘宋僧人，曾经代替昙岳为僧正，因为义嘉之乱而被时人构陷排挤到交州。由此可知，在南北朝时期，交趾已经成为中国僧人或主动或被动的避难之所，他们有的是主动来到交趾弘法修行，有的则是被僧团排斥或被统治阶级贬谪而来到交趾。不论出于何种缘由，交趾作为中国僧人修行以及避难的去所这一历史角色是肯定的。

第五，交趾为佛像崇拜及大乘佛法的兴盛地。

交趾在历史上是一个佛像崇拜的兴盛地，关于交趾地区的佛像到中原的事例屡屡见诸史籍。晋咸安元年（371 年），交州合浦县人董宗之，以采珠为业，曾经在海底见到光芒照曜，前往捕获，于是得到佛光。"即表上台，帝敕安阿育王像背，冥然即合，四十余年乃方具足。帝即于长干寺阿育王塔上，起三层木浮图。"② 另外，齐永明五年（487 年）正月，交州献一珠，高二寸，具作佛坐像形。③《冥祥记》的作者王琰，出于东晋时期曾在政坛活跃一时的高门太原王氏。据《冥祥记·自序》记载：琰稚年在交趾，彼土有贤法师者，道德僧也。见授五戒，以观世音金像一躯，见与供养，琰奉以还都。《法苑珠林》卷十七对此事也有记载："宋琰，稚年在交趾，彼土有贤法师者，道德僧也。见授五戒，以观世音金像一躯，见与供养，形制异今又非甚古类，元嘉中作镕镂，殊工似有真好"④。从这些事例可知，在两晋南北朝时期，中国佛教在交趾已经得到广泛的发展，交趾不仅有中国人僧传道弘法、译经著述，而且佛像崇拜也

---

① （梁）慧皎：《高僧传》卷七，《大正藏》第 50 册，第 373 页下。
② （隋）费长房：《历代三宝纪》卷三，《大正藏》第 49 册，第 39 页上。
③ 同上书，第 44 页上。
④ （唐）道世：《法苑珠林》卷十七，《大正藏》第 53 册，第 411 页上。

非常普遍，并且这些出自交趾的佛像直接流传到中国内地，对中原的佛像崇拜产生一定的影响。

交趾同时也是大乘佛法的兴盛地，与中国的大乘佛教相互激荡、彼此影响。

> 释昙弘，黄龙人。少修戒行，专精律部。宋永初（420—422）中南游番禺止台寺。晚又适交趾之仙山寺，诵无量寿及观经，誓心安养。以孝建二年（455）于山上聚薪，密往中以火自烧。弟子追及，抱持将还，半身已烂，经月少差。后近村设会，举寺皆赴，弘于是日复入谷烧身。村人追求，命已绝矣，于是益薪进火，明日乃尽。尔日村居民咸见弘身黄金色，乘一金鹿，西行甚急，不暇暄凉。道俗方悟其神异，共收灰骨以起塔焉①。

昙弘律师晚年来到交趾仙山寺，在这里"诵无量寿及观经"，死后据说当地人见其"身黄金色，乘一金鹿西行"，足以见昙弘为大乘弥陀信仰的践行者。另外一位印度高僧毗尼多流支先到中国译经，后到交趾弘法，传播的也是大乘佛教。

毗尼多流支，其名意译为灭喜，南天竺人，出身于婆罗门，曾周游印度，学习佛法。北周武帝建德三年（574 年），毗尼多流支来到长安，跟随中国禅宗三祖僧璨参学。后至广州制旨寺从事佛经翻译，译有《象头精舍经》和《报业差别经》。毗尼多流支在中国居住 7 年，太建十二年（580 年）到达交趾弘传佛教，住河东法云寺，翻译《大乘方广总持经》等。毗尼多流支在交趾 14 年，创立灭喜禅派，成为越南禅宗的始祖，对越南佛教的发展卓有贡献。

第六，交州刺史作为地方官往往成为佛教传布的支持者和保护者。

交州因其独特的地理位置，成为佛教由南线输入中国的重要入口，地方官对佛教的态度对于其传播有着直接、重要的影响。而历史上，交州刺史往往对佛教持友好、支持的态度，这既有来自政治上层的原因，也有私人信仰的情愫在里面。例如罽宾高僧求那跋摩在东南亚弘法传教，声名远播：

---

① （梁）慧皎：《高僧传》卷十二，《大正藏》第 50 册，第 405 页下。

时京师名德沙门慧观、慧聪等，远挹风猷，思欲餐禀，以元嘉元年（424）九月，面启文帝，求迎请跋摩。帝即敕交州刺史令帆舶延致观等，又遣沙门法长、道冲、道俊等往彼祈请，并致书于跋摩及阇婆王婆多加等，必希顾临宋境流行道教①。

刘宋京城大德慧观、慧聪等人面奏文帝，请求迎请求那跋摩，文帝便令交州刺史派船去迎请，并写信给跋摩及阇婆国王，请法师务必来宋，弘扬道法。可见当时交州因为与东南亚国家往来密切，交州刺史也肩负延请外国高僧的职责。

另一位罽宾高僧昙摩耶舍"初达广州，住白沙寺"，由此可见其入华路线应是海路，他在广州时"有清信女张普明谘受佛法"，这位张普明是交州刺史张牧的女儿，后出家为尼，从耶舍受法，成为岭南历史上有明确记载的第一位尼姑。交州刺史的女儿奉佛并出家，与家庭信仰环境多少有关，而且出家的行为肯定影响当地人对佛教的态度。昙摩耶舍"善诵毗婆沙律"，"说佛生缘起"，翻译《差摩经》《舍利弗阿毗昙》，"时人咸谓已阶圣果"②，可见其为部派佛教的践行和传播者，交州刺史的女儿随他受法，由此推测，历史上，交州、广州等地方也曾流行过部派佛教。

交趾自古就和内地交通不断，在东汉中期以后至隋以前这段时期，随着中亚居民陆续不断地移居于中国境内，中亚和南亚地区的佛教僧人和信众也陆续来华。他们的路线分为海、陆两道，经印度来到交趾，一些人留居交趾，一些人继续北上，来到中原。他们的到来对中国的佛教文化产生了很大的影响。交趾在这一时期佛教向中国的不断输入、在中国的传播发展以及中外佛教的交往中扮演了极其重要的角色，它不仅成为外国僧人入华传法的中转站，而且是中国僧人西行求法的中继地。交趾作为佛经翻译与佛教撰述的产生地之一，同时还为中国僧人修行以及避难提供了重要的去处，交趾地区的佛像也北上流布到中原地区，同时受南下的中国和外来僧人的影响，交趾成为大乘佛法的兴盛地之一。交

① （梁）慧皎：《高僧传》卷七，《大正藏》第 50 册，第 340 页上—下。
② 同上书，第 329 页中—下。

趾在中国佛教的发展史上和思想史上扮演着重要的角色，交趾与中国佛教的密切联系，不仅对中国佛教影响深远，同时也为越南佛教形成与发展奠定了坚实的基础。

　　　　（王鹤琴，中国社会科学院世界宗教研究所博士后）

第 五 编

南传佛教传播与教育/宗教交流

西双版纳南传佛教佛寺教育浅析

——以贝叶书院为例

都坎章

佛教起源于公元前 6 世纪的古印度，随后向国外传播和发展，形成了两大系统。根据传播路线来分，从印度向南方流传的佛教派系称为南传上座部佛教，简称南传佛教，因该系主要使用巴利语作为经典语言，所以又称为巴利语系佛教。南传佛教因国内信仰群众主要为傣族、德昂族、布朗族等少数民族，且信仰群众横跨泰国、老挝、缅甸、柬埔寨、斯里兰卡、我国云南等，因此其具有"民族性、群众性、国际性、边疆性"的特点。

一 南传佛教传统佛寺教育的概括

南传佛教在西双版纳有着悠久的历史，并且对当地的社会发展和文化繁荣起到了不可替代的作用。随着南传佛教的传入带来了傣文的发明和丰富，得以使傣族将佛教典籍和傣族社会历史文化的发展过程刻写在贝叶上，创造出了博大精深的贝叶文化。这种"慈悲、平等、智慧、绿色、生态"的积极思想影响了世代的西双版纳人民。

在西双版纳信仰南传佛教的群众以傣族为主要群体，此外还有布朗族、佤族等。在傣族传统社会，村村基本有佛寺，男孩到了一定的年龄都要遵从习俗进入寺院出家学习，佛寺就是学校，住持就是老师，贝叶经就是课本。小沙弥们脱离家庭和父母学会独立地照顾自己，培养独立的生活起居，学习佛陀的慈悲与智慧作为报答父母的养育之恩，严守戒律完善自己的人格和品德，实践禅修调整自己内心的悲喜烦忧，以自利利他为修行方向，断除烦恼为修行目标，长期或短期的在寺院学习和生活。

根据传统的佛寺教育，有那么几个过程。

首先，准备要剃度出家的孩童们先在寺院带发学习一段时间，此期间算是预备期或适应期，同时也是考验孩子们虔诚心的阶段，经过一定的全面考核后，才正式的剃度受戒成为沙弥（Samanera），遵守沙弥十戒，潜心修学佛经。寺院里住持和比库们会以传授傣族经书文为主，在学习傣文的过程当中也涉及许多巴利语佛典基础的学习。有时掌握了经书文的康朗或老人们也会发心辅助教学，帮助住持辅导刚出家的小沙弥们。等到夏安居，佛寺会举行一年一度的赕经节（Dan Tham Long）活动，这是一年一度对寺院内学僧举行正规的考试和学习的总结，届时佛寺住持便会根据每个学僧念经的特点和讲经的风格来安排要念的经典，解说佛法。经过这样一年至三年严格系统的学习和磨炼，学僧们很快就掌握了经书文字，再进行更深的佛学研究和佛法体悟。

其次，学僧们除了学习文字以外，佛寺住持还会安排基础佛典的背诵课程，一般是以背诵熟读为主，涉及的经典如，《早晚课诵》《吉祥经》《护卫经》《法句经》《佛本生经》《佛教格言》等。等到学僧们能顺畅地背诵之后，再以傣语来进行更精细的解说，这样使学僧们能学习并吸收得快。

条件具备且年纪将要满 20 岁的沙弥，便会学习受足戒当比库必备的佛经，了解更深的佛学。到受戒成为一个如法的比库后，至少要跟从上座长老学习 5 年，学习戒律和禅修法门，同时也学习传统习俗文化，对佛寺事务和村寨规约有较好认识，方才能去接任其他佛寺担任住持。

经过传统佛寺教育系统出来的比库僧人，他们既能满足村民善信的信仰需求，且能教导小沙弥学习基本佛法知识。严格按照该系统学习的僧人，即便还俗后也能成为当地的知识分子、民族文化的传承者，能到世俗社会传播佛法智慧，为社会的发展和安宁做出努力和奉献。

二 传统佛寺面临的问题和困难

当前，在全球化社会转型背景下的西双版纳南传佛教佛寺教育面临着前所未有的挑战。由于多种原因和因素，"有寺无僧""有僧无教"的现象成了法界、学界、政界等经常讨论和关注的问题。僧人数量的减少与社会因素以及佛教本身的因素都有关系。但最重要的原因之一，笔者认为是传统佛寺教育是否能满足出家孩童的家长以及出家学僧的需求，佛寺教育是否能与社会发展的步骤紧密接轨等有很大的关系。比较突出的问题有以下几点。

- ·各地佛寺教育发展不平衡
- ·缺乏僧才，有僧无教
- ·佛寺住持缺乏集中性的佛法学习交流
- ·对于出家学僧缺乏规范系统性的佛学教育
- ·社会学校与佛寺之间协调性还不完善

另外，传统上的西双版纳基本上每个"勐"有一中心佛寺，而中心佛寺是根据佛寺创建的时间和影响力来决定的。传统上每个中心佛寺都会有一座戒堂，傣语称为"波苏"，以提供周边村寨僧人受具足戒。一般是一个"勐"就有一个中心佛寺和一个戒堂，也有些地方是几个村寨有一个中心佛寺，如勐海县打洛镇勐景来中心佛寺传统上就只有四个村寨组成，分别是周边的曼彦村、曼迈本村、曼龙烈村。每月十四日或十五日月圆夜周边的佛寺比库都必须集中到中心佛寺戒堂进行"布萨羯磨"，自发忏悔，复诵比库僧团戒律，商议佛教相关事情。另外，主持仪式的大长老还会分享禅修心得，并对来共同参加"布萨"的寺院住持拷问有关佛寺教育和管理的事务，并在大家的商讨下进行鼓励和批评指正相关事情。但中心佛寺在目前僧人数量减少和流动性频繁的情况下，若中心佛寺也同样缺乏住持僧人，对周边村寨佛寺管理不主动、不积极，便会容易出现许多管理上的疏漏，甚至有时候各中心佛寺间还会出现思想分歧的情况。

三　"新概念"中心佛寺的实践概况

在第三次南传上座部佛教工作会议上提出了"新概念"的中心佛寺。它是以行政区重新选定出的中心佛寺，结合社会行政管理系统，负责管理相关范围内的佛教事务，在保留传统佛寺原有的功能上，有效的整合资源，配备教学模式对本乡镇佛寺僧人进行有效的培训和积极引导，以便达到在佛寺教育和管理上更规范化和系统化。

勐海县打洛镇勐景来佛寺贝叶书院的创建也是基于这个理念而开展起来的，借鉴佛学院的教育体系，结合佛寺的实际情况，以对解决基层佛寺"有寺无僧，有僧无教"的现状进行初步的探索和尝试。贝叶书院是依托勐景来佛寺建立的，它是应对当代传统佛寺教育问题的完善而建立的，从初建至今，理念逐渐深入和系统。具体体现在勐景来佛寺和贝叶书院，即是一体的，但分工各有侧重。以下是佛寺和书院所面对的具体事项。

1. 佛寺

村民信众。佛寺的功能是满足村民信众日常生活中的宗教仪式需求，传授基础佛法禅修，教傣族文字，在继承传统信仰和民族文化方面，发挥着传统佛寺应有的功能。

出家僧人。佛寺提供一个如法的生活环境给出家僧人，让僧人有安稳的修行道场，进行日常的佛法共修。

2. 书院

佛寺学僧。书院扮演的角色则是面对全镇各个佛寺学僧的教育问题，进行集中性的培训，实施规范化的僧人管理，提供一个较完善的学习平台，使各个村寨僧人能共同学习和分享到佛学、传统文化和现代知识的资源。

周边学僧。目前有越来越多的缅甸边境掸邦傣族及布朗族的小沙弥为了学习中文和本土的佛经前来贝叶书院求学。

游客学士。书院积极的面向外边有心想认识本土传统信仰和贝叶文化的人群，让更多的人通过正面渠道去体验和学习了解。

社会活动，书院主动的参与社会慈善公益活动，发挥佛寺本有的优良传统，提高南传佛教在服务社会的活动上有着积极的一面。

会集僧才，书院能提供在外求学归来僧才的发展空间，中心佛寺学校或书院这样的举措，可以扩大人才需求量，产生良性教学链条。

四 面临的问题和挑战

但在实际实践的过程当中，也是存在诸多困难，内在与外在的因素。希望能通过多方面途径来解决的。

教学管理。中心佛寺由下而上或由上而下的教育系统体制还不完善。

师资问题。中心佛寺的教学需要稳定而充足的师资，共同来保障学习计划有序开展。

学僧流动。学僧的流动性致使学习情况不稳定。

教学经费。南传佛教以赕为主体的传统经济体系不稳定，对于村寨佛寺来说是比较严峻的挑战。

建设经费。为了使中心佛寺更好的满足教学条件，需要在硬件设施投入一定的资金来完善。如，教学楼、图书室、住宿、食堂等。

五　结语

笔者自 2011 年开始任勐景来佛寺住持以来，通过对周边佛寺深入的考察了解后，对当前西双版纳基层佛寺教育颇为担忧，这个问题如未能有效地尽快找出解决方法，将会影响到本土南传佛教在中国的良好发展。

最后，笔者以云南省佛教协会刀述仁会长来访贝叶书院时的发言作为总结。当时刀会长与镇内的各佛寺住持和寺院管理人士进行交流，就基层佛寺教育和中心佛寺的问题分享了简短而深刻的想法。他说："基层佛寺的教育十分重要，它是整个佛教教育的根基，如果乡镇上中心佛寺有较规范的学习系统，便可以推送各乡镇中心佛寺的优秀学僧到县市、地州、省府的佛教学院，次第而行，系统而上。如果能在每个地区提供给学僧完善健全的教学条件，从基层到上层甚至国外佛教学院联成一线，对提高中国南传佛教在国际上的地位，充分发挥中国南传佛教在国际文化交流中是有着积极作用的，这是值得我们思考的一个重要问题。"

［都坎章，西双版纳勐海县佛教协会副会长，勐景来佛寺（贝叶书院）住持］

云南与东南亚南传佛教
文化交流历史研究[*]

梁晓芬

云南与东南亚的"傣泰族群"具有地缘相近、族缘相亲、教缘相通的特点,云南南传佛教与东南亚南传佛教一脉相承,共同组成了"东南亚南传佛教文化圈",这种天然的黄金纽带联系使得双方的佛教文化交流源远流长。本文旨在通过相关历史文献考析"傣泰民族文化圈"和"东南亚佛教文化圈"形成的历史,追溯云南与东南亚南传佛教文化交流的历史背景;通过有限的地方志、民族志以及口述史资料梳理云南与东南亚南传佛教文化交流的历史记忆,厘清云南与东南亚南传佛教文化交流的历史脉络,探析云南与东南亚南传佛教文化交流的特点,考史察今,以期为促进云南与东南亚国际文化交流提供有益的学术支撑和思想借鉴。

一 云南与东南亚南传佛教文化交流的历史背景

事实上,云南南传佛教的文化交流主要是云南与东南亚南传佛教文化之间的往来和互动。寻本探源,云南与东南亚的南传佛教的文化交流与傣泰民族文化圈和东南亚南传佛教文化圈的形成是密不可分的,这是考溯云南与东南亚南传佛教文化交流不能回避的重要历史背景。傣泰民族文化圈的形成为南传佛教从泰、掸地区传入云南傣族地区铺就了一条天然的民族文化通道,而东南亚南传佛教文化圈的形成则为南传佛教从东南亚向云南

* 本文系梁晓芬主持国家社科基金项目"云南南传佛教史研究"(批准号:12CZJ004)的阶段性成果。

西南边境地区传播奠定了成熟的历史文化基础。其后，云南与东南亚的南传佛教的文化交流就以傣泰民族文化传播为载体绵延不绝。

（一）傣泰民族文化圈的形成

"傣泰民族"是一个文化地理概念，指的是分布于中国西南部云南省及东南亚、南亚区域内的一个有着共同民族和文化渊源关系的族群。傣泰民族文化圈是傣泰民族在漫长的历史过程中不断迁徙扩散而形成的，这一文化圈的大致范围是：中国的云南省、越南北部及西北部泰人分布区、老挝北部泰人分布区、缅甸北部泰人分布区、泰国北部与东北部与中国有民族渊源关系的泰人分布区。[①] 泰国的泰族、缅甸的掸族、老挝的老族与我国云南省的傣族语言相通，文化同源，分布地相连，同属"傣泰族群"。在这个族群分布区域内，中、泰、缅、老之间的地理疆域和民族迁徙在不同的历史时期发生着不同的变迁，泰、掸、傣、老诸族系之间的民族文化传播运动亦从未中断，傣泰民族文化圈正是在相互之间的政治交往与族群文化交往中逐渐形成的。

据史所载，在公元 1 世纪前后到 10 世纪这个历史时期，东南亚地区出现了数十个早期国家，有 3 世纪高棉人所建之扶南国，有 6 世纪以后的骠国、堕罗钵底，有 7 世纪吉蔑人所建之真腊国等。10 世纪时，真腊国势盛大，兼并了邻近广大地区，这时真腊的领域，包括越南南部、柬埔寨全境、泰国北部、老挝及缅甸掸泰族系的一部分地区，北面已达今西双版纳而与南诏接壤。[②] 这一历史背景促成了掸泰族系诸部落结成一个部落联盟，即传说中的"庸那迦国"。这个部落联盟包括暹罗北部的"孟枋"[③]、景迈的兰那[④]、勐骚[⑤]、崆岢[⑥]、勐交[⑦]，该联盟区域内的傣、泰、缅、掸、老诸族，不是被真腊所统治，就是为真腊所侵扰，"庸那迦"政治军

---

① 郑晓云：《傣泰民族起源与傣泰民族文化圈的形成新探》，《云南社会科学》2005 年第 3 期。

② 参见《宋史·真腊传》和（唐）樊绰撰《蛮书·南蛮疆界接连诸蕃夷国第十》。

③ 史传为一泰族王子于公元 857 年所建。

④ 即建都景迈的兰那王国。

⑤ 史传为老族酋长所建，此地即为后来的老挝琅勃拉邦。

⑥ 即后来的孟艮，今缅甸南掸邦的景栋一带地区。

⑦ 史传为越南北部泰族所建。

事联盟的形成正是为了对抗强大的真腊的侵扰。①

与此同时，今云南西双版纳那境内出现了一个"勐泐国"，即 1180 年傣族部落首领叭真入主勐泐所建的"景龙金殿国"。对此，傣文西双版纳编年史《泐史》有载：

> 叭真于祖腊历②五四二年庚子（宋淳熙七年，公元 1180 年）入主勐泐……称景咙金殿国至尊佛主。五五二年庚戌（宋绍熙元年，公元 1190 年）六月白分初十日乙丑，星期六，建都于景兰。
>
> 叭真战胜此方各地之后，兰那、猛交、猛老，皆受统治。时天朝皇帝为共主，有猛交酋名那刺毗朗玛，景咙酋名蒙猛，兰那酋名菩提逻阇唷者，以及刺隈、金占、唷崖、埭腊、珐淯、崆岢等各酋长，俱会商劝进，举行滴水礼，推叭真为大首领。……参与集会者，有和、唷崖、金占、古喇、帕西、埭腊、珐淯及崆岢等国人员，有人民八百四十四万人，白象九千条，马九万七千匹。③

上述这则史料有进一步剖析的必要，江应樑先生指出，叭真建立的"勐泐国"，包含两种不同性质的部落联盟：一种是西双版纳境内的永久性的部落联盟，这是西双版纳傣族成为一个单一民族的第一步；另一种是联合邻近各掸泰诸族而组成的一个临时性联盟，即传说中的庸那迦国，也就是《泐史》所载之兰那、猛交、猛老、崆岢等国俱来集会，共推叭真为大首领。最初，"庸那迦国"这一掸泰诸族的联盟是以景迈为盟主的，待叭真建立景龙金殿国时，威势振赫，庸那迦国的盟主地位就从景迈而转至勐泐。加入这一联盟的，有泰国北部的兰那、越南北部的勐交、老挝琅勃拉邦的勐老、缅甸南掸邦的崆岢，其他如金占、珐淯、埭腊、古喇等诸小国名虽不可考，但皆为这一广大区域的掸泰族系的部落，这点是可以肯

---

① 江应樑：《傣族史》，四川民族出版社 1983 年版，第 173—174 页；又见［泰］披耶巴差吉功札《庸那迦纪年》，王文达译，简佑嘉校，云南民族学院东南亚研究所，1990 年 7 月印行。

② 祖腊历，即傣历。"祖腊"是巴利语，傣语称为"萨哈拉乍"或"祖腊萨哈"，俗称"小历"，是与印支半岛使用的赛迦纪元即大历相对而言的。傣历纪元元年为公元 638 年，为唐太宗贞观十二年。

③ 李拂一编译：《泐史》，国立云南大学西南文化研究室印行，1947 年 2 月，第 1 页。

定的。① 据此可推知，具有共同地缘基础之掸泰族系间的政治、军事结盟在一定程度上促进了"傣泰民族文化圈"的形成。

与上述"庸那迦国"同时期，西部的傣族地区也出现了一个掸泰族系的部落联盟，史称"憍赏弥国"②。其时，永昌、丽水、开南境内的金齿、芒蛮诸部，也正经受着邻近异族的威胁，其东是吉蔑人，其西是孟人和骠人。约在 11 世纪时，这个地区内出现了四个大部落，都属于掸泰族系，如下所述（1）孟生威（Mong sen vi），其境域在萨尔温江中部，北抵麓川，南至孟峨，东到公明山，西北达伊洛瓦底江。它实际上是包括有许多小部落的部落联盟，蒲甘王朝兴起后，企图向东扩张，这些傣掸族小部落为免受异族兼并，联合起来抵抗蒲甘王朝，遂有"孟生威"这个部落联盟。（2）孟兴古（Mong singu），其境在伊洛瓦底江西岸及瑞丽江下游一部分区域。10 世纪时，孟兴古的境域已达曼德勒以北。蒲甘王朝建立时，该区域诸族深受其害，后其境内部落不断兼并，发展壮大，遂组成孟兴古部落联盟，摆脱了蒲甘王朝的羁縻统治。（3）孟底（Mong Ti），为大盈江流域傣族部落的联盟。（4）勐卯（Mong Mao），在瑞丽江西岸。上述四大部落，在 11 世纪时，组成了更大规模的部落联合体，称"憍赏弥国，以孟生威为盟主。憍赏弥国的区域，北抵腾冲，西逾伊洛瓦底江，南及湄南河上流，东与'庸那迦国'相邻。孟艮处于'憍赏弥国'和'庸那迦国'的中间地带，因而孟艮时而加盟'庸那迦国'，时而又是'憍赏弥国'联盟中的成员"。③

关于这四大部落联盟的传说，可与汉文史籍记载相印证，据汉文文献新旧《唐书》和《元史》相关记载，10 世纪前后，掸泰族系各部在地理区域上犬牙交错，语言相通，文化同宗，正处于一个不断迁徙变动的部落发展时代，它们时而征伐，时而结盟，政治、军事联系十分密切，经济文化交流十分频繁，为同族源傣泰民族文化圈的形成奠定了基础。

据考证，自 10 世纪开始，掸、泰、老、傣族等民族就打破国家政治

① 参见江应樑《傣族史》，四川民族出版社 1983 年版，第 180—181 页。

② "憍赏弥国"，为巴利文 Kocambi 音译，又译作"果占壁"。据法国马司帛洛《宋初越南半岛诸国考》一文中说："此憍赏弥国国力常及湄南河上流；明史卷三一三孟艮传记其地于景泰中为木邦所征服；明史之木邦，即此处之憍赏弥国。"，并非印度同名之国；参见冯承均译文《西域南海史地考证译丛》，转引自江应樑《傣族史》，四川民族出版社 1983 年版，第 175 页。

③ 参见江应樑《傣族史》，四川民族出版社 1983 年版，第 174—175 页。

疆域和地理疆域，一直在以大的民族集团建立自己同一族源的政治势力①，这种政治、军事交往同时促进了同族源民族文化的交流与传播。到13—14世纪，傣、泰、掸、老等同族源民族文化圈基本形成。② 这就为南传佛教从兰那、景栋等泰掸族地区进入云南傣族地区准备了天然的民族文化通道和传播载体。

（二）东南亚南传佛教文化圈的形成

东南亚南传佛教文化圈的形成是南传佛教传入我国云南傣族地区一个大的历史文化背景，云南南传佛教的发展脉络必须纳入东南亚南传佛教文化圈中进行考察才符合历史发展的逻辑性和客观性。中国元朝时期，正是东南亚南传佛教文化圈形成并向四周辐射传播的重要时期，成熟的南传佛教就是在这一时期传入云南傣族地区并获得了初步发展的。

"东南亚佛教文化圈"（或称"东南亚南传佛教文化圈"），是个约定俗成的叫法，严格说来，应该称为"南传上座部佛教文化圈"。现在，它主要流传于东南亚的泰国、缅甸、老挝和柬埔寨，南亚的斯里兰卡，以及中国云南省西南部的傣族地区。这一地域的面积达 200 多万平方千米，佛教徒有 1.10 亿—1.15 亿人。所谓"东南亚佛教文化圈"，如果从宗教文化学意义上说，应当包括上述国家和地区，而不仅仅是泰国、缅甸、老挝和柬埔寨。③

东南亚佛教文化圈的形成，当从缅甸蒲甘王朝振兴上座部佛教的阿奴律陀说起。1044 年，阿奴律陀登位之后，征服群雄，统一缅甸；实施佛教改革，奉上座部佛教为国教，推行纯正的上座部法统。1057 年，阿奴律陀征服直通，迎请三藏经典，与锡兰通好，兴建寺塔。阿奴律陀在缅甸佛教史上的贡献还在于他以孟文及骠文为基础，创造了缅文，音译上座部佛教三藏典籍。上述这些改革举措使得蒲甘原有的阿利教、大乘佛教、密教、婆罗门教等各派渐渐衰颓消亡，上座部佛教盛行蒲甘。④ 此外，阿奴律陀扩张疆域，向东征服了掸族诸邦，并纳一位掸族公主为妃，使蒲甘和

---

① 参见郑筱筠《中国南传佛教研究》，中国社会科学出版社 2012 年版，第 60—61 页。

② 范宏贵：《壮、傣、老、泰族的渊源研究》，《广西民族学院学报》2002 年第 3 期。

③ 贺圣达：《关于南传上座部佛教文化圈的几个问题》，《思想战线》1994 年第 2 期。

④ 参见净海《南传佛教史》，宗教文化出版社 2002 年版，第 132—135 页。

掸族地区的关系更加密切，兴盛的蒲甘上座部佛教文化自然地向掸族地区传播，并经由掸族地区传入邻近的傣族地区。①

　　11世纪中期，泰族建立了兰沧（Lan Chang）和兰那（Lanna）两个小国家。兰沧泰族一系，后来向泰国东北部发展，形成了以后的老挝；兰那是泰族首先在泰境内建立的一个小王国，在中国史书上称"八百大甸"。兰那强盛时，其辖境包括现在清迈、南奔、南那、昌来和缅甸的景栋地区。当时还有两个泰族邦国：一称拍尧（Payao）；一称哈里奔猜（Haribhujaya），由孟族血统遮摩（Cama）女王统治，这位女王曾请五百位僧人携带三藏圣典往各地弘法，奠定了北部上座部佛教深远的基础。②据《庸那迦纪年》记载，一直到1292年，兰那国的孟莱王征服了哈里本猜，孟族的佛教才为兰那所接受③。1296年，兰那立清迈为新都，中国史籍称之为"后八百大甸"。从13世纪开始，泰国北部的兰那国（又称"八百媳妇国"）逐步形成了以清莱为中心的北部地区和以清迈为中心的南部地区两大区域。在历史发展的长河之中，清迈逐渐发展成了泰北的政治、经济和文化中心。在兰那王国的历史上，有两位君王对佛教发展的贡献尤为显著。一位是孟莱王（Mangrai，1296—1317），他一方面在南奔、清迈等地广修佛寺，一方面又派以应达班约（Yingdabanyo）为首的一批比丘到斯里兰卡学法深造，学成回到兰那建立了莲花塘寺（Vabayobo），持较严的阿兰若律，这便是直至今日仍影响颇大的莲花塘寺派（即"摆坝"，林居派）之发端。④第二位是兰那王国九世哥那王（Keu Na，1355—1385），哥那王统治时期是整个泰国北部上座部佛教发展的重要阶段。据15世纪的兰那文献《宗教本源志》记载，哥那王通过素可泰五世立泰王邀请苏摩纳长老到兰那，弘扬他从缅甸塔通传来的楞伽宗上座部佛教。1371年，哥那王又在清迈修建瓦孙诺佛寺，后来这一佛寺就成为"摆孙"派佛教的发源地。⑤后又把苏摩纳所弘扬的佛教派别称为"花园寺派"。"摆坝"和"摆孙"二派的形成标志着兰那地区上座部佛教的成熟和发展。与此同时，泰国南部的素可泰王朝获得较快发展。大约13世

---

① 邓殿臣：《南传佛教史简编》，中国国佛教协会1991年版，第190页。
② 参见净海《南传佛教史》，宗教文化出版社2002年版，第200—201页。
③ 谢远章：《傣泰学研究六十年》，云南民族出版社2008年版，第132页。
④ 参见邓殿臣《南传佛教史简编》，中国国佛教协会1991年版，第191页。
⑤ 谢远章：《傣泰学研究六十年》，云南民族出版社2008年版，第133页。

纪末期，素可泰全国就完全转信了斯里兰卡大寺派法统的上座部佛教。[①]
至此，上座部佛教在傣泰掸老等同源民族文化中开始占据重要地位，佛教
文化的高度发达性得到了认同和弘扬。[②]

据史料记载，直至 13 世纪，斯里兰卡上座部佛教始传柬埔寨，梵文
渐趋衰颓。1309 年，柬埔寨一块巴利语古碑铭记载，舍耶跋摩波罗弥斯
罗曾首先正式护持斯里兰卡的佛教僧团，其后柬埔寨也成为清一色的南传
佛教国家。而老挝史上明确记载有上座部佛教信仰始自法昂王（1353—
1373）建立南掌国之时。发昂即舍耶跋摩波罗弥斯罗之女婿，自幼在柬
埔寨长大，信奉佛教，当他回老挝时，携带著名的勃拉邦佛像并引进了柬
埔寨上座部佛教，致力弘扬。[③] 14 世纪中叶后，老挝才全面接受了南传上
座部佛教。

通过梳理考察东南亚佛教史可知，东南亚的缅甸、泰国、柬埔寨和老
挝，在 11—14 世纪期间，先后接受了斯里兰卡大寺派法统的上座部佛教
并奉为国教。到 13—14 世纪时，东南亚南传佛教文化圈才真正得以形成，
这是成熟的南传佛教传入我国云南傣族地区重要的历史背景之一。

综上可知，文化传播与民族迁徙往往是同步的，民族的迁徙带往往也
是文化的传播带。同源民族的文化共通性为文化传播提供了传播渠道和传
播载体。历史上，南传佛教的传播就是以傣泰同源民族的文化传播为载体
进行的。[④] 13—14 世纪，随着傣泰民族文化圈和东南亚南传佛教文化圈的
形成，极大促进了傣泰民族文化圈内的民族文化交流，南传佛教正是通过
民族文化交流的通道传入云南傣族地区并获得了初步发展。

二　云南与东南亚南传佛教文化交流的历史脉络

汉文史籍关于云南南传佛教的记载甚为匮乏，无从详考云南与东南亚
南传佛教文化交流的历史。尽管如此，透过傣泰史籍的有限记录和学界的
相关著述，大致可以考溯出云南与东南亚南传佛教文化交流之历史脉络，

---

① 净海：《南传佛教史》，宗教文化出版社 2002 年版，第 203 页。
② 参见郑筱筠《中国南传佛教研究》，中国社科出版社 2012 年版，第 54 页。
③ 净海：《南传佛教史》，宗教文化出版社 2002 年版，第 193—203 页。
④ 郑筱筠：《中国南传佛教研究》，中国社会科学出版社 2012 年版，第 60 页。

这一脉络虽时隐时现却从而断绝，云南南传佛教在源远流长的文化交流中葆有内在的活力，在云南傣族地区传播衍化并逐渐发展兴盛，与东南亚南传佛教一道弘传着上座部佛教的法脉。

（一）西双版纳与东南亚的南传佛教文化交流

云南西双版纳南传佛教与兰那南传佛教关系密切，在兰那王国的早期，兰那上座部佛教就经由缅甸景栋传入云南的西双版纳地区，促成了南传佛教文化在傣掸地区的交流融合；而西双版纳南传佛教的兴盛发展则与缅甸的佛教文化交流密不可分。

其一，从傣泰史籍文献记载中不难考证出西双版纳与兰那南传佛教深厚的历史渊源。据傣文手抄本史籍《佛教大事记》（Le lo long）[①] 记载，1296 年，孟莱王（Mangrai，1296—1317）征服了南奔、景栋，建立了以清迈为中心的统一国家，即兰那王国，中国史书称其为"后八百大甸"。孟莱王的母亲是西双版纳第四代召片领（宣慰使）陶陇建仔的女儿，孟莱王对景洪的外祖父母孝敬备至，每年都贡献方物，泰北《清迈纪年》亦有相应记载。兰那与西双版纳的姻亲关系进一步推动了双方的政治、经济、文化交往，为南传佛教从兰那地区源源不断地传入云南西双版纳傣族地区奠定了良好的基础。另据考证，祖腊历 720 年（1369 年），莲花塘寺派（摆坝）以雅那卡皮拉（Yanakapila）长老为首的 700 僧人组成的使团从清迈到缅甸景栋宣教，建立了景栋城区的第一所佛寺——宝象寺（瓦章皎，Vazhangjiao），然后进入西双版纳的西定布朗山区和勐遮、勐海、勐混等傣族坝区。花园寺派（摆孙）以西卡班若（Hikabanro）长老为首的一批僧侣，继莲花塘寺派僧人之后来到景栋宣教，建立了景栋城区第一所花园寺派佛寺——红林寺（瓦罢良，Vabalian），并于祖腊历 734 年（1373 年）传入西双版纳的大勐龙、景洪、勐罕等澜沧江沿岸傣族地区。[②] 由此可知，14 世纪，上座部佛教由勐润（今泰国清迈一带）传入西双版纳，并随之传入傣泐文（兰那文）书写的佛经，此即最先传入我国云南西双版纳地区且至今仍为人们所信奉的润派佛教，这是有据可考的

①　《佛教大事记》，又译为《佛主巡游世界》，正本藏于缅甸，西双版纳所藏的 22 卷本称为《小列洛龙》。

②　刀述仁：《南传上座部佛教在云南》，《法音》1985 年第 2 期。

云南与东南亚兰那地区南传佛教的一次交流。此后，又有大批巴利文佛经和注释被译成泰润文在傣、掸、老族地区流通，促成了这一地带佛教文化的又一次大交流、大融合。①

其二，西双版纳与缅甸王室的政治联姻有力推动了西双版纳与缅甸的南传佛教文化交流，促使西双版纳南传佛教走向隆盛。据傣文史籍《泐史》记载：明隆庆三年（傣历931年，1569年），缅甸金莲公主和西双版第二十五代召片领刀应猛联姻，缅甸国国王派僧团携佛经及佛像随嫁到西双版纳传教。在缅王所赐赠的礼品中，有佛像、护法神、法器等，并赐象牙印一颗，印宽三指，中刻须弥山，周以铁围山七座，其下有海，有三柱，有鳌鱼一对，其上有浮屠、日、月。此外，还有金质菩提叶等礼品。②尤值一提的是，刀应勐就任西双版纳宣慰使时，还举行了盛大的宗教庆典仪式，《泐史》又载："宣慰使感激恩遇，于是敬以天朝（明朝）为父，缅朝为母。天朝使臣扶宣慰使左手，缅方使臣扶宣慰使右手，扶其登宝座，共举为宣慰使，行滴圣水礼。"③随后"宣慰使召集所有十二版纳各部正副长官会议议决，随与缅甸使臣等同诣佛寺中，面对佛像、佛经及主持（佛法僧三宝）三个佛之代表者，竭诚宣誓。礼毕，缅使回缅复命。"④明隆庆四年（傣历932年，1570年），刀应猛之妻金莲王后生一子，取名刀韫猛。公主为了感念佛恩，"主建大佛寺一所，寺址位于景永城之西部，塑佛像一尊，坐宝座上，面向大缅国阿瓦城，名金莲寺，傣泐名瓦菠钪，亦金莲寺之意也"⑤。此后，在土司的殷殷护持之下，人民崇佛赕佛之心弥笃，建寺修塔之风愈盛，西双版纳傣族地区进入了云南南传佛教发展史上的隆盛期。

事实上，西双版纳南传佛教之所以能在明朝中后期取得较快发展，是与缅甸王室的积极支持分不开的，这背后其实隐藏着复杂的政治目的和背景。简言之，缅王试图通过联姻与佛教扶持来达到他管控西双版纳的政治目的。据傣文史籍《车里宣慰世系简史》记载：缅王把金莲公主嫁给西双版纳召片领刀应猛后，不久就在瓦城举行了一次东南亚各国的佛教盛

① 参见邓殿臣《南传佛教史简编》，中国佛教协会1991年版，第190—191页。
② 李拂一编译：《泐史》，国立云南大学西南文化研究室印行，1947年版，第19—20页。
③ 同上书，第21页。
④ 同上书，第22页。
⑤ 同上书，第22—23页。

会，并邀请西双版纳的召片领及僧人们参加会议。据说当时西双版纳有一个叫康朗子的僧人参加了此次盛会，并对缅王说："我们信佛教规矩甚严明。佛爷一天只吃一顿饭，召片领也支持我们，佛寺佛塔已经建立，佛爷和尚越来越多。"缅王了解到西双版纳的佛教盛况后，不仅赐送佛经、铓锣以及各种宗教法器用具，还派人到西双版纳宛波罕佛寺作了许多壁画。①从傣文史料来看，金莲寺是明朝中后期西双版纳境内修建规模最大的佛教寺院，这是西双版纳傣族地方统治者与缅甸王室之间佛教文化交流的一个有力证据。

（二）德宏与东南亚的南传佛教文化交流

与西双版纳傣族地区相比，云南德宏傣族地区的南传佛教与缅甸南传佛教的关系更为密切，双方的佛教文化交流也更加频繁，促进了中缅边境傣掸地区南传佛教的传播发展。

其一，明初南传佛教从东南亚的缅甸掸族地区进入云南德宏傣族地区，与历史上德宏傣族地方政权的政治需要紧密相关。14 世纪初，麓川路总管思可法兴起，并吞诸路，建立了云南西部傣族地区的封建领主政权——果占壁王朝。明洪武十七年（1384 年），思可法之孙思伦法即位，归顺明廷，被封为宣慰使，兼统麓川平缅两地，《百夷传》载其疆域：百夷即麓川、平缅也，地在云南西南，东接景东府，东南接车里，南至八百媳妇，西南至缅国，西至戛里，西北接西天古刹，北接西番，东北接永昌。可见当时的麓川王朝已完成了云南西部傣族社会的统一大业。思伦法为了巩固其统治，从邻邦引进南传佛教，作为其加强封建统治的精神支柱。据《明史·云南土司传·麓川》载："初，平缅（今德宏地区）俗不好佛，有僧至自云南，善为因果报应之说，伦法信之。又有金齿戎率逃为其境能为火铳火炮之具，伦法善其技能，俾系金带、与僧位诸部长上。"②民族史学家尤中先生考证说："既有至自云南者，必然也有至自缅甸者，则思伦法时，今德宏地区始传入佛教。"③

---

① 参见西双版纳傣族自治州文史资料委员会编《车里宣慰世系简史》专辑载《版纳文史资料选辑》第 1 辑，第 26 页。

② （清）张廷玉《明史》卷三一五《云南土司传》，中华书局 1983 年版。

③ 尤中：《云南民族史》，云南大学西南边疆历史研究所编印 1985 年版，第 146 页。

　　其二，明代中央政府与东南亚地区的政治交往，推动了傣泰民族文化圈内佛教文化的交流互动。明初，朝廷施行休养生息政策，对境内少数民族地区采取羁縻安抚之法，对周边国家奉行友好交往之策，在中缅边境地区设立了"三宣六慰"①，其中就有缅甸宣慰使司。对此，方国瑜先生认为："明初以来设缅甸宣慰司，列入版图，并非偶然。盖由于人民之间，往来密切，经济文化交流频繁，缅境与内地相互依赖，不可分割，在此基础上，促成统治者之联系，为必然结果，绝非如统治者所说恩威远播也"。② 不难推论，在中缅边境政治、军事交往频繁的历史背景之下，双方的经济文化互动也必然频繁，而同族源民族文化圈内的佛教文化交流就是一种必然的结果。即使是在 16 世纪 70—80 年代缅军军事入侵德宏的 11 年间③，缅王莽应龙亦命缅军在德宏地区大建佛寺佛塔。④ 这在这客观上起到了促进中缅佛教文化交流，促进德宏佛教播布发展的作用。

　　其三，明清时期东南亚南传佛教的兴盛促使不同南传佛教教派先后传入云南德宏傣族地区并获得不同程度的发展。摆庄派⑤大约于明朝中叶从缅甸传入德宏地区的。摆庄派传入德宏之后，主要播布于芒市、遮放、瑞丽、陇川、盈江等傣族地区，广有寺产，信众最多⑥；据《左底教史》⑦记载，左底教派于 15 世纪中叶传入德宏，最早在瑞丽龙江西岸的雷列修建佛寺，至今仍保留雷列佛寺遗址。左底派仅在德宏的芒市、瑞丽和临沧境内流行，信众较少。多列派在缅甸北部曾兴盛一时，以此为中心向外传播，曾多达十几个支派，明中叶传入德宏地区的多列派支系有达拱旦

---

　　① "三宣"即三个宣抚使司：南甸宣抚使司（今德宏梁河县）、干崖宣抚使司（今德宏盈江县）、陇川宣抚使司（今德宏陇川县）。"六慰"即六个宣慰使司：车里宣慰使司（今西双版纳景洪市）、老挝宣慰使司（今老挝）、木邦宣慰使司、八百宣慰使司（今泰国清迈）、孟养宣慰使司、缅甸宣慰使司。此外，还有麓川平缅宣慰司（今德宏瑞丽）等。

　　② 方国瑜：《云南史料目录概说》，中华书局 1984 年版，第 404 页。

　　③ 明万历元年（1573 年），陇川宣抚司幕僚岳凤谋杀土官多士宁，引缅王莽应龙驱使缅军入侵占领德宏，至万历十一年（1583 年），明将邓子龙等率明军平息岳凤叛乱，收复失地，历时 11 年。

　　④ 张建章主编：《德宏宗教——德宏傣族景颇族自治州宗教志》，德宏民族出版社 1992 年版，第 118—119 页。

　　⑤ 摆庄派又称"耿龙"。

　　⑥ 郑筱筠：《中国南传佛教研究》，中国社会科学出版社 2012 年版，第 105 页。

　　⑦ 《左底教史》乃依据芒市镇东里思华章保存的缅甸录制的傣语录音磁带整理而成，参见张建章《德宏宗教——德宏傣族景颇族自治州宗教志》，德宏民族出版社 1992 年版。

（都古旦）、舒特曼、瑞竟（瑞定）、缅坐（缅角）四个支派，分布较广。[1] 德宏傣族地区润派佛教除了 15 世纪自西双版纳传入之外，还有 17 世纪从泰国经缅甸景栋传入德宏地区的润派，现存德宏州芒市五云寺的一块木匾记载可以佐证。[2]

随着中缅边境掸傣族系间的佛教文化交流互动日益频繁，至明末清初，中国云南德宏傣族地区的南传佛教开始进入鼎盛期。据明代《西南夷风土记》载："俗尚佛教，寺塔遍村落，且极壮丽，自缅甸以下，惟事佛诵经。俗不杀生，所以鸟兽与人相狎。凡有疾病，祝佛以僧代之，或一年二年三年，募人为之。"[3] 傣文史料《库本勐宛》（《陇川史》）亦载：16 世纪时，陇川第七代土司多三诏"带领百姓生产、赕佛、做摆，佛事活动比过去多，人们争相比赛做大摆。多三诏时代，一年十二个月，每月都有佛事活动"。[4] 至清初寺塔遍地，佛法大盛。清顺治二年（1645 年），果占壁王召罕法主持修建金熊宝塔（瑞丽姐勒大金塔），是德宏地区南传佛教进入了恢宏期的标志。据清人周裕《从征缅甸日记》记载，其时畹町、木邦一带"崇尚佛教，每至大村寨，或土司所居必有缅寺、浮图，上悬白纸幡竿"[5]。又据《遮放地方史》载："自遮放多氏自此开始建城时，就请来了上座部佛教的旦达长老建寺传教，可是过了好几代，境内的佛寺仍然寥若晨星。自多传朝得到皇帝嘉奖后，更加崇信佛法僧三宝，于是便着力号召各地建立佛寺，规劝百姓虔诚赕佛。经司官这一提倡，境内很快建立了很多佛寺，佛寺中又住了许多比丘，带领着佛教弟子日夜诵经。"《芒市土司史略》又载：清顺治年间（1644—1661 年），芒市乡下修建了许多木结构瓦顶的新佛寺。[6] 上述傣文、汉文史料记载明清时期德宏傣族地区佛寺、佛塔之普遍，佛事活动之盛行，足以见南传佛教在德宏

---

① 朵列教，即多列派，参见《瑞丽县朵列教的起源与发展情况》，现藏于德宏州瑞丽市档案馆。

② 参见中共陇川县工委统战部《陇川县宗教情况报告》，1956 年 3 月；云南省宗教考察组：《陇川县佛教目前情况调查总结报告》，1956 年 3 月。现均藏于保山地区档案馆。

③ （明）朱孟震：《西南夷风土记》，见方国瑜主编《云南史料丛刊》，第五卷，第 491 页。

④ 《库本勐宛》（即《陇川史》），拜甘（傣）收藏，俊孟（傣）译，李绍成整理校注，载《陇川县文史资料选辑》（三），德宏民族出版社 1992 年版。

⑤ （清）周裕：《从征缅甸日记》，乾隆三十二年。

⑥ 张建章：《德宏宗教——德宏傣族景颇族自治州宗教志》，德宏民族出版社 1992 年版，第 119 页。

傣族地区传播发展之兴盛。

　　总之，宗教文化交流互动是宗教发展的一个外在因素，也是推动宗教传播和发展的重要途径。可以说，云南与东南亚掸泰地区源远流长的南传佛教文化交流奠定了云南南传佛教传播发展的基本格局。大致在明末清初，云南逐渐发展形成了两个南传佛教弘法中心：一是以西双版纳地区为主的佛教中心；二是以德宏地区为主的佛教中心。这两个佛教文化中心渐次辐射到布朗、阿昌、德昂、佤等民族之中，最终形成了以傣族为主体的信仰民族，以傣文为主要经典文字，以滇西南弧形地带为主要信仰区域的云南南传佛教文化区，成为国际南传佛教文化圈中一个不可或缺的组成部分。此后，云南南传佛教与东南亚南传佛教的文化交流进入了新的历史时期。

三　新时期云南与东南亚南传佛教文化交流的主要形式

　　新中国成立后，云南南传佛教界涌现出了一批精通佛学、修持谨严的高僧大德，他们曾在东南亚国家留学修行然后返乡弘法，如松领·阿戛牟尼、伍并亚·温撒、英德戛、伍古腊、英达片雅、郎德哥等一批爱国爱教的高僧，为促进云南与东南亚的佛教文化交流做出了重要的贡献。

　　改革开放后，云南南传佛教界进一步加强与东南亚佛教界的友好往来和文化交流，增进了双方的互联互通，巩固了传统友谊，树立了新中国南传佛教的良好形象，云南与东南亚的南传佛教文化交流迈上了一个新台阶。通过文献梳理和田野考察，新时期云南与东南亚的南传佛教文化交流主要有以下几种形式。

（一）南传佛教僧侣跨境交流

　　僧侣作为南传佛教的信仰主体，其跨境交流是云南与东南亚南传佛教跨境交流的主要类型，分为跨境参访、跨境留学和跨境住寺三类。

　　1. 僧侣跨境参访

　　南传佛教僧侣跨境参访有个体性参访和群体性参访两类，其中，个体性参访主要见于中缅佛寺之间建立了友好联系之后的交流互动；而群体性参访往往是受邀参加某个宗教仪式活动或佛教论坛，其旨归于促进双方的法谊和交流。例如，云南南传佛教高僧帕松列龙庄勐经常参加泰国、缅甸的佛教论坛，同时与东南亚佛教界保持友好互访和交流。2004 年 1 月，云南西双版纳傣族自治州总佛寺隆重举行都龙庄晋升"西双版纳祜巴勐"仪式，来自缅甸、泰国的高僧如祜巴温忠大长老、祜巴阿亚坦大长老、祜巴香腊大长老等参加了盛大隆重的庆典活动。

2. 僧侣跨境留学

20 世纪 90 年代以来，为了培养高素质僧才，中国佛教界和云南佛教界先后选派了约 100 名僧人赴泰国、缅甸留学，留学归来的部分僧人逐渐成长为云南南传佛教的中坚力量。例如，1996 年，中国佛协选派五名比丘赴缅甸国立佛教大学留学，这五位比丘是新中国成立以来首批赴缅甸留学的僧人，其中三位是云南南传佛教僧人。先后学成归来的年轻僧人成为弘法利生的中坚力量，为云南南传佛教的传承与发展发挥着积极作用。诚然，除了由佛教团体选送到南亚东南亚留学的僧侣之外，亦有僧人自发到斯里兰卡、泰国、缅甸跨境修学的情形。

3. 外僧跨境住寺

"外僧"指的是外籍僧侣，有缅甸籍、泰国籍和老挝籍，主要是缅甸籍僧侣。由于云南境内僧才不足，不能满足信众宗教生活需求，由信众聘请外僧跨境住寺，有的担任佛寺住持，有的跟随师父住寺。[①] 据调查统计，西双版纳州有外籍僧侣 300 多人，德宏州有缅籍僧侣 100 多人，临沧市有缅甸籍僧侣 60 多人，普洱市孟连县有外籍僧侣 100 余人。[②] 除了外僧跨境住寺之外，云南境内僧人亦有跨境到缅甸木姐、南坎等南传佛教寺院担任住持的情况。本文客观考察僧侣跨境互动，至于外籍僧人跨境住寺的利弊问题，兹不赘述。

（二）南传佛教信众跨境交流

1. 信众跨境朝圣

在整个南传佛教文化圈内，泰国素有"千佛之国"之称，而缅甸蒲甘则号称"万塔之城"，中国云南傣族地区亦有不少闻名东南亚的佛迹圣

---

① 详参梁晓芬《如何破解南传佛教"有寺无僧"、"缅僧入境"困局》，载《中国民族报·宗教周刊》2013 年 3 月 13 日。

② 资料来源：田野调查数据统计。

地，这些圣地吸引着佛教信徒跨境礼佛朝圣。云南傣族信众每年都会自发组织赴东南亚的泰国、缅甸佛教圣地跨境朝圣。同时，云南普洱市景谷县有 26 处"佛迹"，殊胜罕见，被誉为"佛迹圣地"，每年都吸引着大批东南亚信众跨境朝拜，2010 年，曾有三批共计 400 多人的东南亚佛迹朝圣团跨境朝圣，泰国南传佛教高僧祜巴温忠和缅甸景栋高僧祜巴阿亚坦曾到景谷并对佛迹给予了高度评价，这无疑是东南亚佛教界对云南景谷佛迹圣地的最大肯定。

2. 信众跨境赕佛

信众的跨境交流还表现为在中缅边境地区南传佛教仪式活动中的交流与互动，尤其是 20 世纪 90 年代以来，中缅边境地区的南传佛教交往日益频繁。以西双版纳打洛镇与缅甸小勐拉同源傣—掸族之间的南传佛教跨境互动为例，2000 年，打洛镇傣族信众出境参加南传佛教赕佛活动的人数达 5000 余人之多，而境外掸族信众入境参加赕佛活动的人数亦多达 6000 余人[①]。

总之，以同源傣—掸族系文化互动为通道，以南传佛教节日为载体，如雨安居、泼水节、赕塔、赕坦等仪式活动，在现实场域中，中缅边境地区南传佛教信众频繁地跨境交流互动。

（三）南传佛教团体跨境互动

南传佛教团体的跨境互动主要表现为中缅边境地区南传佛教团体的交流互访，这种互动是双向的，旨在增进理解，巩固传统友谊，促进交流与合作。

1. 云南南传佛教团体的跨境互动

云南南传佛教团体的跨境互动包括以佛教团体的形式跨境参访、参加佛教论坛或佛教仪式等交流活动。例如 1996 年，中国佛协副会长兼秘书长刀述仁作为代表团团长，率汉传、南传、藏传佛教代表团一行 18 人到泰国参访，拜会泰国僧王、泰国文化部宗教厅、华人佛教团体，参访主要佛寺。2003 年 7 月，以刀述仁会长为团长，南传佛教僧人都龙庄、都罕听等为成员的中国佛教护侍团护送佛指舍利到泰国供奉。2005 年 10 月，云南省佛教协会以刀述仁会长任团长，组成 86 人的迎请团赴斯里兰卡迎请三棵圣菩提树苗到云南安奉，斯里兰卡花园派大长老、阿斯羯利派大长

---

① 资料来源：勐海县佛教协会。

老和佛牙寺大臣三大佛教领袖护送圣菩提树到云南，这一佛教盛事是中斯两国佛教界承前启后，开创未来的一个新起点。

2. 东南亚南传佛教团体的跨境互动

东南亚南传佛教团体的跨境互动包括以南传佛教团体形式跨境进入中国云南傣族地区参访、布施、参加佛教论坛或佛教仪式等交流活动。例如，2010 年 11 月 3 日，为纪念中泰建交 35 周年，世界佛教徒联谊会主席、泰国红十字会秘书长鹏·旺纳麦提一行受泰国国王普密蓬·阿杜德陛下的委派，到西双版纳总佛寺捐赠佛像和布施袈裟。2012 年 12 月 12 日，云南省西双版纳总佛寺隆重举行大雄宝殿、僧寮福顺楼和鼓楼落成开光庆典仪式，来自印度、尼泊尔、斯里兰卡、孟加拉、泰、缅、老挝等九个国家的佛教代表团共襄盛举，标志着云南与东南亚、南亚佛教文化交流进入了一个新的历史时期。2013 年 6 月 7 日，中国佛教协会在云南省德宏州瑞丽市边境姐告口岸隆重举行赠送缅甸三尊佛牙舍利等身塔恭送法会。缅甸宗教部副部长貌貌泰亲率宗教部官员和缅甸数十名高僧随彩车进入姐告口岸恭迎佛牙舍利等身，中国佛教协会副会长帕松列龙庄勐、北京灵光寺方丈常藏大和尚等高僧共同主法，缅甸高僧与我国南传佛教僧人和汉传佛教僧人分别诵经祈福，共续中缅两国佛教传统法谊。2015 年 11 月，云南临沧市佛教协会和瑞丽市佛教协会分别举办"中缅边境南传佛教文化交流会"，来自缅甸南坎、木姐、腊戌等地佛教代表团与云南南传佛教团体交流互动，共话遵循佛陀教导，利乐有情，共续传统法谊。

（四）南传佛教经典跨境交流

首先，随着巴利语系佛教从泰国、缅甸向云南傣族地区传播，巴利语的佛经也随之传入。中国云南傣族地区迄今保存着一部基本完备的巴利三藏，这套巴利三藏使用的是老傣文，这种文字最初是为了满足抄写佛经的需要由孟文、缅文演变而来的。[①] 依据刀述仁先生在《南传上座部佛教在云南》一文中对现存傣文佛经的介绍，将傣文巴利三藏和流传在南传上座部佛教其他国家和地区的巴利三藏进行比较，以便理解二者的异同。[②] 总体而言，傣族地区以巴利三藏为主体的佛教经典与南传诸国传布的佛教

---

① 邓殿臣：《南传佛教史简编》，中国佛教协会 1991 年版，第 209 页。
② 刀述仁：《南传上座部佛教在云南》，《法音》1985 年第 1 期。

经典并无二致，仅在细微之处稍有差异。

其次，20 世纪 80 年代以来，随着云南南传佛教团体与东南亚南传佛教团体的交往以及双方僧人的交流互动，泰文三藏经和缅文三藏经也流动到云南傣族地区，云南南传佛教有的佛寺保存有完整或部分泰文、缅文三藏经典。

再次，在当代中缅南传佛教界高僧大德的推动下，一部分缅文佛经和拉丁字母转写的巴利文佛经逐渐流入境内并被转译为中文，诸如玛欣德尊者编译或译述的《阿毗达磨讲要》《比库巴帝摩卡》《上座部佛教修学入门》《上座部佛教念诵集》《沙玛内拉学处》《沙门果经》讲义、《止观法要——〈中部·八城经〉》讲义、《大护卫经》等，让更多的人得以一窥南传巴利三藏的堂奥。

同时，云南集政界、教界和学界之力，历时九年搜集整理翻译的《中国贝叶经全集》，是对中国南传上座部佛教典籍的一次较全面的搜集和整理，共有 139 部贝叶经卷本，为贝叶经原件扫描、老傣文、新傣文、国际音标、汉文直译、汉文意译"六对照"的佛经版本，亦通过不同的渠道跨境流动到泰国、缅甸泰—掸族系之中。

历史证明，在云南与东南亚的文化交流史上，南传佛教扮演了重要的角色并发挥了重要的积极作用。一是云南南传佛教通过与南亚东南亚南传佛教从未间断的交流而永葆其内在的生命力和活力；二是共同的佛教信仰架设了中国云南与南亚东南亚文化交流的桥梁，增进了彼此的理解和互信，使得中国与南亚东南亚人民结下了深厚的传统友谊；三是在上千年的南传佛教文化交流中，佛教经典、语言、天文历法、医学以及佛教建筑、雕塑、绘画、音乐等也随之在中国与南亚东南亚人民之间相互交流并发扬光大。可以说，云南与南亚东南亚的佛教文化交流已经成为双方文化交流的重要组成部分，为双方进一步深化交流与合作奠定了坚实的文化基础。

四　云南与东南亚南传佛教文化交流的特点

通过追溯云南与东南亚南传佛教文化交流的历史文化背景，梳理历史场域和现实场域下云南与东南亚南传佛教文化交流的发展脉络，可以发现其呈现出来的几个鲜明特点。

1. 交流的历时性

在南传佛教传播发展史上，无论是南传佛教从泰掸族系地区源源不断地进入云南傣族地区，还是历代僧侣为了法脉传承所做的诸多努力，南传佛教在傣泰族群间的跨境交流互动绵延不绝，显现出历时性特点。尤其是云南和东南亚南传佛教界的高僧大德，从阿连亚洼西、叭龙咯涛宰山、召蒙·玛哈库、松领·阿戛牟尼、祜巴西唯差等，到当代的祜巴龙庄勐、祜巴香腊、祜巴温忠等，他们作为南传佛教文化的传承者，前仆后继，坚持不懈地行进在弘法利生的路上，以其独特的感召力和影响力推动了云南与东南亚的南传佛教文化交流。

2. 交流的内驱性

从宗教史学视野而言，世界性宗教具有突破一定地理空间和信仰群体限定，主动向外传播和发展的特点，南传佛教也不例外。云南与东南亚的南传佛教文化交流，既是信仰主体的宗教诉求，也是南传佛教自身传播运动的内在驱动。可以说，南传佛教内驱性客观上驱动着南传佛教的跨境交流互动，东南亚南传佛教文化圈形成的过程就是南传佛教在傣泰族群中跨境播布和交流的过程。

3. 交流的文化性

族群认同建立在血缘和文化基础之上，尤其强调族群的文化特质。傣泰族群虽然跨境而居，然而共通的语言、共同的节日、共同的历史记忆，加之共同的信仰纽带，使得中缅边境地区的南传佛教跨境交流互动表现出对傣泰族群文化高度认同的鲜明特点。相应的，族群文化认同在长期的南传佛教信仰跨境交流互动中又得到了不断深化。因此，南传佛教的交流互动，互动的是信仰，也是文化。

4. 交流的双向性

云南与东南亚的南传佛教文化交流不是单向性的输出或输入，而是具有双向性交流特征，是"宗教互动"的一种类型，这种交流并不是宗教信仰的转变，而是在同一族源群体中的双向流动，即在傣泰族群中自然流动，信徒的宗教归属依然是南传佛教，属于同类型文化之间的交流与传播，通过这种双向性的交流互动，可以进一步维系和强化傣泰民族文化圈内的南传佛教文化系统。

5. 交流的民间性

在现实场域中，南传佛教的跨境交流互动存在诸多方向，然而无论哪个方向，中缅边境地区南传佛教的跨境互动都秉持着民间文化交流的性质和特点。南传佛教作为一种跨国界、跨民族的精神力量，可以为我国公共外交提供平台和通道并发挥独特的"文化外交功能"和"民间外交功能"，通过南传佛教的跨境互动促进中国云南与南亚和东南亚国家的民间文化交流。

五　余论

综上所述，云南与东南亚南传佛教文化交流既是跨地域的地理性互动，又是跨民族的文化性互动，而南传佛教文化交流互动的驱动力是什么呢？笔者认为，云南与东南亚南传佛教文化交流的动力因素主要有三：一是南传佛教传播运动的客观内驱力，南传佛教自身的传播特性自然驱动着南传佛教源源不断地跨区域播布互动；二是信仰主体的主观宗教诉求，南传佛教的信仰主体自觉主动地推动着云南与东南亚南传佛教文化的跨境交流；三是同源傣泰族群经济文化交流为南传佛教的跨境交流提供了载体和通道。正是上述三方面因素的交互作用，使得云南与东南亚傣泰族群南传佛教的跨境交流互动源远流长而意义深远。

追古抚今，随着云南与东南亚南传佛教文化交流日益深化，云南南传佛教在国际上的独特地位和影响力亦备受瞩目。南传佛教作为一种跨国界、跨民族的精神力量，不仅可以为和谐世界的外交理念提供思想资源，而且还可以为我国公共外交提供平台和通道，南传佛教在增进南亚和东南亚国家民众对中国的理解和互信中发挥了独特的作用，是其他公共外交手段难以替代的。毋庸置疑，南传佛教已经成为中国与东南亚地区天然的文化纽带，我们可以依托这一共同的文化因子在该区域的亲和力，充分发挥南传佛教所具有的"文化外交功能"和"民间外交功能"，通过南传佛教文化交流促进中国与东南亚国家的民间文化交流，进一步提升中国在东南亚地区的影响力和文化软实力，增进中国与东南亚地区的国际文化交流与合作。

（梁晓芬，云南省社科院宗教研究所副研究员）

中国南传佛教建设与社会文化依托研究

——以法住禅林为例

饶睿颖

引　言

　　中国南传佛教在历史上的传播主要受众范围为云南西双版纳与德宏地区，与东南亚南传佛教传播地区，同属南传佛教文化圈。受众群体也集中于操壮傣语支的傣族、布朗族、德昂族以及部分孟高棉语民族如佤族群体当中。在中国范围内的传播与发展较为局限。然而近十几年来，南传佛教在中国范围内的传播与发展已不局限于云南境内，传播范围逐步扩大，虽然南传佛教是巴利语系佛教，然而其受众群体开始扩张到汉语系族群当中。中国南传佛教正在逐步形成、发展、建设当中。历史范畴内的云南南传佛教已经淡出历史河流。

一　中国南传佛教跨区域扩展、发展的原因

　　1. 历史原因

　　历史上，中国南传佛教文化圈与东南亚南传佛教文化圈属于共同的佛教文化圈，生活在该文化圈区域内的人们有着相同的宗教、相似的语言以及文化习俗。他们之间的交往与交流要比外文化圈的人们更容易，一直以来这个文化圈内的人们相互通婚、通商，僧人之间相互参学。与此同时，在历史发展的进程中，各民族之间不断融合，来到文化圈内定居的族群与原住民相融合，也不间断地接受了南传佛教，使南传佛教的受众群体从地缘层面得到了扩展。因此云南—东南亚南传佛教文化圈的不间断交流，是

促使中国南传佛教跨区域扩展的重要源泉。

2. 宗教传播形式的多样化

随着互联网、微信平台由城市至乡村的普及，以往以地缘、亲缘、族群为主要传播形式的宗教传播，逐渐多样化，网络、微信空间成为宗教传播的重要平台。[①] 使南传佛教的受众群体跨越了语言、族群及地缘的限制。

3. 留学国外归国学问僧的努力

云南与东南亚南传佛教文化圈一带，佛教界自古就有相互参学的习俗。由于东南亚泰国、老挝、缅甸一带南传佛教文化的传承延续性较为完整。且中国的南传佛教在历史上又是经由泰国、缅甸一带传入。因此多以中国南传佛教僧人到泰国、缅甸等地参学居多。学问僧们在对象国学习巴利文、巴利三藏经典、佛法、禅修方法。学成归来之后，在各地弘法，教授禅修，在佛教学院担任教师，经常与汉、藏语系佛教界进行佛法交流。他们以弘法、教学、禅修、佛教文化交流的形式，进一步扩大了南传佛教的影响力，是使南传佛教跨区域扩展及良性发展的重要因素。

4. 禅修的兴起

近几年来随着社会的发展，物质文明生活与日俱增，伴随着人们精神信仰需求日益增多，人们精神压力也不断增加。禅修在世界各地方兴未艾，禅修对于长期属于压力较高的都市人群而言，对减轻其身心痛苦，使人们身心重拾健康。具有极佳的疗愈作用。南传佛教的禅修运动诸如缅甸帕奥禅修、燃灯尼师禅修、玛哈希禅修、泰国阿占查禅修等禅修体系在世界各国开始兴起、流行，成为南传佛教跨区域传播的重要渠道。

5. 三界的共同努力

中国南传佛教的发展离不开教界、政界、学界的共同努力。中国的南传佛教是衔接中国与东南亚宗教文化的黄金纽带也是"一带一路"倡议中民心相通的重要软实力，教内自古以来就与东南亚佛教有着延续性的良性交往，在对外交流、和谐周边、稳定社会、发展社会事业方面起到了重要的作用。政界在新的历史时期在促进中国南传佛教发展方面也起到了不可忽视的作用，至于学界，对中国、世界南传佛教及其信仰受众族群的深

---

① 郑筱筠：《当代东南亚宗教现状、特点及发展战略》，载《东南亚宗教与社会发展研究》，中国社会科学出版社 2013 年版，第 37 页。

入解读与研究。向教内与政界建言献策方面功不可没。三足鼎立、三界携手合理共建南传佛教，也是南传佛教在近年来得以扩大发展区域并处于良性发展状态的重要原因。

二　中国南传佛教的代表——法住禅林

西双版纳法住禅林就是居于以上几种因缘中才建立起来的。法住禅林的建立具有重要的突破与创新。禅林扎根于南传佛教文化圈内，沿袭帕奥禅林修行法脉，僧团严格持戒，努力保持原始佛教的纯洁性。是集传承、修学、弘扬佛陀教法为一体的森林禅修寺院。其最终的目的在于传承与弘扬佛陀正法，使佛陀正法能在中华大地立足与传播，也为了创建一个让更多追求正法与真理的人可以修学佛法、安住于法、净化心灵，最终达到究竟解脱的理想家园。

禅林的建立突破了南传佛教在巴利语系的传播，突破了语言的障碍，拓展了受众群体。使受众群体扩展到了汉语系民族。突破了地域性的限制，使南传佛教传播超越了传统的文化背景，使其价值取向逐步在异文化中得到认可。而其创新性在于禅林在国内是第一座集禅修、熏习佛法、弘法、开示于一体的南传佛教禅修寺院，以修学止观禅法为主要手段，不仅面对当地的南传佛教信众，也面对全国各地广泛群体，透过禅修的方式扩大了南传佛教文化在国内外传播的影响力。

因此，法住禅林的建设是中国南传佛教建设的突出代表，也是使中国南传佛教从云南范围内走向全国乃至走向世界的重要渠道。

三　中国南传佛教建设中面临的困境——社会文化依托

由于禅林建设时间较短，虽然具有很大的优势，但是在发展当中仍然存在较多的问题。社会文化依托就是较为突出的问题。法住禅林虽然扎根于南传佛教文化圈，从一定程度上沿袭了传统南传佛教社会部分村社供养制以及南传佛教寺院管理模式。但是其社会文化依托并不稳固，主要体现以下几方面。

1. 部分汉语系受众群体缺乏南传佛教文化的基本认识与基本尊重，

来禅林禅修的根本目的在于禅修能达到某些自我所追求的境界或状态，功利性较强，增大了寺院管理的难度与弘法难度，影响禅林与南传佛教传统受众群体的关系，造成中国南传佛教建设当中的障碍。

2. 僧才匮乏

目前，禅林能够以汉语教禅、解读巴利三藏经典以及做佛法开示的比库非常少，只有禅林住持及业处导师两位比库。二位比库既要负责禅修、弘法等事宜还要负责禅林上下各种琐碎事宜。能够协助二位长老教禅、弘法的僧才严重不足。而到法住禅林禅修的人数又在日趋增多。今后还需在禅修教导及弘法方面投入更多的人力。目前只有少部分汉族比库到帕奥禅林短期学习、参与禅修实践，但由于这部分比库并未接受过系统的巴利三藏经典的修学，在较为深入的禅修指导、指导熏习佛法以及弘法中会造成一定的难度。

3. 僧团中傣族僧众较少

在禅林的僧团构成当中，汉族僧众占绝大多数，而傣族僧所长比例很少。汉族比库们虽然精进修行，但他们当中绝大多数在南传佛教文化圈内生活时间还太短，对当地社会文化缺乏深入的了解与认知，有些比库带有本民族固有的观念与价值观，与当地社会文化难以共融，也难以与当地信众对话沟通，在社会文化依托的层面，难以取得当地信众的全力支持。

4. 当地社会群体支持度不够，禅林管理人才匮乏

目前，禅林的管理部门主要由法务处、僧务处、寺务处及资务处四大部门构成。法务处主要负责禅修指导、佛学教育以及弘法事宜。由禅师组、教育组、编译组、网络组音像组、设计组、发行组、图书组、外弘组构成。

僧务处主要负责僧团的管理，由办公室、僧众组、尼众组、净人组、尊客组、信士组、档案组、督察组构成。

寺务处主要负责整个禅林的后勤事宜，由房舍组、物资组、厨艺组、采购组、交通组、建修组、医护组、环保组与安保组构成。

资务处主要负责禅林财务。

在所有管理机构中以寺务处及资务处的管理人才最为匮乏。寺务处的相关人员绝大多数是从前来参加禅修的禅修者中挑选。在禅林称为法工，由一位法工组长统一安排各位法工工作。但是由于绝大多数法工为禅林服务都是暂时性的，难以持久。所以，禅林后勤部门的各个岗位一直处于频

繁更换人员的状态。有些重要岗位甚至一直无人承担。一些常驻禅林的禅修者，不得不身兼数职，即使如此也无法顾全庞杂的工作。如果禅林能够取得当地社会群体的全力支持，取得高校、职业院校的支持，在禅林管理及正常运行中可以解决很大的问题。

四　周边国家南传佛教建设的可借鉴性案例

笔者在 2015 年年末 2016 年年初走访了缅甸帕奥禅林分院与泰国的两个著名禅修中心。特别关注了几个禅林的管理与规划。深刻意识到社会文化依托对佛教建设的重要性。

1. 缅甸帕奥禅林（分院美妙禅林）

在缅甸帕奥禅林，其供养体系与传统南传佛教供养体系相同，主要为村寨轮流供养。禅林总体管理与法住禅林规划相类似。然而特别值得关注的是在帕奥禅林，人数众多（分院221人）的道场在寺务管理以及资务管理方面，井然有序，有条不紊。负责接待的一位居士告诉笔者，禅林整体的寺务处与资务处管理主要分为两部分。

一部分由禅林有偿雇用，但这部分人员为数不多，只局限于资务处净人组，净人组每天接受全国各地乃至世界各地供养名目繁多，所以必须请专业会计有偿雇用。但禅林所付薪酬也不高，因为前来应聘工作的人绝大多数都是潜心向佛的佛教徒。

另外一部分，是支撑整个禅林寺务处运转的重要部分——村寨轮流帮工。禅林附近的几个村寨，每过一个月就会组织村里面的男女青年到禅林义务帮工一个月，他们分别入驻寺务处的厨艺、采购、交通、安保等单位，保障整个禅林的正常运行。在未有经验的村寨义工入驻各单位之前，禅林管理人员都会给其简单的指导，待义工们熟练上手并帮工满一月之后，老义工也会帮忙培训新义工。使禅林后勤运转正常，且井然有序，切切实实保障了禅林的禅修以及各项宗教事务活动。

从帕奥禅林村寨轮流帮工这样的后勤管理模式中折射出的是当地信众对禅林的支持，对佛教事业的支持，以及帕奥禅林在社会文化依托方面的稳固性。虽然帕奥禅林社会文化依托层面的稳固与缅甸传统佛教社会有很大的关联，与帕奥西亚多的威望也密切相关。但笔者认为与禅林佛教事业建设关联更大。禅林僧团一直着重于三方面的努力：一是对佛教三藏经典教理的学习、研究（缅甸对三藏经典教理的研究，在世界上都是非常杰出的）；二是精进禅修实践；三是弘法、教化村民，积极参与村民的各项社会事业，包括社会慈善活动。让信众切身体会到自己在信仰生活与物质生活中都与禅林息息相关，他们才会如此支持禅林佛教事业建设。

2. 泰国念恩寺禅修中心案例

泰北念恩寺（Wat RAM BENG）是泰北著名的国际禅修中心，也是泰国教育部授予的优秀心理健康发展中心。这个著名的国际禅修中心，不仅限于禅修而且还致力于研究阿毗达摩，院内还有一个附属的阿毗达摩学院。凡是佛学专业的或佛教大学的学生，都要在此研习阿毗达摩，并进行禅修学习、禅修时间。在毕业之前都要在此进行阿毗达摩论藏的考试以及为期 45 天以上的禅修。考试、禅修合格之后才能毕业。

禅修中心沿袭缅甸玛哈希西亚多禅修法脉，由著名泰北高僧布通大和尚创建。有次第性教习禅修。通常情况下，泰国禅修者有 180 多位，而外国禅修者有 60—70 位。寺院共有 4 位禅师，在禅修者入寺禅修时，办公室就会为禅修者安排专属业处指导的禅师，每天禅修结束后，第二天早晨禅师们都要一对一的检验禅修者的禅修报告，并有针对性的指导禅修者。

寺院比库们会定期轮流到缅甸亲身进行禅修实践，回来之后再在寺院僧团当中进行分享个人所学。僧团比库当中专门有一部分人协助三位禅师对新入学的禅修者进行基础指导以及佛法开示。另外，该寺院还接受八戒尼在此剃度，寺院戒尼数量众多，戒尼群体是寺院日常寺务管理中的重要群体。她们的来源有一般群众，然后因为参加禅修而留在寺内剃度修行的，绝大多数是经历过短期佛学院教育之后又返回寺院的在家人。戒尼群体中还有一部分深入研习过三藏经典、禅修实践较好的戒尼，也会被挑选出来帮助比库们进行禅修入门指导并带领女众们念诵早晚课及进行佛法开示。在这个禅修寺院中戒尼在寺务管理以及协助禅修指导当中起到了非常重要的作用。

念恩寺可借鉴的内容学、修与弘法并重对佛教建设的重要性与当地学校合作、依托当地佛教大学，对佛教建设可持续发展的支撑作用。

3. 花园寺禅修中心案例

清迈花园寺禅修中心，位于在花园寺、玛哈朱拉隆功大学清迈分校区内。是以一个极小的对话交流平台（Monk chat）的形式成立起来的。Monk chat 起初只是一个让大众了解佛教，学习佛法的交流平台。平台创立人也是湄公河流域基金会的创始人，基金会旨在通过共同的南传佛教文化建立一个衔接南传佛教文化圈各地区的公益平台，在这些地区教育慈善事业。

每周一至周五晚上 5 点到 8 点 Monk chat 都有比库面向大众佛法开示随着人们对佛法兴趣的深入，提出了禅修实践的要求，创立该平台的比库又在湄洲大学附近较为僻静之地建立了短期禅修实践中心，对前来参加短期禅修者进行为期一天一夜的短期禅修培训、体验。如今到 Monk chat 聆听佛法开示的人们越来越多，参加短期禅修实践的人也越来越多。其中很多人都是国外的非佛教徒，他们在禅修实践之后转向到该中心做义工，支持中心各项公益事业的建设，为基金会捐款，现正准备在清迈兴建更大的禅修中心。

花园寺禅修中心对社会事业的积极参与充分体现了佛教建设与社会文化依托的良性互动。

以上三个禅修中心均有共同的特点就是具有融佛教教育、禅修实践、弘法"三位一体"的特点，缺一不可，而且都十分注重社会文化依托，充分参与当地的社会实践活动最终使禅修寺院与社会文化依托形成良性互动。

五　对法住禅林建设的建议

1. 与当地社会文化相融合

禅林常驻僧团、戒尼集团应充分融入当地南传佛教社会，与傣族僧人充分互动，汉族僧团可主动参与傣族僧团的各种宗教活动及社会活动。积极参与当地的社会文化事业的建设。诸如支持他们本地的民族文化培训、妇女儿童心理健康、艾滋病防治等社会文化事业。使本地僧团及信众对禅林产生较为深厚的依赖感。

因为如果只有纯粹的禅修而缺乏对地方性社会事业的参与和互动容易造成禅林与地方社会的割裂，使地方信众认为禅林与其关联不大吸纳傣族僧人入法住禅林僧团中。因为许多傣族僧人曾经参学国外，接受过系统的巴利文、巴利三藏经典。促进汉族、傣族僧人之间的相互学习使二者互补，成为共同建设中国南传佛教重要力量。

2. 充分调动资源，主动展开与当地学校及社会企业合作，解决禅林

管理人才匮乏的问题

3. 在僧团内部培养学问僧，扩充禅林师资力量，在僧团内部选拔、培养学问僧到缅甸、泰国等地系统进行巴利三藏经典研习及禅修方法学习，为禅林扩充师资力量，补充中国南传佛教文化建设的后备力量。

4. 将建设南传佛教文化与生态环境保护示范点落到实处

法住禅林在刚开始建设时，即注册成立了"法住文化与生态保护协会"。该协会除了护持禅林建设之外，还负责在包括龙象山及天心湖径流区域面积达 1 万多公顷（22 万亩）的范围内规划建设南传佛教文化与生态保护园区。这也是禅林参与公众公益社会事业，使禅林成为推动地方社会事业进步的示范点的重要契机。技术性的实践与处理不但可以调动本地资源，而且还可以透过周边国家的纽带机构诸如湄公河流域基金会等机构到对象国示范点进行学习与实践。

（饶睿颖，云南民族大学副教授，中国社会科学院世界宗教研究所博士后）

佛教对傣泰民族民间故事的影响

刀承华

佛教传入傣泰民族地区的时间是相当久远的。佛教传入傣泰民族地区以后，经过与本土文化的冲突、斗争、让步、包容，得到迅速传播，成为傣泰民族社会占优势地位的宗教，对傣泰民族的社会、政治、文化等领域一直发生着不可低估的影响。佛教对傣泰民族民间文学、艺术的影响有目共睹，毋庸置疑。作为民间文学重要门类之一的民间故事中的佛教影响尤其突出，可以说，绝大部分的傣泰民族民间故事受到了佛教的影响，呈现出或浓或淡的佛教色彩，展现在人们面前的是佛教氛围笼罩下的扑朔迷离的天地。与此同时，傣泰民族民间故事成为佛教的载体，佛教借助傣泰民族民间故事的生动艺术形象，特殊的传承方式得到更加有效和广泛的普及。佛教对傣泰民族民间故事的影响主要表现为以下几个方面。

一 佛教人物成为其中的主要角色

佛教对傣泰民族民间故事的影响首先表现为佛教人物进入民间故事领域，成为其中的主要角色。进入傣泰民族民间故事并成为其中主要角色的佛教人物主要是佛祖释迦牟尼。傣泰民族有相当一部分民间故事是以佛祖作为主要角色进行故事叙述的。这些故事围绕着佛祖的出生、所作所为、佛教活动展开故事情节，其宗旨在于凸显佛祖的神圣、高尚和超凡脱俗。如在德宏傣族地区流传的《五个金乌鸦蛋的故事》，在临沧傣族地区流传的《白鹤》，在泰国和缅甸傣族地区流传的《白乌鸦》等，就是以幻想的情节来解释佛祖的出生、来历的。故事说：一对金乌鸦（或白鹤、或白乌鸦）夫妻在森林里做窝孵蛋，夫妻轮流交替，一方看守所抱之蛋，一方外出觅食。有一天夫妻双双一起出窝寻觅充饥之食，正当此时，突然刮来一阵大风，将窝里的五个蛋全部卷走。五个蛋被卷到不同的地方，分别被母鸡、龙、龟、黄牛、狮子孵抱，每个蛋都孵化出一个男婴，五个男婴都是菩萨，长大以后都出家修行，他们都向抚养自己的动物询问自己的名字，所得答案是：由母鸡抚育的菩萨叫"嘎鼓善托"、由龙抚育的菩萨叫"可拉空"、由龟抚育的菩萨叫"阁萨巴"、由黄牛抚育的菩萨叫"可伦"、由狮子抚育的菩萨叫"系阿理乜岱拉"。后来，五位菩萨相遇，得知是弟兄，最后和他们的父母——两只金乌鸦或白乌鸦团聚。这一故事以虚构、假想的情节来解释五位佛祖的出生和经历，使之具有神圣、离奇的色彩。佛祖是金乌鸦或白乌鸦所生，并由不同的动物抚养长大，后来都成为菩萨。很显然，这种设置的目的无疑是为了增强佛祖的神圣特质和神秘色彩，并通过这样一种方式表达对佛祖的无比崇敬之情。

除此之外，在傣泰民族中最为常见的关于佛祖的故事，要数佛祖释迦牟尼巡游世界布教的故事了。这类故事常常带有明显的地域色彩，或者说明某一地名的来历，或者解释某一事物的缘由。如流传在德宏地区的《关于佛祖巡游世界布教的故事》，解释了德宏地区地名的来历："宛丁"（傣语），德宏州一市镇名称，其含义是"正午"，相传佛祖巡游各地布教来到此地刚好正午，从此以后人们便称这地方为"宛丁"（正午）；勐腊（傣语），属德宏州盈江县辖区，其含义是"迟的地方"，相传佛祖布教到达此地时间已经很迟，于是取名为"勐腊"（迟的地方）；勐唤（傣语），德宏州潞西县，相传佛祖布教到达此地正是鸡叫时分，于是取名为"勐唤"（鸡叫的地方）；勐宛（傣语），德宏州陇川县，相传佛祖布教来到此地时太阳冉冉升起，灿烂辉煌，于是取名为"勐宛"（太阳之乡）。这一故事以佛祖布教到达各地时的天象特征来解释地名的来历，对佛祖的崇敬之情一目了然……泰国的一个故事说：佛祖释迦牟尼修得正果以后，到素湾拉溢（泰国地名）向广大民众宣传佛法佛规，当佛祖到达昂宋渤清佬洞时停下休息，村寨头人得知佛祖来布教，高兴至极，于是带领村民拿食品前往敬献。佛祖发现所献食物中有烤鱼，不忍心食用，而是将其放入江中，烤鱼复活，在水中游弋。后来，这条江里的鱼的背上都有点点黑色斑纹，犹如经过火的烧烤。此后，人们称这条江为"咩南并"，其含义是"烤鱼江"，后来又称为"咩南拉茗"，最后发音有误，成为"咩南丙"。这个故事以佛祖巡游布教将百姓所献烤鱼放入江中使之复活的生动情节来解释江河名称的由来，既表达了泰国古代民众对佛祖的无比崇敬之情，又形象地表现了佛教"不伤生"的戒律，二者杂糅一体，使作品获得双重的审美效应。西双版纳、临沧等地的傣族也有不少佛祖巡游世界布教的故事，创作佛祖巡游世界布教故事是傣泰民族的共同文化现象。

傣泰民族的一些故事则是以佛祖为主人翁，解释某一事物的缘起。如泰国北部有个故事说：佛祖释迦牟尼为各种动物命名，最初给狗命名为"堪皮丽"，"堪皮丽"为泰语北部方言，其含义是"美好可爱的金子"。狗因此而自鸣得意，反复摇着尾巴去问佛祖给它取何名，借以满足虚荣之心。佛祖耐心告知。当狗再次请佛祖说它的名字时，佛祖很不耐烦地说：你的名字叫"麻"，从此以后，人们都称狗为"麻"。动物的名称源自佛祖的赐予，这无疑是为了突出佛祖的崇高地位，泰国古代民众对佛祖的敬仰由此得到淋漓尽致的宣泄。

傣泰民族类似这样的故事还很多，这里不一一列举。值得注意的是，故事中的佛祖都已经被傣泰民族的民间作者进行了神化，成为半人半神式的人物，既有神的性质，如出生神奇、由金乌鸦或白乌鸦所生，能使烤鱼复活等，这一切都是普通凡人所不能具有的特质。作品中的佛祖又有人的特性，如具有同情心，会发脾气，并曾经到德宏、泰国等傣泰民族地区宣传佛法佛规等，不乏世俗的气息和地方的色彩。这显然是经过了傣泰民族古代民众的改造，包含有古代傣泰民族的审美价值取向，是傣泰民族文化和佛教文化相互碰撞、融会在傣泰民族民间故事中的形象化表现。

二　佛教文学内容成为其中的题材

佛教传入傣泰民族地区以后，大量的佛教文学涌入傣泰民族社会，如著名的《本生经》、《堪披替洼雅瓦探》（泰语译音）、《堪披雅莎洼系里》（泰语译音）、《堪披玛哈洼杜》（泰语译音）等佛教文学经典被引入傣泰民族地区的大小佛寺，当地佛教僧侣利用佛教节日等机会将这些作品向广大民众传播，以达到宣传佛教思想和教规教义的目的，致使这些作品在傣泰民族民众中引起心理共鸣，受到广大民众的欢迎和喜爱，以至成为本土民间作者们进行文学艺术创作的素材，尤其是故事创作的素材。

各地傣泰民族中广泛流传着以菩萨为主人翁，叙述菩萨离奇的出生、超人的本领、富于传奇色彩和神秘色彩的经历的系列故事，德宏、临沧以及缅甸北部的傣族称这一系列故事为"阿銮故事",泰国泰人则称为"本生经以外的佛本生故事",相传由清迈高僧帕拉铁拉创作的《五十个本生故事》就是泰国"本生经以外的佛本生故事"的典型例子。傣泰民族的这一系列故事是民间作者们模仿印度《佛本生故事》或借托佛祖转世经历创作的,其中有不少是从佛经文学中选取题材的。

在德宏傣族地区流传的《楠峎罕》、在西双版纳傣族地区流传的《召树吞》、在临沧傣族地区流传的《楠兑罕》、在缅甸傣族地区流传的《树屯》、泰国的《五十个本生故事》中的《素屯槎罗》等,最终源头都是印度佛教经典《堪披玛哈洼杜》中的《金那丽槎罗》或《素屯古玛纳瓦》,作品的基本情节是:一人间王子通过偷藏神鸟 7 姊妹或银山仙女 7 姊妹的羽衣,获得最小者为妻,后因宫中算命师妒忌,煽动说人类不能和异类同生存,并乘王子外出抗击盗匪之机,将神鸟女或仙女驱赶出境,王子打仗归来得知实情,长途跋涉,追寻妻子,历尽千辛万苦,终于到达妻子的出生地,经过了岳父的种种考验,最后和妻子团聚。

在德宏地区流传的《金皇冠》、在临沧地区流传的《王冠》,与泰国《五十个本生故事》中的《索南塔槎罗》等,情节大致相似,其源头是佛教文学《堪披玛哈洼杜》中的《芭通玛洼丽》,故事说,芭通玛洼丽从荷花里诞生,一位在山中修行的隐士捡去做养女,把她抚养长大,索南塔古玛拉追捕金鹿到达森林——阿莎罗地方,与芭通玛洼丽相遇,钟情于芭通玛洼丽,于是向隐士提出求亲,请求隐士允许他娶芭通玛洼丽为妻,最终,芭通玛洼丽成为索南塔古玛拉最宠爱的妃子,以致芭通玛洼丽遭人妒忌,被诬陷为妖婆,遣送回原住地。

《五十个本生故事》中的《嘎罗嘎湾纳槎罗》,与梵语古籍《堪披替洼雅瓦探》中的《嘎罗嘎湾纳》的情节相似,这两个作品的情节是:嘎罗嘎湾纳国遭灾荒,尽管德高望重、关心民众的国王已通过十年的时间储备了相当数量的粮食,但还是不足以供给国民,灾荒的第十二年,很多人因饥饿而死亡。一天,佛祖飞到嘎罗嘎湾纳国化缘,国王将他仅有的最后一顿食物献给了佛祖,突然天下神雨,滋养所有的人和作物,消除了民众的疾苦。

《五十个本生故事》中的《探玛索纳托槎罗》源自于佛教文学《堪披雅莎洼系里》中的《探玛索纳托》,这两个作品的情节、内容基本相同,说探玛索纳托国王想听经,他发出公告说谁给他念经将奖励一千丹棱

（泰国货币单位）银子，但是没有一个人来给他念经。帕拉因变成一妖魔来考验他听经决心是否坚定，"妖魔"来到探玛索纳托国王面前变出一座高山，叫探玛索纳托国王从山顶上跳进"妖魔"口中，"妖魔"将为他念经。探玛索纳托国王欣然答应，帕拉因对他这种不畏艰险、不避危难、一心要听经的可贵精神无比佩服和感动。

可以说，上述作品是对外来的佛教文学的直接继承，其源和流的关系、影响和接受的关系极为明显。正如泰国学者 Niyada（Sarikabhuti）Lausunthorn 考证所言，"泰国《五十个本生故事》中的不少作品来源于巴利语和梵语佛教文学，有的作品直接完整地搬用佛教文学的情节内容，有的选取了佛教文学的某段情节，有的则是吸收了佛教文学的思想"②。这一论述不仅是对泰国《五十个本生故事》来源的精辟总结，也符合各地傣族"阿銮故事"的情况。

然而，值得一提的是，各地傣族的"阿銮故事"和泰国的"本生经以外的佛本生故事"对佛教文学的继承，并不是原封不动地照搬，也并不局限于外来的佛教文学的框架和模式，而是在原作品的基础上进行了改造或再创作。首先，在作品的审美价值取向方面，傣族的"阿銮故事"和泰国的"本生经以外的佛本生故事"较之原作品有所突破：外来的佛教文学作品着重突出菩萨的佛教活动和高尚、圣洁的品质，而在傣族的"阿銮故事"和泰国的"本生经以外的佛本生故事"里的不少作品则有了突出菩萨胆识和本领的倾向，英雄主义开始在作品中有所显露。

在作品的情节结构方面，各地傣族的"阿銮故事"和泰国的"本生经以外的佛本生故事"也与外来的佛教文学有所不同。外来的佛教文学的情节结构相对来说比较简单，其中的男主人公一般只经历一个事件，即"问题的提出、问题的发展、问题的解决"，达到预定目标以后故事情节即告结束。而"阿銮故事"和"本生经以外的佛本生故事"的情节结构则是一种"可持续发展结构"，故事的男主人公常常接连经历几个事件，有的尽管已经实现了预期的目的，但往往又节外生枝，萌生出其他事件，故事情节还不完结，仍继续发展。如泰国的德宏傣族的《白螺蛳阿銮》、临沧傣族的《宝螺》、缅甸傣族的《头发蓬乱的艾莽果——白螺蛳阿銮》、泰国的《素湾纳尚槎罗》等，情节结构基本相同，故事说，由于父王妃子的妒忌，素湾纳尚还在娘胎里即被赶出王宫，出世时是一颗螺蛳，后来由于父王妃子的陷害，素湾纳尚和母亲离散，由妖魔抚养长大。当他得知自己的"母亲"是妖魔，便带着灵物逃回人间，与勐巴纳西公主成婚，打败了来围攻勐巴纳西的敌军，当上了勐巴纳西的国王，和父母团聚，惩治了用心险恶的坏蛋。这个故事中的素湾纳尚经历了出生成螺蛳、因父王妃子陷害而母子离散、妖魔抚养长大、逃回人间、与勐巴纳西公主成亲、打败入侵之敌、当国王与父母团聚、惩治坏人等事件。泰国的《素密古玛雅槎罗》里，富翁的儿子素密古玛雅福分过人，国王非常妒忌，命令素密古玛雅找寻荷花女芭通玛洼丽来献给他，在群猴的指点和帮助下，素密古玛雅找到了荷花女芭通玛洼丽，双方结为夫妻，逃出故乡，由于国王的陷害阻挠导致夫妻离散，后来素密古玛雅获得灵物，借助灵物迫使国王将荷花女芭通玛洼丽送还与他，并让他当上国王，后来他们夫妻有了两个儿子……这个故事中的素密古玛雅经历了因国王妒忌被迫寻找荷花女芭通玛洼丽，在猴子帮助下找到荷花女芭通玛洼丽并与之成婚，双双逃出故乡，夫妻离散，获得灵物，借助灵物迫使国王将妻子送还，当国王，有儿子等事件。泰国的《系哈纳塔槎罗》中的系哈纳塔古玛拉，是母亲喝大象脚印里的水怀孕所生，他力大无比，长大以后离开母亲历险建功，向大力神学习武艺，获得具有灵性的武器，后又从妖婆处获得神棍，借助神棍拯救了即将被妖魔吞吃的民众，惩治了要啄食公主的魔鸟，后来当了国王。这个故事中的系哈纳塔古玛拉经历了别母离乡、历险建功、学习武艺、获灵性武器、拯救民众、惩治妖魔、当国王……结构的扩展，故事情节的复杂化和曲折化，是傣泰民族"阿銮故事"或"本生经以外的佛本生故事"对所引进的外来佛教文学的又一个超越。

各地傣族"阿銮故事"和泰国"本生经以外的佛本生故事"的男主人公也同样体现了作品对外来佛教文学的改造。首先，外来的佛教文学中的男主人公几乎全然是出生高贵的国王或王子，而情节结构比较曲折复杂的"阿銮故事"和"本生经以外的佛本生故事"的男主人公则出生多种多样，并不仅仅局限于上层人物，除了国王和王子以外，还有富翁、穷人等，如《素密古玛雅槎罗》中的素密古玛雅是富翁的儿子，《系哈纳塔槎罗》中的系哈纳塔古玛拉是寡女的儿子，《占塔堪槎罗》中的占塔堪是穷人的儿子……平民百姓成为故事的主人翁，其文学视野显得更为广阔。外来的佛教文学，往往重在突出男主人公高尚的道德情操、对佛教的虔诚信仰，以及异常的灵性和超出尘世的圣洁，作战的武功本领并不是作品讴歌的内容，而在情节结构曲折复杂的"阿銮故事"和"本生经以外的佛本生故事"里，则出现了对男主人公武功、力量和胆识的渲染，英雄主义在作品中略有显露，如《素塔努槎罗》中的素塔努是天下无敌的射箭高手。在外来的佛教文学作品里，男主人公到异乡寻求武艺的母题极为少见，即使有也只不过是到勐达嘎西拉向师傅学习本事，而在情节结构较为曲折复杂的"阿銮故事"和"本生经以外的佛本生故事"里，男主人公往往因某种原因被迫背井离乡，于是学习武艺，向男主人公传授武艺的往往是在山中修行的隐士，当男主人公学武艺结束时，隐士往往将灵物相赠，在一些作品里，隐士甚至将美貌的养女赠予男主人公。"阿銮故事"和"本生经以外的佛本生故事"中的男主人公常常有天神和灵物相助，灵物有具有灵性的武器和交通工具等，如《洼拉翁槎罗》中的洼拉翁，拥有能帮助他实现各种愿望的宝石；《素湾纳尚槎罗》中的素湾纳尚拥有能带人在空中翱翔和行走的鞋子以及以宝石为柄的宝剑；《洼纳努槎罗》中的洼纳努，拥有能载人飞上天的神马、宝剑和弓弩；《素密古玛雅槎罗》中的素密古玛雅，更是拥有五种灵物：能使活人死亡、使死尸复活的神棍，能使主人在水中行走和在空中飞行的宝石，敲击正面能使主人实现愿望敲击反面能使敌方失败的神鼓，能制服任何敌人的宝剑，美味佳肴取之不尽食之不绝的神锅，这些灵物帮助男主人公战胜困难，达到目的。灵物是人们希望战胜困难、排除险阻、实现愿望的想象之物，傣泰民族"阿銮故事"和"本生经以外的佛本生故事"中的男主人公拥有如此这般形形色色、神奇迷离的灵物，充分体现了古代傣泰民族民众对生活的期望值。男主人公性格特征的变化，进一步说明佛教对傣泰民族民间故事的影响是通过影响对象的主动式的选择和改造过程才得以实现的，充分显示了傣泰民族民众接受佛教文化的包容胸怀，以及对外来文化进行吸纳和改造的杰出本领。

佛教文学进入傣泰民族民间故事，成为其中题材，大大丰富了傣泰民族民间故事的内容，使傣泰民族民间故事获得新的补充，展现出一种前所未有的繁荣景象。

三　佛教思想成为其中的重要精神之一

由于佛教长期在傣泰民族中盛行，根深蒂固，佛教思想在不知不觉中成为傣泰民族民众思想体系的重要组成部分，傣泰民族民间故事理所当然、顺理成章地接受了佛教思想的渗透，吸纳了经过傣泰民族民众选择、过滤，最终认可的佛教思想。于是，许多傣泰民族民间故事都包含有佛教的思想或是提出佛教的问题，有的民间故事甚至成为直接表现佛教教义、教规和佛教感情的工具。

佛教思想对傣泰民族民间故事的渗透，首先表现为故事中充满着要求人们虔诚信仰佛教、无比崇敬佛祖的主张，如泰国故事《威利雅曼里槎罗》叙述：贫穷的威利雅曼里出卖妻儿，将所获之钱买金箔来贴佛像，但他还不以此满足，他又割下自己身上的肉卖成钱后买金箔来贴佛像。后来他死后托生为国王，名声传遍四方。泰国的另一个故事《占塔寻槎罗》里说，贫穷的菩萨占塔寻和妻子一起修复了缺损的佛像，接着菩萨又将妻子卖与一个富翁，将所得之钱买金箔来贴佛像，他死后托生在神界，后来又转世为王子，其妻子则转世为肤色像金子般美丽、模样姣好的公主。《洼琅库里拉差槎罗》中的滚帕塔古玛拉修复了佛像的一个断指，来世成为国王，功德无量，每当他用手指指向敌人，敌人即刻一败涂地，溃不成军。《探玛拉差槎罗》说，探玛拉差国王吩咐民众修建亭子，提供百姓做功德。于是，天神帕拉因邀请他到神界观光游玩。以上故事无疑是在教育人们对佛祖要顶礼膜拜，要修建和爱护佛像等佛教设施。

佛教的轮回转世、因果业报的思想也是傣泰民族民间故事反复咏唱的一个重要旋律。故事里的角色几乎无一例外地逃脱不了生生死死循环往复、好有好报恶有恶报的套路。在故事里，给主人公带来好报的作为，常常是知恩图报、道德高尚、善良仁慈、富于同情心和怜悯心、孝敬父母、尊重长者、对长者言听计从、待人忠诚厚道、虔诚信仰佛教等，给故事中角色带来恶报的作为则是与以上所述相反的行为，诸如对父母不孝，忘恩负义，心肠狠毒，欺压蒙骗，背信弃义，不讲诚信，不遵守佛法佛规，等等。如中国的德宏、西双版纳及缅甸、老挝、泰国等地傣泰民族中广泛流传的《巴岛罕》或《巴母通》中，对大老婆及其女儿百般虐待，将大老婆迫害致死的小老婆最终丧命黄泉，其女儿被国王剁成肉酱；而受尽折磨和残害的无辜的大老婆之女，则因能将国王喜欢但无人能拔起的檀香树连根拔起移到王宫栽种而成为王后，后被心怀妒忌的继母约到江边洗澡，乘机将其推进江中淹死，死后变成鹦鹉，被继母女儿打死，死后变成芒果树，继母女儿将芒果树砍了削成洗衣棒，后因洗衣棒将后母女儿的新衣服洗破而被继母女儿丢进江里，被一对老夫妻捡去做烧柴，夜晚变成人，做了老夫妻的养女，最终和国王团聚，过上幸福美好的生活。可见，生命的轮回，与自身的人格品质相关联，被害的好人几度被害、几度轮回，终究获得圆满结局。同样在傣泰民族中流传甚广的《十二位王妃的眼珠》或《十二女》中，十二姐妹用绳子穿通鱼眼睛将鱼穿成串，转世以后当了王妃，后被诡计多端、心狠手辣的妖婆挖去眼珠，得到应有的报应；这个故事中变成人间美女做了国王第 13 个王妃的妖婆，"唆使国王挖掉 12 位王妃的眼珠，并诬陷她们是琵琶鬼，迫使国王将她们赶进森林，又威逼第12 位王妃在森林里生下的王子为她送信到妖国，企图让妖女将他吃掉，而王子不但没有被妖女吃掉，反而得到妖女的倾心爱慕，和妖女成了亲，带着被妖婆藏在妖女处的 12 位王妃的眼珠、魔药和魔琴回到故乡，将眼珠装回 12 位王妃的眼眶，使他们重新见到了光明，拨动魔琴弦结果了妖婆的性命，全家幸福团聚"③。在这里，无论是人还是非人，都逃脱不了因果业报的法则。又一个在傣泰民族中流传甚广的故事《吉达贡玛》叙述，一个富翁为了让吉达贡玛的福分转换为自己儿子的福分，他将刚出世的吉达贡玛买来，放到牛圈门口，企图让牛踩死，可牛从吉达贡玛身边绕过。放牛人将吉达贡玛捡回家，富人又将吉达贡玛买走，把他扔进大江，渔夫把吉达贡玛捡回家。富翁又从渔夫那里将吉达贡玛买走，把他扔进深山老林的坟地里，放羊人把他捡回家。富人又将吉达贡玛买走，养到 10 岁时叫他到窑里挑土锅，可富人的亲生儿子执意要吉达贡玛替他玩陀螺，自己替吉达贡玛到窑里挑土锅，被富人买通的土锅匠人误认为是吉达贡玛，将其推进窑里活活烧死，吉达贡玛幸免死难。富人又给国王杀手写信叫他杀死吉达贡玛，叫一字不识的吉达贡玛把信送给杀手，吉达贡玛送信途中到一人家歇息，信从熟睡的吉达贡玛口袋里掉落到地面。房东女儿名叫帅相，见信后将其内容改为：吉达贡玛一到，就让他和帅相姑娘成亲。吉达贡玛到达杀手处，杀手看信后立即敲锣打鼓把吉达贡玛送到帅相家，为他们举行了隆重的婚礼。富人得知此事后被活活气死，吉达贡玛和帅相继承了富人的财产。好人有好报，恶人得恶果的思想一目了然。类似这样的故事在傣泰民族中比比皆是。很显然，这些故事将佛教的生死轮回、因果报应的学说与伦理道德想融合，既发挥了宣传佛教的作用，又褒扬了真善美，贬斥了假丑恶，具有引导民众从善弃恶的意义。

　　知恩图报、孝敬父母的思想在傣泰民族民间故事中也是表现得极为突出，泰国故事《孝顺的孩子》就是其中典型的一例。这个故事说：古时一穷老汉有两个儿子,大儿子与富家女子结婚,小儿子则娶穷人女子为妻。大儿子因恐怕丢面子而不愿认穷父亲,小儿子则宁肯自己和妻子忍饥受饿,将家中仅有的少许米饭孝敬穷困潦倒的老父亲。父亲去世以后,他将父亲遗体安葬在坟山上,并把飞来站在棺木上的小鸟带回家,小鸟鸣叫时金银财宝源源不断从口中涌出,他过上了幸福美好的日子。大儿子则日渐贫穷,于是向小儿子借来小鸟,企图通过小鸟改变贫穷面貌,可当小鸟第一声鸣叫时,他家房子的山墙倒塌,小鸟第二声鸣叫时,房顶发生爆炸,小鸟第三声鸣叫时,整座房子彻底崩溃,大儿子一气之下将小鸟活埋。小儿子找到小鸟骨头做成梳子,将头发梳得更加油亮。大儿子拿同一把鸟骨梳梳他的头,头发全部脱落。小儿子用梳子剔牙,牙齿越发坚固洁白,大儿子用梳子剔牙,牙齿全部掉光。这个故事无疑是在向世人昭示,孝敬父母、知恩图报是做人的起码道德原则,违反这一道德原则必定没有好下场。

有的故事则表现乐于施舍、布施、平等待人的思想,如泰国的一个故事说:一对穷夫妻住在一富人家附近,一天,富人请和尚到家里念经,并请邻居来布施做功德,他从鱼潭里捕来鱼分给邻居们炸熟以后向和尚布施。穷夫妻向富人讨要鱼遭拒绝,穷夫妻只好捡来别人扔掉的鱼头炸好准备献给和尚。富人吩咐手下将穷夫妻的鱼头抢来扔掉,并告诉和尚不要接受穷夫妻的施舍。和尚不从,吃了穷夫妻所献之鱼头以示回报。穷夫妻做完功德回到家,家中原本空空如也的锅盆装满了香喷喷的米饭和各种美味佳肴。这一故事显然是在告诫人们要遵守佛法佛规,多做善事,施舍布施,要平等待人,不要嫌贫爱富。

不杀生、不伤害生命的佛教戒律也在傣泰民族的民间故事中得到极为明确的表现,如泰国有个故事说:一位僧人见池塘的水已干,鱼快要死光,于是将仅剩的几条活鱼拿去放进江里,救了鱼的生命,这位僧人由此获得功德,寿命长久,从那以后,人们就时兴拿鱼到江里放,于是有了放生的习俗。这个故事解释了泰国放生习俗的由来,并通过这一解释将有同情心和怜悯心、不伤害生命、要救护生命的佛教教义赋诸形象,使之更加生动感人,深入人心。

可见,佛教思想渗入傣泰民族的民间故事,佛教气息如盐溶于水一般弥散于故事的字里行间,故事情节浸透着佛教的意绪,故事中的人物和背景因佛教思想的渗入而被理想化和神化,充满了异常的灵性和圣洁……正是民间故事中的这些佛教思想，对世代傣泰民族民众起着潜移默化的教育作用，成为傣泰民族民众遵守的训条。

综上所述，佛教在傣泰民族地区长期盛行，对傣泰民族民间故事发生了深刻的影响。佛祖释迦牟尼进入傣泰民族民间故事领域，成为其中主要角色，被赋予神圣、神秘的色彩；佛教文学成为傣泰民族民间故事的源头之一，不少傣泰民族的民间故事从佛教文学中选取材料进行创作，从而在内容上获得了新的补充，呈现出极其繁荣的景象；佛教的思想和教义教规也渗入傣泰民族民间故事之中，成为贯穿整个民间故事体系的主要精神之一。佛教对傣泰民族民间故事的影响，使傣泰民族民间故事具有了新的艺术生命活力，获得更为广阔的受众面，在傣泰民族地区广泛流传，经久不衰。与此同时，傣泰民族民间故事成为佛教的重要载体，佛教借助傣泰民族民间故事的生动形象和特有的传承方式，得到更加有效和广泛的普及。傣泰民族民间故事和佛教一起受益，各自得到发展，体现了宗教和文学的互补关系。

参考文献：

Prakong Nimmanahaeminda：《民间故事研究》（泰文版），泰国朱拉隆功大学出版社2002 年版，第 109 页。

Niyada（Sarikabhuti）Lausunthorn：《〈班雅莎樵罗〉的历史缘由及其对泰国文学的影响》（泰文版），1994 年泰国玫刊方出版社 1994 年版，第 111 页。

刀承华：《傣族文学研究》，云南大学出版社 1997 年版，第 144 页。

Siraporn Nathalang：《民间文艺学理论——研究民间传说和故事的科学方法》（泰文版），泰国朱拉隆功大学出版社 2001 年版。

Siraporn Nathalang：《故事中的泰人》（泰文版），泰国民众出版社 2002 年版。

帕钟瓦·嘎门谢利乐：《泰国民间故事》（泰文版），泰国儿童出版社 2000 年版。

Wachraporn Disthban：《尚通故事类型的多样性及其传播》（泰文版），泰国朱拉隆功大学出版社 2005 年版。

（刀承华，云南民族大学民族文化学院教授）

景谷南传佛教朝仙活动和
仪式的田野考察[*]

周寒丽

一 景谷的朝仙活动

景谷傣族彝族自治县位于云南省的西南部，行政上隶属于普洱市管辖。景谷建制始于西汉元封二年（公元前 109 年）。景谷傣族土司制度则可以追溯至元代，南宋理宗淳祐十年（1250 年）勐卯金齿百夷酋阿止步夺其地，十二年后阿止步降元，元设威远州，隶属威楚路。景谷正式建立起土司制度①。

此后，随着南传佛教的传入，景谷傣族在社会生活和宗教文化领域逐步受到了佛教的影响。今天景谷的傣族基本上全民信教，但同时保留着多神信仰的痕迹，朝仙其实是南传佛教与原始宗教信仰结合的一种宗教民俗活动。

朝仙的时间一般根据傣历来选择，每年的傣历新年，即泼水节过后，景谷各地的傣族，还包括西双版纳、临沧以及泰国、老挝和缅甸东南亚国家信仰南传上座部佛教的信众都会前来景谷佛迹朝拜。不管是国内还是国外的信众，基本上都是村寨组织包车，带着虔诚的朝圣之心，长途跋涉来到佛迹。他们滴水念经，用食物、鲜花、佛旗和金钱供奉给

---

* 基金项目：2013 年度云南省教育厅科学研究基金项目"清代景谷与中央王朝和东南亚的关系——兼论目前普洱市如何发挥东南亚桥头堡的作用"（项目批准号：2013C039）部分研究成果。

① 景谷傣族彝族自治县概况编写组：《景谷傣族彝族自治县概况》，民族出版社 2007 年版，第 25 页。

佛祖，祈求佛祖保佑吉祥安康，来年风调雨顺，五谷丰登，六畜平安。这样的活动在泼水节过后要持续一个月的时间，一般在雨季来临之前结束。

佛祖在景谷云游并留下痕迹的地方都是人迹罕至的山林和悬崖峭壁上，因此这些佛迹的发现大部分靠的是景谷民间现存的一本德宏老傣文（Lik）书写的经书——《佛祖云游记》。① 书中记载的是佛祖云游四海的故事和传说，佛祖的所到之处，很多地方留下了佛迹，甚至包括四川和台湾。

二　景谷佛迹的概况

根据书中记载，景谷全县共有 26 处佛迹。景谷的佛迹之多是其他信仰南传佛教的地区所远不能及的。这些佛迹分布在勐班、永平、威远、凤山、益智、正兴和民乐等七个乡镇。目前在景谷已经发现的佛迹有 24 处，还有 2 处尚未发现，当地人相信因缘到的时候自然就能发现了。在这些已经被发现的佛迹里，包括脚印、掌印、坐印、睡印和溶洞等。这些佛迹都能在《佛祖巡游记》里找到相关的记载。下面就笔者到过的几个主要佛迹进行简单的介绍。

《佛祖巡游记》中记载的第五处佛迹是："训岗佛迹"，傣语叫"巴达县"，"县"在傣语里是力气的意思，就是佛祖和魔王比试力气的地方。该佛迹位于威远镇外十多千米处的山林里。传说佛祖来到景谷传教的时候，有一个魔王叫"雅嘎"喜欢吃人，附近的百姓都遭到过他的荼毒，佛祖为了感化他，特地来到"雅嘎"住的地方，刚好魔王出去觅食，魔王的妻子在家，她看到佛祖相貌堂堂不忍心佛祖被雅嘎吃掉，于是她劝佛祖趁雅嘎没有回来赶紧逃走，佛祖拒绝了。雅嘎回来后，佛祖跟雅嘎斗魔法，最终雅嘎输了，他便心甘情愿把眼睛挖出来赆给佛祖，佛祖慈悲施法术使雅嘎恢复了光明，于是雅嘎更加诚心皈依佛祖。但他们斗法留下的痕迹留了下来，尖尖的石头从中间被破开，里面有两个巨大的手印，据说是佛祖留下的，斜后方一块巨大平整的石头是佛祖晒袈裟留下的，前方两颗

---

① 当地的傣话称为：Phra cao Tiao Khun，在西双版纳这本经书傣话称为：Phra cao liap lok。

圆圆的石头像眼珠子一样，是魔王的眼睛。后来，百姓为了感念佛祖的恩德，每年泼水节过后一个月就带上赕品前来朝拜。笔者于 2012 年有幸参加大寨总佛寺主持的"训岗佛迹"朝仙时，还遇到勐海和泰国来的傣族信徒。

第六处佛迹是"芒朵佛迹"，位于威远镇公郎村的威远江边，在今天景谷纸厂对面。传说古时候威远江里有一黑一白两条恶龙，它们经常翻江倒海，使得沿岸的百姓不断遭受洪水的危害，为了平息恶龙的怒气，百姓每年都要把一对童男童女奉献给恶龙，以保村寨的安宁。佛祖云游到这里时听说此事，立即去降伏了两条恶龙，并在江边留下了一对掌印和一个脚印镇住这对恶龙。从此村寨的百姓才过上宁静幸福的生活。现代人们根据《佛祖巡游记》里的记载，找到了这里的佛迹，同时发现了一块石碑，上面记载了古代傣族百姓发现和朝拜此处的情景："傣历 217 年三月初七，芒朵大佛爷听到这里有念经的声音，众人一起挖掘发现了仙人脚……初八、初九就按照傣族的风俗来祭拜了。土司亲自考察过后，觉得（应该）于当年四月十五正式开放芒朵佛堂。祈求佛祖保佑吉祥安康。除邪免灾，愿来年风调雨顺、六畜兴旺，五谷丰登，生产发展，经济繁荣。"傣历的 217 年，即是公元 855 年，而景谷的土司制度始于元初，这块碑文上却记载的是唐代末景谷就已经有了土司。因此，笔者认为碑文上内容的准确性还有待进一步考证。此外，芒朵佛寺虽然经过多年的重修，但佛迹一直被安放在佛寺中央。

书中记载的第十个佛迹是"雷光佛迹寺"，这是景谷比较有名也比较大型的佛迹，位于永平镇芒腊村芒景社北面莱贯罕山的山顶上。笔者到过雷光佛迹寺很多次，对此地较为熟悉。佛迹寺建在悬崖上，风景开阔秀美。沿石阶往上，有一道山门，为古物。山门有块石碑，后面写有如下碑文。

上联：不是一番苦行未知何处觅仙迹；

下联：若非百计踌躇那得斯地有名山；

横批：大皈依光生就西弥；

落款：乾隆五十年丙午住持护朝瞻鼎，孟春月款旦立。

　　碑上还刻有两种傣文①，内容与佛寺的由来有关。根据落款，雷光寺已有200多年的历史，可惜寺庙主体建筑在"文革"被毁，仅剩山门上的石碑留存。山门往上是大殿，是近几年才重新修建的，建筑风格跟勐卧总佛寺相差无几。大殿一面靠山，另外一面悬空。

　　进入大殿就可看到被涂上金漆的佛迹，印在一块巨石上，形状为巨大的脚印和手印。雷光寺就是依着这些巨石建造起来的。值得一提的是，在佛脚印上，前后共有四个脚印重叠在一起，由长到短。据雷光佛迹寺的老人介绍，这四个脚印都是佛祖留下的，是过去四位佛的杰作，而第五个未来佛②还在天上。大殿还有一块约2.5米高、约1米宽的石头，石头表面的纹理像是一只鸟。被当地信众发现后，认为这块石头吉祥非常，于是他们在石头上塑了一座弥勒佛像，并在佛像上盖着金色袈裟以供朝拜。③

　　雷光佛迹寺的大殿内还有一口自然井，一年四季不停往外冒泉水。井水清凉甘甜，据说喝过之后具有使人健康长寿的神效，被当地的百姓称之为净水。这口井清澈见底，底部砌有一只螃蟹形状的石头，像是印章印上去的一样，样子栩栩如生。大殿外一侧悬空，另一侧是僧房。

――――――――

　　①　石碑傣文之译文，大意如下：横批上面有一排经文，是在此登天的四位仙人名字的缩写。石碑分左右两部分，石碑左方用傣渤文记载的有两项内容，一是佛祖在此登天留下脚印记载；二是发现仙迹后，组织修建佛寺的情况。四个已成正果的佛祖是：

　　第一个踩下脚印升天的叫嘎哥圣塔，他下凡在人间修炼了四万年方才升天；

　　第二个踩下脚印升天的是戈那戛麻纳，他在人间修炼了三万年方才升天；

　　第三个踩下脚印升天的是嘎赛巴，他在人间修炼了两万年方才升天；

　　第四个踩下脚印升天的是佛祖果大麻，即释迦牟尼。他一出世就会走路，每走一步留下一朵莲花，他母亲生下他就仙逝了，由他姨妈把他抚养长大。他29岁出家修炼，35岁成佛，84岁成仙涅槃，留下了最后一个脚印。他成仙的年代根据经文记载是公元前470年，他升天时，留下一只孔雀，一只金鸡守在脚印左右两边，等待第五个佛祖升天，由于第五个修炼未果，孔雀、金鸡也升天了，他们同样留下自己的身印。

　　右面用傣纳文记载的是：修完仙人脚佛寺后，各路神仙纷纷朝拜，省内有民乐、小景谷、上允、勐滨、耿马、双江、勐卧、孟连、勐班、勐主……共12个勐来祝贺和朝拜。莱贯山大仙人脚佛寺朝拜者，心诚才能到达，心不诚者始终难以到达。一旦到达，先在滴水岩下洗脸洗手，点上蜡烛，敬过佛祖，可以洗清几代人的罪过；而且，活在世间好运亨通，要女生女，要男生男，求财得财，求人得人，长命百岁，一生平安。引自：http://www.puershi.gov.cn/puer/ShowArticle.asp?ArticleID=17964。

　　②　即汉传佛教的弥勒佛，傣语为"灭待牙"。

　　③　据佛寺里的佛爷解说，这四个脚印是四位佛，即，嘎哥圣塔、戈那戛麻纳、嘎赛巴和果大麻先后从喜马拉雅山来到勐嘎时留下的。按照佛教的传统，后来者必须遵循前者的足迹前行，所以形成了佛迹的四层脚印。而两边的金鸡和孔雀则是在等待第五个佛祖"灭待牙"的到来。

雷光佛迹寺名气很大，每年泼水节过后，不仅西双版纳和临沧等地的傣族前来朝拜，还有来自泰国和缅甸等东南亚国家的傣族百姓不远千里来此朝拜。此外，在 2007 年的时候，泰国国王普密蓬·阿杜德还给该寺布施了御制袈裟，在一块不锈钢匾上分别用中文和泰文记录了这件盛事，一旁还陈列着泰国国王的照片。

关于雷光佛迹寺的佛迹，据《佛祖巡游记》里记载，佛祖来到勐嘎坝子（永平镇）的莱贯罕山上，看到瘴气弥漫，妖魔鬼怪四处肆虐，田埂枯涸，人们食不果腹。于是佛祖在两块巨石上分别踩了一脚，拍了一掌，留下了脚印和手印，镇住了山上的妖魔鬼怪。随后佛祖用松枝向不同方向洒下五滴甘露，分别化作了现在永平镇的勐嘎河、昔木河、迁毛河、那拐河和英田河。又将松枝插在手印和脚印旁，地上随之冒出了一股清泉，佛祖用一只金螃蟹压住了泉眼，再用一块巨石掩盖。因此，这个泉眼在很长的时间里都没有被人们所发现。直到傣历 1141 年（1733 年），一位法号瞻鼎的活佛从临沧到此，在山脚休息的时候，看到金光一闪，一只拳头大小的金螃蟹迅速向山顶爬去，不久忽然消失。瞻鼎跟随螃蟹来到山顶，发现了巨大且闪亮的佛祖脚印。第二日，瞻鼎领着勐嘎土司来到山顶看脚印的时候，又发现了掌印、金鸡印和孔雀印迹。这个发现传遍了 12 个勐，甚至传到了泰国和缅甸。随后，瞻鼎在土司和百姓的帮助下，花费了 52 年的时间，耗费了 11 万两白银在佛迹上建起了雷光佛迹寺。直到今天，雷光佛迹寺仍然还是享誉东南亚的南传佛教圣地。

第十四个佛迹是"勐乃佛迹"。据《佛祖巡游记》里记载，佛祖来到勐乃的时候正是入雨安居，看此处的风景优美，环境清幽，于是佛祖便在仙人洞里坐禅三个月（傣历的 8 月到 11 月），并留下了许多佛迹，如，佛祖避光洞、天窗洞、花心洞、出风洞。其中佛祖避光洞和天窗洞位于正兴镇景南村南独社一座大山上；花心洞和出风洞位于正兴镇勐乃村勐乃河旁。两处佛迹相距不远。因此统称为"勐乃佛迹"。据当地百姓说，良心不好的或者做过坏事的人是无法通过狭小的洞口的，他们还举例说，总佛寺的上一任大佛爷身材臃肿，但是很轻松就进洞了。但寨子里一个经常做鬼害人的老太太，虽然很瘦小，但是从没能进去。

第二十四个佛迹是吊钟坡佛迹，位于景谷到永平的公路 13 千米处的吊钟坡上。此处佛迹是佛坐印。据《佛祖巡游记》记载，当年一个农夫在半山腰割草，不料佛祖到来，农夫忙请佛祖坐在草堆上，佛祖离开后便留下了坐迹，供百姓朝拜。

三　朝仙仪式的过程和经文分析

据安章和佛爷介绍，所有朝仙的仪式过程和念诵的经文都大同小异，因此笔者主要介绍一下2009年大寨举办的吊钟坡的朝仙活动。

吊钟坡的佛迹在半山坡树林里的一块平地上，有一块直径约1.5米、高约2米的大石头，顶上有佛坐过的印记。据一些老人介绍，清朝年间，当地的信众曾出资在此修建了一个寺庙，以供奉此佛迹。后寺庙逐渐失修，加上"文化大革命"的时候被疯狂破坏，现在已不复存在，只剩下一些围墙的地基。"文化大革命"结束后，国家宗教信仰自由，一些信众又把断壁、石雕重新整理修饰一番，每年都来顶礼朝拜。

整个佛迹被残存的矮墙围着，矮墙呈四方形。爬上高处可以清楚地观看佛迹，这个坐迹在巨石的顶上，不是十分明显，没有人工雕琢的痕迹，因年代久远，长满了青苔和杂草。巨石顶端有凹下去的印子，类似于坐过的痕迹，因此信众们认为那是佛祖来景谷传经布道的时候，在此打坐后留下的。巨石前方一侧搭成一个檐歇山式的小型供台，放着信众供养佛祖的糯米饭、糕点、鲜花、摇钱树和一些零钱。供台两边是两只小型的石狮子，有一只头部已经缺了一半，看样子已经有好些年头了。右边有一个石钵，也是给信众放赎品的器物。巨石右侧还有一块石碑，上面刻着几个字："佛迹仙山屏王"。

佛迹巨石上方是一个高出来的平台，信众们用一张10米长、5米宽的塑料篷布铺在上面，供朝仙的时候佛爷和在家居士打坐、诵经。朝仙开始时大佛爷头盖袈裟，需跏趺坐禅约一小时。二佛爷则要念诵"维申达腊"[①] 和"树召稳拿"[②]，值得一提的是并不念完，能念多少算多少。大寨的两位缅先生在佛迹旁念诵《耶扎布塔》《那摩灭》和授戒，即"缅先生请"。据景谷佛教协会的刀忠邦会长介绍，《拜佛经》有四段，分别是《耶扎布塔》《那摩灭》《阿渡》《那麻鲁棒》。跟念诵"树召稳拿"所不

---

① 维申达腊：Vessantara，即《本生经》，讲述佛祖的本生故事。

② 据缅先生徐定忠介绍，这部经书共有七卷，由两位二佛爷轮流念第二卷，需要停顿时，缅先生在一旁敲诵经钟以作提示。

同的是，这四部经书都必须念完。

据刀会长介绍，《那摩灭》是《皈依经》，需要拜二十八位佛；《阿渡》是《超度经》，超度众生所有苦难；《那麻鲁棒》是《涅槃经》。这部经念完之后人、神、鬼皆可得到涅槃，脱离六道轮回之苦，全部信众和佛爷都要念诵，会念的大部分都是年老的信众，稍年轻的都不会念，还有一些年轻人站在一旁看热闹。仪式最后，经文念完之时，随着缅先生敲响诵经钟，信众纷纷发出一声"萨"，即起身开始离开。

所念诵经文顺序

顺序	一	二	三	四	五
念诵者	二佛爷	缅先生和信众	众和尚、缅先生和信众	众和尚、缅先生和信众	众和尚、缅先生和信众
经文傣语名称	树召稳拿	耶扎布塔	那摩灭	阿冬	那麻鲁崩
经文汉语名称	白牛经	拜佛经	皈依经	超度经	涅槃经
备注	由两位二佛爷轮流念诵，由于《白牛经》比较长，此次念的是第二部中的一段，而且并不念完，能念多少算多少	此经拜过去佛、现在佛和将来佛	此经拜28位佛	此经可以超度众生所有苦难，不止人、神、鬼皆可超度	此经超度众生得到涅槃

景谷所有的朝仙仪式基本上都是按照上表所列的经文顺序进行念诵。因此把这个表列出来便于我们更好地了解景谷的朝仙活动。从念诵的经文和顺序上看，"缅先生请"是仪式正式开始的第一步，其实也就是通过"缅先生请"这个步骤搭起沟通世俗和神圣的通道。随后缅先生和佛爷的唱诵使信众们进入皈依，并使众生皆得以超度，最终达到涅槃。据笔者考察，景谷几乎所有的南传佛教活动都有"缅先生请"这一步骤，这也说明了在景谷任何南传佛教仪式开始之初都必须要先拜佛和皈依。这是虔诚

的佛教徒们必须最先做的功课。

四 结语

朝仙是景谷一种非常特殊民俗宗教活动，在我国其他信仰南传佛教的地区较少见到如此大范围和大规模的朝拜佛迹活动。它既是南传佛教的宗教信仰，某种程度上又是民间宗教的一种体现，如佛迹都是在溶洞或者岩石上，这是傣族百姓对山林和石头的一种自然崇拜。此外，朝仙活动大部分人都是自带午饭，而缅寺善款则用于租车或者购买一些必要的物品。这样的活动类似一次社区内部的野外聚餐，既增强了人际关系，又增强了整个民族的认同感。在访谈中，笔者经常听到一些老人说，现在这样的社会，如果不进行这样一些活动，那他们就不能再称为傣族。

因此一个社区内的傣族信众在宗教领导人员的带领下去朝圣，既是一种加强彼此之间交往和联系的群体社会活动，又是一种南传佛教的信众们实现宗教目的的活动。虽然需要投入很大的金钱、时间和物力，但参与的信众仍然非常多。景谷大大小小的佛迹共有 24 处，绝大部分百姓都至少参加两次以上。

目前，景谷政府已经对佛迹进行宣传和开发，作为一种特色旅游，增加景谷的财政收入。客观上来说是提高了景谷佛迹的知名度，宣传了景谷这一具有特色的民俗宗教活动，民族文化也得到某种意义上的弘扬。但是这样一来不可避免会对本土的民族宗教文化产生巨大冲击，宗教的经济化是一把双刃剑，少林寺的商业开发就是一个现实的案例。如何把握好这个度是当地政府和学者需要思考并执行的事情。如，进行商业开发的时候，不能忘记保护和发展民族宗教文化的初衷。这不仅需要当地学者着手对民族的文物和经典手抄稿进行传承保护，更需要得到当地政府的重视和资助。如，开一些傣文培训班，让越来越多的年轻人意识到学习傣文的重要性。另外，对景谷傣族的经典文本进行收集整理和归类，并将副本存放于档案馆，将一些傣文孤本和善本进行数字化的保存，向公众开放。这样不仅保存了濒危的傣文文献，还使这些经典的民族宗教文献能够发扬光大。

景谷同样也是我国信仰南传佛教的一个傣族地区，但由于历史上景谷的澜沧江，地理位置上靠近汉地，经常被学者认为景谷的傣族受到汉文化影响大，不如西双版纳和德宏的傣族纯粹，研究景谷的著作和文章不如研究前两地的多。但景谷位于西双版纳和德宏之间，受到了汉文化的影响，发展出了属于自己的独特的民族宗教文化。正因如此，景谷的南传佛教文化才更具有特殊性，尤其是其朝仙活动。[1] 希望将来有机会能够读得懂景谷的《佛祖巡游记》，可以对佛迹和朝仙进行更深入的研究。

参考文献：

云南省景谷傣族彝族自治县文化体育和广播电视局编：《佛迹景谷》，深圳市车致文化传播有限公司出版。

（周寒丽，普洱学院人文学院讲师）

---

[1]　景谷同时使用版纳经文（版纳老傣文 Tham）和德宏傣文（德宏老傣文 Lik），很多碑文同时出现了 Tham、Lik 和古汉文的情况就说明了景谷南传佛教文化视深受三地的影响。

利用网络讲授南传佛教课程的体会

马卫权

据国际电信联盟（ITU）的报告，到2015年底全球互联网用户突破32亿。而据中国互联网信息中心发布第37次《中国互联网络发展状况统计报告》，截至2015年12月，中国网民规模达6.88亿人，互联网普及率为50.3%；半数中国人已经接入互联网。随着互联网的普及，利用互联网进行教学活动也就是顺理成章的事。据统计，截至2015年12月，我国在线教育用户规模达1.10亿人。

笔者于2012年完成缅甸国际上座部佛教弘扬大学的硕士课程后就开始尝试利用网络讲授南传佛法课程。在这里想谈谈自己的一些体会，供大家参考。互联网课程的第一个优点是简便易行。只要有一台电脑，接入宽带，安装一个有教育功能的语音软件即可。这比找一个实体授课的地点显然要方便得多。传统实体授课方式的场所无论是自建还是租用，成本都会比较高。

互联网课程的第二个优点是不受地域的限制。授课时，讲师和学员可以在任何地点同时上线。在笔者讲授的课程里，学员遍布全国，甚至还有国外的网友。曾经就有一位远在美国的网友参加过笔者的网络课程。

网络课程的第三个优点是互动容易。无论是讲师与学员与学员之间的互动，还是学员之间的交流，只需安装相同的社交软件即可（有的教育软件也兼具社交功能）。和传统面对面的互动方式相比，显然要容易得多。面对面的互动方式需要双方同一时间在同一地点，这对于一些工作和家务繁忙的人群不是件容易的事。而网络互动则没有这个问题。甚至不需要双方同时在线，互动双方只需在闲暇时上线即可。而且双方的信息沟通非常简单快捷。比如在微信群里发通知，一次发送就可以让几百人知晓。

　　笔者自 2012 年举办课程，目前讲授的内容主要有两个科目：止观禅修课程和南传佛教经文学习。应该说，课程在普及南传佛法方面取得了一定的效果。听课的人数从当初的几人发展到几十人，最多时达到近百人。有学员表示学习到了比较系统、完整的佛教知识。也有学员认为学习课程后改掉了很多不良习惯，在日常生活能保持比较良好的心态。一位最近在缅甸禅修的网友也表示，在国内学习笔者在网络讲解的止观禅修课程对于他在缅甸的禅修有帮助。从这位网友的体会我们可以知道，一个禅修者可以先从网络学习基础的理论知识，然后再到禅修中心实修，这样就充分、有效地利用了互联网的便利和禅修中心良好的实修环境。

　　接下来想讲讲网络课程遇到的一些问题。目前南传佛教网络课程应该说还处于刚刚起步的阶段。笔者讲解的科目也限于能力所及的范围。学员主要是一些有信仰基础的佛教 QQ 群和微信群的成员，无论是课程内容的丰富度，还是课程的开放度都不是很高。因此，课程影响面还很有限。参与的人数和中国庞大的网民人数相比，还是微乎其微。另外，目前依托的平台也是一些非佛教专用的网络平台。这些平台出于商业考虑，往往有一些商业广告信息。授课的氛围难免会受到影响。希望有更多的南传佛教人士能参与举办网络课程，丰富网络课程的内容。同时也希望能建立一个专门的南传佛教网络课程网站。把各类课程有机地整合在一起。这样课程的内容会更加丰富，开放度也更高。既能有效建立、扩大南传佛教的知名度，又不会受到无关广告的干扰。

　　目前值得可喜的一个现象是对南传佛法有兴趣的人越来越多。这对弘扬南传佛法来说，是一个很好的机遇。最后衷心希望所有南传佛教人士能利用这一机遇，以及互联网的便利弘扬南传佛法，让更多的人受益。

（马卫权，厦门荆艺软件有限公司文化顾问）

海陆丝绸路上的佛教传播
特性及其异同略析

——兼论当代"一带一路"背景下云南与
东南亚佛教交流的意义

唐忠毛

一 关于佛教初传中土的海陆线路之争

印度佛教传入中国的路线，一般认为有两条，即西域的陆路传入和南方海路传入，20 世纪末学术界又提出"西南丝绸之路"——从四川的成都至滇缅道，认为外来佛教是经今缅甸、云南一线入川。[①] 西域陆路、南方海路、西南滇缅道，这三条线路的存在几无异议；但在佛教最早传入的线路方面，各方都有不少支持者，并且都试图从文献、文物造像考古来加以论证，不过似乎各方都没有足够的证据驳倒对方。

关于佛教最初传入之争论最多的还是西域陆上丝路与南方海陆丝路之争。佛教最初从陆上传入之前被中国大陆写进教科书，并对丝绸之路进行详细的分析，指出天山南麓的龟兹（今库车）、昆仑山北麓的于阗（今和

田）是当时丝绸之路的北、南两个中心，这一观点长时间以来也是大陆传统主流学者的观点。如支持这一观点的最有权威的代表人物就有国内有汤用彤先生、国外有羽田亨等。汤先生在《汉魏两晋南北朝佛教史》中对佛教人华诸传说、永平求法的传说、《四十二章经》等都进行了考证，认为佛教东渐首先经由西域之大月氏、康居、安息诸国而来东土，其交通多由天山南北、昆仑山北麓路。汤用彤说："佛教东渐首由西域之大月氏、康居、安息诸国，其交通多由陆路，似无可疑。"①

　　主张佛教最早由海上传入说者，认为佛教初传线路是由印度，通过海上丝绸之路，传至交州，经广州及中国东部沿海等地，再传人内地。较早的代表性的人物是梁启超、冯承钧等人，梁启超在《佛教之初输人》一文中说："向来史家为汉明求法所束缚，总以佛教先盛于北，谓自康僧会人吴，乃为江南有佛教之始，其北方输入所取途，则西域陆路也。以汉代与月氏、罽宾交通之迹考之，吾固不敢谓此方面之灌输绝无影响，但举要言之，则佛教之来非由陆路而由海，其最初根据地不在京洛而在江淮。"②梁先生主要是疑古立场出发，以推测为主而无严密的考证。其后，有不少学者赞成梁启超的推测，如冯承钧指出："南海一道亦为佛教输入之要途；南海之交趾犹之西域之于阗也。旧日传说或以佛教输人事在哀帝元寿二年（前2年），或以事在明帝永平四年至十八年间（61—75年），此属传说而非史实。《后汉书·天行传》后汉明帝感梦事，亦为传说之一种，殆出袁宏《后汉纪》，亦非实录。是欲寻究佛教最初输入之故实，应在南海一道中求之。"③ 之后在1995年，南开大学历史系的吴廷璆、郑彭年两位教授发表文章，重新阐述佛教最初是由海上传入中国的观点。二人认为，过去我们一直被佛教西域传入的成说所束缚，一谈到佛教传入，总以为是遵循陆路从西域传入，事实上佛教由陆路从西域传来的可信史料相当晚。概括而言，他们否定陆上说的重要观点如下：一是认为明帝感梦求法说不是史实，而是后人虚构；二是不承认公元前后交替时期大月氏有佛教信仰；三是依据文献和考古资料，认为在公元前2世纪中叶以前，西域并无佛教流通。其结论是：佛教由海路传入中国比陆路早，至迟在后汉初年

① 汤用彤：《汉魏两晋南北朝佛教史》，上海书店1991年版，第84页。
② 梁启超：《佛教之初输人》，《饮冰室合集》（9），中华书局1989年版，第7页。
③ 冯承钧：《中国南洋交通史》，上海书店1984年版，第8—9页。

即汉光武帝之子楚王英信佛之前就由海路传入江淮。①

此外，主张佛教最初由海路传入的重要依据还有以下几点。

其一，是西汉时期中印海道已开通，重要证据之一就是《汉书·地理志》的如下记载：

> 自日南障塞、徐闻、合浦船行可五月，有都元国；又船行可四月，有邑卢没国；又船行可二十余日，有谌离国；步行可十余日，有夫甘都卢国。自夫甘都卢国船行可二月余，有黄支国，民俗略与珠崖相类。其州广大，户口多，多异物，自武帝以来皆献见。有译长，属黄门，与应募者俱入海市明珠、璧流离、奇石异物，赍黄金杂缯而往。所至国皆禀食为耦，蛮夷贾船，转送致之。亦利交易，剽杀人。又苦逢风波溺死，不者数年来还。大珠至围二寸以下。平帝元始中，王莽辅政，欲耀威德，厚遗黄支王，令遣使献生犀牛。自黄支船行可八月，到皮宗；船行可二月，到日南、象林界云。黄支之南，有已程不国，汉之译使自此还矣。②

据研究，都元国位于马来半岛，邑卢没国位于缅甸沿岸勃固附近，谌离国是伊洛瓦底江边的海港，夫甘都卢国在缅甸之蒲甘，黄支国即南印度的古国拔罗婆朝的首都建志补罗（今 Conjeveram），皮宗是马来半岛的 Pisang，已程不国即锡兰（即今之斯里兰卡）。这个记载表明了以下几点。第一，始航地是雷州半岛，乘的是中国船，至远海由蛮夷商船转送。第二，航海者是黄门译长，携带黄金丝绸，购回珍宝，这是官商。第三，其路线是：广东→印度支那半岛→马六甲海峡→马来半岛→印度南部→斯里兰卡。第四，自汉武帝以来，印度南部的黄支国遣使朝贡中国，可见中印建交相当早。后汉以来，中国与南海交通频繁。《后汉书·南蛮西南夷列传》及《西域传》记载也有数次。尤其三国、东晋以后，由海路来华的僧人逐渐增多。这条海上路线是从天竺出发，经由师子国（今斯里兰卡）、耶婆提国（今苏门答腊和爪哇一带）、南中国海，到达交趾（今属越南）、广东等地上岸。如求那跋陀罗、真谛等人来华是在广州上的岸，

---

①　参见吴廷璯、郑彭年：《佛教海上传入中国之研究》，《历史研究》1995 年第 2 期。

②　班固著，颜师古注：《汉书·地理志》，中华书局 1962 年点校本，第 1671 页。

求那跋摩是在交趾上的岸，法显回国走的也是海路，但在东晋之前，从未有过像法显那样的记载过经过这个海路的佛教往来。

其二，根据文献引证东汉末年，交州、广州的佛教风气盛行。汉魏以来，交、广两地对外交往发展较快，不少外国商人来这里经商，当时的交州是东西交通海上的门户，《梁书·诸夷南海诸国》记载："海南诸国大抵在交州南及西南大海洲上……徼外诸国，自武帝以来皆朝贡。后汉桓帝世，大秦、天竺皆由此道遣使贡献。及吴孙权时，遣宣化从事朱应、中郎康泰通焉。"① 引用汉末牟子《理惑论》，牟子就著书于交州，《理惑论》的出现从另一个侧面证明了交州一带佛教流行较早的事实。

其三，佛教文物的发现证实佛教最初进入中国内地有遵循海路的迹象。如，河北石家庄北宋村二号汉墓出土了两尊铜像，此墓制作年代为后汉至魏晋时代，所出土的两尊佛像是在中国发现的最古的佛像；山东中南部沂南地区北寨村发现的画像石墓，画像中有几幅头部有佛光的图像，经推定，其制作年代为后汉灵帝末年至献帝初年；连云港孔望山摩崖石佛像，据推定其年代为后汉末年，它是中国佛教史上最早的佛像雕刻。论证想说明两个问题：一是说明佛教进入中国亦遵循海路，即由交州、广州、江苏或山东半岛南部传入的；二是佛教进入中国内地时间应当略早于上述佛像等制作时间，两汉交替时期具有更大的合理性。

其四，有学者考察发现，在中国南部如江苏、浙江、安徽、湖北、四川、云南、两广地区，也存在着大量的与北传造像无关、明显受到中印度抹冤罗风格或本土文化观念影响的佛教造像。这些造像，也被引用作为佛教经海传早于西域陆传的证据。

相对于上述观点，持佛教最初由西域陆地传入中土者，则对上述海路最初传入论的论据提出如下反驳意见。

其一，从造像来寻找证据，因印度最早在一世纪左右才有佛像出现，中土的佛像不可能早于这个时间。国内的若早于这个时间的造像可能是"偏道教神仙"或民间信仰的造像，而东汉后期的造像在时间上也难以反驳西域传入。

其二，关于汉明帝夜梦金人的不同看法。汉明帝夜梦金人见载于《理惑论》和《四十二章经序》中，东晋袁宏《后汉纪·孝明皇帝纪》、

---

① 参见《梁书·诸夷南海诸国》。

南朝范晔《后汉书·西域传》、北齐魏收《魏书·释老志》等正史所记与此大体相同。论者认为，若否定《理惑论》和《四十二章经》中的明帝夜梦金人，而不否认《后汉书》所载楚王英奉佛一事，则有失偏颇。并且，陆路传入者认为发生于公元前二年的伊存口授《浮屠经》，已经充分说明汉地佛教传入与西域紧密关系。

其三，对于大月氏在汉武帝派张骞出使西域时是否有佛教的论证。持西域陆路传入的学者极力论证此时大月氏信佛的可靠性。他们从大月氏的国史，以及国外贵霜王朝研究者大都支持大月氏在西汉时期已经有佛教流行。此外，他们认为公元前 3 世纪，印度佛教向外传播，至前 2 世纪上半叶，佛教传入大夏，这是佛教传播史上不争的事实。而前 2 世纪中期，大夏衰落，被大月氏征服，此时大月氏有佛教信仰应成立。

其四，季羡林的观点。季先生之前从语源学考证"浮屠""佛"的翻译语源，认为佛教或从海路、或从陆路直接进入中土，而不非经过第三地。可是后来，季先生改变这一观点。季先生后来在《再谈浮屠与佛》一文中对自己以前所持观点进行修订，认为印度佛教分两阶段，经由大夏（大月氏）和中亚新疆小国传入中国。其后，季羡林又撰《佛教传入龟兹和焉耆的道路和时间》一文叙述其观点变化的过程。他说："佛教史学者几乎都承认，佛教传出印度西北部第一大站就是大夏，大夏后来为大月氏所征服。大月氏遂据其国。中国典籍中关于佛教入华的说法虽然很多，但皆与大月氏有关。这样一来，史实与语言音译完全合拍，我们不得不承认，这就是事实。我原来的假设：佛教最初是直接从印度传来的，现在不能不修正了，改为佛教是间接传进来的。"[①] 事实上，并且最后引用了汤用彤在《汉魏两晋南北朝佛教史》的结论作为他的观点："依上所言，可注意者，盖有三事：一、汉武帝开辟西域，大月氏西侵大夏，均为佛教来华史上重要事件。二、大月氏信佛在西汉时，佛法入华或田彼土。三、译经并非始于《四十二章》，传法之始当上推至西汉末叶。"

对于海陆丝路上佛教传入时间的争论，事实上很难得出确定的对错。我个人同意的观点是：从现存文献与文物的考研来看，佛教初传时期，南

① 季羡林：《佛教传入龟兹和焉耆的道路和时间》，《社会科学战线》2001 年第 2 期。

方海路和北方西域陆路应该是通过不同的途径，依靠各自的传播方式，且时间上相差不多基本都在两汉之际（具体时间还不能确定，有各种版本），并形成各自的重要传播中心，并由此沿陆路或长江水路向中原地区发展。从这个意义上讲，早期佛教向中国传播的方式和途径是多元的，海陆路线也是多条。我认为，用几个个案来考研是海陆或者是由陆路传入其证据不够充分，也意义不大（比如可能会有早期的海陆一两个人带来佛教的东西或佛像，但不足以说佛教就此是从海路而来）。即使可能存在一些比西域陆路更早的佛教南方海上传入中土的个案文物考古发现，但也难以有效推翻佛教最初传入的观点。

二　海陆路传播的阶段性规模与特点——以域外来华僧人、中土西行求法僧人的规模、影响为中心的考察

如果撇开谁最早传入的问题，换个角度来讨论海陆丝路佛教传播的阶段特点，我认为是一种有价值的重要方式，我们可以从文献记载的来华与西行僧人的规模及影响力来看，至少在两汉—三国之间，应该是以西域的陆上丝绸之路为主，影响最大。而在魏晋南北朝—唐代，则海陆丝绸之路几乎齐头并进、各具特色，海上丝路的佛教传入不输于陆上。而唐宋以后，由于路上丝路的阻隔，海上丝绸无论在交通贸易还是在佛教传播方面，都超越了陆路上丝路的作用。

从来华僧人来看，东汉—三国年间，主要是从西域而来，并且在佛教的传播与翻译方面起到了决定性的作用。到东晋，中土虽然南北分治，但南北佛教很兴盛，西域东来的僧人也数目倍增（当时的佛教中心：南方是建业南京、北方是长安、洛阳两地）。这期间的西域僧人大都以国为姓，以支姓都是月氏国人，以安姓的都是安息人（伊朗人），以康姓的都是康居人，以竺姓的都是天竺人（印度），不冠名的多为丛岭以东的诸西域国人。这期间的西域来中土（或其祖辈从西域移居中土）僧人统计如下：

表1   西域来华僧人统计

加摄摩腾	中天竺	汉明帝永平年间	西域来华
竺法兰	天竺	同上	西域来华
（以上两位有争议，存疑）			
安世高	安息人	汉桓帝灵帝间	西域来华
支娄迦谶	月氏人	汉灵帝光和中平年间	西域来华
竺佛朔	天竺人	汉灵帝嘉平间	西域来华
安玄	安息人	汉灵帝支和间	西域来华
支曜	月之人	汉灵帝中平间	西域来华
竺大力	天竺人	汉献帝建安间	西域来华
昙果	西域人	汉献帝建安间	西域来华
昙柯迦罗	中天竺人	魏文帝黄初间	经西域来华
康僧铠	康居人	魏废帝嘉平间	经西域来华
昙无谛	安息人	三国时期	西域来华
昙谛	安息人	魏正元间	西域来华
帛延	龟兹人	魏正元间	西域来华
支谦	月氏人	吴黄武建兴间	西域来华
康僧会	康居人	三国吴时	（越南交趾）来华

由上不完全的统计可见，两汉至三国时期，从西域来华的僧人占据绝对的多数，在有确切记载的海路来华第一人康僧会之前就有大批著名域外僧人经西域来华，其在翻译、传教等方面的影响也占据了绝对的地位。康僧会之后，魏晋南北朝时期，从海上来华僧人逐渐增多，影响也逐渐增大。如，东晋隆安年间，罽宾国僧人昙摩耶舍来到广州传教，建立了光孝寺，直至唐代，在该寺传教译经的有印度高僧求那跋摩、求那罗跋陀三藏、智药三藏、达摩禅师、波罗末陀三藏、真谛、般剌密谛三藏、不空、金刚智等。尤其是达摩禅宗后来发展为慧能的南宗禅，成为中国佛教的代名词。

及至唐代，中国的政治中心又北上为长安，此时外来僧人的路线趋于多元化，海陆两路都非常兴盛，此外中日、中朝，及中国与东南亚的交往也增多。

　　南宋以后，由于政治中心、经济中心的南移，加上造船航海技术的成熟，海上丝路一方面由于瓷器、陶器、茶叶等贸易发达，期间的佛教交流通道规模也大。尤为重要的是，唐末安史之乱以及西域的战争使得陆上丝绸之路被阻隔，海上的通道起到了最重要的作用，并取代了陆上丝绸之路的地位。此外，及至11—12世纪，西域基本上已经突厥化、伊斯兰化，而印度的佛教本身也已经衰微，因此西域的通道对于佛教的传播来说已无价值。

　　其次，从中土西行取经的僧人来看，最早的是三国时期的朱士行，但他只到了西域，未到印度。最早访学印度的是东晋的法显，他从陆路前往印度，后经斯里兰卡、（印度尼西亚）苏门答腊、南海、青州回国，并著有著名的《佛国记》（《法显传》）；之后著名的西行访学的就是玄奘、义净，玄奘从西域陆路来回，而义净则是从广州启程，来回从海路往返多次，写出了《南海寄归内法传》《大唐西域求法高僧传》等书，这些著作记述了前往印度的僧人，其中20余人从陆路西域、吐蕃道去印度，三十余人（37人）经广州出海去印度，这样海陆两途的情况在书中都有了记录。《大唐西域求法高僧传》，以僧传的形式记述了唐初从太宗贞观十五年（641）以后到武后天授二年（691），共46年间，57位僧人（包括义净本人，也包括今属朝鲜的新罗、高丽，今属越南的交州、爱州等地的僧人）到南海和印度游历求法的事迹。书后附《重归南海传》，又记载武后永昌元年（689），随义净重往室利佛逝的四位中国僧人的事迹。该书分别叙述西行僧人的籍贯、生平、出行路线、求法状况。多叙述简略，只有少数的几位僧人着墨较多，比如玄照法师、道琳法师等。

　　足见，唐时中国与印度、南海各地的海上交通之盛状。通过上述不同阶段海陆佛教传播的考查，可以看出：海陆丝路上的佛教传播，既与其特定的自然地理环境与旅行手段密切相关，也与移民、战乱、政治经济中心的南北转移以及航海技术的发展密相连。

三　海陆丝路上佛教传播的特性
及其地域性特征浅析

　　由于海陆佛教传播的地理环境不同、面临风险等因素不同，因而其传播的特性与产生的文化效果也有差异。比如，陆上丝绸之路导致了多民族、多文化的"佛教文化汇合区"的汇流与碰撞，而海上丝路的佛教传播则呈现出单线连接、辐射区域广，且较忠实地保持了佛教输出地的"本来面目"等特征。

首先，西域作为陆上丝绸之路，由于其独特的地理位置（三山夹两盆），丝路上的驿站城市主要集中在天山南北麓、昆仑山北麓的绿洲城市，东西往来的不同民族、不同语言、不同宗教信仰的人群在这些绿洲城市中交往、融合。从大的文化区域来看，西域丝路的地域特点是把西边的罗马、伊朗、印度、阿富汗以及中国文明结合为一个一体化的独特文化区，在这个独特的文化区里，语言多达几十种，民族也达十几种。① 由于中央政权无法真正有效统治西域，且由于草原游牧民族经常骚扰绿洲城市，因此民族迁徙、战乱，更加促进了丝路上的多民族、多宗教的融合与碰撞。这些背景对于佛教的传播与发展来说，起到了非常重要的作用。比如，从印度来的佛教文本可能先由梵文翻译成其他文字，再通过其他文字翻译成汉语，比如"佛"，季羡林先生就认为不是直接从梵文翻译过来，而是由中亚文字翻译过来的。法国学者勒内·格鲁塞在其《草原帝国》一书中也指出：正是当时这个地跨阿富汗、犍陀罗和旁遮普的贵霜帝国，利用丝绸之路，对塔里木盆地和中国的佛教宣传做出了很大贡献。除了这些贵霜或印度的使者们外，还有许多帕提亚（波斯伊朗）的皈依佛教者继续进行在亚洲高原和远东地区的改宗工作。在塔里木盆地，来自东伊朗和西北印度的另一群僧侣从事翻译工作，将神圣的梵文写本翻译成从伊朗语到库车语的各种方言。著名的鸠摩罗什（344—413）就是突出的例子。鸠摩罗什生于库车的一个印度人家庭。其父是虔诚的佛教徒，并娶库车王的妹妹，生下鸠摩罗什，鸠摩罗什后被中国将军吕光绑架到长安从事佛教翻译工作。② 除了佛教翻译的语言文化融合之外，西域的佛教融合也反映在西域佛教造像受多种文化艺术元素的影响（比如犍陀罗风格）。

佛教文化的"回流"现象也是佛教在文化汇合区传播的一种重要现象，如方广锠先生在其《试论佛教的发展与文化的汇流——从〈刘师礼文〉说起》一文中谈到了西域佛教传播中的文化汇流与回流问题。所谓

---

① 详细情况参见［德］克林凯特《丝绸古道上的文化》，新疆美术摄影出版社1994年版。

② 参见［法］勒内·格鲁塞《草原帝国》，商务出版社2004年版，第79—80页。

汇流，是指多文化的交互影响，这在西域的佛教交流中比较明显，所谓"回流"，主要是指将中国化的佛教思想或经典文本传到西域或印度，翻译成当地的文字后又传回中国，若用"梵巴中心论"来对待这些经论，往往就以为是"真经"待之。当然，这种现象也从另一角度提醒我们，"梵巴中心主义"的危险。这种文化汇流的反向影响肯定是存在的，比如，唐朝时期，中国文化是一种强势的文化，相比较陆上丝路，由于船只往来于海上直接前往各地，没有像陆路上的融合互动状态，因此海上丝路的佛教传播则呈现出单线连接、辐射区域广，且较忠实地保持了佛教输出地的"本来面目"等特征。即以法显为例，法显从印度和斯里兰卡带回的经典，僧祐在《出三藏记集》卷二的记载是：1.《大般泥洹经》六卷（晋义熙十三年十一月一日道场寺译出）；2.《方等泥洹经》二卷（今阙）《摩诃僧祇律》四十卷（已入《律录》）；3.《僧祇比丘戒本》一卷（今阙）；4.《杂阿毗昙心》十三卷（今阙）；5.《杂藏经》一卷；6.《綖经》（梵文，未译出）；7.《长阿含经》（梵文，未译）；8.《杂阿含经》（梵文，未译）；9.《弥沙塞律》（梵文，未译）；10.《萨婆多律抄》（梵文，未译）；11.《佛游天竺记》一卷。右十一部，定（？）出六部，凡六十三卷。晋安帝时沙门释法显，以隆安三年游西域，于中天竺师子国得胡本。归京都，住道寺，就天竺禅师佛陀跋陀罗共译出。其《长》《杂》二《阿含》《綖经》《弥沙塞律》《萨婆多律抄》，犹是梵文，未得译出。

十一部佛经中，有四种是律，分属三个部派，即大众部的《摩诃僧祇律》及《僧祇比丘戒本》，化地部的《弥沙塞律》，说一切有部的《萨婆多律抄》。其中的《摩诃僧祇律》，后来法显与印度僧人佛陀跋陀罗合作，翻译为汉文。法显所带回的佛经虽不仅限于南传，也有大乘经典，但这些经典比较真实地保存了其巴利语、印度梵语的本来面目，这些对于汉地戒律的传播起到了非常重要的作用。对此王邦维老师曾做过专门的研究。他指出：如果没有法显，《摩诃僧祇律》和《五分律》很可能就失传了。这两种律能够流传下来，用佛教的话说，是因为有法显印度求法的这段殊胜因缘。[1]

不同线路的佛教文化传播与发展，还逐渐形成了独特的地域性特征。

---

① 王邦维：《法显与佛教律在汉地的传承》，《宗教学研究》2013 年第 4 期。

即以"西南丝绸之路"而言，云南、四川作为"西南丝绸之路"的所在地，其在很早的古代就和印度、缅甸等国有交通往来。当年张骞出使大月氏国时，就曾在该国看到出自四川的布和竹杖，经打听，才知道是从身毒国传来的，回国后，他把这件事告诉了汉武帝，认为从四川肯定有一条更近的通往西域的通道。汉武帝采取张骞的建议，计划打通从云南经缅甸到印度，再通往安息、大秦的另一条陆路，但没有成功。① 直到东汉建武年间，哀牢归服东汉政府，西南夷地区才完全归入汉王朝的版图。永平十年（67），东汉政府在此设永昌郡。此后，东汉王朝开路架桥，增设驿站。至此，中印西南官道历经几个世纪终于全线畅通。其实，民间的沿这条中印通道交往的时间可能更早，如云南汉墓均出土了汉朝的钱币和天竺和掸国（缅甸）的齿贝货币，而这些现在出土的中外货币，刚好在史料记载的西南丝绸之路上，起点是四川，途径云南，缅甸，终点是印度。另据《后汉书·南蛮西南夷传》记载，永元六年（94）、永元九年、永初元年（107）、永宁元年（120），不断有外国使节来汉王朝贡献通好，其中访华的掸国（缅甸）国王雍由调，被汉王朝封予"汉大都尉"的官衔，并赐给印绶、金银、彩缯等。就佛教传播而言，早期云南与域外的佛教交流虽无确切的文献记载，但从现今的考古发掘又发现彭山陶座佛像和什邡佛塔画像砖等佛教遗物，似可证明蜀汉佛教传入的另一个路径可能是经川滇缅道而来。

云南与南亚的印度及东南亚的缅甸、柬埔寨和南海诸国都存在地缘交通的优势，因此西南丝绸之路上的佛教传播往往综合了海陆路的交通，要么先由陆路再经海陆，要么先经海陆再由陆路，从而沟通中土与域外印度、东南亚诸国的佛教联系。同时，作为民族特色而言，藏族、汉族、傣族、白族等20多个民族汇集在云南地区，因此在云南形成佛教三大语系——汉传佛教、藏传佛教、南传佛教（上座部）共存的局面。形成了以大理、西双版纳为中心的两大极富特色的佛教文化区，以及西双版纳极

---

① 关于这一通道的开辟，学者一般依据《史记》和《汉书》记载作根据。《史记·西南夷列传》记载："及元狩元年，博望侯张骞使大夏来，言居大夏时见蜀布、邛竹杖，便问所从来。曰：'从东南身毒国，可数千里，得蜀贾人市。'或闻邛西可二千里有身毒国。骞因盛言大夏在汉西南，慕中国，患匈奴隔其道，诚通蜀，身毒国道便近，有利无害。于是天子乃令王然于、柏始昌、吕越人等，使间出西南夷，指求身毒国。至滇，滇王尝羌乃留，为求道四十余辈。岁余，皆闭昆明，莫能通身毒国。"（参见司马迁撰《史记》，中华书局1959年版，第2995—2996页。）

富特色的佛教贝叶文化。

就南方的海路而言，也形成了南方的地域性特征。如达摩从印度渡海来华，从广州登岸，北上南京见梁武帝，后去北方魏地，但其后达摩禅的继承者二祖慧可、三祖僧璨、四祖道信、五祖弘仁都在长江流域的大别山区定居传法，而慧能又在东山继承衣钵，将禅宗带回岭南，不仅在岭南形成空前的影响，还最终影响全国，成为中国化佛教的主流佛教。禅宗对岭南及中国的革命性影响——由南而北，最终成为中国化佛教的代名词与代表值得从佛教地域学的角度加以研究。汤用彤先生在其《汉魏两晋南北朝佛教史》中有这样的分析："达摩禅法得广播南方，未始非已有三论之流行为之先容也。且般若经典由于摄山诸师，而盛行于南方。禅宗在弘忍之后，转崇《金刚般若》，亦因其受南方风气之影响也。再者达摩原以《楞伽经》能显示无相之虚宗，故以授学者。其后此宗禅师亦皆依此典说法。然世人能得意者少，滞文者多。是以此宗后裔每失无相之本义，而复于心上着相。至四世之后，此经遂亦变成名相。于是哲人之慧一变而为经师之学，因而去达摩之宗愈远。《金刚般若》者言简意深。意深者谓其赅括虚宗之妙旨。言简者则解释自由而可不拘于文字。故大鉴禅师舍《楞伽》而取《金刚》，亦是学问演进之自然趋势。由此言之，则六祖谓为革命，亦可称为中兴。革命者只在其指斥北宗经师名相之学。而中兴者上追达摩，力求领宗得意，而发扬'南天竺一乘宗'本来之精神也。"[①]

汤先生是从南宗禅的思想史角度出发的分析，并且也指出了南方的佛学取向与达摩禅的互动与影响。而慧能禅宗的"南宗"之名称来说，在历史上有着不同的含义。对此，杜继文、魏道儒先生在《中国禅宗通史》一书曾指出：其一，"南宗"是指达摩禅法本身，亦即是从"楞伽禅学"的角度讲的。达摩禅法又别称"南天竺一乘宗"，因为四卷本《楞伽经》译于南朝宋，译者求那跋陀罗虽生于中天竺，却来自于师子国斯里兰卡，且终生活动于南朝。达摩禅系以此经递代相传，明显有与新译十卷《楞伽》抗衡的意义。十卷《楞伽》的译者菩提流支，是北天竺人，终生活动在北朝，这样，有权势的地论师对楞伽禅师的压迫，很容易带上一种南北斗争的外观，楞伽禅系强调自己属于南宗，自然含

---

① 汤用彤：《汉魏两晋南北朝佛教史》卷下，中华书局 1983 年版，第 569 页。

有与地论师不合作的意味。李知非在序净觉所著《注般若心经》时，仍坚持此楞伽系的传统"宋太祖时，求那跋陀罗三藏禅师以楞伽传灯，起南天竺国，名曰南宗。"其二，"南宗"是指对上述楞伽禅传承的否定。自神会开始指责神秀的门徒背离"达摩宗旨"，为审定是非故重树"南宗"大旗。因此，所谓中国禅宗的"南能顿北秀渐"，主要是以中国地域上的南北之别来区分继承达摩所传禅法的二大禅系，与南北天竺和达摩的"南天竺一乘宗"无直接关系。而从禅法而言，中国禅宗内部南北之对立，其实质乃为修行方法上的顿渐之别，在形式上则体现为禅门正统之争。总之，南宗禅的命名，应该是多重含义的，其中地域性意义，以及南天竺的传承意义也不可忽视。

四　当代云南与东南亚佛教交流互动的意义

古代海陆丝绸之路曾经为中国与域外国家的经济交流、文化交流立下了汗马功劳，成为中国与域外国家构建贸易与文化交流体系的重要线索。虽然古代意义上的"丝绸之路"已经完成了历史使命，但从一个更广泛意义上来理解丝绸之路，则这个物质与非物质文化的通道一直存在。仅就佛教而言，民国以来，中国佛教通过海上丝路与东南亚的交流也一直在进行。时至今日，由政府倡导的"一带一路"，不仅有着经济合作与发展的内涵，也存在包括佛教文化交流在内的新的地缘文化与地缘政治的内涵。在这一战略性的建设过程中，佛教如何发挥文化软实力的联结与融合作用，也存在着丰富的想象空间。就云南来看，其与印度、东南亚的佛教交流呈现出天然的地缘优势，加上其自身独特的多语系交融、汇合的局面，必将在新时期的"一带一路"战略构建中起到应有的作用。

首先，云南地区存在的南传（上座部）佛教、汉传佛教、藏传佛教三大语系并存的现象，在中国是绝无仅有的一种佛教文化现象。这一现象的出现既与云南的天然地理位置相关，也与云南的多民族文化密切联系。如何促进这三大语系之间的和谐共存、友好交流、密切互动，这不仅有助于佛教在中国的未来走向，有助于佛教文化的丰富发展，也有助于多民族之间的友好相处，以及由此延伸到民族关系与国际关系的良性发展。即以景洪西双版纳地区而言，该地区是我国与东南亚南传佛教交流的重镇，是云南与东南亚南传佛教交流的天然窗口。西双版纳地区特殊的人文、民族、信仰环境使之与东南亚之间有着天然的连接纽带。这一纽带在当代"一带一路"的背景下显得非常重要，可以具有与我们之前所谓的中—日—韩"黄金纽带"相比美的地位。东南亚与中国都以佛教信仰为主，东南亚除了越南在历史上是汉传佛教，其他国家主要是受南传佛教的影响。而南传佛教与汉传佛教之间的交流早自魏晋法显、唐之义净就已经开始，直到近现代一直在不断地进行之中。及至当代，我们看到中国的禅法实践出现了南北传（或者说大小乘融合）的取向，如南传佛教的"内观""四念处"等禅法越来越受到当代中国佛教与心理学界的重视，而吸纳南传的禅法也是中国禅法的未来走向。这种佛教之间的互动与交流，无疑会给中国与东南亚的民间文化交流找到契合点与共鸣。

其次，基于"人间佛教"的立场，汉传佛教与南传佛教之间可以相互学习，共同面对现实问题、关怀现实问题，共同推动佛教的健康发展。现代人间佛教思想，经由近代的太虚阐发，现已经成为中国大陆、中国台湾地区的佛教主流思潮。受人间佛教思潮影响，今日的南传佛教也不再是追求纯粹个人解脱的封闭之路，而是更多地关注现实、关注社会，因此其非常强调社会参与，出现了"Engaged Buddhism"（参与佛教）的思潮，虽然这与中国人间佛教的"Humanistic Buddhism"注重人本、人文向度并不完全相同，但至少在关注人间向度与社会现实这个层面上找到共通的地方。因此，立足于"人间佛教"的基本立场，汉传佛教与南传佛教之间的当代交流互动一定会有相互影响的空间。

最后，超越单纯的佛教，从地缘政治上来看，云南佛教与南亚、东南亚的交流在当今"一带一路"的战略构建中也具有重要的辅助作用。云南是中国大陆与南亚、东南亚联系的天然重要通道，特别是在中国与东盟的经济、文化交流中有着密切联系，具有不可替代的地缘优势。在新时期的"一带一路"的战略背景下，经济与文化的双重功能，最终必将有助于地缘政治的国家战略构建。其中，就文化的软实力而言，佛教的文化交流举足轻重。云南与南亚、东南亚佛教交流互动的地缘政治意义尤为重要。从中国周边国家间的信仰圈来看，周边的信仰圈除了佛教之外，还有伊斯兰教、基督教、藏传佛教。目前，中国地缘政治中儒教的文化影响力、汉传佛教的影响力正在缩小，或者说其中心意义正在消失。与此同时，周边某些国家也正在走向"基督教化"与"去汉传佛教化"（主要是走向藏传佛教）甚至"伊斯兰化"的倾向。在此背景下，汉传佛教与南传佛教之间的友好相处，不仅可以提升中国佛教的影响力，显得非常重要；而对这一信仰文化软实力的有意识地加强，可以有效抵御被其他宗教化的潜在风险，有助于基于文化信仰联结的地缘政治的建构，从而使得文化信仰联系成为经济层面的"一带一路"的重要补充，使得经济、文化之间形成良性的互动。

（唐忠毛，华东师范大学社会发展学院教授）

"一带一路"与中外南传佛教对话研究

赵　玲　喃罕咏

一　南传佛教与中国新常态下的公共外交理念

当前，中国进入了平稳中高速发展的经济新常态。"经济新常态"主要是指以科学发展观为指导，注重调整发展方式和结构，保持经济的长期发展和可持续发展。经济实力的持续快速积累也带来了中国外交理念的调整与变化，公共外交是对传统外交的补充与发展，是全球化时代塑造国际合法性与认同度的一项重要举措，同时也是一个国家在国际社会确立正当性与认同度的必要路径。从公共外交的视角来看，以往的"韬光养晦"已经不再适应中国与日俱增的经济和综合影响力，只有"奋发有为"的外交新思路才有助于中国实现民族复兴的中国梦。然而，与经历了长期持续高速增长的中国经济不同的是，中国外交则是刚刚进入"奋发有为"的"新常态"境地，在国际外交舞台上还存在一些不适应与尴尬状况。在这样的新形势下，中国外交研究要推出什么样的"有为"，才最符合中国的整体国家利益，才能最好地配合民族复兴和国家崛起呢？有一点是肯定的，就是要充分发挥与外交密切相关的各种社会力量，为打造新常态下中国的公共外交奠定基础，其中，由于南传上座部佛教（以下简称"南传佛教"）的教义对新常态下中国公共外交理念具有重要的补充作用，因此，南传佛教在中国公共外交当中的作用不容忽略。

（一）南传佛教对中国企业"走出去"起着助推作用

"一带一路"最重要的就是要使沿线国家互联互通。其中，设施硬件、制度软件和情感紧固件是三个核心要素，缺一不可。在诸多的情感紧固件之中，南传佛教就是其中一个。由于"一带一路"沿线国家有许多信奉南传佛教的，因此，宗教认同比较明显。在中国企业"走出去"的过程中，南传佛教能够发挥积极与辅助作用。既然"一带一路"是合作之路、和谐之路、互惠之路，在推进过程中就必须顾及相关国家的认同与感受，否则将会在两国之间造成阻碍与矛盾。从中国的情况看，据统计，截至2014年，仅中国高铁与核电等重大装备项目，就签下价值总额不少于1400亿美元的大单。可见，中国企业的设施硬件发展非常快，如果在制度软件与感情固件方面跟不上，出现各种麻烦将在所难免。加之中国企业的处事方式和固有的习惯，他们在国内更讲求猛打猛拼，十分强调高效率。但如果以这样的方式去进行国际合作，效果并不会如预期的好。在许多涉外企业中，外方对中方工作节奏过快，合作伙伴无法适应等现象已经反复提出异议，总觉得在双方的合作中，一直是被中国企业拖着走，外方人员长期处于被动局面。于是必然出现诸多反感情绪，从而影响中国企业在海外的生存与发展。这就是为什么中国企业虽然有"一带一路"等重大战略做后盾，但是中国扩大对外投资与经贸合作的努力仍然不乏艰辛，国内企业在进军海外市场时常常是遭遇意想不到的挫折、对抗的根本原因。梳理下来，问题还是出在制度软件和情感紧固件环节。这也提醒我们，仅仅设施硬件上去了，并不能解决其他相应的问题，同样会制约中国企业"走出去"的步伐。而南传佛教思想与观念在沿线许多信教国家中具有普适应，要想在海外发展企业，就应该花一些时间和精力去了解他们的宗教信仰与文化心理，包括处理事物的方式和方法，而南传佛教教规教义、佛爷长老无疑可以提供一些较好的参考与建议。甚至在外交层面上为协调双边关系，化解双方冲突发挥着不可替代的作用。例如，在2011年1月底，中缅合资莱比塘铜矿发生了抗议事件，抗议者甚至打出了"中国人滚出去"等政治口号，扣押中方员工为人质，迫使铜矿停产，造成了巨大经济损失。在解救中方人质环节，当地南传佛教长老出面斡旋，从中调停，顺利解救了被抗议者扣押的中方人质。要"有为"才"有位"，在一系列发生的事件中，南传佛教的协调沟通能力十分突出。由此可见，加强中外南传佛教的对话与交流十分必要。同时，南传佛教也可以借助国家"走出去"的宏观策略，扩大自身的交流面，发挥自己的特殊作用，在"一带一路"构想中，为中国企业"走出去"起好助推作用。

（二）巩固与促进"一带一路"沿线国家的人脉网及文化认同

2015 年初，中国佛教协会副会长、云南佛教协会会长刀述仁先生就向有关部门书面提出：随着中国经济社会的迅速发展及其海外影响力的增强，中国宗教在世界宗教界发挥的作用与影响还远远不够，应该充分发挥中国作为一个负责大国的宗教影响力，尽快实现中国宗教"走出去"。善为事者，必善为人；善为人者，必善制心。"一带一路"构想的顺利推进，需要处理好建设过程中的各种复杂关系，最终实现打造命运共同体的远大理想。在此过程中，中国除了要积极提供区域公共产品、主动承担国际责任、务实推进沿线经济互利共赢发展，还应注意做事方式，多做换位思考。所谓互联互通，首先就是要做到"心通"。怎样才能做到"心通"？在中国文化传统中，佛教就被归类为"治心"的学问。南传佛教向人们传播"因果报应论""积德积福修来世"等教义，有益于缓冲人与人之间的利益冲突，协调各方的矛盾与纠纷，同时有助于提高人的情感忍受能力以及对于欲望的节制能力，降低人们对于功名利禄的情感强度，促使人们把积极进取心与需要遵守的社会公德紧密相连。在周边的南传佛教国家中，大家信奉佛陀的教诲"众生平等"，这一点可以使各国的广大信众获得心理上的社会归属感。因此，加强中外南传佛教的对话与交流，在"一带一路"沿线国家中，容易获得宽泛的人脉网，也容易形成不同国家之间广大信众的文化认同。

（三）向国际社会解读"以我为主"的大国外交风范

按照规定，南传佛教出家人每月 15 日、30 日要集中举行诵戒，又称"豪乌苏"。"豪乌苏"重要是自省，反思自身过错，以忏悔形式来达到改正过错。受此影响，在南传佛教信教国家和地区，无论僧团还是信众，基本都坚持这样的"忏悔"制度，这对于人们自律反省，维系伦理道德，约束不良行为都有好处。在中国的南传佛教信教地区，广大信徒常用忏悔来清除"业障"，以消除罪业，行善积德。南传佛教徒们定期的"做赕"，举行"滴水""赕坦"等宗教仪式，客观上都是为了"忏悔"，洗涤业障，累积福报。久而久之，就能够形成信众的一种宗教自觉，养成一种善良谦谨的处世态度。结合当前中国外交政策来看，中国一贯奉行的"国不分大小、强弱、贫富一律平等"的"国之大同"

理念，"以我为主"并不等于"以我为大"、横行霸道，排挤他国，这种大国外交的风范与南传佛教国家奉行的谦谨处世态度是吻合的。虽然中国经济总量已居世界第二位，而且还在蒸蒸日上。但在"一带一路"建设中，基于南传佛教的和平、谦谨、平等的基本理念，我们要多考虑相关国家的感受，多做换位思考。加之中国自古就有着"满招损，谦受益"的教诲，在与"一带一路"沿线国家的外交关系等方面，应该谨记这条与南传佛教教义相关的古训。从顶层设计来看，"一带一路"既是连接中国与欧亚的大通道，更是展现中国"亲诚惠容"周边的形象大平台。在构想实施的进程中，对沿线相关国家的民意融合、友谊培育等工作，与沿线重大项目的顺利推进、成功建成同样重要，需要我们高度重视。因此，在实体项目实施之前，要尽可能开展好相关民意沟通的工作，为项目启动做好"安民告示"，奠定坚实的民意基础。中外南传佛教对话的理论依据就是在"一带一路"框架下，需要进一步探索政府、企业、民间组织、宗教团体共同配合、相互补充的新模式，宗教团体在国家战略中的配合作用由此得以彰显。当然，这与当代公共外交的本质是相互对接的，一个国家为了提高本国的知名度和国际认可度，由政府和其他社会部门，委托国内或国外一些社会团体通过传播及媒体等手段与国外社会及民众进行交流、对话，开展针对全球公众的外交活动，以向外界澄清相关事实，传播本国民族文化和宗教文化，塑造应有的价值观念，彰显中国大国外交风范，进而更好地有助于国家利益的实现。

（四）南传佛教与相关国家的民间交流活动日趋频繁

在我国对外民间交流中，宗教信仰交流从来都是最大亮点。近年来，以南传佛教为主的民间佛教交流也日趋频繁，其中最具有活力和特色的就是中国僧众在东盟国家弘法、留学、修行，与当地民众交往密切，他们相互传递信息，加强了解，成为东盟国家民众认识中国、了解中国的重要桥梁。正是由于这种民间组织活动的展开，一方面宣传了中国的佛法，另一方面也体现出了中国政府的宗教信仰自由的政策，为中外南传佛教对话搭建了良好的基础与平台。

多年来，中缅、中泰、中老、中柬之间的宗教民间互访交流都未间断过。由于生活习俗、语言文化的相同相近，中外南传佛教民间交流非常频繁，每逢泼水节、开门节、关门节，或者农闲季节做佛事活动，境内外的信徒都有邀请南传僧侣主持法事活动的传统，有中国信徒请缅甸、泰国佛爷来做法事、讲经说法的；更多的是外国信徒请中国佛爷出去做法事、讲经说法的。在该地区，民族认同、宗教认同有时甚至大于国家认同，这是我国跨境民族和边境地区实际存在的特殊性。

2015 年，德宏州芒市菩提寺的召问地达长老就多次应邀到缅甸的木姐、南坎等地讲经说法，参与境外的佛事活动。2016 年 1 月 23—24 日，在缅甸 Sagaing Hills 举办的 The World Peace Buddhist Conference，中国有四位南传佛教长老应邀前去参加，长老们与多国南传佛教人士的交流与研讨 Peace And Wisdom（和平与智慧）的问题，与多国宗教人士相互交流学习，长老们说，参加这样高层次的南传佛教论坛，收益非常大。2014年 2 月 19 日，中华宗教文化交流协会在北京召开理事会议。协会副会长兼秘书长蒋坚永所作《工作报告》提出："鼓励、支持宗教界积极参与世界佛教徒联谊会、伊斯兰世界联盟、世界基督教联合会等国际性宗教组织的重要活动，进一步加大协会在国际多边宗教组织与活动中的主动权、话语权。"①

南传佛教在民间外交中发挥着独特作用，能更好地凝聚"一带一路"沿线国家的宗教界、文化学术界和政府有关部门的力量，拓展宗教文化对外交流的新领域，巩固和深化中外南传佛教对话的基础和平台，营造和睦相处、友好互利的良好公共外交氛围。

二　中外南传佛教的交流对话脉络与现状

南传上座部佛教从西双版纳等地传入中国云南，在傣族地区传承发展至今，在经历了漫长的历史积淀与交融磨合之后，中国云南傣族地区的广大信众与斯里兰卡、泰国、缅甸、老挝等国信众实现了信仰的弥合与对接，不同国度的信众中间宗教感情深厚，拥有了相同的宗教生活环境和民族文化艺术形式，文化心态也有明显趋同。最初的中外南传佛教交流就为各国之间的社会经济协作、文化友好交流打下了良好的基础。

---

① 宗教文化交流"民间外交"：中华文化大餐的一部分，菩萨在线编辑部综合整理，时间：2014 – 02 – 21。

（一）中国的"佛牙外交"及其南传佛教的影响

中国的佛教交流以佛牙舍利四次巡礼缅甸和佛指舍利赴泰国供奉最为典型，影响最为广泛。虽然这是整个佛教界的盛事，但佛牙舍利巡礼供奉的重要在南传佛教信众较多的缅甸、泰国、斯里兰卡。从这一点来看，中国的"佛牙外交"与南传佛教渊源深厚，南传佛教在中国外交史上记下了浓重的一笔。

佛牙舍利和佛指舍利向来都被看作佛教圣物，据有关记载，世界上仅存两颗佛牙舍利，一颗被保存在中国北京的灵光寺，另一颗在斯里兰卡；而佛指舍利仅存一节，现在被保存于中国陕西的法门寺。早在 1955 年 10 月 15 日至 1956 年 6 月 6 日，全世界佛教徒心目中至高无上的圣物——北京西山灵光寺佛牙舍利塔中供奉的释迦牟尼佛真身牙舍利第一次巡礼缅甸，被称作新中国的"佛牙外交"。这次佛牙舍利巡礼缅甸，前后共持续了八个月之久。巡礼期间有上百万缅甸信众虔诚地朝拜了佛牙舍利。在 1994 年 4 月 20 日至 6 月 5 日，佛牙舍利第二次巡礼缅甸，这次共持续了 45 天。除了在仰光和平塔大圣窟供奉，还在缅甸全国巡礼，每天 24 小时都接受佛教信徒朝拜。据不完全统计，仅仰光和曼德勒两地前往朝拜的总人数就高达 300 多万人，从仰光至曼德勒的五天中，沿途瞻拜的信徒络绎不绝，达百余万人。在 1996 年 12 月 5 日至 1997 年 3 月 5 日，应缅甸政府请求，佛牙舍利第三次巡礼缅甸，为期 90 天，前来瞻拜佛牙舍利的人们川流不息。众所周知，由于这次供奉巡礼发生了意外，中国僧团舍身护法、誓与佛牙共存亡的精神，深深感动了缅甸政府和人民，赢得了广大信众的极大尊敬。在 2011 年 11 月 6 日，佛牙舍利第四次赴缅甸接受该国佛教徒瞻礼供奉。此次佛牙舍利系应缅甸联邦共和国的邀请，经国务院批准，于 11 月 6 日至 12 月 24 日在缅甸内比都、仰光、曼德勒等三个城市供奉，历时 48 天。

除了缅甸，早在 1961 年 6 月，周恩来总理就亲自批准佛牙舍利巡访斯里兰卡。佛牙舍利抵达的当天，斯里兰卡全国放假，当时的班夫人率领全体内阁成员早早就到机场恭候。只见机场内外，人流如潮、水泄不通。护送佛牙舍利的专机一进入斯里兰卡领空，早已停候的六架飞机立即飞迎护航。等到飞机一落地，就有礼炮轰鸣 21 响。班夫人和总督及全体内阁成员、三军负责人，都五体投地地行朝拜大礼，数十万信众也都同时下拜行礼，顿时机场上一片庄严肃穆，这种礼遇是任何一个国家的元首都不可能完全得到的。宗教的力量有时是无可估量的，它超越了国家，超越了民族，超越了阶层。

佛牙舍利多次赴海外供奉巡礼，这不仅是佛门盛事，也必将为各国人民带来吉祥与和谐，进一步巩固和发展中国与各国人民的友谊，为中外文化交流书写新的篇章。正如北京灵光寺方丈、中国佛教协会副秘书长常藏法师所言：我感到十分的激动和欢喜，我们衷心希望两国人民的传统友谊得到进一步的巩固和发展，诚心祈祷佛牙舍利的功德加被缅甸人民幸福吉祥、国家繁荣、和平安宁，祈愿佛牙舍利为东南亚各国民众带来吉祥幸福。

（二）佛指舍利赴泰国供奉

从客观影响来看，佛指舍利赴泰国供奉，也与南传佛教关系密切，泰国的佛教信众中多数也是南传佛教信众，同样反映了南传佛教与中国外交的殊胜因缘。

佛指舍利赴泰国供奉是中国政府佛教交流的另一典范。陕西法门寺的佛指舍利一直深藏于法门寺内，1994 年赴泰国供奉为其首次出国。1994年 11 月 29 日，以国务院宗教事务局局长张声作为团长的佛指舍利护送团和以中国佛教协会副会长刀述仁为团长的护法团护送佛指舍利到机场，在泰国僧王选定的吉时——上午 11 时乘泰国空军的专机飞赴泰国。1994 年下午 3 时 45 分，中国佛指舍利抵达曼谷，泰国总理川·立派、副总理占隆等高级官员到机场迎奉。中国驻泰国大使金桂华和川·立派总理先后在仪式上发表了讲话。1994 年 12 月 1 日下午，泰国僧王参拜了中国佛指舍利。

佛牙舍利赴泰是泰国政府为祝贺普密蓬·阿杜德国王的 75 岁寿辰，并使泰国广大善男信女得以瞻礼佛牙，积聚福德，特向中国政府提出请求，得到我国领导人批准而实现的。据介绍，平时来瞻礼的信众有三四万人，周末则有七八万人，逢节日则人数倍增，达 15 万人以上。每天黎明就有无数虔诚的信众在大厅外排队等候，晨曦中只见香烟袅袅，烛光闪闪，队伍蜿蜒上千米。佛牙舍利在泰国供奉 70 多天来，泰国王储哇集拉隆功殿下于 1 月 9 日代表普密蓬·阿杜德国王前往瞻拜，僧王智护尊者曾先后两次前来瞻礼，泰国枢密院主席、国会主席、上议院主席、内阁主要领导人以及众多议员都曾前往礼拜。新加坡、马来西亚等国的一些佛教徒也专程前来瞻礼。据泰国华文报纸《世界日报》报道，泰国佛教界和学术界借佛牙舍利在泰供奉的殊胜因缘，在佛城和朱拉隆功大学就佛牙舍利的沿革及丝绸之路上的文化交流举办了多次座谈会和研讨会，在泰国各界及广大民众中产生了重大影响。时任中国驻泰国大使的金桂华先生说，中国法门寺佛指舍利赴泰供奉，充分展现了佛教与外交的因缘。

（三）中国僧人到缅甸仰光国立佛教大学系统学习

在 1996 年，首批中国的 8 位僧人到缅甸仰光国立佛教大学，开始为期五年的留学生活，他们在缅甸国立佛教大学接受上座部佛教的传统教育。大学内教授的课目主要有戒律、阿毗达摩、吉祥经、法句经、佛教史、佛教常识、巴利文、缅甸文学、英文，以及原始巴利经典，期间还接受了禅修训练。在经过了大学的八次考试之后，于 2000 年 12 月 12 日，有五位学僧在曼德勒获得缅甸政府颁发的高级学业证书（Advanced diploma）。

这次正式派僧人外出学习，可以算是新中国成立以来首批由缅方政府通过外交渠道邀请中国僧人赴缅甸留学的先例。曾参加首批赴缅甸学习的心源法师回忆留学生活时说道："佛教大学对一些主要经典像《摄阿毗达摩义论》《戒律》一律要求背诵。诵戒时不像我们中国，法师拿一本《比丘戒》本或《梵纲经菩萨戒》本照本宣读，老缅是和尚往地下一蹲，双后合十大拇指靠在额上，眼睛一闭，如暴风雨般的气势将所诵之戒一气呵成。这是老缅和尚刻苦研读经典的结果，难怪在家人对和尚恭敬崇拜。目前缅甸国内有六位长老能将巴利三藏从头至尾一字不漏源源背出。政府每年都要对僧人进行三藏经典的考核，以促进僧团整体素质的建设并以此晋升僧王以及政治地位和社会待遇。"僧人们在缅甸学习期间，除了佛法教义研修与佛门仪轨修习等方面交流学习，也广交教友，收获丰硕。在语言方面提高也特别大，经过刻苦学习，学僧们能用缅文、英文进行交流，借助于词典、字典，能用缅、英两种文字写信写文章，能读诵巴利文、知晓整个缅甸佛教教育的概况和上座部的修行特色。由于五年的留学生涯打下了较好的基础，这批留学僧人回国后都有所建树，现在都已成为我国南传佛教的栋梁之材。应该说，这也是我国首批与国外交流对话的南传佛教僧人，是这些长老们为我国宗教在外交领域的拓展打下了良好基础。

（四）南传佛教在佛本生经与文学艺术方面的交流

中国国内南传佛教许多寺院都有佛本生经的壁画与故事，可见，佛本生经在南传佛教信众中素来享有盛誉。佛本生经最早传自印度，主要是介绍佛祖释迦牟尼在顿悟成佛之前，历经磨难，经过了无数轮回转世。这些故事被后人收集整理出来，称成佛本生经。

佛本生经主要是通过一系列生动传神的描述，向广大信众宣传佛教的教义。佛本生经中就有一部关于召树屯的传说故事，被称作《素吞本生经》。在南传佛教信徒较为集中的云南省德宏州、西双版纳州，至今仍然广为流传着"召树屯"的故事。在德宏、西双版纳及缅甸北部地区，以召树屯的故事为主改编的傣戏"召树屯与喃木诺娜"久演不衰，这部傣戏深受境内外的傣族群众喜爱，至今逢年过节或者哪一家做赕，都常常请当地傣戏团来演出这部戏。不仅如此，召树屯的故事在泰国、老挝、缅甸、柬埔寨等国都有流传。可见，佛本生故事在信奉佛教的"一带一路"沿线许多国家和民族中都流传至今，它随着南传佛教的发展，以至于最后形成品种多样、形式不一、各具特色的文学作品以及戏剧等艺术形式，真正成为在南亚、东南亚各国佛教与中国文化艺术交流中的重要成果之一。

南传佛教在南亚、东南亚各国与中国文化交流中一直发挥着纽带作用。例如，印度佛经故事《罗摩衍那》就是随着南传佛教传入中国的，最后对云南傣族地区的文学艺术产生了重大影响。信奉南传佛教的云南傣族信众，和印度、斯里兰卡等国的信众在生活习惯、文化心理等方面较为接近，语言文字上也有相同相近的地方。长期以来，《罗摩衍那》在中国傣族地区广为流传，几经传诵之后，用中国傣族易于接受的方法改变成叙事长诗《兰嘎西贺》，傣族信众对此诗几乎家喻户晓。从《罗摩衍那》到《兰嘎西贺》，真正体现出中印文化交流的历史渊源，也体现出南传佛教在中印文化交流史上所担当的纽带与媒介作用。由南传佛教引发的中外文学艺术的交流与对话悠久漫长，这恰恰是今天中国公共外交顺利发展的坚实根基。

三 中外南传佛教的交流对话存在的问题分析

（一）中外南传佛教对话交流的区域有待进一步扩大

2014 年 11 月 10—11 日，联合国纽约总部举办了"尼山世界文明论坛"，来自中国和美国的学者及文化精英，以儒家与基督文明对话为主题，就普世价值、宗教与和谐社会等议题展开交流与讨论。在论坛上，中国佛教协会会长学诚法师说："今天，我们在这里进行各种传统文明之间的对话，其目的也是为了找到各种传统文明之间能够和谐共处的根基，并考虑如何构建全球背景下的普世伦理观，以便为当今的科技文明提供更加清晰的价值判断图景。"① 随着时代的发展，不同文明之间的交流正在扩大，比较起来，当前基督教的传播与交流无论是深度还是高度，无论是区域还是人群，南传佛教都略逊一筹。特别是在全球经济一体化的进程中，东西方文化交流的发展迅猛，佛教也逐渐传播到欧美国家，并引发欧美人士对佛教的广泛兴趣，一些南传佛教寺庙也建起来了，也建立了为数不少的禅修中心。在美国、英国等国家，也有一批学者专门从事南传佛教经典、教义的研究。但从目前的主要交流的走向来看，南传佛教的对外交流主要集中在南亚、东南亚国家的缅甸、泰国、老挝等国。按照时代发展的趋势，南传佛教要扩大影响，对外交流的区域必须进一步扩大，才能在我国公共外交中发挥更大的作用。

（二）南传佛教在民间交流中的空间维度有待拓展

长期以来，南传佛教的中外交流，一直是遵循政府间的交流为主，民间交流为辅的模式，对宗教的民间交流作用重视不够，认识不足。也就是说，应该继续加大南传佛教在民间交流中的空间维度，才能更好地发挥其在外交中的作用与张力。

在我国南传佛教信教地区，历史上就有着宗教民间交流的良好基础。长期以来，信奉南传佛教的傣族、布朗族等跨境民族一直在中缅、中泰之间充当着民间外交主体。他们之间的对话与交流基本是以宗教信仰为基础的，他们之间的对话与交流因为建立在友好互信、平等谦和的基础上而得

---

① 学诚法师谈佛教与文明，来源：佛教在线，发布日期：2015 - 12 - 07。

以持久。这样的民间交流群体，对于今天我国运行的多渠道公共外交的国际性平台起到一定的促进作用。"积极团结在我国的外籍人士，发挥其'民间外交家'的作用，与之进行对话、交流和沟通，使之也成为我国开展多层次外交的对象和叙述中国故事的主体。"① 间断或不间断地居住在我国边境地区的一些外籍人士往往也是充当着民间外交家的角色，他们中外交流中发挥的作用相当大。究其作用和影响力的根源，还是因为居住在边境一带的人们在文化心理及其价值取向方面都信奉南传佛教的教义和理念。既然南传佛教在对外交流中作用如此重要，扩大南传佛教在民间交流中的空间维度也就成为可能了。

此外，中国作为一个南传佛教信众较多的国家，政治、经济、文化发展都比较迅速，在"一带一路"沿线国家中具有大国形象，理应在南传佛教中外对话中发挥更大的影响力，更加彰显在南传佛教中外对话中的引领与导向功能，才能与中国的大国形象相匹配。

（三）在公共外交中缺乏有利于南传佛教发挥作用的顶层设计

在这个社会经济的综合发展过程中，相对于经济和政治来说，文化通常是一种隐形的力量，它潜移默化地影响着人们的思维模式与心理结构，并对政治与经济产生长久的影响力。在当今全球化的背景下，国家与国家之间友好关系的营建，不仅是政治上的相互尊重，经济上的相互合作，更重要的是文化之间的相互交流。南传佛教作为一种重要文化现象，在近年来开展的一系列讲经活动、各种禅修活动和国际交流大会中，一部分南传佛教僧侣已经开始展示出自己的实力和水平，受到社会各界的好评。但是在国家的公共外交舞台上，南传佛教扩大文化对外交流、加强中外对话的顶层设计是缺位的。

在一些国家的外交与政治的顶层设计中，对宗教的定位是高远的。例如：美国一直都重视宗教在意识形态领域的重要作用，力图通过宗教向世界广泛传播美国主流意识形态话语，始终想要通过宗教的传播取得美国在全球的话语权。当前欧洲一些国家以"自由""人权""没有宗教信仰自由"等为由，制造对我不利的国际舆论，他们的目的就是诋毁

① 郑筱筠：《积极发挥南传佛教在"一带一路"战略中的作用》，《中国民族报》2015 年 5 月 19 日。

中国，制造负面的中国形象。因此，在我国的外交与政治的顶层设计中一定要加强宗教的文化交流作用，特别是打造南传佛教文化交流平台，在与"一带一路"沿线国家中加强中外对话，增强相互之间的沟通与交流，积极发挥宗教的正能量，打造中国宗教文化软实力，真正起到通过南传佛教交流路径，进一步宣传我国的各项方针政策，让"一带一路"沿线国家全面了解改革开放的中国面貌，实现中国更好地与世界对话的美好愿景。

四　促进中外南传佛教交流对话的几点建议

（一）在公共外交中将南传佛教中外对话纳入顶层设计

中国南传上座部佛教，虽然在教义、教理等方面发生了一些变化，但却保持着上座部佛教的基本原则，即严格按照佛陀的言教修行。尤其是我国南传佛教的传说故事是在融合了傣族的许多民间神话故事基础上形成的，这些传说故事实际上已经佛教化了。所以，中国南传佛教故事具有强烈的宗教魅力和浓郁的民族色彩，在一定程度上，迎合了"一带一路"沿线国家信众的宗教区文化心理需求，共同的文化、共同的信仰，使得南传佛教在东南亚国家的影响力扩大了，不可否认，南传佛教成为与各国经济活动、宗教文化对话交流的纽带与桥梁，进而影响到我国与"一带一路"沿线国家的公共外交活动。目前，中国新形势下的外交工作已经从实现良好开局、谋篇布局进入到全面展开、深入推进阶段。在我国公共外交政策中，在顶层设计和底线思维里就有处理周边外交的思路：搁置争议、维权维稳、寻求共赢。同时，我国提出重视公共外交，要顺应信息化的发展状况，促使民众对政府的认知增加，关注政府决策，扩大外交影响力。

在中国外交过程中，由于意识形态和价值观念的差异，中国政府在国际社会上经常遭遇各种偏见、误解和敌意，其中一个普遍的误解和偏见就是信奉无神论的中国共产党政府打压宗教信仰自由。而中国佛教组织和个人的国际交流活动本身就可以体现中国宗教信仰自由的政策和国家形象，这比任何语言文字的宣传说教更有说服力。因此，在我国与"一带一路"沿线国家的公共外交顶层设计中，有必要加大对南传佛教在中外对话中的作用和意义，以及具体措施路径的设计。正如刀述仁先生所言，一些东南亚国家的宗教代表人士都提出希望，"作为一个大国，中国应该更好地发挥在东南亚国家宗教方面的影响力"。有了国家层面的顶层设计，才能更好地实施中外南传佛教的对话与交流。

（二）结合经济项目的"走出去"扩大南传佛教中外对话与交流

南传佛教传入中国后，在信教地区，对文化、精神、艺术、历算、阶层都有较大影响，尤其是随之产生的僧侣阶层，应该说是南传佛教信教地区的知识分子阶层。在"一带一路"沿线国家，特别与信仰佛教的各国开展公共外交，僧侣阶层发挥的作用不可忽略。近期中国在缅甸投资的万宝铜矿员工被缅甸当地反对人士绑架，在解救的过程中，国外分公司和缅甸当地宗教领袖在双方之间的斡旋沟通起到了重要作用。究其根源，中外合资项目有一个文化对接不上的障碍，例如，中国在合作伙伴选择上往往过于集中，总是选择条件好的国家和地区优先推进，忽略了综合实力较弱的国家。当然，"一带一路"是开放性、包容性的合作框架，也要照顾全局；还有就是在竞争关系处理上没有重视有节有度，在过去一些国际工程招投标中，国内一些公司出价不到对手一半的情况时有发生，虽是基于劳动力和设备低成本优势，但往往让对手质疑我方是不正当竞争，甚至会被贴上"低端""劣质"的标签，不利于品牌形象打造。这样一来，矛盾重重，冲突不断发生。宗教人士作为国外的身份较高的文化阶层，他们深受社会各界的尊重，在一系列的涉外事件中，他们的发声是十分有力的，一定要重视南传佛教僧侣在双方之间的协调作用。"一带一路"是合作之路、和谐之路、互惠之路，中国跨国公司一定要把握好尺度，否则过犹不及。随着中国企业的向外发展，相关企业内部应围绕这些重大项目的落地和实施，在政策沟通、贸易畅通、设施联通、资金融通、民心相通这"五通"中寻找适合自己扮演的角色，与相关国家和地区的社会各界处理好关系，实现公共外交的优势。

中国宗教必须"走出去"，抢占沿线国家和地区宗教影响的主导阵地，进一步探讨宗教如何"走出去"的路径与方法，使宗教为"一带一路"构建战略实施所需的稳定安全的社会基础发挥特殊作用，提供宗教工作方面必要的咨询、借鉴与防范措施，共同落实"一带一路"的道路联通、民心相通的重要战略目标。

（三）挖掘整理佛陀圣迹的传说，吸引东南亚信徒到中国朝圣

在西双版纳傣族地区，都流传着许多关于佛陀圣迹的传说故事。在偏僻的布朗族村寨章朗，至今还有流传着白象驮经到此的多种版本的故事，致使章朗在泰国一带名气较大，而章朗人到泰国打工的很多，使章朗成为西双版纳著名的侨乡。

在曼飞龙笋塔的南面就有一块大青石上留有的半个脚印，这就是有名的佛祖"帕拉召"来此传教踩脚留印的传说。笋塔附近还有一个水井，大约一米的井里溢满泉水，传说此地原本没有水井，人们十分不便，佛祖就用禅杖戳地而生泉。正是因为关于佛祖圣迹的传说广为流传，每年缅甸、泰国来此朝圣的信众非常多。

云南临沧的洞景佛寺就有佛骨舍利供奉，"洞景"的傣语意思就是"锁骨"，据说洞景佛寺供奉的就是佛锁骨舍利。缅甸、泰国信众对此十分尊崇，在 2015 年 11 月 6 日举行的洞景佛寺大殿修缮落成典礼上，缅甸佛教大学的校长亲自带队来朝贺，国内汉传、藏传佛教的大德高僧 100 多位到佛寺诵经祈福。如果今后在佛骨舍利的宣传上加强一些，洞景佛寺在南亚、东南亚的南传佛教信教国家和地区的影响力就会更大，南传佛教对外交流对话的平台也就更大。

诸如此类的佛祖圣迹与传说故事，在德宏州也多处存在。如瑞丽莫里瀑布、芒市风平佛寺等地都有神秘美好的传说，这些都有待相关人员进一步挖掘整理。

综上所述，我国"一带一路"的战略构想已经得到沿线 60 多个国家和地区的积极响应，中国在世界上的影响力逐渐显露。从理论上讲，一个国家的崛起速度越快，就越容易成功崛起。因为它可以在其他国家都来不及反应时就迅速积累起别国无法抗衡的硬实力，从而迫使他国接受新的国际格局。但在中国经济进入新常态之后，这种情形将变得不太容易实现。国际社会尤其是周边国家将采取何种态度来应对中国崛起？是支持还是抵触？这些都将对中国能否最终成功崛起到很大影响。南传佛教作为一种文化软实力，对弱化与疏通这样的阻碍与瓶颈，起着不可替代的重要作用。国家宗教局在 2015 年工作要点中就专门提出："要开展同'一带一路'

有关国家的宗教交流。"①。由此可见，在新常态下，必须不断创新宗教文化交流的形式与载体，加大宗教在"一带一路"沿线国家和地区的影响力，为"一带一路"的实施创造良好的社会文化环境。

（赵玲，云南省委党校教授；喃罕咏，英国伦敦大学宗教学系硕士研究生）

---

① 国家宗教局在 2015 年工作要点，见《中国宗教》2015 年第 1 期。

西双版纳傣族仪式治疗中的
二元宗教互动

张振伟

一个民族的药物和治疗方法不是无关联、无意义的习惯混合物，而是由有关病因的特定观念所派生出来的一套方法。[①] 如何诊断病因、采取何种治疗措施，很大程度上是受文化支配的。不同的治疗方法是不同的文化系统在处理生与死、健康与疾病、正常与异常等关系的文化表达。治疗不仅是生理过程，也是社会文化过程。[②] 人类学研究还表明身体是一个理解社会的强有力的象征源头，而社会也用含义在身体上留下了印记。[③] 在文化诸系统中，医疗文化是对作为所有人类社会意义最终载体的身体的关照及对建基于其上的人生意义呵护的结果。因此，对一个民族有关疾病的认识和相应的治疗实践的分析是理解这个民族社会与文化最为有效的途径之一。

社会发展使得文化结构及文化意义都在发生变化，新的有关疾病的知识及新的治疗方法和医疗系统必然伴随社会发展而出现或被引入并对社会产生不同于以往的影响。然而历经久远而逐渐积淀下来的相关知识和治疗方法往往也不会简单地由于新的知识和办法的引入而迅速消失，从而呈现出二元乃至多元并置或相互冲突而至兼容的现象。这一现象不仅为我们提供了理解人们在处理疾病、看待生死等问题上的变化，更为关键的是提供了洞见该民族文化深层结构的路径。

---

① 参见石奕龙《应用人类学》，厦门大学出版社 1996 年版，第 306 页。

② ［美］罗伯特·汉：《疾病与治疗——人类学怎么看》，禾木译，东方出版中心 2010 年版，第 342 页。

③ 参见［美］凯博文《苦痛与疾病的社会根源——现代中国的抑郁、神经衰弱和病痛》，郭金华译，上海三联书店 2008 年版，第 197 页。

历史及现实多方面的因素导致现在西双版纳地区的傣族实行了一种多元的医疗系统，其中包括政府建设的以西医为主的现代医疗体系、傣族传统的医疗文化以及建立在二元宗教信仰基础上的仪式治疗。当地村民进行疾病治疗时，首选是现代医疗体系，但同时大多数村民还通过举行仪式来进行治疗。出现这种局面的原因并不是由于当地村民的贫穷或愚昧，事实上，西双版纳地区的傣族受益于旅游、橡胶及茶叶种植等经济生活方式，物质生活水平并不低。而之所以出现现代医疗系统与仪式治疗并立的局面，傣族的二元宗教系统在其中起了很大的作用。[①]

一　傣族仪式治疗的信仰基础

仪式治疗能够得到长期保留，首先是它要有成功的治疗案例，否则，早就被民众抛弃了。而这种仪式治疗之所以能够成功，很大程度上来源于民众对它的效果的相信。这种相信包含了相辅相成的三个方面：首先是仪式主持者对于自己仪式效果的笃信，其次是病人对于仪式主持者宗教力量的信任，最后还有公众对仪式的相信与需要——这种相信与需要随时形成一种引力场，仪式主持者与病人的关系便在其中得以确定。[②] 虽然仪式主持者对疾病的神话学解释与以解剖学为基础的现代西方生物医学观念不相符合，但这并不重要。病人相信神话，并且隶属一个相信神话和鬼怪的社会。[③] 西双版纳傣族对于神话和神灵鬼怪的信任和理解，来源于他们民间信仰与南传佛教相结合的二元宗教传统。

傣族民间信仰中的泛灵论及由此而形成的鬼、神观念构成了他们对疾病的认识论基础。受泛灵论的影响，傣族民众普遍相信灵魂的存在。他们认为世间万物都有灵魂，人身上也有数目不等的灵魂。这些灵魂掌管人身上的不同部位或情绪。一个人如果丢失灵魂，轻则情绪失控，人会生病，重则会死。[④] 同时，一个人身体所遭受的任何创伤和疾病都会惊扰到灵魂

---

① 从 2007 年至 2010 年，笔者多次赴西双版纳州景洪市、勐海县进行田野调查，文中所用材料，除注明出处外，均为笔者历次调查所得。

② 参见［法］克劳德·列维—斯特劳斯《结构人类学——巫术·宗教·艺术·神话》，陆晓禾、黄锡光等译，文化艺术出版社 1989 年版，第 2 页。

③ 同上书，第 33 页。

④ 参见张公瑾、王锋《傣族宗教与文化》，中央民族大学出版社 2002 年版，第 6—7 页。

的安宁，严重的还可能会损伤灵魂。因此，即使在身体上的疾病得到治愈之后，还要单独举行叫魂仪式，使身体里的灵魂也恢复安宁。

傣族的灵魂观又与鬼神观念混合在一起。傣族的鬼或神有明显的一体两面的特点，他既有可能保佑人们生活幸福，也可能会给人们带来灾祸。需要指出的是，傣族的神灵具有明显的地域性特点，家有家神、寨有寨神、勐有勐神。勐神作为等级最高和法力最大的神灵，管辖全勐范围内人们生活的所有方面。正是由于傣族民众观念中具有鬼会给人们带来灾祸的信仰基础，因此也就会相信可以通过放鬼的方式来给他人带来灾祸或使人致病。在各种可以致人生病的鬼中，最为人们所熟知的就是琵琶鬼。[1] 针对这些由各种鬼引起的疾病，就可以通过专门的巫师举行驱鬼仪式来进行治疗。同时，又由于人们相信寨神和勐神掌管一个村寨或一个勐内所有成员的生活，因此还可以通过祭祀寨神或勐神的方式求得病情痊愈。

在南传佛教传入西双版纳傣族地区之前，民间信仰是当地唯一的宗教系统，在傣族民众的精神生活中占有主导性的地位。南传佛教传入西双版纳傣族地区以后，为了能占得一席之地并逐渐扩大影响，进行了一系列与傣族地方文化相适应的转变。在南传佛教原本的教义中，不承认有人格化的造物主，否认有至高无上的神。[2] 而在傣族地区，为了争取信众，传教的僧侣将佛祖塑造成一位法力无边的神灵。并为了达到贬抑民间信仰的目的，传统民间信仰中的神灵或者被佛祖收编，成为佛祖的追随者，或者扮演与佛祖作对、并被佛祖打败的魔鬼的角色。为了使这些故事更广为人知，僧侣甚至将这些故事写进经书，让傣族民众世代传诵，如《叭阿拉吾与披雅》、《论寨神勐神的由来》等。这些经书中最为典型的是《贺新房》，较早的版本中是傣族传说中的智慧王叭桑木底教会人们建盖房屋；佛教改造之后的版本中，教会人们建盖房屋的神变成是受佛祖的委派，从

---

① 有学者将琵琶鬼解释为傣族民众对瘴疠的反应，参见章立明《安章与披拨——人类学视野中的禁忌分析》，《中央民族大学学报》（哲学社会科学版）2002 年第 5 期；事实上，傣族民众对村寨中琵琶鬼的认定和驱逐，与四川西部地区羌族村寨中的"毒药猫"现象颇有相似之处。有关毒药猫的研究可参见王明珂《羌在汉藏之间：一个华夏边缘的历史人类学研究》，联经出版事业股份有限公司 2003 年版，第 105—136 页。

② 刘岩：《南传佛教与傣族文化》，云南民族出版社 1993 年版，第 119 页。

天上来到人间的。① 由于佛祖被塑造成法力无边的神灵，自然可以驱散那些致人生病的恶鬼，保佑生病的人得到痊愈。因而，通过僧侣主持仪式来进行治疗在傣族地区也就成为一件"合理"的事情。另外，南传佛教传入西双版纳地区以后，对傣族的医疗知识产生了重要的影响。以佛经《清净道论》为基础，傣族形成了以"四塔""五蕴"为核心的疾病诊断和治疗体系。② 佛教教义对傣族传统医疗知识的巨大影响也使得僧侣主持的仪式治疗带有了更高的可信度。

二　仪式主持者的变迁

在傣族二元宗教系统中，仪式治疗的主持者共有三种，分别是"波莫""布赞"和僧侣。波莫是傣族民间信仰领域主要的宗教职业者，在南传佛教传入之前，他也是仪式治疗的主要主持者。南传佛教的传入及对傣族民间信仰的迎合和挑战，使得布赞和僧侣陆续分担了部分仪式治疗主持者的角色，同时也使波莫的传承方式出现了一定变迁。

波莫是傣族地区主持各种祭神、驱鬼仪式的宗教职业者的称呼。③ 他是一个统称，包含主持祭祀勐神的勐莫和主持祭祀寨神的波莫，主持祭祀寨神的波莫还兼主持各种驱鬼仪式。传统上，波莫是世袭的宗教职业者。每个勐都有一个勐莫，每个村寨通都有一个波莫。在部分村寨，波莫与村寨的首领"召宛"是统一的。这反映了傣族社会早期神权和政权的结合。

随着南传佛教影响的日益扩大，尤其是波莫所需的知识也被记录到寺院里的典籍中之后，波莫的传承方式出现了明显的变迁。勐莫和祭祀寨神的波莫虽然依然靠血缘进行传承，但他们在青少年时期也要进入寺院当一段时间的僧侣。他们的宗教身份不依赖于南传佛教，但他们的社会身份却需要南传佛教的塑造。更为重要的变化是，从传统的波莫那里分化出来一种单独主持各种驱鬼仪式的波莫。这种波莫一般由康朗担任，与一般的康

---

① 参见张公瑾、王锋《傣族宗教与文化》，中央民族大学出版社 2002 年版，第 116—117 页。

② 参见吴之清《论南传佛教思想对云南傣医发展的影响》，《宗教学研究》2009 年第 3 期。

③ 波莫意为祭司，当地傣族村民又将它解释为法师。

朗不同的是，想要成为波莫的康朗在寺院学习期间要比较系统地学习与驱鬼有关的知识。这种波莫与政治权力没有固定的联系，也不依靠血缘传承，并且不受地域的限制，一个波莫可以到任何村寨进行驱鬼仪式。由于这种波莫的知识传承更完整，因此在很大程度上取代了传统上祭祀寨神的波莫兼有的仪式治疗功能。此后，传统上主持祭祀寨神的波莫逐渐与仪式治疗脱离，人们更多地称呼他们为召宛。波莫几乎成为以驱鬼来进行仪式治疗的宗教职业者的专称。①

南传佛教的传入不但影响了波莫这一仪式治疗的主持者，而且创造了两种新的仪式治疗主持者。这两种新的主持者分别是僧侣和布赞。僧侣是佛法在世间的弘扬者，因而自然可以通过主持仪式来祛除病人身上的种种负面状态，达到疾病治疗的目的。布赞是南传佛教地区寺院的管理者，在大多数由僧侣和信众共同参与的仪式中，布赞充当信众的代表与僧侣交流并与僧侣共同决定仪式的进程。布赞也由康朗担任，由信众推举产生，没有任职时间限制。由于南传佛教地区实行僧侣还俗制，因此多数寺院中的僧侣年纪较轻，且变动比较频繁。在这种情况下，年龄较长、任职时间较长、多数已经具备较高的社会地位的布赞的宗教权威大大提升。由于布赞的也掌握有与驱鬼相关的宗教知识，且具有较高的宗教权威，因此他也可以单独主持一些小型的驱鬼仪式来进行疾病治疗。

在波莫、僧侣、布赞这三种仪式主持者中，村民邀请他们进行仪式治疗的频率最高的是僧侣，其次是波莫，最后是布赞。而无论是哪一种宗教职业者主持的仪式治疗，都要根据仪式的规模大小收取不等的费用。村民邀请僧侣主持仪式时，一般要准备10元钱和一些日常生活用品。如果是请数位僧侣举行较大型的仪式，需要提供给僧侣的费用可能会达到三四百元。波莫主持的仪式收费较高，小型仪式一般是50元，规模较大的仪式收费可能会到330元、440元不等。布赞主持的小型仪式收费一般也是10元。

除以上三种宗教职业者可以进行仪式治疗外，一般的康朗也可以主持一些小型的仪式。此外，在疾病得到治愈之后，要在病人的家中举行叫魂仪式。一般的叫魂仪式的主持者是村寨中的老年妇女。康朗和老年妇女主

①　为区别起见，之后的行文中波莫专指以主持驱鬼来进行疾病治疗的宗教职业者。主持祭祀勐神的称为勐莫，主持祭祀寨神的称为召宛。

持的这些仪式是义务性的。

三　二元宗教影响下的仪式治疗种类及过程

依照病人不同的治疗阶段，傣族的仪式治疗可以分为初期的小型仪式，病人缠绵病榻期间一些规模较大的仪式，以及病情痊愈后的叫魂仪式。另外针对一些特殊病情，还有一些特殊的仪式。常见的小型治疗仪式有三种，分别是"竖宰达底""摆伙"和"送披"（布赞主持）。规模较大的仪式包括送披（波莫主持）、祭勐神、"赕毫法孟叫""赕毫高崩""赕毫山芒竜"等。病愈后的叫魂仪式分为一般叫魂和叫大魂两种。针对特殊病情的仪式主要是"叠戈"和"赕法桑黑"。

受二元宗教系统影响，这些疾病治疗的仪式可以分为两类，一类是归属民间信仰范围的仪式，另一类是归属南传佛教范围的仪式。民间信仰范围的仪式如波莫主持的送披、叠戈、叫大魂和勐莫主持的祭勐神，其中波莫主持几种仪式主要依赖波莫的个人法力进行驱鬼来达到疾病治疗的目的。南传佛教范围的仪式有赕毫法孟叫/赕毫高崩/赕毫山芒竜、赕法桑黑几种，它们主要依赖佛祖的力量驱散病人身上所有的负面状态达到疾病治疗的目的。这些仪式的主要细节可以参见表1。

所有的这些仪式治疗过程，都包含了几个核心的要素：比如通过念诵咒语或经文来驱鬼或求得神灵保佑，或者借用一些特殊的仪式用品来祭鬼或飨神；并努力使病人相信，导致他们生病的鬼已经被驱除或他们已经得到神灵的保佑，很快就将痊愈。可以说，仪式主持者进行疾病治疗，很大程度上"依赖于他的把疾病同神话和鬼怪世界相联系的能力"。[①]

总体来看，民间信仰中驱鬼类仪式与范热内普归纳的过渡仪式有较多相似之处，仪式中有较明显的阈限前礼仪、阈限礼仪和阈限后礼仪的区分。并且，它与特纳对恩登布人治疗仪式的分析也大致相同，通过仪式过程中的反结构来达到仪式后结构的重新聚合。南传佛教范围内的几种类仪式则没有很明显的阈限阶段，仪式过程中反结构的一面表现得也不是很突出。

---

① ［英］特伦斯·霍克斯：《结构主义和符号学》，瞿铁鹏译，上海译文出版社1987年版，第33页。

表 1　　　　　　　　　　　傣族仪式治疗主要细节表

仪式种类	仪式中的人		仪式举行的情境		仪式主要程序
	主持者	参与人员	时间	空间	
竖宰达底	康朗	无	白天	菩提树下	念诵咒语、用米占卜、拴线
摆伙	中老年妇女	无	上午	寺院、村外	求神祈福
送披	布赞	病人	白天	病人家门口	念诵咒语
	波莫	病人及帮忙的年轻男性	太阳落山后	竜林边缘	念诵咒语、洒水、杀鸡祭鬼神、拴线
祭勐神	勐莫	病人的男性亲属	上午	供奉勐神处	杀鸡祭鬼神、求神祈福、用米占卜、拴线
赕毫法孟叫／赕毫高崩／赕毫山芒竜	僧侣	病人的女性亲属	下午	寺院大殿内	诵经、滴水、祭神、拜佛祈福
一般叫魂	老年妇女	病人	下午	病人家门口	念诵咒语、用米占卜、拴线
叫大魂	波莫	病人及家人、来帮忙的男性村民	共 4 天	病人家中、竜林边缘	念诵咒语、求神祈福、用米占卜、杀鸡祭鬼神、洒水、用特制蜡烛占卜、拴线
赕法桑黑	僧侣	幼儿及其长辈	白天	寺院外	诵经、滴水、祭神、拴线
叠戈	波莫	幼儿及其长辈	太阳落山后	竜林边缘	念诵咒语、洒水、祭鬼神、拴线

四　仪式治疗中的二元宗教互动

本文主要关注的不是那个大家都熟知的问题，即原始药物在多大程度上是巫术——宗教式的或理性的；[①] 也不仅在于揭示那些潜藏于傣族人仪式治疗中的观念，并表明这些观念遍布于更广泛的信仰与行为领域中；而是通过对仪式治疗所反映的傣族宗教观念的分析，来研究傣族二元宗教中民间信仰与南传佛教的互动。

历史上，南传佛教在西双版纳傣族地区传入并逐步稳定下来的过程，也是佛教教义广延的过程。除在医疗方面以外，南传佛教在政治、经济、文化、艺术、教育等方面也逐渐对傣族社会产生了重要影响。这其中，尤以为抄写经书而创造的傣文对傣族社会的影响为根本。傣文的创立，使传统上口传的各种的文化获得了稳定的传承载体。并且，由于僧侣是傣文的掌握者，傣族社会中的各种知识通过僧侣的抄写和改造，成为收藏在寺院里的典籍。任何一个社会成员想要掌握这些知识，都只有通过进入寺院学习傣文这一条途径。因此，西双版纳地区的男性在青少年时期进入寺院做僧侣，才成为社会的准入门槛，获得如此高的社会认同。那些没有受过寺院教育的人，被称为"岩令"，意为"生人"，即没被教化的人。[②] 相反，那些当过佛爷以后还俗的人，在名字前会被冠以康朗两字，受到人们的普遍尊重。通过寺院教育这种方式，南传佛教逐渐将他的教义渗透进傣族生活的方方面面，成为在傣族社会中占据主导地位的宗教系统。原本在傣族精神生活中占据主导地位的民间信仰，由于传承渠道的弱势，在一些方面不得不受到南传佛教的影响，如波莫传承方式的转变。到了清初，西双版纳地区已经成为村村有佛寺的局面。自此以后，南传佛教的教义在社会和家庭层面都做到了良好的顺延。

宗教在不同地区的传播，都面临一个被当地人意义重构的问题。南传佛教在广延的过程中，并不仅是佛教教义的广延，它们还从民间信仰中吸

---

① 参见［英］维克多·特纳《象征之林——恩登布人仪式散论》，赵玉燕、欧阳敏、徐洪峰译，商务印书馆 2006 年版，第 306 页。

② 参见《民族问题五种丛书》云南省编辑委员会《傣族社会历史调查》（西双版纳之三），云南民族出版社 1983 年版，第 105 页。

取了大量内容来补充自己的宗教体系。南传佛教原本的教义重解脱之道，视此生为苦，因此与仪式治疗有关的知识很少。但大部分傣族人并不愿轻易地抛弃此生，反而要使用种种方式来延长此生的寿命，民间信仰中大量与仪式治疗有关的知识即来源于此。在这种情况下，南传佛教不得不暂时放弃相关的教义，从民间信仰中借用与仪式治疗相关的内容来迎合傣族人的选择。

南传佛教与民间信仰的这种互动，可以通过对仪式治疗中象征物的分析清晰地展现出来。这是因为所有象征的意义都不是普遍的，它们"有意义"是因为它们出现在特定的文化和历史背景下，而在这特定的背景下，与它们相关的意义对于生活在其中的人们来说是不言自明的。① 傣族仪式治疗中对这些象征物的娴熟使用，正是在于使用这些象征物的人们身处民间信仰与南传佛教相结合的二元宗教系统中，并对这些宗教文化有深刻的理解。因而他们对于象征物的选取，很大程度上代表了他们对象征物所隐含的宗教价值的选取。

在仪式治疗所涉及具有象征意义的事项当中，除僧侣或康朗念诵的祈福经文和在寺院举行这两点具有明显的南传佛教文化意涵外；其余大量的驱鬼咒语、在家中或竜林举行仪式、仪式结束后的拴线和病愈后的叫魂，尤其是种类繁多的仪式用品，都具有明显的民间信仰色彩。南传佛教的知识系统中与仪式治疗相关的并不丰富，因此僧侣可以采用的仪式治疗手段也就比较有限。在这种情况下，僧侣就将佛祖塑造成法力无边的神灵，试图通过诵经来求得佛祖庇佑的方式治疗所有的疾病。而民间信仰中与仪式治疗相关的知识的就要丰富得多，无论是祭神还是驱鬼，都有一套与之对应的程序。在祭勐神仪式中，需要用到的仪式用品有：鸡、酒、"梭罗"、"当黄香"、达寮、和"底"。② 除了鸡和酒之外，其余的仪式用品都用竹子编成。梭罗插在神龛的两边，用于盛放供鬼享用的鸡肉。"当黄香"的意义在于求勐神保佑风调雨顺、水多鱼多。达寮用以阻挡鬼和其他不洁净的东西。"底"用来盛放祭神的供品。仪式中勐莫在杀鸡祭神之后，还要

---

① 参见［美］西敏司《甜与权力——糖在近代历史上的地位》，王超、朱建刚译，商务印书馆 2010 年版，第 153 页。

② 梭罗是一种杯状容器。"当黄香"的形状是竹编的链条上连一条竹编的鱼。达寮是一种竹编的六边形网状物品。"底"是一种竹编稀疏方形网状物。

用米占卜一次。① 占卜之后，勐莫用一小团煮熟的糯米将占卜到的米粒粘起来，待仪式结束后带给病人。

在波莫主持的送披仪式中，需要用到的仪式用品包括："叠"、"达寮哈秋"、草绳、老人洗过头发的水、"翻毛鸡"、较完整的蛋壳（里面装有酒）、煮过的水薄荷、螺蛳壳、煮熟的鸡蛋。② 这些物品各自具有特定的象征意义。叠象征帮助病人驱鬼的力量。草绳和达寮哈秋在仪式当中围成一个方形，病人坐在其中可以免受鬼的侵袭。仪式中使用翻毛鸡象征将鬼或其他不洁的东西反射走。蛋壳中装的酒是供鬼享用的。煮过的水薄荷和螺蛳壳也是供鬼享用的，螺蛳壳象征着鬼钻进去之后就会被困在其中。煮熟的鸡蛋要连壳切开，再反向拴在一起，象征病人与鬼永不再相见。送披的仪式过程也充满了象征性。仪式开始时，病人要面向竜林而坐，待仪式举行一段时间之后，病人就要背向竜林而坐，象征开始与鬼脱离。仪式中，波莫要将老人洗过头发的水洒到病人身上。这是因为据南传佛教地区的传说，佛祖在菩提树下悟道时，有鬼怪来打扰；女神喃托娜尼及时出现，束发成水，把这些鬼怪冲走。波么在送披仪式中将老人洗过头发的水洒到病人身上，借用的是传说中的象征意义。仪式结束之际，波莫要用刀斩断连接病人与底的棉线，再虚砍几下，象征彻底斩断病人与鬼的联系。仪式结束后病人更是要头也不回、一步不停地走回家中，象征不再受鬼的打扰。

在仪式治疗具有的种类繁多的象征事项中，我们可以看到少量的象征意义是从南传佛教向民间信仰的渗透；但更多的是从民间信仰向南传佛教的转移。从南传佛教向民间信仰渗透的象征中，以波莫主持的送披仪式中

---

①　占卜的方法是：勐莫将装有一些米的小碗举过头顶，祈祷之后用手从碗中撮起几粒米，如果撮起的米粒为奇数，则代表不吉，需要重新占卜。如果撮起的米粒为偶数，特别是六粒或八粒，则代表结果为吉。

②　"叠"是用竹篾编成的一个方形竹板，在竹板上摆放有各种物品。不同仪式所用到的"叠"摆放的物品不尽相同，但通称为"叠"。波莫主持驱鬼仪式时，用到的"叠"上摆放的物品为：中间摆放1个写有咒语的芭蕉叶，上面放1个泥捏的小人，在竹板的八个方向各摆放上泥捏的猪、马、狗、鸡、鸭、水牛、黄牛、大象这8种动物。接着再往竹板上摆放数量繁多的小物品，这些小物品包括：竹制的小型刀、剑、弓、弩、枪等武器各12个；男、女衣服布料各12块；金、银元宝各12个（分别用红砖块、石棉瓦块代替）；白、红、黑饭团各12个（红、黑饭团分别用白饭团加上红砖粉和草木灰代替）；肉、蔬菜、花、叶子、各种水果各12块；蜡条12截。"达寮哈秋"即在达寮上缠上一圈棉线和茅草叶。"翻毛鸡"即部分羽毛反向生长的鸡。

用到的老人洗过头发的水最为典型。除此之外，就很少再有。相反，在所有僧侣主持的仪式治疗过程中，都可见到一些明显具有民间信仰内涵的象征物。比如在僧侣主持的赕毫法孟叫、赕毫高崩仪式中，除要念的经书以外，就是一个称为"董格拉崩"的仪式用品最为重要。[①] 董格拉崩的象征意义比较复杂，上面放置的食物是用来供给鬼神的，芭蕉叶柄象征驱鬼，小佛幡具有明显的南传佛教色彩，上面架起的芦竹中的水和米象征有吃有喝，芭蕉和甘蔗象征生活甜美。总体来看，董格拉崩是在民间信仰仪式中用到的叠的基础上变化而来的，只是增添了小佛幡这一象征着南传佛教存在的物品。僧侣主持的赕毫山芒竜仪式同样要用到董格拉崩，并且要用沙子在另一个蒲团上堆成一个人形，在头、胸、腹及四肢各插上 1 根蜡条。仪式开始后将这 7 根蜡条点燃，根据这 7 根蜡条燃烧的情况判断病人是否会痊愈。这也是具有民间信仰象征的仪式内容。

结　语

南传佛教传入西双版纳傣族地区之后已经经历了几百年的繁荣期，大部分村寨都有的寺院已经成为这一地区最大的宗教特色。外在崇拜痕迹不如寺院显眼的民间信仰很容易被外人忽略。看起来南传佛教已经占据了统治地位，民间信仰正在逐渐消亡。然而事实并非如此。南传佛教传入傣族地区之后，一方面贬抑民间信仰来吸引信众，另一方面也在进行适应傣族社会文化的转变。贬抑的故事更多地记载进了寺院的典籍。在民众的观念中，家神、寨神、勐神的地位仍难以取代。甚至在一些佛祖与民间信仰的神灵斗法的故事中，佛祖并不总是胜利者，这类故事中最著名的莫过于谷魂奶奶的传说。民间还有一类故事或经文，如《丢娃答》《咋雷蛇曼蛇

---

① 董格拉崩是在蒲团上放病人的 1 件衣服，上面用芭蕉叶柄分成 12 个或 9 个空格（分别对应赕毫法孟叫和赕毫高崩仪式），每个空格里放上一团糯米，再分别放上 12 个"克董"（傣族的一种食品，把肉末把调味料按一定比例调好，用干净的芭蕉叶把肉末包裹成圆锥形，放到锅里煮熟即可）、木瓜叶柄和小佛幡，每个空格上再插上 1 根蜡条，上面放上一些花，之后再将 4 根芦竹砍成 2 米长左右一段，把上面的叶子剥光，在靠近顶端处砍一个小豁口，往里面放一些水和米，之后将 4 根芦竹并成一束，在上半部分用绳子捆一道，在芦竹的顶端拴上一截芭蕉和一截甘蔗，最后将 4 根芦竹向四角撑开，架在蒲团上。

勐》，里面的佛祖或僧侣是小偷、骗子之类的角色。[①] 南传佛教适应傣族社会文化的后果是：许多原本是民间信仰的仪式，佛教也逐渐加入其中，如原本是民间信仰范围内的仪式治疗。

在南传佛教适应傣族社会文化的过程中，民间信仰表现出了很好的包容性和应变能力，在傣族民众的信仰观念中显得更为基础和稳定。民间信仰的灵魂观、神鬼观兼容了对佛祖的信仰，佛祖只是成为傣族信仰诸神中地位最彰显的一个。民间信仰在与佛教的竞争中，借助于佛教的知识传承体系，使自己的知识也得到了很好的传承。现在主持仪式治疗的波莫，就是南传佛教的寺院教育培养的民间信仰宗教职业者。他们主持仪式所用的咒语和经文，也往往是抄录自寺院收藏的典籍。南传佛教在与民间信仰博弈的过程中，采用了多种迎合的手段，在自己的知识系统中加进了大量民间信仰的内容。也正是由于南传佛教对民间信仰的适应，它才得以在傣族地区传播和发展。这种二元的宗教系统，刺激了两者更好地发展，提高了它们适应社会变迁的能力。

（张振伟，云南大学民族学与社会学学院副教授）

---

① 参见《中国各民族宗教与神话大辞典》编审委员会《中国各民族宗教与神话大辞典》，学苑出版社 1990 年版，第 78—79 页。

浅析云南德宏地区南传佛教
宗教管理模式之特点

于　琛

　　印中孟缅经济走廊的建设给印度、中国、孟加拉国、缅甸四国的合作与发展带来了前所未有的机遇和广阔的前景，这不仅体现在交通贯连、经贸发展等方面，还体现在旅游开发、文化交流、地缘政治和世界格局等领域。扩大和深化我国同其他三国间的民族宗教及文化的交流，实现各国文化共同体间的和平相处与良性互动，对巩固发展四国的友谊，扩大深化四国的合作，促进各自文化的繁荣和发展都有着重要的意义。

　　云南地处我国与中南半岛和南亚次大陆经济圈的结合部，中国—东盟自由贸易区的交汇点。随着印中孟缅经济走廊合作机制的成功建立和不断健全，云南在地理、资源等方面的优势日益凸显。如今，云南一改经济落后、文化保守的旧貌，一跃升为中国实施"走出去"战略的前庭，成为中国对外开放的桥头堡。同时，值得注意的是，印中孟缅四国在文化上有着很大的相似性，这集中表现在佛教文化方面。云南恰好处于东南亚佛教文化圈，特殊的地理位置使得南传佛教在此的传播与发展呈现出跨民族、跨国界等特点。

　　陇川县隶属云南省德宏州，位于中国西南边陲，拥有长达 50.899 千米的国境线，与缅甸山水相连。下属的章凤镇古时即为中缅贸易的必经之路和集散地，如今已经被建设成为连接我国与东南亚、南亚最便捷的"陆水联运"通道，成为与缅甸、印度、孟加拉等国家进行贸易和文化交流的重要枢纽。陇川县不仅拥有得天独厚的地理位置优势，还拥有瑰丽多彩的少数民族文化和宗教信仰。全县总人口 181580 人[①]，分布着 26 个少数民族，有些是跨境而居，有些则与泰国、缅甸等国的少数民族血脉相连，少数民族人口 99700 人，占全县总人口的 55.85%[②]，主要信仰佛教、基督教、天主教、伊斯兰教。其中信仰南传佛教的主要是傣族、布朗族、阿昌族、德昂族和部分佤族，这些信众人口数之和占少数民族人口的90%，南传佛教因此成为陇川县主要信仰，陇川县也由此成为南传佛教传播与发展的重镇，亦成为跨境民族宗教交流及印中孟缅文化交流的重要平台。在全球化、国际化的时代背景下，南传佛教的发展现状已不仅仅关系到其自身的传播与发展，而且关系到印中孟缅经济走廊机制的构建和推进。因此，对该地区南传佛教寺院管理的现状进行深入的考察与分析不仅具有学术研究的理论意义，更具有助力中国和平崛起、深化对外开放的整体战略布局的现实意义。

笔者自 2014 年 10 月 18 日起对云南德宏州陇川县四个乡（户撒阿昌族乡、王子树乡、护国乡、清平乡）及三个镇（章凤镇、景罕镇、城子镇）的中心佛寺和村寨佛寺进行了为期一周的田野调查。对以上傣族村寨的南传佛教寺院的现状进行全面的调查，包括佛教活动场所、寺院经济、寺院教育和寺院管理。在实地勘察和深入访谈的基础上，结合历史文献资料和现有的相关数据对德宏州陇川县南传佛教管理现状及其成因和规律进行了初步的分析和探讨。

一 德宏州陇川县南传佛教发展现状

南传上座部佛教经由泰国、缅甸传入我国云南德宏、西双版纳、临沧地区。如其他外来宗教在中国的命运一样，南传上座部佛教在与当地的原始宗教和少数民族文化的交往中，也经历了由冲突到融合的过程。自 20 世纪 50 年代以来，中国社会发生了深刻的变化。在这个过程中，南传上座部佛教在保持其自身优良传统的同时，不断调试自己以适应并融入中国

---

① 2010 年德宏州第六次全国人口普查主要数据公报，德宏傣族景颇族自治州人民政府，http：//www. dh. gov. cn/Web/Detail. aspx？ id = 9058，2011 - 05 - 30/2015 - 03 - 06.

② 《陇川概况》，中国陇川网，http：//www. zhglc. com/content/services/gl/2009/08/20090816 - 56. html，2009 - 08 - 16/2015 - 03 - 06.

社会及少数民族文化，从而逐渐形成了有别于中国藏传佛教和汉传佛教，符合云南社会发展、具有鲜明地方和民族特色的佛教发展模式和寺院管理模式。

德宏州陇川县是傣族主要分布地区之一，傣族人口为349840人，占德宏州总人口的28.88%①。傣族是全民信仰南传上座部佛教的民族，因此陇川县成为南传佛教的重镇，全县共有宗教场所180多所，其中佛教场所占2/3，除少数几个汉传佛教场所外，其余都是南传佛教场所。

自改革开放以来，德宏州傣族社会也进入了新的发展时期，根植于傣族社会的南传上座部佛教也积极地调试自己以适应快速发展变化的社会政治、经济和文化，呈现出新的特点和趋势，主要表现在以下四个方面。

（一）南传佛教逐渐从至高无上、远离世俗的圣坛上走下来，主动参与世俗社会生活和实践，呈现出积极入世的一面

一是南传佛教寺院具有很强的包容性，是世俗空间与神圣空间的完美融合体。南传佛教的寺院在建筑结构上具有鲜明的地方特色，采取干栏式结构，一楼的开阔空间是对所有村民开放的公共空间，二楼是庄严肃穆的佛堂。这样的建筑格局彰显了南传佛教寺院在功能上的独特性：它是融合世俗空间与神圣空间的多功能、综合性的活动场所。一方面，它具有神圣性：作为举行各种佛事活动的场所，寺院进门处立有经幡，各级中心佛寺建有佛塔，寺院奘房内供有释迦牟尼佛佛像，僧人在这里诵经祈福，信众到此处烧香拜佛，奘房也是寺院教育的主要场所。另一方面，它具有世俗性：它是当地村寨举行各种聚会活动的地方。寺院所处的地理位置一般是村寨的中心，而且占地面积比较大，寺院内部有较大的活动空间。作为一种宗教信仰，南传佛教已经融入傣族社会的日常生活之中，寺院也成为傣族信众宗教生活和世俗生活的中心。凡是重要的活动，如进洼、出洼、赶摆、节日庆典、婚丧嫁娶等，都会在此举行。届时，寺院便成为世俗的聚会场所，村民在寺院的空间里聚餐，或者搭起舞台表演节目。户撒阿昌族乡芒旦佛塔寺是周边四个自然村的中心佛寺，负责每年开门节和关门节上的赶摆活动。2014年的开门节是在调研组采访前两天刚刚结束的。据佛

---

① 2010年德宏州第六次全国人口普查主要数据公报，德宏傣族景颇族自治州人民政府，http：//www. dh. gov. cn/Web/Detail. aspx？ id＝9058，2011－05－30/2015－03－06。

塔寺贺路介绍，为了这次开门节，佛寺和村民小组安排了一场文艺演出，演出地点设在寺院旁的空地上。开门节当天现场非常热闹，四个自然村的居民几乎全员出席户撒阿昌族乡芒旦佛塔寺的活动，在临时搭建的舞台上，进行了一场精彩的歌舞表演，共同庆祝开门节。

　　二是陇川县南传佛教主动参与世俗社会事务，表现出明显的主动性。傣族社会的教育任务原本主要是由南传佛教寺院来承担的，寺院教化是傣族文化传承的重要途径，是培养傣族人才的重要渠道，对傣族伦理道德的培养有重要的影响，与傣族人的生活、生产密切相关。随着国民教育的全面普及，寺院的教化功能逐渐淡化甚至被国民教育所取代。在这种情况下，陇川地区的南传佛教寺院主动转变角色，自觉充任国民教育的补充和辅助，积极参与社会生活，主动承担起教授经文、傣文、科普、养殖、种植、普及法律知识、进行艾滋病教育和宣传等社会功能。笔者在景罕镇姐冒乡中心佛寺了解到，每逢农闲（大概在每年的 6 月底到 8 月底这两个月），村委会组织 45 岁以下的村民在奘房里学习，并根据年龄层次分成小组，请僧人或者贺路讲授佛经和傣文，或请技术人员讲解科学技术常识、养殖种植技术、艾滋病预防和教育等。再如城子镇姐乌乡的村寨佛寺长期开办夜校，教授佛经、傣文，进行禁毒宣传。寺院外设置宣传栏，介绍邪教、艾滋病等的危害和预防，奘房门廊上张贴"和谐寺庙"等标语，奘房里则挂着在泼水节或村寨各种活动中所获的奖状和相关照片。此外，僧人会参与到世俗生活之中，如村民新屋落成或婚丧嫁娶等世俗事务之中，为信众诵经祈福。同时，僧人也是道德宣化的重要角色。这些变化都表现出陇川县南传佛教积极融入世俗社会，主动调试适自己以适应当代社会发展的倾向。

（二）陇川地区僧才缺乏，佛教信仰出现年龄断层

　　首先，陇川县佛教寺院"有寺无僧"现象严重，信教群众对教职人员的需求与教职人员不足之间的矛盾日益凸显。据 2013 年调查结果显示，陇川县共有南传佛教寺院 127 所，但各级僧人仅有 49 位。很明显，寺院与僧人的比例严重失调，根本无法保证一寺一僧。这种情况造成的影响是多方面的，例如无人主持寺院的日常管理，寺院不能开展宗教活动，寺院无法满足当地佛教信众的宗教需求，等等，这对南传佛教的发展和傣族社会的和谐稳定极为不利。值得注意的是，这为数不多的僧人主要来自周边

国家，其中以缅籍僧人为主。陇川县佛教界与缅甸佛教界一直保持着紧密的联系，跨境民族信众之间的沟通和联络也得到当地民族宗教管理部门的大力支持和鼓励。在严格遵守各项宗教法律法规的基础上，陇川县积极开展与缅甸、泰国等国佛教界的交流合作，积极引进僧才，并选派本地僧人去对方国家学习，解决陇川县南传佛教发展的突出问题，同时培养中国自己的僧才来继承和发扬中国南传佛教。

其次，南传佛教信众主体的老龄化问题日渐突出。与传统傣族社会全民信仰南传上座部佛教相比，当今傣族社会的佛教的信众主体主要是老人和妇女，青年人的宗教信仰观念很淡。德宏地区村寨里的老人组织在民间事务和佛教事务当中扮演了重要的角色。老人组织分为老人组和妇女组，这两个组织有各自明确的分工：老人头领的权限范围比较大，有决策权，例如贺路的推荐和认定、寺院的管理和佛事活动都要争取老人头的意见才能够最终定夺。而妇女组织主要职能是通过演出或手工活筹集资金、装饰奘房、制作佛事用品等。

在日常的宗教生活中，老人为主要参与者，其中妇女占有较大比重。陇川地区虽没有布萨摩羯仪式，但是老妇人会经常到奘房礼佛念经。笔者在景罕镇姐冒乡了解到，乡里有 9 位女性居士常年来奘房，其中一位已经84 岁高龄，最小的一位也已经 62 岁，这几位老妇人每天都进奘房虔诚地念经祈福。奘房的日常清洁工作则由乡里其他中年妇女承担。在进洼期间，或者村里赶摆的时候，老人妇女组织会互相帮忙制作佛事用具。章凤镇弄彦村一户人家正在为做摆而准备，村里的妇女到家里帮忙，有的负责剪纸，有的负责缝制经幡，分工明确，其乐融融。从奘房墙壁上悬挂的照片上面可以看到，妇女穿着统一服装，井然有序地参与佛事活动的场景，成为佛事活动的参与主体。

相形之下，20—40 岁的中青年人对佛教的信仰则显得冷漠，存在信仰断层的倾向和趋势。究其原因，从其自身而言，陇川地区南传上座部佛教信仰的主要是左抵派，这个派系戒律十分严格，一般在家居士或信众很难坚守，再加上左抵派僧人不驻寺，寺院没有常驻的僧人来督促，所以更容易衰弱或被取代。从外因看，这主要是受城镇化进程的影响。随着我国经济的快速发展，经济落后地区的人们迫切要求改变贫困的现实物质生活状况，村寨里的绝大部分年轻人都到外面打工赚钱，远离固有的宗教生活圈，新环境没有为他们的信仰提供必要的条件，他们的宗教感情会随着生活环境的变化和新的思想观念的冲击而逐渐退化，但留下来的空巢老人和留守妇女已经退出生产，这一部分人可以专心礼佛。与此同时，他们更需要心灵和精神上的安慰，还有就是出于为在外打工的丈夫、子女祈求平安、发财祈愿的目的，他们积极参加佛事活动，通过做摆，捐款捐物。

此外，受到计划生育政策、现代国民教育的影响，家长不愿送孩子出家，导致出家人数锐减。通过对几个村寨的走访，笔者了解到，由于计划生育政策的实施，很多家庭只有一个或两个孩子，父母普遍不愿意让仅有的孩子出家。同时，受访的村民普遍认为，面对激烈的社会竞争，学校教育远比佛教教育更有实用价值。还有，傣族男子一生中必须出家一次，接受寺院教育才能被傣族社会所认可的传统已经逐渐丧失，新一代人从小没有接受过寺院教育，没有培养起对佛教信仰的宗教感情，中青年极少有人愿意为了信仰而放弃现实的世俗生活，即使有出家的，但其还俗的比例远远高于出家的比例。

值得注意的是，虽然出现了断层，但是正在成长起来的留守儿童从小跟随老人去寺院诵经，参加各种佛事活动，无形中培养了宗教感情，在未来的20—30年后，他们可能会成为新一代信仰主体。傣族群众特别重视三大节日，每逢重大节日，他们都会回到村寨的寺院里，回归宗教生活，他们往往有着非常深厚的宗教情节，佛教是帮助化解心中焦虑，勇敢面对死亡的精神动力，所以等到现在的中年人到了老年的时候，他们会形成一种精神上的回归，其表现就是回归家乡、回归佛教信仰。

（三）波章管理制度在整个宗教管理当中的作用呈衰弱之势，但在信仰群体中的地位上升

随着云南地区社会制度的转变，政府加强了对当地宗教活动场所的管理，在每个寺院都增设了寺院管理小组，而且寺院管理小组和村民管理小组在人员配置方面存在重叠。有的人既是村民管理小组成员，又是寺院管理小组成员，然而，贺路却不在其中。这在一定程度上扩大了村民管理小组的权利范围，而原本自成体系的波章管理制度在宗教管理之中的强大作用逐渐衰弱。近年来，贺路的选拔和任免多数由村民管理小组的老人组织来决定。例如，景罕镇姐冒乡的贺路就是由姐冒乡老人组织负责推选。同样的现象也出现在城子镇姐乌乡，由老人组织推选的三个人轮流做贺路，每年轮换一次。

　　然而，另一方面，贺路在信仰群体中的地位逐渐上升。由于"有寺无僧"现象严重，陇川地区仅有几个中心佛寺有驻寺的长老大和尚，而多数村寨一级寺院甚至没有佛爷。面对当今"一僧难求"的尴尬境地，为了满足信众的宗教需求，贺路必须充分调动各方社会资源，到周边佛寺甚至缅甸迎请佛爷前来说法，这是对贺路的一个考验，也是能力的彰显。"有寺无僧"的现象导致信徒更加依赖贺路，这一点主要表现在宗教活动中。由于请不到佛爷来念诵经文，精通佛经的贺路便成了宗教活动的主角。虽然贺路所念的经文是有严格限定的，但他是代表信仰者向佛祖传达信息的使者，因此信仰群众对贺路的崇敬便日益增强。笔者在走访的章凤镇曼彦村中心佛寺时了解到，在2012年之前，该寺没有驻寺的僧人，所以每逢佛事活动，贺路就在奘房内带领信众一起念诵经文。综上所述，虽然波章管理制度在整个宗教管理当中的作用逐渐衰弱，但是它在信众心目中的地位有所提高。

（四）陇川县南传佛教寺院经济管理模式变化较大

　　近年来在印中孟缅经济走廊建设的强力推动下，陇川县在对外贸易、旅游产业等领域取得了较快发展。章凤口岸的建成使用将陇川县变成与缅甸、印度、孟加拉等国家进行贸易和文化交流的重要枢纽。陇川县经济基础的变化直接影响到南传佛教在该地区的发展，寺院经济的积累、宗教消费水平以及宗教经济的管理和运作模式都发生了潜移默化的变化。南传佛教寺院经济模式也呈现出新的特点，主要表现在以下三个方面。

　　第一，在寺院经济积累方面的变化表现为供养主体由单一的村社供养转向多元化。南传佛教一直保持着原始佛教的传统，恪守着僧侣不蓄金银的戒律。因此，寺院主要依靠村社成员的供养和赕佛活动来维持寺院日常生活、修建和维护寺院场所。在所走访的乡镇中，村舍成员仍延续这种集体供养的方式。例如，城子镇姐乌乡仍然以赕谷的形式供养寺院及僧人，分到田的村社成员每人每年缴2斤谷子，村里大约300人，这意味着每年能收集600斤谷子，按照市场价3.5元/斤来折算，大约有2100元供养给寺院；章凤镇曼彦村根据现实收入情况规定按年龄征收供养，年轻人赕佛的费用高于年长者。现在曼彦村的年轻人大多从事生产劳动、贸易运输等工作，经济来源比较广，可支配收入也相对增加，而且这里的年轻人仍然秉承着多赕多福的理念，愿意将部分收入用于赕佛。

　　除了传统的村社供养主体之外，政府对寺院维修的拨款、各级主管部门对仪式活动的拨款和来自社会各界的捐赠善款也成为当地寺院经济收入的重要来源之一。例如，护撒阿昌族芒旦佛塔的维修资金来源就呈现多元化趋势。1998 年，乡镇府准备对年久失修的佛塔进行全面的整修，芒旦中心佛寺的贺路组织下属各自然村的贺路一同为这次的维修工程募资，共筹集到 20 万元，这些资金的主要来源有：户撒乡各级村寨的村民；芒市、瑞丽市、陇川县、盈江县的信徒和香客；来自缅甸的境外资助；陇川县民宗局和乡政府。来自各方的捐赠弥补了南传佛教在经济积累环节的缺陷，丰富了经济积累的手段，也从一个侧面体现出南传佛教在该县及周边国家的影响力。

　　第二，在宗教消费方面变化微弱。从陇川县南传佛教信众的人员构成来看，农业人口仍然是信仰主体。因此，农民的经济收入及可支配收入这两方面因素会直接影响到他们在宗教消费方面的水平。据统计，全县农民人均纯收入从 2006 年的 1408 元，增加到 2011 年的 3433 元，增加 2025 元，增长 1.4 倍，年均增长 19.5%[①]。虽然农村居民的人均纯收入增幅较大，但是用于宗教消费部分的费用占纯收入的比例却很小。在户撒阿昌族乡了解到，该乡 2000 年以前村民每人缴 2 元作为寺院的供养，直到 2011 年，人均供养费用增至 5 元，增长 1.7 倍。虽然宗教消费成倍增加，但是基数太小以至于在可支配收入当中所占的比例仅占 0.15%，宗教消费水平没有显著提高。

　　第三，受到汉传佛教寺院经济模式的影响，该县南传佛教寺院有三个特别明显的变化。一是增立功德碑。以往，信众赕佛的财物是由贺路记载或者村民小组记录在册，定期公布然后存档，但是现在南传佛教寺院在入口处的石碑上或是专属的一面墙上，也出现了原先只在汉传佛教寺院才有的功德碑，上面刻有捐助者的姓名和捐款金额，如章凤镇曼彦村中心佛寺中立有四块崭新的用大理石制成的功德碑，上面写满布施者、村寨、政府部门的名称。再如护撒阿昌族乡的芒旦佛塔周边的石柱上，写着捐赠的村寨、家族或个人的姓名。值得注意的是，虽然南传佛教效仿汉传佛教立下

　　① 《党的十七大以来陇川经济与社会发展成就辉煌》，陇川县统计局，http：//xxgk.yn.gov.cn/Z_M_001/Info_Detail.aspx? DocumentKeyID=386110A8E6DE4A1C84D57EA004E6202A，2012－12－08/2015－03－06.

了功德碑，但它依然保持它原有的众生平等的理念，无论功德大小，即使是1元或更少，功德碑上都会有他的名字。另一个是签筒的出现，在笔者所调研走访的众多寺院中，许多寺院都置有签筒，这种带有浓重的汉传佛教色彩的摇签解签活动也出现在南传佛教的寺院里，并成为一种普遍现象，这一部分收入也成为南传佛教寺院经济收入的一个新的来源。再一个值得关注的现象是僧人亲自参与到盈利活动中。例如，在瑞丽市勐焕大金塔内，有两个小沙弥向信众和游客出售开光的护身符和佛珠手串。这已经打破了南传佛教最原始和最根本的戒条，成为商业化或者汉化的一种具体表现。

二　小结

在傣族社会长期的历史发展中，南传上座部佛教都扮演着非常特殊的角色。从传统的"政教合一"的社会到今天人民当家做主的社会，中国社会发生了深刻的变化，德宏州陇川县傣族村社的南传上座部佛教也在不断地发展变化。虽然在发展过程中遇到了一些新的问题，但从整体而言，南传佛教在陇川县的发展是富有生机和活力的。它逐渐从至高无上、远离世俗的圣坛上走下来，主动参与世俗社会的生活和实践，在跨境民族文化与宗教文化交流的过程中发挥着重要作用。

因此，要合理运用云南丰富的社会文化资源，准确把握云南南传佛教发展的新特点，更好的发挥南传佛教的积极作用，将其作为中国文化软实力的重要组成部分，发挥其在对外发展中应有的作用，提升云南在印中孟缅经济走廊的战略地位。

（于琛，中国社会科学院研究生院世界宗教研究系博士研究生）

境内南传佛教傣泐亚文化圈课诵音声
趋同性变迁及成因探究

——以西双版纳总佛寺与临沧金龙佛寺为例

董 宸

南传上座部佛教又称原始佛教，与佛教的其他部派相比，传播发展时间最长，有独立的宗教文化发展脉络。目前主要流传于东南亚的斯里兰卡、缅甸、泰国、柬埔寨、老挝以及我国云南省的西双版纳、德宏、临沧、思茅地区，构成南传上座部佛教文化圈。同时由于历史发展流变，在"文化圈"的基础上构成"亚文化圈"①。如云南省西南边陲的西双版纳、临沧地区与东南亚缅南、泰北、老挝共同包含在"傣泐（文）亚文化圈"之中。"傣泐"一词，从该词原初所指涉的族群角度来看，是指亚洲掸傣（泰）族群的一支，历史上属于以西双版纳为中心的景龙金殿国（今景洪）地方政权，也称勐泐国②。该族系现在主要分布在云南省西双版纳，此外也聚居于缅甸掸邦、老挝北部、泰国北部③等地。另外，从该词所指的文化传播角度来看，"傣泐"是该族群所使用文字代称，傣泐文创制与南传佛教信仰密切相关，该词所指的概念在不同的能指中都得以表达，即

---

① 亚文化圈形成的过程通常伴随南传佛教各教派建立、完善、传播，表现为宗教文化"大传统"与地方、民族风格融合，建构具有不同外在风格表现的"小传统"地方传承体系。

② 傣族以西双版纳为中心建立了景龙金殿国，又称勐泐国，1180年叭真在景龙（景洪）建立"景龙金殿国"，成为第一世召片领，后来至第24世召片领时，召应勐将辖区内划分为12个负担封建赋税的行政单位，傣语称之为"西双版纳"，包括现在中国西双版纳、老挝丰沙里省和缅甸掸邦勐永一带。

③ 现在泰国境内的大部分傣泐自称傣永，意为来自勐永一带的傣泐，傣永的祖先来自西双版纳、缅甸掸邦勐永和缅甸景栋地区，起初与傣勐永自称，后演化成现在的傣永。与泰阮、泰龙、泰艮一起被称为"兰纳傣"，以区别于泰中的暹罗泰人。

使不同的国家、地域以及学术界对该种文字、教派、亚文化圈分布有不同的称呼，也都具有相同的文化意义。因此，现在"傣泐"一词是指信仰同源、宗教文化同质的南传佛教文化群体，强调的是文字和宗教传播层面的文化分布。

随着对云南省西双版纳和临沧实地调查的逐渐系统和深入，笔者了解到，两地虽然属于相同的亚文化圈，使用相同的经书文字和经腔系统，但却由于各自平行的历史发展脉络，建立地方性宗教文化传承体系，并保持较明显的地方性风格特征。但"无产阶级文化大革命"导致了宗教文化断层，原本建构起的系统结构断裂。20 世纪 80 年代宗教恢复后，信仰系统重构至今，西双版纳和临沧最具代表性的中心佛寺，却在某些原本应变现为丰富变体的宗教音乐文化个例——早晚课诵仪式音声中，从文本内容到经腔风格都体现出定型化的趋同性变迁。由此产生的疑问是，境内南传佛教信仰的标志性特征——连贯性与断层的过去、引发系统断裂变迁的非连贯性之间，应该如何处理研究相关历史资料的碎片和缺失，解决现状和传统之间的矛盾？这种隐性矛盾体在宗教（音乐）文化的显性方面体现，应该如何去准确掌握线索，辨识其变迁中联系和差异，追踪其原因呢？

本文对两个地区总佛寺早晚课仪式音声的个案研究，实际上是通过课诵音声现状的发现问题，对其趋同性变迁成因进行的溯源分析。从历时构成的碎片中厘清各自地方性发展变迁的脉络，阐释使音声表层结构及其形态样式得以构成和变化的深层结构特点和形成原因，发现"音声"和"非音声"之间的辩证关系如何引发要素的交互变化。

一　同质异构：境内南传佛教文化历时构成

目前，针对我国南传佛教相关宗教文化历史的研究多为佛教传入时间和教派传入路径等相关内容的普遍事实性陈述，少有针对具体宗教音乐事项或具体仪式音乐发生地区具有纵深性的历史阐释。不仅史料文本有限，并且许多涉及特定区域的具体宗教事项，资料呈现碎片状、记录较模糊，甚至有些内容与调查实地调查结果有相互矛盾之处。因此，根据具体的共时音乐现象对其历时性成因脉络的溯源，需要结合实际考察情况以及相关问题的访谈口述，对历史构成进行慎重的考证和重构。

（一）南传佛教文化圈—亚文化圈—文化层的基本构成规律解读

历史上南传佛教各教派由东南亚传统佛教国家传播至中国境内，并在一定地域、民族内部形成稳定的以传承为主要方式的信仰体系。虽然经历"文革"时期的宗教断层，在 20 世纪 80 年代国家宗教政策恢复后，境内却以东南亚的南传佛教文化圈作为依托，以极快的速度复苏重建，这一情况与南传佛教文化圈—亚文化圈—文化层的基本构成规律直接相关。

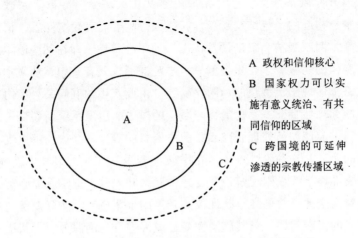

A 政权和信仰核心

B 国家权力可以实施有意义统治、有共同信仰的区域

C 跨国境的可延伸渗透的宗教传播区域

图 1　东南亚传统佛教信仰国家宗教传播方式①

历史上全民信仰南传佛教的东南亚传统国家，政权与佛教结合，将外在的物质世界与精神世界调和在一个系统当中，占据国家和权力的中心，是把佛教王国维系在一起的关键，其权力本质以一系列同心圆的形式构成，佛教统治者认为"边界是不确定的，是可以渗透的"②。这种分配组织方式促进了南传佛教的传播和发展，东南亚传统信仰南传佛教的国家，作为宗教文化成熟体和文化传播核心，向外辐射渗透，逐渐形成大的南传佛教文化圈（如图 1）。在此基础上，几个代表性教派随南传佛教的发展在不同地区确立并发展成熟，各自传播扩展形成亚文化圈。在此传播过程

---

①　这种文化圈和文化层的嵌套结构原则有两个方面的特征：一是模糊和可渗透性的边界观念发展出南传佛教延伸性的跨界传播方式；二是在可依托的信仰核心的基础上形成稳定的地方传承体系。

②　[美] 米尔顿·奥斯本：《东南亚史》，郭继光译，商务印书馆 2012 年版，第 38 页。

中，同质的宗教文化受地域、族群的原生文化影响，形成具有地方性特征的次生宗教文化层，并以地方传承的方式得到维护。

西双版纳、临沧就是在傣泐亚文化圈中建构各自的地方宗教文化层，而文字、课诵音声、诵经风格等因素都是建构在地方文化层基础上的文化丛事项。有学者以文化丛事项作为切入点，如文字①、乐器②等，对其风格特质进行分析说明或者对其分布进行整理，论证了（亚）文化圈/文化层关系的成立和有效性。

（二）西双版纳、临沧南传佛教文化域历史构成解读

对于本文课诵音声现象举例所涉及的两个地区宗教文化历史构成的阐释，一方面可以获取现状形成的原因和其中的关联，另一方面对一些有争议和碎片性的历史进行重新梳理，对地方史及境内南传佛教历史都起到了一定的补充完善作用。两地课诵音声应有的传统风格样态，就包含在由政权、地方民族社会和宗教文化综合构成的历史文化域当中。

首先，从西双版纳和临沧的地方政权构成来看。两地自古便被中央政权划归不同的区划范围③，在这段漫长的历史时期中，西双版纳有独立的地方民族政权，而临沧则为德宏傣族土司兼并，后德宏地方政权的瓦解带

---

① 如张公瑾先生在其著述《傣族宗教与文化》（中央民族大学出版社 2002 年版，第 68—71 页）中对傣泐文这一文化丛事项进行的分析研究，成为确认傣泐文南传佛教亚文化圈范围并且与其他亚文化圈区别开来的有利论证。首先通过傣泐文与老挝文、缅甸景栋傣良问、泰国北部兰那文的比对，论证了其字母形制、表音原则虽有些许表现上的不同，但以相同为主，本质上一致；其次分析比较了傣泐文与其他亚文化圈使用的傣纳文、傣绷文从形制到表音原则的根本差异；同时结合与傣泐文创制情况相关的历史考证，从宗教信仰、族源和政权关系上论证了相互间密切的关联。

② 如杨民康先生在《鼓乐与南传佛教文化圈》（载《民族艺术》2014 年第 2 期）一文中对南传佛教音乐文化丛事项进行的系列研究，其中从寺院大鼓使用的角度出发，以亚文化圈为基本比较单位，通过对中国云南、泰国、缅甸、老挝的南传佛教寺院中大鼓分布和表演空间的统计和整理研究，论证了与傣泐和傣纳亚文化圈分别对应的是铆钉大鼓和绳绦大鼓。尤其详细的对同处于傣泐亚文化圈中国云南西双版纳、景谷和泰北、缅甸掸邦和老挝的寺院大鼓形制、表演空间、乐器组合等方面所表现出的区域性、民族性差异进行了分析比较，并认为它们是在同质性的宗教文化传统上建立起来的，与其他南传佛教亚文化圈的情况相异

③ 而自汉代起西双版纳和临沧就归属中央政权管辖，从公元 7 世纪开始，两地先后为南诏地方政权和大理国管辖，但在民族和宗教文化上则与其他地区相异。至公元 13 世纪，元代时以德宏为中心设金齿宣抚司，临沧地区属于该统治范围，以西双版纳为中心设彻里军民总管府。

来了大量德宏傣族移民①。因此，从历史上所属地方政权和傣族支系的渊源关系来看，一方面，西双版纳相对稳定且独立，而临沧与德宏的关系较密切；另一方面无论中央政府的管辖还是地方政权的情况，两地都各自为政。

其次，从南传佛教信仰来看。较多观点认为南传佛教最初传入西双版纳是在公元6—8世纪隋唐时期，其中据傣族文献记载"佛教自缅甸孟族地区传入西双版纳，建立这里的第一所佛寺——袜坝姐（Wabuajie）时为祖腊历纪元前二十三年（即615年，隋朝末年）"②，袜坝姐（Wabuajie）就是现在位于西双版纳景洪市的总佛寺。另一个较为保守的看法，是南传佛教摆润教派在14—15世纪由泰北兰那国（今清迈）经由缅甸景栋传入西双版纳③。如果我们将这两种说法进行整理，再结合封建时期的社会结构④和现在仍存的经文文字⑤，不难看出，南传佛教在无论是在泰北和缅南的任何一个区域传播，不需太长的时间，自然会传入西双版纳各勐。从课诵风格的情况来看，傣族知识分子岩捧先生认为⑥，历史上，西双版纳不仅已经稳定存在三种地域性课诵风格，并且整体上与缅甸佛教有较多的联系。

据《耿马县文史资料》中对历史资料的整理，临沧在公元15世纪接受景栋地区摆润教派长老的传教⑦，得到了土司的大力支持，广泛传播开来，在耿马土司辖区内，凡是信徒在30户以上的村寨都建有一所佛寺，形成

---

① 西双版纳是处在景龙金殿国的地方政权的统治时期。据临沧《缅宁县志》记载，公元1384—1385年，临沧的沧源、耿马、孟定等地区，先后被德宏傣族土司扩张兼并，建造城池，成为临沧地区耿马、孟定土司先祖。除了政权扩张带来的移民，明初政府"三征麓川"，导致德宏麓川政权瓦解，进一步拓展了德宏傣族向临沧地区迁移的规模。

② 郑筱筠著：《中国南传佛教研究》，转引自《佛陀之教史话》，中国社会科学出版社2012年版，第57页。

③ 这一说法依托的是历史上已经较成熟的佛教国家和具体的传教路线。这一时期南传佛教摆润教派两个分支在兰那出现，这是兰那佛教成熟的标志，也是向外传播发展的重要条件和依托。

④ 自古西双版纳就与泰国（清迈）、缅甸（景栋）来往非常密切，其中一段时间是同属于庸那迦国的统一政权管辖。

⑤ 现在的泰国北部（清迈）、缅甸南部（景栋）、西双版纳、临沧所使用的经文文字基本相同，都属于古傣渤文。

⑥ 杨民康著：《贝叶礼赞——傣族南传佛教节庆仪式音乐研究》，宗教文化出版社2003年版，第285—286页。

⑦ 在耿马第四世土司罕边发时期（约公元15世纪），缅甸掸邦勐艮（今景栋地区）的长老派遣两位僧侣专达和英达奉一尊佛像至耿马并传教。

了森严的宗教管理体制，这是关于临沧地区南传佛教传入时间最早的专门记载。但据临沧沧源地区金龙总佛寺的建寺历史则可以回溯至公元14世纪，地方佛寺历史比教派传入历史早一个世纪，形成了时间上的矛盾。

就这一问题，笔者结合临沧佛教协会会长、沧源金龙佛寺住持的口述内容进行推论。其中提及，沧源地区大部分傣族都是在元末明初从德宏瑞丽（古称勐卯）迁移而来，在这里定居后修建佛寺，这就是最早的金龙佛寺。后来，土司支持佛教，基本达到一村一寺的程度。这段口述内容与德宏傣族土司14世纪扩张，兼并临沧的沧源、耿马、孟定地区，建造城池的史料记载时间相符。而在历史上一直与缅甸掸族跨界而居，属于相同地方政权的德宏傣族早在7—8世纪南传佛教就已经开始盛行①。由此笔者尝试推断，德宏瑞丽的傣族在14世纪迁徙至临沧地区，由于信仰需求，在此建立佛寺②，这符合临沧沧源金龙佛寺初建与14世纪的历史事实。但在当时临沧地区没有普遍接受佛教信仰，缺少社会环境的支持和僧侣对宗教的维护，因此并未建构起稳定的地方传承体系。后来在15世纪伴随临沧地方土司接受南传佛教并大力推广和扩散，这十分符合南传佛教政权与信仰相互调和进而推广延伸的传播特征。因此在地方政权的推动下，原本就具有南传佛教传统文化观念的傣族，很自然的认同并接受摆润教派的宗教文化系统，并结合自身的特征，建构起稳定的地方性宗教文化传承体系。因此，从诵经风格的情况来看，临沧接受缅甸景栋地区的传教时，境内以西双版纳为中心的傣泐亚文化圈和以德宏为中心的傣纳亚文化圈都已经在各自所属教派的扩展辐射下确立并巩固。无论从地域、民族支系来看，还是从宗教文化的实际发展情况来看，临沧都处在了两个亚文化圈的交接处（如图2），因此形成了特殊的地方性文字系统③和诵经音声风格。

---

①　德宏傣族与缅甸掸邦的掸族，大部分属于公元前2世纪的"滇越"后属于"掸国"，到12世纪后有隶属于"骠国"，以后成为云南省一个地区。而骠国早在7—8世纪南传佛教已经盛行（吴之清：《贝叶上的傣族文明——云南德宏南传上座部佛教社会考察研究》，四川出版集团巴蜀书社2007年版，第83页）。

②　德宏瑞丽并不属于傣泐文亚文化圈，而是源于缅甸曼德勒地区南传佛教摆多教派的傣纳（文）亚文化圈，因此14世纪将南传佛教带入临沧的傣族应该沿用德宏的傣纳文。

③　经文文字按照傣泐亚文化圈的传统使用傣泐文，日常书写文字则使用傣纳亚文化圈的傣纳文。

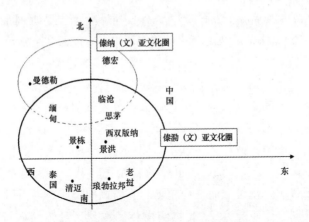

图2　西双版纳、临沧亚文化圈示意图

　　由此可见，西双版纳和临沧建立起的宗教文化系统，同源、同质，经追溯都受缅甸景栋摆润教派传教影响，同属于南传佛教傣泐亚文化圈。但由于地理位置、行政单位关联并不紧密，教派传入时间和路线各不相同等（如图2），两地以亚文化圈"大传统"为基础建构起各自"小传统"文化层体系，这种"同质异构"在显性风格特征上有不同的体现①，且"异构"的风格特征会在信仰社会中被维持甚至随着传承的稳定更加强化。以下文用来举例的早晚课诵仪式来看，笔者在不同地区、寺院的调查过程中发现，地方经腔系统、住持诵经习惯、寺院规模大小、僧侣多少等方面的差异都会影响早晚课诵仪式的经文内容和诵经风格，表现出一些明显的差异性。然而目前西双版纳和临沧两个总佛寺的课诵仪式音声现状却与历史构成矛盾，表现出明显的趋同性。

二　西双版纳景洪总佛寺与临沧沧源
金龙佛寺早晚课诵仪式②比较

　　南传佛教早晚课诵是由僧侣构成的最具信仰核心性和稳定性的内向封

---

　　①　例如，西双版纳和临沧使用统一的傣泐文作为经文文字系统，但是在日常世俗书写中使用不同的傣文系统。两地的经书文本的构成相一致，但念诵时有各自的经腔系统和风格特征。
　　②　早晚课诵是佛教传统，早课用意为晨省，有省察之意，在每天开始时诵读经典，告诫提醒自己佛陀和经典的教导，礼敬、感恩、省察，提醒自己不要犯错。而晚课是为了在一天结束后反省，诵读经典，既是提醒也是忏悔，总结一天所作所为。

闭仪式，在时间、仪程、内容、经腔上都有着相对固定的一套基本程序模式，其中经文内容的依据傣历产生规律性变化①。每月的上、下半月逢初七、十四和初八、十五，在日常课诵的基础上，个别仪程的经文产生增减或者替换。下面就以西双版纳总佛寺和临沧金龙佛寺的早晚课诵仪式实录为例，通过对实际现象的分析，呈现其与历史构成之间产生矛盾的趋同性现状。

（一）早晚课仪式仪程比较

1. 西双版纳总佛寺日常晚课实录（2014 年 9 月 24 日）

2014 年 9 月 24 日，西双版纳总佛寺（佛学院）日常晚课，这一天未逢傣历的初七、十四和初八、十五，因此是普通的日常晚课课诵。

19：30 敲钟，晚课正式开始：

首先拜佛，随后开始诵经。

第一部分，念诵内容为礼敬佛陀、拜佛：

（1）"阿拉汉"：礼敬佛、法、僧；（2）"那摩"（南无）：拜佛三次，自受三归五戒；（3）"萨拉囊衮赕告"：三皈依（三次）；（4）"那摩灭囡"：小礼敬；（5）"嘎啦涅蔑达苏"：应作慈爱经，为信众功德的人滴水回向；（6）"阿迭"：孔雀经后半段，回洞后（早课念诵前半段）；（7）"迭瓦达乌约咋嘛嘎塔"：欢送众神偈。

第二部分，自我省察修行：

（1）"苏括"：佛陀品偈，四种至上乐；（2）"阿比达巴咋为卡纳巴托"：用完资具后的省察诵；（3）"嘎塔马哈尼班"（那摩鲁邦）：大般若涅槃偈诵；（4）坐禅："威替帕瓦纳布塔衮召"，过程为，打坐前念诵第一段，拜、请求佛法僧，通告打坐→坐禅→坐禅后念诵第二段修习佛陀功德，功德的回向。

第三部分，忏悔：

（1）"万旦龙"：大忏悔大礼拜；（2）"万旦囡"：小忏悔小礼拜。

---

① 按照傣历的安排，平年都是十二个月，单月为大月 30 天，双月为小月 29 天，全年 364 或 355 天。有闰月的念十三个月，全年 384 天。由于新年大多出现在六月，所以历书的安排总是从六月开始至五月底止……傣历每月按月亮的圆缺分为上下两个半月，上半月十五天，下半月十五天或十四天（张公瑾、王锋：《傣族宗教与文化》，中央民族大学出版社 2002 年版，第 102 页）。

20：20，三拜行礼 晚课结束

2. 临沧金龙佛寺"初七"晚课实录（2012 年 4 月 5 日）

2012 年 4 月 5 日，临沧沧源佛寺，傣历上半月初七晚课课诵。

19：30 敲钟，晚课正式开始：

首先拜佛，随后开始诵经。

第一部分，念诵内容为礼敬佛陀、拜佛：

（1）"阿拉汉"：礼敬佛、法、僧；（2）"那摩"（南无）：拜佛三次，自受三归五戒；（3）"萨拉囊衮赕告"：三皈依（三次）；（4）初七改诵"约苏"：三宝功德；（5）"嘎啦涅蒇达苏"：应作慈爱经，为信众功德的人滴水回向；（6）"阿迭"：孔雀经后半段，回洞后（早课念诵前半段）；（7）"迭瓦达乌约咋嘛嘎塔"：欢送众神偈。

第二部分，自我省察修行：

（1）"苏括"：佛陀品偈，四种至上乐；（2）"阿比达巴咋为卡纳巴托"：用完资具后的省察诵；（3）"嘎塔马哈尼班"（那摩鲁邦）：大般若涅槃偈诵；（4）坐禅："威替帕瓦纳布塔衮召"，过程为，打坐前念诵第一段，拜、请求佛法僧，通告打坐→坐禅→坐禅后念诵第二段修习佛陀功德，功德的回向。

第三部分，忏悔：

（1）"万旦龙"：大忏悔大礼拜；（2）"万旦囡"：小忏悔小礼拜。

20：15，三拜行礼，晚课结束。

3. 早晚课诵具体仪程及诵经内容趋同性构成

通过两佛寺的晚课仪式实录可以看出，由于金龙佛寺晚课遇到初七，因此在第一部分将"那摩灭囡"替换为"约苏"，除此之外，在仪程、内容、时间等方面完全趋于一致。笔者针对两佛寺早、晚课诵仪式更加深入和具体的调查访谈，通过整体比较进一步呈现西双版纳景洪总佛寺和临沧沧源金龙佛寺与传统"同质异构"特征相异的趋同性变迁现象，如表1所示。

表1 　　　　　　　　西双版纳总佛寺后临沧金龙佛寺课程对照

	程序	西双版纳景洪总佛寺（兼佛学院）	临沧沧源金龙佛寺（兼菩提学校）
早课	拜佛礼敬	敲磬三声 三拜后坐在佛前念诵 "阿拉汉"：礼敬佛、法、僧	敲磬三声 三拜后坐在佛前念诵 "阿拉汉"：礼敬佛、法、僧
		"那摩"（南无）：拜佛三次，自受三归五戒	"那摩"（南无）：拜佛三次，自受三归五戒
		"萨拉囊衮赅告"：三皈依（三次）	"萨拉囊衮赅告"：三皈依（三次）
		"那磨灭龙"：大礼敬 初七、十四，替换为"约苏"：三宝功德 初八、十五，替换为"巴拉密三希嗲"：般若波罗蜜，发愿证悟涅槃	"那磨灭龙"：大礼敬 初七、十四替换为"约苏"：三宝功德 初八、十五，替换为："巴拉密"：般若波罗蜜，发愿证悟涅槃、"依滴比苏"、"阿尼嘎咋"、"发哇度"
		"阿杜巴马亚"：散播慈爱偈（回向）	"阿杜巴马亚"：散播慈爱偈（回向）
		"那摩密布堂"：四种护卫偈（修行用） "窝迭达样"：孔雀本生偈（上）（护卫经的一种）	"巴蒂桑哈约" "耶咋布塔"
	自我省察修行	"苏括隼"：法句偈，四种至上乐。 "哒哈尼噶巴咋为哈那巴托"：取用资具时的偈查诵。 "帕杜巴托古拉巴咋为"：界差别与恋物省察诵	
		"嘎塔马哈尼办"（那摩鲁邦）：大般若涅槃偈诵	"嘎塔马哈尼班"（那摩鲁邦）：大般若涅槃偈诵
		坐禅："威替帕瓦纳布塔衮召" 过程：打坐前念诵第一段，拜、请求佛法僧，通告打坐；坐禅；坐禅后念诵第二段修习佛陀功德，功德的回向	坐禅："威巴萨那布堂衮" 过程：打坐前念诵第一段，拜、请求佛法僧，通告打坐；坐禅；坐禅后念诵第二段修习佛陀功德，功德的回向

	程序	西双版纳景洪总佛寺（兼佛学院）	临沧沧源金龙佛寺（兼菩提学校）
早课	忏悔结束	"万旦龙"、"万旦嘎古"：忏悔礼拜	"万旦龙"、"万旦告衮"、"万旦囡"：忏悔礼拜 "赶朵"：忏悔
		遇到大型节庆活动，加念"耶咋布塔""依滴比苏"：拜塔，并礼敬每一代佛法僧	
		行礼结束	行礼结束
晚课	拜佛礼敬	"赶苏麻叫"：安居、初八、十五时念，放花蜡条，供养 向五种佛法忏悔	
		"阿拉汉"：礼敬佛、法、僧	"阿拉汉"：礼敬佛、法、僧
		"那摩"（南无）：拜佛三次，自受三归五戒	"那摩"（南无）：拜佛三次，自受三归五戒
		"萨拉囊赕告"：三皈依	"萨拉囊赕告"：三皈依
		"那摩灭囡"：小礼敬 初七、十四，替换为"约苏"：三宝功德 初八、十五，替换为"巴拉密三希哆"：般若波罗蜜，发愿证悟涅槃	"那磨灭龙"：大礼敬 初七、十四，替换为"约苏"：三宝功德 初八、十五，替换为"依滴比苏"、"阿尼嘎咋"：开光时念诵的经文，表示加持
		"嘎啦涅蔑达苏"：应作慈爱经，为信众功德的人滴水回向	"嘎啦涅蔑达苏"：应作慈爱经，为信众功德的人滴水回向
		"阿迭"：孔雀经后半段，回洞后	"阿迭"：孔雀经后半段，回洞后
		"迭瓦达乌约咋嘛嘎塔"：欢送众神偈	"迭瓦达乌约咋嘛嘎塔"：欢送众神偈
	自我省察修行	"苏括"：佛陀品偈，四种至上乐	"苏括"：佛陀品偈，四种至上乐
		"阿比达巴咋为卡纳巴托"：用完资具后的省察诵	"阿比达巴咋为卡纳巴托"：用完资具后的省察诵
		"嘎塔马哈尼班"（那摩鲁邦）：大般若涅槃偈诵	"嘎塔马哈尼班"（那摩鲁邦）：大般若涅槃偈诵

续表

	程序	西双版纳景洪总佛寺（兼佛学院）	临沧沧源金龙佛寺（兼菩提学校）
晚课	忏悔结束	坐禅："威替帕瓦纳布塔衮召" 过程：打坐前念诵第一段，拜、请求佛法僧，通告打坐；坐禅；坐禅后念诵第二段修习佛陀功德，功德的回向	坐禅："威替帕瓦纳布塔衮召" 过程：打坐前念诵第一段，拜、请求佛法僧，通告打坐；坐禅；坐禅后念诵第二段修习佛陀功德，功德的回向
		"万旦龙"、"万旦囡"：忏悔礼拜	"万旦龙"、"万旦囡"：忏悔礼拜
		遇到大型节庆活动，加念"耶咋布塔""依滴比苏"：拜塔，并礼敬每一代佛法僧 碰到佛佛祖诞生、悟道、涅槃的日子晚上加念"塔玛咋噶"	
		行礼结束	行礼结束

　　表格中西双版纳景洪总佛寺和临沧沧源金龙佛寺早、晚课诵内容一致仍用普通宋体书写，内容有差异的用楷体标记以示区分。

（二）早、晚课诵音声比较分析

　　南传佛教诵经没有乐谱，主要依据口传心授的教学方式传承，因此诵经主要依据经文内容产生相应的有规定性的经腔系统。诵经旋律风格就是经腔系统范式外化的表现，相同的经腔鉴于其口传性特征，会表现出地方性、民族性、个人性等多样的变体风格。就传统传承情况来看，西双版纳和临沧各自的课诵音声旋律在相同的巴利课诵经文内容和近语言性经腔的指导下，应产生并维持非常明显的地方性特征，可作为"同质异构"特征的典型表现。但是根据课诵仪式实录的记谱和分析结果来看，却更表现出趋同性的风格走向，与传统历时构成的趋异特征产生反差。

　　谱例①1：《那磨灭囡》（小礼敬）、《那磨灭龙》（大礼敬），是最具标志性的拜佛礼敬经腔。

----

　　① 记谱依据早晚课仪式中实际采录到的内容，为了尽量转达诵经音声的特征，通过音乐结构体现经文诵经的句法特征，因此以乐句单位划分节数。

总佛寺：那摩灭囡

领诵人：都帕
采录：都帕
记谱：董宸

那摩灭撒 拨布塔 那达定撒 拨拉朗 嘎罗

拨多诺达 落括拨 扎嘎那 那扎列 哇罗

……（下略）

四音组：

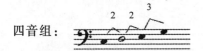

金龙佛寺：那摩灭龙

领诵人：提卡达西
采录：董宸
记谱：董宸

那摩灭撒 拨布塔那 达定撒 哇拉朗 哈罗

达哈嘎叠 嘛哈里 落灭塔嘎落摩哈呀苏

……（下略）

四音组：

用两个佛寺在课诵中同样使用的礼佛经腔进行比较，旋律都由四音组构成。经腔与经文的基本对应关系是单音对单字，以四分音符为韵律单位，一句仅出现一次一个字符对两/三个音的形态，但是节奏上都没有超过两个四分音符的单位，音乐横向推进的韵律感并没有被其"变格"打破。提取骨干旋律（如表2），可以看出除了第二句在具体的音位组合上的不同，两个佛寺的诵经形态、骨干旋律构成、旋律进行特征等基本完全一致。四音组的旋律进行是以 d 音为轴上下波动的方式构成，横向来看主要是以级进为主。在此基础上，g 音与核心音 d 构成的五度属关系，在旋律骨干的进行中起到了比较灵活的变化装饰作用。第一乐句 e－g 的小三度进行是这段经腔风格的特征性音型，出现在乐句的黄金分割点，以短时值的形式形成一个协和的向上推进关系，并且以保持或回落的方式，保证了整体旋律进行的稳定性，突出对 c－d－e 级进关系为主体的三音列的依附性。这种构成方式即配合的诵经的语言性特征，也维持了核心巴利语经文的节制性和稳定性。

表2　　　　　　**西双版纳总佛寺和临沧金龙佛寺礼佛经腔对照**

佛寺 ＼ 旋律骨干	第一句	第二句	总体	核心音
西双版纳总佛寺	123532	35123212	（35）12（35）32	2
临沧金龙佛寺	123532	35321232	（35）12（35）32	2

谱例2：《万旦龙》，是具代表性的忏悔礼拜经文。

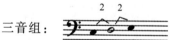

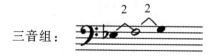

用两个佛寺在课诵中同样使用的忏悔经腔进行比较，旋律都由三音组构成。经腔与经文的基本对应关系是单音对单字，以四分音符为韵律单位，偶然出现的一个字符对两个音的情况，都为相同的下行三度的八分音符律动，仍然表现出应对经文的旋律及其律动具有明显的节制性。提取骨干旋律（见表3），可以看出在《万旦龙》中，金龙佛寺的诵经音乐与总佛寺的形态近乎完全一致，除诵经旋律形态常保持与总佛寺音型的高三度关系外，无论是音乐横向展开的节奏步调，旋律音高的走向，还是经文与经腔旋律构成关系的结合方式，诸种音乐构成要素和风格基本完全一致。以核心音为轴，音乐整体以级进的方式横向拉长，围绕核心音上下二度波动展开，音域仅控制在一个大三度的范围内。对三音组中的 d/f 音的强调，旋律进行具有很强的收拢性和倾向性。虽然二者之间呈现了音高移位的不同，但都以严格模进围绕核心音波动进行的方式作为统筹原则（横向音程关系一致），甚至整个旋律在模式基础上的细部装饰和变化都趋于一致。因而上述课诵旋律音高受个人嗓音影响产生的音高移位之"异"，通过音组间稳定的音高关系，实际上从侧面反映出了两个寺院课诵音声相对统一的关系。

表3   **西双版纳总佛寺和临沧金龙佛寺诵经音域对照**

佛寺 ＼ 旋律骨干	总体	音组跨度关系	核心音
西双版纳总佛寺	2 – 1 – 2 – 3	大三度	2
临沧金龙佛寺	4 – b3 – 4 – 5	大三度	4

小结： 按照上文对历史构成的"同质异构"特征的分析，大到亚文化圈内的不同区域，小到同区域的不同寺院间，早晚课具体仪程在经文选择组合和诵经旋律风格上都会衍生出不同的变体和风格。然而时至今日，通过对西双版纳景洪总佛寺和临沧沧源金龙佛寺早晚课诵仪式实际现状的比较分析，我们可以看出，从具体仪程设置、课诵经文内容组合方式、课诵音声风格等具体事项都表现出完全趋同的倾向。这种从传统到现代背道而驰的变迁现象，究竟是如何产生的，下文尝试对"为什么"进行追问，解决这一矛盾。

三　殊途同归——南传佛教课诵音声的趋同性现状归因

通过上文对西双版纳和临沧两地总佛寺课诵仪式实录的比较，可以显见与传统"同质异构"特质相异的趋同性变迁，需要对其成因进行反向的递延追溯。

两地区传统的地方性南传佛教课诵音声系统和风格，在20世纪60—70年代的"无产阶级文化大革命"导致的文化断层中被迫解构。此后趋同性现象的真正形成则开始于20世纪80年代，恢复宗教信仰自由，境内南传佛教文化系统开始重构。这一重构过程也是传统在现代社会语境中寻找平衡点的过程，通过追溯两个总佛寺所在地宗教文化的具体重构过程，对成因进行分析。

（一）传统方式在近现代语境下的重构

1. 西双版纳、临沧传统宗教文化重构的主要途径和方式

西双版纳在对宗教文化传统进行重构的过程中，主要采取以下两种主要途径。

（1）集体组织性行为，重建跨界传播、集中办学。西双版纳为傣族自治州，州内的傣族和布朗族群众全民信仰南传佛教，由于信仰需求集中，佛协对年轻僧侣进行集体培训，随后组织部分人员去泰国进修，其他被分配到西双版纳各寺院，对宗教活动恢复起到重要的作用。另建立佛学院，集现代学校教育与传统佛学教育于一身，集中培养了众多年轻僧才，在此基础上选调成绩优秀并且有意愿的学生出国进修。

（2）区域自发性行为，重建地方传承体系。借助便利的民间跨界交往，僧侣从缅甸回到国内，老人们从缅甸请回经书。僧侣与老人一起承担起了对佛事活动的组织管理和对小和尚的教育工作。

临沧地区的信仰南传佛教的傣族和部分佤族主要分布于耿马傣族佤族自治县和沧源佤族自治县，呈现多民族小聚居的状况。信仰文化的恢复主要通过该地区信众的自发性行为重建地方传承体系。

2. "传统—现代"：当代语境下重构新型宗教文化传播传承方式

西双版纳和临沧根据各自的地方特征进行重构，恢复的程度和发展的速度各异，这种不平衡导致境内不同地域文化层间产生有倾向性的传播。

与传统（亚）文化圈传播扩散和各文化层平行传承的方式不同，境内不同地区文化层间的交互往来日益密切，并且作为一个整体参与对外的交流往来，这些标志着新的传播传承方式的建立，也是诵经音声趋同性产生的直接原因，通过内部和外部两方面的条件得以实现。

（1）内部条件，西双版纳在历史上从行政区划到宗教文化体系的建立都相对更持续和稳定，因此有条件在当代重构中，采取由上到下的集体组织和由下到上的地方性自发行为结合的双向重构方式，整体推动了该区域南传佛教恢复和发展的速度。使西双版纳在境内的宗教恢复过程中具有优势，形成相对稳定的对外传播的条件。尤其是西双版纳总佛寺建立佛学院后统一印刷早晚课诵读本，为传播和推广提供了更加有效和便捷的条件。与西双版纳相比，一方面，临沧南传佛教传入时间较晚，加上内部构成情况复杂，导致了该区域历时建构的稳定性相对不足。另一方面，临沧小聚居的信仰区域构成使得宗教文化恢复过程相对局限，信仰文化重构的速度和发展的程度相应较弱。然而，两地同属于傣泐南传佛教亚文化圈，宗教文化具有同质性，因此在信仰需求，重构程度的不平衡会导致程度相对较弱的一方（临沧）对有效用并有交流条件的同质宗教文化（西双版纳）产生倾向性，亚文化圈内部文化层间传播的影响就会凸现出来。与此同时，近现代文化交流途径增加、交通日趋便捷等，也促进了境内信仰南传佛教的各地方间佛寺（僧侣）间和信众间的自发交流。尤其是境内各地区僧侣的频繁交流往来和佛学院的统一教育培养模式，都使得临沧与西双版纳相比宗教文化新发展不平衡的状态通过境内地区文化层间的传播作用下得以缓解。

（2）外部条件，主要受国家在场的影响。一方面，宗教恢复后，南传佛教被整合到佛协、民宗委、统战部等大体制的综合管理之中，境内南传佛教各地区、各教派之间的工作和人员往来日益增加，国内信仰区域间的交往密切。另一方面，国家作为行政统一实体，在政治和地域间有实质性的具体区分，这种差别使国内不同信仰区域在与东南亚传统信仰南传佛教国家的跨国交往过程中作为一个整体出现。

因此，在内部因素和外部因素的共同作用下，境内两个历史上殊途平行发展的文化层间建立起了新的交互传播方式，直接导致了以两个地区总佛寺为代表的课诵音声趋同性现象的产生。西双版纳和临沧在傣泐南传佛教亚文化圈中通过传统方式与新方式的结合，在传统与现代间、跨界传播与境内跨区域传播间找到平衡点，重构南传佛教（傣泐亚文化圈）的新型宗教文化传播传承方式，殊途同归。包括课诵音声在内的显性因素在不同的阶段有相应的表现，新型传播方式最具典型性的表现就是临沧金龙总佛寺的早晚课诵仪式在仪程、经文和诵经风格等方面都与西双版纳总佛寺趋于一致，产生了定型化的倾向。

（二）课诵音声趋同性变迁成因小结

就西双版纳和临沧南传佛教文化具有同质异构特征的历史构成进行了详细的梳理，串联拼贴其中碎片式的地方文献，通过对历史构成的整体分析解决了相关记载中产生矛盾和疑问的内容。在此基础上，分析早晚课诵仪式实例，通过仪式仪程、经文内容、旋律风格等方面的详细比较，确认课诵音声现状的趋同性。进而对其成因进行追溯，探究传统与现状之间矛盾的由来。上文通过对宗教文化断层后重构的历时过程进行详细分析，解答了课诵音声趋同性现状与历史构成传统之间的矛盾，下面就其成因进行简要的总结。

1. 宗教"同源""同质"是趋同性变迁产生的基础和主要条件。西双版纳景洪总佛寺和临沧沧源金龙佛寺处于相同的亚文化圈当中，有本质相同的宗教文化传统，更有可以共同回溯的"源头"——缅甸景栋。并且受到国家在场的影响，在传统交流方式的基础上，更加有组织规模的进行跨界交往，借助与缅甸南部、泰国北部等同属于傣泐亚文化圈国家地区的交流学习，迅速进行宗教文化重构，这些是课诵音声趋同性现状产生的条件。与此同时，宗教文化的同质性是两地区间相互交流传播的基础。

2. 信仰需求是根本原因，强烈的宗教信仰需求推动了宗教文化恢复速度和程度，也正是因为如此，当传播交流日益便捷，不同地区间宗教文化传统应对社会文化发展趋势发展的速度和程度的不均衡，会在宗教信仰需求的感召下，借助新的方式再次达到平衡，因此需要新的传播发展方式产生。

3. 两地宗教文化历史构成的实际情况和稳定性的差异，导致当代宗教文化实际恢复发展的速度和程度不同，面对信仰需求和社会发展现状，产生了新型宗教文化传播方式。这一新型的以境内文化层间的直接对接和交往传播为主的宗教文化重构方式，是趋同性变迁产生的直接原因。

结　语

西双版纳和临沧是境内处于南传佛教傣泐亚文化圈范围的典型代表，其巴利语早晚课诵仪式音声除了承载着南传佛教核心和传统，也伴随着宗教文化的历史传播发展和地方性传承变迁的过程。从宏观结构而论，南传佛教课诵仪式音声的组织首先考虑的不是调式的布局或是曲式结构的呈示与发展，而是通过一定的程式性的组织套式得以实现。这种"套式"所指的不是狭义的旋律音乐部分，其音声是以一个整体的结构构成的，既要借助经文的性质和内容，也要根据既定旋律和语音的特征；既要看仪程的布局，也要观察不同语言段落的有效排列组合。两地目前课诵仪式音声套式的趋同性组织方式，无法仅从现象本身解释，这种看似定型化的构成有其产生的深层背景和原因。因此，本文将早晚课诵仪式的共时现象与其宗教文化历史建构、经历断层解构后宗教文化重构的历时过程相结合，用立体的思维方式去梳理和分析。

在南传佛教历时发展的过程中，西双版纳和临沧"已经在过去南传佛教文化跨地域、民族和国界的'区域化'传播浪潮里，完成了旧的一轮'本土化'使命"[①]。但由于境内实际情况的特殊性而导致了近代重构传播和传承方式，可以认为是开始了新一轮的"本土化"进程，这一大规律将整个南传佛教文化圈都涵盖其中。实际上"纵观佛教在东南亚和云南的发展，应该看到佛教传入中国云南的历史是一个长期、艰巨而又反复的过程"[②]，历史建构到断层，直至宗教恢复后重构，包括课诵音声在内的显性因素，随着宗教文化变迁过程在不同阶段会产生相应的表现。当今我们则看到重构过程中西双版纳景洪总佛寺和临沧沧源金龙佛寺课诵音声的趋同性现状，仅为亚文化圈中一个典型现象的体现，在传统与现代、传播与传承等多方面情况杂糅的情况下，境内南传佛教还有其他更多不同的特征的体现。因此，对于目前境内南传佛教复杂的音声现象，不仅要在共时平面对现象进行仔细梳理和反复论证，更要透过更深的文化构成特征

---

① 杨民康：《贝叶礼赞——傣族南传佛教节庆仪式音乐研究》，宗教文化出版社 2003 年版，第 79 页。

② 郑筱筠：《中国南传佛教研究》，中国社会科学出版社 2012 年版，第 60 页。

去进行阐释。对其中种种的矛盾和缺失，我们要还原到其本来的历时性脉络和传播路径中去考证和解析。所以，本文也为日后的进一步研究提出了需求、提供了方向。

（董宸，中央音乐学院 2014 级在读博士研究生）

佛教在新时期的积极作用

慧 空

在人类社会进入新的历史时期，我们的习近平主席提出与周边国家共同建设"一带一路"的战略构想，并要求把云南建设成为中国"面向南亚、东南亚辐射中心"，这是一个大的战略构想，有着广阔的前景，对于推动相关国家在经济上互利共赢、在交流上互联互通、在政治上互信互助有着积极的作用。而南传佛教文化流传的这一区域又与"一带一路"战略构想的实施有着较为密切的关系，可以成为我国在新时期的战略体系中的一个积极因素。佛教在新时期的积极作用表现在许多方面，本文拟从佛教理论思想和传播情况方面谈两点。

一 佛教与国际和平

有人这样说："佛教称得上是维护社会稳定的典范，反对战争的楷模。"当前国际社会上，政治、经济、民族和宗教的冲突仍然不断发生，人类由于外部环境的冲突所带来的恐慌，可能是人类社会有史以来最为严重的一个时期。在这种形势下，发挥佛教在维护世界和平，构建和谐世界方面的作用，不仅是十分重要和紧迫的，而且前景也是不可限量的。作为一个世界性的宗教，佛教慈悲济世和众生平等理念的传统是最悠久的，维护世界和平的思想和实践方法是最丰富的。佛教在人类社会中的悠久历史，不仅是维护世界和平的历史，而且是沟通不同国家、地区和民族之间友好交往的历史。从世界不同宗教的传播范围来看，佛教称得上是维护社会稳定的典范，反对战争的楷模，更是保持和平发展的标志。

佛教以无缘大慈、同体大悲的生命理念反对战争，倡导和平。众所周知，佛教把"杀生"列为一切戒律之首，因为杀生是万恶之源。在中国历史上，佛教依据这一基本义理反对人类社会进行杀戮，倡导素食放生，爱护生命，成为每一个佛教信仰者的自觉行动。

在弘扬佛法的过程中，与其他宗教对话，往往成为佛教传播的重要组成部分。从释迦牟尼佛开始，就是通过与其他宗教信仰者的对话，为其提供修行生活中指导思想的需要，通过不附带任何政治条件、经济条件的劝导、感化，使其依据佛陀的教法，正确了解宇宙人生的真相，这些成功的案例记载在佛教经典中比比皆是。在佛教的传播过程中，从来没有因为弘扬佛法而发生所谓的宗教战争。更为重要的事实是，许多国家和民族信奉佛教，没有受到各种非宗教因素的强迫，而是信徒纯粹出于信仰的原因，主动到佛教中心地区学习佛法，把佛教传播到自己的祖国。直到今天，我们南传佛教的法师和长老们还是遵循着这样的优良传统，到斯里兰卡、缅甸、泰国等国家去学习佛法，回到自己的祖国，服务自己的家乡。

佛教在传播的过程中，没有政治干预、经济掠夺和文化殖民色彩，是最为显著的特征之一。印度佛教无论是在古代向中国以及其他亚洲国家和地区传播，还是近代向西方国家和地区传播，都没有伴随着起点地区政治观念的输出，经济方面的索取。佛教的传播是以佛教典籍为主要载体的文化传播。佛教也没有在所流传地区建立非宗教性的组织机构，或者采取某些方式改变流传地区的社会结构和生活方式。

在两汉之际，来自古印度以及中亚各地有佛教信仰的商人、使者、旅行者以及移民后裔，自发地把佛教传入中国内地。他们之间没有强大的组织作为后盾，传教弘法完全是个人的自发行为，而不是组织行为。佛教在传入中国以后，历史上有影响的佛法传播者，绝大多数是以其学问精湛、道德高尚、善于劝导和感化著称于世。从中国的《高僧传》中可以看到，许多来中国传播佛教的古印度高僧，有的出身王室，有的是储君，有的是奉国王之命而来。但是，这些看似有"政治背景"的人，并没有肩负任何政治使命，而是纯粹以传播佛法为己任，以帮助众生破迷开悟，离苦得乐为目的。

佛教在不同地区和民族中传播了两千五百余年，引导很多民族在生产生活中形成了自己民族的优秀文化成果，这也充分体现了佛教理论的适应性强，涵盖面广，内容丰富，是人类文化的宝库。同时，佛教每传播到一个地区，总是能引导当地的思想文化，并产生有创造性的新思想。如以佛教的圆融思想来观察这个社会，人类在不同的时期，从表面上看，一切事物都是有差别的，彼此独立的，但是从本质上观察，一切事物又是可以相互融通、相互等同的，从而形成你中有我，我中有你的整体和谐状态。一切事物和现象的和谐相处、协调共存是佛法要为人类在现实生活中说明的一种真实境界。所以，佛教致力于消除现实生活中存在着的各种矛盾、对抗和隔阂。两千余年来的历史证明，这种理论体系和实践方法，对于化解乃至消除人类社会的仇视、怨恨和争斗，树立国际和平共处的理念，是有重要意义的。佛教的和平理念与实践方法，曾在历史上发挥了积极作用。佛教在和平传播方面表现出的这些特点，为我们认识当今世界格局，社会发展趋势以及国家间应该建立的关系，提供了有价值的参考。总观佛教和平传播的历史，我们可以清楚地看到，佛教在现代社会中，有增进不同信仰群体之间沟通交流，增进彼此的理解，消除彼此的矛盾和仇视，避免地区冲突和国家对抗的社会作用。

二　南传佛教与文化交流

佛教是以佛法僧三宝为信仰核心的一种教育，是佛陀清净心中流出的真实智慧，是一种阐明宇宙人生真相的理论体系和实践方法！在中国佛教史上，佛教文化的流传为中国古代社会文化做出了巨大的贡献，在佛教典籍翻译方面有成就的大多是义学僧人。如果没有这些义学僧人的文化建设工作，中国古代哲学、文学和艺术等，完全会是另一个面貌。佛教文化的和平传播，不但成为国家和民族间友好交往的桥梁和纽带，也将成为丰富和发展人类文化的强大动力。

在国际社会呈现出许多新趋势的今天，佛教在全球化体系中的作用开始显现出来。这尤其表现为佛教文化因素对于国际秩序、区域一体化以及国家间关系的构建作用日益明显，影响和作用越来越大。

在文化交流成为国际舞台的第三战场的今天，就云南的南传佛教而言，与东南亚地缘、族缘、亲缘，乃至教缘关系为主体，构成了特殊的南传佛教文化体系。伴随着近年来我们国家在这一地区的国际合作和相互交往的密切，南传佛教文化作为一种工具，日益成为国家、国际组织等行为体促进自身国际竞争力提升、发展与其他国家和国际社会关系的重要战略性因素。因此，南传佛教开始逐渐成为跨境民族在文化交流活动中的主要影响因素。跨境民族在文化交流的传播过程中容易形成文化的认同，而南传佛教文化的相通性是云南与周边东南亚国家共同的文化现象。

据相关数据显示，云南的跨境民族有 16 个，为全国之最，这种复杂而交错跨居的民族分布构成了中国西南边疆特有的模式。而这些跨境而居的民族，彼此间有天然的族缘认同和文化认同，为文化在不同国度间的传播和交流提供了极大的便利条件。因此，跨境民族的文化传播在云南南传佛教文化圈的形成和传播过程中发挥了重要的作用。由于云南信仰南传佛教的大部分地区在国家地理疆域结构中处于边疆地位，在文化认同层面，形成了对南传佛教文化的高度认同。以南传佛教文化为交流平台的信仰生活，就沿袭历史来看，仍然以跨领域的泰国、缅甸南传佛教文化为主。从文化格局的分布来看，由于地缘、族缘和亲缘关系等原因形成南传佛教文化一体化效应是正常现象。就云南南传佛教信仰区域来看，其形成了以族缘、亲缘和地缘认同为主的"佛教文化一体化效应"，即以族缘认同为深层纽带、地缘关系为辅的南传佛教文化交流关系。具体而言，就是形成了以傣族、布朗族、阿昌族、德昂族和部分佤族、彝族的南传佛教文化圈。在进行佛教活动时，虽然在不同地域有地域性特征和民族性特征，但是其文化核心却是南传佛教的理念和生活方式，从而逐渐形成"佛教文化一体化效应"。

我们可以建立南传佛教文化交流平台，加强对话、沟通和交流，让世界了解中国的南传佛教，让中国更好地与世界对话。从历史的经验和佛教传播的过程表明，佛教文化在国际传播领域中的重要价值就是输出佛教思想理论体系和佛教核心价值观。事实上，就亚洲佛教信仰文化圈而言，佛教文化具有非常丰富的共享价值观资源。例如，东南亚地区形成了以信仰南传佛教为主的佛教文化圈，泰国、缅甸、老挝、柬埔寨等国家与我国云南的 16 个跨境民族之间，就有天然的族缘联系、地缘联系、血缘联系、文化联系，使之自然而然地具有佛教文化的内在亲和力，而佛教文化活动的民众参与性特征可以消弭族群、语言和政治的边界，在共同的佛教活动中，增进相互的了解和彼此的交流。

近年来，南传佛教建立培训中心、和各级学校联合办学，以及中国高级南传佛学院的建设，为培养满足南传佛教自身和信教群众需求的僧才进一步努力的同时，也积极加大力度培养走进国际视野、进行国际对话的高水平南传佛教僧才。开展了一系列的讲经交流活动、举办各种禅修活动和参与国际交流大会，这些南传佛教僧侣已经开始展示出自己的实力和水平，受到社会各界的好评。

在"一带一路"战略的实施进程中，就南传佛教而言，在历史上，云南与东南亚国家之间的跨境民族、亲缘民族就以佛教文化交流为平台，形成了鲜明的南传佛教跨境传播，跨民族、跨地域传播的特点。因此，我们可以在国际文化交流的平台上，建立以佛教为向心力，增强佛教文化在社会生活中的影响力度，这才是将佛教文化真正落到实处的文化影响力。因此，这个地区的发展与稳定直接影响未来的世界格局。在我国对外交流战略中，可以发挥南传佛教在这一区域的文化认同，依托南传佛教的网络组织，以南传佛教文化影响力的区位优势来持续打造文化区位优势，补充经济区位动力的不足，从发展战略全局出发，全盘考虑"一带一路"战略的可持续发展问题，以世界文明之间的平等和宽容、理解、交流和互鉴为文化合作机制的前提，积极发挥"南传佛教文化一体化效应"，在世界文明交流的平台上，打造中国的佛教文化软实力，建立深层的世界文化合作机制，形成平等包容的国际对话模式，从而进一步推动我国"一带一路"战略的实施。

总之，在这样的时代背景下，由云南省佛教协会和中国社会科学院在美丽的西双版纳举办的"南传佛教高峰论坛"，本届论坛的主题是"慈悲济世，和平共荣"，其目的在于弘扬佛教慈悲济世的和平精神，增进中国与南亚、东南亚国家之间的友谊和理解，促进这一地区的佛教文化在国际社会中的交流与合作；增进中国与南亚东南亚国家佛教界、学术界之间的交流，共同探讨南传佛教在促进国际和平与社会发展中的积极作用，这是一次具有时代性，对佛教在新时期积极作用的理论价值和现实意义进行探讨的殊胜因缘。佛教在倡导国际和平、维护世界稳定方面，有着丰富的理论思想和实践经验，对于人们在认识当今世界范围内的社会对话，处理现代国际间错综复杂的关系，无疑有着不可替代的现实价值。这不仅有利于和谐世界的构建，同时也有利于佛教自身的健康发展。我们坚信，佛教积极、丰富的和平理念如果成为当今人类社会的理论共识和自觉行动，佛教在维护世界和平方面的作用将不可限量。

略论南传佛教在云南社会
发展中的助力作用

司　聘

　　宗教作为人类社会特有的文化现象之一，在扎根人类精神世界的同时，更多地体现出社会功能。通过信仰宗教，人们形成迥异的生活方式与社会价值，呈现出多样性，从某种程度上来说，宗教与民族文化结合较为紧密，宗教往往直接影响民族文化。宗教力图用自身教义诠释人与自然、社会的关系与人生现象等，对信众有极大的影响力。在全球性宗教热潮复苏的当下，社会交往中宗教因素逐渐增强，以宗教文化助力社会发展已成为流行趋势：如印度总统莫迪 2015 年 5 月访华时，特意参观西安大兴善寺与大慈恩寺，并手书吉拉特语留言，印度的亚洲战略以佛教文化搭台的态势显而易见。作为宗教资源发达的云南，更应该重视宗教文化的积极作用，将之视为战略支点的助力元素，助力经济社会文化发展。本文拟从经济、文化、社会发展等方面入手，谈如何发挥南传佛教在云南社会发展中的助力作用。

一　南传佛教在云南的发展

　　南传佛教作为世界三大佛教体系中重要的一支，在我国主要流传于云南省的南部、西部和西南部，按行政区域划分，则属于西双版纳傣族自治州、德宏傣族景颇族自治州、普洱市、临沧市、保山市及红河州等六个地州。中国南传上座部佛教的信仰民族颇多，在云南众多的少数民族中，傣族、布朗族、阿昌族、德昂族、佤族、彝族等民众广泛信仰南传佛教。虽然学界对南传佛教传入我国的具体时间尚无准确定论，但"从公元 7 世纪开始传入云南的观点较为普遍"①。据统计，截至 2011 年年底，云南省共有南传佛教信徒 95.7 万人，正式登记的寺院 1539 处，教职人员 2309 人。

南传上座部佛教经由泰国、缅甸等国传入我国云南地区后，经过长期的发展演变，逐渐形成了具有中国特色的南传上座部佛教。与此同时形成的是一个覆盖面较为广阔的南传佛教文化圈，且因传播路径、共同信仰、跨境民族等原因，使云南与东南亚的佛教文化圈具有较深渊源。

二　为云南同东南亚、南亚各地区 友好往来提供良好平台

东南亚与南亚各国，民族、语言、文化、信仰往往大相径庭，云南如何在多元化的国际发展中找到求同存异之点，拉近彼此距离为重中之重。而以南传佛教为契机，不仅可以提供交往平台，还可以为不同民族间友好往来提供经验借鉴。

就复杂的跨境民族构成而言，云南可称为东南亚的缩影。地区汉族与少数民族互相融合的过程、云南地区的宗教格局等，无疑都对中国与东南亚各国的交流有直接的借鉴意义。云南省有 117 个县及县级市，其中 27 个县市分别与缅甸、老挝和越南接壤，且邻近泰国。在长达 4060 公里的国境线两侧分别居住着壮族、傣族、苗族、瑶族、彝族、景颇族、布依族、哈尼族、傈僳族、拉祜族、阿昌族、独龙族、怒族、佤族、布朗族、德昂族等 16 个跨界民族。其中，苗族、瑶族、哈尼族与傈僳族跨越中国、越南、老挝、缅甸等四国；壮族与布依族跨越中国与越南两国；布朗族跨越中国与老挝两国；而傈僳族、景颇族、阿昌族、怒族、独龙族、佤族与德昂族皆跨越中国与缅甸两国。② 民族的同一性是云南与周边国家共有的民族现象，这种复杂的交错跨居的民族分布构成了中国西南边疆典型的地缘政治和跨境民族问题。

其中，傣族作为南传上座部佛教的主体信仰民族，在云南南传佛教文化圈的形成和发展过程中发挥了重要的作用。也正是因为泰傣民族族群的

---

① 杨秀蓉：《南传佛教在云南的传播与发展》，《中国民族报》2014 年 4 月 8 日。
② 赵廷光、刘达成：《云南跨境民族研究》，云南民族出版社 1998 年版，第 14 页。

亲缘性，"佛教才得以藉其民族文化交流的平台而进入云南"①。也正是因为这种亲缘性及共同信仰的纽带，云南同东南亚诸国结合得更加紧密，如合理发展南传佛教并利用宗教优势，可反哺东南亚地区，打响云南宗教文化招牌。

从古至今，云南地处偏僻，较内地经济发展差距较大，生产力相对落后，此为不争的历史事实。在自然条件、地理条件的影响下，经济社会发展状况不均衡，导致边疆地区历来系国家不稳定因素多发地区。多年来，云南地区认真贯彻党的宗教工作基本方针，充分尊重和保护公民的宗教信仰自由权利，指导宗教团体挖掘整理教义，广泛开展讲经交流活动，鼓励和支持宗教界人士积极开展对外交流交往，不断提高宗教教职人员素质。各宗教和谐相处，信教群众与不信教群众彼此尊重、团结和睦，为云南经济社会发展做出贡献。

云南境内跨境民族颇多，与东南亚各民族有较为深厚的亲缘关系与内在联系，多民族在此交流融合，多宗教在此相互影响。南传佛教作为云南地区有丰厚积淀的宗教之一，见证了民族与宗教的历史发展，可以此为交往范本为我国与东南亚、南亚及"一带一路"沿线各国交往提供宝贵的经验借鉴。此外，云南拥有中国良好的南传佛教佛寺建筑，其独具一格，具有丰富的历史文化积淀，有能力搭建面对东南亚、南亚、"一带一路"沿线各国的文化交流平台，为开展文化交流活动提供空间活动场所，在对外发展中起到积极作用。

三　以南传佛教为例谈宗教在云南
发展中所发挥的战略支点作用

（一）社会影响力不断提升

南传佛教作为在云南地区受众面较广的一种传统信仰，成为当地民众的精神支柱之一，直至今日，依旧是民众精神文化生活的一部分。众多南传佛教宗教场所的历史遗留及现代重建无不勾连千年历史，起到维系社会和谐的重要纽带作用，同时，部分古刹将佛教传统与现代结合，将佛法与世间相适应，密切联系社会各界，持续在云南民众教化层面给予关注。

---

① 　郑筱筠：《中国南传教研究》，中国社会科学出版社 2012 年版，第 20 页。

南传上座部佛教寺庙大多建在居民聚居地，由于傣族及其他一些民族几乎全民信教，部分地区的男孩子需剃发入寺学习一段时间，故而十分接近居民生活，"无论是全体居民的节庆大典，还是某家某户的重要家庭事宜，往往都离不开寺庙以及寺中僧人，寺庙几乎成了民族文化活动的集中地之一"①。进入新时期，南传佛教不断探索适应时代要求的发展之路，其佛教影响力不断上升的同时，也表现出新的特征。例如德宏州瑞丽县（市）喊沙寺第五代住持自1983年从缅甸回国后，带领寺僧栽花种草，美化寺院环境，同时开荒种植蔬菜瓜果，减轻村民负担，改善僧侣生活。他积极弘扬人间佛教思想，为人解忧、扶贫济困、调解纠纷、施医诊药；教育民众不赌博，不吸毒，不偷不抢，不酗酒闹事。南传佛教作为云南地区广泛流传的宗教之一，已成为边疆人民生活中不可分割的组成部分，并且在很大程度上满足了人们的精神需求，在社会发展及宗教界人士的共同努力下，南传佛教的社会影响力将不断提升。

（二）建立佛学研究与学佛相结合的新形式

寺庵为僧侣们的学术研究提供了物质保障，不同佛寺的地理位置与佛教文化渊源亦为学界提供了充分的研究支持。云南省诸多佛教寺院②所开启的寺院建设和学术交流相互推进、相互推动模式是一种尝试，将佛学理论与社会现实相结合，尝试建立佛学研究与学佛相结合的模式。

近年来，云南省各名寺联合省佛教协会等单位，主办大量高品质的学术论坛，如2007年首届大理佛教文化研讨会召开后，大理名刹崇圣寺便主持开展"崇圣论坛"这一学术活动，吸引全国不同寺院的主持、法师，以及全国知名的宗教学领域学者等云集云南，同时，吸引来自东南亚、南亚、欧美等众多国家的高僧大德、专家学者来此共聚盛会。历年来分别以"唐代佛教密宗与大理白族佛教密宗"、"云南佛教在中国国际文化战略中的地位和作用"等为主题，在深入挖掘、整理云南省佛教文化内涵的同时，体现了云南在中国以及东南亚地区佛教历史和文化中的重要地位，提升云南文化软实力，扩大云南宗教场所在宗教和文化领域的知名度和影

---

① 云南大学西南边疆民族经济文化研究中心课题组：《佛教文化：新世纪云南旅游发展的一个新亮点》，《云南大学人文社会科学学报》2000年第5期。

② 汉传、藏传、南传佛教皆在云南有大量信众，此处佛教寺院不单指南传寺院。

响力。

佛寺景观具有文化衍生物的特质，有较为深厚的底蕴，云南南传佛教的寺院选址、建筑风格和规划布局尤其具有地域特色。寺院作为佛教信仰的衍生物，兼有博物馆、展览馆的功用，使民众感受佛教，同时亦置身于佛寺艺术之中。梁思成将寺院与宫殿并称为中国建筑遗产中最豪华、最庄严美丽、最智慧的建筑，但"在一个城市中，宫殿的美是可望而不可即的，而庙宇寺院的美，人民大众都可以欣赏和享受"①，因此，佛教寺院建筑本身便有感染、教化民众的力量。总体而言，佛寺景观体现的是"中华民族的文化生态经验和审美情趣，符合中国人的内心深处对理想景观的追求"②，蕴含着较为丰富的精神文化资源。同时，南传佛教重禅修这一特点吸引了众多内地信众，在佛教信仰人数极具增多、佛教活动规模逐步增大的现代，据有关数据统计显示，在信教人群结构上发生了显著的变化：原来的"妇女多，有病的多，文化程度低的多"③ 这一"三多"现象得以改变，取而代之的是大量男性信众的增加、信教群众年轻化与高学历化。这一现象的发生与现代都市人群承受重大压力有关，反映出当代信众佛教信仰的关系选择趋向实用性、功利性，无形中也将南传佛教的社会影响力增大，将之推向新的发展高峰。

（三）以宗教文化区位优势打造战略支点

在我国与周边国家，尤其是与东南亚、南亚各国的友好交往中，佛教可以发挥助力作用。对此，很多学者都提出了自己的观点。"宗教文化区位优势"④ 这一概念由中国社会科学院郑筱筠研究员提出，卓新平、方光华、刘金光、张禹东等教授在研究宗教与"一带一路"倡议的关系时，

---

① 胡志毅：《世界艺术史·建筑卷》，东方出版社 2003 年出版。

② 李祥妹：《中国人理想景观模式与寺庙园林环境》，《人文地理》2001 年第 1 期，第 38 页。

③ 《中央社会主义学报》2013 年第 5 期。

④ 详参郑筱筠《东南亚宗教情势分析报告》，郑筱筠主编《东南亚宗教研究报告——东南亚宗教的复兴与变革》，中国社会科学出版社 2014 年 11 月出版；郑筱筠：《积极发挥南传佛教在我国"一带一路"战略中的作用》，《中国民族报》2015 年 5 月 12 日；郑筱筠：《南传佛教与中国对东南亚战略及公共外交》，徐以骅、邹磊主编《宗教与中国对外战略》，上海人民出版社 2014 年 6 月。

都提出了发人深省的观点和主张。① 对云南佛教的开发和利用有重要的启发。云南作为中国西南大边陲，景色优美、物产丰饶，然而相较全国其他省份，云南的经济区位优势并不十分明显。与此同时，云南拥有丰富的历史文化底蕴及宝贵的跨境民族资源，云南省应在贯彻落实"一带一路"政策的框架下，极力打造云南南传佛教这一宗教文化品牌，怀着"以宗教力的区位优势来持续打造文化区位优势，补充经济区位动力的不足"②的超前构想，使云南地区的文化区位优势可以带动经济发展。

新经济常态下，经济区位优势时有不稳定，而宗教文化相对恒定，以云南南传佛教为例，其影响力逐渐扩散至整个中国乃至东南亚一带，具有不可复制且不可替代的文化影响力，被国内外认可。云南地区作为中国南部边陲，已形成了面向东南亚国家、南亚国家的全方位、多领域合作，与周边各国已在经济贸易层面形成了互利互惠的友好双边关系。而佛教文化可为此作补充动力，与经济区位优势相结合，共同推动云南与东南亚各国文化、经济、政治等方面的交流，为中国打造战略支点。

四 结论

南传上座部佛教助力"一带一路"建设，为云南—东南亚、南亚合作谱写新篇。云南地处中国西南边陲，面向东南亚、南亚诸多国家及"一带一路"沿线国家，属中国—东南亚的核心区域。在全球化经济合作与"一带一路"发展战略的影响与驱动下，云南地区与外界的商贸、文化交流日益频繁，进入快速发展期。增强与东南亚、南亚、"一带一路"沿线各国的文化交流，拉近不同民族间社会人文方面的情感乃是当务之急，其中佛教文化交流作为民间文化交流的一种，可起到较为关键的作用。

佛教具有广大的受众群，"是一种弥散于公众广大无垠心灵空间的精神力量"③，对国家外交产生深远影响。古代社会，宗教是最容易突破民

---

① 卓新平、刘金光、方光华、郑筱筠：《对话宗教与"一带一路"战略》，《世界宗教文化》2015 年第 2 期。此外，诸位学者的相关论述较多，限于篇幅，就不一一引用。

② 郑筱筠：《当代东南亚宗教现状、特点及发展战略》，郑筱筠主编《东南亚宗教与社会发展研究》，中国社会科学出版社 2013 年版，第 42 页。

③ 涂怡超、赵可金：《宗教外交及其运行机制》，《世界经济与政治》2009 年第 2 期。

族、国别等隔阂进行文化交流的载体与媒介之一，在中外文化交流史上，作为文化交流的特殊载体，发挥过较为重要的作用。当代社会，全球性的宗教热潮复苏，宗教信徒人数呈几何倍增长，宗教团体越发活跃，因此，宗教也成为一种不同于现代外交的新外交形式，对双边关系产生较为深远的影响。东南亚国家联盟成员国中，泰国、缅甸、柬埔寨、老挝等四国以佛教为国教，而在马来西亚、新加坡、文莱、印度尼西亚等国，佛教徒也占有相当比例。

　　文化互融，携手共建"命运共同体"是未来云南与东南亚地区合作的根本前提，不同文化间的民众意愿基础需要夯实。云南地区可以南传佛教为助力，通过佛教文化交流项目等途径，向东南亚、南亚及"一带一路"沿线各国民众传递本国宗教信息及其他信息，借以这些正面信息与相同价值观，拉近包括国家间佛教界在内的社会各界人士认知和情感上的距离。由此，佛教文化交流对云南与东南亚、南亚、"一带一路"的各国合作交流有重要意义，超越单一的资源互换方式，双方因共同文化信仰而建立保持长期的稳定的交流合作关系，成为全面的合作伙伴。与亚洲佛教国家能产生共鸣的话题，通过这个形式，促进周边国家民间交流，由之达成共识，才可能构成命运共同体的黄金纽带

（司聘，中国社会科学院世界宗教研究所博士后）